Das Betriebsrentenrecht im Lichte des AGG
und seiner Diskriminierungsmerkmale

Europäische Hochschulschriften

European University Studies

Publications Universitaires Européennes

Reihe II	**Rechtswissenschaft**
Series II	Law
Série II	Droit

Band/Volume **5669**

Magnus Gabriel Beckmann

Das Betriebsrentenrecht im Lichte des AGG und seiner Diskriminierungsmerkmale

PL ACADEMIC RESEARCH

Bibliografische Information der Deutschen Nationalbibliothek
Die Deutsche Nationalbibliothek verzeichnet diese Publikation in der Deutschen Nationalbibliografie; detaillierte bibliografische Daten sind im Internet über http://dnb.d-nb.de abrufbar.

Zugl.: Trier, Univ., Diss., 2014

D 385
ISSN 0531-7312
ISBN 978-3-631-65756-0 (Print)
E-ISBN 978-3-653-05058-5 (E-Book)
DOI 10.3726/978-3-653-05058-5

PL Academic Research ist ein Imprint der Peter Lang GmbH.
Peter Lang – Frankfurt am Main · Bern · Bruxelles · New York · Oxford · Warszawa · Wien

Diese Publikation wurde begutachtet.

www.peterlang.com

Meiner Schwester Susanne

Vorwort

Die vorliegende Arbeit wurde im Sommersemester 2014 vom Fachbereich Rechtswissenschaft der Universität Trier als Dissertation angenommen. Schrifttum und Rechtsprechung sowie Änderungen in der Gesetzgebung wurden bis zur Einreichung der Arbeit Anfang Januar 2014 berücksichtigt.

Mein ganz besonderer Dank gilt meiner Doktormutter, Frau Prof. Dr. Dr. h.c. Monika Schlachter, welche mir nicht nur die Chance gegeben hat, meine Promotion an ihrem Lehrstuhl durchzuführen, sondern mir stets mit Rat unterstützend zur Seite gestanden und mir viele hilfreiche Anregungen gegeben hat. Auch dem Zweitkorrektor, Herrn Prof. Dr. Timo Hebeler möchte ich an dieser Stelle für die schnelle Begutachtung meiner Dissertation danken. Des Weiteren gilt mein Dank Herrn Prof. Dr. Alexander Proelß sowie Herrn Prof. Dr. Franz Dorn dafür, dass sie sich freundlicherweise zur Verfügung gestellt haben, die mündliche Prüfung gemeinsam mit Frau Prof. Monika Schlachter durchzuführen.

Zudem möchte ich mich an dieser Stelle bei allen Freunden und nahestehenden Personen bedanken, die mich durch die Zeit der Anfertigung der Dissertation begleitet und hierbei unterstützt haben. Ganz besonderer Dank gilt hierbei meiner gesamten Familie für ihre liebevolle Unterstützung, meiner Mutter und meinen Schwestern für viele Stunden des finalen Korrekturlesens sowie meinem guten Freund und ehemaligen Kommilitonen Dr. Nils Maack, welcher mir stets als fachlicher und manchmal auch motivierender Gesprächspartner zur Verfügung gestanden und hierbei insbesondere in vielen thematischen Diskussionen seinen Beitrag zum Gelingen des Promotionsvorhabens geleistet hat.

München, im August 2014

Magnus G. Beckmann

Inhaltsübersicht

Abkürzungsverzeichnis

a.A.	anderer Ansicht
Abs.	Absatz
ADEA	Age Discrimination in Employment Act
ADG	Antidiskriminierungsgesetz
a.E.	am Ende
AEUV	Vertrag über die Arbeitsweise der Europäischen Union
a.F.	alte Fassung
AG	Aktiengesellschaft
AGG	Allgemeines Gleichbehandlungsgesetz
allg.	allgemein(e)
AltEinkG	Alterseinkünftegesetz
Anm.	Anmerkung
ArbG	Arbeitsgericht
ArbPlSchG	Gesetz über den Schutz des Arbeitsplatzes bei Einberufung zum Wehrdienst
ArbRAktuell	Arbeitsrecht Aktuell
ArbRB	Der Arbeits-Rechts-Berater
AP	Arbeitsrechtliche Praxis
ArbG	Arbeitsgericht
Art.	Artikel
AssCompact	AssCompact – Magazin für Risiko und Kapitalmanagement
AuA	Arbeit und Arbeitsrecht
AÜG	Gesetz zur Regelung der Arbeitnehmerüberlassung (Arbeitnehmerüberlassungsgesetz)
BAG	Bundesarbeitsgericht
BAGE	Entscheidungen des Bundesarbeitsgerichts
BAT	Bundes-Angestelltentarifvertrag
bAV	Betriebliche Altersversorgung
BB	Betriebs-Berater
BeamtVG	Gesetz über die Versorgung der Beamten und Richter des Bundes
BeckOK	Beck'sche Online-Kommentare
BEEG	Gesetz zum Elterngeld und zur Elternzeit (Bundeselterngeld- und Elternzeitgesetz)
BeschSchG	Beschäftigtenschutzgesetz

BetrAV	Betriebliche Altersversorgung (Zeitschrift)
BetrAVG	Gesetz zur Verbesserung der betrieblichen Altersversorgung (Betriebsrentengesetz)
BetrVG	Betriebsverfassungsgesetz
BFH	Bundesfinanzhof
BGB	Bürgerliches Gesetzbuch
BGBl.	Bundesgesetzblatt
BGG	Gesetz zur Gleichstellung behinderter Menschen
BGH	Bundesgerichtshof
BGHZ	Entscheidungen des Bundesgerichtshofs in Zivilsachen
BPersVG	Bundespersonalvertretungsgesetz
bspw.	beispielsweise
BR-Drucks.	Drucksachen des Deutschen Bundesrates
BT-Drucks.	Bundestagsdrucksache
BVerfG	Bundesverfassungsgericht
BVerwG	Bundesverwaltungsgericht
BVerwGE	Entscheidungen des Bundesverwaltungsgerichts
BVG	Gesetz über die Versorgung der Opfer des Krieges (Bundesversorgungsgesetz)
bzgl.	bezüglich
CEDAW	Convention on the Elimination of Discrimination against Women (Übereinkommen zur Beseitigung aller Formen der Diskriminierung von Frauen)
CERD	International Convention on the Elimination of All Forms of Racial Discrimination (Internationales Übereinkommen zur Beseitigung jeder Form von Rassendiskriminierung)
DB	Der Betrieb
Der Personalrat	Der Personalrat – PersonalRecht im Öffentlichen Dienst
ders.	derselbe
d.h.	das heißt
dies.	dieselben
DStR	Deutsches Steuerrecht
EFG	Entscheidung der Finanzgerichte
EG	Europäische Gemeinschaft
EGV	Vertrag zur Gründung der Europäischen Gemeinschaft
EMRK	Europäische Menschenrechtskonvention
ErfKomm	Erfurter Kommentar zum Arbeitsrecht
et al.	und andere

etc.	*et cetera*
EU	Europäische Union
EuGH	Europäischer Gerichtshof
EuR	Europarecht
EuZW	Europäische Zeitschrift für Wirtschaftsrecht
evtl.	eventuell
EWG	Europäische Wirtschaftsgemeinschaft
EWiR	Entscheidungen zum Wirtschaftsrecht
EzA	Entscheidungssammlung zum Arbeitsrecht
EzA-SD	Entscheidungssammlung zum Arbeitsrecht-Schnelldienst
f.	Folgende
FamFR	Familienrecht und Familienverfahrensrecht
ff.	Fortfolgende
FG	Finanzgericht
FS	Festschrift
gem.	gemäß
GG	Grundgesetz
ggf.	gegebenenfalls
GPR	Zeitschrift für Gemeinschaftsprivatrecht
GR	Grundrechte
GRC	Charta der Grundrechte der Europäischen Union
GWR	Gesellschafts- und Wirtschaftsrecht
HIV	Humanes Immundefizienz (HI) – Virus
Hrsg.	Herausgeber
h.L.	herrschende Lehre
h.M.	herrschende Meinung
ILO	Internationale Arbeitsorganisation
IPBPR	Internationaler Pakt über bürgerliche und politische Rechte
i.R.v.	im Rahmen von
i.R.d.	im Rahmen des
i.S.d.	im Sinne des/der
i.V.m.	in Verbindung mit
JA	Juristische Arbeitsblätter
jurisPR-ArbR	Juris PraxisReport Arbeitsrecht
JuS	Juristische Schulung
JZ	JuristenZeitung
LAG	Landesarbeitsgericht
Lit.	Buchstabe
LKV	Landes- und Kommunalverwaltung
LPartG	Gesetz über die Eingetragene Lebenspartnerschaft (Lebenspartnerschaftsgesetz)
Mio.	Million

MüKo	Münchener Kommentar zum Bürgerlichen Gesetzbuch
m.w.N.	mit weiteren Nachweisen
n.F.	neue Fassung
NJ	Neue Justiz
NJW	Neue Juristische Wochenschrift
Nr.	Nummer
NVwZ	Neue Zeitschrift für Verwaltungsrecht
NZA	Neue Zeitschrift für Arbeitsrecht
RdA	Recht der Arbeit
RGBl.	Reichsgesetzblatt
RIW	Recht der internationalen Wirtschaft
RL	Richtlinie
Rn	Randnummer
Rs.	Rechtssache
Rspr.	Rechtsprechung
S.	Satz
SGB	Sozialgesetzbuch
Slg.	Sammlung
SprAuG	Sprecherausschussgesetz
s.o.	siehe oben
st.	ständige
s.u.	siehe unten
tlw.	teilweise
TVG	Tarifvertragsgesetz
TzBfG	Gesetz über Teilzeitarbeit und befristete Arbeitsverträge (Teilzeit- und Befristungsgesetz)
u.a.	unter anderem
u.Ä.	und Ähnliches
ÜRK	Übereinkommen über die Rechte des Kindes
UN	United Nations (Vereinte Nationen)
Urt.	Urteil
usw.	und so weiter
u.U.	unter Umständen
v.	vom
v.a.	vor allem
VersR	Versicherungsrecht
VG	Verwaltungsgericht
vgl.	vergleiche
VVE	Vertrag über eine Verfassung für Europa
WRV	Verfassung des Deutschen Reichs (Weimarer Reichsverfassung)
z.B.	zum Beispiel
ZESAR	Zeitschrift für europäisches Sozial- und Arbeitsrecht

ZEuS	Zeitschrift für Europarechtliche Studien
ZfA	Zeitschrift für Arbeitsrecht
ZIP	Zeitschrift für Wirtschaftsrecht
zit.	zitiert
ZTR	Zeitschrift für Tarifrecht

A. Einleitung und Ziel der Untersuchung

Seit Mitte des 19. Jahrhunderts existieren in Deutschland betriebliche Versorgungsleistungen. Während in frühen Tagen der betrieblichen Altersversorgung (bAV) die Motivation zur Einrichtung solcher Leistungen zumeist in rein patriarchalischem Denken der Arbeitgeber lag[1], hat sich die Betriebsrente bis zum heutigen Zeitpunkt zu einem weit verbreiteten Instrument entwickelt, mittels dessen Arbeitgeber nicht mehr ausschließlich ihrer sozialen Verantwortung gegenüber den Arbeitnehmern begegnen. Vielmehr wird die bAV von Arbeitgebern heute auch als Instrument dazu genutzt, ihre Attraktivität als Arbeitgeber auf dem Arbeitsmarkt zu steigern – sei es, um begehrte Arbeitskräfte neu zu akquirieren, oder aber, um bereits bei ihnen beschäftigte Arbeitnehmer zum Verbleib zu bewegen. Hiermit korreliert die Feststellung, dass das Vorhandensein einer bAV mittlerweile für viele Arbeitnehmer zu den Entscheidungskriterien bei der Arbeitsplatzwahl gehört.[2] Neben diesen Überlegungen spielt für manchen Arbeitgeber bei der Frage nach der Einführung einer bAV zudem der positive Effekt eine gewichtige Rolle, dass die Leistungen einer bAV den Arbeitnehmern zumeist steuer- und sozialversicherungsfrei zufließen, wohingegen Gehaltserhöhungen im klassischen Sinne höhere Lohnnebenkosten mit sich bringen. Lohnsteigerungen im weiteren Sinne können somit in Form der bAV mit geringeren Mitteln bewerkstelligt werden.

Während die Einführung einer bAV früher ausschließlich im Ermessen des Arbeitgebers lag, hat sich diese Situation mit der Gesetzesnovellierung des Betriebsrentengesetzes (BetrAVG) zum 01. Januar 2002 grundlegend geändert. Seit diesem Zeitpunkt steht Arbeitnehmern gem. § 1a BetrAVG ein individueller Anspruch auf die Einführung einer bAV mit sofortiger gesetzlicher Unverfallbarkeit zu - wenn auch nur im Sinne einer Betriebsrente durch Entgeltumwandlung.[3] In der Bundesrepublik beruht die Entscheidung pro/contra der Einführung einer bAV – von diesem Anspruch aus § 1a BetrAVG abgesehen – weiterhin fakultativ auf vielfältigen Erwägungen der Arbeitgeber, wohingegen die bAV in anderen Staaten teilweise eine obligatorische Leistung des Arbeitgebers darstellt.[4]

Unabhängig jedoch von den Beweggründen, aus welchen sich mancher Arbeitgeber für die Einführung einer bAV entscheidet, bleibt festzuhalten, dass die

1 *Blomeyer/Rolfs/Otto*, Einleitung Rn 1; *Langohr-Plato*, Rn 1; *Förster/Cisch/Karst*, Einführung Rn 1.
2 *Buttler*: Einführung in die betriebliche Altersversorgung, Rn 29.
3 *Förster/Cisch/Karst*, Einführung Rn 16.
4 *Recht*, in *Höfer*: Neue Chancen für Betriebsrenten, S. 6.

bAV in der Bundesrepublik Deutschland weit verbreitet ist und sich auch immer weiter durchsetzt. Im Jahr 2001 lag der Anteil der sozialversicherungspflichtigen Arbeitnehmer, welche zum Erhebungszeitpunkt eine Anwartschaft auf bAV besaßen, laut einer im Auftrag des Bundesministeriums für Arbeit und Soziales von TNS Infratest Sozialforschung durchgeführten Studie bei 52% (ca. 14,4 Mio. der 27,9 Mio. sozialversicherungspflichtigen Arbeitnehmer hatten eine Anwartschaft auf bAV). Im Jahr 2007 wurde festgestell, dass dieser Anteil in den vorangangenen Jahren weiter angestiegen war und im Jahr 2007 bereits bei 64% (ca. 17,5 Mio. der rund 27,2 Mio. sozialversicherungspflichtigen Arbeitnehmern) lag, so dass in der gewerblichen Wirtschaft demnach für weit mehr als die Hälfte aller Arbeitnehmer eine bAV bestand.[5] In diesen Zahlen enthalten sind auch circa 5,2 Millionen Pflichtversicherte des öffentlichen Dienstes, die eine Zusatzrente erhalten.[6] Bis ins Jahr 2011 ist die Zahl der aktiven Anwartschaften nochmals deutlich von 14,6 Mio. im Jahr 2001 auf 19,6 Mio. im Jahr 2011 gestiegen, was einem Anstieg von ca. 34% in den vergangenen 10 Jahren entspricht.[7]

In der ehemaligen Deutschen Demokratischen Republik (DDR) hingegen waren mit der bAV vergleichbare Leistungen nicht üblich, so dass Betriebsrenten auch heute noch in den neuen Bundesländern nicht nur weiterhin seltener gewährt werden, sondern auch weitaus weniger Zusagen bestehen als in den alten Bundesländern.[8] Jedoch ist auch in den neuen Bundeländern in den Jahren 2001 bis 2007 ein Zuwachs von ca. 85 % auf 1,4 Millionen Arbeitnehmer mit Zusatzversorgungsanwartschaften festzustellen gewesen.[9]

Die Verbreitung der bAV hängt jedoch auch hier stark „vom Wirtschaftsbereich und der Betriebsgröße" ab.[10] Während der Anteil der Beschäftigten, welche Anwartschaften erwerben, in Betriebsstätten mit weniger als 10 Arbeitnehmern nur bei 30% liegt, erwerben in Betrieben ab 50 Beschäftigten mehr als die Hälfte der Arbeitnehmer eine bAV-Anwartschaft. In Betrieben hingegen mit mehr als 1.000 Beschäftigten sind dies sogar 84 Prozent.[11]

---

5 Vgl. *Uebelhack*, Rn 99;; *Kortmann*, S. 13, Tabelle Z-2.

6 *Kortmann*, S. 13, Tabelle Z-2.

7 Zur Verbreitung der betrieblichen Altersversorgung im Jahr 2011 siehe auch die Arbeitsgemeinschaft für betriebliche Altersversorgung e.V. (aba): aba-Statistikreihe 2013, abrufbar unter: http://www.aba-online.de/docs/attachments/3f4e8304-6ba1-4c93-a2be-2d197c1781dd/2a-Alterssicherungsbericht-Verbreitungsgrad-bAV-Durchfuhrungswege-2011-Dez2....pdf.

8 *Förster/Cisch/Karst*, Einführung Rn 1 ff, 17.

9 *Kortmann*, S. 21.

10 *Uebelhack*, Rn 95.

11 Zur Verbreitung der betrieblichen Altersversorgung nach Betriebsgröße im Jahr 2011 siehe die Arbeitsgemeinschaft für betriebliche Altersversorgung e.V. (aba): aba-Statistikreihe 2013, abrufbar unter: http://www.aba-online.de/docs/attachments/38528c5f-809b-44c7-a41d-281feac76bd2/2b-Alterssicherungsbericht-bAVVerbreitung-Betriebsgrussenklassen-Dez2012-SD....pdf.

Nicht nur die numerische Verbreitung der bAV jedoch, sondern auch ihre Bedeutung für den einzelnen Arbeitnehmer unterliegt weiterhin einem steten Wandel: Während die Leistungen der bAV im 19. Jahrhundert noch hauptsächlich eine Absicherung der Arbeitnehmer für den Notfall darstellten[12], nehmen sie heutzutage in der Bundesrepublik nicht mehr nur den Platz der Notfall-Absicherung, sondern vielmehr einen gewichtigen Platz im Gesamtsystem der Altersversorgung ein. Die bAV soll dem sogenannten „Drei-Säulen-Modell" zufolge als zweite Säule neben der gesetzlichen Rentenversicherung als erster Säule sowie der privaten Eigenversorgung als dritter Säule die Sicherung einer angemessenen Gesamtversorgung des Arbeitnehmers nach dem Ausscheiden aus dem Arbeitsleben garantieren.[13] So war es auch bei Einführung des BetrAVG Intention des Gesetzgebers, die bAV *„als wichtige Ergänzung der sozialen Sicherung"*[14] durch die gesetzliche Normierung *„für die begünstigten Arbeitnehmer sicherer und wirkungsvoller"* zu gestalten.[15] Erst jüngst wies die damalige Bundesministerin für Arbeit und Soziales und heutige Verteidigungsministerin, Ursula von der Leyen, in einem Aufsatz darauf hin, dass die bAV nicht nur als nette Beigabe, sondern vielmehr als unverzichtbarer Bestandteil des Alterssicherungssystems in Deutschland anzusehen sei und eine zentrale Stellung als zweite Säule dieses Systems besitze.[16] Gleichzeitig ist jedoch auch anerkannt, dass die bAV bislang mangels flächendeckender Durchsetzung der ihr zugedachten Rolle als „Zweite Säule" noch nicht gerecht werden und somit auch noch nicht von einer zufriedenstellenden Verbreitung („Durchdringungsgrad") der bAV ausgegangen werden kann.[17]

Aus dieser besonderen Bedeutung, welche der bAV für einen Großteil der deutschen Arbeitnehmer zukommt, ergibt sich auch eine besondere Schutzbedürftigkeit bzgl. der Leistungen der bAV. Dies umfasst naturgemäß auch einen Schutz gegenüber Diskriminierungen. Ebenso wie in den anderen Bereichen des Arbeitsrechtes muss auch im Bereich der bAV sichergestellt werden, dass Arbeitnehmer nicht diskriminierender Weise vom Bezug einer bAV ausgeschlossen werden, geringere Leistungen der Betriebsrente erhalten, o.ä.

Was jedoch hat man unter dem Begriff der Diskriminierung zu verstehen? Das deutsche Wort „Diskriminierung" stammt vom lateinischen Wort *discriminare* ab, welches mit „teilen, trennen, unterscheiden" übersetzt werden kann. Im menschlichen Zusammenleben stellt es zwar naturgemäß eine Notwendigkeit dar, Unterscheidungen vorzunehmen bzw. in bestimmten Situationen in Gruppen zu teilen oder auch bestehende Gruppen zu trennen. Folglich hat der Begriff

---

12 *Buttler*, Rn 22.

13 Siehe hierzu auch: *Förster/Cisch/Karst*, Einführung Rn 5; *Langohr-Plato*, Rn 7; *Recht*, in *Höfer*: Neue Chancen für Betriebsrenten, S. 5; *Buttler*: Einführung in die betriebliche Altersversorgung, Rn 17; *Fath/Urbitsch*, S. 42; *Uebelhack*, Rn 95.

14 *Förster/Cisch/Karst*, Einführung Rn 22.

15 BT-Drucks. 7/1281, S. 1.

16 *von der Leyen*, BetrAV 2012, 373.

17 So auch: *Allgaier*, NZA 2011, 786, 787.

der Diskriminierung, also des Teilens, Trennens oder Unterscheidens, zunächst demWortursprung zufolge keinen rein negativen Hintergrund. Den im heutigen Sprachgebrauch üblichen negativen Sinn bekommt eine Unterscheidung im Sinne einer Diskriminierung erst dann, wenn diese Unterreilung aufgrund unlauterer Beweggründe vorgenommen wird. Solche (benachteiligenden) Unterscheidungen sind im Gegensatz zu nicht benachteiligenden Unterscheidungen mit den fundamentalen Grundsätzen des Zusammenlebens der Menschen nicht zu vereinbaren.

Um vor solchen tatsächlichen Diskriminierungen zu schützen, wurde die Garantie der Freiheit der Menschen, welche stets auch den Schutz von Minderheiten vor Diskriminierungen umfasst, sowohl in der deutschen Verfassung wie auch in einem Großteil der Verfassungen anderer westlicher Nationen verbrieft.[18] Auch wenn bereits 1848 die republikanische Devise *„Alle Menschen sind vor dem Gesetz gleich"* in der Paulskirche Verfassungsrecht werden sollte, fand sie doch erst im Jahre 1919 tatsächlich Niederschlag in der Weimarer Verfassung (Art. 9 Abs. 1 WRV). Die Devise hat bis ins im heute gültige Grundgesetz hinein überlebt, so dass sie mittlerweile auf ca. 90 Jahre Verfassungsrang zurückblicken kann.

Vor diesem Hintergrund müsste eigentlich davon ausgegangen werden können, dass mittlerweile ein funktionierendes System zum Schutz vor Diskriminierungen bestünde und Diskriminierungen daher nicht mehr üblich seien. Der Blick auf den Alltag jedoch belehrt eines Besseren. Trotz eines Diskriminierungsverbotes von Verfassungsrang finden sich auch heute noch Diskriminierungen in den verschiedensten Situationen des alltäglichen Lebens. So war nicht ohne Grund bspw. die berufliche Gleichstellung von Mann und Frau und somit der Kampf gegen Geschlechtsdiskriminierung Gegenstand unzähliger Gerichtsurteile in den vergangenen Jahrzehnten.

Trotz des Bestehens vorgenannter verfassungsrechtlicher Garantie sowie verschieder weiterer Vorschriften, welche Diskriminierungen verbieten, kommt es immer wieder zu Diskriminierungen von bestimmten Gruppen. Solange es jedoch einer Gesellschaft nicht gelingt, das Problem der Diskriminierungen in ihr allgemeines Bewusstsein zu rücken, wird es auch in Zukunft Diskriminierungen geben. Dies haben sowohl der nationale als auch der europäische Gesetzgeber erkannt und versuchen, mit dem Aufstellen gesetzlicher Regelungen zum Schutze benachteiligter Gruppen dazu beizutragen, die Problematik der Diskriminierung dieser Gruppen in das Bewusstsein der gesamten Gesellschaft zu rücken.

Das deutsche Arbeitsrecht, welches zumindest teilweise auch das Gebiet des Betriebsrentenrechts umfasst, ist beinahe ausschließlich unter den Vorgaben der deutschen Verfassung, der Grundrechte, entstanden. Seit geraumer Zeit jedoch ist auch das Arbeitsrecht in das europäische Kraftfeld eingetreten und hierbei vor allem in den *„Sog der Vorschriften über Gleichbehandlung und Diskriminierungsverbote"* geraten.[19] Im Arbeitsrecht ist die Diskriminierungsbereitschaft von Natur aus

18 *Stork*, S. 10, 81.
19 *Steiner*, NZA 2008, 73.

erheblich ausgeprägter als bspw. beim Umsatz von Waren und Gütern.[20] Diesem Umstand und der beschriebenen erheblichen Bedeutung für die Betroffenen Rechnung tragend ist der arbeitsrechtliche Teil des Betriebsrentenrechtes gemeinsam mit den übrigen Teilen des Arbeitsrechtes in den vergangenen Jahren in den Mittelpunkt europäischer und auch bundesdeutscher Antidiskriminierungsbemühungen gerückt. Diese Entwicklung kann sowohl für das Arbeitsrecht als auch für das Betriebsrentenrecht im Besonderen nur begrüßt werden.

Im Jahr 2006 hat der bundesdeutsche Gesetzgeber das Allgemeine Gleichbehandlungsgesetz (AGG) erlassen, welches den Diskriminierungsschutz aufgreift. Schon zu Vor-AGG-Zeiten bestand jedoch sowohl auf nationaler wie auch auf internationaler Ebene bereits ein gewisser Diskriminierungsschutz:

So ergaben sich international unterschiedliche Verpflichtungen aus der UN-Charta und der Allgemeinen Erklärung der Menschenrechte, dem Internationalen Übereinkommen zur Beseitigung jeder Form von Rassendiskriminierung (CERD)[21], dem Übereinkommen über die Beseitigung aller Formen der Diskriminierung von Frauen (CEDAW)[22], dem Internationalen Pakt über bürgerliche und politische Rechte[23], dem Internationalen Pakt über wirtschaftliche, soziale und kulturelle Rechte[24], dem ILO[25]-Übereinkommen Nr. 100 ILO vom 29. Juni 1951 über die Gleichheit des Entgelts männliche und weiblicher Arbeitskräfte für gleichwertige Arbeit[26], dem ILO-Übereinkommen Nr. 111 über die Diskriminierung in Beschäftigung und Beruf[27] sowie dem Rahmenabkommen zum Schutz nationaler Minderheiten.[28] Die Bundesrepublik war zudem bereits 1973 dem Internationalen Pakt über bürgerliche und politische Rechte (IPBPR) sowie dem Internationalen Pakt über wirtschaftliche, soziale und kulturelle Rechte, beide vom 19. Dezember 1966, beigetreten.[29]

Hinsichtlich des Diskriminierungsmerkmals der Rasse, wie es sich nunmehr im AGG wiederfindet, bestand bereits seit den Sechziger Jahren das Internationale Übereinkommen zur Beseitigung jeder Form von Rassendiskriminierung (CERD) vom 7. März 1966. Dieses dient heute zwar weiterhin der Auslegung der europäischen Antirassismus-Richtlinie sowie des Begriffes der „Rasse und ethnischen Herkunft" i.S.d. § 1 AGG[30], entfaltete selbst jedoch keine „Horizontalwirkung" im

---

20 *Lobinger* in Isensee, 102, 107
21 BGBl. 1969 II, S. 961.
22 BGBl. 1985 II, S. 647.
23 BGBl. 1973 II, S. 1553.
24 BGBl. 1973 II, S. 1569.
25 Internationale Arbeitsorganisation (ILO).
26 BGBl. 1956 II S. 23.
27 BGBl. 1961 II, S. 97.
28 BGBl. 1997 II, S. 1406.
29 BGBl. 1973 II, S. 1553 sowie BGBl. 1973 II, S. 1569.
30 Zur Anwendbarkeit als Auslegungshilfe zu Richtlinie 2000/43/EG des Rates vom 29. Juni 2000 zur Anwendung des Gleichbehandlungsgrundsatzes ohne Unterschied

Verhältnis einzelner Bürger untereinander, das heißt unmittelbare Ansprüche von Privatpersonen gegen andere Privatpersonen.

Gleiches gilt auch für das Übereinkommen zur Beseitigung aller Formen der Diskriminierung von Frauen (CEDAW) vom 18. Dezember 1979, von der Bundesrepublik im Jahr 1985 ratifiziert[31], und das Übereinkommen über die Rechte des Kindes vom 20. November 1989 (ÜRK)[32]. Ebenso wenig ergab sich aus der UN-Charta, einer Art *„Weltverfassung"*[33], oder aus der Allgemeinen Erklärung der Menschenrechte eine derartige „Horizontalwirkung".[34] Vielmehr ergab und ergibt sich aus der UN-Charta eine vertikale, d.h. die Mitgliedstaaten treffende – Verpflichtungen, einer Diskriminierung aufgrund von Rasse, Geschlecht, Sprache oder Religion entbehrende staatliche Politik zu betreiben.

Da sich jedoch aus diesen Übereinkünften jeweils keine Horizontalwirkung ergab, wie sie im Verhältnis mehrerer Privatrechtssubjekte untereinander notwendig wäre, war und ist somit ein spezieller internationaler Diskriminierungsschutz des Einzelnen gegenüber anderen Privatrechtssubjekten nicht gegeben. Stattdessen

> *„definieren alle diese Völkerrechtsnormen gewisse Mindeststandards, die von den Staaten in völkerrechtlichen Verträgen und vor allem in ihren nationalen Rechtsordnungen nicht unterschritten, ohne weiteres jedoch überschritten werden dürfen".*[35]

Bereits seit den Anfängen eines geeinten Europas als Wertegemeinschaft standen auch hier die Gleichbehandlung und somit auch der Diskriminierungsschutz auf der Agenda der europäischen Zusammenarbeit. Am 4. November 1950 wurde durch den Europarat die Europäische Konvention zum Schutz der Menschenrechte und Grundfreiheiten (EMRK) geschaffen, welche den Genuss der in der Konvention anerkannten Rechte und Freiheiten „ohne Diskriminierung insbesondere wegen des Geschlechts, der Rasse, der Hautfarbe, der Sprache, der Religion, der politischen oder sonstigen Anschauung, der nationalen oder sozialen Herkunft, der Zugehörigkeit zu einer nationalen Minderheit, des Vermögens, der Geburt oder eines sonstigen Status" gewährleisten soll. Dem Konventionstext kam jedoch nur die Bedeutung eines allgemeinen Gleichheitsgebots zu.

Später stellte Art. 13 EGV (der heutige Art. 19 AEUV[36]) die Grundlage des Antidiskriminierungsrechts der Europäischen Union dar.[37] Art. 13 EGV wurde im Rahmen und Verlauf des Europäischen Jahres gegen den Rassismus 1997 durch

---

der Rasse o. der ethnischen Herkunft siehe m.w.N.: Däubler/Bertzbach-*Däubler*, Einleitung Rn 153, *Schöbener/Stork*, ZEuS 2004, 43, 68.

31 BGBl. 1985 II, S. 647.

32 BGBl. 1992 II, S. 122.

33 Rust/Falke-*Giegerich*, Einleitung Rn 24.

34 Siehe auch: Däubler/Bertzbach-*Däubler*, Einleitung Rn 145 m.w.N.

35 Rust/Falke-*Giegerich*, Einleitung Rn 15.

36 Im Nachfolgenden soll jeweils die aktuelle Rechtsgrundlage benannt werden, aktuell also der AEUV.

37 *Repgen* in Isensee, S. 20 f.; *Stork*, S. 47.

den Vertrag von Amsterdam[38] eingefügt. Durch ihn hat sich in den vergangen Jahren ein eigenständiges europäisches Antidiskriminierungsrecht herausgebildet.[39] Allerdings entfaltet der Artikel ebenfalls keine unmittelbare Wirkung, sondern schafft vielmehr eine Gemeinschaftskompetenz, also die Befugnis, Sekundärrecht zu schaffen.[40] Auch die vier dem AGG zugrundeliegenden Richtlinien wurden teilweise auf Grundlage von Art. 19 AEUV, erlassen. Bei diesen, dem AGG zugrunde liegenden Richtlinien handelte es sich um die Folgenden:

- die auf Art. 19 AEUV gestützte Richtlinie 2000/43/EG des Rates vom 29. Juni 2000 zur Anwendung des Gleichbehandlungsgrundsatzes ohne Unterschied der Rasse oder der ethnischen Herkunft (im Folgenden: „Antirassismus-Richtlinie“)[41];
- die Richtlinie 2000/78/EG des Rates vom 27. November 2000 zur Festlegung eines allgemeinen Rahmens für die Verwirklichung der Gleichbehandlung in Beschäftigung und Beruf (im Folgenden: „Rahmenrichtlinie“)[42], welche sich ausdrücklich auf den Beschäftigungsbereich beschränkt;
- die mittlerweile durch die Richtlinie 2006/54/EG ersetzte Richtlinie 2002/73/EG des Europäischen Parlaments und des Rates vom 23. September 2002 zur Änderung der Richtlinie 76/207/EWG des Rates zur Verwirklichung des Grundsatzes der Gleichbehandlung von Männern und Frauen hinsichtlich des Zuganges zur Beschäftigung, zur Berufsbildung und zum beruflichen Aufstieg sowie in Bezug auf die Arbeitsbedingungen (im Folgenden: „Gender-Richtlinie n.F.“)[43], welche auf den damaligen Art. 157 AEUV[44] gestützt wurde, sowie
- die Richtlinie 2004/113/EG des Rates vom 13. Dezember 2004 zur Verwirklichung des Grundsatzes der Gleichbehandlung von Männern und Frauen beim Zugang zu und bei der Versorgung mit Gütern und Dienstleistungen (im Folgenden: „Gender-Richtlinie Zivilrecht“)[45], welche ebenfalls auf den damaligen Art. 19 AEUV gestützt wurde.

Der einmal eingeschlagene europäische Weg zur Verhinderung von Benachteiligungen sollte auch durch den –zumindest vorläufig gescheiterten - Vertrag über eine Verfassung für Europa (VVE)[46] weiter beschritten werden. Hierbei sollte der

38 In Kraft getreten am 1. Mai 1999.

39 *Polloczek*, S. 73 f. m.w.N.

40 EuGH, Urt. v. 11. Juli 2006 – Rs. C-13/05 [*Chacón Navas*], AP Nr. 3 zu Richtlinie 2000/78/EG; Rudolf/Mahlmann-*Mahlmann*, § 3 Rn 54; vgl. auch: *Polloczek*, S. 64 f. m.w.N.

41 ABl. EG Nr. L 180 S. 22.

42 ABl. EG Nr. L 303 S. 16.

43 ABl. EG Nr. L 269 S. 15.

44 ex-Art. 141 Abs. 3 EGV.

45 ABl. EG Nr. L 373 S. 37.

46 Am 29. Oktober 2004 von den Staats- und Regierungschefs der 25 Mitgliedstaaten sowie der drei Kandidatenländer Bulgarien, Rumänien und Türkei unterzeichnet. Der Vertrag sollte nach ursprünglicher Planung am 1. Januar 2006 in Kraft treten,

damalige Art. 13 Abs. 1 EGV durch eine erneuerte Ermächtigungsgrundlage zur Bekämpfung von Diskriminierungen in Art. III-124 Abs. 1 VVE ersetzt werden.[47]

Bereits vor Inkrafttreten des Amsterdamer Vertrages und somit vor Einführung von Art. 13 EGV, dem heutigen Art. 19 AEUV, gab es in der Europäischen Union Bestrebungen zur Bekämpfung von diskriminierenden Unterscheidungen. Seit dem 1. Januar 1958 bis hin zum Inkrafttreten des Art. 13 Abs. 1 EGV am 1. Mai 1999 ergab sich ein gewisser Diskriminierungsschutz aus Art. 12 (nunmehr Art. 18 AEUV) und dem damaligen Art. 141 EGV (ex-Art. 119 EGV, nunmehr Art. 157 AEUV). Dieser Schutz beschränkte sich hierbei jedoch auf die Merkmale des Geschlechts und der Staatsangehörigkeit. Im Gegensatz zum später eingefügten Art. 13 Abs. 1 EGV entfalteten Art. 12 und Art. 141 EGV sogar unmittelbare Wirkung, Art. 141 darüber hinaus sogar unmittelbare horizontale Wirkung in den Beziehungen von Einzelpersonen untereinander.[48] Mit der Einführung des Grundsatzes des „gleichen Lohnes für gleiche Arbeit" (ex-Art. 119 EWG-Vertrag, seit dem Vertag von Amsterdam Art. 141 EGV, nunmehr Art. 157 AEUV) hatte sich die Europäische Union bereits im Jahre 1957 der Erreichung der Gleichbehandlung verpflichtet. Die Gleichbehandlung (wenn auch wie beschrieben nur in Fragen des Geschlechtes und der Staatsangehörigkeit) sollte im Rechtsraum der Europäischen Union als fundamentale Institution des täglichen wie auch des beruflichen Lebens installiert und durchgesetzt werden.

Die europäischen Bestrebungen des Schutzes vor Diskriminierungen verfolgen allesamt die im EGV festgelegten Ziele der Europäischen Gemeinschaft der Erreichung eines hohen Beschäftigungsniveaus, eines hohen Maßes an sozialem Schutz, der Hebung des Lebensstandards und der Lebensqualität, der Solidarität und der Freizügigkeit. Diese Ziele sind den Erwägungsgründen der Richtlinie 2000/78/EG zufolge unmittelbar durch Diskriminierungen wegen der Religion oder der Weltanschauung, einer Behinderung, des Alters oder der sexuellen Ausrichtung gefährdet.[49] Hinsichtlich des Arbeitsrechts hat der Europäische Rat auf seiner Tagung am 10. und 11. Dezember 1999 in Helsinki einen beschäftigungspolitischen Leitfaden vereinbart, in welchem er explizit auf die Notwendigkeit hinwies, einen Arbeitsmarkt zu schaffen, auf welchem die Diskriminierung von benachteiligten Gruppen bekämpft werde.[50]

Um das Ziel der Gleichbehandlung auch im Bereich des Arbeitsrechtes zu erreichen, hat sich die EU i.S.d. Art. 19 AEUV wiederholte Male des Mittels der

---

scheiterte jedoch im Ratifizierungsprozess an negativen Referenden in Frankreich wie auch in den Niederlanden.

47 *Stork*, S. 63.

48 So zu Art. 12 EGV: EuGH, Urt. v. 13. Februar 1985 – C-293/83 [*Gravier*], Slg. 1985, 593 [Rn 14 f.]; Urt. v. 02. Februar 1989 – C-186/87 [*Cowan*], Slg. 1989, 195; zu Art. 141 EGV: EuGH, Urt. v. 31. März 1981 – C-96/80 [*Jenkins*], Slg. 1981, 911; zur unmittelbaren horizontalen Wirkung des Art. 141 EGV: Urt. v. 08. April 1976 – Rs. C-43/75 [*Defrenne II*], Slg. 1976, 455 [Rn 56/58].

49 Erwägungsgrund 11 der Richtlinie 2000/78/EG.

50 Erwägungsgrund 8 der Richtlinie 2000/78/EG.

Richtlinie i.S.d. Art. 288 AEUV[51] bedient, welche daraufhin von den Mitgliedstaaten innerhalb einer gewissen Frist in nationales Recht zu transformieren waren. Nach Wunsch der EU sollte die Gleichbehandlung auf diesem Wege des Transformationsprozesses auch in der Gesetzgebung der Mitgliedsstaaten Einzug halten, sofern dies bisher noch nicht ausreichend der Fall gewesen war.

Mit dem Erlass der dem AGG zugrundeliegenden europäischen Richtlinien und den hierauf folgenden nationalen Gesetzesinitiativen wurde versucht, das Ziel der Bekämpfung der Diskriminierungen im Bereich des Arbeitsrechtes weiter zu verfolgen. Vorstellung der europäischen Legislative war hierbei, durch die Einführung arbeitsrechtlicher Antidiskriminierungsbestimmungen Rechtsunsicherheiten zu beseitigen sowie eine Grundlage für ein tolerantes und benachteiligungsfreies Miteinander in der Arbeitswelt zu schaffen.[52]

Nach Erlass der Antidiskriminierungsrichtlinien war der deutsche Gesetzgeber gehalten, den Inhalt bzw. die Vorgaben dieser Richtlinien insoweit in deutsches Recht umzusetzen, als der Inhalt der Richtlinien nicht bereits vorher dem deutschen Recht inhärent war. Im Gegensatz zu europarechtlichen Verordnungen, welche unmittelbare Wirkung entfalten, verpflichten die europäische Richtlinien mit Wirkung eines völkerrechtlichen Vertrages die Mitgliedsstaaten gem. des Art. 288 Abs. 3 AEUV[53], lediglich zur Umsetzung in nationales Recht (Transformation), wobei die Mitgliedsstaaten in der Wahl der Mittel der Umsetzung frei sein sollten. Die von der Gemeinschaft erlassenen Antidiskriminierungsrichtlinien verpflichteten somit zwar die Mitgliedsstaaten, den Schutz vor Benachteiligungen hinsichtlich der in den Richtlinien genannten Merkmale einfachgesetzlich zu normieren, dies jedoch frei hinsichtlich der *„Wahl der Form und der Mittel"*.

National ergab sich bereits vor Erlass des AGG ein gewisser Diskriminierungsschutz aus der Verfassung. In Art. 3 GG, der Zentralnorm des deutschen Antidiskriminierungsrechts, war der expliziten Ablehnung von Diskriminierungen – insbesondere mit Blick auf die Vergangenheit unter der nationalsozialistischen Herrschaft – bereits von den Vätern des Grundgesetzes der Bundesrepublik Deutschland Verfassungsrang eingeräumt worden.[54] Seither besagt das Gleichheitspostulat des Grundgesetzes, dass Menschen trotz ihrer tatsächlichen Verschiedenheit in bestimmten Beziehungen als gleich behandelt werden sollen.[55] Während Art. 3 Abs. 1 GG den allgemeinen Gleichheitssatz enthält, verbieten Art. 3 Abs. 2 und 3 GG sowohl unmittelbare wie auch mittelbare[56] Diskriminierungen nach

---

51 ex-Art. 249 EGV.

52 *Monen*, S. 231.

53 ex-Art. 249 Abs. 3 EGV.

54 Siehe auch: Jarass-Pieroth-*Jarass*, Art. 3 GG Rn 114; *Fuchs*, ZESAR 2006, 377.

55 So: *Fuchs*, ZESAR 2006, 377.

56 Mittlerweile hat sich das BVerfG der Ansicht des EuGH und des BAG angeschlossen, dass auch mittelbare Diskriminierungen in den Anwendungsbereich des Art. 3 Abs. 3 S. 1 GG fallen, BVerfGE 95, 35, 43 f.; 104, 373, 393; 117, 219, 227 f.

bestimmten Merkmalen. Mittelbare Diskriminierungen sind verboten, soweit nicht im Einzelfall ein sachlicher Rechtfertigungsgrund besteht, unmittelbare hingegen, sofern nicht die unterschiedliche Behandlung zur Erreichung eines rechtmäßigen Zieles verhältnismäßig ist.[57] Zudem beinhaltet Art. 3 Abs. 2 S. 2 GG einen Verfassungsauftrag zur Gleichstellung von Frauen.

Bereits vor Inkrafttreten des AGG legte Art. 3 Abs. 3 GG verfassungsrechtlich auf nationaler Ebene fest, dass Ungleichbehandlungen auf Grund des Geschlechts, der Abstammung, der Rasse, der Sprache, der Heimat und Herkunft, des Glaubens, der religiösen und politischen Anschauungen sowie einer Behinderung[58] unzulässig waren und sind. Diese Norm stellt quasi den Menschenwürdekern des Gleichheitssatzes dar.[59] Entgegen der dem AGG zugrunde liegenden europäischen Richtlinien findet sich jedoch in Art. 3 GG kein Hinweis auf Diskriminierungen bzgl. des Alters[60] oder bzgl. der sexuellen Identität, so dass die Verfassungsnorm diesbezüglich enger gefasst ist. Noch im Jahr 1994 hatte sich im Deutschen Bundestag keine Mehrheit dafür gefunden, das Merkmal der sexuellen Identität im Katalog des Art. 3 Abs. 3 S. 1 GG zu verankern.[61]

Dennoch könnte die Lektüre des Art. 3 GG den Eindruck entstehen lassen, dass national bereits ein alle Lebensbereiche abdeckendes Diskriminierungsverbot gegeben, die Einführung des AGG und seiner Diskriminierungsverbote somit eventuell überflüssig gewesen sei.[62] Dies kann jedoch nicht nur aufgrund der fehlenden Merkmale des Alters und der sexuellen Identität verneint werden.[63] Vielmehr ermangelt es dem Gleichheitssatz des Art. 3 GG als Verfassungsrecht nach ständiger Rechtsprechung des Bundesverfassungsgerichtes (BVerfG) sowie nach herrschender Meinung[64] der unmittelbaren Drittwirkung, so dass er nicht direkt auf die Beziehungen zwischen Privatpersonen anwendbar ist. So gelten Grundrechte grundsätzlich nur im Verhältnis Staat – Bürger. Der Einzelne hingegen - sei es Arbeitgeber wie -nehmer oder im Bereich der bAV auch die jeweilige Versorgungseinrichtung - ist nicht direkt an sie gebunden. Grundrechte binden vielmehr den Staat als Gesetzgeber oder aber auch die Tarifpartner als normsetzende Parteien.[65] Zudem hat das Diskriminierungsverbot des Art. 3 Abs. 3 GG ebenso wie der allgemeine Gleichheitssatz des Art. 3 Abs. 1 GG in erster Linie

---

57 Siehe zu mittelbarer und unmittelbarer Benachteiligung i.S.d. Art. 3 GG auch: Jarass-Pieroth-*Jarass*, Art. 3 GG Rn 95 f.; ErfKomm-*Schmidt*, Art. 3 GG Rn 75 f.

58 Das Merkmal der Behinderung nachträglich eingefügt durch die Verfassungsreform 1994, BT-Drucks. 12/8165, S. 29.

59 Siehe auch: ErfKomm-*Schmidt*, Art. 3 GG Rn 65; *Fuchs*, ZESAR 2006, 377.

60 Vgl. *Schlachter*, in Richardi/Reichold, S. 355.

61 BT-Drucks. 12/8165, S. 1, 29.

62 ErfKomm-Schlachter, Vorbemerkung AGG Rn 3; Fuchs, ZESAR 2006, 377, 378.

63 Vgl. auch: *Asscher-Vonk/Schlachter*, RIW 2005, 503 f.

64 Ausführlich zur Wirkung von Grundrechten: *Schiek*, S. 77 ff.

65 Siehe auch: *Steinmeyer*, NZA 2004, 1257, 1258.

Abwehrfunktion und richtet sich gegen Bevorzugungen oder Benachteiligungen der bezeichneten Gruppen durch den Staat und bindet alle Träger öffentlicher Gewalt.[66]

Zwar ist anerkannt, dass Grundrechte auch im Verhältnis zwischen Privaten eine mittelbare Drittwirkung in Form einer Ausstrahlungswirkung besitzen, insbesondere bei Anwendung der Generalklauseln wie Treu und Glauben (§ 242 BGB), Sittenwidrigkeit (§§ 138, 826 BGB) und anderen ausfüllungsbedürftigen Rechtsbegriffen des Privatrechts, wie auch im Rahmen der verfassungskonformen Auslegung.[67] Auch müssen die Zivilgerichte bei der Anwendung und Auslegung privatrechtlicher Normen stets die Wertordnung berücksichtigen, die durch die Grundrechte vorgezeichnet wird.[68] Zugleich wird auch der allgemeine arbeitsrechtliche Gleichbehandlungsgrundsatz[69] durch die Ausstrahlungswirkung des Art. 3 GG geprägt.[70] Subjektive Ansprüche des Einzelnen auf kompensatorische Maßnahmen hingegen lassen sich jedoch auch aus Art. 3 Abs. 3 GG nicht ableiten.[71]

Die verfassungsrechtlichen Vorgaben boten folglich bereits vor Inkrafttreten des AGG einen gewissen Diskriminierungsschutz, dies allerdings wohl nur durch ihre mittelbare Drittwirkung. Die Effektivität dieses Schutzes vor Diskriminierungen durch Privatpersonen jedoch war und ist äußerst begrenzt.[72] Die Antidiskriminierungsrichtlinien der EU erforderten allerdings umfassenden Schutz, so dass trotz Bestehens der verfassungsrechtlichen Diskriminierungsverbote des Art. 3 Abs. 3 GG eine einfachgesetzliche Umsetzung in privatrechtliche Normen zwingend notwendig war.[73]

Neben dem verfassungsrechtlichen Diskriminierungsverbot ergab sich auch bereits vor Inkrafttreten des AGG ein gewisser Schutz vor Diskriminierungen aus dem allgemeinen arbeitsrechtlichen Gleichbehandlungsgrundsatz. Das BAG ging bereits vor Inkrafttreten des AGG davon aus, dass ein Verstoß gegen eines der Benachteiligungsverbote der Antidiskriminierungsrichtlinien wie der Richtlinie 2000/78/EG automatisch auch einen Verstoß gegen den

---

66 Dreier-*Heun*, Art. 3 GG Rn 105; Jarass/Pieroth-*Jarass*, Art. 3 GG Rn 82; Schiek-*Schiek*, Einl AGG Rn 38 m.w.N.

67 Grundlegend: BVerfG, Urt. v. 15. Januar 1958 - 1 BvR 400/51 - BVerfGE 7, 198, 204 ff. - *"Lüth-Urteil"*; BAG, Vorlagebeschluss vom 27. Juni 2006 - C 427/06; so auch die Gesetzesbegründung zum AGG, BT-Drucks. 16/1780, S. 22; Sachs-*Osterloh*, Art. 3 GG Rn 234; *Höfer*, Band I: Arbeitsrecht, ART Rn 639; Schiek-*Schiek*, Einl AGG Rn 38.

68 Siehe ausführlich zu diesem Thema: *Pieroth/Schlink*, Rn 192 ff. m.w.N.

69 Zur dogmatischen Herleitung des allgemeinen arbeitsrechtlichen Gleichbehandlungsanspruches siehe: *Thüsing*, Rn 888 f.; Dornbusch/Fischermeier/Löwisch-*Kamanabrou*, § 611 BGB Rn 285 ff. m.w.N. oder auch Schaub-*Linck*, § 112 Rn 2 ff.

70 Vgl.: BAGE 36, 187, 192; 39, 336, 339; Jarass-Pieroth-*Jarass*, Art. 3 GG Rn 103; Dreier-*Heun*, Art. 3 Rn 92.

71 ErfKomm-*Schmidt*, Art. 3 GG Rn 67; *Bauer/Göpfert/Krieger*, Einleitung AGG Rn 26.

72 Schiek-*Schiek*, Einl AGG Rn 38.

73 BT-Drucks. 16/1780, S. 22.

Gleichbehandlungsgrundsatz darstelle, da dieser durch solche Richtlinien in seinem Anwendungsbereich konkretisiert werde.[74] Der sich aus dem allgemeinen arbeitsrechtlichen Gleichbehandlungsgrundsatz ergebende Schutz erstreckt sich allerdings zum einen lediglich auf kollektive Regelungen, individuelle Vereinbarungen von Vertragsparteien hingegen werden als vorrangig betrachtet. Folglich kann sich aus einer individuellen Regelung bereits kein Verstoß gegen den allgemeinen arbeitsrechtlichen Gleichbehandlungsgrundsatz ergeben. Zum anderen ist zu beachten, dass der allgemeine arbeitsrechtliche Gleichbehandlungsgrundsatz im Gegensatz zu den Regelungen des AGG lediglich vor Verstößen im Rahmen eines bestehenden Arbeitsverhältnisses schützt, wohingegen die Begründung des Arbeitsverhältnisses von diesem Schutz gerade ausgenommen ist. Das AGG hingegen umfasst nunmehr gerade auch den vorvertraglichen Bereich der Bewerbungsphase etc. Dementsprechend geht der Schutz, wie er sich heute aus dem AGG ergibt, weiter als der des allgemeinen arbeitsrechtlichen Gleichbehandlungsgrundsatzes.

Auch auf einfachgesetzlicher Ebene waren bereits in der Vergangenheit Diskriminierungsverbote verankert. So seien hier exemplarisch § 611a BGB, das Gesetz zur Gleichstellung behinderter Menschen vom 1. Mai 2002, das Bundesgleichstellungsgesetz (BGleiG) vom 5. Dezember 2001, die Regelung des § 81 Abs. 2 SGB IX oder auch die Ausstrahlungswirkung des Art. 3 GG auf § 75 Abs. 1 BetrVG genannt. Diese Diskriminierungsverbote hatten jedoch allesamt einen jeweils sehr viel engeren Anwendungsbereich als das AGG, bspw. nur für einzelne Benachteiligungsmerkmale oder lediglich in Betrieben, in denen ein Betriebsrat besteht etc. Trotz des Bestehens dieser wie auch weiterer antidiskriminierungsrechtlicher Regelungen wie bspw. des § 4 TzBfG, des § 27 SprAuG oder des § 67 Abs. 1 S. 1 BPersVG ging die Bundesregierung im Verlauf der Entstehungsgeschichte des AGG davon aus, dass der deutsche Diskriminierungsschutz bis dato nicht hinreichend weit gefasst war. So bestanden bspw. im Zivilrecht anders als im Arbeitsrecht vor Inkrafttreten des AGG beinahe keine ausdrücklichen gesetzlich normierten Diskriminierungsverbote.[75] Der Gesetzgeber stellte fest, dass der Diskriminierungsschutz vor Inkrafttreten des AGG im Bereich der Geschlechtsdiskriminierung bereits am weitesten fortgeschritten war.[76] Bspw. fand sich in den Regelungen des BGB vor Inkrafttreten des AGG bereits das Diskriminierungsverbot bzgl. des Geschlechtes wieder. Hinsichtlich der weiteren in den Richtlinien geforderten Diskriminierungsmerkmale fand sich hingegen kein Diskriminierungsverbot im BGB.[77] Auch die arbeitsrechtlichen Spezialregelungen genügten nicht der Umsetzung der Antidiskriminierungsrichtlinien zum Schutz vor Benachteiligungen im Arbeitsrecht

---

74 BAG, Urt. v. 11. April 2006 – 9 AZR 528/05, BetrAV 2006, 781 f.; vgl.: *Polloczek*, S. 118.

75 Siehe auch: Däubler/Bertzbach-*Däubler*, Einleitung Rn 61.

76 BT-Drucks 16/1780, S. 22.

77 So übersichtlich: *Biester*, jurisPK-ArbR 35/2006 Anm. 6.

und waren vor dem Hintergrund der Antidiskriminierungsrichtlinien vom deutschen Gesetzgeber neu zu fassen und auf alle neuen Diskriminierungsmerkmale zu erstrecken.[78]

Im Regierungsentwurf zum AGG hieß es dementsprechend auch, dass in der Bundesrepublik noch kein umfassender arbeitsrechtlicher Diskriminierungsschutz bzgl. all jener Diskriminierungstatbestände bestehe, wie er von den europäischen Antidiskriminierungsrichtlinien vorgeschrieben werde. Auch wenn das AGG nach der Intention des Gesetzgebers keinen vollständigen und abschließenden Schutz vor Benachteiligungen darstellen sollte, so war es doch Intention des Gesetzgebers, zumindest und gerade die genannten Antidiskriminierungsrichtlinien vollumfänglich umzusetzen.[79]

Der deutsche Gesetzgeber hat daher im Jahr 2006 das AGG erlassen, nachdem zunächst die Verabschiedung eines Antidiskriminierungsgesetzes (ADG) gescheitert war und bereits die Verhängung eines Bußgeldes wegen nicht rechtzeitiger Umsetzung der EU-Richtlinien drohte.[80] Der deutsche Gesetzgeber hat hierbei versucht, die Vorgaben der Richtlinien umzusetzen und gleichzeitig auch die bereits bestehenden Vorgaben des Grundgesetzes zu erfüllen.[81] So diente die Einführung des AGG auch der Konkretisierung der Diskriminierungsverbote des Art. 3 Abs. 3 GG sowie des Gleichbehandlungsgebotes des Art. 3 Abs. 2 GG, so dass der Regelungszweck der Antidiskriminierungs-Richtlinien bzw. des AGG nicht allein darin bestand, zusätzliche Rechte gegen Diskriminierung einzuführen, sondern auch darin, die tatsächliche Rechtsdurchsetzung zu verbessern.[82]

Die wesentlichen Regelungen der zugrunde liegenden Gleichbehandlungs-Richtlinien finden sich teilweise wörtlich im AGG wieder. Auch hinsichtlich der Systematik orientiert sich das AGG zu großen Teilen am Webmuster der Richtlinien[83] sowie am Muster des § 611a BGB, nach welchem bereits vor Inkrafttreten des AGG Benachteiligungen wegen des Geschlechtes verboten waren.[84] Das AGG lässt sich daher als *„nationale Vorschrift mit in erster Linie europarechtlichem Gehalt"*[85] beschreiben.

Den europäischen Richtlinien folgend untersagt auch das AGG Benachteiligungen anhand bestimmter, enumerativ genannter Merkmale. In § 1 AGG werden die

78 So auch: *Rühl/Schmid/Viethen*, S. 43.

79 BT-Drucks. 16/1780, S. 32.

80 EuGH, Urt. v. 28. April 2005 – Rs. C-329/04, BetrAV 2005, 494 f.; Urt. v. 23. Februar 2006 – Rs. C-43/05, AP Nr. 2 zu Richtlinie 2000/78/EG, worin der EuGH bereits festgestellt hatte, dass der deutsche Gesetzgeber seine Pflicht zur Transformation durch die Säumigkeit in der Umsetzung zweier der Antidiskriminierungsrichtlinien verletzt habe.

81 Schiek-*Schiek*, Einl AGG Rn 40.

82 Vgl.: *Mahlmann*, ZEuS 2002, 407, 410.

83 So: *Repgen* in Isensee, S. 33.

84 So: *Richardi*, ZfA 2008, 31, 46.

85 *Hellkamp/Rinn*, BetrAV 2008, 442.

Merkmale aufgezählt, die nicht nur Ziele des Gesetzes, sondern gleichzeitig auch Tatbestandsmerkmale der nunmehr im AGG geregelten Benachteiligungsverbote des Arbeits- (§ 7 AGG) sowie des Zivilrechts (§ 19 AGG) darstellen. Hierbei spricht das AGG nicht nur von der „Beseitigung“, sondern auch vom „Verhindern“ derartiger Benachteiligungen, so dass erkennbar nicht nur die Sanktion, sondern auch oder gerade die Prävention von Benachteiligungen Ziel dieses Gesetzes ist.

Diese Merkmale des § 1 AGG – Rasse oder ethnische Herkunft, Geschlecht, Religion oder Weltanschauung, Behinderung, Alter sowie sexuelle Identität – entstammen Art. 19 AEUV[86], welcher allerdings nicht von sexueller Identität, sondern von sexueller Ausrichtung sprach. Die Aufzählung in § 1 AGG benennt hierbei abschließend die durch das AGG „verpönten“ Diskriminierungsmerkmale. Hey spricht daher hinsichtlich der „verpönten“ Merkmale des AGG von den *„Sieben Todsünden“.*[87] Andere, nicht in dieser enumerativen Aufzählung genannte Eigenschaften oder Merkmale werden folglich vom Diskriminierungsschutz (zumindest dem des AGG) ausgeschlossen.[88] Über den Gesetzeswortlaut des AGG hinausgehende, bspw. im Grundgesetz zu findende Diskriminierungsverbote wie das der politischen Anschauung, Sprache, Herkunft, Abstammung oder auch der Nichtehelichkeit dürfen aufgrund des eindeutigen Wortlautes des § 1 AGG auch nicht in diese Vorschrift hineingelesen werden.[89]

Ein Novum stellt hierbei die Einbeziehung des Merkmals des „Alters“ dar. Die Implementierung dieses Merkmales birgt besondere Brisanz, da in Deutschland eine Vielzahl von tariflichen und sogar gesetzlichen Regelungen existiert, die gerade nach dem Alter differenzieren.[90] Jedoch ist gerade in alternden Gesellschaften wie der deutschen der Schutz vor Altersdiskriminierung besonders relevant[91], insbesondere, da der Arbeitsmarkt für Bewerber ab 50 Jahren immer unzugänglicher geworden ist.[92] Hierbei geht der nunmehr eingeführte Schutz vor Altersdiskriminierung sogar noch weiter und umfasst nicht nur ältere Personen, sondern gleichzeitig auch jüngere vor einer Diskriminierung wegen ihres jeweiligen - jungen oder alten - Alters.[93]

Der Gesetzgeber hat für den Bereich des Arbeitsrechtes in den §§ 6 bis 18 AGG eine einheitliche gesetzliche Regelung des Diskriminierungsschutzes geschaffen, welche alle in den Richtlinien genannten Merkmale erfasst. Diese Neuregelung war für das Arbeitsrecht ein großer Schritt, da der Diskriminierungsschutz *„bislang keinen zentralen Platz im Arbeitnehmerschutzrecht eingenommen“* hatte.[94] Auch

---

86 ex-Art. 13 EGV.
87 *Hey*, § 1 AGG Rn 2.
88 Vgl.: *Thüsing*, Rn 219.
89 Siehe auch: Rudolf/Mahlmann-*Rudolf*, § 6 Rn 42; *Kamanabrou*, RdA 2006, 321, 322.
90 So auch anschaulich: *Willemsen/Schweibert*, NJW 2006, 2583, 2585.
91 So zutreffend: Schlachter-*Schlachter*, S. 11.
92 Vgl.: *Asscher-Vonk/Schlachter*, RIW 2005, 503, 507.
93 Vgl.: Schlachter-*Schlachter*, S. 23.
94 *Thüsing*, Rn 7.

gegenüber den früheren (und mit Inkrafttreten des AGG außer Kraft getretenen) Regelungen der § 611a, 611b und § 612 Abs. 3 BGB wurde der Diskriminierungsbegriff durch das AGG noch erweitert.

Nunmehr bestimmt § 6 AGG den persönlichen und zeitlichen Anwendungsbereich dieses 2. Abschnittes des AGG. § 7 Abs. 1 AGG verbietet Benachteiligungen von Beschäftigten aufgrund der in § 1 AGG genannten Merkmale. Die Rechtsfolgen einer nicht gerechtfertigten Benachteiligung ergeben sich aus § 7 Abs. 2 AGG.[95] Die §§ 8-10 AGG hingegen weisen besondere Rechtfertigungsgründe für Benachteiligungen wegen beruflicher Anforderungen (§ 8 AGG), wegen der Religion oder Weltanschauung (§ 9 AGG) oder wegen des Alters (§ 10 AGG) aus. In den dort beschriebenen Fällen bzw. aus den hier genannten Gründen kann eine Benachteiligung, welche grundsätzlich gegen das Benachteiligungsverbot des § 7 AGG in Beschäftigung und Beruf verstößt, ausnahmsweise gerechtfertigt und somit doch zulässig sein. Auch beim Vorliegen positiver Maßnahmen i.S.d. § 5 AGG kann eine Benachteiligung nach den in § 1 AGG genannten Merkmalen ausnahmsweise zulässig sein.

Die §§ 19 bis 21 AGG stehen neben dem das Berufsleben betreffenden Abschnitt und behandeln den Schutz vor Benachteiligung im Zivilrechtsverkehr. Ansprüche aus einer unzulässigen Benachteiligung im Zivilrechtsverkehr i.S.d. § 19 AGG ergeben sich aus § 21 AGG. Auch für diesen Bereich hat der Gesetzgeber in Form von § 20 AGG eine Ausnahmer- und Rechtfertigungsregelung geschaffen

Die §§ 31 bis 33 AGG beinhalten die Schlussbestimmungen. Hierbei ist insbesondere die Regelung des § 33 AGG wichtig, welche den zeitlichen Anwendungsbereich auf arbeitsrechtliche sowie zivilrechtlich Sachverhalte regelt.

Beim Erlass des AGG hatte der Gesetzgeber auch die besondere Konstellation zu beachten, dass Art. 3 Abs. 2 und 3 GG bislang mangels unmittelbarer Wirkung nicht in zwischen Privatrechtssubjekten bestehende Vertragsfreiheit eingriffen. Die Vertragsfreiheit besteht im Hinblick auf die bAV grundsätzlich auch für die materielle Ausgestaltung von Versorgungszusagen der bAV[96] und fand ihre Grenze somit bislang v.a. in den Verfassungsnormen der Gleichbehandlung, der Gleichberechtigung sowie dem europarechtlichen Lohngleichheitsgebot des Art. 157 AEUV und anderen, einfachgesetzlichen nicht abdingbaren Rechtsvorschriften.

Durch die Ausarbeitung der arbeitsrechtlichen und zivilrechtlichen Diskriminierungsverbote des AGG greift der Gesetzgeber nunmehr in ebenjene Beziehungen zwischen Privaten ein, in welchen grundsätzlich die Vertragsfreiheit garantiert ist.[97] Diese Entwicklung ergibt sich allerdings bereits aus dem Gedanken, dass das

---

95 Zu den Rechtsfolgen einer Benachteiligung im Sinne des § 7 Abs. 1 AGG siehe auch: B.V.

96 Siehe zur Frage der Vertragsfreiheit im Bereich der bAV:*Höfer*, Band I: Arbeitsrecht, ART Rn 641.

97 Zur Frage des Eingriffs in die garantierte Vertragsfreiheit zwischen Privaten siehe: *Thüsing*, Rn 47.

Schlagwort der „Antidiskriminierung“ gerade im rechtsgeschäftlichen Bereich eine Antithese zur Privatautonomie darstellt. Die Wahlfreiheit wird hier (und nunmehr im Bereich des AGG) bewusst zugunsten des Schutzes vor Diskriminierungen eingeschränkt.[98]

Das AGG geht als „echter“ Diskriminierungsschutz in einigen Punkten über das bisher bekannte reine Gleichbehandlungsrecht hinaus.[99] So wird nunmehr bspw. bei der Überprüfung des Vorliegens einer unmittelbaren Benachteiligung i.S.d. § 3 Abs. 1 AGG nicht nur auf reale, sondern auf hypothetische Vergleichspersonen abgestellt. Weiter wird nach dem AGG eine Belästigung einer unzulässigen Diskriminierung gleichgestellt und selbst bloße Anweisungen zu entsprechendem Verhalten als Benachteiligung klassifiziert. Eine Benachteiligung ist somit nach dem neuen Recht weit früher gegeben als nach altem Recht.[100]

Der weiterhin bedeutsame allgemeine arbeitsrechtliche Gleichbehandlungsgrundsatz unterscheidet sich hingegen eindeutig von dem besonderen Diskriminierungsschutz, wie ihn nunmehr bspw. die Regelungen des AGG[101] bieten. Im besonderen Diskriminierungsschutz wird im Gegensatz zum allgemeinen arbeitsrechtlichen Gleichbehandlungsgrundsatz *„gerade keine generelle Pflicht zur Gleichbehandlung aufgegeben, sondern nur das Verbot der Benachteiligung aus bestimmten, ausdrücklich normierten* [„verpönten“] *Gründen“*[102] untersagt. Während der Gleichbehandlungsgrundsatz also eine generelle arbeitsrechtliche Gleichbehandlung vorschreibt, sofern nicht sachliche Differenzierungsgründe gegeben sind, sind im besonderen Diskriminierungsschutz lediglich Unterscheidungen anhand bestimmter „verpönter“ Merkmalen untersagt.[103]

Im besonderen Diskriminierungsschutz wie dem AGG werden folglich einzelne, gesellschaftlich als besonders schützenswert angesehene Gruppen mittels spezieller Diskriminierungstatbestände geschützt, wohingegen der allgemeine Gleichbehandlungsgrundsatz grundsätzlich jede sachfremde Differenzierung verbietet. Die Diskriminierungsverbote stellen sich somit als Werturteile dar, welche festlegen, dass bestimmte Merkmale als für eine unterschiedliche rechtliche Behandlung untauglich gelten.[104] Die besonderen Diskriminierungsverbote, wie sie das AGG[105]

---

98 Anschaulich hierzu: *Lobinger*, in Isensee, S. 112.

99 So auch: *Cisch/Böhm*, BB 2007, 602; *Langohr-Plato*, Rn 1468 ff.

100 Zum Vergleich zur bisherigen Rechtslage siehe auch: Däubler/Bertzbach-*Däubler*, Einleitung Rn 32 ff.

101 Auch bereits vor Inkrafttreten des AGG gab es im deutschen Recht besonderen Diskriminierungsschutz, so bspw. in den § 4 Abs. 1, 2 TzBfG und § 9 Nr. 2 AÜG.

102 *Thüsing*, Rn 145.

103 Siehe vertiefend zu den Unterschieden zwischen dem allg. arbeitsrechtl. Gleichbehandlungsgrundsatz und besonderem Diskriminierungsschutz: *Thüsing*, Rn 145 f., 890.

104 Vgl.: *Wiedemann, H.*, S. 40.

105 Weitere Beispiele für solche besonderen Diskriminierungsverbote stellen Art. 3 Abs. 2 S. 1 und Abs. 3 S. 1 GG oder aber auch die Art. 19 und Art. 157 AEUV dar.

nunmehr beinhaltet, verbieten es nunmehr, ein persönliches Merkmal (bspw. das Alter, Geschlecht, Rasse etc.) ohne zwingenden Grund zum Anlass unterschiedlicher Behandlungen zu nehmen.[106]

Da das AGG schlussendlich unter großem Zeitdruck verabschiedet wurde, haben sich allerdings auch gewisse „Strickfehler" in das neue Gesetz eingeschlichen. Dies lässt sich bereits daran erkennen, dass die §§ 10 und 20 AGG bereits kurze Zeit nach Inkrafttreten des AGG nachträglich korrigiert werden mussten.[107] Die tlw. mangelhafte Umsetzung der Richtlinien erweckte daher auch bereits in kürzester Zeit die Kritik der Literatur, wo bspw. hinsichtlich des AGG von einem *„Flickwerk"* die Rede war.[108] Folgendes Zitat fasst die Kritik anschaulich zusammen: *„Ein Handwerker, der so arbeiten würde wie unser Gesetzgeber, wäre in kürzester Zeit pleite."*[109]

Die zuvor befürchtete Klageflut vor deutschen Gerichten ist jedoch ausgeblieben. Mittlerweile, mehr als sieben Jahre nach Inkrafttreten des AGG, kann konstatiert werden, dass das AGG entgegen aller Befürchtungen weder die befürchtete Klagewelle noch den von ärgsten Skeptikern prophezeiten wirtschaftlichen Abschwung zur Folge gehabt hat.[110]

Hinsichtlich des Betriebsrentenrechts hingegen beinhaltet das AGG durchaus problematische Regelungen. So stellte sich nach Inkrafttreten des AGG zunächst die Frage, ob das AGG und insbesondere auch der 2. Abschnitt des AGG, welcher ausdrücklich den *„Schutz von Beschäftigten vor Benachteiligungen"*, also den Diskriminierungsschutz im Arbeitsrecht behandelt, die bAV *überhaupt* berühren und die bAV somit von den Vorgaben des AGG betroffen sein würde. Dies war aufgrund des verwirrenden Gesetzeswortlauts des § 2 Abs. 2 S. 2 AGG, nach welchem *„für die betriebliche Altersvorsorge [...] das Betriebsrentengesetz"* gelte, zunächst höchst umstritten und musste höchstrichterlich geklärt werden. Teilweise wurde in der Literatur bis zu dieser Klärung durch das BAG teilweise vertreten, dass der Wortlaut des § 2 Abs. 2 S. 2 AGG klarstelle, das Betriebsrentenrecht sei gänzlich aus dem Anwendungsbereich des AGG herausgenommen.[111] Heute ist jedoch geklärt, dass das AGG mittels seiner Diskriminierungstatbestände auch das Betriebsrentenrecht berührt.[112] Ebenso wie das restliche deutsche Arbeitsrecht hat somit

---

106 Siehe auch: *Wiedemann, H.*, S. 11.

107 Die Korrektur geschah durch Art. 8 des „Zweiten Gesetzes zur Änderung des Betriebsrentengesetzes" vom 2. Dezember 2006.

108 *Biester*, jurisPR-ArbR 35/2006 Anm. 6; ebenso: *Bauer/Preis/Schunder*, NZA 2006, 1261, 1263.

109 *Bauer/Thüsing/Schunder*, NZA 2006, 774.

110 Zu diesem Ergebnis kommen auch: *Wendeling-Schröder*, NZA 2007, 1399; *Busch*, Der Personalrat 2008, 284; *Bissels/Lützeler*, BB 2008, 666, 671; *Watzenberg*, NJ 2008, 433.

111 Siehe bspw.: Däubler/Bertzbach-*Däubler*, Einleitung AGG Rn 11; zum genauen Streitstand und der Entscheidung des BAG siehe: B.I.

112 Ausführlich zur Diskussion sowie der klärenden Rechtsprechung des BAG hinsichtlich dieser Frage vgl. unten: B.III.

auch das Betriebsrentenrecht durch die Einführung des AGG eine zusätzliche europarechtliche Prägung erhalten und muss den Anforderungen des AGG genügen.[113]

Ziel dieser Arbeit soll sein, einen Überblick über die Auswirkungen der Diskriminierungstatbestände des AGG bzw. auch der dem AGG zugrundeliegenden Richtlinien auf das Betriebsrentenrecht zu verschaffen. Inwiefern sind bspw. in Versorgungszusagen enthaltene Regelungen noch wirksam? Inwiefern wird es nötig sein, diese Regelungen anzupassen bzw. eventuell durch diese Regelungen benachteiligte Arbeitnehmer oder deren Angehörige mit Nicht-Benachteiligten gleichzustellen? Und wie wird in solchen Fällen die Gleichstellung in der Praxis aussehen? Inwiefern zwingt das AGG zu einer Anpassung der Praktiken der bAV? Diese Fragen sollen in dieser wissenschaftlichen Arbeit erörtert und - sofern möglich - beantwortet werden.

Da die Frage nach einer möglichen Rechtfertigung einer Ungleichbehandlung im Gleichbehandlungsrecht stets eine Kernfrage darstellt[114], gilt dies auch und insbesonders bei der Frage der Ausgestaltung von Betriebsrenten. Auch hier können Ungleichbehandlungen durchaus legitimiert sein und somit keine ungerechtfertigte Benachteiligung i.S.d. AGG darstellen. Bzgl. verschiedener bislang üblicher Regelungen im Bereich des Betriebsrentenrechts besteht jedoch seit Einführung des AGG Unklarheit: Sind diese Regelungen noch rechtmäßig oder ist der Einführung des AGG durch eine Abänderung der Regelungen Rechnung zu tragen?

Bei der Klärung diser Frage auch stets der Standpunkt des Arbeitgebers berücksichtigt werden. *„Da die betriebliche Altersversorgung ihrer Natur nach die* [freiwillige] *Übernahme von Risiken durch den Arbeitgeber ist, ist es deshalb ein legitimes Ziel des Arbeitgebers, die von ihm übernommenen Risiken zu begrenzen und vor allem kalkulierbar zu machen.“*[115] Dieser Gedankengang stellt möglicherweise ebenso wie die Überlegungen, dass die bAV aufgrund ihrer Bedeutung für das Altersversorgungssystem attraktiv und zeitgemäß zu halten ist[116], eine gewisse Rechtfertigung in Benachteiligungsfällen i.R.d. bAV dar.

Noch mehr als sechs Jahre nach Inkrafttreten des AGG scheinen diese (teilweise weiterhin ungeklärten) Fragen die Praxis der bAV zu erschweren. So stellt bspw. das Ende 2011 erschienene „Lexikon Altersversorgung: Ausgabe 2012“ schlichtweg unter dem Begriff des Allgemeinen Gleichbehandlungsgesetzes fest: *„Viele Fragen sind derzeit im Zusammenhang mit dem AGG zu klären. Dies gilt auch für den Bereich der betrieblichen Altersversorgung.“*[117] Durch diese Arbeit soll bzgl. der durch das AGG eingeführten Diskriminierungsmerkmale zur Klärung dieser Frage beigetragen werden. Ein besonderer Schwerpunkt soll hierbei auf der Behandlung jener Diskriminierungsmerkmale liegen, welche durch das AGG neu eingeführt wurden, genauer jene des „Alters“, der „sexuellen Identität“ sowie der „Behinderung“.

---

113 *Thüsing*, ZfA 2001, 397.
114 Rudolf-Mahlmann-*Mahlmann*, § 3 Rn 107.
115 *Schmidbauer/Schmidbauer*, S. 69.
116 *von der Leyen*, BetrAV 2012, 373.
117 *Fath/Urbitsch*, S. 2.

Hierbei sollen die Auswirkungen des AGG auf das Betriebsrentenrecht untersucht werden und – so weit möglich – Unklarheiten bzgl. der Auswirkungen des Antidiskriminierungsrechtes auf die bAV beseitigt und soweit möglich ein Ausblick auf aktuelle Veränderungen wie bspw. durch die Ratifizierung der Grundrechte-Charta (GRC) der EU gegeben werden. Nicht im Detail behandelt werden soll hingegen die zunächst in Rechtsprechung und Literatur äußert umstrittene Frage nach dem möglichen Bestehen eines primärrechtlichen Verbotes der Altersdiskriminierung, wie sich dies aus der *Mangold*-Entscheidung[118] zu ergeben schien. Diese Frage ist seit dem Inkrafttreten der GRC obsolet geworden, da sich aus der GRC seitdem ein primärrechtliches Verbot der Altersdiskriminierung ergibt.[119] Zudem ist der an die *Mangold*-Entscheidung anknüpfende Streit für die vorliegende Arbeit nicht weiter relevant, da ein solches primärrechtliches Verbot nach Rechtsprechung des EuGH der Altersdiskriminierung lediglich iRv Sachverhalten Anwendung findet, die einen gemeinschaftsrechtlichen Bezug hätten.[120] Ein solcher gemeinschaftsrechtlicher Bezug wird jedoch in den Fällen der bAV grundsätzlich nicht gegeben sein.

Dass die Umsetzung der europäischen Vorgaben entgegen der Erwartungen und Hoffnungen zumindest im Bereich der bAV gerade nicht dazu beigetragen hat, Rechtsunsicherheiten zu beseitigen, sondern vielmehr für diesen speziellen Bereich des Arbeitsrechts einige neue Zweifelsfälle herauskristallisiert hat, ist für die Verfolgung des Zieles, die bAV zu verbreiten, ein untragbarer Zustand. Wie *Steinmeyer* anschaulich beschreibt, soll es nicht sein, dass *„jeder Arbeitgeber, der betriebliche Altersversorgung zugesagt hat oder zusagen will, [...] bei dem Gedanken an Fragen einer möglichen Diskriminierung verständlicherweise ein flaues Gefühl in der Magengegend“*[121] habe.

Eine solche Unsicherheit ist einer (gewünschten) weiteren Verbreitung der bAV zur Absicherung der Arbeitnehmer nicht förderlich. Diese Arbeit soll daher mit ihrer Darstellung der Auswirkungen der Einführung des AGG auf die bAV Unklarheiten so weit wie möglich ausräumen und somit auch dazu beitragen, dass bestimmte „Fehler“ im Hinblick auf Betriebsrenten in Zukunft nicht mehr begangen werden bzw. darauf hingearbeitet werden kann, die Fehler der Vergangenheit – soweit nötig – zu berichtigen.

---

118 EuGH, Urt. v. 22. November 2005 – Rs. C-144/04 [*Mangold*], Slg. 2005, I-9981 ff. = AP Nr. 1 zu Richtlinie 2000/78/EG.

119 Siehe zur Frage der Anwendung des primärrechtlichen Altersdiskriminierungsverbotes vor Inkrafttreten des AGG auch unten: B.III.5.c); vertiefend zu den Auswirkungen der EuGH-Rechtsprechung, insbes. in den Rechtssachen *„Mangold“* und *„Kücükdeveci“*, siehe auch: *Adomeit/Mohr*, § 1 AGG Rn 11 ff.; *Meinel/Heyn/Herms*, Einl. Rn 4 ff.

120 Vgl. EuGH, Urt. v. 23. September 2008 – Rs. C - 427/06 [*Bartsch*], Slg 2008, I-7245 ff. = AP Nr. 11 zu Richtlinie 2000/78/EG; ebenso auch BAG, Urt. v. 14. Oktober 2008 – 9 AZR 511/07, AP Nr. 41 zu § 1 TVG Altersteilzeit.

121 *Steinmeyer*, BetrAV 2006, 601, 602.

B. Auswirkungen des AGG auf das Betriebsrentenrecht

Damit sich das AGG auch auf die bAV auswirken kann, muss es sich zuallererst um einen Sachverhalt der bAV handeln. An dieser Stelle soll daher ein kurzer Überblick darüber gegeben werden, in welchen Fällen von einer bAV gesprochen wird, wie diese zugesagt wird, welcher Rechtscharakter den Leistungen einer bAV zugeschrieben wird etc.

I. Begriff der betrieblichen Altersversorgung

Die bAV an sich wird in § 1 Abs. 1 S. 1 BetrAVG legaldefiniert als Leistungen der Alters-, Invaliditäts- oder Hinterbliebenenversorgung, die einem Arbeitnehmer aus Anlass seines Arbeitsverhältnisses zugesagt worden sind. Folglich umfasst der Oberbegriff der bAV neben der Altersversorgung im engeren Sinne auch die Invaliditäts- und Hinterbliebenenversorgung.[122] Man spricht auch dann von einer bAV, wenn nicht alle, sondern lediglich einzelne dieser Leistungsarten zugesagt sind.[123]

In § 1 Abs. 1 BetrAVG findet sich eine Definition des Begriffes der bAV. Die kennzeichnenden Merkmale der bAV sind das Versprechen einer Leistung zum Zweck der Versorgung (Versorgungszweck), die Zusage eines Arbeitgebers an einen Arbeitnehmer aus Anlass eines Arbeitsverhältnisses (Zusage aus Anlass eines Arbeitsverhältnisses) sowie ein Anspruch auslösendes biologisches Ereignis in Form eines bestimmten Alters, der Invalidität oder des Todes (biologisches Ereignis).[124] § 1a BetrAVG räumt dem Arbeitnehmer seit der Gesetzesänderung vom 26. Juni 2001[125] zudem einen Anspruch auf Entgeltumwandlung ein.

1. Einordnung eines Sachverhaltes als betriebliche Altersversorgung

Für die Einordnung eines Sachverhaltes unter den Begriff der bAV müssen die Voraussetzungen des § 1 Abs. 1 S. 1 BetrAVG objektiv gegeben sein. Sind sie gegeben, so sind die Regelungen des BetrAVG auf den Sachverhalt anzuwenden, unabhängig

---

122 *Höfer*, Band I: Arbeitsrecht, ART Rn 17.

123 BAG, Urt. v. 9. November 1978 – 3 AZR 784/77, AP Nr. 179 zu § 242 BGB Ruhegehalt; siehe auch: ErfKomm-*Steinmeyer*, § 1 BetrAVG Rn 5; *Höfer*, Band I: Arbeitsrecht, ART Rn 19.

124 Siehe hierzu auch: *Höfer*, Band I: Arbeitsrecht, ART Rn 18.

125 Vgl.: BGBl I 2001, S. 1310.

von möglicherweise anderslautenden subjektiven Vorstellungen oder Bezeichnungen der Leistung durch die Parteien.

a) Rechtsbegründungsakte betrieblicher Versorgungsansprüche

Da sich die bAV als freiwillige Sozialleistung des Arbeitgebers darstellt und es mit Ausnahme der Entgeltumwandlung (§ 1a BetrAVG) keine gesetzliche Rechtspflicht zur Einführung einer solchen gibt, ist ein Verpflichtungstatbestand auf Seiten des Arbeitgebers von Nöten.

Für die Ausgestaltung der betrieblichen Versorgungsleistungen als freiwillige Leistung gilt grundsätzlich der Grundsatz der Vertragsfreiheit, wenngleich diese Freiheit durch verschiedene Regelungen des BetrAVG eingeschränkt wird. Das BetrAVG stellt hierbei einen gewissen gesetzlichen Mindeststandard dar, der zwingend zu beachten ist, wenn eine Versorgungszusage erteilt wird. Es regelt bestimmte Rahmenbedingungen der Ausgestaltung der bAV. So schränken bspw. Regelungen zur Unverfallbarkeit, zum Auszehrungs-, Anrechnungs- oder Abfindungsverbot oder aber auch zur Anpassungsprüfungspflicht die grundsätzliche Freiheit des Arbeitgebers bei der Ausgestaltung ein. § 17 Abs. 3 S. 3 BetrAVG bestimmt, dass von diesen gesetzlichen (Schutz-) Vorschriften nicht zuungunsten des Arbeitnehmers abgewichen werden darf. Darüber hinaus ist die Vertragsfreiheit auch durch *„die die betriebliche Altersversorgung tangierenden Bestimmungen des GG, des BGB mit dem Allgemeinen Vertragsrecht, das AGG sowie das Tarif- und Betriebsverfassungsrecht“*[126] eingeschränkt.[127]

Der Verpflichtungstatbestand im Rahmen der bAV kann unterschiedlich ausgestaltet sein. Zunächst kann sich die Verpflichtung des Arbeitgebers aus einer (individual- oder kollektivrechtlichen) Zusage ergeben. Möglich sind jedoch auch Verpflichtungen aufgrund arbeitsrechtlicher Rechtsgrundsätze wie der betrieblichen Übung oder dem Gleichbehandlungsgrundsatz. In jedem Fall muss die Verpflichtung nicht notwendigerweise ausdrücklich geschehen, sondern kann vielmehr auch stillschweigend begründet werden.[128]

Die unterschiedlichen Rechtsbegründungsakte der bAV sind jedoch vom Durchführungsweg zu unterscheiden. Während zur Begründung eines Anspruches auf Leistungen der bAV verschiedene Rechtsbegründungsakte in Betracht kommen, kann die Durchführung der bAV unmittelbar wie auch in Form verschiedener mittelbarer Durchführungswege ausgestaltet werden, § 1b BetrAVG. Hierbei kommen fünf verschiedenen Durchführungswege in Frage: zum einen die unmittelbare Versorgungszusage, zum anderen die mittelbaren Versorgungszusagen mittels Direktzusage, Pensionskasse, Pensionsfonds oder Unterstützungskasse. Grundsätzlich können alle genannten Durchführungswege bei jedem Rechtsbegründungsakt gewählt werden.

---

126 *Förster/Cisch/Karst*, § 1 BetrAVG Rn 7.
127 Zu den Auswirkungen des AGG auf die bAV s.u.: B.IV.
128 Siehe auch: *Langohr-Plato*, Rn 223 ff. m.w.N.

aa) Zusage auf betriebliche Altersversorgung

Als Rechtsbegründungsakt der bAV kommt zunächst die Zusage in Betracht. Der Begriff der Zusage umfasst alle Willenserklärungen des Arbeitgebers, mit denen er seinen Betriebsangehörigen Leistungen einer bAV verspricht. Die Zusage bedarf hierbei keiner bestimmten Form. In Betracht kommen die Einzel- und Gesamtzusage, vertragliche Einheitsregelungen sowie kollektivvertragliche Vereinbarungen.[129]

(1) Einzelzusage

Bei einer Einzelzusage handelt es sich um einen individuell ausgehandelten Vertrag zwischen dem Arbeitgeber und dem Arbeitnehmer, welcher neben der Zusage auf Durchführung einer bAV auch die Regelung des Durchführungsweges sowie des Inhalts des Leistungsplanes als Bestandteile des Versorgungsverhältnisses beinhaltet. Die Zusage wird nach ihrem Abschluss Bestandteil des Arbeitsvertrages und teilt dessen Schicksal.[130] Fortan bedarf bspw. die Aufhebung oder Kündigung der Zusage ebenso wie die des Arbeitsvertrages gem. § 623 BGB der Schriftform.

(2) Gesamtzusage

Von einer Gesamtzusage wird dann gesprochen, wenn eine Mehrzahl von gleich strukturierten Versorgungszusagen des Arbeitgebers vorliegt, welche sich an alle Arbeitnehmer eines Unternehmens oder zumindest an eine oder mehrere nach sachlichen Kriterien abgrenzbare Arbeitnehmergruppen eines Unternehmens richtet. Das Angebot des Arbeitgebers erfolgt im Rahmen einer Gesamtzusage in allgemeiner Form, bspw. durch Aushang am „schwarzen Brett“ oder Ähnliches. Für das Wirksamwerden kommt es nicht auf die konkrete Kenntnis des einzelnen Arbeitnehmers an, sondern lediglich darauf, dass der Arbeitnehmer die Möglichkeit besitzt, Kenntnis zu nehmen.[131] Eine ausdrückliche Annahmeerklärung der Arbeitnehmer wird daher auch nicht erwartet, eine solche stattdessen als stillschweigend i.S.d. § 151 BGB in Form seiner Weiterarbeit oder in Form der Entgegennahme der Leistung unterstellt.[132] Auch für später eintretende Arbeitnehmer gilt der bekannt

---

129 Ausführlich zu den Rechtsbegründungsakten: *Höfer*, Band I: Arbeitsrecht, ART Rn 207 ff.

130 Siehe hierzu auch: *Förster/Cisch/Karst*, § 1 BetrAVG Rn 98; *Höfer*, Band I: Arbeitsrecht, ART Rn 212.

131 BAG, Urt. v. 15. Februar 2005 – 9 AZR 116/04, AP Nr. 15 zu § 612a BGB = NZA 2005, 1117; Urt. v. 28. Juni 2006 – 10 AZR 385/05, AP Nr. 74 zu § 242 BGB Betriebliche Übung = NZA 2006, 1174; zur Gesamtzusage siehe auch: ErfKomm-*Preis*, § 611 BGB Rn 218.

132 BAG, Urt. v. 18. März 2003 – 3 AZR 101/02, EzA Nr. 39 zu § 1 BetrAVG; Urt. v. 16. September 1986 – GS 1/82, AP Nr. 17 zu § 77 BetrVG 1972; Vertiefend hierzu auch: *Höfer*, Band I: Arbeitsrecht, ART Rn 226.

gemachte Inhalt der Gesamtzusage, unabhängig davon, ob dieser Inhalt dem Neueintretenden zum Zeitpunkt seines Eintritts mitgeteilt wurde oder nicht.[133]

Die einzelnen Zusagen werden ebenso wie bei der Einzelzusage Bestandteil der Arbeitsverträge, so dass auch diese grundsätzlich nur per Änderungsvertrag oder -kündigung modifiziert werden können.[134]

(3) Vertragliche Einheitsregelung

Bei einer vertraglichen Einheitsregelung handelt es sich ebenso wie bei der Gesamtzusage um eine Mehrzahl von Versorgungszusagen an die gesamte Belegschaft oder anhand objektiver Merkmale abgrenzbarer Arbeitnehmergruppen. Auch hier werden die Versorgungszusagen Bestandteil der einzelnen Arbeitsverträge.[135] Von der Gesamtzusage unterscheidet sich die vertragliche Einheitsregelung nur insofern, als bei der vertraglichen Einheitsregelung Angebot und Annahme der Versorgungszusage ausdrücklich dokumentiert werden.

Der Arbeitgeber wendet sich im Rahmen einer vertraglichen Einheitsregelung stets an jeden einzelnen Arbeitnehmer, jedoch mit für alle Arbeitnehmer jeweils gleichen Regelungen. Typisch für das Zustandekommen einer Versorgungszusage durch vertragliche Einheitsregelung ist bspw. ein Angebot des Arbeitgebers mittels persönlichen Anschreibens an die Arbeitnehmer sowie der ausdrücklichen Annahme dieses Angebotes durch die einzelnen Arbeitnehmer, wobei jedoch *„der kollektive Bezug [...] aber für den Arbeitnehmer erkennbar sein"*[136] muss.

(4) Kollektivvertragliche Vereinbarungen

Eine Versorgungszusage kann ebenfalls durch kollektivvertragliche Vereinbarungen zustande kommen. In Betracht kommen hier Versorgungszusagen auf dem Wege einer Betriebsvereinbarung oder auf dem Wege der tarifvertraglichen Einigung. Fällt der Arbeitnehmer unter den Geltungsbereich eines die bAV regelnden geltenden Tarifvertrages oder einer derartigen Betriebsvereinbarung, so ist gem. dem Günstigkeitsprinzip eine von diesen Regelungen abweichende einzelvertragliche Versorgungsvereinbarung mit dem Arbeitgeber nur insoweit möglich, als sie

---

133 Hess. LAG, Urt. v. 27. Juni 2001 – 8 Sa 677/00, AP Nr. 5 zu § 77 BetrVG 1972 Betriebsvereinbarung.

134 BAG, Urt. v. 12. Oktober 1995, AP Nr. 8 zu § 99 BetrVG 1972 Versetzung; Aufgrund seiner Besonderheit als Gesamtzusage auf Leistungen der bAV soll jedoch in Ausnahmefällen von diesem Grundsatz eine Ausnahme gemacht werden, so dass in diesen Fällen die aus einer Gesamtzusage stammenden Ansprüche bspw. durch eine ablösende Betriebsvereinbarung verändert werden können; Vertiefend zur Gesamtzusagen siehe: Staudinger-*Richardi/Fischinger*, § 611 BGB Rn 375 ff.; ErfKomm-*Preis*, § 611 BGB Rn 218; zu Ausnahmefällen im Bezug auf Gesamtzusagen auf Leistungen der BAV siehe: Kemper/Kisters-Kölkes/Berenz/Huber-*Kemper*, § 1 Rn 344 ff.

135 Staudinger-*Richardi/Fischinger*, § 611 BGB Rn 378.

136 *Höfer*, Band I: Arbeitsrecht, ART Rn 228.

sich gegenüber den bestehenden kollektivrechtlichen Regelungen für den Arbeitnehmer günstiger gestaltet.[137]

(a) Betriebsvereinbarung

Eine Betriebsvereinbarung ist ein Vertrag, der zwischen dem Arbeitgeber und dem Betriebsrat, den sogenannten Betriebsparteien, i.R.d. Zuständigkeiten des Betriebsrates abgeschlossen wird. Die Betriebsparteien können hiermit schriftlich Rechtsnormen über Inhalt, Abschluss oder Beendigung von Arbeitsverhältnissen sowie über betriebliche und betriebsverfassungsrechtliche Fragen erlassen.[138]

Auch die Betriebsvereinbarung wirkt sich auf die individuellen Arbeitsverträge der Arbeitnehmer aus, wobei die Betriebsvereinbarung bzw. die hierin enthaltenen Regelungen selber nicht Bestandteil der Arbeitsverträge werden. Sie entfalten vielmehr gem. § 77 Abs. 4 BetrVG unmittelbare und zwingende Wirkung.[139]

(b) Tarifvertrag

Auch mittels der kollektivrechtliche Regelung eines Tarifvertrags zwischen den Tarifparteien kann die Zusage einer bAV gegeben werden. Gem. § 17 Abs. 3 BetrAVG darf mittels tarifvertraglicher Regelung sogar von den ansonsten zwingenden §§ 2, 5, 16, 27 und 28 BetrAVG, also von gewissen Vorgaben des Betriebsrentenrechts zu Höhe unverfallbarer Anwartschaften, dem Auszehrungs- und Anrechnungsverbot, der Anpassungsprüfung etc. abgewichen werden.

Die Normen eines Tarifvertrages haben gem. § 4 Abs. 1 TVG normative Wirkung. Dies bedeutet, sie gelten unmittelbar und zwingend wie objektives Recht zwischen den Parteien des Arbeitsvertrages, ohne jedoch selbst Inhalt des individuellen Arbeitsvertrages zu werden.[140]

Setzt also ein Tarifvertrag die Einführung einer bAV fest, so ist ein tarifgebundene Arbeitgeber gegenüber den Arbeitnehmern an diese Vereinbarung gebunden. Sofern allerdings Arbeitnehmer nicht tarifgebunden sind, trifft sie der Inhalt des Tarifvertrages grds. nicht. Auch bei ihnen kann sich allerdings im Einzelfall eine Verpflichtung des Arbeitgebers zur Einführung einer bAV aus einem Tarifvertrag ergeben. Dies gilt dann, wenn die Arbeitsverträge der einzelnen Arbeitnehmer Inbezugnahmeklauseln enthalten, welche auf die Regelungen eines Tarifvertrages verweisen.[141] Enthält ein Arbeitsvertrag eine solche Klausel und verweist diese Klausel auf einen Tarifvertrag, welcher die Verpflichtung des Arbeitgebers zur Gewährung

---

137 Zum Verhältnis zu Kollektivnormen siehe auch: *Höfer*, Band I: Arbeitsrecht, ART Rn 217.

138 Siehe zum Thema der Betriebsvereinbarung vertiefend: Moll-*Cohnen/Tepass*, § 51 Rn 43 ff., 50.

139 Zur Rechtswirkung von Betriebsvereinbarungen siehe auch: Richardi-*Richardi*, § 77 BetrVG Rn 159 ff.; ErfKomm-*Kania*, § 77 BetrVG Rn 5 ff.

140 Siehe hierzu auch: *Langohr-Plato*, Rn 226.

141 Zur Wirkung von Inbezugnahmeklauseln siehe auch: Moll-*Melms*, § 8 Rn 77.

von Leistungen der bAV enthält, so erstreckt sich die Wirkung dieser Verpflichtung auch auf das Arbeitsverhältnis des nicht tarifgebundenen Arbeitnehmers.

(c) Sprecherausschussgesetz
Die Interessenvertretung der leitenden Angestellten, welche gem. § 5 Abs. 3 BetrVG nicht vom Betriebsrat vertreten werden, regelt seit dem 1. Januar 1989 das Sprecherausschussgesetz (SprAuG).

Der Sprecherausschuss kann gem. § 28 SprAuG mit dem Arbeitgeber Richtlinien und Vereinbarungen treffen, welche den Inhalt der Arbeitsverhältnisse und somit bspw. auch die bAV leitender Angestellter regeln.[142] Der Sprecherausschuss kann somit mit dem Arbeitgeber die Einführung und/oder die Ausgestaltung einer bAV regeln, so dass sich aus diesen Regelungen Ansprüche leitender Angestellter auf Leistungen der bAV ergeben können. Zudem besitzt er gem. § 30 Nr. 1 SprAuG ein Mitwirkungsrecht bzgl. Änderungen der Gehaltsgestaltung. Dies umfasst auch die Neu- oder Umgestaltung der Grundsätze der Gewährung einer bAV.[143]

bb) Anspruch auf Leistungen der betrieblichen Altersversorgung i.S.d. § 1b Abs. 1 S. 4 BetrAVG

Der Gesetzgeber regelt in § 1b Abs. 1 S. 4 BetrAVG ausdrücklich, dass eine Versorgungsverpflichtung, die auf betrieblicher Übung oder dem Gleichbehandlungsgrundsatz beruht, einer bAV-Versorgungszusage gleichsteht, dass sich ein Anspruch auf bAV also auch aus einer betrieblichen Übung sowie aus dem Grundsatz der Gleichbehandlung ergeben kann.

(1) Betriebliche Übung
Nach der ständigen Rechtsprechung des BAG können vertragliche Ansprüche auf eine Leistung durch ein gleichförmiges und wiederholtes Verhalten des Arbeitgebers begründet werden. Dies ist dann der Fall, wenn die Arbeitnehmer aus dem Verhalten des Arbeitgebers schließen durften, ihnen werde die Leistung auch künftig gewährt.[144] Im Fall der bAV kann dies bspw. der Fall sein, regelmäßig Betriebsrenten an seine ehemaligen Beschäftigten zahlt und für diese Leistungen keine sonstige individual- oder kollektivrechtliche Anspruchsgrundlage besteht. Kommt der Arbeitgeber hingegen nur einer bereits bestehenden Verpflichtung nach, so entsteht aus seinem Handeln keine betriebliche Übung.[145]

---

142 Siehe hierzu auch: *Löwisch*, BetrAV 1990, 222.

143 Siehe vertiefend zu Zusagen nach dem SprAuG auch: *Höfer*, Band I: Arbeitsrecht, ART Rn 269 ff.; *Langohr-Plato*, Rn 234.

144 Vgl. bspw.: BAG, Urt. v. 16. Juli 1997 – 3 AZR 352/95, AP Nr. 7 zu § 1 BetrAVG Betriebliche Übung = NZA 97, 664; vertiefend zu den Voraussetzungen einer betrieblichen Übung siehe auch: Schaub-*Koch*, § 110 Rn 11 ff.

145 BAG, 22. Januar 2002 – 3 AZR 554/00, AP Nr. 4 zu § 77 BetrVG 1972 Betriebsvereinbarung.

I.R.d. betrieblichen Übung manifestiert sich der Verpflichtungswille des Arbeitgebers in seinem gleichförmigen, wiederholten Verhalten, so dass der Arbeitnehmer darauf vertraut, dass ihm diese Leistung auch zukünftig gewährt werde.[146] Der Anspruch des Arbeitnehmers erstreckt sich jedoch nur auf den konkreten Inhalt Des vorher wiederholten Verhaltens. Darüber hinaus hingegen wird der Arbeitgeber nicht gebunden.[147]

Auch gegenüber neueintretenden Arbeitnehmern entfaltet eine bereits vor deren Eintritt vorhandene betriebliche Übung ihre Wirkung. Für die neuen Arbeitnehmer gilt die zur Zeit ihres Eintretens bereits gegenüber den Alt-Arbeitnehmern praktizierte betriebliche Übung als mit dem Dienstantritt erteilt, es sei denn, der Arbeitgeber beendet die betriebliche Übung gegenüber Neueintretenden mittels einer *„unmissverständlichen Erklärung"*.[148]

Sogar gegenüber bereits in den Ruhestand ausgeschiedenen Arbeitnehmern kann noch eine betriebliche Übung entstehen. Eine betriebliche Übung setzt für ihr Entstehen lediglich eine arbeitsvertragliche Rechtsbeziehung voraus, welche auch in einem Ruhestandsverhältnis bestehen kann.[149]

Liegt eine betriebliche Übung im Bezug auf die bAV vor, so finden gem. § 1b Abs. 1 S. 4 Alt. 1 BetrAVG die Bestimmungen des BetrAVG auch Anwendung, obwohl keine ausdrückliche Versorgungszusage erteilt worden ist.[150]

(2) Gleichbehandlungsgrundsatz

Gem. § 1b Abs. 1 S. 4 Alt. 2 BetrAVG sollen auch Versorgungsverpflichtungen, die sich aus dem Gleichbehandlungsgrundsatz ergeben, einer Versorgungszusage gleichstehen. Diese Regelung gilt zumeist für den Anspruch eines Arbeitnehmers auf die Abgabe einer Versorgungszusage. Das Gleiche gilt jedoch, wenn vergleichbaren Arbeitnehmern nicht nur eine Leistungszusage gemacht wird, sondern mit Eintritt des Versorgungsfalles bereits Leistungen gewährt werden. Zu Unrecht von solchen Leistungen ausgeschlossenen Arbeitnehmern steht ebenfalls ein Leistungsanspruch zu. Hierbei ist jeweils zu ermitteln, *„wann dem Arbeitnehmer unter Beachtung dieses Grundsatzes [Anm.: des Gleichbehandlungsgrundsatzes] eine Zusage hätte erteilt [Anm.: oder aber die bestimmte Leistung hätte gewährt] werden müssen"*.[151]

---

146 BAG, Urt. v. 4. Mai 1999 – 10 AZR 290/98, AP Nr. 55 zu § 242 BGB Betriebliche Übung; BAG, Urt. v. 23. April 2002 – 3 AZR 224/01, AP Nr. 22 zu § 1 BetrAVG Berechnung.

147 BAG, Urt. v. 19. November 2002 – 3 AZR 561/01, AP Nr. 23 zu § 1 BetrAVG Berechnung.

148 *Förster/Cisch/Karst*, § 1 BetrAVG Rn 111.

149 Siehe auch: *Höfer*, Band I: Arbeitsrecht, ART Rn 231.2.

150 BAG, Urt. v. 29. Oktober 1985 – 3 AZR 462/83, AP Nr. 2 zu § 1 BetrAVG Betriebliche Übung; *Schoden*, Arbeitsrechtliche Einführung Rn 49.

151 ErfKomm-*Steinmeyer*, § 1b BetrAVG Rn 34.

Fraglich ist allerdings, welche Verpflichtungen der Gesetzgeber beschreibt, wenn er in § 1b Abs. 1 S. 4 Alt. 2 BetrAVG von Verpflichtungen spricht, *„die auf [...] dem Grundsatz der Gleichbehandlung beruhen"*. Auf den ersten Blick kommen solche Verpflichtungen in den Sinn, welche den Arbeitgeber i.S.d. allgemeinen arbeitsrechtlichen Gleichbehandlungsgrundsatzes aufgrund der Schlechterstellung eines Arbeitnehmers treffen. Diesbezüglich hat die Rechtsprechung bereits festgestellt, dass ein sich aus dem arbeitsrechtlichen Gleichbehandlungsgrundsatz ergebender Anspruch durchaus eine selbständige Anspruchsgrundlage darstellt.[152] So soll die Verpflichtung des Arbeitgebers Arbeitnehmern gegenüber, die einen Anspruch auf Gleichbehandlung im Rahmen der bAV besitzen, einer Verpflichtung aus einer originären Versorgungszusage gleichstehen.

Der Gleichbehandlungsgrundsatz kommt dann als Anspruchsgrundlage eines einzelnen Arbeitnehmers in Betracht, wenn der Arbeitgeber einer Gruppe von Arbeitnehmern, welcher der betroffene Arbeitnehmer ebenfalls zuzurechnen ist, Betriebsrentenzusagen gemacht hat oder Betriebsrenten zahlt, nicht jedoch dem Arbeitnehmer. Nach dem allgemeinen Gleichbehandlungssatz ist es nicht rechtmäßig, nach freiem Belieben nur einer Gruppe von Arbeitnehmern Leistungen zu gewähren, derweil andere Arbeitnehmer derselben Arbeitnehmergruppe von demselben Rechtsträger ohne sachlichen Grund von einer solchen Versorgungszusage ausgeschlossen werden.[153] Verallgemeinernd gesagt verbietet der allgemeine arbeitsrechtliche Gleichbehandlungsgrundsatz die Schlechterstellung einzelner Arbeitnehmer oder von Arbeitnehmergruppen ohne sachlichen Grund.[154]

Auch wenn sich auf den ersten Blick zunächst nur die Bezugnahme auf Ansprüche aus dem allgemeinen arbeitsrechtlichen Gleichbehandlungsgrundsatz eindeutig aus der Vorschrift des § 1b Abs. 1 S. 4 Alt. 2 BetrAVG ergibt, so sind nach h.M. doch auch die europarechtlichen, verfassungsrechtlichen oder gesetzlichen und tariflichen Gleichbehandlungspflichten zu beachteten.[155]

Spätestens mit der *Barber*-Entscheidung[156] hat der EuGH klargestellt, dass Leistungen der bAV „Entgelt" i.S.d. Gemeinschaftsrechts sind und das für gleiche oder gleichwertige Arbeit festgeschriebene Lohngleichheitsgebot des Art. 157 AEUV[157] somit auch für die bAV gilt. Sofern Männern und Frauen unterschiedliche

---

152 BAG, Vorlagebeschluss v. 27. Juni 2006 - 3 AZR 352/05 (A), AP Nr. 6 zu § 1b BetrAVG; Urt. v. 25. April 1995 – 3 AZR 446/94, AP Nr. 25 zu § 1 BetrAVG Gleichbehandlung; bestätigend auch: BAG, Urt. v. 18. November 2008 – 3 AZR 277/07, *Blomeyer/Rolfs/Otto*, Anh § 1 BetrAVG Rn 36; *Höfer*, Band I: Arbeitsrecht, ART Rn 243.

153 *Schoden*, Arbeitsrechtliche Einführung Rn 49.

154 So: Kemper/Kisters-Kölkes/Berenz/Huber-*Kemper*, § 1 Rn 165.

155 So zutreffend: *Blomeyer/Rolfs/Otto*, Anh § 1 BetrAVG Rn 36, ebenfalls: Kemper/Kisters-Kölkes/Berenz/Huber-*Kemper*, § 1 Rn 164 ff.

156 EuGH, Urt. v. 17. Mai 1990 – Rs. C-262/88 [*Barber*], Slg. 1990, I-1889 ff. = AP Nr. 20 zu Art. 119 EWG-Vertrag.

157 ex-Art. 141 EGV.

Leistungen der bAV gewährt werden, können sich Versorgungsansprüche von Arbeitnehmern gegenüber dem Arbeitgeber somit auch direkt aus der unmittelbar geltenden Gemeinschaftsnorm des Art. 157 AEUV ergeben. Der schlechter behandelte Arbeitnehmer kann sich gegenüber dem Arbeitgeber auf das Gebot der Lohngleichheit berufen und vor nationalen Gerichten die Leistungen einer bAV einfordern. Dieser Anspruch richtet sich in Fällen, in denen i.R.d. bAV die Leistungsordnung der Pensionskasse diskriminierend ausgestaltet ist, nicht nur gegen die Pensionskasse, sondern auch gegen den Arbeitgeber.[158]

Unter Verstößen gegen den „Grundsatz der Gleichbehandlung“ i.S.d. § 1b Abs. 1 S. 4 Alt. 2 BetrAVG sind ebenso Verstöße gegen die Gebote des § 75 BetrVG (Differenzierung nach Abstammung, Herkunft, Religion, politischer Betätigung oder Einstellung), des Art. 9 Abs. 3 S. 2 GG (Differenzierung anhand eines Gewerkschaftsbezuges) sowie gegen den Grundsatz der Gleichberechtigung der Geschlechter gem. Art. 3 Abs. 2 und 3 GG zu verstehen.[159]

Dass auch solche Ansprüche unter den Begriff der Verpflichtungen aufgrund des „Grundsatzes der Gleichbehandlung“ zu fassen sind, welche einem Arbeitnehmer nach dem AGG zustehen, der anhand eines der in § 1 AGG benannten Benachteiligungsmerkmale benachteiligt wird, hat das BAG in seiner Grundsatzentscheidung zur Anwendbarkeit des AGG auf die bAV klargestellt.[160] Die Benachteiligungsverbote des AGG konkretisieren das allgemeine Gebot zur Gleichbehandlung[161] und fallen demnach auch unter den Begriff des „Grundsatzes der Gleichbehandlung“ in § 1b Abs. 1 S. 4 Alt. 2 BetrAVG. Demnach stehen sich dem AGG wie auch aus anderen Gleichbehandlungsgeboten ergebende Ansprüche den Verpflichtungen eines Arbeitgebers aus einer (einzel- oder kollektivvertraglichen) Versorgungszusage gleich.[162]

Nimmt man also trotz der widersprüchlichen Regelung des § 2 Abs. 2 S. 2 AGG die Anwendbarkeit des AGG auf das Betriebsrentenrecht an[163], so können sich folglich auch aus einer Benachteiligung i.S.d. AGG Ansprüche auf Gleichbehandlung und somit auf Leistungen der bAV ergeben.

---

158 EuGH, Urt. v. 9. Oktover 2001 – Rs. C-379/99 [*Menauer*], AP Nr. 5 zu § 1 BetrAVG Pensionskasse; BAG, Urt. v. 19. November 2002 – 3 AZR 631/97, AP Nr. 13 zu § 1 BetrAVG Gleichberechtigung; Urt. v. 7. September 2004 – 3 AZR 550/03, AP Nr. 15 zu § 1 BetrAVG Gleichberechtigung; Siehe zu dieser Frage auch: *Steinmeyer*, BetrAV 2004, 436, 439; *Thüsing*, Rn 371.

159 So zutreffend: Kemper/Kisters-Kölkes/Berenz/Huber-*Kemper*, § 1 Rn 166 ff.

160 BAG, Urt. v. 11. Dezember 2007 – 3 AZR 249/06, BAGE 125, 133 ff. = AP Nr. 1 zu § 2 AGG = BB 2008, 557.

161 *Rühl/Schmid/Viethen*, S. 57; so wohl auch: *Förster/Cisch/Karst*, § 1 BetrAVG Rn 115.

162 So zutreffend: Dornbusch/Fischermeier/Löwisch-*Kisters-Kölkes*, § 1 BetrAVG Rn 23.

163 Zur Frage der Anwendbarkeit des AGG auf das Betriebsrentenrecht sowie der klärenden BAG-Rechtsprechung s.u.: B.IIIB.I.

cc) Betriebliche Altersversorgung durch Entgeltumwandlung, § 1a BetrAVG

Seit dem 1. Januar 2002 steht Arbeitnehmern gem. § 1a Abs. 1 BetrAVG ein Anspruch auf die Gewährung einer bAV durch Entgeltumwandlung zu. § 1a Abs. 1 BetrAVG stellt erstmalig einen gesetzlichen Anspruch gegen den Arbeitgeber auf die Einführung einer bAV dar. Der Arbeitnehmer kann frei entscheiden, ob er einen Teil seines Arbeitsentgelts der Umwandlung unterwerfen und zum Aufbau einer kapitalgedeckten Altersversorgung einsetzen möchte.

Das BAG hat diesen Anspruch aus § 1a Abs. 1 BetrAVG als verfassungsgemäß anerkannt, auch wenn die grundgesetzlich geschützte Berufsfreiheit des Arbeitgebers dadurch eingeschränkt wird, dass der Anspruch auf Entgeltumwandlung Handlungspflichten des Arbeitgebers auslöst. Der Arbeitgeber ist gehalten, Entgeltansprüche des Arbeitnehmers in wertgleiche Anwartschaften auf Versorgungsleistungen umzuwandeln. Hierbei trifft den Arbeitgeber das Risiko der Sicherstellung der Wertgleichheit. Dieses werde allerdings – so das BAG – dadurch begrenzt, dass er den Versorgungsträger auswählen kann.[164]

Wie genau diese Altersversorgung ausgestaltet werden soll, wird von den beiden Parteien ausgehandelt, wobei dem Arbeitnehmer gem. Abs. 1 S. 3 ein gewisses Wahlrecht bzgl. des Durchführungsweges zugestanden wird. Umgewandelt werden kann grundsätzlich jedes Arbeitsentgelt, so auch laufende oder einmalige Bezüge wie Weihnachts-, Urlaubsgeld, Provisionen, Tantiemen oder Gewinnbeteiligungen. Entscheidend ist lediglich, dass ein Anspruch auf dieses Arbeitsentgelt besteht.

b) Zusage aus Anlass eines Arbeitsverhältnisses

Die Zusage stellt grds. die Rechtsgrundlage für einen Anspruch auf Zahlung einer bAV dar. Dieses Versprechen muss aus Anlass eines Arbeitsverhältnisses gegeben werden, d.h. ein kausaler Zusammenhang zwischen Zusage und Arbeitsverhältnis muss bestehen.[165] Das Versprechen kann vor Beginn oder auch noch nach Beendigung des Arbeitsverhältnisses erfolgen. Dass die Zusage mit Hinblick auf Begründung oder Fortbestand des Arbeitsverhältnisses erfolgt, ist nicht erforderlich.[166]

Entschließt der Arbeitgeber sich dazu, Leistungen der bAV zu erbringen, ist er frei in der Entscheidung, für welche der in § 1 Abs. 1 BetrAVG genannten

164 BAG, Urt. v. 12. Juni 2007 – 3 AZR 14/06, AP Nr. 1 zu § 1a BetrAVG; Siehe hierzu auch: *Cisch/Bleeck*, BB 2008, 1002.

165 BAG, Urt. v. 8. Mai 1990 – 3 AZR 121/89, AP Nr. 58 zu § 7 BetrAVG; Urt. v. 25. Januar 2000 – 3 AZR 769/98, AP Nr. 38 zu § 1 BetrAVG; Urt. v. 20. April 2004 – 3 AZR 297/03, AP Nr. 33 zu § 17 BetrAVG; vertiefend hierzu auch: ErfKomm-*Steinmeyer*, § 1 BetrAVG Rn 9.

166 BAG, Urt. v. 8. Mai 1990 – 3 AZR 121/89, AP Nr. 58 zu § 7 BetrAVG; ErfKomm-*Steinmeyer*, § 1 BetrAVG Rn 9; *Blomeyer/Rolfs/Otto*, § 1 BetrAVG Rn 30 f.; Kemper/Kisters-Kölkes/Berenz/Huber-*Kemper*, § 1 BetrAVG Rn 50.

Versorgungsfälle er die Leistungen zusagt und wie hoch er die entsprechenden Leistungen dotiert. Er ist darüber hinaus auch berechtigt, den Zweck seiner Leistung festzulegen und damit darüber zu entscheiden, welcher Personenkreis durch die Leistung begünstigt werden soll.[167]

c) Versorgungszweck

Die Leistungen müssen mit Versorgungscharakter erbracht werden, das heißt, es muss ein Versorgungszweck gegeben sein. Das Abstellen auf den Versorgungscharakter soll klarstellen, dass Leistungen der bAV im Unterschied zum laufenden Arbeitsentgelt nicht in einer unmittelbaren Austauschbeziehung zur Arbeit in der einzelnen Lohnzahlungsperiode stehen. Vielmehr soll die Leistung der Absicherung der biologischen Risiken dienen.[168] Durch die Leistungen der bAV soll der Lebensstandard des Arbeitnehmers oder seiner Hinterbliebenen nach dem Ausscheiden aus dem Berufs- oder Erwerbsleben zumindest teilweise für die biologischen Risiken Alter, Invalidität und Tod gesichert werden.[169]

d) Anspruch ausgelöst durch biologisches Ereignis

Der Anspruch auf Leistungen der bAV wird durch ein bestimmtes biologisches Ereignis wie Alter, Invalidität oder Tod ausgelöst. Man unterscheidet nach Altersversorgung im engeren Sinne, Invaliditätsversorgung sowie Hinterbliebenenversorgung.

aa) Altersversorgung im engeren Sinne

I.R.e. Altersrente ist der Leistungsanspruch vom Erreichen eines bestimmten, in der Versorgungszusage festgelegten Lebensalters abhängig. Dieses wird für gewöhnlich das Pensionsalter des jeweiligen Arbeitnehmers sein, also das Lebensalter, zu dem der Versorgungsberechtigte in den Ruhestand treten und seine Altersrente ungekürzt in Anspruch nehmen kann.[170]

---

167 BAG, Urt. v. 26. April 1988 – 3 AZR 168/86, BAGE 58, 156 = AP Nr. 18 zu § 1 BetrAVG Unterstützungskassen.

168 Zur Abgrenzung von anderen Leistungen des Arbeitgebers siehe auch: *Förster/Cisch/Karst*, § 1 BetrAVG Rn 27 ff.; *Höfer*, Band I: Arbeitsrecht, ART Rn 63 ff.; *Langohr-Plato*, Rn 76 ff; eine ausführliche Übersicht über die Abgrenzung findet sich auch unter: Kemper/Kisters-Kölkes/Berenz/Huber-*Kemper*, § 1 Rn 73 f.

169 BAG, Urt. v. 26. April 1988 – 3 AZR 411/86, AP Nr. 45 zu § 7 BetrAVG; Urt. v. 8. Mai 1990 - 3 AZR 121/89, AP Nr. 58 zu § 7 BetrAVG; Urt. v. 3. November 1998 – 3 AZR 454/97, AP Nr. 36 zu § 1 BetrAVG; siehe hierzu auch: *Blomeyer/Rolfs/Otto*, § 1 BetrAVG Rn 12; *Griebeling/Griebeling*, Rn 18 f.

170 BAG, Urt. v. 26. November 1985 – 3 AZR 606/83, AP Nr. 2 zu § 1 BetrAVG Gleichberechtigung; Urt. v. 14. Dezember 1999 – 3 AZR 684/98, AP Nr. 97 zu § 7 BetrAVG.

bb) Invaliditätsversorgung

Eine Invaliditätsversorgung liegt in solchen Fällen vor, in denen die Leistung dazu bestimmt ist, zumindest einen Teil des Einkommensausfalls zu kompensieren, der sich aus einer (vollen oder teilweisen) Erwerbsminderung[171] des Arbeitnehmers auf nicht absehbare Zeit ergibt. Da das Gesetz keinen bestimmten Begriff der Invalidität vorgibt und diesbezüglich somit Gestaltungsfreiheit besteht, können sich bei der Auslegung des Begriffes Probleme ergeben.[172] Eine recht umfassende Definition gibt *Höfer*, wonach ein Versorgungsfall der Invalidität dann vorliegen soll, wenn der Arbeitnehmer bereits *„vor Erreichen der festen Altersgrenze auf Grund körperlicher, geistiger oder seelischer Gebrechen voraussichtlich auf Dauer oder zumindest für eine lange Zeit nicht mehr in der Lage [ist], seine Arbeitsleistung [...] in der vertragsgemäßen Weise zu erbringen“*.[173] In der Praxis werden bislang häufig die früher in der Sozialversicherung bekannten Begriffe der „Erwerbsunfähigkeit“ und „Berufsunfähigkeit“ verwendet.[174]

cc) Hinterbliebenenversorgung

Von einer Hinterbliebenenversorgung wird dann gesprochen, wenn die Versorgung von Witwen, Witwern und Waisen oder auch früheren Ehegatten oder eingetragenen Lebenspartnern Inhalt der Versorgungsleistungen ist und diese Leistungen mit dem Ableben des Zusageempfängers fällig werden.[175] Durch die Zusage soll der Arbeitnehmer von der Sorge um die finanzielle Lage seiner Hinterbliebenen entlastet und hierdurch stärker an das Unternehmen gebunden werden. Unabhängig hingegen ist diese Leistung davon, ob der Zusageempfänger als Rentner oder bereits als Aktiver stirbt.[176]

Die Witwen- bzw. Witwerrente stellt weiterhin die Hauptform der Hinterbliebenenrente dar.[177] Im Rahmen dieser Renten werden Witwen/Witwern Leistungen in Höhe von in der Regel ca. 60 % der Anwartschaft des Verstorbenen auf Altersversorgung gewährt.[178] Die Witwen-/Witwerrenten sowie die Waisenrenten sind

---

171 Volle und teilweise Erwerbsminderung bis zum Erlass des RRG 1999 noch als „Erwerbs- und Berufsunfähigkeit“ bezeichnet.

172 Hierzu: ErfKomm-*Steinmeyer*, § 1 BetrAVG Rn 7, weiterführend zur Problematik des Begriffes der Invaliditätsversorgung siehe auch: *Blomeyer/Rolfs/Otto*, § 1 BetrAVG Rn 23 ff.; *Langohr-Plato*, Rn 39 ff.

173 *Höfer*, Band I: Arbeitsrecht, ART Rn 857, welcher jedoch auf den seinerseits vielfältige Invaliditätsdefinitionen diskutierenden *Reinecke* in DB 2010, 2167, hinweist.

174 *Blomeyer/Rolfs/Otto*, § 1 BetrAVG Rn 24.

175 Vertiefend zum Begriff und zur Entwicklung der Hinterbliebenversorgung siehe: *Rühmann*, in FS Förster, S. 253 ff.

176 *Schoden*, Arbeitsrechtliche Einführung Rn 202.

177 *Förster/Cisch/Karst*, § 1 BetrAVG Rn 55.

178 *Schoden*, Arbeitsrechtliche Einführung Rn 202.

für gewöhnlich so ausgestaltet, dass sie zusammen nicht mehr als 100 % der dem Verstorbenen zugesagten Altersrente ausmachen dürfen.[179]

e) Unmittelbare und mittelbare Ausgestaltung der Durchführung der bAV

Die bAV zeichnet sich dadurch aus, dass eine außerordentliche Vielfalt an Versorgungszusagen besteht. So kann der Arbeitgeber bspw. zusagen, dass er Leistungen der bAV selbst an die Betriebsrentner erbringt (unmittelbare Versorgungszusage). Er kann aber auch zusagen, Betriebsrenten durch eine rechtlich selbstständige Einrichtung erbringen zu lassen, derer er sich bedient (mittelbare Versorgungszusage).

aa) Unmittelbare Versorgungszusage (§ 1b Abs 1 BetrAVG)

Bei einer unmittelbaren Versorgungszusage verpflichtet sich der Arbeitgeber, dem Arbeitnehmer gegenüber selbst die zugesagten Versorgungsleistungen der bAV zur Absicherung eines biometrischen Risikos (Alter, Invalidität oder Hinterbliebenenversorgung) nach Eintritt des Leistungsfalles zu erbringen. Bei diesem Durchführungsweg wird kein externer Versorgungsträger in die Rechtsbeziehung zwischen Arbeitgeber und Arbeitnehmer eingeschaltet. Vielmehr sind Versorgungsträger und Arbeitgeber identisch, so dass sich die Rechtsbeziehungen sowohl beim Verpflichtungs- wie auch beim Erfüllungsgeschäft auf Arbeitgeber und den jeweiligen Arbeitnehmer beschränken.[180] Der Arbeitnehmer erhält einen Rechtsanspruch auf die Zuwendungen der bAV, so dass der Arbeitgeber grundsätzlich in vollem Umfang für die Erfüllung seiner Zusage einzustehen hat.[181]

Die unmittelbare Durchführung ist die in der Praxis gebräuchlichste Form der bAV.[182] Dies resultiert nicht zuletzt daraus, dass sich für den Arbeitgeber bzw. das Unternehmen, welches der vollen Steuerlast unterfällt, durch die Rückstellungsbildung[183] für die bAV eine Steuerersparnis von etwa 60 % der Rückstellungsbeträge ergibt und sich die bAV mittels unmittelbarer Versorgungszusage somit auch für den Arbeitgeber auszahlt. Beim System der Rückstellung werden die Leistungen der bAV dadurch finanziert, dass Rückstellungen in der Bilanz des jeweiligen Unternehmens gebildet werden. Diese Rückstellungen belasten dann in der Bilanz den Gewinn des Unternehmens als buchmäßiger Aufwand des Arbeitgebers.[184]

---

179 *Langohr-Plato*, Rn 56.

180 So auch: *Höfer*, Das neue Betriebsrentenrecht, Rn 52.

181 Dies ergibt sich im Rückschluss aus § 1 Abs. 1 S. 3 BetrAVG. Siehe hierzu auch: *Schoden*, Arbeitsrechtliche Einführung Rn 27.

182 Laut dem Geschäftsbericht des PSVaG aus dem Jahr 2001 89,6 % der insolvenzgeschützten Versorgungsformen; so ebenfalls: *Langohr-Plato*, Rn 92.

183 Die Voraussetzungen für eine solche Rückstellung finden sich in § 6a EStG.

184 Vertiefend zu den Vorteilen einer Direktzusage siehe: *Langohr-Plato*, Rn 147 f.; *Schoden*, Arbeitsrechtliche Einführung Rn 30.

bb) Mittelbare Versorgungszusagen

Der Arbeitgeber kann sich zur Durchführung der bAV jedoch auch rechtlich selbstständiger Versorgungseinrichtungen bedienen. Zur Verfügung stehen hierbei die Direktversicherung, die Pensionskasse, der Pensionsfonds sowie die Unterstützungskasse. Bei diesen mittelbaren Durchführungswegen besteht gem. § 1 Abs. 1 S. 3 BetrAVG jeweils eine Einstandsverpflichtung des Arbeitgebers für den Fall, dass die Versorgungseinrichtung nicht an den Arbeitnehmer leistet. Den Arbeitgeber trifft eine *„generelle [...] Erfüllungspflicht“*, er trägt *„auch bei mittelbarer Durchführung [...] das Versorgungsrisiko“*.[185] Auch bei mittelbaren Durchführungswegen beruhen die Rechte des Arbeitnehmers auf dem arbeitsrechtlichen Grundverhältnis und der hierin enthaltenen Leistungszusage.

Unstreitig ist diese Verpflichtung in Fällen, in denen der externe Versorgungsträger aus Gründen, welche nicht er selbst, sondern der Arbeitgeber zu vertreten hat, nicht in der Lage ist, die Versorgungsleistungen zu erbringen. Dies bspw., wenn der Arbeitgeber vereinbarte Zuwendungen oder Versicherungsprämien nicht erbringt.

(1) Direktversicherung (§ 1b Abs 2 BetrAVG)

In § 1b Abs. 2 S. 1 BetrAVG findet sich die Legaldefinition einer Direktversicherungszusage. Hiernach liegt eine Direktversicherung vor, sofern *„für die bAV eine Lebensversicherung auf das Leben des Arbeitnehmers durch den Arbeitgeber abgeschlossen“* wird *„und der Arbeitnehmer oder seine Hinterbliebenen hinsichtlich der Leistungen des Versicherers ganz oder teilweise bezugsberechtigt“* sind. Merkmale sind somit der Abschluss einer Versicherung auf das Leben des Arbeitnehmers sowie das Einräumen eines Bezugsrechts für diesen selber oder seine Hinterbliebenen.

Die Direktversicherung selber spaltet sich in das Deckungsverhältnis, nämlich das Versicherungsverhältnis zwischen Arbeitgeber und Versicherer, das Bezugsrechtsverhältnis zwischen Arbeitnehmer und Versicherer sowie das Versorgungsverhältnis zwischen Arbeitgeber und Arbeitnehmer aus der Versorgungszusage auf. Der Arbeitnehmer hat i.R.d. Bezugsrechtsverhältnisses die Stellung des Versicherten[186], jedoch muss i.R.d. Direktversicherung stets der Arbeitgeber Versicherungsnehmer sein, nicht hingegen der Arbeitnehmer.[187]

Aus seiner Rolle als Versicherungsnehmer entstammt das Recht des Arbeitgebers, über das Bezugsrecht zu verfügen und dieses mit dem Versicherer gemeinsam

---

185 Kemper/Kisters-Kölkes/Berenz/Huber-*Kemper*, § 1 Rn 243, 247.

186 BAG, Urt. v. 26. Juni 1990 – 3 AZR 651/88, AP Nr. 10 zu § 1 BetrAVG Lebensversicherung.

187 BAG, Urt. v. 10. März 1992 – 3 AZR 153/91, AP Nr. 17 zu § 1 BetrAVG Lebensversicherung; Siehe auch: ErfKomm-*Steinmeyer*, § 1b BetrAVG Rn 41; *Griebeling/Griebeling*, Rn 254.

auszugestalten.[188] Arbeitgeber und Versicherer sind jedoch an das Lohngleichheitsgebot des Art. 157 AEUV[189] gebunden. Seit der EuGH-Rechtsprechung „*Menauer*"[190] ist geklärt, dass sich der Arbeitnehmer mit einem Anspruch aus Art. 157 AEUV auch gegen den Versicherer wenden kann und somit auch mittelbare Versorgungsträger an das europarechtliche Entgeltgleichheitsgebot gebunden sind. Dem Arbeitnehmer bzw. dessen anspruchsberechtigten Angehörigen steht aus „*effet utile*"-Gesichtspunkten nicht nur gegenüber dem Arbeitgeber, sondern auch gegenüber dem Versicherungsträger ein Anspruch zu.[191] Die Anwendbarkeit des Art. 157 AEUV auf das Versicherungsverhältnis hat später auch das BAG festgestellt, so dass der Grundsatz auch auf Direktversicherungen anwendbar ist[192].

(2) Pensionskasse (§ 1b Abs. 3 BetrAVG)

Die Pensionskasse wird in § 1b Abs. 3 BetrAVG als rechtsfähige Versorgungseinrichtung definiert, welche dem Arbeitnehmer oder auch seinen Hinterbliebenen einen Anspruch auf ihre Leistungen gewährt. Der Arbeitnehmer erwirbt durch die Mitgliedschaft in der Pensionskasse einen Rechtsanspruch auf Leistungen dieser Versorgungseinrichtung.[193]

Es besteht ein mit der Konstellation bei Direktversicherungen vergleichbares Dreiecksverhältnis zwischen Arbeitnehmer, Arbeitgeber und Pensionskasse, da auch hier die Versorgung versicherungsförmig gewährt wird. Im Gegensatz zur Direktversicherung sind im Rahmen der Pensionskasse jedoch die Arbeitnehmer selbst Versicherungsnehmer und Mitglieder der Pensionskasse[194], so dass hier der Arbeitgeber keinen weiteren Einfluss auf das Bezugsrecht besitzt. In der Pensionskassenversorgung werden folgende Rechtsverhältnisse unterschieden: Zunächst stellt das Arbeitsverhältnis mitsamt der Versorgungszusage das Grundverhältnis dar, aus welchem sich die Verpflichtung des Arbeitgebers ergeben kann, den Arbeitnehmer zur Pensionskasse „anzumelden", das heißt dem Arbeitnehmer ein solches Versicherungsverhältnis mit der Pensionskasse zu verschaffen. Aus dem Versicherungsverhältnis des Arbeitnehmers mit der Pensionskasse ergibt sich auch das Bezugsrecht auf die Versicherungsleistungen, welches den Hauptunterschied zur Direktversicherung darstellt.

---

188 Zu möglichen Ausgestaltungen des Bezugsrechts siehe: *Blomeyer/Rolfs/Otto*, Anh § 1 BetrAVG Rn 728 ff., 769 ff.; *Griebeling/Griebeling*, Rn 258 ff.

189 ex-Art. 141 EGV.

190 EuGH, Urt. v. 9. Oktober 2001 – Rs. C-379/99 [*Menauer*], Slg. 2001, I-7275 = AP Nr. 5 zu § 1 BetrAVG Pensionskasse.

191 *Blomeyer/Rolfs/Otto*, Anh § 1 BetrAVG Rn 708.

192 BAG, Urt. v. 19. November 2002 – 3 AZR 631/97, AP Nr. 13 zu § 1 BetrAVG Gleichbehandlung; Siehe hierzu auch: *Steinmeyer*, BetrAV 2004, 436.

193 Siehe hierzu: *Langohr-Plato*, Rn 156.

194 Zur Ausgestaltung der Pensionskassen siehe auch: *Blomeyer/Rolfs/Otto*, Anh § 1 BetrAVG Rn 806 ff.; *Griebeling/Griebeling*, Rn 263 ff.

Pensionskassen existieren zum einen auf privatrechtlicher Grundlage als Unternehmen der Lebensversicherung, hierbei entweder in der Rechtsform eines Versicherungsvereins auf Gegenseitigkeit oder aber einer Aktiengesellschaft, oder auf öffentlich-rechtlicher Grundlage (Zusatzversorgungskassen des öffentlichen Dienstes).[195] Die Versicherungsbeiträge können hierbei zumindest teilweise vom Arbeitnehmer geleistet werden, da dieser Versicherungsnehmer ist.[196] Daneben finanziert der Arbeitgeber für gewöhnlich Versicherungsleistungen, sei es als weiterer Versicherungsnehmer neben dem Arbeitnehmer und somit in einer doppelten Versicherungsnehmerschaft oder aber auf Grund spezieller schuldrechtlicher Vereinbarungen. Im Fall der doppelten Versicherungsnehmerschaft muss der Arbeitgeber jedoch auch Mitglied der Pensionskasse sein.

Für das Erbringen von Leistungen der bAV mittels einer Pensionskasse hat der EuGH in seiner *Menauer*-Entscheidung festgestellt, dass auch Pensionskassen an den Lohngleichheitsgrundsatz des Art. 157 AEUV[197] gebunden sind.[198]

(3) Pensionsfonds (§ 1b Abs. 3 BetrAVG)

Der Pensionsfonds wurde erst mit der Gesetzesänderung vom 1. Januar 2002 Einzug als Durchführungsweg im Betriebsrentenrecht kodifiziert. Der Pensionsfonds ist als versicherungsförmiger Durchführungsweg ausgestaltet, *„der im Wege des Kapitaldeckungsverfahrens das Risiko der Langlebigkeit wie auch ggf. das Risiko der Invalidität oder der Hinterbliebenenversorgung absichert“*[199]. Definiert wird der Pensionsfonds in §§ 112 Abs. 1, 113 Abs. 2 Nr. 3 VAF als rechtsfähige Vereinigung in Form einer AG oder eines Pensionsfondsvereins auf Gegenseitigkeit (PfVaG).

Auch i.R.d. Pensionsfonds beinhaltet das Valutaverhältnis zwischen Arbeitgeber und Arbeitnehmer die Grundverpflichtung des Arbeitgebers. Hat er sich im Grundverhältnis zu Leistungen einer bAV in Form eines Pensionsfonds verpflichtet, so ist er zur Zahlung der Beiträge gegenüber der Versorgungseinrichtung verpflichtet. Gem. § 1 Abs. 1 S. 3 BetrAVG kann dieses Grundverhältnis wie auch bei anderen bloß mittelbaren Versorgungswegen zu einer direkten Einstandspflicht des Arbeitgebers gegenüber dem Arbeitnehmer führen.

I.R.d. Pensionsfonds besteht ein eigener, unmittelbarer Rechtsanspruch des Arbeitnehmers oder dessen Hinterbliebener auf die Leistungen.[200] Pensionsfonds sind

---

195 Siehe ausführlich zu den einzelnen Ausgestaltungsmöglichkeiten: Kemper/Kisters-Kölkes/Berenz/Huber-*Kemper*, § 1 Rn 75 ff.; *Griebeling/Griebeling*, Rn 264.

196 *Schoden*, § 1b Rn 119.

197 ex-Art. 141 EGV.

198 EuGH, Urt. v. 9. Oktober 2001 – Rs. C-379/99 [*Menauer*], Slg. 2001, I-7275 = AP Nr. 5 zu § 1 BetrAVG Pensionskasse.

199 Siehe auch: *Langohr-Plato*, Rn 190.

200 Siehe auch: *Langohr-Plato*, Rn 199; *Griebeling/Griebeling*, Rn 268 f.

gesetzlich gem. § 112 Abs. 1 S. 2 Nr. 4 VAG verpflichtet, die Altersversorgungsleistung zugunsten des Arbeitnehmers in jedem Fall als lebenslange Altersrente zu erbringen. Des Weiteren kann im Pensionsplan vorgesehen werden, dass Altersversorgungsleistungen auch in Form der Invaliditäts- oder Hinterbliebenenversorgung geleistet werden. Pensionsfonds unterliegen hierbei jedoch im Vergleich mit Pensionskassen oder auch Direktversicherungen weniger strengen Anlagevorschriften und können daher eine höhere Kapitalrendite aus den Beiträgen erzielen.[201]

(4) Unterstützungskasse (§ 1b Abs. 4 BetrAVG)

Unterstützungskassen sind mittelbare Versorgungseinrichtungen, bei denen gem. § 1b Abs. 4 BetrAVG ein Rechtsanspruch auf die Leistungen ausdrücklich ausgeschlossen ist, da sie ansonsten (d.h. bei unfreiwilliger Leistungsgewährung) wie Pensionskassen der Versicherungsaufsicht unterlägen. Nach ständiger BAG-Rechtsprechung besteht jedoch ein faktischer Anspruch auf zugesagte Leistungen.[202]

Unterstützungskassen werden entweder vom Arbeitgeber selber gegründet oder aber er schließt sich einer sogenannten überbetrieblichen Unterstützungskasse (Gruppen-Unterstützungskasse) an, deren ausschließlicher Zweck die Durchführung der bAV ist.[203] In jedem Fall muss die Unterstützungskasse einen Träger haben, also ein oder auch mehrere Unternehmen, welche ihren Arbeitnehmern Leistungen der bAV über die Kasse zukommen lassen wollen.[204]

Im Gegensatz zu den anderen mittelbaren Durchführungswegen erfolgt die Finanzierung hier ausschließlich durch den Arbeitgeber. Eine Eigenbeteiligung der Arbeitnehmer ist bei der Unterstützungskasse nicht möglich.[205]

Auch bzgl. der Unterstützungskasse bestimmt § 1 Abs. 1 S. 3 BetrAVG, dass der Arbeitgeber für die Erfüllung der von ihm zugesagten Leistungen einsteht, sofern die Unterstützungskasse im Versorgungsfall nicht leistet. Dies bedeutet, dass sich der Arbeitnehmer zunächst an die Kasse zu halten hat. Leistet diese jedoch nicht, weil sie bspw. mangels entsprechender Mittel nicht im Stande ist, die im Leistungsplan vorgesehenen Leistungen zu erbringen, so kann der Arbeitgeber unmittelbar in Anspruch genommen werden. Den Arbeitgeber trifft hier die Verschaffungspflicht.[206]

---

201 *Schoden*, § 1b Rn 121.

202 BAG, Urt. v. 17. Mai 1973 – 3 AZR 381/72, AP Nr. 6 zu § 242 BGB Ruhegehalt-Unterstützungskassen; Urt. v. 28. April 1977 – 3 AZR 300/76, AP Nr. 7 zu § 242 BGB Ruhegehalt-Unterstützungskassen; Urt. v. 28. November 1989 – 3 AZR 818/87, AP Nr. 10 zu § 161 HGB.

203 Vgl. *Langohr-Plato*, Rn 168.

204 *Griebeling/Griebeling*, Rn 274 f.

205 *Schoden*, § 1b Rn 124.

206 BAG, Urt. v. 27. Januar 1998 - 3 AZR 444/96, AP Nr. 38 zu § 1 BetrAVG Unterstützungskassen.

2. Art der Leistungen und Abgrenzung von anderen Leistungen

Leistungen i.S.d. bAV stellen laut Höfer nur die *„tatsächlichen Versorgungszahlungen sowie Sach-, Nutzungs- und zweckgebundene Geldleistungen [*Anm.: dar*], die dem aus der Versorgungszusage berechtigten Empfänger für die Zwecke der Alters-, Invaliditäts- oder Hinterbliebenenversorgung gewährt werden"*.[207] Dass statt einer Geldleistung bspw. Deputate wie Stromleistungen, Hausbrand (Kohle) oder aber der sogenannte Haustrunk oder bspw. Personalrabatte, also die Möglichkeit des kostengünstigen Bezugs von Dienst- und Sachleistungen, gewährt werden, ändert nichts an der Einordnung der Leistung als bAV.[208]

Hinsichtlich der Abgrenzung von anderen Leistungen ist die Frage maßgeblich, ob die Leistung einem der in § 1 BetrAVG beschriebenen Versorgungszwecke dient oder nicht.[209] Die einmalige Leistung eines Übergangsgeldes kann bspw. eine Leistung der bAV darstellen, sofern sie tatsächlich zur Versorgung des Begünstigten bestimmt ist.[210] Bei Gewinnbeteiligungen, Tantiemen, Leibrenten und Schenkungen hingegen fehlt es regelmäßig am Versorgungszweck, so dass in diesen keine Leistungen der bAV gesehen werden können und sie somit nicht den Regelungen des BetrAVG unterfallen.[211]

Unerheblich ist weiterhin, ob die Leistung der bAV jährlich oder monatlich, vom Arbeitgeber selber oder von einem Dritten erbracht wird, ob es sich um laufende Leistungen (Renten) oder einmalige Kapitalleistungen handelt etc.[212]

3. Rechtscharakter betrieblicher Versorgungsleistungen

Während der Rechtscharakter betrieblicher Versorgungsleistungen lange Zeit umstritten war[213], ist heute in Rechtsprechung und Literatur anerkannt, dass Leistungen der arbeitgeberfinanzierten bAV einen Doppelcharakter besitzen: sie haben gleichzeitig Entgelt- sowie Versorgungscharakter.[214] Zum einen stellen Leistungen

207 *Höfer*, Band I: Arbeitsrecht, ART Rn 25; ähnlich auch: *Förster/Cisch/Karst*, § 1 BetrAVG Rn 43.

208 BAG, Urt. v. 12. Dezember 2006 – 3 AZR 476/05, AP Nr. 45 zu § 1 BetrAVG; Hess. LAG, Urt. v. 8. September 2004 – 8 Sa 2110/03; so auch: *Blomeyer/Rolfs/Otto*, § 1 BetrAVG Rn 9; *Höfer*, Band I: Arbeitsrecht, ART Rn 45.

209 Siehe hierzu auch: *Griebeling/Griebeling*, Rn 27 ff.; zur Abgrenzung anhand verschiedener Beispiele siehe ausführlich: *Blomeyer/Rolfs/Otto*, § 1 BetrAVG Rn 48 ff.; oder mit ausführlicher Übersicht über die Abgrenzung: Kemper/Kisters-Kölkes/Berenz/Huber-*Kemper*, § 1 Rn 74, s.o. zum Versorgungszweck: B.I.1.c).

210 BAG, Urt. v. 24. Juni 1986 - 3 AZR 645/84, AP Nr. 33 zu § 7 BetrAVG; siehe auch: *Griebeling/Griebeling*, Rn 49.

211 Siehe ausführlich zum Erfordernis des Versorgungszwecks: ErfKomm-*Steinmeyer*, § 1 BetrAVG Rn 5.

212 BAG, Urt. v. 30. September 1986 – 3 AZR 22/85, AP Nr. 16 zu § 1 BetrAVG.

213 Zum ehemaligen Streitstand siehe auch: *Langohr-Plato*, Rn 85 f.

214 BAG, Urt. v. 12. Februar 1971 – 3 AZR 83/70, AP Nr. 3 zu § 242 BGB Ruhegehalt – Unterstützungskassen; Urt. v. 5. Juni 1984 – 3 AZR 33/84, AP Nr. 3 zu § 1 BetrAVG

der bAV eine Art Gegenleistung für die vom Arbeitnehmer erbrachten Leistungen dar (Entgeltcharakter), gleichzeitig jedoch soll durch sie die Versorgung des Arbeitnehmers und seiner Hinterbliebenen im Ruhestand des Arbeitnehmers gewährleistet werden (Versorgungscharakter).

Gerade der Entgeltcharakter der Leistungen, welchen sowohl der EuGH wie auch das BAG in ständiger Rechtsprechung betont und bestätigt haben[215], spielt in diskriminierungsrechtlicher Sicht vor dem Hintergrund des Gebotes der Entgeltgleichheit eine entscheidende Rolle. I.R.d. Entgeltgleichheitsgebotes des Art. 157 AEUV[216] bzgl. des Geschlechtes fallen Leistungen der bAV unter den Begriff des „Entgelts".[217] Zu beachten ist hierbei, dass der EuGH bereits dem reinen Anspruch, in ein Versorgungssystem der betrieblichen Altersversorgung aufgenommen zu werden, Entgeltcharakter zugesprochen hat.[218]

II. Diskriminierungsschutz im Betriebsrentenrecht vor Inkrafttreten des AGG

Das BetrAVG selber regelt in seinem Gesetzeswortlaut keinerlei ausdrückliche Benachteiligungsverbote.[219] Die bAV war daher insbesondere vor Inkrafttreten des AGG vielfach Gegenstand einer umfassenden Rechtsprechung hinsichtlich möglicher Verstöße gegen den allgemeinen arbeitsrechtlichen Gleichbehandlungsgrundsatz.[220] Der Gesetzgeber hatte durch die Einführung des § 1b Abs. 1 S. 4 BetrAVG ausdrücklich klargestellt, dass sich Versorgungsansprüche aus dem Gedanken der Gleichbehandlung, sei es aus dem arbeitsrechtlichen Gleichbehandlungsgrundsatz oder dem Entgeltgleichheitsgebot des Art. 157 AEUV[221] ergeben können.[222] Bereits vor Inkrafttreten des AGG galt somit im Bereich der bAV über Art. 157 AEUV sowie § 611a BGB das Verbot der Diskriminierung wegen des Geschlechtes. Schon zu Vor-AGG-Zeiten war es aus diesem Grunde bspw.

Unterstützungskassen; BGH, Urt. v. 28. September 1981 – II ZR 181/80, AP Nr. 12 zu § 7 BetrAVG; siehe weitergehend zur Sicht der Rspr. und Lit. auch: *Blomeyer/Rolfs/Otto*, Einleitung Rn 25, 28.

215 BAG, Urt. v. 10. März 1972 – 3 AZR 278/71; EuGH, Urt. v. 13. Mai 1986 – Rs. C-170/84 [*Bilka*], Slg. 1986, 1607 ff.; Urt. v. 17. Mai 1990 – Rs. C-262/88 [*Barber*], Slg. 1990, I-1889 ff. = AP Nr. 20 zu Art. 119 EWG-Vertrag; siehe auch: *Hellkamp/Rinn*, BetrAV 2008, 442.

216 ex-Art. 141 Abs. 1 EGV.

217 EuGH, Urt. v. 17. Mai 1990 – Rs. C-262/88 [*Barber*], Slg. 1990, I-1889 ff. = AP Nr. 20 zu Art. 119 EWG-Vertrag.

218 EuGH, Urt. v. 28. September 1994 – Rs. C-57/93 [*Vroege*], EuGHE I 1994, 4541.

219 So auch: *Langohr-Plato / Stahl*, NJW 2008, 2378, 2379.

220 So auch: Däubler/Bertzbach-*Schrader/Schubert*, § 2 AGG Rn 144.

221 ex-Art. 141 EGV.

222 Vgl. *Langohr/Plato*, Rn 1349; zu Ansprüchen aus § 1b Abs. 1 S. 4 BetrAVG s.o.: B.I.1.a)bb)(2).

nicht zulässig, bei Zusage einer Witwenleistung nicht auch eine Witwerleistung zu gewähren.[223]

Durch die Vorgabe des EuGH in der *Barber*-Entscheidung vom 17. Mai 1990[224] wurde das Betriebsrentenrecht endgültig unter den Vorbehalt der Entgeltgleichheit des Art. 157 AEUV[225] gestellt.[226] Seither ist geklärt, dass Art. 157 AEUV mit unmittelbarer Wirkung auch unter Privaten das Verbot der Benachteiligung wegen des Geschlechtes beim Entgelt regelt.[227] Der EuGH hatte hier entschieden, dass es gegen Art. 157 AEUV verstoße, wenn ein Mann, welcher aus betrieblichen Gründen entlassen werde, nur eine Anwartschaft auf eine bei Erreichen des gewöhnlichen Rentenalters zu zahlende Rente besitze, während einer Frau in der gleichen Lage sofort ein Rentenanspruch zustehe.

Zudem hielt der EuGH i.R.d. Entscheidung fest, dass der Begriff des Entgeltes nicht nur Entgelt im engeren Sinne, sondern alle gegenwärtigen oder künftigen, in bar oder in Sachleistungen gewährten Vergütungen umfasst, sofern sie vom Arbeitgeber zumindest mittelbar aufgrund des Beschäftigungsverhältnisses gewährt werden.[228] Folglich unterfallen auch Leistungen der bAV als auf den Leistungsfall i.S.d. § 1 BetrAVG aufgeschobene Leistungen dem Begriff des Entgelts.[229]

Seit der *Barber*-Entscheidung muss somit (mit Ausnahme von Zusagen, deren Zusagezeitpunkt vor dem 17. Mai 1990 datiert) bei der Zusage zur Gewährung einer bAV der Grundsatz der Entgeltgleichheit zwischen Männern und Frauen i.S.d. Art. 157 AEUV beachtet werden. Das Entgeltgleichheitsgebot findet i.R.d. Altersversorgung sogar Anwendung auf externe Versorgungsträger, welche ebenfalls unmittelbar gebunden sind.[230]

Der vor Inkrafttreten des AGG im Betriebsrentenrecht bestehende Diskriminierungsschutz umfasste jedoch hinsichtlich der besonderen Diskriminierungsverbote lediglich das Merkmal des Geschlechts, nicht hingegen das Alter, die sexuelle

---

223 BAG, Urt. v. 5. September 1989 – 3 AZR 575/88, AP Nr. 8 zu § 1 BetrAVG Hinterbliebenenversorgung; siehe zu dieser Frage auch unten: B.I.1.d)cc).

224 EuGH, Urt. v. 17. Mai 1990 – Rs. C-262/88 [*Barber*], Slg. 1990, I-1889 ff. = AP Nr. 20 zu Art. 119 EWG-Vertrag.

225 Des damaligen Art. 141 EGV.

226 EuGH, Urt. v. 17. Mai 1990 – Rs. C-262/88 [*Barber*], Slg. 1990, I-1889 ff. = AP Nr. 20 zu Art. 119 EWG-Vertrag; vorher bereits: Urt. v. 11. März 1981 – Rs. 69/80, Slg. 1981, 767 ff. = BetrAV 1982, 222.

227 So später auch: BAG, Urt. v. 7. September 2004 – 3 AZR 550/03, AP Nr. 15 zu § 1 BetrAVG; zum Entgeltgleichheitsgebot des Art. 157 AEUV (ex-Art. 141 EG) siehe auch unten: B.III.1.

228 EuGH, Urt. v. 26. Juni 2001 – Rs. C-381/99, Slg 2002, I-4961 ff. = AP Nr. 2 zu Art. 138 EG.

229 EuGH, Urt. v. 13. Mai 1986 – Rs. 170/84, Slg. 1986, 1607 ff. = AP Nr. 10 zu Art. 119 EWG-Vertrag.

230 EuGH, Urt. v. 9. Oktober 2001 – Rs. C-379/99, Slg. 2001, I-7275 ff = AP Nr. 5 zu § 1 BetrAVG Pensionskasse.

Identität etc. Folglich ging der Diskriminierungsschutz auch hier nicht so weit wie ihn nunmehr das AGG fordert. Dementsprechend stellte sich mit Inkrafttreten des AGG die Frage, inwiefern sich dieses Gesetz oder auch die ihm zugrundeliegenden Richtlinien auf das Betriebsrentenrecht auswirken würden.

III. Frage der Anwendbarkeit des AGG auf das Betriebsrentenrecht

Nach der Einführung des AGG stellte sich zunächst die Frage, inwiefern Regelungen des Betriebsrentenrechts überhaupt unter die Benachteiligungsverbote des AGG fallen und nach den Benachteiligungsverboten des AGG benachteiligten Beschäftigten somit möglicherweise Ansprüche aus dem AGG zustehen bzw. die benachteiligenden Regelungen unwirksam sein würden.

Zur Beantwortung dieser Fragen war zunächst zu klären, ob das AGG überhaupt auf die bAV Anwendung findet und somit Auswirkungen entfalten kann. Bei dieser Fragestellung stand die Auslegung seines § 2 Abs. 2 S. 2 AGG im Mittelpunkt.

1. Auslegung des § 2 Abs. 2 S. 2 AGG

§ 2 AGG soll nach Intention des Gesetzgebers den sachlichen Anwendungsbereich des AGG regeln. Während in § 2 Abs. 1 AGG in einer – nicht abschließenden[231] – Positivliste Fälle aufgezählt werden, in welchen Benachteiligungen aufgrund eines der in § 1 AGG genannten Merkmale unzulässig sind, stellt der Gesetzgeber in Abs. 3 klar, dass *„[d]ie Geltung sonstiger Benachteiligungsverbote oder Gebote der Gleichbehandlung durch dieses Gesetzt nicht berührt"* werden. Das AGG soll somit nach Willen des Gesetzgebers den Diskriminierungsschutz erweitern, nicht jedoch bereits bestehende Regelungen ersetzen.

In § 2 Abs. 2 S. 2 AGG geht der Gesetzgeber ausdrücklich auf die bAV ein und bestimmt diesbezüglich Folgendes: *„Für die betriebliche Altersvorsorge gilt das Betriebsrentengesetz."*

Diese kurze und scheinbar unproblematische Norm hat nach Inkrafttreten des AGG für umfangreichen Diskussionsstoff gesorgt, da sie entgegen der ersten Leseweise tatsächlich mehr Unklarheiten als eine eindeutige Aussage in sich birgt. Der bloße Verweis des § 2 Abs. 2 S: 2 AGG auf das BetrAVG kann bei näherer Betrachtung vielmehr sogar als ebenso *„banal"* wie *„unvollständig"* bezeichnet werden, wie *Wank* zutreffend feststellt.[232]

Der Wortlaut der Norm erscheint lediglich auf den ersten Blick eindeutig zu sein. Offen bleibt, wie *Rolfs* richtigerweise hinweist, *„ob nur oder auch das BetrAVG gelten soll"*.[233] Dem reinen Gesetzeswortlaut zufolge soll auf das Betriebsrentenrecht

---

231 Siehe hierzu auch: *Bauer/Göpfert/Krieger*, § 2 AGG Rn 9.

232 *Wank* in FS Schnapp, S. 839, 855.

233 *Blomeyer/Rolfs/Otto*, Anh § 1 BetrAVG, Rn 37.

(wohl) nur das BetrAVG und somit gerade nicht (überhaupt nicht?) das AGG Anwendung finden. Es fehlt bspw. ein *„auch“* oder ähnliche Wörter, welche ein Nebeneinander als gewünscht erscheinen lassen würden.

Eine derartige Auslegung als Bereichsausnahme für die bAV bzw. als BetrAVG als *lex specialis* für den Bereich der bAV wurde nach Inkrafttreten des AGG von verschiedenen Autoren in der Literatur vertreten, wenn auch das Resultat, sprich die Herausnahme des Betriebsrentenrechts aus dem Anwendungsbereich des AGG, teilweise als Rückschritt gegenüber der bisherigen Rechtslage angesehen wurde.[234]

Es stellte sich jedoch die Frage, ob dies erstens tatsächlich den Willen des Gesetzgebers und zweitens eine praktikable Lösung darstellte? Versteht man allerdings entgegen dieser Ansicht die Vorschrift des § 2 Abs. 2 S. 2 AGG nicht als Bereichsausnahme, so stellt sich zumindest die Frage nach dem Sinn der Vorschrift, da die Norm dann sinnentleert erscheint. Erste Zweifel an der naheliegenden Auslegung der Vorschrift als Bereichsausnahme kamen jedoch bereits beim Vergleich der Vorschrift des § 2 Abs. 2 S. 2 AGG mit jener des § 2 Abs. 4 AGG, nach welcher hinsichtlich des Kündigungsrechts *„ausschließlich“* das bisher gültige Recht und somit gerade nicht das AGG Anwendung finden soll. Sollte vom Gesetzgeber bzgl. der Betriebsrenten in § 2 Abs. 2 S. 2 AGG eine Bereichsausnahme intendiert gewesen sein, wieso wählte er dann nicht denselben Wortlaut für § 2 Abs. 2 S. 2 AGG? Wieso verzichtete der Gesetzgeber auf das schlichte, jedoch umso eindeutigere Wort *„ausschließlich“* bei der Ausgestaltung des sachlichen Anwendungsbereiches im Bezug auf die bAV?[235] Stellt der Verzicht auf dieses oder ein ähnliches Wort lediglich ein reines „Redaktionsversehen“ dar oder wollte der Gesetzgeber hiermit gerade einen inhaltlichen Unterschied zu der Regelung in Abs. 4 AGG ausdrücken?

Geht man – aufgrund der überhasteten Verabschiedung des Gesetzes möglicherweise naheliegend – von einem Redaktionsversehen aus und liest man im Wortlaut des § 2 Abs. 2 S. 2 AGG trotz der im Vergleich zu Abs. 4 schwächeren sprachlichen Ausgestaltung doch eine Bereichsausnahme, so stellt sich allerdings die Frage, ob eine solche Bereichsausnahme nicht gegen den in Art. 157 AEUV[236] normierten Grundsatz des gleichen Entgelts bei gleicher oder gleichwertiger Arbeit verstößt.[237]

Für die Frage der Entgeltgleichheit zwischen Männern und Frauen bei gleicher oder gleichwertiger Arbeit gilt und galt wie bereits dargestellt auch schon vor Inkrafttreten des AGG der spezielle Grundsatz des Art. 157 AEUV. Nach diesem Grundsatz soll für gleiche oder gleichwertige Arbeit gleiches Entgelt geleistet werden, unabhängig davon, ob die Arbeit von einem Mann oder einer Frau verrichtet wird.

---

234 So bspw.: *Bauer/Göpfert/Krieger*, § 2 AGG Rn 46; ähnlich auch: Däubler/Bertzbach-*Däubler*, Einleitung AGG Rn 11; Flohr/Ring-*Ring/Siebeck/Woitz*, Rn 97 f; *Bauer/Preis/Schunder*, NZA 2006, 1261 f.

235 Diese Frage ebenfalls aufwerfend: *Herbold*, S. 191; *Bezani/Nacewicz*, EWiR 2008, 417, 418.

236 ex-Art. 141 EGV.

237 So bspw.: *Boemke/Danko*, § 4 Rn 77; *Bauer/Thüsing/Schunder*, NZA 2006, 774, 776.

Ein Verstoß gegen Art. 157 AEUV liegt dann vor, wenn eine Regelung, die Männer und Frauen mittelbar oder unmittelbar ungleich behandelt, nicht aus objektiven Gründen, d.h. aus Gründen, die nichts mit einer Diskriminierung des Geschlechts zu tun haben, gerechtfertigt ist.[238] Ein nationales Gericht hat in einem solchen Fall festzustellen, ob tatsächlich eine erhebliche Benachteiligung vorgelegen hat, sowie, ob die diskriminierende Regelung eventuell durch objektive Gründe gerechtfertigt war.[239] Eine mittelbare Geschlechtsdiskriminierung hingegen liegt sogar bereits vor, wenn der Nachweis erbracht werden kann, dass eine eigentlich geschlechtsneutrale Regelung einen wesentlich höheren Prozentsatz Zugehöriger eines bestimmten Geschlechts betrifft.[240] Da das Verbot der geschlechtsbedingten Entgeltbenachteiligung des Art. 157 AEUV als primäres Gemeinschaftsrecht - wie dargestellt - auch unter Privaten unmittelbare Wirkung besitzt[241], konnte sich ein Privater bzgl. der Entgeltdiskriminierung bereits vor Inkrafttreten des AGG in einem Rechtsstreit zwischen Privaten zur Wehr setzen.[242]

Unmittelbar anwendbar sind Normen des Primärrechts dann, wenn sie Individualrechte und -pflichten begründen, welche auch ohne Beiziehung anderweitiger Bestimmungen bereits aus der jeweiligen Norm selbst ableitbar sind. Bei dem sich aus Art. 157 AEUV ergebenden Entgeltgleichheitsgebot ist dies der Fall.[243] Zudem kann sein Regelungszweck nur erreicht werden kann, wenn er auch individuelle Rechtsansprüche begründet.[244] Auf das Grundrecht aus Art. 157 AEUV können sich Unionsbürger nicht nur gegenüber ihrem eigenen Staat, sondern auch gegenüber privaten Dritten berufen[245], zumindest sofern die Mitgliedsstaaten die Entgeltgleichheit nicht durch eine entsprechende und mindestens denselben Schutz bietende Regelung getroffen haben. Gegen die Regelungen des Primärrechts verstoßende nationale Regelungen sind nicht anzuwenden.[246] Zudem dient Art. 157

238 EuGH, Urt. v. 13. Mai 1986 Rs. 170/84, Slg. 1986, 1607 Rn 36 = AP Nr. 10 zu Art. 119 EWG-Vertrag; *Doetsch*, in FS Kemper, S. 92.

239 EuGH, Urt. v. 13. Mai 1986 Rs. 170/84, Slg. 1986, 1607 Rn 36 = AP Nr. 10 zu Art. 119 EWG-Vertrag; Urt. v. 13. Juli 1989 – Rs. 171/88, Slg. 1989, 2743 Rn 15.

240 Ständige Rspr. des EuGH, vgl.: EuGH, Urt. v. 23. Oktober 2003 – Rs. C-4/02, BetrAV 2004, 779, 785.

241 EuGH, Urt. v. 8. April 1974 – Rs. C-43/75 [*Defrenne II*], Slg. 1976, 455; Urt. v. 17. Mai 1990 – Rs. C-262/88, Slg. 1990, I-1889; BAG, Urt. v. 7. September 2004 – 3 AZR 550/03, AP Nr. 15 zu § 1 BetrAVG.

242 Zu diesem Zeitpunkt, also vor Inkrafttreten des AEUV am 1. Dezember 2009, noch wegen Verstoßes gegen Art. 141 EG (ex-Art. 119 EG).

243 EuGH, Urt. v. 8. April 1974 – Rs. C-43/75 [*Defrenne II*], Slg. 1976, 455.

244 ErfKomm-*Schlachter*, Art. 157 AEUV Rn 3.

245 ErfKomm-*Schlachter*, Art. 157 AUEV Rn 2.

246 EuGH, Urt. v. 7. Februar 1991 – Rs. C-184/89 [*Nimz*], NVwZ 1991, 461; Urt. v. 19. Januar 2010 – Rs. C-555/07 [*Kücükdeveci*], Slg. 2010, I-365 = AP Nr. 14 zu Richtlinie 2000/78/EG.

AEUV[247] und die auch schon zum ehemaligen Art. 141 EGV ergangene Rechtsprechung mindestens der Auslegung der nationalen AGG-Regelungen.[248]

Art. 157 AEUV bestimmt jedoch nur den Schutz vor Benachteiligungen aufgrund des Geschlechtes, nicht jedoch aufgrund eines andern Diskriminierungsmerkmales. Der ehemalige Art. 141 EGV wurde nachträglich von der Gender-Richtlinie konkretisiert, welche der deutsche Gesetzgeber mittels der Verabschiedung des AGG umzusetzen versucht hat. Da der EuGH seit seiner Entscheidung in der Rechtssache *Barber* Betriebsrenten in ständiger Rechtsprechung unter den Entgeltbegriff des Art. 157 AEUV fasst, muss auch im Bereich der Betriebsrenten die Entgeltgleichheit gewahrt werden.[249]

Gerade auch diese Entgeltgleichheit soll nunmehr jedoch durch die arbeitsrechtlichen Diskriminierungsverbote des AGG geschützt werden. Würden nun aber Betriebsrenten per Bereichsausnahme schlichtweg aus dem Anwendungsbereich des AGG herausgenommen, so würde Gebot der Entgeltgleichheit zumindest i.S.d. AGG nicht mehr im Bereich der bAV gelten. Aus diesem Grunde wurde von Teilen der Literatur bereits diskutiert, dass die Regelung des § 2 Abs. 2 S. 2 AGG evtl. als europarechtswidrige Bereichsausnahme anzusehen[250] und die Regelung zumindest europarechts- bzw. richtlinienkonform auszulegen sei.[251]

Vor dem Hintergrund, dass der EuGH im Jahr 2006, kurz vor Inkrafttreten des AGG darauf hingewiesen hatte, dass das deutsche Recht die Richtlinie 2000/78/EG nicht hinreichend umsetze und eine weitere diesbezügliche Umsetzung nötig sei[252], erschiene es zumindest sehr verwunderlich, sollte es der deutsche Gesetzgeber für den Bereich der bAV trotz dieser Aufforderung durch den EuGH bei der bisher bestehenden Rechtslage habe belassen bzw. den Schutz sogar habe verringern wollen.[253]

Darüber hinaus erhärten sich die Zweifel daran, ob § 2 Abs. 2 S. 2 AGG tatsächlich eine Bereichsausnahme für die bAV darstellen soll, sobald man die Regelung des § 10 S. 3 Nr. 4 AGG gegenüberstellt. In § 10 S. 3 Nr. 4 AGG und somit im arbeitsrechtlichen Teil des AGG findet sich eine spezielle die bAV betreffende Regelung, welche auf die Anforderungen des § 10 AGG Bezug nimmt und einen Rechtfertigungstatbestand für die Benachteiligungsverbote des AGG darstellt. Der deutsche

247 ex-Art. 141 EGV.

248 So auch: Däubler/Bertzbach-*Hinrichs/Zimmer*, § 2 AGG Rn 189 m.w.N.

249 EuGH, Urt. v. 17. Mai 1990 – Rs. C-262/88 [*Barber*], Slg. 1990, I-1889 ff. = AP Nr. 20 zu Art. 119 EWG-Vertrag.

250 So bspw.: *Nicolai*, Rn 192; *Adomeit/Mohr*, § 2 AGG Rn 181; *Rengier*, NZA 2006, 1251.

251 Eine richtlinienkonforme Auslegung befürwortend bspw.: *Bauer/Göpfert/Krieger*, § 2 AGG Rn 47 f.; *Adomeit/Mohr*, 2. Auflage, § 2 AGG Rn 160 m.w.N.; *Reichenbach/Grünenklee*, BetrAV 2006, 708 f.; so wohl auch: *von Roetteken*, jurisPR-ArbR 41/2007 Anm. 6.

252 EuGH, Urt. v. 23. Februar 2006 – Rs. C-43/05, Slg. 2006 I, S. 33 ff.

253 So ebenfalls: *Cisch/Böhm*, BB 2007, 602.

Gesetzgeber trifft hier somit i.R.d. AGG Regelungen, die ausschließlich für die bAV gelten, sich jedoch auf das AGG und dessen Benachteiligungsverbote bezieht. Die Gesetzessystematik spricht hier eindeutig dafür, dass neben dem Betriebsrentengesetz sehr wohl auch die Regelungen des AGG auf die bAV Anwendung finden oder zumindest finden können und auch sollen und es sich in der Regelung des § 2 Abs. 2 S. 2 AGG nicht um eine Bereichsausnahme handeln kann.[254]

Auch der Blick auf die Regelung des § 6 Abs. 1 letzter Satz AGG spricht dafür, dass das AGG entgegen dem Wortlaut des § 2 Abs. 2 S. 2 AGG auf die bAV Anwendung findet und es sich demzufolge nicht um eine Bereichsausnahme handelt. Gem. § 6 AGG, der den persönlichen Geltungsbereich des AGG erläutert, umfasst der Begriff der Beschäftigten i.S.d. AGG nicht nur aktive, sondern auch ehemalige Arbeitnehmer, deren Beschäftigungsverhältnis bereits beendet ist. Unter diesen allgemeinen Begriff der ehemaligen Arbeitnehmer würden jedoch gerade auch Betriebsrentner fallen, so dass auch hiernach von einer Anwendbarkeit des AGG auf Betriebsrenten/-rentner auszugehen wäre.[255] Auch ein Blick in die Gesetzesbegründung zu § 6 Abs. 1 letzter Satz AGG zeigt hier, dass ehemalige Beschäftigte sogar gerade aufgrund der vielfach von ihnen bezogenen bAV vom Schutzbereich des AGG umfasst und somit vor Diskriminierungen i.R.d. bAV geschützt werden sollten. So lautet die Gesetzesbegründung hier: *„[...] solche Personen umfasst, deren Beschäftigungsverhältnis bereits beendet ist, bei denen aber noch nachwirkende Folgen wie **z. B. bei der betrieblichen Altersvorsorge** [Hervorhebung durch den Autor] eintreten können“*

Der Gesetzgeber spricht demnach davon, dass sich auch nach Beendigung des Beschäftigungsverhältnisses weiterhin *„nachwirkende Folgen“* ergeben könnten, und erwähnt hierbei die bAV sogar explizit als eine dieser Nachwirkungen eines Beschäftigungsverhältnisses.[256] Folglich erschiene die Annahme einer Bereichsausnahme auch der Intention des Gesetzgebers zufolge gänzlich sinnlos.

Es bleibt also festzuhalten, dass sowohl gesetzessystematische und teleologische Gründe ebenso wie bereits der Vergleich des Wortlautes mit anderen Regelungen des Gesetzes klar gegen die Annahme einer Bereichsausnahme sprechen.

Ebenfalls vertreten wurde die Interpretation, dass § 2 Abs. 2 S. 2 AGG eine reine Hinweisfunktion erfülle. Der Gesetzeswortlaut habe lediglich auf die Existenz der auf Betriebsrentensachverhalte ebenfalls einschlägigen Normen des BetrAVG hinweisen wollen, soweit der Gesetzgeber in den Sonderbestimmungen

254 So auch richtigerweise: Rust/Falke-*Oppermann/Rust*, § 2 AGG Rn 215; *Thüsing*, Rn 119; *Steinmeyer*, BetrAV 2006, 601; *ders.*, ZfA 2007, 27, 28 f.; *Reichel/Böhm*, AuA 2007, 328 f.; *Nicolai*, BetrAV 2007, 701 f.; so wohl auch: *Biester*, jurisPR-ArbR 36/2006 Anm. 5.

255 So auch: *Alenfelder*, Rn 6.

256 BR-Drucks. 329/96, S. 35; BT-Drucks. 16/1780, S. 34; siehe hierzu auch: MüKo-*Thüsing*, § 2 AGG Rn 28; *ders.*, Rn 119; *Bepler*, in FS Höfer, S. 4; *Herbold*, S. 192; ebeso auch: BAG, Urt. v. 20. April 2010 – 3 AZR 509/08, AP Nr. 26 zu § 1 BetrAVG Hinterbliebenenversorgung = DB 2010, 2000 [Rn 63].

Benachteiligungsverbote geregelt hat, die mit den Anforderungen des AGG inhaltlich vergleichbar seien, ohne hingegen die Anwendbarkeit des AGG auf Betriebsrenten grundsätzlich in Frage zu stellen.[257]

Wollte der Gesetzgeber an dieser Stelle lediglich auf die Regelungen des Betriebsrentenrechtes verweisen und den Bürger auf das Bestehen eines Gesetzes namens *„Betriebsrentengesetz"* oder genauer namens *„Gesetz zur Verbesserung der betrieblichen Altersversorgung"* hinweisen? Sollte es sich bei der Regelung des § 2 Abs. 2 S. 2 AGG tatsächlich lediglich um einen solchen *„Akt gesetzgeberischer Öffentlichkeitsarbeit"* gehandelt haben, mit dem der Gesetzgeber dem Bürger das lästige Suchen in einschlägigen Gesetzen ersparen wollte, wie *Steinmeyer* dies wenngleich ironisch, inhaltlich jedoch richtig, hinterfragt?[258] Die Auslegung des Gesetzeswortlautes des § 2 Abs. 2 S. 2 AGG als einfacher Hinweis auf ein bereits seit längerem bestehendes Gesetz erscheint zumindest sehr fragwürdig und eher unwahrscheinlich.

Um die Frage nach dem Sinn des § 2 Abs. 2 S. 2 AGG zu beantworten, hat die Literatur einen Blick in die Gesetzesmaterialien und somit in die Entstehungsgeschichte der Vorschrift vorgenommen. Der ursprüngliche Entwurf der rot-grünen Bundesregierung enthielt keine dem § 2 Abs. 2 S. 2 AGG entsprechende Regelung. Erst der letztendlich verabschiedete Gesetzesentwurf der großen Koalition beinhaltete die aktuelle verwirrende Regelung des § 2 Abs. 2 S. 2 AGG. Somit sollte der Bereich der bAV augenscheinlich nach dem Willen des Gesetzgebers anfänglich in keinem Falle ausgenommen werden. Dass jedoch noch vor Verabschiedung des Gesetzes eine solche – wenn auch unklare – Regelung eingefügt wurde, spricht wiederum eher für eine Bereichsausnahme oder zumindest einen Verweis auf die Regelungen des BetrAVG. Die diesbezügliche Gesetzesbegründung erläutert, dass Sinn und Zweck der Regelung lediglich die Klarstellung sei, dass für die bAV die Benachteiligungsverbote des BetrAVG gelten. Darüber hinaus jedoch solle die Richtlinie 86/378/EWG (geändert durch Richtlinie 96/97/EG) zur Verwirklichung des Grundsatzes der Gleichbehandlung von Männern und Frauen in den- betrieblichen Systemen der sozialen Sicherheit maßgeblich sein.[259] Die Gesetzesbegründung hinsichtlich des § 2 Abs. 2 S. 2 AGG spricht somit eher für eine Bereichsausnahme, einen Ausschluss der bAV aus dem Anwendungsbereich des AGG zugunsten der Regelungen und Benachteiligungsverbote des BetrAVG.[260] Hiermit wiederum widerspricht sie wie bereits dargestellt der Gesetzesbegründung zu § 6 AGG, welche ja gerade Betriebsrentner als ebenfalls vom Schutz der AGG erfasst ansieht.[261]

---

257 ErfKomm-*Schlachter*, § 2 AGG Rn 15.

258 So, ebenfalls die bloße Verweisfunktion des § 2 Abs. 2 S. 2 AGG anzweifelnd: *Steinmeyer*, BetrAV 2006, 601; *ders.*, ZfA 2007, 27.

259 BR-Drucks. 329/06, S. 33; BT-Drucks. 16/1780, S. 32; Däubler/Bertzbach-*Schrader/Schubert*, § 2 AGG Rn 128.

260 MüKo-*Thüsing*, § 2 AGG Rn 28; *Bauer/Göpfert/Krieger*, § 2 AGG Rn 46 f.

261 So auch: BAG, Urt. v. 20. April 2010 – 3 AZR 509/08, AP Nr. 26 zu § 1 BetrAVG Hinterbliebenenversorgung = DB 2010, 2000 [Rn 63].

Das AGG selber bietet demnach weder in seiner Systematik noch in seinem Wortlaut, geschweige denn in der Gesetzesbegründung eine eindeutige Antwort, wobei jedoch gewichtige Argumente klar gegen die Auslegung als Bereichsausnahme zu sprechen scheinen.

Es blieb demnach bei der Frage, ob nun also das AGG auf die bAV Anwendung finden oder aber die bAV, wie es der Wortlaut des § 2 Abs. 2 S. 2 AGG vermuten lässt, gänzlich vom Schutzbereich des AGG ausgenommen sein sollte oder aber die ominöse Norm etwa doch lediglich eine Hinweisfunktion erfüllt?

Die Annahme einer Bereichsausnahme erscheint neben den erläuterten europarechtlichen, systematischen sowie gesetzeshistorischen Ungereimtheiten vor allem bereits auch deshalb problematisch, als das BetrAVG in seinem Gesetzeswortlaut keinen hinreichenden Schutz gegen Diskriminierungen beinhaltet. Das BetrAVG beinhaltet weder Regelungen hinsichtlich eines Benachteiligungsverbotes wegen des Alters, der Rasse, der sexuellen Identität etc. noch Regelungen hinsichtlich der Rechtsfolgen eines Verstoßes gegen ein solches Benachteiligungsverbot.[262] Lediglich in § 30a BetrAVG werden die Vorgaben der *Barber*-Rechtsprechung hinsichtlich des Entgeltgleichheitsgebotes für Männer und Frauen adressiert. Zudem kann man in der an das Alter anknüpfenden Regelung hinsichtlich der Unverfallbarkeit möglicherweise eine Regelung im Sinne eines *lex specialis* hinsichtlich dieses Merkmals erkennen – die anderen Diskriminierungsmerkmale hingegen finden sich in den Regelungen des BetrAVG nicht wieder.

Welche Benachteiligungsverbote also sollten dem Verweis der Gesetzesbegründung folgend gelten? Benachteiligungsverbote für den Bereich der betrieblichen Altersvorsorge existierten zwar bereits vor dem Inkrafttreten des AGG, nicht jedoch in Gesetzesform, sondern vielmehr in Form von Rechtsprechung und hieraus entwickelten allgemeinen arbeitsrechtlichen Grundsätzen (bspw. dem arbeitsrechtlichen Gleichbehandlungsgrundsatz, welcher auch i.R.d. bAV galt). Es könnte also der Wille des Gesetzgebers gewesen sei, es bei der bisherigen Rechtsprechung und Rechtslage zur Ungleichbehandlung i.R.d. bAV zu belassen. Nach diesem Verständnis des § 2 Abs. 2 S. 2 AGG sollten sich schlichtweg keine Änderungen aus der Einführung des AGG ergeben[263], was jedoch unweigerlich die Frage der Europarechtswidrigkeit mit sich zieht.

Der Gesetzgeber selbst begründet sein verhaltenes Vorgehen damit, dass Auswirkungen einer möglichen Einführung des AGG und dessen Benachteiligungsverbote auf das Recht der bAV noch sorgfältiger geprüft werden müssten. Die aufgrund der Vorgabe der europäischen Richtlinien möglicherweise

262 So auch: *Bepler*, in FS Höfer, S. 2; Schiek-*Schiek*, § 2 AGG Rn 9; Däubler/Bertzbach-*Schrader/Schubert*, § 2 AGG Rn 129; Rudolf/Mahlmann-*Voggenreiter*, § 8 Rn 167; *Rengier*, NZA 2006, 1251; *Bauer/Thüsing/Schunder*, NZA 2006, 774, 777; *Langohr-Plato / Stahl*, NJW 2008, 2378, 2379; *Nicolai*, BetrAV 2007, 701 f; *Willemsen/Döring*, BetrAV 2011, 432, 434.

263 So: Däubler/Bertzbach-*Schrader/Schubert*, § 2 AGG Rn 130.

erforderlichen Änderungen bzgl. möglicher Benachteiligungen i.R.d. bAV sollten in einer späteren Novellierung des Betriebsrentengesetzes vorgenommen werden.[264] Der Gesetzgeber ging folglich davon aus, dass das Betriebsrentenrecht in näherer Zukunft reformiert werden würde und die für das Betriebsrentenrecht geltenden Diskriminierungsverbote mithin in die Novellierung des BetrAVG, in welche auch die zu diesem Zeitpunkt bereits erwartete Portabilitätsrichtlinie mit einfließen sollte, eingebracht werden könnten. Zum Zeitpunkt des Verfassens dieser Gesetzesbegründung scheint somit – ungeachtet der möglichen Unionsrechtswidrigkeit eines weiteren Abwartens aufgrund des Ablaufes der Umsetzungsfristen – tatsächlich eher eine (temporäre) Bereichsausnahme und ein Festhalten an bestehenden ungeschriebenen Benachteiligungsverboten gewollt gewesen zu sein.

Eine – möglicherweise tatsächlich vom Gesetzgeber erwünschte – Bereichsausnahme wäre jedoch wohl als europarechtswidrig anzusehen: mangels Umsetzung der Richtlinie 2000/78 würde das deutsche Recht zumindest für den Bereich der bAV weiterhin keinen Schutz vor Benachteiligungen wegen des Alters, der Herkunft, der sexuellen Identität etc. bieten. Die bisherigen Regelungen, bei denen es der Gesetzgeber somit möglicherweise zunächst belassen wollte, beinhalteten keinerlei Regelungen hinsichtlich eines benachteiligenden Abstellens auf Merkmale wie das Alter, die Rasse, Herkunft etc. Da zudem bislang seit dem Inkrafttreten des AGG auch keine Novellierung des Betriebsrentenrechts vorgenommen worden ist, stellt sich umso mehr die Frage nach der Anwendbarkeit des AGG auf die bAV.

Zusammenfassend bleibt zu konstatieren, dass sich auch unter Zuhilfenahme der Gesetzesmaterialien kein eindeutiges Bild davon ergibt, wie die Regelung des § 2 Abs. 2 S. 2 AGG auszulegen ist.

2. BAG-Rechtsprechung zur Anwendbarkeit des AGG auf die betriebliche Altersversorgung

Das BAG hat mit seiner Entscheidung vom 11. Dezember 2007[265] für eine Klärung dieser derart viel Unsicherheit begründenden Frage gesorgt. In dieser Entscheidung haben die Erfurter Richter das Verhältnis des AGG zum BetrAVG klargestellt und dem Meinungsstreit in der Literatur bzgl. der korrekten Auslegung des § 2 Abs. 2 S. 2 AGG ein – zumindest vorläufiges - Ende gesetzt.

Das Gericht hatte den Fall einer Benachteiligung wegen des Geschlechtes zu klären. Eine Arbeitnehmerin war von 1975 bis 2000 bei einem Arbeitgeber beschäftigt gewesen, dessen Versorgungsregelungen eine bAV im Wege der Direktversicherung vorsahen, bei welcher für männliche (ehemalige) Arbeitnehmer eine Hinterbliebenenversorgung ohne weitere Voraussetzungen vorgesehen war.

---

264 BT-Drucks. 16/1780, S. 33.

265 BAG, Urt. v. 11. Dezember 2007 – 3 AZR 249/06, BAGE 125, 133 ff. = AP Nr. 1 zu § 2 AGG = BB 2008, 557.

Grds. kann der Arbeitgeber nach dem Prinzip der Gestaltungsfreiheit selber bestimmen, inwiefern er den Kreis der anspruchsberechtigten Hinterbliebenen begrenzt.[266] Die gewünschte Einschränkung nimmt der Versorgungsversprechende für gewöhnlich in der Versorgungsordnung vor.[267]

Der Arbeitgeber hat für gewöhnlich ein berechtigtes Interesse, die Risiken der Hinterbliebenenversorgung zu begrenzen oder zumindest besser kalkulierbar zu machen. So hat das BAG im Jahr 2007 bestimmt, dass der Arbeitgeber selbst für die bAV durch Entgeltumwandlung i.S.d. § 1a BetrAVG nicht verpflichtet ist, überhaupt eine Hinterbliebenenversorgung anzubieten.[268] Daher ist es rechtlich auch nicht unangemessen sei, wenn der Arbeitgeber den Kreis der berechtigten Hinterbliebenen einschränkt.

Eine solche Begrenzung bedarf jedoch nach Ansicht des Bundesarbeitsgerichtes einer die Willkür ausschließenden sachlichen Rechtfertigung.[269] So soll es ihm bspw. möglich sein, den Ehepartner, welcher von der Hinterbliebenenversorgung profitieren soll, namentlich in der Versorgungsordnung festzuhalten und somit andere Personen, bspw. mögliche spätere Ehepartner des Arbeitnehmers, von der Versorgung auszuschließen.[270] Ebenso soll es dem Versorgungsversprechenden freistehen, generell nur Ehepartner in den Versorgungskreis aufzunehmen, deren Ehen bereits vor und nicht erst nach dem Ausscheiden aus dem Arbeitsverhältnis geschlossen worden sind.[271] Ist hingegen keine solche Benennung in der Versorgungsordnung enthalten, so gilt der zum Todeszeitpunkt mit dem Versorgungsgläubiger verheiratete Ehepartner als anspruchsberechtigter Hinterbliebener.[272]

Die Gestaltungsmöglichkeiten des Arbeitgebers werden hierbei auch vom Gebot der Entgeltgleichheit zwischen Männern und Frauen des Art. 157 AEUV eingeschränkt. So sind Witwer verstorbener Arbeitnehmerinnen auch entgegen anderslautender Bezeichnung einer als bloße *„Witwenrente“* benannten Versorgungsregelung automatisch von dieser Versorgungsregelung umfasst. Ein Ausschluss der Witwer würde eine Entgeltdiskriminierung der verstorbenen Arbeitnehmerinnen gegenüber ihren männlichen Kollegen darstellen, da sie trotz gleicher oder gleichwertiger Arbeit lediglich einen geringeren (nämlich den um die Betriebsrente in Form einer Hinterbliebenen- bzw. Witwerversorgung gekürzten) Lohn erhalten

266 So auch: *Förster/Cisch/Karst*, § 1 BetrAVG Rn 52; vgl. vertiefend zur Hinterbliebenenversorgung oben: B.I.1.d)cc).

267 *Förster/Cisch/Karst*, § 1 BetrAVG Rn 53.

268 BAG, Urt. v. 12. Juni 2007 – 3 AZR 14/06 - zu II 3 a cc (2) der Gründe, AP Nr. 1 zu § 1a BetrAVG = EzA Nr. 2 zu § 1a BetrAVG.

269 BAG, Urt. v. 19. Februar 2002 – 3 AZR 99/01, AP Nr. 22 zu § 1 BetrAVG Hinterbliebenenversorgung; siehe hierzu auch: ErfKomm-*Steinmeyer*, § 1 BetrAVG Rn 8.

270 *Förster/Cisch/Karst*, § 1 BetrAVG Rn 53.

271 BAG, Urt. v. 19. Dezember 2000 – 3 ARZ 186/00, EzA Nr. 9 zu § 1 BetrAVG Hinterbliebenenversorgung.

272 LAG Hamm, Urt. v. 29. Juli 1997 – 6 Sa 167/97, DB 1997, 1928.

würden.[273] Auch die Hinterbliebenenversorgung stellt einen Gegenwert für geleistete Arbeit und Betriebstreue dar und fällt daher unter den Begriff des Entgelts.[274]

In dem nunmehr nach Inkrafttreten des AGG vom BAG zu entscheidenden Sachverhalt war die Hinterbliebenenversorgung für (ehemalige) Arbeitnehmerinnen davon abhängig gemacht worden, dass die Arbeitnehmerin zu Lebzeiten überwiegend den Unterhalt der Familie bestritten hatte. Eine solche sogenannte Haupternährerklausel fehlte jedoch in den Regelungen für männliche Arbeitnehmer, so dass weibliche Arbeitnehmerinnen aufgrund ihres Geschlechtes schlechter gestellt waren.

Der 3. Senat des BAG hat klargestellt, dass der entsprechende Passus der Versorgungsregelung eine nach Maßgabe der § 7 Abs. 1 i.V.m. § 1 AGG unerlaubte Benachteiligung wegen des Geschlechtes darstellt, da nach dieser Regelung Arbeitnehmerinnen aufgrund ihres Geschlechtes schlechter als ihre männlichen Kollegen gestellt werden. Darüber hinaus – und für die Frage der Anwendbarkeit des AGG auf die bAV umso bedeutender – stellte er in diesem Zusammenhang klar, dass die Regelungen des AGG auch entgegen dem Wortlaut des § 2 Abs. 2 S. 2 AGG auf Versorgungsregelungen der bAV anwendbar sein können. Die Norm - so urteilten die Erfurter Richter - entfalte keine Bereichsausnahme. Vielmehr ergebe sich aus dem AGG ein ebenfalls auf das Betriebsrentenrecht anwendbares Verbot der Diskriminierung unter anderem wegen des Geschlechtes.

§ 2 Abs. 2 S. 2 AGG stelle lediglich eine Kollisionsregel zwischen dem AGG und dem BetrAVG dar, würde jedoch gerade keine Bereichsausnahme für die bAV begründen, wie dies teilweise in der Literatur vertreten worden war.[275] Vielmehr kehre § 2 Abs. 2 S. 2 AGG die Kollisionsregel des § 32 AGG um, nach welcher die allgemeinen Bestimmungen solange gelten, wie das AGG nicht Abweichendes regelt. Nach Ansicht des BAG verhalte es sich bzgl. der bAV exakt umgekehrt: Soweit Regeln des BetrAVG ebenfalls an in § 1 AGG genannte Merkmale des AGG anknüpfen, so sollen vorrangig die Regelungen des BetrAVG Anwendung finden, diese Regelungen also gerade nicht durch das AGG weiter eingeschränkt werden. So sollen bspw. die an das Merkmal des „Alters" anknüpfenden Regelungen des BetrAVG zur festen Altersgrenze (§ 2 Abs. 1 BetrAVG) oder zur Unverfallbarkeit (§ 1b Abs. 1 BetrAVG) trotz des Diskriminierungsverbotes des § 1 AGG gelten. Nach diesen Vorschriften soll aufgrund ihrer dem AGG vorgehenden Stellung eine unterschiedliche Behandlung anhand des Alters zulässig sein.[276] Somit ist § 2 Abs. 2 S. 2 AGG und der hierin enthaltene Verweis auf das BetrAVG *„als Kollisionsregel*

---

273 Siehe hierzu auch: *Förster/Cisch/Karst*, § 1 BetrAVG Rn 60.

274 Entscheidung des EuGH zur Einordnung der Hinterbliebenenversorgung als Teil des Entgelts: EuGH, Urt. v. 6. Oktober 1993 – Rs. C-109/91 [*Ten Oever*], AP Nr. 49 zu Art. 119 EWG-Vertrag.

275 So im Ergebnis bspw. auch: *Nollert-Borasio/Perreng*, § 2 AGG Rn 52; *Steinmeyer*, ZfA 2007, 27, 34.

276 *Hellkamp/Rinn*, BetrAV 2008, 442, 443.

zwischen beiden Gesetzen zu werten […]. Das bedeutet konkret, dass das BetrAVG als lex specialis die Regelungen des AGG verdrängt."[277]

Die Erfurter Richter führten in ihrer Urteilsbegründung aus, dass kein Wille des historischen Gesetzgebers erkennbar gewesen sei, die bAV komplett aus dem Anwendungsbereich des AGG herausnehmen zu wollen. Vielmehr habe er lediglich klarstellen wollen, dass für die bAV die auf der Grundlage des Betriebsrentengesetzes geregelten Benachteiligungsverbote vorrangig gelten sollen. Werde hingegen in Versorgungszusagen etc. an Merkmale des AGG angeknüpft, welche nicht explizit vom BetrAVG erfasst bzw. geregelt werden, so solle das AGG Anwendung finden und die Frage der Rechtmäßigkeit des Anknüpfens an das jeweilige Merkmal bestimmen. Insbesondere ergebe sich die Anwendbarkeit des AGG auf das BetrAVG somit bereits aus nationalem Recht und muss nach Ansicht des BAG nicht erst europarechtlich hergeleitet oder auf den Anwendungsbereich des EG-Rechts beschränkt werden. Diesen Schluss zogen die Richter auch aus der Hinzuziehung der Regelung des § 6 Abs. 1 S. 2 AGG, welcher den Schutz der bereits aus einem Arbeitsverhältnis Ausgeschiedenen behandelt. Diese Regelung sei der Gesetzesbegründung zufolge gerade auch auf Betriebsrentner ausgerichtet, so dass eine Bereichsausnahme hinsichtlich der bAV keinen Sinn ergebe.

Bei einer dem AGG widersprechenden Diskriminierung ist folglich ein Anspruch des Benachteiligten auf gleiches Entgelt für gleiche oder gleichwertige Arbeit aus der Wertung des in § 2 Abs. 1 Nr. 2 und § 8 Abs. 2 AGG in Verbindung mit der zu Grunde liegenden diskriminierenden Regelung gegeben, sofern nicht die gesetzliche Regelung des BetrAVG ausdrücklich eine derartige Ungleichbehandlung vorsieht. Da die Hinterbliebenenversorgung Entgelt in diesem Sinne darstellt[278], bestehe somit auch ein Anspruch auf eine gleiche Hinterbliebenenversorgung.

3. Stellungnahme zur höchstrichterlichen Rechtsprechung zu § 2 Abs. 2 S. 2 AGG

Dem BAG ist hinsichtlich seiner Auslegung der Norm des § 2 Abs. 2 S. 2 AGG insofern zuzustimmen, als bereits die Gesetzessystematik am ehesten für eine solche Auslegung als Kollisionsregel spricht: das AGG soll gem. seiner Regelungen in § 6 Abs. 1 S. 2 AGG sowie § 10 S. 3 Nr. 4 AGG ausdrücklich auch betriebliche Systeme der sozialen Sicherheit bzw. ausgeschiedene Beschäftigte umfassen. Zudem ergibt sich aus der Betrachtung der historischen Gesetzesmaterialien tatsächlich kein Hinweis auf den möglichen Willen des Gesetzgebers, die bAV generell aus dem Anwendungsbereich des AGG herausnehmen zu wollen. Dass eine mögliche Gesetzesnovellierung im Bereich des Betriebsrentenrechtes womöglich die Diskriminierungstatbestände hätte aufgreifen und für den Bereich der bAV normieren

---

277 *Langohr-Plato*, Rn 1465.

278 EuGH, Urt. v. 17. Mai 1990 – Rs. C-262/88 [*Barber*], Slg. 1990, I-1889 ff. = AP Nr. 20 zu Art. 119 EWG-Vertrag.

sollen, muss unbeachtet bleiben, da diese Novellierung zumindest bislang nicht stattgefunden hat und davon ausgegangen werden muss, dass der Gesetzgeber das Betriebsrentenrecht nicht „sehenden Auges" in nicht richtlinienkonformer Weise gänzlich vom Anwendungsbereich des AGG ausnehmen wollte. Zusammenfassend muss konstatiert werden, dass das BAG mit seiner Entscheidung hinsichtlich der Aussage des § 2 Abs. 2 S. 2 AGG schlussendlich eine vertretbare und lange erwartete Klärung geschaffen hat.[279]

Fraglich blieb zunächst, ob die Rechtsprechung des BAG, nach welcher die Regelungen des BetrAVG partiell die des AGG und somit die Umsetzung der Richtlinie 2000/78/EG verdrängen können, dieser Richtlinie widerspricht bzw. diese Richtlinie, welche eine uneingeschränkte Geltung der Benachteiligungsverbote auch im Betriebsrentenrecht verlangt, nicht hinreichend umgesetzt wurde.[280] Mittlerweile haben jedoch BAG und EuGH klargestellt, dass die gesetzlichen Regelungen des BetrAVG, die denen des AGG vorgehen sollen, seit dem Ablauf der Umsetzungsfrist der Rahmenrichtlinie am 02. Dezember 2006 vielmehr unmittelbar an der Richtlinie zu messen sind.[281] Mit Ablauf der Umsetzungsfrist dieser Richtlinie ist der Anwendungsbereich des Unionsrechts auch für solche nationale Regelungen eröffnet worden, die bei Inkrafttreten der Richtlinie bereits erlassen waren und die den Regelungsbereich der Richtlinie betreffen.[282]

Es ist folglich davon auszugehen, dass das AGG grundsätzlich Vorrang hat, soweit das Betriebsrentengesetz nicht bestimmte Unterscheidungen enthält, die einen Bezug zu den in § 1 AGG genannten Merkmalen haben können. Enthält das BetrAVG hingegen derartige Regelungen, so verbleibt es bei diesen Regelungen im Betriebsrentengesetz.[283] Das BetrAVG knüpft – bspw. in seinen Regelungen zur Unverfallbarkeit – an das Diskriminierungsmerkmal des Alters an. Bzgl. altersbedingter Benachteiligungen sah die Richtlinie jedoch ebenso wie das AGG bestimmte Rechtfertigungstatbestände und somit Ausnahmen vom Verbot der

279 So auch: *Langohr-Plato / Stahl*, NJW 2008, 2378 ff.

280 So bspw.: ErfKomm-*Steinmeyer*, Vorbem. BetrAVG Rn 42, der daher weiterhin von der Unanwendbarkeit des AGG auf das BetrAVG ausgeht; BeckOK-*Roloff*, § 2 AGG Rn 21; ähnlich auch: *Bezani/Nacewicz*, EWiR 2008, 417, 418; vgl. zum Meinungsstand ebenfalls: Däubler/Bertzbach- *Schrader/Schubert*, § 2 AGG Rn 136 ff.

281 So zur Regelung des § 2 Abs. 1 BetrAVG: BAG, Urt. v. 19. Juli 2011 – 3 AZR 434/09, AP Nr. 65 zu § 2 BetrAVG = NZA 2012, 155 ff.; vgl. zum Systemverständnis ebenfalls: EuGH, Urt. v. 19. Januar 2010 – Rs. C-555/07 - [*Kücükdeveci*], Slg. 2010, I-365 = AP Nr. 14 zu Richtlinie 2000/78/EG [Rn 9, 24 ff.].

282 EuGH, Urt. 19. Januar 2010 – Rs. C-555/07 [*Kücükdeveci*], Slg. 2010, I-365 = AP Nr. 14 zu Richtlinie 2000/78/EG [Rn 24 ff.]; auf diese EuGH-Rspr. verweisend: BAG, Urt. v. 19. Juli 2011 – 3 AZR 434/09, AP Nr. 65 zu § 2 BetrAVG = NZA 2012, 155 ff. [Rn 24].

283 BAG, Urt. v. 11. Dezember 2007 – 3 AZR 249/06, BAGE 125, 133 = NZA 2008, 532 Rn 22ff. = NJW 2008, 2458; Urt. v. 14. Januar 2009 - 3 AZR 20/07, NZA 2009, 489 ff. = BetrAV 2009, 259 [Rn 15].

Altersdiskriminierung vor. In diesen Fällen, sowie in jeglichen anderen Fällen, in denen das BetrAVG an Diskriminierungsmerkmale der Richtlinie anknüpft, werden diese Regelungen des BetrAVG, welches dem AGG selber als *lex specialis* vorgeht, somit an den Vorgaben der Richtline zu überprüfen sein.[284]

Die Normen des BetrAVG sind selbst nicht am AGG, jedoch seit dem 2. Dezember 2006 an den Vorgaben des Europarechts in Form der dem AGG zugrundeliegenden Richtlinien zu messen. Gleiches gilt auch hinsichtlich der weiteren, dem AGG zugrunde liegenden Richtlinien, bezogen auf das jeweilige Datum des Ablaufs ihrer jeweiligen Umsetzungsfrist. Im Einzelfall werden also Gerichte die gesetzlichen Bestimmungen des BetrAVG an den Vorgaben, insbesondere den Benachteiligungsverboten, der Richtlinien zu messen und dann, wenn aus ihrer Sicht eine verbotene Diskriminierung durch die Regelung des BetrAVG in Betracht kommt, ein Vorabentscheidungsersuchen an den EuGH zu richten haben. Sofern der EuGH in einem solchen Fall einen Verstoß gegen die Benachteiligungsverbote der Richtlinien bejaht, wird das nationale Gericht folglich versuchen müssen, die gesetzliche Regelung richtlinienkonform auszulegen. Ist dies wiederum nicht möglich und hat der EuGH die Nichtanwendbarkeit der jeweiligen Regelung bestimmt, so werden die nationalen Gerichte die Norm unangewendet lassen müssen. Inwiefern in einem solchen Fall evtl. Vertrauensschutz in Form einer Weiteranwendung der Regelung auf Zeit gewährt werden wird, wird im Einzelfall vom EuGH zu entscheiden sein.[285]

Zusammenfassend kann gesagt werden, dass die Interpretation der Norm des § 2 Abs. 2 S. 2 AGG, wie sie die Richter des BAG vorgenommen haben, sinnvoll, richtig und vor allem auch praktikabel erscheint. Daher sollen die sich aus den neu durch die Richtlinie bzw. das AGG eingeführten Diskriminierungsmerkmalen ergebenden Unklarheiten hinsichtlich der bAV unter Zugrundelegung der BAG-Rechtsprechung begutachtet werden.

4. Persönlicher Anwendungsbereich des AGG im Hinblick auf die bAV

Der persönliche Anwendungsbereich des arbeitsrechtlichen Teils unterscheidet den Kreis der von den Benachteiligungsverboten „Geschützten“ vom Kreis der „Adressaten“ dieser Benachteiligungsverbote. Gegenstand der Bestimmungen des 2. Abschnittes des AGG ist das Verhältnis zwischen Arbeitgebern und Beschäftigten.

Gem. § 6 Abs. 1 AGG gehören zu den von den Benachteiligungsverboten geschützten „Beschäftigten“ sowohl Arbeitnehmer (Nr. 1), Personen, die zu ihrer Berufsausbildung beschäftigt sind (Nr. 2), sowie Personen, die nur aufgrund ihrer

284 So auch zutreffend: Blomeyer/Rolfs/Otto, Anh § 1 BetrAVG Rn 37.

285 Zum Ablauf im Fall einer möglicherweise gegen die Richtlinien verstoßenden Regelung des BetrAVG siehe vertiefend auch: *Bepler*, in FS Höfer, S. 4.

wirtschaftlichen Unselbstständigkeit als arbeitnehmerähnliche Personen anzusehen sind (Nr. 3).[286] Zudem sollen gem. § 6 Abs. 1 S. 2 AGG auch solche Personen noch als Beschäftigte gelten, deren Arbeitsverhältnis bereits beendet ist. Somit fallen bereits ausgeschiedene Arbeitnehmer und möglicherweise auch Betriebsrentner noch unter den Schutz des AGG.

„Adressaten" der Benachteiligungsverbote des arbeitsrechtlichen Teils (§ 7 Abs. 1 AGG) und somit mögliche Anspruchsgegner sind nach dem Gesetzestext *„Arbeitgeber"*. § 6 Abs. 2 AGG definiert den Begriff des Arbeitgebers hierbei als juristische und natürliche Personen sowie rechtsfähige Personengesellschaften, welche Personen nach § 6 Abs. 1 AGG beschäftigen. Den Arbeitgebern kommt die Pflicht zu, die erforderlichen Maßnahmen zum Schutz der Beschäftigten zu unternehmen.

Bezug nehmend auf die bisherige Rechtsprechung des EuGH zum europäischen Entgeltgleichheitsgebot des Art. 157 AEUV[287] ist davon auszugehen, dass der Kreis der Adressaten der Benachteiligungsverbote i.S.d. AGG wohl auch auf rechtlich selbstständige, nicht am Arbeitsverhältnis beteiligte Dritte zu erstreckt. Nach ständiger EuGH-Rechtsprechung können solche Dritten zusätzlich zum Erfüllungsanspruch gegen den Arbeitgeber einem Direktanspruch eines Arbeitnehmers ausgesetzt sein.[288]

In der vorbenannten Entscheidung des BAG zum Verhältnisses des AGG zur bAV vom 11. Dezember 2007[289] hat das Gericht eine unmittelbare Verpflichtung von Versicherungen ergänzend aus den *„Wertungen des Betriebsrentengesetzes"* (§ 1b Abs. 3 S. 1 und § 1b Abs. 1 S. 4 Alt. 2 BetrAVG) hergeleitet. Bzgl. der Versicherungsbedingungen, so das Gericht, treffe Versicherungsunternehmen neben den grundsätzlich im Versicherungsverhältnis anwendbaren §§ 19 ff. AGG auch der Maßstab der arbeitsrechtlichen Diskriminierungsverbote, so dass auch ein solcher Dritter zu den Adressaten des arbeitsrechtlichen Diskriminierungsschutzes der §§ 6 ff. AGG zähle und in Anspruch genommen werden könne.

Je nachdem, welche Seite (ob Arbeitgeber oder Versicherungsunternehmen) sich für möglicherweise diskriminierenden Bedingungen i.R.d. bAV verantwortlich zeigt, verteilt sich die Einstandspflicht. Es ist bspw. darauf abzustellen, ob sich die benachteiligende Regelung aus standardisierten Bedingungen des Versicherungsunternehmens ergibt, oder aber der Arbeitgeber die entsprechenden Versorgungsregelungen vorgegeben hat. Hierbei sind auch Konstellationen denkbar, bei denen es sich um eine Gesamtschuld des Arbeitgebers und des

---

286 Vertiefend zu den einzelnen Begriffen des § 6 Abs. 1 S. 1 siehe: *Bauer/Göpfert/Krieger*, § 6 AGG Rn 6 ff.; *Hey*, § 6 AGG Rn 4 ff.

287 ex-Art. 141 Abs. 1 EGV.

288 EuGH, Urt. v. 9. Oktober 2001 – Rs. C-379/99 [*Menauer*], AP Nr. 5 zu § 1 BetrAVG Pensionskasse; BAG, Urt. v. 7. September 2004 – 3 AZR 550/03; AP Nr. 15 zu § 1 BetrAVG Gleichberechtigung.

289 BAG, Urt. v. 11. Dezember 2007 – 3 AZR 249/06, BAGE 125, 133 ff. = AP Nr. 1 zu § 2 AGG = BB 2008, 557; ausführlich zum Inhalt dieser Entscheidung s.u.: B.III.2.

Versicherungsunternehmens handelt, so dass an einen Gesamtschuldnerausgleich zu denken wäre.[290]

5. Zeitliche Anwendbarkeit des AGG auf Sachverhalte der betrieblichen Altersversorgung

In § 33 AGG findet sich eine Übergangsnorm hinsichtlich der zeitlichen Anwendbarkeit des AGG. Dieser Paragraph besitzt als *intertemporales Kollisionsrecht*[291] die Aufgabe, in zeitlicher Hinsicht den überkommenen „alten" vom „neuen" (AGG-) Normenbestand abzugrenzen.

Während § 33 Abs. 1 AGG auf arbeitsrechtliche Sachverhalte Anwendung findet, behandeln die Abs. 2 bis 4 die zeitliche Anwendbarkeit auf allgemeine zivilrechtliche Sachverhalte. Abs. 5 wiederum enthält eine Sonderregelung für Versicherungsverträge, welche nach dem Geschlecht unterscheiden und vor dem 21. Dezember 2012 abgeschlossen worden sind. Abs. 5 wurde als Reaktion auf das Test Achats-Urteil des EuGH Anfang 2013[292] eingeführt und sieht eine besondere Ausnahmeregelung für Versicherungsverträge vor, welche vor dem 21. Dezember 2012 abgeschlossen worden sind.

a) Stichtagsregelung des § 33 Abs. 1 AGG bzw. der § 33 Abs. 2 bis 5 AGG

Den Aussagegehalt der für den Bereich „Beschäftigung und Beruf" geltenden, etwas umständlichen Norm des § 33 Abs. 1 AGG verdeutlicht ein Blick in die Gesetzesbegründung: Für zeitlich vor dem Inkrafttreten des AGG liegende Benachteiligungen von Beschäftigten soll weiterhin die „alte" Rechtslage Anwendung finden, arbeitsrechtliche Sachverhalte mit Benachteiligungen zu einem zeitlich nach dem Inkrafttreten des AGG zum 18. August 2006 liegenden Zeitpunkt sollen hingegen an den „neuen" arbeitsrechtlichen Vorschriften des AGG gemessen werden.[293] Abzustellen ist nach § 33 Abs. 1 AGG demnach auf den Zeitpunkt der Benachteiligung an sich.

Anders als dies für den zivilrechtlichen Teil in § 33 Abs. 2 bis 5 AGG der Fall ist, hat der Gesetzgeber in § 33 Abs. 1 AGG für den arbeitsrechtlichen Teil des AGG ausdrücklich keine Übergangsfrist vorgesehen. Vielmehr soll nach dem Willen des Gesetzgebers das AGG mit Stichtag seines Inkrafttretens am 18. August 2006 Anwendung auf alle arbeitsrechtlichen Sachverhalte finden. Benachteiligungen, die nach diesem Stichtag stattfinden, sollen nach dem AGG beurteilt werden. Für die Zeit bis zu diesem Stichdatum hingegen findet auf arbeitsrechtliche Sachverhalte die vorherige Rechtslage in Form der bisherigen Vorschriften zum Schutz vor

---

290 So auch: *Adomeit/Mohr*, ZfA 2008, 449, 455 f.
291 *Adomeit/Mohr*, § 33 AGG Rn 1.
292 BGBl. 2013 I, S. 610.
293 BT-Drucks. 16/2780 S. 53.

Benachteiligungen und sexuellen Belästigungen (bspw. §§ 611a, 611b, 612 Abs. 3 BGB, Regelungen des BeschSchG etc.) weiterhin Anwendung.[294]

Diese Übergangsregelung gilt auch hinsichtlich aller in § 1 AGG benannter „verpönter" Merkmale: § 33 Abs. 1 AGG erfasst – was sein *„kryptischer"*[295] Wortlaut zunächst nicht vermuten lässt, das BAG aber mittlerweile klargestellt hat – nicht nur Benachteiligungen anhand des Geschlechtes sowie der Behinderung, sondern anhand jeglicher nach dem AGG „verpönter" Merkmale.[296] Es ist also nach § 33 Abs. 1 AGG davon auszugehen, dass im Bereich des Arbeitsrechts nach dem AGG benachteiligende Regelungen bis zum 18. August 2006 als wirksam gelten. Nach dem Stichtag hingegen unterfallen sie den Regelungen des AGG und werden somit gem. § 7 Abs. 2 AGG unwirksam.[297]

§ 33 Abs. 2 bis 4 AGG hingegen regeln die Anwendbarkeit des AGG auf privatrechtliche Verträge. Die Absätze 3 und 4 sehen für bestimmte Merkmale und insbesondere auch für privatrechtliche Versicherungsverträge eine gewisse Übergangsfrist vor, variierend bis zum 01. Dezember 2006 und bis zum 22. Dezember 2007. Letzteres Datum bezieht sich auf Schuldverhältnisse, die privatrechtliche Versicherungen zum Gegenstand haben. Schuldverhältnisse, die vor den benannten Terminen begründet worden sind, sollen nicht an den zivilrechtlichen Regelungen der §§ 19 ff. AGG zu messen sein. Solche Schuldverhältnisse hingegen, die nach Ablauf der jeweiligen Übergangsfrist begründet wurden, sollen am AGG zu messen sein.

Um die Anwendung des AGG auf zivilrechtliche Dauerschuldverhältnisse sicherzustellen und solche somit an die „neue" Rechtslage anzupassen, sehen die § 33 Abs. 2 – 4 jeweils in ihrem S. 2 vor, dass auf zivilrechtliche Dauerschuldverhältnisse trotz einer vor dem Stichtag liegenden Begründung des Schuldverhältnisses dennoch das AGG Anwendung findet, sofern nach diesem Stichtag eine Änderung des (Dauer-)Schuldverhältnisses vorgenommen wird.

Eine solche Sonderregelung fehlt jedoch für arbeitsrechtliche Dauerschuldverhältnisse. Daher ist davon auszugehen, dass auch bzgl. arbeitsrechtlicher Dauerschuldverhältnisse stets auf den Zeitpunkt der Benachteiligungshandlung abzustellen ist, so wie dies Abs. 1 für das Arbeitsrecht vorgibt. Ist die Benachteiligungshandlung am Tag des Inkrafttretens des AGG oder später vorgenommen worden, so richtet sich seine rechtliche Bewertung nach den Regelungen des AGG. Ist die Benachteiligungshandlung hingegen bereits vor dem 18. August 2006 geschehen, so wird die „alte" Rechtslage Anwendung behalten. Für sämtliche Rechte und Pflichten, die nach Inkrafttreten des AGG aus einem bereits vor Inkrafttreten

---

294 BT-Drucks. 16/1780, S. 53.

295 MüKo-*Thüsing*, § 33 AGG Rn 2.

296 BAG, Urt. v. 16. September 2008 – 9 AZR 791/07, NZA 2009, 79, 80; Urt. v. 14. Januar 2009 - 3 AZR 20/07, NZA 2009, 489 ff. = BetrAV 2009, 259; BAG, Urt. v. 17. Dezember 2009 - 8 AZR 670/08, NZA 2010, 383, 386.

297 So auch m.w.N.: *Adomeit/Mohr*, § 33 AGG Rn 19; *dies.*, § 10 AGG Rn 149; vgl. unten zur Rechtsfolge des § 7 Abs. 2 AGG: B.V.

des AGG abgeschlossenen arbeitsrechtlichen Dauerschuldverhältnis entstehen, gilt seit dem 18. August 2006 folglich das AGG.

Wie das BAG dargelegt hat, dürfen später in Kraft getretene Verbotsgesetze zwar bereits wirksam begründete Dauerschuldverältnisse erfassen, sie dürfen jedoch nicht rückwirkend Handlungspflichten begründen.[298] Dauersachverhalte, die – gemessen an den heutigen Regelungen des AGG – unzulässige Benachteiligungen beinhalten, können also auch keine Ansprüche aus dem AGG auslösen, wenn die Sachverhalte bereits vor Inkrafttreten des AGG abgeschlossen waren.[299] War ein arbeitsrechtliches Dauerschuldverhältnis also bereits zum 18. August 2006 vollständig abgeschlossen, so findet das AGG auf das Dauerschuldverhältnis keine Anwendung mehr. In derartige abgeschlossene Sachverhalte soll das AGG nach der Wertung des § 33 Abs. 1 AGG nicht mehr eingreifen.[300] Es ist also zunächst darauf abzustellen, ob das Dauerschuldverhältnis überhaupt noch über das Stichdatum des 18. August 2006 hinaus Bestand hatte und danach zu eruieren, wann ob noch nach diesem Stichtag eine Benachteiligung stattgefunden hat.

b) Anwendbarkeit der Kollisionsregeln des § 33 AGG auf das Betriebsrentenrecht

Das BAG hat in seiner Grundsatzentscheidung bzgl. der Anwendbarkeit des AGG auf das Betriebsrentenrecht die Regelung des § 33 Abs. 1 AGG als die für die bAV maßgebliche Übergangsnorm des AGG genannt.[301] Gleichzeitig jedoch hat es die Frage nach dem richtigen inhaltlichen Anknüpfungspunkt für die Übergangsnorm aufgeworfen, allerdings auch unbeantwortet gelassen: Nach Ansicht des Gerichts könnte für Leistungen der bAV, die erst nach Beendigung des Arbeitsverhältnisses gewährt werden, zum einen auf die jetzige „neue" Rechtslage, zum anderen jedoch auch auf die „alte" Rechtslage, wie sie während des laufenden Arbeitsverhältnisses bestand, abzustellen sein. Im Einzelnen müsste eventuell sogar danach unterschieden werden, ob die Rechtslage zum Zeitpunkt der Versorgungszusage, die Rechtslage zum Zeitpunkt des Erwerbs der unverfallbaren Anwartschaften während des Arbeitsverhältnisses oder aber die Rechtslage zum Zeitpunkt der Leistungsgewährung für die Betriebsrenten maßgeblich sein soll.[302]

Im zu entscheidenden Fall konnte das Gericht die Frage nach dem Anknüpfungspunkt dahingestellt lassen, da eine Benachteiligung wegen des Geschlechtes vorlag und eine solche sowohl nach „neuer" als auch bereits nach bisheriger „alter"

---

298 BAG, Urt. v. 14. Oktober 2008 – 9 AZR 511/07, AP Nr. 41 zu § 1 TVG Altersteilzeit.

299 Siehe auch: *Bauer/Göpfert/Krieger*, § 33 AGG Rn 6.

300 Vgl.: *Adomeit/Mohr*, § 33 AGG Rn 17 m.w.N; BAG, Urt. v. 15. Februar 2011 - 9 AZR 750/09 Rn 23, AP Nr. 3 zu § 7 AGG; Urt. v. 14. Januar 2009 – 3 AZR 20/07, NZA 2009, 489 ff. = BetrAV 2009, 259 [Rn 55]; Urt. v. 16. Dezember 2008 – 9 AZR 985/07 Rn 33, BAGE 129, 72.

301 Siehe auch: *Walk/Lipke*, BB 2008, 561, 562.

302 *Walk/Lipke*, BB 2008, 561, 562.

Rechtslage und somit zu allen vorgenannten Zeitpunkten verboten war. Alle in Betracht kommenden deutschen Rechtsgrundlagen, unter anderem das AGG, enthalten bzw. enthielten bereits zu Vor-AGG-Zeiten ein Verbot der Geschlechtsdiskriminierung für die bAV, so dass das Gericht stets zu demselben Ergebnis – nämlich der Unzulässigkeit der betreffenden Regelung – gekommen wäre.

Im Bezug hingegen auf jene Benachteiligungsverbote, welche neu durch das AGG festgeschriebenen wurden, besteht in dieser Frage dringender Klärungsbedarf: Nach welcher Vorschrift bestimmt sich hinsichtlich von Sachverhalten der bAV die zeitliche Anwendbarkeit des AGG: nach § 33 Abs. 1 oder Abs. 2-4 AGG? Zudem stellen sich hinsichtlich der zeitlichen Anwendbarkeit die folgenden Fragen: Welcher Zeitpunkt stellt sich i.R.d. bAV als maßgeblicher Zeitpunkt einer Diskriminierung dar? Und ist für die Anwendbarkeit des AGG auf einen Sachverhalt zu fordern, dass zum Zeitpunkt des Inkrafttretens des AGG noch ein Beschäftigungsverhältnis bestanden haben muss? Oder reicht es auch aus, dass zumindest ein nachvertragliches Versorgungsverhältnis bestand?

Dem BAG folgend ist die bAV aufgrund ihres Entgelt- bzw. Vergütungscharakters[303] grundsätzlich unter jenen 2. Abschnitt des AGG zu fassen, der mit „Schutz der Beschäftigten vor Benachteiligung" betitelt ist und somit „Beschäftigung und Beruf" behandelt. Dementsprechend müsste sich die zeitliche Anwendbarkeit des AGG auf die bAV auch nach der für diesen Abschnitt geltenden Regel des § 33 Abs. 1 AGG bestimmen: Hiernach wäre das AGG anwendbar, sofern eine Benachteiligungshandlung nach dem 18. August 2006 vorgenommen wurde. Zudem hätte die Einordnung der bAV in den 2. Abschnitt zur Folge, dass sich die Zulässigkeit von Regelungen i.R.d. bAV auch nach den Benachteiligungsverboten dieses zweiten Abschnitts des AGG bestimmt. Eine benachteiligende Regelung i.R.d. bAV wäre somit gem. § 7 Abs. 2 AGG auch ab dem Stichtag des Inkrafttretens unwirksam.

In Sachverhalten der bAV jedoch, in denen sich der Arbeitgeber externer Versorgungsträger bedient, die Versorgung bspw. über eine Unterstützungskasse, eine Direktversicherung, versicherungsförmig zugesagten Pensionsfondszusagen oder eine Pensionskasse durchgeführt wird, könnte die bAV auch unter den Begriff der privatrechtlichen Versicherungen zu fassen sein. Folglich ergäbe sich aus § 33 Abs. 4 AGG eine Ausnahme, was die zeitliche Anwendbarkeit des AGG auf den Bereich der bAV betrifft.[304] § 33 Abs. 4 AGG als eine der zivilrechtlichen Übergangsbestimmungen der § 33 Abs. 2 bis 4 AGG behandelt Schuldverhältnisse, welche privatrechtliche Versicherungen i.S.d. § 19 Abs. 1 Nr. 2 AGG zum Gegenstand haben. Für solche Versicherungsverträge geht § 33 Abs. 4 AGG als *lex*

303 Zur Einordnung der BAV als Entgelt s.o.: B.I.3.

304 Siehe bspw.: *Höfer*, Band I: Arbeitsrecht, ART Rn 805.49, der davon ausgeht, dass bei Direktversicherungen und Pensionskassenzusagen sowie entsprechend bei Pensionsfondszusagen Verstöße gegen § 19 Abs. 1 AGG bis zum Ablauf der Übergangsfrist zum 22. Dezember 2007 toleriert werden müssten, die Rechtsfolgen eines Verstoßes gegen ein Benachteiligungsverbot sich aber dennoch anhand der arbeitsrechtlichen Vorgaben der §§ 7 und 15 AGG bestimmten.

specialis den Regelungen der § 33 Abs. 2[305] und Abs. 3 AGG vor, welche die generellen Übergangsvorschriften für zivilrechtliche Benachteiligungsverbote i.S.d. AGG darstellen. Die Übergangsregelung des § 33 Abs. 4 AGG sieht i.V.m. § 19 Abs. 1 Nr. 2 AGG vor, dass Benachteiligungen anhand der gem. AGG „verpönten" Merkmale i.R.v. privatrechtlichen Versicherungen zunächst noch toleriert werden sollten, unter der Voraussetzung, dass das Versicherungsverhältnis bereits vor dem Stichtag des 22. Dezember 2007[306] abgeschlossen wurde. Der Gesetzesbegründung zufolge soll Versicherungsträgern durch diese Regelung vom Gesetzgeber eine Übergangsfrist bis zu diesem Stichtag eingeräumt werden. Hierdurch hat der Gesetzgeber den Bedürfnissen der Versicherungswirtschaft Rechnung getragen, da diese einen angemessenen zeitlichen Vorlauf benötigt, um ihre Kalkulationen, aber auch ihre Vertragsmuster und Versicherungsbedingungen an die neue Rechtslage anzupassen.[307]

Eine Ausnahme von der Umsetzungsfrist des § 33 Abs. 4 S. 1 AGG gilt hingegen dann, wenn ein bereits vor dem 22. Dezember 2007 bestehendes Vertragsverhältnis später geändert wurde. Für solche Fälle stellt § 33 Abs. 4 S. 2 AGG klar, dass das AGG auch trotz der Übergangsfrist des § 33 Abs. 4 S. 1 AGG Anwendung findet und Benachteiligungen i.S.d. § 19 Abs. 1 folglich nunmehr nur nach Maßgabe von § 20 Abs. 2 AGG erfolgen dürfen.[308]

Wegen der dargestellten unterschiedlichen Konsequenzen bei der Einordnung eines Sachverhaltes muss demnach geklärt werden, wie die bAV in die Übergangsvorschrift des § 33 AGG einzuordnen ist: Ist die bAV stets als eine arbeitsrechtliche Vertragsbeziehung zu betrachten oder aber kann es sich bei ihr auch um einen privatrechtlichen Versicherungsvertrag i.S.d. §§ 19 ff. AGG handeln? Bestimmt sich die Zulässigkeit ihrer Regelungen und i.R.d. § 33 AGG auch die zeitliche Anwendbarkeit des AGG nach den arbeitsrechtlichen Regelungen des AGG – also nach § 33 Abs. 1 AGG sowie den §§ 6 ff. AGG – oder aber nach denen für privatrechtliche Versicherungsverträge – also nach den § 33 Abs. 4 AGG sowie §§ 19 ff. AGG?

---

305 Inwiefern die Herausnahme der Benachteiligungsmerkmale der Rasse und der ethnischen Herkunft aus dem Anwendungsbereich des AGG auf zivilrechtliche Verträge für die Zeit vor Inkrafttreten des AGG europarechtskonform ist, soll an dieser Stelle dahingestellt bleiben, insbesondere, da es im Bereich der bAV lediglich in Aunahmefällen zu Benachteiligungen anhand der Rasse oder der ethnischen Herkunft kommen wird. Siehe zu dieser Frage jedoch: MüKo-*Thüsing*, § 33 AGG Rn 8.

306 Der gewählte Stichtag entspricht Art. 5 der Richtlinie 2004/113/EG (Gender-Richtlinie Zivilrecht, ABl Nr. L 373, S. 37), nach welcher die Mitgliedstaaten verpflichtet wurden, bis zum 21. Dezember 2007 die Vorgaben für die Berücksichtigung des Faktors Geschlecht bei der Berechnung von Prämien und Leistungen im Bereich des Versicherungswesens und verwandter Finanzdienstleistungen umzusetzen.

307 Vgl. BR-Drucks. 329/06, S. 58 f.

308 Vgl. BR-Drucks. 329/06 S. 59; BeckOK-BGB-*Wendtland*, § 33 AGG Rn 7 f.

Wegen ihres Entgeltcharakters weist die bAV stets Bezüge zum Arbeitsrecht auf. Durch eine mögliche Ausgestaltung der bAV als privatrechtliche Versicherung mittels eines externen Versorgungsträgers kann sie jedoch ebenfalls und gleichzeitig einen zivilrechtlichen Charakter besitzen. Es kommt hier folglich zu Überschneidungen zwischen dem arbeitsrechtlichen sowie dem zivilrechtlichen Abschnitt des AGG. Die Abgrenzung ist hier – zumindest auf den ersten Blick – nicht ganz eindeutig.[309]

In Fällen einer unmittelbaren Versorgungszusage (Direktzusage) besteht lediglich ein Versorgungsverhältnis zwischen Arbeitnehmer und Arbeitgeber nach Maßgabe der sich aus der Zusage ergebenden Voraussetzungen. Solche Rechtsbeziehungen regelt der zweite Abschnitt des AGG als spezieller Regelungskomplex abschließend.[310] Daraus ergibt sich, dass in Fällen der unmittelbaren Versorgungszusagen das unmittelbare Versorgungsverhältnis zwischen Arbeitgeber und Arbeitnehmer im arbeitsrechtlichen Teil des AGG angesiedelt werden müsste.

Darüber hinaus lässt auch die Nennung der bAV als Rechtfertigungsgrund i.R.d. arbeitsrechtlichen Verbotes der Altersdiskriminierung in § 10 S. 3 Nr. 4 AGG darauf schließen, dass der Gesetzgeber die bAV im Bereich „Beschäftigung und Beruf" ansiedeln wollte. Ebenso lässt sich auch aus den §§ 2 Abs. 1 Nr. 2 und 6 Abs. 1 S. 2 AGG erkennen, dass auf Sachverhalte im Zusammenhang mit der betrieblichen Altersvorsorge der 2. Abschnitt des AGG anzuwenden ist. Die Nennung der bAV als Rechtsverhältnis zwischen dem Arbeitgeber und dem Beschäftigten als Versorgungsempfänger innerhalb dieses Abschnittes des AGG würde ihren Sinn verlieren, sollte die bAV – zumindest in Form der unmittelbaren Versorgungszusage – nicht unter den arbeitsrechtlichen Teil des AGG, sondern unter den Begriff der privatrechtlichen Versicherung des § 19 Abs. 1 Nr. 2 AGG zu fassen sein. Zumindest sprechen diese Argumente gegen eine umfassende, allgemeine Einordnung der bAV unter den Begriff der privatrechtlichen Versicherung im Sinne von § 33 Abs. 4 AGG sowie der §§ 19 ff. AGG.

Gegen eine solche allgemeine Einordnung der bAV unter den Begriff der privatrechtlichen Versicherung i.S.d. § 19 Abs. 1 Nr. 2 AGG spricht zudem dessen eindeutiger Wortlaut, von welchem zumindest die rein arbeitsrechtliche Zusage der bAV keinesfalls umfasst wird.[311] Die arbeitsrechtliche Zusage einer bAV stellt nicht bereits einen privatrechtlichen Versicherungsvertrag dar. Diesen schließt der Arbeitgeber womöglich später i.R.e. mittelbaren Versorgung.

Zudem könnte gegen eine Einordnung der bAV unter den Begriff der privatrechtlichen Versicherung argumentiert werden, dass der zivilrechtliche Teil des AGG laut gesetzlicher Regelung des § 19 Abs. 5 S. 1 AGG keine Anwendung auf solche zivilrechtliche Schuldverhältnisse finden soll, in denen ein besonderes Nähe- oder Vertrauensverhältnis besteht. Ein solches besonderes Nähe- oder

309 So auch: MüKo-*Thüsing*, § 19 AGG Rn 53; *Cisch/Böhm*, BB 2007, 602, 604.
310 Vgl.: *Cisch/Böhm*, BB 2007. 602, 604.
311 *Ulbrich*, BetrAV 2012, 211, 213 = DB 2011, 2775, 2777.

Vertrauensverhältnis könnte jedoch in einem eine bAV umfassenden Beschäftigungsverhältnis als Dauerschuldverhältnis mit besonderen wechselseitigen Rücksichtnahmepflichten, insbesondere den in der Zusage einer bAV übernommenen Fürsorgeverpflichtungen, erkannt werden.[312]

Wird jedoch eine bAV über eine Unterstützungskasse, eine Direktversicherung, eine Pensionskasse oder einen Pensionsfonds durchgeführt, so erscheint diese Einordnung nicht passend. Hier ist grds. zwischen dem Rechtsverhältnis zwischen Arbeitgeber und Arbeitnehmer und jenem zwischen Versorgungsberechtigten und Versorgungsträger zu unterscheiden. Auf letzteres ist der arbeitsrechtliche Teil des AGG grds. nicht anwendbar.[313]

Hieraus ergibt sich, dass innerhalb der bAV, bei der es sich - wie dargestellt[314] - um sehr komplexe vertragliche Beziehungen handeln kann, nach zwei verschiedenen Rechtsbeziehungen zu unterscheiden ist, sobald sich der Arbeitgeber Dritter zur Gewährung der bAV bedient, er also dem Arbeitnehmer keine unmittelbare, sondern lediglich eine mittelbare Versorgungszusage mittels Ausgestaltung als Direktversicherung, Pensionskasse oder Pensionsfonds gibt. Zum einen handelt es sich bei einer mittelbaren Versorgungszusage wiederum um die direkte (arbeitsrechtliche) Vertragsbeziehung zwischen dem die Zusage erteilenden Arbeitgeber und dem Arbeitnehmer. Zum anderen jedoch besteht neben der arbeitsrechtlichen Vertragsbeziehung gegebenenfalls eine weitere (Versicherungs-)Vertragsbeziehung, genauer ein Vertrag zugunsten Dritter, zwischen Arbeitgeber und externem Versorgungsträger.[315]

Wie bereits dargestellt sprechen überzeugende Gründe für die Einordnung zumindest der arbeitsrechtlichen Vertragsbeziehung unter den 2. Abschnitt des AGG und somit für eine Anwendbarkeit des § 33 Abs. 1 AGG. Die Rechtsbeziehung zwischen Arbeitgeber und externem Versorgungsträger hingegen wird unter den Begriff der privatrechtlichen Versicherung einzuordnen sein. Hierfür spricht nicht nur der Wortlaut des § 19 Abs. 1 Nr. 2 AGG, von welchem die betriebliche Altersvorsorge – zumindest in versicherungsförmiger Ausgestaltung – durchaus erfasst sein könnte.

Vielmehr treffen die der besonderen Übergangsfrist des § 33 Abs. 4 AGG zugrundeliegenden Überlegungen, dass Versicherungsträger eine gewisse Übergangszeit benötigen, sich auf die „neue“ Rechtslage einzustellen, selbstverständlich auch auf externe Versorgungsträger einer versicherungsförmig ausgestalteten bAV zu.

Es erscheint zudem auch sinnvoll, eine versicherungsförmig ausgestaltete bAV unter den Begriff der privatrechtlichen Versicherung zu fassen, so dass auch sie den Ausnahmemöglichkeiten des § 20 AGG zur Festsetzung von Leistungen und

---

312 So bspw.: *Cisch/Böhm*, BB 2007, 602, 604.

313 So zutreffend: *Cisch/Böhm*, BB 2007, 602, 604.

314 Zu den unterschiedlichen Vertragsbeziehungen in unterschiedlichen Durchführungswegen der bAV s.o. bspw.: B.I.1.e)bb).

315 *Langohr-Plato*, Rn 1450.

Prämien unterfällt. Die Versicherungspraxis, auch i.R.d. bAV, ist aus ihrer Natur heraus auf Differenzierungen zwischen verschiedenen Risikoklassen angewiesen.[316] Daher macht es gerade den Charakter einer Versicherung aus, dass sie auf bestimmte Kriterien bei der Berechnung der Prämien etc. abstellen darf, um individualisierte und risikoadäquate Tarife anbieten zu können.

Bzgl. der zugrundeliegenden arbeitsrechtlichen Vertragsbeziehung, die Zusage des Arbeitgebers an den Arbeitnehmer, bleibt es hingegen auch in diesen Fällen bei der Einordnung eines solchen Sachverhaltes unter den 2. Abschnitt des AGG und folglich im Verhältnis zwischen Arbeitnehmer und Arbeitgeber auch bei der Anwendbarkeit der Übergangsvorschrift des § 33 Abs. 1 AGG.

Die Aufteilung des Sachverhalts der bAV in einen arbeitsrechtlichen und einen versicherungsvertraglichen Teil ist in den Fällen, in denen sich der Arbeitgeber eines externen Versicherungsträgers bedient, auch zwingend geboten. Würde bei einer solchen Ausgestaltung stattdessen der gesamte Sachverhalt an den §§ 19 ff. AGG gemessen, so würde den Arbeitnehmern womöglich lediglich aufgrund der unternehmerischen Entscheidung des Arbeitgebers, einen externen Versorgungsträger mit einzubeziehen, Rechte vorenthalten, die ihnen grundsätzlich seit Inkrafttreten des AGG zu stehen. Sinn und Zweck des AGG ist jedoch nicht, die unternehmerische Entscheidung des Arbeitgebers zu schützen, sondern vielmehr, den Arbeitnehmer unter einen umfassenden Schutz vor Benachteiligungen zu stellen. Aus der durchaus schützenswerten und nachvollziehbaren Entscheidung des Arbeitgebers, aus steuerrechtlichen und Finanzierungsgründen einen Versorgungsvertrag mit einem externen Versorgungsträger als Finanzierungsinstrument abzuschließen, darf sich jedoch keine andere – und insbesondere keine für den Beschäftigten nachteilige – Bewertung ergeben. Der ursprüngliche Zweck des AGG, den Arbeitnehmer vor Benachteiligungen zu schützen, erscheint im Verhältnis zwischen Arbeitgeber und Arbeitnehmer ungleich gewichtiger.

Während also das arbeitsvertragliche Zusageverhältnis zwischen Arbeitgeber und Arbeitnehmer auch in den Fällen anhand der arbeitsvertraglichen Bestimmungen des AGG zu beurteilen ist, in denen sich der Arbeitgeber eines externen Versorgungsträgers bedient, stellt das Verhältnis zwischen Arbeitgeber und eben jenem externen Versorgungsträger eine privatrechtliche Ausgestaltung der Pflichten dar, welche den Arbeitgeber aus dem Zusageverhältnis treffen. Diese Ausgestaltung wiederum ist anhand der AGG-Bestimmungen für privatrechtliche Verträge zu beurteilen.[317]

---

316 *Thüsing/Hoff*, VersR 2007, 1, 3.

317 So wohl auch: *Rolfs*, NZA 2008, 553, 558; *Birk*, BetrAV 2012, 7, 8; *Willemsen/Döring*, BetrAV 2011, 432, 436, die auf § 20 als Rechtfertigungsnorm hinsichtlich des Erfordernisses einer positiven Gesundheitsprüfungen als unmittelbare Benachteiligung anhand einer Behinderung verweisen; a.A. hingegen *Ulbrich*, BetrAV 2012, 211, 213 = DB 2011, 2775, 2777; *Raulf*, NZA-Beilage 2012, 88, 90, davon ausgehend, dass sich aus der Zielrichtung der in den §§ 19 ff. AGG umgesetzten Gender-Richtlinie ergebe, dass dieser Abschnitt des AGG lediglich

Einer derartigen Einteilung scheint auch die Rechtsprechung in den bislang hinsichtlich der Auswirkungen des AGG auf die bAV ergangenen Urteilen zu folgen. So hat das BAG – wie bereits beschrieben – in seiner Grundsatzentscheidung zur Anwendbarkeit des AGG vom 11. Dezember 2007[318] zwar die Frage der zeitlichen Anwendbarkeit des AGG offen gelassen, hierbei jedoch ausdrücklich auf die Übergangsbestimmung in § 33 Abs. 1 AGG hingewiesen. Das Gericht hat hier auf die arbeitsvertraglichen Beziehungen zwischen Arbeitgeber und Arbeitnehmer abgestellt und den Sachverhalt folgerichtig § 33 Abs. 1 unterstellt. Die Regelung des § 33 Abs. 4 AGG blieb dagegen unerwähnt.

Das OLG Karlsruhe hingegen ging in einer Entscheidung von Anfang 2007[319] von der Anwendbarkeit des § 19 Abs. 1 Nr. 2 AGG auf einen Sachverhalt der bAV aus. Das Gericht stellte zwar fest, dass der zweite Abschnitt des AGG (§§ 6 ff AGG) besondere Benachteiligungsverbote zugunsten von Beschäftigten enthalte und § 10 S. 3 Nr. 4 AGG speziell auch betriebliche Systemen der sozialen Sicherheit beträfe, so dass grundsätzlich von der Anwendbarkeit arbeitsrechtlicher Vorschriften auf die bAV ausgegangen werden könne. Da jedoch die Durchführung der Zusatzversorgung im zu entscheidenden Fall im Wege privatrechtlicher Versicherungen stattfand, ging das Gericht davon aus, dass die bAV unter den Begriff der privatrechtlichen Versicherungen des § 19 Abs. 1 Nr. 2 AGG gefasst werden müsse, welcher spezielle Benachteiligungsverbote für solche Versicherungen enthalte.

Auch das VG Hannover ging im *obiter dictum* einer Entscheidung vom 3. Dezember 2008[320] davon aus, dass § 33 Abs. 4 AGG in Verbindung mit § 19 Abs. 1 Nr. 2 AGG in solchen Fällen Anwendung fände, in denen i.R.d. 2. Säule der Altersversorgung, d.h. der bAV, freiwillige privatrechtlichen Altersversorgungsverträge abgeschlossen würden.

Hinsichtlich der zeitlichen Anwendbarkeit des AGG auf Sachverhalte der bAV ist folglich stets auch die Ausgestaltung der bAV zu beachten.

Diese Unterscheidung führt auch zu unterschiedlichen Anknüpfungspunkten: Eine noch nach Inkrafttreten des AGG eingetretene Benachteiligung i.R.d. bAV-Rechtsverhältnisses führt hinsichtlich des arbeitsrechtlichen Teils zur Anwendbarkeit des AGG gem. § 33 Abs. 1 AGG. Auf den versicherungsrechtlichen Teil der bAV gem. § 33 Abs. 4 AGG findet das AGG hingegen nur dann Anwendung, wenn der Versicherungsvertrag entweder erst nach dem 22. Dezember 2007 begründet worden ist oder aber an einem bereits vorher bestehenden Vertrag nach diesem Datum zumindest noch eine Änderung vorgenommen worden ist. Das Auftreten einer Benachteiligung i.S.d. AGG führt folglich hinsichtlich des Versicherungsvertrags

---

Verbraucher vor Benachteiligungen im privatrechtlichen Bereich schützen, nicht hingegen die Vertragsbeziehungen zwischen Arbeitgeber und Versorgungsträger erfassen solle.

318 BAG, Urt. v. 11. Dezember 2007 – 3 AZR 249/06, BAGE 125, 133 ff. = AP Nr. 1 zu § 2 AGG = BB 2008, 557.

319 OLG Karlsruhe, Urt. v. 01. März 2007 – 12 U 115/06, VersR 2007, 1399 ff.

320 VG Hannover, Urt. v. 3. Dezember 2008 – 5 A 873/08.

nicht zu Ansprüchen aus dem AGG, wenn es sich um „Altverträge" aus der Zeit vor dem 22. Dezember 2007 handelt, welcher auch nicht mehr nach diesem Stichtag abgeändert worden ist.

Auch hinsichtlich der Frage nach möglichen Benachteiligungen ist danach zu unterscheiden, in welchem Rechtsverhälnis die möglicherweise benachteiligende Regelung zu finden ist. Auf den arbeitsrechtlichen Teil eines Sachverhalts der bAV finden die §§ 6 ff. AGG und somit insbesondere auch das Benachteiligungsverbot des § 7 Abs. 1 AGG Anwendung. Auf den versicherungsvertraglichen Teil hingegen finden die §§ 19 ff. AGG Anwendung. Folglich ist nach diesen unterschiedlichen Teilen eines Sachverhalts der bAV auch i.R.d. § 33 AGG zu differenzieren.

Einschränkend ist jedoch festzustellen, dass in einem Großteil der Fälle, in denen der Arbeitgeber die Versorgung nicht selber – unmittelbar – erbringt, sondern die Versorgung über einen versicherungsförmigen Durchführungswege (Direktversicherung, Pensionskasse sowie u.U. Pensionfonds) erbringt, trotz der dargelegten Unterscheidung auch die arbeitsrechtlichen Benachteiligungsverboten zumindest mittelbar Anwendung finden müssen. Zwar sind in diesen Fällen – wie dargestellt – die §§ 19 ff. AGG unmittelbar auf die versicherungsrechtliche Ausgestaltung anzuwenden.[321] Doch in der Praxis richtet sich der Inhalt der arbeitsrechtlichen Zusage im Großteil der Fälle einer solchen mittelbaren Versorgungszusage nach dem Inhalt des Versicherungsvertrages. Folglich wird im Endeffekt auch der Inhalt des Versicherungsvertrages mittelbar an den arbeitsrechtlichen Bestimmungen des 2. Abschnitts des AGG zu messen sein.[322]

aa) Benachteiligung als maßgeblicher Zeitpunkt i.S.d. § 33 Abs. 1 AGG

Aus der Differenzierung hinsichtlich der zeitlichen Anwendbarkeit zwischen § 33 Abs. 1 sowie § 33 Abs. 4 AGG ergibt sich auch die Frage nach dem richtigen Anknüpfungspunkt hinsichtlich eines Sachverhaltes der bAV.

In arbeitsrechtlichen Sachverhalten ist gem. § 33 Abs. 1 AGG grundsätzlich auf den Zeitpunkt der Benachteiligung abzustellen. Es ist hier somit für die Abgrenzung zwischen „alter" und „neuer" Rechtslage der Zeitpunkt der Benachteiligungshandlung maßgeblich.[323] Nicht hingegen wird nach Abs. 1 also darauf abzustellen, wann das Schuldverhältnis geschlossen wurde, wann der Benachteiligte Kenntnis von der Benachteiligung erlangt hat o.ä.

---

321 So auch: *Adomeit/Mohr*, § 10 AGG Rn 145.

322 *Ulbrich*, BetrAV 2012, 211 = DB 2011, 2775; *Birk*, BetrAV 2012, 7, 8.

323 BAG, Urt. v. 14.08.2007 – 9 AZR 943/06; Urt. v. 14. Januar 2009 - 3 AZR 20/07, NZA 2009, 489 ff. = BetrAV 2009, 259; Siehe hierzu auch: Rust/Falke-*Falke*, § 33 AGG Rn 5; Schleusener/Suckow/Voigt-*Suckow*, § 33 AGG Rn 3; Wendeling-Schröder/Stein-*Wendling-Schröder*, § 33 AGG Rn 6; *Bauer/Göpfert/Krieger*, § 33 AGG Rn 8; *Adomeit/Mohr*, § 10 AGG Rn 149.

Im Gegensatz hierzu kommt es in den Übergangsregelungen der § 33 Abs. 2 bis 4 AGG für zivilrechtliche (Dauer-)Schuldverhältnisse gerade nicht auf den Zeitpunkt der Benachteiligung selber an. Vielmehr ist gem. § 33 Abs. 2-4 AGG für zivilrechtliche Sachverhalte der Zeitpunkt des Abschlusses des Schuldverhältnisses bzw. nach den jeweiligen 2. Sätzen dieser Absätze mögliche spätere Veränderungen des Dauerschuldverhältnisses maßgeblich.

Während also hinsichtlich des privatrechtlichen Teils des bAV-Sachverhaltes lediglich darauf abgestellt wird, inwiefern noch nach Inkrafttreten des AGG ein (Versicherungs-)Vertrag geschlossen worden ist, also diesbezüglich das AGG nur auf Neuzusagen Anwendung findet, muss hinsichtlich des arbeitsrechtlichen Teils der bAV geklärt werden, worin bzw. zu welchem Zeitpunkt eine Benachteiligung angenommen werden kann.

(1) Unmittelbare Benachteiligung

Laut Gesetzesdefinition in § 3 Abs. 1 AGG ist eine unmittelbare Benachteiligung grds. dann gegeben, wenn eine Person aufgrund eines der in § 1 AGG genannten Merkmale eine weniger günstige Behandlung erfährt als dies eine Person in einer vergleichbaren Situation erfährt, erfahren hat oder erfahren würde. Der Nachteil besteht also in einer Schlechterbehandlung oder Zurücksetzung des Betroffenen, wobei die Benachteiligungshandlung sowohl in einem Tun oder Unterlassen liegen kann, jedoch i.S.d. § 3 AGG stets durch eines oder mehrere der in § 1 AGG genannten Merkmale motiviert sein muss.[324] Unmittelbar ist die Benachteiligung dann, wenn die Differenzierung ausschließlich an eines der „verpönten" Merkmale anknüpft.[325] Zur Feststellung einer Benachteiligung wird ein Vergleich der Behandlung einer möglicherweise benachteiligten Person mit der tatsächlichen oder potentiellen Behandlung einer (wenn auch nur hypothetischen) Vergleichsperson vorgenommen. Hierbei wird nach objektiven Kriterien, nicht hingegen nach dem subjektiven Empfinden des Betroffenen beurteilt, ob tatsächlich eine Behandlung weniger günstig als eine andere ist.[326] Nicht ausreichend ist jedoch, dass *„bloß die abstrakte Gefahr einer Benachteiligung besteht"*.[327]

(2) Mittelbare Benachteiligung

Eine mittelbare Benachteiligung liegt nach § 3 Abs. 2 AGG dann vor, wenn dem Anschein nach „neutrale" Vorschriften, Maßnahmen, Kriterien oder Verfahren Personen wegen eines in § 1 AGG genannten Merkmals gegenüber anderen Personen in besonderer Weise benachteiligen. Eine scheinbar „neutrale" Regelung, welche an ein anderes als eines der „verpönten" Merkmale anknüpft, hat hierbei eine benachteiligende Wirkung ähnlich der einer unmittelbaren, also offensichtlich

324 Vgl.: *Bezani/Richter*, Rn 89.
325 So: *Wank*, in FS Wissmann, S. 599, 605.
326 Siehe auch: *Biester*, jurisPR-ArbR 35/2006, Anm. 6.
327 Rudolf/Mahlmann-*Rudolf*, § 6 Rn 54 mit Verweis auf BT-Drucks. 16/1780, S. 32.

benachteiligenden Regelung, da das „neutrale" Merkmal in einem inneren Zusammenhang zu dem unzulässigen „verpönten" Merkmal steht.[328]

Durch die Berücksichtigung in § 3 Abs. 2 AGG sollen auch solche Regelungen erfasst werden, die nicht einmal in verdeckter Form an unzulässige Merkmale des § 1 AGG anknüpfen, bei deren Anwendung jedoch Personen, welche ein solches „verpöntes" Merkmal aufweisen, faktisch schlechter gestellt und benachteiligt werden.[329]

Für die Annahme einer mittelbaren Benachteiligung i.S.d. § 3 Abs. 2 AGG müssen drei Voraussetzungen gegeben sein: erstens muss es sich um dem Anschein nach „neutrale" Vorschriften, Kriterien oder Verfahren handeln, welche zweitens geeignet sein müssen, einen Menschen wegen eines der nach § 1 AGG „verpönten" Merkmale in besonderer Weise zu benachteiligen. Drittens muss eine „negative Voraussetzung" gegeben sein: Die Ungleichbehandlung darf kein legitimes Ziel verfolgen bzw. nicht als Mittel zur Erreichung eines solchen legitimen Zieles angemessen und erforderlich sein.[330]

Die dritte (negative) Voraussetzung soll den ansonsten sehr weit gehenden Begriff der mittelbaren Benachteiligung in gewissem Maße einschränken. Daher liegt nach § 3 Abs. 2 AGG bereits tatbestandlich keine mittelbare Benachteiligung vor, wenn die Ungleichbehandlung durch ein rechtmäßiges Ziel sachlich gerechtfertigt und das Mittel zur Erreichung dieses Zieles erforderlich und angemessen ist.[331] Eine mögliche Rechtfertigung ergibt sich somit jeweils aus einer einfachen Verhältnismäßigkeitsprüfung.

Die ausdrücklichen, im AGG kodifizierten Rechtfertigungsgründe der §§ 8 bis 10 AGG[332] sowie § 20 AGG mit ihren teilweise strengeren Verhältnismäßigkeitsprüfungen finden hingegen auf mittelbare Benachteiligungen gerade keine Anwendung, da bei Vorliegen einer Rechtfertigung durch ein sachliches Ziel, die der Verhältnismäßigkeitsprüfung standhält, bereits keine mittelbare Benachteiligung i.S.d. § 3 Abs. 2 AGG gegeben ist.

(3) Benachteiligung i.R.d. bAV als maßgeblicher Zeitpunkt

Als Anknüpfungszeitpunkt i.R.d. § 33 Abs. 1 AGG könnte ebenso wie bei anderweitigen unmittelbaren oder mittelbaren Verstößen gegen die Benachteiligungsverbote des AGG auch i.R.d. bAV zunächst auf die der Benachteiligung zugrunde liegende Entscheidung des Arbeitgebers abgestellt werden.[333] Die einer Benachteiligung

---

328 Siehe auch: *Wank*, in FS Wissmann, S. 599, 605.

329 *Bezani/Richter*, Rn 94.

330 Vgl.: Rudolf/Mahlmann-*Rudolf*, § 6 Rn 56; Rudolf/Mahlmann-*Armbrüster*, § 7 Rn 115 f.

331 So auch: *Kamanabrou*, RdA 2006, 321, 325.

332 Zu den Rechtfertigungsmöglichkeiten des § 10 AGG siehe auch: B.IV.1.a)dd)(2)(a).

333 Siehe hierzu ablehnend: MüKo-*Thüsing*, § 33 AGG Rn 2; BAG, Urt. v. 14. August 2007 – 9 AZR 943/06, NZA 2008, 99, 101; Urt. v. 16. September 2008 – 9

i.R.d. bAV zugrunde liegende Entscheidung wäre somit spätestens in der Zusage einer Versorgung bzw. der konkreten, benachteiligenden Ausgestaltung der Versorgungsordnung zu erkennen. Hierin drückt sich die zugrundeliegende Entscheidung des Arbeitgebers aus, manchen Arbeitnehmern eine Besserstellung zu gewähren oder zu verweigern, anderen möglicherweise eine andere Leistung zu gewähren etc.

Sofern die Erteilung der Versorgungszusage tatsächlich den für die Anwendbarkeit des AGG i.S.d. § 33 Abs. 1 AGG (allein) entscheidenden Zeitpunkt dar, welcher nach Inkrafttreten gelegen haben muss, so käme dies einer Begrenzung der Anwendbarkeit der Benachteiligungsverbote des AGG auf sogenannte Neuzusagen gleich. Alle anderen Fälle der bAV, in denen die Zusage bereits zu Vor-AGG-Zeiten erteilt wurde, würden hiernach aus dem Anwendungsbereich des AGG herausfallen.[334] In vielen aktuellen Fällen der bAV wird der Zeitpunkt der Versorgungszusage (noch) zu Zeiten vor Inkrafttreten des AGG liegen, so dass ein Großteil der aktuell bestehenden bAV-Sachverhalte vollständig nach „altem" Recht behandelt werden müsste. Möglicherweise benachteiligende Versorgungsordnungen würden somit auch über den 18. August 2006 hinaus und auch mit Wirkung für die Zukunft weiterhin als rechtmäßig behandelt, sofern sie nach „altem" Recht zum Zeitpunkt der Zusage rechtmäßig waren.

Dieses Ergebnis überzeugt nicht: Da es sich bei der Erteilung der Versorgungszusage um die Vereinbarung eines Dauerschuldverhältnisses und somit bei Sachverhalten der bAV um Dauersachverhalte handelt, welche üblicherweise über Jahre bis hin zu Jahrzehnten andauern, wird die nach § 33 Abs. 1 AGG erforderliche Benachteiligung zu einem anderweitigen Zeitpunkt angenommen werden müssen. I.R.d. bAV kommen neben der Zusageerteilung verschiedene andere Anknüpfungspunkte in Frage.[335]

Die Rechtsprechung stellt hinsichtlich von Dauerschuldverhältnissen – und auch der bAV – auf die Frage ab, ob sich die jeweilige Benachteiligung seit dem Inkrafttreten des AGG verwirklicht hat.[336] Es ist hierbei auf die zu anderweitigen Entgeltleistungen geltenden Grundsätze abzustellen. In Fällen benachteiligender Arbeitsentgeltleistungen wird die Benachteiligungshandlung in der tatsächlichen monatlichen (Weniger-)Leistung des Arbeitsentgeltes bzw. der Nichtleistung eines

---

AZR 791/07, NZA 2009, 79, 80; Urt. v. 14. Januar 2009 - 3 AZR 20/07, NZA 2009, 489 ff. = BetrAV 2009, 259.

334 So wohl bspw.: *Klemm*, BB 2008, 2355, 2356.

335 So auch: *Walk/Lipke*, BB 2008, 561.

336 LAG Düsseldorf, Urt. v. 29. Februar 2012 – 12 Sa 1430/11, ArbRB 2012, 237, Volltext veröffentlicht unter: http://www.lag-duesseldorf.nrw.de/beh_static/entscheidungen/entscheidungen/sa/1430-11.pdf [Rn 51] (Bestätigung von LAG Düsseldorf, Urt. v. 09. April 2010 – 9 Sa 690/09, NZA-RR 2010, 653 [Rn 80 ff.]); ebenso zum Anknüpfungspunkt: BAG, Urt. v. 16. Dezember 2008 – 9 AZR 985/07, NZA-RR 2010, 32; Urt. v. 14. Januar 2009 – 3 AZR 20/07, NZA 2009, 489 ff. = BetrAV 2009, 259 [Rn 55].

bestimmten Betrages, einer besonderen Gratifikation etc. erblickt. Es kommt dabei auf den jeweiligen monatlichen Leistungszeitraum an.[337]

Wendet man diesen Grundsatz auch auf die bAV an, so wäre an das andauernde, sich wiederholende Vorenthalten bzw. an den sich wiederholenden Erwerb in unzulässiger Weise gekürzter Anwartschaftsrechte als Lohnbestandteil i.R.e. bestehenden Arbeitsverhältnisses anzuknüpfen.[338] Nicht hingegen kann die Benachteiligung in der andauernden, sich wiederholenden (nicht oder lediglich begrenzt erfolgten) Leistungsgewährung im Leistungsfall gesehen werden, da die (Entgelt-)Leistung des Versorgungsschuldners im monatlichen Gewähren des Erwerbs von Anwartschaften zu erkennen ist, nicht hingegen in der späteren Auszahlung der Betriebsrente.[339]

Ein solches Abstellen auf das dauerhafte, sich Monat für Monat wiederholende Nicht-Erdienen von Anwartschaften im Zeitraum des Erwerbs von Anwartschaften im Arbeitsverhältnis spiegelt auch den Charakter der bAV als Dauerschuldverhältnis wider. Folglich findet das AGG und somit die neue Gesetzeslage noch nachträglich Anwendung auch auf (Dauer-)Sachverhalte der bAV, welche ihren Ursprung in Vor-AGG-Zeiten hatten. Derartige Dauersachverhalte, welche zum Zeitpunkt des Inkrafttretens des AGG noch nicht beendet waren, in denen sich jedoch die Benachteiligung in Form des monatlichen Vorenthaltens des Erwerbs von Anwartschaften realisiert, sind folglich auch am AGG und somit an „neuem" Recht zu messen.

Für Benachteiligungen, die vor dem 18. August 2006 begonnen haben, gilt das AGG ab seinem Inkrafttreten.[340] Auch trotz der in Vor-AGG-Zeiten liegenden ursprünglichen Zusage der bAV können benachteiligende, bspw. wegen eines der „verpönten" Merkmale des AGG von der Versorgung ausschließende, Regelungen i.R.d. Dauerschuldverhältnisses nach § 7 Abs. 2 AGG mit Inkrafttreten des AGG am 18. August 2006 automatisch – zumindest mit Wirkung für die Zukunft – unwirksam geworden und weggefallen sein, so dass hier Ansprüche auf Gleichstellung bestehen.[341] Hat ein Arbeitnehmer bislang bspw. in benachteiligender Weise keine Anwartschaften erdient, so muss er zumindest am dem Zeitpunkt des Inkrafttretens des AGG mit den Arbeitnehmern für die Zukunft gleichgestellt werden, welche nach der Versorgungszusage bislang bevorzugt wurden.

bb) Bestehen eines Rechtsverhältnisses zum Zeitpunkt des Inkrafttretens des AGG

Sinn und Zweck des AGG ist gem. seiner Übergangsregelungen in § 33 AGG nicht die rückwirkende Regelung von solchen Sachverhalten, die bei Inkrafttreten des

337 So zutreffend: *Adomeit/Mohr*, ZfA 2008, 449, 456 m.w.N.

338 So auch: *Adomeit/Mohr*, § 33 AGG Rn 22; *Bauer/Göpfert/Krieger*, § 33 AGG Rn 12.

339 Vgl. zutreffend: *Adomeit/Mohr*, ZfA 2008, 449, 456.

340 *Meinel/Heyn/Herms*, § 7 AGG Rn 49.

341 So bspw.: Schleusener/Suckow/Voigt-*Suckow*, § 33 AGG Rn 3; *Adomeit/Mohr*, § 33 AGG Rn 12; s.u. vertiefend zu den Auswirkungen einer solchen festgestellten Ungleichbehandlung unter: B.V.

AGG am 18. August 2006 bereits abgeschlossen waren. Vielmehr sind tatsächlich bereits abgeschlossene Sachverhalte von der Anwendbarkeit des AGG gänzlich ausgeschlossen. *Bepler* veranschaulicht dies anhand des Beispiels eines Versicherungsvertrages: Sei dieser zu Vor-AGG-Zeiten geschlossen und auch noch vor Inkrafttreten vollständig ein- sowie vollständig ausgezahlt worden, so sei der Versicherungsvertrag nicht an den Maßstäben des AGG zu messen. Sei er hingegen bspw. noch nicht vollständig ausgezahlt worden, bestehe also weiterhin ein Schuldverhältnis zwischen dem Versicherungsnehmer und dem Versicherer, so finde auch das AGG Anwendung.[342]

Damit das AGG nach § 33 Abs. 1 AGG überhaupt Anwendung auf einen Sachverhalt der bAV finden kann, muss folglich zum Zeitpunkt des Inkrafttretens des AGG ein noch nicht abgeschlossenes Rechtsverhältnis zwischen dem (potentiellen) Versorgungsberechtigten und dem (potentiellen) Versorgungsschuldner bestanden haben.[343] Ist ein solches gegeben, so findet auf dieses Rechtsverhältnis nunmehr ab dem Stichtag des 18. August 2006 das AGG Anwendung.

Das BAG stellte in einer Entscheidung aus dem Jahr 2009[344] im Hinblick auf einen in Frage stehenden Anspruch auf Hinterbliebenenversorgung fest, dass das AGG nur für Beschäftigte, nicht hingegen für deren Hinterbliebene gelte. Das BAG verwies darauf, dass der EuGH klargestellt habe, dass die Antidiskriminierungsrichtlinien nur solche Diskriminierungen erfassen, denen der Arbeitnehmer selber ausgesetzt sei.[345] Zwar solle hinsichtlich einer streitigen Hinterbliebenenversorgung nach dem Rechtsgedanken des § 328 BGB auch der überlebende Hinterbliebene diesen Anspruch geltend machen können. Hingegen sei hinsichtlich der zeitlichen Anwendbarkeit des AGG lediglich auf den Beschäftigtigten und das mit ihm bestehende Rechtsverhältnis abzustellen. Sei der Arbeitnehmer bereits vor Inkrafttreten des AGG verstorben, so sollen seine Hinterbliebenen daher keine Ansprüche aus der bAV i.V.m. AGG geltend machen können, da zwischen Versorgungsempfänger und Vesorgungsschuldner zum Zeitpunkt des Inkrafttretens des AGG bereits kein Rechtsverhältnis mehr bestanden habe.

In derselben Entscheidung hat das BAG jedoch ausdrücklich offen gelassen, ob als Anknüpfungspunkt i.S.d. § 33 Abs. 1 AGG grundsätzlich ein zum Zeitpunkt des Inkrafttretens des AGG noch bestehenden Arbeitsverhältnisses erforderlich ist oder ob auch eine Benachteiligung hinsichtlich eines bereits vor Inkrafttreten des

---

342 *Bepler*, in FS Höfer, S. 11, zur Frage der Rückwirkung hinsichtlich der Unisextarife i.R.e. bAV-Versicherungsvertrages.

343 BAG, Urt. v. 16. September 2008 – 9 AZR 791/07, NZA 2009, 79 ff.; ebenso: Urt. v. 14. Januar 2009 – 3 AZR 20/07, NZA 2009, 489 ff. = BetrAV 2009, 259 [Rn 55]; sowie: Urt. v. 20. April 2010 – 3 AZR 509/08, AP Nr. 26 zu § 1 BetrAVG Hinterbliebenenversorgung = DB 2010, 2000 [Rn 63]so auch: ErfKomm-*Steinmeyer*, Vorbem. BetrAVG Rn 46; *Adomeit/Mohr*, § 10 AGG Rn 149.

344 BAG, Urt. v. 14. Januar 2009 – 3 AZR 20/07, NZA 2009, 489 ff. = BetrAV 2009, 259.

345 EuGH, Urt. v. 17.Juli 2008 – Rs. C-303/06 [*Coleman*], EzA Nr. 6 zu EG-Vertrag 1999 Richtlinie 2000/78.

AGG mit unverfallbaren Anwartschaften ausgeschiedenen Arbeitnehmers ausreichen soll, um Ansprüche nach dem AGG auszulösen.[346]

Folglich ist bzgl. der bAV ungeklärt, ob zum Zeitpunkt des Inkrafttretens des AGG noch ein Beschäftigungsverhältnis zwischen dem Versorgungsempfänger und dem Versorgungsschuldner bestanden haben muss oder ob womöglich das Bestehen eines irgendgearteten Rechtsverhältnisses in Form eines versorgungsrechtlichen Dauerschuldverhältnisses ausreicht, um die zeitliche Anwendbarkeit des AGG auf dieses Schuldverhältnis zu eröffnen.

(1) Abstellen auf das Bestehen (irgend)eines Rechtsverhältnisses zum Zeitpunkt des Inkrafttretens des AGG

Das BAG hat in verschiedenen anderen Entscheidungen angenommen, dass für die Anwendbarkeit des AGG auf das Bestehen eines irgendgearteten Rechtsverhältnisses zwischen dem potentiellen Versorgungsberechtigten und dem potentiellen Versorgungsschuldner zum Zeitpunkt des Inkrafttretens des AGG abzustellen sei.[347] In seinem Urteil vom 20. April 2010 stellte das BAG fest, dass für die zeitliche Anwendbarkeit des AGG lediglich erforderlich sei, dass zum Zeitpunkt des Inkrafttretens des AGG ein *„Rechtsverhältnis zwischen dem Versorgungsberechtigten und dem Versorgungsschuldner“* bestanden habe.[348] Das BAG differenziert seiner Wortwahl zufolge nicht danach, ob noch ein Beschäftigungsverhältnis am 18. August 2006 bestand oder aber ein Versorgungs- oder gar Bezugsverhältnis. Das Bestehen eines dieser Rechtsverhältnisse soll also entscheidend sein.

In vorbenanntem Urteil hatte das BAG einen Fall zu entscheidend, in welchem sich die Parteien um die Zulässigkeit einer Spätehenklausel und die hiermit verbundene (Nicht-)Auszahlung einer Hinterbliebenenrente stritten. Der ehemalige Arbeitnehmer und Versorgungsempfänger war erst nach Inkrafttreten des AGG verstorben. Das Gericht ging hier davon aus, dass zum Zeitpunkt des Inkrafttretens des AGG noch ein Versorgungsverhältnis bestand, dessen

---

346 BAG, Urt. v. 14. Januar 2009 – 3 AZR 20/07, NZA 2009, 489 ff. = BetrAV 2009, 259 [Rn 59].

347 BAG, Urt. v. 16. September 2008 – 9 AZR 791/07, NZA 2009, 79 ff.; Urt. v. 15. September 2009 – 3 AZR 294/09, AP Nr. 317 zu Art 3 GG = NZA 2010, 216 ff. [Rn 37]; Urt. v. 20. April 2010 – 3 AZR 509/08, AP Nr. 26 zu § 1 BetrAVG Hinterbliebenenversorgung = DB 2010, 2000 [Rn 63]; so auch: ErfKomm-*Steinmeyer*, Vorbem. BetrAVG Rn 46; *Adomeit/Mohr*, § 10 AGG Rn 142, 149.

348 LAG Niedersachsen, Urt. v. 23. Juni 2011 – 4 Sa 381/11 B, NZA-RR 2011, 600 ff. [Rn 43]; BAG, Urt. v. 20. April 2010 – 3 AZR 509/08, AP Nr. 26 zu § 1 BetrAVG Hinterbliebenenversorgung = DB 2010, 2000 [Rn 63]; so auch mit gleichem Wortlaut: Urt. v. 30. November 2010 –3 AZR 754/08, AP Nr. 72 zu § 16 BetrAVG = NZA-RR 2011, 593 ff. [Rn 22]; unter Verweis auf die BAG-Rspr. ebenfalls: LAG Baden-Württemberg, Urt. v. 24. September 2012 – 9 Sa 48/12, LAGE § 10 AGG Nr. 8 [Rn 46].

Versorgungsverpflichtung aus der unverfallbaren Anwartschaft sich erst innerhalb des zeitlichen Geltungsbereichs des AGG aktualisiert habe.

Das BAG stellte darauf ab, dass das Ausscheiden mit unverfallbarer Anwartschaft und der somit bestehende Anspruch auf einen späteren Bezug von Betriebsrente ein versorgungsrechtliches Dauerschuldverhältnis zwischen dem ausgeschiedenen Arbeitnehmer und dem ehemaligen Arbeitgeber begründe. Den Arbeitgeber treffe aufgrund der Anwartschaft die Verpflichtung, nach den Regeln der Versorgungsordnung das Versorgungsrisiko abzudecken, welches sich später mit Eintritt des Versorgungs- oder Nachversorgungsfalls aktualisiere. Aus diesem Grund unterfalle der Sachverhalt somit auch noch trotz des beendeten Beschäftigungsverhältnisses dem Anwendungsbereicht des AGG.[349]

In einer weiteren Entscheidung aus dem Jahr 2010 hielten es die Erfurter Richter sogar für ausreichend, dass bereits vor Inkrafttreten des AGG (in dem zu entscheidenden Fall seit 2002) Leistungen der bAV in Form einer Betriebsrente gewährt wurden und der Leistungsbezug auch noch über den 18. August 2006 hinaus andauerte. Ein solches Bezugsverhältnis stelle ebenfalls ein solches i.S.d. § 33 Abs. 1 AGG erforderliches Rechtsverhältnis zum Stichtagszeitpunkt des 18. August 2006 dar und eröffne somit ebenfalls den Anwendungsbereich des AGG.[350]

Das Fortbestehen eines aktuellen Beschäftungsverhältnisses zwischen dem Arbeitnehmer und dem Arbeitgeber zum nach § 33 Abs. 1 AGG maßgeblichen Zeitpunkt ist folglich nach Ansicht des BAG nicht erforderlich.[351] Vielmehr soll es ausreichend sein, wenn der Arbeitnehmer mit unverfallbaren Anwartschaften aus dem Arbeitsverhältnis ausgeschieden oder gar bereits Betriebsrentner ist und dieses versorgungsrechtliches Dauerschuldverhältnis zwischen dem Arbeitgeber und dem ehemaligen Arbeitnehmer noch am Stichtag des § 33 Abs. 1 AGG Bestand hatte[352], folglich zu diesem Zeitpunkt noch ein *„Versorgungsverhältnis"* bestanden hat.[353]

Begründet wird ein derartiges Normverständnis des § 33 Abs. 1 AGG meist mit der Regelung des § 6 Abs. 1 S. 2 a.E. AGG über den persönlichen Anwendungsbereich des AGG. Hiernach sollen auch *„Personen, deren Beschäftigungsverhältnis*

---

349 BAG, Urt. v. 20. April 2010 – 3 AZR 509/08, AP Nr. 26 zu § 1 BetrAVG Hinterbliebenenversorgung = DB 2010, 2000 [Rn 63].

350 BAG, Urt. v. 30. November 2010 –3 AZR 754/08, AP Nr. 72 zu § 16 BetrAVG = NZA-RR 2011, 593 ff. [Rn 22].

351 BAG, Urt. v. 20. April 2010 – 3 AZR 509/08, AP Nr. 26 zu § 1 BetrAVG Hinterbliebenenversorgung = DB 2010, 2000 [Rn 63]; Urt. v. 30. November 2010 –3 AZR 754/08, AP Nr. 72 zu § 16 BetrAVG = NZA-RR 2011, 593 ff. [Rn 22]; Urt. v. 17. April 2012 – 3 AZR 481/10, NZA 2012, 929 ff.; ebenso wohl bereits in: Urt. v. 15. September 2009 – 3 AZR 294/09, AP Nr. 317 zu Art 3 GG = NZA 2010, 216 ff.

352 BAG, Urt. v. 15. September 2009 – 3 AZR 294/09, AP Nr. 317 zu Art 3 GG = NZA 2010, 216 ff [Rn 37] - So auch, unter Verweis auf die BAG-Rspr.: *Meinel/Heyn/Herms*, § 10 AGG Rn 62; *Cisch/Bleeck*, BetrAV 2010, 417, 418.

353 So auch: *Kisters-Kölkes/Kemper*, Rn 111 unter Bezugnahme auf die BAG-Rechtsprechung.

beendet ist" noch zu den Beschäftigten i.S.d. AGG zählen.[354] Folglich sind auch ehemalige Beschäftigte, die bereits aus dem Beschäftigungsverhältnis ausgeschiedenen sind, unter den Begriff der Beschäftigten einzuordnen, welche den Schutz der arbeitsrechtlichen Benachteiligungsverbote des AGG genießen. Intention des Gesetzgebers war es laut Gesetzesbegründung, auch noch ehemalige Beschäftigte, also bereits aus dem Beschäftigungsverhältnis Ausgeschiedene, zu erfassen, da auch bei diesen *„noch nachwirkende Folgen wie z. B. bei der betrieblichen Altersvorsorge eintreten können."*[355] Das AGG bezieht sich gem. dem Willen des Gesetzgebers folglich auch auf mögliche nachwirkende Folgen des Arbeitsverhältnisses (bspw. auf mögliche zuvor erdiente Anwartschaften einer bAV o.Ä.) und somit auch auf die Zeit nach Beendigung eines BEschäftigungsverhältnisses.

Die Regelung des persönlichen Anwendungsbereichs des AGG scheint folglich unter Berücksichtigung der gesetzgeberischen Intention eindeutig dafür zu sprechen, dass die neue Rechtslage vor dem Hintergrund des § 6 Abs. 1 S. 2 a.E. AGG bei Betriebsrentnern sowie bei mit unverfallbaren Anwartschaften ausgeschiedenen Beschäftigten, also bei allen ehemaligen Beschäftigten, mit welchen ein Versorgungsverhältnis besteht, Anwendung finden und somit im Hinblick auf den Stichtag des § 33 Abs. 1 AGG auch das Bestehen eines Dauerschuldverhältnisses zwischen dem Versorgungsschuldner und dem Versorgungsempfänger nach Beendigung des Beschäftigungsverhältnisses für die zeitliche Anwendbarkeit des AGG ausreichen solle.[356]

Würde hinsichtlich des Stichtages des § 33 Abs. 1 AGG lediglich an ein bestehendes Beschäftigungsverhältnis angeknüpft, so würden faktisch von den Auswirkungen der Einführung des AGG nur solche Fälle erfasst, in welchen auch noch zeitlich nach Inkrafttreten des AGG Anwartschaften erdient wurden oder noch erdient werden. Bereits vor dem Inkrafttreten des AGG (wenn auch mit unverfallbaren Anwartschaften) Ausgeschiedene hingegen würden von den Segnungen des Antidiskriminierungsschutzes ausgenommen, obwohl der Versorgungszeitraum zeitlich in den Geltungszeitraum des AGG fällt. Aus diesem Grund wird argumentiert, dass ein solches Anknüpfen an den Zeitpunkt des Erwerbs der Anwartschaften praktisch gesehen zu einer Begrenzung des Anwendungsbereiches auf Neuzusagen führe, welche jedoch nicht möglich sei.[357]

---

354 Vgl. bspw.: *Adomeit/Mohr*, § 10 AGG Rn 142; siehe zur Auslegung des Begriffs des „Beschäftigten" i.R.d. § 6 Abs. 1 AGG oben: B.III.4 sowie B.III.1.

355 Vgl.: BT-Drucks. 16/1780, S. 34; Ebenfalls auf den persönlichen Anwendungsbereich des AGG gem. § 6 AGG verweisend: BAG, Urt. v. 20. April 2010 – 3 AZR 509/08, AP Nr. 26 zu § 1 BetrAVG Hinterbliebenenversorgung = DB 2010, 2000 [Rn 63]; Urt. v. 15. September 2009 – 3 AZR 294/09, AP Nr. 317 zu Art 3 GG = NZA 2010, 216 ff. [Rn 37]; MüKo-*Thüsing*, § 33 AGG Rn 4.

356 So wohl: BAG, Urt. v. 20. April 2010 – 3 AZR 509/08, AP Nr. 26 zu § 1 BetrAVG Hinterbliebenenversorgung = DB 2010, 2000 [Rn 63]; ebenso wohl: Urt. v. 17. April 2012 – 3 AZR 481/10, NZA 2012, 929 ff.

357 So bspw.: ErfKomm-*Steinmeyer*, Vorbem. BetrAVG Rn 46.

Ausdrücklich offen gelassen haben die Erfurter Richter in dem Urteil aus dem Jahr 2010 jedoch, ob die Anwendbarkeit der Regelungen des AGG auf das bestehende Betriebsrentenverhältnis nunmehr lediglich für die Zeiten seit Inkrafttreten des AGG oder aber für das gesamte Betriebsrentenverhältnis gelten solle.[358]

(2) Abstellen auf das Bestehen eines Beschäftigungsverhältnisses zum Zeitpunkt des Inkrafttretens des AGG

Von Teilen der Literatur wird hinsichtlich dieser Frage allerdings bereits vertreten, dass es bei dem für die Anknüpfung i.S.d. § 33 Abs. 1 AGG zum Zeitpunkt des Inkrafttretens des AGG erforderlichen Rechtsverhältnis auf ein bestehendes Beschäftigungsverhältnis ankomme[359]: Sofern ein Beschäftigungsverhältnis zum Zeitpunkt des Inkrafttretens noch andauere, so sei unstreitig ein vom BAG hinsichtlich der zeitlichen Anwendbarkeit des AGG gefordertes Rechtsverhältnis gegeben. Das Beschäftigungsverhältnis sei somit mit Inkrafttreten des AGG für die Zeit ab dem Inkrafttreten auf mögliche Benachteiligungen hin zu überprüfen. Entgegen der oben dargestellten BAG-Rechtsprechung sei jedoch weder ein Ruhestandsverhältnis eines bereits ausgeschiedenen Arbeitnehmers noch ein Bezugsverhältnis eines Betriebsrentners für die zeitliche Anwendbarkeit des AGG ausreichend.

Teilweise wird argumentiert, dass sich bereits aus den Vorgaben von Art. 3 Abs. 1 lit. c Richtlinie 2000/78/EG ergebe, dass entgegen der Vorgaben des BAG hinsichtlich § 33 Abs. 1 AGG auf das (Fort-)Bestehen eines Beschäftigungsverhältnisses abzustellen und somit ein späteres Versorgungsverhältnis außer Acht zu lassen sei.[360] Art. 3 Abs. 1 lit. c der Rahmenrichtlinie, welche in Deutschland durch das AGG umgesetzt worden ist, regelt laut seiner Überschrift den *„Geltungsbereich“* der Richtlinie, wobei Abs. 1 den persönlichen Anwendungsbereich bestimmt.

Laut Art. 3 Abs. 1 lit. c Richtlinie 2000/78/EG sollen die in der Richtlinie geregelten Diskriminierungsverbote auch hinsichtlich der *„Beschäftigungs- und Arbeitsbedingungen, einschließlich der Entlassungsbedingungen und des Arbeitsentgelts“* gelten. Es ist allgemein anerkannt, dass zum Arbeitsentgelt auch das Ruhegeld zu zählen ist, welches Entgeltcharakter besitzt.[361] Folglich ist in jedem Fall davon auszugehen, dass die Diskriminierungsverbote grundsätzlich auch die bAV erfassen sollen.

Allerdings ist zu beachten, dass i.R.d. bAV die maßgebliche Gegenleistung des Arbeitgebers als Entgelt in dem vom Arbeitgeber gewährten Erwerb der

---

358 BAG, Urt. v. 30. November 2010 –3 AZR 754/08, AP Nr. 72 zu § 16 BetrAVG = NZA-RR 2011, 593 ff. [Rn 21].

359 So bspw.: ErfKomm-*Steinmeyer*, Vorbem. BetrAVG Rn 46; *Bauer/Göpfert/Krieger*, § 33 AGG Rn 12; *Bauer/Arnold*, NJW 2008, 3377, 3381 f.; so wohl auch *Bepler*, in FS Höfer, S. 13, darauf hinweisend, dass der EuGH möglicherweise in Anlehnung an die Barber-Rspr. Auf noch laufende Beschäftigungsverhältnisse begrenzen werde; vormals auch: MüKo-*Thüsing*, § 33 AGG Rn 3, 5 [a.F.], nunmehr jedoch auf das Bestehen eines irgendgearteten Rechtsverhältnisses abstellend.

360 Vgl.: ErfKomm-*Steinmeyer*, Vorbem. BetrAVG Rn 46.

361 Vgl. auch: ErfKomm-*Steinmeyer*, Vorbem. BetrAVG Rn 46.

Anwartschaften zu erkennen ist, nicht hingegen in der späteren Auszahlung in Form einer Betriebsrente.[362] Dieser Erwerb der Anwartschaften wiederum findet lediglich während eines laufenden Beschäftigungsverhältnisses und nicht nach Ausscheiden aus dem Beschäftigungsverhältnis statt.

Dies spricht dafür, dass die Diskriminierungsverbote der Rahmenrichtlinie hinsichtlich der bAV lediglich laufende Beschäftigungsverhältnisse treffen sollen. Hierfür spricht auch, dass Art. 3 Abs. 1 lit. c Richtlinie 2000/78/EG auch nicht – von den Umständen der Entlassung abgesehen – die Rechtsbeziehungen zwischen Arbeitgeber und bereits ausgeschiedenem Arbeitnehmer erwähnt.

Auch aus einem Vergleich mit der bisherigen Rechtsprechung des BAG zur Frage der rückwirkenden Anwendbarkeit der §§ 305 ff. BGB auf langfristig angelegte arbeitsrechtliche Formularverträge wird ein Argument dafür gezogen, dass nicht irgendein Rechtsverhältnis zum Zeitpunkt des Inkrafttretes vorgelegen haben müsse, sondern vielmehr ein noch bestehendes Beschäftigungsverhältnis.[363] Hinsichtlich der rückwirkenden Anwendbarkeit der §§ 305 ff. nach der Schuldrechtsmodernisierung hatte das BAG entschieden, dass es einer verfassungskonformen, den Grundsatz der Verhältnismäßigkeit wahrenden Auslegung und Anwendung der neuen Gesetzeslage bedürfe, um eine Rückwirkung der neuen schuldrechtlichen Normen auf Altverträge zu vermeiden und Verwender vormals rechtmäßiger Klauseln nicht über Gebühr zu belasten.[364]

Mit diesen Argumenten wird begründet, dass das AGG nur für solche Sachverhalte gelten solle, in denen der Arbeitnehmer auch noch nach Inkrafttreten des AGG Versorgungsanwartschaften erwirbt. Sofern das Arbeitsverhältnis des Betriebsrentenberechtigten hingegen bereits vor Inkrafttreten des AGG beendet wurde, so solle das AGG weder auf dieses abgeschlossene Arbeitsverhältnis noch auf das nachfolgende und auch noch nach dem 18. August 2006 bestehende Versorgungsverhältnis Anwendung finden. Gleiches gelte zudem dann, wenn auch nach Inkrafttreten des AGG (noch) Leistungen der Alters-, Erwerbsunfähigkeits- oder Hinterbliebenenversorgung bezogen werden.[365] Vielmehr sei der § 33 AGG dahingehend auszulegen, dass der Kreis möglicherweise Anspruchsberechtigter bzw. der vom Schutz des AGG Erfassten auf aktive Beschäftigte zu begrenzen sei.

(3) Stellungnahme

Es stellt sich also die Frage, ob der Rechtsprechung des BAG folgend auch noch ehemalige Beschäftigte aus einem möglicherweise bereits mehrere Jahre beendeten

---

362 So zutreffend: *Adomeit/Mohr*, ZfA 2008, 449, 456 m.w.N; ebenso wohl auch *Bauer/ Arnold*, NJW 2008, 3377, 3381.

363 So: *Bauer/Arnold*, NJW 2008, 3377, 3382; vormals auch: MüKo-*Thüsing*, § 33 AGG Rn 3, 5 [a.F.], nunmehr jedoch auf das Bestehen eines irgendgearteten Rechtsverhältnisses abstellend.

364 BAG, Urt. v. 12. Januar 2005 - 5 AZR 364/04, AP Nr. 1 zu § 308 BGB.

365 So auch: *Bauer/Arnold*, NJW 2008, 3377, 3381 f.

Beschäftigungsverhältnis Ansprüche aus den Regelungen des AGG herleiten können oder ob solche Ansprüche lediglich solchen Beschäftigten zustehen sollen, welche noch am Stichtag des § 33 Abs. 1 AGG in einem Beschäftigungsverhältnis standen.

Wie die wohl h.M. zutreffend feststellt, scheint § 6 Abs. 1 S. 2 a.E. AGG auf den ersten Blick für eine Anwendbarkeit des AGG bereits bei Vorliegen eines irgendgearteten Rechts- und somit auch eines Versorgungsverhältnisses zu sprechen.

Gleichzeitig ist jedoch auch dem Argument zuzustimmen, dass sowohl die Auslegung der dem AGG zugrunde liegende Rahmenrichtlinie klar für ein Abstellen auf das Bestehen eines Beschäftigungsverhältnisses spricht. Der nationale Gesetzgeber wäre weit über deren Vorgaben hinausgegangen, sollten tatsächlich alle jegliche Versorgungsverhältnisse, die am 18. August 2006 noch Bestand hatten, vom nationalen Diskriminierungsschutz erfasst sein und nicht lediglich – wie die Richtlinie dies vorsah – das Entgelt an sich, welches sich jedoch i.R.d. bAV in Form des Erwerbs von Anwartschaften darstellt.[366] Bei den Leistungen der bAV, welche später, nach Eintritt des Versorgungsfall geleistet werden, sind ledglich das Entgelt, welches der Beschäftigte zuvor als „aufgeschobenes“ – nämlich hinsichtlich des Eintritts des Versorgungsfalls aufschiebend bedingtes - Entgelt erworben hat.[367]

Ebenfalls für das Abstellen auf ein Bestehen eines Beschäftigungsverhältnisses zum Zeitpunkt des Inkrafttretens des AGG spricht der angestrengte Vergleich mit der Rechtsprechung des BAG zur Frage der rückwirkenden Anwendbarkeit der §§ 305 ff. BGB auf langfristig angelegte arbeitsrechtliche Formularverträge, auch wenn dieses Argument eher schwach erscheint.

Umso schwerer wiegt jedoch, dass nicht nur die Vorgaben der Rahmenrichtlinie in Form von Art. 3 Abs. 1 lit. c Richtlinie 2000/78/EG, sondern auch der Gesetzestext des § 2 Abs. 5 BetrAVG für ein Abstellen auf ein bestehendes Beschäftigungsverhältnis spricht. Nach § 2 Abs. 5 BetrAVG, welcher die Berechnung des Teilanspruchs bei vorzeitigem Ausscheiden aus dem Beschäftigungsverhältnis regelt,

> *„bleiben Veränderungen der Versorgungsregelung und der Bemessungsgrundlagen für die Leistung der betrieblichen Altersversorgung, soweit sie nach dem Ausscheiden des Arbeitnehmers eintreten, außer Betracht“.*

Der Gesetzestext des BetrAVG stellt hier höchst unmissverständlich klar, dass ein bAV-Dauerschuldverhältnis von späteren Veränderung der Versorgungsregelungen und Bemessungsgrundlagen nach Beendigung des Beschäftigungsverhältnisses nicht betroffen seien soll. Folglich erfassen auch nach dem Ausscheiden eintretende Änderungen der rechtlichen Grundlage der bAV nicht die Berechnung der späteren Leistungen.

Legt man diesen sich aus dem BetrAVG ergebenden Maßstab auch an § 33 Abs. 1 AGG an, so dürfen sich durch die Einführung des AGG keine Auswirkungen auf

366 So zutreffend: *Adomeit/Mohr*, ZfA 2008, 449, 456 m.w.N.
367 Vgl. auch: *Langohr-Plato*, Rn 87.

das Rechtsverhältnis zwischen dem Versorgungsschuldner und dem Versorgungsempfänger ergeben, sofern das Beschäftigungsverhältnis bereits vor Inkrafttreten des AGG beendet war. Das Inkrafttreten des AGG stellt sich vielmehr als *„Veränderung [...] nach dem Ausscheiden des Arbeitnehmers"* dar. Daher widerspräche es der Wertung des § 2 Abs. 5 BetrAVG, auch Versorgungsverhältnisse i.S.v. Rechtsverhältnissen noch nach Beendigung des Beschäftigungsverhältnisses als Anknüpfungspunkt ausreichen zu lassen, wie das BAG dies in seiner Rechtsprechung tut. Dies gilt insbesondere vor dem Hintergrund, dass Art. 3 Abs. 1 lit. c Richtlinie 2000/78/EG gerade nicht die Einbeziehung bereits ausgeschiedener Arbeitnehmer vorsah.

Das BAG hat vielmehr selber in oben dargestellter Grundsatzentscheidung zum Verhältnis von AGG und BetrAVG festgestellt, dass bei einem Nebeneinander der beiden Gesetze das BetrAVG den Vorgaben des AGG vorgeht. Folglich erscheint hier § 2 Abs. 5 BetrAVG auch solchen Regelungen des AGG zur zeitlichen Anwendbarkeit vorzugehen, welche möglicherweise eine Anwendbarkeit des AGG hinsichtlich der bAV auch auf Rechtsverhältnisse nach dem Beschäftigungsende sprechen mögen.

Darüber hinaus ist auch festzustellen, dass die auf den ersten Blick überzeugende Argumentation, dass § 6 Abs. 1 S. 2 a.E. AGG für eine Anwendbarkeit auf alle Versorgungsverhältnisse spreche, fehl geht: Zwar ist der wohl h.M. wie dargestellt zuzugeben, dass sowohl Gesetzesbegründung als auch Wortlaut dieser Norm dafür sprechen, dass vom Diskriminierungsschutz des AGG neben Beschäftigten auch ehemalige Beschäftigte und somit auch Betriebsrentner bzw. mit unverfallbaren Anwartschaften Ausgeschiedene erfasst werden sollen.

Hieraus ergibt sich jedoch mitnichten, dass dies zwingend auch hinsichtlich solcher Betriebsrentner bzw. mit unverfallbaren Anwartschaften Ausgeschiedener gelten soll, deren Beschäftigungsverhältnis bereits vor dem 18. August 2006 beendet war. Dem Gesetzestext wie auch der Gesetzesbegründung wäre ebenso Folge geleistet, würde man das AGG zwar auf Versorgungsverhältnisse und somit auf bereits aus einem Beschäftigungsverhältnisse Ausgeschiedene anwenden, hierbei jedoch lediglich solche ehemalige Beschäftigte erfassen, welche erst nach dem Inkrafttreten des AGG aus dem Beschäftigungsverhältnis ausgeschieden sind.

Für eine solche Auslegung spricht auch, dass § 6 Abs. 1 S. 2 a.E. AGG lediglich den persönlichen, nicht hingegen den zeitlichen Anwendungsbereich des AGG behandelt. Es würde folglich gar der Systematik des AGG widersprechen, sollte diese Norm, welche den persönlichen Anwendungsbereich regelt, ausschlaggebend auch für den zeitlichen Anwendungsbereich des AGG sein.

Auch das Argument der wohl h.M., dass ein Abstellen auf das Erfordernis des Bestehens eines Beschäftigungsverhältnisses den Anwendungsbereich auf Neuzusagen beschränke, geht zu kurz: Stellt man auf das Bestehen eines Beschäftigungsverhältnisses am 18. August 2006 ab, so wird mitnichten der Anwendungsbereich auf Neuzusagen beschränkt. Zwar wird der Anwendungsbereich eben gerade auf solche Fälle beschränkt, in denen an diesem Stichtag noch ein Beschäftigungsverhältnis bestand. Nicht hingegen wird gefordert, dass auch erst nach diesem Stichtag eine Zusage erteilt werden müsse. Die Zusage (i.R.d. zu fordernden bestehenden

Beschäftigungsverhältnisses) mag vielmehr auch bereits Jahre oder gar Jahrzehnte zurück liegen. Zu fordern sind für das Eingreifen des AGG also keine Neuzusagen, sondern lediglich, dass das Beschäftigungsverhältnis nicht bereits vor dem Stichtag beendet worden ist. Zwar wird in der Literatur vereinzelt die Meinung vertreten wird, dass tatsächlich eine Beschränkung auf Neuzusagen vorgenommen werden müsse und das AGG lediglich auf solche Neuzusagen Anwendung finden solle. So sei das AGG zwar auch für ältere Versorgungsordnungen maßgeblich, Auswirkungen des AGG könnten sich jedoch nur bzgl. der Neuzusagen ergeben, da (lediglich) Neuzusagen seit Inkrafttreten des AGG keine diskriminierenden Regelungen mehr enthalten dürften.[368] Diese Ansicht erscheint jedoch nach hier vertretener Auffassung als zu weitgehend.

Vielmehr ist davon auszugehen, dass das AGG lediglich auf solche Sachverhalte der bAV Anwendung finden soll, in welchen zum Stichtagsdatum des 18. August 2006 noch ein laufendes Beschäftigungsverhältnis bestand. Wie *Bauer/Arnold* zutreffend festgestellt haben, lässt sich (nur) auf diese Weise der Besonderheit der betrieblichen Alterversorgung mit ihrer langfristigen Risikokalkulation und zudem auch dem Umstand Rechnung tragen, dass die Leistung des Arbeitgebers während der aktiven Tätigkeit des Arbeitnehmers im Gewähren von Anwartschaften zu erkennen ist.[369] Abzustellen ist somit allein auf die Rechtslage während des Erwerbs der Versorgungsanwartschaft durch den betriebsrentenberechtigten Mitarbeiter i.R.d. aktiven Arbeitsverhältnisses. In ihrem Artikel zu den Auswirkungen der *Bartsch*-Entscheidung des EuGH[370] und den Folgen des Verbots der Altersdiskriminierung auf die bAV führen die Autoren anhand dreier Szenarien zur Problematik der Anwendbarkeit des AGG auf eine nunmehr möglicherweise unzulässige Altersabstandsklausel aus[371]:

Im 1. Szenario bestand eine (nunmehr unwirksame) Altersabstandsklausel, der Arbeinehmer und Versprechensempfänger verstirbt jedoch noch vor Inkrafttreten des AGG. Dieser Sachverhalt entsprach dem Sachverhalt in der Rechtssache *Bartsch*. Da hier das Arbeitsverhältnis, aus welchem Betriebsrentenansprüche hätten entstehen können, bereits vor dem Inkrafttreten des AGG beendet war, wirken sich die Benachteiligungsverbote des AGG nicht mehr auf dieses Arbeitsverhältnis aus.[372] Der/die Hinterbliebene erhält folglich trotz heutiger Unzulässigkeit einer derartigen Ausschlussklausel[373] keine Hinterbliebenenrente aus diesem Betriebsrentenverhältnis.

Im 2. Szenario wiederum ist der Arbeitnehmer zwar auch bereits vor Inkrafttreten des AGG gestorben, allerdings beinhaltete die (nunmehr unzulässige)

---

368 So: *Heymer*, AuA 2009, 56 f.

369 *Bauer/Arnold*, NJW 2008, 3377, 3380.

370 EuGH, Urt. v. 23. September 2008 – Rs. C-427/06 *[Bartsch]*, Slg 2008, I-7245 ff. = AP Nr. 11 zu Richtlinie 2000/78/EG.

371 *Bauer/Arnold*, NJW 2008, 3377, 3381 f.

372 Vgl. hierzu auch oben: B.III.5.b)bb).

373 Vgl. zur Frage der Zulässigkeit einer Altersabstandsklausel nach dem AGG oben: B.IV.1.a)jj)(2).

Altersabstandsklausel keinen vollständigen Ausschluss des/der Hinterbliebenen, sondern lediglich eine reduzierte Versorgung. Diese reduzierte Versorgung bezieht der Hinterbliebene auch bereits seit dem Tod des Arbeitnehmers. Da hinsichtlich der Anwendung der Benachteiligungsverbote des AGG auf das Bestehen des Arbeitsverhältnisses bzw. auf den weitergeführten Erwerb von Anwartschaften abzustellen ist[374], scheidet auch hier die Anwendbarkeit des AGG auf das Betriebsrentenverhältnis aus. Da der Arbeitnehmer bereits vor Inkrafttreten des AGG ausgeschieden ist, konnte er nicht mehr ab Inkrafttreten des AGG Anwartschaften für eine (nicht lediglich gekürzte) Hinterbliebenenrente erwerben. Folglich erhält hier der Hinterbliebene weiterhin lediglich die reduzierte Versorgung nach Maßgabe der nunmehr eigentlich unzulässigen Altersabstandsklausel.

Im 3. Szenario ist der Hinterbliebene wie im 1. Szenario gem. der (nunmehr als unzulässig zu wertenden) Altersabstandsklausel gänzlich von der Hinterbliebenenversorgung ausgeschlossen. Hier jedoch verstirbt der Arbeitnehmer erst im Jahr 2007, also nach Inkrafttreten des AGG. Folglich finden das AGG und mit ihm seine Benachteiligungsverbote auf Arbeits- und das Betriebsrentenverhältnis des Arbeitgebers Anwendung. Dies hat zur Folge, dass nunmehr die Altersabstandklausel als unzulässig gilt und der Hinterbliebene entgegen der in der Altersabstandsklausel angeordneten Rechtsfolge doch einen Anspruch auf Hinterbliebenenrente besitzt. Allerdings beginnt hierbei am 18. August 2006 die Hinterbliebenenversorgung mit „Null“. Lediglich für die Zeit zwischen dem Inkrafttreten des AGG und dem Todesfall des Arbeitnehmers im Jahr 2007 kann der Arbeitnehmer Anwartschaften für die Hinterbliebenenversorgung erdienen und auch nur hinsichtlich dieser Anwartschaften hat der Hinterbliebene später einen Anspruch auf Hinterbliebenenrente.

Unabhängig von der Frage, ob ein Beschäftigungsverhältnis oder auch zumindest ein Versorgungsverhältniszu fordern ist, hat das BAG jedoch klargestellt, dass stets auf das für die Beurteilung der zeitlichen Anwendbarkeit des AGG maßgebliche Dauerschuldverhältnis nur hinsichtlich der Person, hinsichtlich welcher auch der persönliche Anwendungsbereich des Gesetzes eröffnet ist, abzustellen ist. Im oben erwähnten Fall einer streitigen Hinterbliebenenversorgung[375] aus dem Jahr 2009 hielt das BAG den Anwendungsbereich bereits für nicht eröffnet, da der persönliche Anwendungsbereich des AGG gem. § 6 Abs. 1 AGG lediglich für Beschäftigte, nicht hingegen für deren Hinterbliebene eröffnet sei.

Für die vorliegend vertretene Auffassung spricht auch ein aktuelles Urteil des BAG[376] zur Frage der (Un-)Zulässigkeit einer Altersgrenze, nach welcher das Arbeitsverhältnis mit Erreichen der Regelaltersgrenze endet. Das BAG hat jüngst

---

374 Vgl. hierzu auch oben: B.III.5.b)bb)(2).

375 BAG, Urt. v. 14. Januar 2009 – 3 AZR 20/07, NZA 2009, 489 ff. = BetrAV 2009, 259 [Rn 58].

376 BAG, Urteil vom 05. März 2013 – 1 AZR 417/12, NZA 2013, 916 ff. = BetrAV 2013, 249 ff. [Rn 35]; vgl. zur Frage des Vertrauensschutzes in solchen Fällen auch ausführlich: MüKo-*Thüsing*, 6. Auflage 2012, § 33 AGG Rn 5.

festgestellt, dass die Regelungen des AGG auch auf Altersgrenzen Anwendung findet, die vor Inkrafttreten des AGG einzelvertraglich oder in Kollektivnormen vereinbart wurden, wenn die Altersgrenze im Einzelfall erst mit oder nach Inkrafttreten des AGG erreicht wird. Wenn hingegen die Altersgrenze diese bereits vor dem 18. August 2006 erreicht wurde, so soll nach § 33 Abs. 1 AGG altes Recht gelten. Hinsichtlich einer nunmehr unwirksamen Altersgrenze bedeutet dies im Einzelfall, dass hierdurch Benachteiligten lediglich dann Ansprüche aus AGG zustehen können, sofern sie die benachteiligende Altersgrenze erst mit bzw. nach Inkrafttreten des AGG erreicht wird. Ist dies der Fall, so soll die benachteiligende Regelung nach § 7 Abs. 2 AGG unwirksam werden und dem betroffenen Beschäftigten ein Anspruch auf den Erhalt der bislang vorenthaltenen Leistung zustehen. Sofern die Altersgrenze hingegen bereits vor dem 18. August 2006 erreicht worden ist, so soll nach dieser Rechtsprechung des BAG gem. § 33 Abs. 1 AGG altes Recht gelten, nach welchem die Altersgrenze noch zulässig war.

Auch wenn diese Einteilung zu Härtefällen führen mag, in welchen einige Beschäftigte die Altersgrenze kurz vor Inkrafttreten des AGG, andere Beschäftigte wiederum erst kurz danach erreichen und die beiden Gruppen somit lediglich aus diesem Grund hinsichtlich der Betriebsrente unterschiedlich behandelt werden sollen, erscheint diese Einteilung hinsichtlich der zeitlichen Anwendbarkeit durchaus zielführend. Die tatsächliche Benachteiligung, auf welche – wie dargestellt – hinsichtlich der Frage der Anwendbarkeit bzw. der Auswirkungen des AGG auf Sachverhalte der bAV stets abzustellen ist, ist hier im Erreichen der benachteiligenden Altersgrenze zu erkennen. Da eine solche Höchstaltersgrenze – nunmehr nach Maßgabe des AGG als unzulässig zu erachten – grundsätzlich zur Folge hätte, dass Beschäftigte ab einem bestimmten Lebensalter keine Ansprüche auf Leistungen der bAV erdienen können, werden die betroffenen Beschäftigten gerade in dem Zeitpunkt des Erreichens der Höchstaltersgrenze benachteiligt. Sofern diese Benachteiligung zeitlich noch vor Inkrafttreten des AGG anzusiedeln ist, da bereits vor Inkrafttreten die Altersgrenze erreicht wird, so findet das AGG bereits keine Anwendung auf diesen Sachverhalt.

c) Unmittelbares Abstellen auf zugrundeliegende Richtlinien vor Inkrafttreten des AGG

Die Übergangsbestimmung in § 33 Abs. 1 AGG ist – insbesondere vor dem Hintergrund der unterschiedlichen den Benachteiligungsverboten des AGG zugrundeliegenden Richtlinien – differenziert zu betrachten. Möglicherweise könnten Regelungen der dem AGG zugrunde liegenden Richtlinien bereits zuvor unmittelbar anwendbar geworden sein oder sich zumindest in Form der Verpflichtung zur unionsrechtskonformen Auslegung bereits im nationalen Recht ausgewirkt haben.

Sofern der nationale Gesetzgeber die Umsetzungsfrist einer Richtlinie verstreichen lässt, ohne, dass er die Regelungen der Richtlinie in nationales Recht umsetzt, so sind nationale Regelungen, welche möglicherweise anhand eines dieser Merkmale benachteiligen, an der Richtlinie zu messen. Zunächst ist das nationale Recht hierbei unter voller Ausschöpfung des richterlichen Spielraums in

Übereinstimmung mit den Anforderungen des Gemeinschaftsrechts, also richtlinienkonform, auszulegen und anzuwenden.[377]

Anderes gilt jedoch dann, wenn die Umsetzungsfrist abgelaufen ist, das nationale Recht jedoch einer Auslegung im Sinne der Vorgaben der Richtlinien nicht zugänglich ist. Sofern das das mitgliedstaatliche Recht von den Vorgaben der Richtlinie dergestalt ab, dass dies nicht durch gemeinschaftsrechtskonforme Auslegung zu korrigierenden Weise ab, so tritt das nationale Recht aufgrund des Anwendungsvorrangs des Unionsrechts zurück.[378] Eine derartige Verpflichtung der Mitgliedstaaten, Regelung einer Richtlinie unmittelbar anzuwenden, besteht jedoch nur dann, wenn die Umsetzungsfrist bspw. erfolglos abgelaufen ist, die Regelung folglich noch nicht in nationales Recht umgesetzt worden sind, die jeweilige umzusetzende Regelung der Richtlinie jedoch zugleich sowohl inhaltlich unbedingt als auch hinreichend bestimmt formuliert ist, so dass hieraus ohne Umsetzungsspielraum Rechte abgeleitet werden können.[379] Sind diese Voraussetzungen gegeben, so können Regelungen einer Richtlinie auch unmittelbar angewandt werden.

Vorliegend ist der nationale deutsche Gesetzgeber seiner Umsetzungsfrist hinsichtlich der verschiedenen Richtlinien mit Erlass des AGG erst sehr spät nachgekommen. Folglich stellt sich hier die Frage, inwiefern die Umsetzungsfrist der Richtlinien evtl. bereits abgelaufen war und das deutsche Recht anhand der Richtlinien auszulegen war bzw. evtl. sogar einzelne, inhaltlich hinreichend unbedingte und bestimmte Regelungen sogar mit Ablauf der Umsetzungsfrist unmittelbar anwendbar geworden sind, was zur Unanwendbarkeit entgegenstehender nationaler Vorschriften geführt haben könnte.

aa) Unmittelbares Abstellen hinsichtlich der Merkmale des Alters und der Behinderung

Hinsichtlich der Merkmale des Alters und der Behinderung ergab sich aus der Richtlinie 2000/78/EG nicht die Verpflichtung, das nationale Recht für die Zeit zwischen Verabschiedung der Richtlinie 2000/78/EG und dem Inkrafttreten des AGG anhand der in der Richtlinie geregelten Benachteiligungsverbote auszulegen oder gar die Richtlinie unmittelbar anzuwenden.[380]

Zum Zeitpunkt des Inkrafttretens des AGG war die Umsetzungsfrist der Richtlinie 2000/78/EG hinsichtlich der Merkmale des Alters und der Behinderung noch nicht abgelaufen. Vielmehr war die Frist bis zum 02. Dezember 2006 verlängert

377 EuGH, Urt. v. 13. Juli 1990 – Rs. C-106/89 [*Marleasing/La Commercial Internacional de Alimentacion SA*], Slg. 1990, I-4135, 4158.

378 St. Rspr. des EuGH seit: EuGH, Urt. v. 15. Juli 1964 – Rs. C-6/64 [*Costa/E. N. E. L.*], Slg. 1964, 1251, 1270 f.

379 EuGH, Urt. v. 19. Januar 1982 – Rs. C-8/81 [*Becker/Finanzamt Münster Innenstadt*], Slg. 1982, 53 ff.

380 So auch: *Adomeit/Mohr*, § 33 AGG Rn 13; wohl a.A.: *Gas*, EuZW 2005, 737; *Mörsdorf*, EuR 2009, 219, 240.

worden, da die Bundesrepublik Deutschland von der in Art. 18 Abs. 2 Richtlinie 2000/78/EG eingeräumten Möglichkeit Gebrauch gemacht hatte, die Umsetzungsfrist hinsichtlich dieser Diskriminierungsmerkmale zu verlängern. Auf dieses Datum haben richtiger Weise auch BAG und EuGH hinsichtlich der Frage einer direkten Anwendbarkeit der Richtlinien abgestellt.[381]

Auch hinsichtlich möglicherweise bereits vor Inkrafttreten des AGG bestehender primärrechtlicher Benachteiligungsverbote wegen des Alters ergibt sich aus der *Mangold*-Rechtsprechung des EuGH[382] nichts anderes. Obwohl der EuGH hier angenommen hat, dass das Verbot der Altersdiskriminierung eine europäische Verfassungstradition darstelle und somit primärrechtlich verankert sei, so führt dies nicht zu einer Anwendbarkeit dieses Altersdiskriminierungsverbotes vor Ablauf der Umsetzungsfrist der Richtlinie 2000/78/EG und somit zu einer unmittelbaren Anwendung des Verbots zu Vor-AGG-Zeiten.[383]

Bereits die Argumentation des EuGH hinsichtlich des möglichen Bestehens einer derartigen Verfassungstradition ist fragwürdig[384]: Zwar waren den Mitgliedstaaten durchaus durch internationale Rechtsquellen entsprechende Schutzpflichten auch hinsichtlich des Alters augegeben, so dass diese Schutzpflichten mittels der Auslegung auslegungsbedürftiger Rechtsbegriffe auch bereits die Wertungen in die Mitgliedsstaaten transportieren konnen. Allerdings bestand lediglich in Finnland bereits vor Inkrafttreten der Antidiskriminierungsrichtlinien ein umfassendes verfassungsrechtliches Altersdiskriminierungsverbot, in der portugiesischen Verfassung zumindest ein Verbot der Altersdiskriminierung in Bezug auf Arbeitsbedingungen sowie in Frankreich und Griechenlangewisse Ansätze eines Schutzes vor Altersdiskriminierung.[385] Anhand dieser beiden Verfassungen sowie der weiteren Ansätze von einer gesamteuropäischen Verfassungstradition auszugehen, erscheint nicht sonderlich überzeugend.[386]

Bezeichnend stellt sich in diesem Zusammenhang auch die nachfolgende EuGH-Rechtsprechung vom 16. Oktober 2007 in der Sache *Palacios de la Villa*[387]

---

381 BAG, Urt. v. 19. Juli 2011 – 3 AZR 434/09, AP Nr. 65 zu § 2 BetrAVG = NZA 2012, 155 ff.; EuGH, Urt. v. 19. Januar 2010 – Rs. C-555/07 - [*Kücükdeveci*], Slg. 2010, I-365 = AP Nr. 14 zu Richtlinie 2000/78/EG [Rn 9, 24 ff.].

382 EuGH, Urt. v. 22. November 2005 – Rs. C-144/04 [*Mangold*], Slg. 2005, I-9981 ff. = AP Nr. 1 zu Richtlinie 2000/78/EG.

383 a.A., eine unmitelbare Anwendbarkeit des primärrechtlichen Verbots der Altersdiskriminierung bejahend: *Rieble/Zedler*, ZfA 2006, 273, 280; vgl. auch zu dieser Diskussion: *Preis*, NZA 2006, 401, 404 ff.

384 Vgl. zu dieser Frage u.a.: *Richter/Bouchouaf*, NVwZ 2006, 538, 539 f.

385 *Polloczek*, S. 106 m.w.N; vgl. auch: *Temming*, NZA 2007, 1193, 1197.

386 Siehe zur Frage der gemeinsamen eutopäischen Verfassungstradition des Verbots der Altersdiskriminierung: *Streitz*, RdA 2007, 165, 168; *Preis*, NZA 2006, 401, 406 m.w.N.

387 EuGH, Urt. v. 16. Oktober 2007 – Rs. C-411/05 [*Palacios de la Villa*], Slg. 2007, I-08531 = NZA 2007, 1219 ff.

dar. In dieser Entscheidung hinsichtlich eines altersdiskriminierenden Sachverhaltes blieb das angebliche primärrechtliche Diskriminierungsverbot gänzlich unerwähnt. Vielmehr wurde dort lediglich die Richtlinie 2000/78/EG herangezogen. Auch die äußerst strenge Verhältnismäßigkeitsprüfung der Entscheidung *Mangold* wurde nicht wieder aufgegriffen, sondern vielmehr der Gestaltungsspielraum des nationalen Gesetzgebers und der Sozialpartner betont.[388]

Folgt man dennoch dem EuGH in der Annahme eines solchen primärrechtlichen Altersdiskriminierungsverbotes, so stellt die Richtlinie 2000/78/EG eine Konkretisierung dieses primärrechtlichen und nunmehr in der GRC verankerten Altersdiskriminierungsverbotes dar. Dieses Systemverständnis teilen richtigerweise auch das BAG[389] und der EuGH[390]. Folglich ist nicht davon auszugehen, dass bereits vor Ablauf der Umsetzungsfrist der Richtlinie 2000/78/EG am 2. Dezember 2006 ein für den deutschen Rechtsraum Gültigkeit besitzendes Verbot der Altersdiskriminierung bestand.

Das BAG hatte auch in einem Vorlagebeschluss vom 27. Juni 2006[391] die Frage hinsichtlich der Auswirkungen eines möglichen vorherigen Bestehens eines Diskriminierungsverbotes wegen des Alters aufgeworfen. In dem auf diese Vorlage folgenden Urteil des EuGH vom 23. September 2008 in der Rechtssache *Bartsch*[392] hat der Gerichtshof ausdrücklich klargestellt, dass sich jedenfalls für Sachverhalte *ohne nötigen gemeinschaftsrechtlichen Bezug* kein Verbot der Diskriminierung aufgrund des Alters bereits aus dem Gemeinschaftsrecht ergebe. Ein solcher gemeinschaftsrechtlicher Bezug ergebe sich weder aus Art. 19 AEUV[393] noch aus der Richtlinie 2000/78/EG an sich vor Ablauf deren Umsetzungsfrist, sondern müsse positiv festgestellt werden. In rein nationalen Sachverhalten gilt das gemeinschaftsrechtliche Verbot der Altersdiskriminierung demnach grundsätzlich nicht. Das in der Rechtssache *Mangold* entwickelte primärrechtliche Altersdiskriminierungsverbot soll nur auf Maßnahmen zur Umsetzung von Gemeinschaftsrecht Anwendung finden.

Generalanwältin *Sharpston* hat in ihren Schlussanträgen in der Rechtssache *Bartsch* drei „Kategorien" definiert, unter denen eine nationale Rechtsvorschrift in den Geltungsbereich des Gemeinschaftsrechts fällt. Entweder setzt die zu überprüfende nationale Rechtsvorschrift EG-Recht um, beruft sich auf eine nach EG-Recht

---

388 Diese Widersprüchlichkeit zutreffend herausstellend: *Preis*, NZA 2010, 1323, 1324.

389 BAG, Beschluss vom 20. Mai 2010 - 6 AZR 148/09 (A), AP Nr. 9 zu § 27 BAT = NZA 2012, 161 ff.; ebenso: *Höfer*, Band I: Arbeitsrecht, Rn 805.4.

390 EuGH, Urt. v. 8. September 2011 – Rs. C-297/10 [*Hennig*], AP Nr. 22 zu Richtlinie 2000/78/EG.

391 BAG, Vorlagebeschluss v. 27. Juni 2006 - 3 AZR 352/05 (A), AP Nr. 6 zu § 1b BetrAVG.

392 EuGH, Urt. v. 23. September 2008 – Rs. C-427/06 *[Bartsch]*, Slg 2008, I-7245 ff. = AP Nr. 11 zu Richtlinie 2000/78/EG; siehe auch Anmerkungen zu dieser Entscheidung: *Nettesheim*, JZ 2008, 1159 ff.; *Klemm*, BB 2008, 2355 f.

393 Dem damaligen Art. 13 EGV.

zugelassene Ausnahme oder aber eine spezifische materielle Vorschrift des EG-Rechts ist auf den Sachverhalt anwendbar. Hierbei soll ausreichen, dass eine der drei Voraussetzungen vorliegt.[394]

Dies hat auch das BAG in seinem Vorlagebeschluss vom 20. Mai 2010[395] sowie der EuGH in der in diesem Vorlageverfahren getroffenen Entscheidung[396] ebenso wie in der Rechtssache *Kücükdeveci*[397] bestätigt. In diesen Entscheidungen wurde klargestellt, dass das primärrechtliche und nunmehr in Art. 21 der mittlerweile verbindlich gewordenen Charta der Grundrechte der EU (GRC)[398], die nunmehr dem Primärrecht der Europäischen Union zuzuordnen ist[399], verankerten Verbot der Diskriminierung wegen des Alters durch die Richtlinie 2000/78 konkretisiert worden ist. Die GRC und die in ihr verbrieften Rechte haben sich beim Erlass der dem AGG zugrunde liegenden Richtlinien ausgewirkt. Es ist davon auszugehen, dass die Richtlinien nicht nur im Einklang mit der GRC, sondern vielmehr auch vor dem Hintergrund der GRC und als Ausfluss bzw. Konkretisierung der in der GRC festgelegten Grundsätze erlassen worden sind.[400]

Da die Richtlinie 2000/78/EG also eine Konkretisierung des primärrechtlichen und nunmehr auch in der GRC verankerten Altersdiskriminierungsverbotes darstellt, müssten die jeweils zu überprüfenden Maßnahmen, die dem Anwendungsbereich der Richtlinie unterfallen, auch an dieser geprüft werden. Da das AGG wiederum die nationale Umsetzung der Richtlinie darstellt, sind Regelungen, auch die der bAV, hinsichtlich derer diese Arbeit Auskunft geben soll, primär am AGG und lediglich dann unmittelbar an der Richtlinie zu messen, sofern die Richtlinie im AGG nicht ordnungsgemäß oder erst nach Ablauf der Umsetzungsfrist umgesetzt worden ist.[401] Im Fall der Richtlinie 2000/78/EG war die Umsetzungsfrist

---

394 EuGH, Schlussanträge der Generalanwältin *Eleanor Sharpston* vom 22.05.2008 – Rs. C-427/06 [*Bartsch*] [Rn 69]; vgl. auch: *Bauer/Arnold*, NJW 2008, 3377, 3379; *Bayreuther*, EuZW 2008, 698, 699.

395 BAG, Beschluss vom 20. Mai 2010 - 6 AZR 148/09 (A), AP Nr. 9 zu § 27 BAT = NZA 2012, 161 ff.; siehe hierzu auch: *Höfer*, Band I: Arbeitsrecht, Rn 805.4.

396 EuGH, Urt. v. 08. September 2011 – Rs. C-297/10 [*Hennigs*] Rn 46 ff., AP Nr. 22 zu Richtlinie 2000/78/EG.

397 EuGH, Urt. v. 19. Januar 2010 – Rs. C-555/07 [*Kücükdeveci*], Slg 2010, I-365 = AP Nr. 14 zu Richtlinie 2000/78/EG [Rn 21].

398 2000/C 364/01.

399 Der EuGH hat in diesen Entscheidungen zudem festgestellt, dass der Grundrechte-Charta seit dem 1. Dezember 2009 der gleiche rechtliche Wert zukommt wie den primärrechtlichen Verträgen.

400 *Höfer*, Band I: Arbeitsrecht, ART Rn 805.4; so auch: BAG, Beschluss vom 20. Mai 2010 - 6 AZR 148/09 (A), AP Nr. 9 zu § 27 BAT = NZA 2012, 161 ff.; EuGH, Urt. v. 8. September 2011 – Rs. C-297/10 [*Hennig*], AP Nr. 22 zu Richtlinie 2000/78/EG.

401 So zutreffend: LAG Köln, Urt. v. 06. Mai 2009 – 9 Sa 1/09, sowie darauf folgend: BAG, Urt. v. 19. Juli 2011 – 3 AZR 434/09, AP Nr. 65 zu § 2 BetrAVG = NZA 2012, 155 ff.; vgl. auch: *Adomeit/Mohr*, § 10 AGG Rn 139; vertiefend zur Frage der Anwendbarkeit des AGG auf die bAV s.u.: B.I.

zum Zeitpunkt des Inkrafttretens des AGG noch nicht abgelaufen, zudem ergab sich vor Ablauf der Umsetzungsfrist zudem auch keine Bindung an die Richtlinien als Konkretisierung des primärrechtlichen Altersdiskriminierungsverbots aus Art. 19 AEUV.[402]

Für die Jahre zwischen 2000 und 2006 war folglich hinsichtlich möglicher Altersdiskriminierungen oder Diskriminierungen wegen einer Behinderung nicht unmittelbar an die Richtlinie 2000/78/EG anzuknüpfen und die Richtlinie auch nicht unmittelbar anzuwenden.[403] Anderes ergibt sich nicht aus einem möglichen primärrechtlichen Altersdiskriminierungsverbot. Selbst wenn ein solches als gegeben angesehen werden sollte, so wäre jedoch auch nach einem als allgemeiner Grundsatz des Gemeinschaftsrechts anzusehenden Verbot der Diskriminierung wegen des Alters keine unzulässige Benachteiligung gegeben, sofern die Ungleichbehandlung objektiv, angemessen und durch ein legitimes Ziel gerechtfertigt ist und die Mittel zur Erreichung dieses Ziels angemessen und erforderlich sind.[404] Folglich bestünde auch hinsichtlich eines derartigen Verbotes die Möglichkeit der Rechtfertigung, wie sie nunmehr nach § 10 AGG auch hinsichtlich des Benachteiligungsverbotes des Alters gegeben ist.

bb) Unmittelbares Abstellen hinsichtlich der weiteren „verpönten" Merkmale

Etwas anderes könnte sich jedoch hinsichtlich der weiteren „verpönten" Merkmale ergeben. Die von der Bundesrepublik Deutschland nach Art. 18 Abs. 2 Richtlinie 2000/78/EG in Anspruch genommene Zusatzfrist bezog sich dem Wortlaut zufolge lediglich auf die Umsetzung der Vorgaben der Richtlinien hinsichtlich der Benachteiligungsverbote wegen des Alters und der Behinderung. Sie bezog sich nicht auf die Umsetzung der Richtlinie hinsichtlich der übrigen „verpönten" Merkmale. Hinsichtlich dieser übrigen „verpönten" Merkmale ist vielmehr davon auszugehen, dass Umsetzungsfrist in nationales Recht am 02. Dezember 2003 abgelaufen ist.

Folglich war hinsichtlich der Benachteiligungsverbote der Richtlinie 2000/78/EG mit Ausnahme der Benachteiligung wegen des Alters oder der Behinderung für die Zeit zwischen Ablauf der Umsetzungsfrist am 02. Dezember 2003 und dem Inkrafttreten des AGG am 18. August 2006 eine solche Pflicht zur richtlinienkonformen Auslegung gegeben. Hinsichtlich der Richtlinie 2000/43/EG, der

---

402 ex-Art. 13 EGV; So: EuGH, Urt. v. 23. September 2008 – Rs. C - 427/06 [*Bartsch*], Slg 2008, I-7245 ff. = AP Nr. 11 zu Richtlinie 2000/78/EG; ebenso auch BAG, Urt. v. 14. Oktober 2008 – 9 AZR 511/07, AP Nr. 41 zu § 1 TVG Altersteilzeit.

403 So überzeugend: LAG Köln, Urt. v. 06. Mai 2009 – 9 Sa 1/09 sowie EuGH, Urt. v. 23. September 2008 – Rs. C - 427/06 [*Bartsch*], Slg 2008, I-7245 ff. = AP Nr. 11 zu Richtlinie 2000/78/EG; ebenso auch BAG, Urt. v. 14. Oktober 2008 – 9 AZR 511/07, AP Nr. 41 zu § 1 TVG Altersteilzeit.

404 BAG, Urt. v. 21. November 2006 - 3 AZR 309/05, AP Nr. 7 zu § 1b BetrAVG unter Verweis auf: EuGH, Urt. v. 22. November 2005 – C-144/04 [Mangold], AP Nr. 1 zu Richtlinie 2000/78/EG.

Antirassismusrichtlinie, gilt diese Feststellung sogar bereits für die Zeit zwischen dem 19. Juli 2003, dem Zeitpunkt des Ablaufs ihrer Umsetzungsfrist, und dem Inkrafttreten des AGG.

Der EuGH hat in der *Römer*-Entscheidung[405] in Bezug auf die *Maruko*-Entscheidung[406] bspw. hinsichtlich des Verbots der Benachteiligung wegen der sexuellen Identität klargestellt, dass die in diesem Urteil festgelegten Prinzipien, folglich, dass eine Schlechterstellung von eingetragenen Lebenspartnern gegenüber Ehepartnern nicht zulässig sei, bereits seit dem Ablauf der Umsetzungsfrist am 03. Dezember 2003 (Art. 18 Abs. 1 Richtlinie 2000/78/EG) gelten und die Gerichte seither an die Richtlinie gebunden gewesen seien.[407] Der EuGH hat hier festgestellt, dass die Anwendbarkeit des Verbots der Benachteiligung aufgrund der sexuellen Identität gerade nicht zeitlich begrenzt war, deutsche Gerichte somit seit dem Ablauf der Umsetzungsfrist und somit vielmehr bereits vor Umsetzung der Antidiskriminierungsrichtlinie durch Inkrafttreten des AGG die Pflicht getroffen habe, das deutsche nationale Recht und somit auch das BetrAVG richtlinienkonform, also anhand der Richtlinie 2000/78/EG, auszulegen.

Zumindest in den Fällen, in denen das deutsche Recht der Auslegung hinsichtlich dieser Benachteiligungsverbote zugänglich ist, wird das deutsche Recht bereits seit dem Ablauf der jeweiligen Umsetzungsfristen dahingehend auszulegen sein, dass Benachteiligungen wegen der nach den Richtlinien „verpönten“ Merkmale verboten waren. In den Fällen hingegen, in denen das nationale Recht nicht dahingehend auszulegen war, könnten Regelungen der Richtlinien mit Ablauf der Umsetzungsfrist sogar unmittelbar anwendbar geworden sein. Dies gilt jedoch nur für solche Regelungen der Richtlinie, welche zugleich sowohl inhaltlich unbedingt als auch hinreichend bestimmt formuliert sind.[408]

Hinsichtlich der unmittelbaren Anwendbarkeit von Richtlinien ist allerdings stets zu beachten, dass derartigen Bestimmungen einer Richtlinie unmittelbare Wirkung lediglich im Verhältnis zwischen Privaten und dem jeweiligen Mitgliedstaat, also vertikal, nicht hingegen horizontal, also im Verhältnis zwischen mehreren Privaten, zukommen.[409] Folglich könnte eine solche unmittelbare

---

405 EuGH, Urt. v. 10. Mai 2011 – C-147/08 [*Römer*], AP Nr. 20 zu Richtlinie 2000/78/EG = BetrAV 2011, 399 [Rn 59 ff.].

406 EuGH, Urt. v. 01. April 2008 – Rs. C-267/06 [*Maruko*], Slg. 2008 I, 01757 = NJW 2008, 1649.

407 So ebenfalls: *Bruns*, EuZW 2008, 257; *Adomeit/Mohr*, ZfA 2008, 449, 463.

408 EuGH, Urt. v. 19. Januar 1982 – Rs. C-8/81 [*Becker/Finanzamt Münster Innenstadt*], Slg. 1982, 53 ff.;

409 EuGH, Urt. v. 20. September 1988 – Rs. C-31/87 [*Beentjes*], Slg. 1988, 4635, 4662 f. [R. 40 –44]; Urt. v. 22. Juni 1989 – Rs. C-103/88 [*Fratelli Costanzo/Stadt Mailand*], Slg. 1989, 1839, 1870 f. [Rn 29 –33]; Urt. v. 5. Oktober 2000 – Rs. C-16/98 [*Kommission/Frankreich*], Slg. 2000 I 8315, 8353 f. [Rn 24]; Urt. v. 4. März 1999 – Rs. C-258/97 [*Hospital Ingenieure*], Slg. 1999 I 1405, 1436 [Rn 34]; vgl. auch: Grabitz/Hilf –*Marly*, Art. 22 Umsetzung Rn 8 mwN.

Anwendbarkeit einzelner Regelungen der Richtlinien auch lediglich innerhalb von Arbeitsverhältnissen zwischen öffentlichen Arbeitgebern und Arbeitnehmern unmittelbare Rechte und Pflichten zugunsten des Arbeitnehmers ergeben.[410] Folglich wird einem bereits vor Inkrafttreten des AGG und nach Ablauf der jeweiligen Umsetzungsfrist benachteiligten Arbeitnehmer auch unmittelbar aus der entsprechenden Richlinie kein Anspruch gegen einen privaten Arbeitgeber zustehen. Ansprüche aufgrund der unionsrechtlichskonformen Auslegung nationalen deutschen Rechts hingegen können sich selbstverständlich auch auf horizontaler Ebene ergeben.

IV. Die neuen Diskriminierungsmerkmale im Kontext des BetrAVG

Die „verpönten" Diskriminierungsmerkmale des AGG finden sich abschließend in § 1 AGG. Während ein Teil dieser Benachteiligungsverbote des AGG lediglich die bereits zuvor bestehende Rechtslage, wie sie sich aus Gesetzgebung, vor allem jedoch auch aus der Rechtsprechung herausgebildet hatte, kodifiziert bzw. neu regelt, so bspw. in der bereits sehr eingehend von den Gerichten behandelten Gleichstellung zwischen Männern und Frauen[411], so haben auch Benachteiligungsverbote Einzug in das AGG gehalten, welche in Vor-AGG-Zeiten entweder nicht als Diskriminierung angesehen wurden, oder zumindest jedoch nicht so strikt gehandhabt wurden.

Im folgenden Abschnitt dieser Arbeit sollen nunmehr verschiedene, bislang übliche Regelungen auf ihre Vereinbarkeit mit den Vorgaben des AGG überprüft werden. Von besonderer Relevanz im Betriebsrentenrecht sind die Unterscheidungskriterien des Geschlechtes, des Alters sowie der sexuellen Identität.[412] Da eine unterschiedliche Behandlung aufgrund des Geschlechtes bereits vor Inkrafttreten des AGG am 18. August 2006 unzulässig war, soll das Hauptaugenmerk hier auf die neuen „verpönten" Merkmale gelegt werden. Dabei sollen bislang als üblich und wohl auch rechtmäßig angesehene Regelungen dahingehend untersucht werden, inwiefern diese Regelungen nunmehr nach den Maßstäben des AGG möglicherweise unmittelbare oder mittelbare Benachteiligungen darstellen. Wird hierbei eine Benachteiligung i.S.d. AGG festgestellt, so ist (bspw. für bestehende Versorgungswerke) von praktischer Bedeutung, diese Regelungen dahingehend zu überprüen, ob eine derartige Ungleichbehandlung im Einzelfall womöglich gerechtfertigt ist.[413]

---

410 BAG, Urt. v. 09. April 2008 – 4 AZR 104/07 [Rn 47], AP Nr. 43 zu § 1 TVG = NZA-RR 2009, 79 ff., unter Verweis auf: Urt. v. 16. Juni 2005 – 6 AZR 108/01, BAGE 115, 113 = AP Nr. 3 zu § 23a BAT-O; vgl. auch m.w.N.: *Thüsing* Rn 37, 40.

411 Siehe hierzu am Beispiel der mittelbaren Benachteiligung im Bereich des Entgelts: Rust/Falke-*Feldhoff*, § 7 Rn 85 ff.

412 So auch: *Thum*, BB 2008, 2291.

413 So auch: *Steinkühler*, Rn 342.

Um zu überprüfen, welche Auswirkungen die Benachteiligungsmerkmale des AGG auf die bAV besitzen, muss anhand jedes einzelnen Merkmales untersucht werden, inwiefern dieses Merkmal bereits in den Regelungen des BetrAVG, ggf. konkretisiert durch die hierzu ergangenen Rechtsprechung, berücksichtigt worden ist, da nach BAG-Rechtsprechung das AGG in solchen Fällen keine Anwendung findet.[414] In derartigen Fällen stellt sich dann vielmehr die Frage nach der Zulässigkeit der gesetzlichen Regelungen des BetrAVG gemessen an den Maßgaben der Antidiskriminierungsrichtlinien.

Findet das AGG hingegen direkt Anwendung, so muss untersucht werden, wie sich die „neuen" Diskriminierungsmerkmale auf die bAV auswirken. Grundsätzlich können alle Merkmale des AGG eine Rolle in der bAV spielen.[415] Inwiefern jedoch stehen sie im Widerspruch zu bestehenden Versorgungsregelungen, inwiefern besteht ggf. Handlungsbedarf, um i.S.d. AGG unzulässige Regelungen abzuändern und somit den Gesetzeszweck, die Verhinderung von Diskriminierungen, zu fördern?

Wird bei der Begutachtung i.R.d. bAV üblicher Regelungen eine (unmittelbare oder mittelbare) Benachteiligung festgestellt, so ist im Weiteren zu fragen, ob die Benachteiligung nicht möglicherweise gerechtfertigt ist. Hinsichtlich dieser Frage stellen sich im Bereich der bAV insbesondere die Rechtfertigungsmöglichkeiten des § 10 AGG für Altersdiskriminierungen wie auch § 3 Abs. 2 für mittelbare Benachteiligungen als wichtig dar. Hier muss jeweils eine Verhältnismäßigkeitsprüfung vorgenommen werden, d.h., es muss ein legitimes Ziel gegeben und die Benachteiligung zur Erreichung dieses Zieles zudem angemessen und erforderlich sein.[416]

Für den Bereich der bAV im Besonderen relevant ist das Verbot der Benachteiligung i.S.d. § 7 AGG, da dieses Benachteiligungen bei der Festlegung oder Änderung von Arbeitsbedingungen verbietet. Unter den Begriff der Arbeitsbedingungen fallen auch Vergütungssysteme, der Arbeitslohn, die Gewährung von Sonderleistungen und Ähnliches. Da anerkannt ist, dass ein betriebliches Ruhegeld als Entgelt anzusehen ist[417], erstreckt sich das Benachteiligungsverbot des Art. 7 Abs. 1 AGG demnach auch auf Regelungen der bAV.[418] Wird festgestellt, dass es sich bei einer Regelung um eine unmittelbare Benachteiligung i.S.d. §§ 1, 3 Abs. 1 AGG handelt, für welche keine der Rechtfertigungsmöglichkeiten der §§ 10, 5, 8 Abs. 1 AGG bzw. § 3 Abs. 2 AGG greift, so ist diese Regelung nach § 7 Abs. 2 AGG mit Inkrafttreten

414 S.o.: B.III.2

415 *Hellkamp/Rinn*, BetrAV 2008, 442, 443.

416 Zur Verhältnismäßigkeitsprüfung i.R.d. § 3 Abs. 2 AGG bzw. des § 10 AGG s.o.: B III.5.b)aa)(2) bzw. unten: B.IV.1.a)dd)(2).

417 S.o.: B.I.3; ebenso auch: EuGH, Urt. v. 13. Mai 1986 – Rs. C-170/84, AP Nr. 10 zu Art. 119 EWG-Vertrag; BAG, Urt. v. 14. Oktober 1986 – 3 AZR 66/83, AP Nr. 11 zu Art. 119 EWG-Vertrag; ErfKomm-*Steinmeyer*, Vorbem. BertAVG Rn 34.

418 Zu den Auswirkungen der Benachteiligungsverbote des AGG auf Regelungen der BAV s.u.: B.V.

des AGG am 18. August 2006 unwirksam geworden.[419] Für den oder die bislang von dieser Regelung Benachteiligten ergibt sich ein Anspruch auf gleiches Entgelt.

1. Das Merkmal „Alter"

Eines der wohl (insbesondere hinsichtlich der bAV) problematischsten Benachteiligungsmerkmale der Richtlinie 2000/78/EG stellt sicherlich jenes des Alters dar.[420] Das Alter als grundsätzlich i.S.d. § 1 AGG „verpöntes" Diskriminierungsmerkmal stellt eine Neuerung dar. Hierbei beschreibt das Differenzierungsmerkmal des „Alters" i.S.d. AGG das biologische (Lebens-)Alter des Betroffenen, also die seit der Geburt vergangene Zeit seines Lebens, ohne ein bestimmtes Alter besonders hervorzuheben.[421] Das AGG umfasst mit seinem Merkmal des „Alters" alle Personen, egal welchen Alters, es gilt kein Mindest- oder Höchstalter.[422] Dass die Gesetzesbegründung den Schutz älterer Menschen als *„Schwerpunkt des Anwendungsbereiches"* des AGG-Merkmals des „Alters" nennt[423], ändert nichts daran, dass das Merkmal des „Alters" nicht nur ebendiesen Schutz der Älteren vor „Altersdiskriminierung" durch Benachteiligungen gegenüber Jüngeren, sondern vielmehr auch den Schutz der Jüngeren vor „Jugenddiskriminierung" durch Benachteiligungen gegenüber Älteren umfasst. Das Verbot der Altersdiskriminierung i.S.d. AGG untersagt vielmehr jegliche ungerechtfertigte Differenzierung nach dem Alter.[424] Hiermit folgt es den Vorgaben der Richtlinie 2000/78/EG, welche davon ausgeht, dass das Verbot der Altersdiskriminierung *„ein wesentliches Element zur Erreichung der Ziele der europäischen beschäftigungspolitischen Leitlinien und zur Förderung der Vielfalt im Bereich der Beschäftigung"* darstellt.[425]

Im Gegensatz zu den anderen Diskriminierungsmerkmalen des AGG ist vom Merkmal des „Alters" jede Person geschützt. Während von anderen Merkmalen wie bspw. denen der „Rasse", des Geschlechts oder der Religion stets nur die dem jeweiligen Geschlecht, der jeweiligen Religion etc. unterfallenden Personen geschützt sind, fallen stets alle Personen unter das Merkmal des Alters. Dies ist dem

---

419 Zur Rechtsfolge der Unwirksamkeit einer gegen ein Benachteiligungsverbot des AGG verstoßenden Regelung siehe: B.V.2.c).

420 So auch: *Thüsing*, NJW 2003, 3441, 3444; anders: *Hanau*, ZIP 2007, 2381, 2389 und *Walk/Lipke*, BB 2008, 561, 562, die darauf hinweisen, dass das BAG in seiner Entscheidung vom 11. Dezember 2007 angedeutet habe, dass sich inhaltlich an der nationalen Rechtsprechung zur Alters- und Geschlechterdiskriminierung wenig ändern dürfte.

421 BT-Drucks. 16/1780, S. 31; ArbG Berlin, Urt. v. 22. August 2007 – 86 Ca 1696/07, BB 2008, 161.

422 Siehe auch: Schiek-*Schiek*, § 1 AGG Rn 45; MüKo-*Thüsing*, § 1 AGG Rn 86; *Wendeling-Schröder*, NZA 2007, 1399; *Hanau*, ZIP 2007, 2381, 2383.

423 BT-Drucks. 16/1780, S. 31.

424 Siehe auch: *Wiedemann/Thüsing*, NZA 2002, 1234; *Linsenmaier*, RdA, Sonderbeilage zu Heft 5/2003, 22, 25.

425 Erwägungsgrund Nr. 25 der Richtlinie 2000/78/EG.

Umstand geschuldet, dass es sich bei dem Alter um einen sich *„in der Zeit linear entwickelnde[n] Umstand [handelt], der potentiell jeden gleich trifft“*.[426] Wie *Linsenmaier* diesbezüglich äußerst treffend formuliert hat, wird zwar jeder irgendwann alt, nicht jeder wird hingegen irgendwann katholisch.[427] Dennoch lässt sich aus den Regelungen der §§ 5 und 10 AGG erkennen, dass bestimmte Altersgruppen (insbesondere älterer Beschäftigter) als besonders schutzwürdig angesehen wurden.[428]

Im internationalen Vergleich fällt die deutsche Regelung recht weit aus: so erfasste bspw. der irische Employment Equality Act seit 1998 bis 2004 gem. sec. 6 (3) lediglich 18-65-Jährige, der US-amerikanisch Age Discrimination in Employment Act (ADEA) gem. sec. 623 (f) nur die mindestens 40-Jährigen und kennt gerade keine *reverse discrimination* jüngerer Arbeitnehmer.[429] Ansonsten ist jedoch festzustellen, dass die englischen Versionen der europäischen Antidiskriminierungsrichtlinien zum Teil wörtlich mit entsprechenden amerikanischen Regelungen übereinstimmen.[430]

Hinsichtlich der Lage vor Inkrafttreten des AGG bleibt festzuhalten, dass einfachgesetzliche Schutzvorgaben bzgl. des Alters bereits vor Inkrafttreten des AGG existierten, ein Verbot der Diskriminierung wegen des Alters hingegen, wie dies § 611a BGB bspw. für das Merkmal des Geschlechts vorschrieb, nicht.[431] Dementsprechend stellte *Linsenmaier* richtigerweise vor Inkrafttreten des AGG fest, dass eine Umsetzung der Richtlinie 2000/78/EG aufgrund des Fehlens eines hinreichenden nationalen Schutzes vor Altersdiskriminierungen auch keineswegs entbehrlich war.[432]

Einzig § 75 Abs. 1 S. 2 BetrVG untersagte den Betriebsparteien die Unterscheidung anhand starrer Altersgrenzen, bot somit aber auch nur (thematisch) eingeschränkten Schutz. Auch § 96 Abs. 2 S. 2 Alt. 1 BetrVG verpflichtete zur Berücksichtigung der besonderen Belange älterer Arbeitnehmer bzgl. Maßnahmen der Berufsbildung, enthielt jedoch keine Sanktionsregelung. Alle einfachgesetzlichen Regelungen, welche bereits vor Inkrafttreten des AGG Bestand hatten, bleiben zudem bereits hinter den Vorgaben der Rahmenrichtlinie und hinter der Regelung des AGG zurück: Nunmehr sind auch jüngere Arbeitnehmer vor Altersdiskriminierung wegen ihrer „Jugend“ geschützt und der Schutz vor Altersdiskriminierung umfasst im Vergleich zu § 75 Abs. 1 S. 2 BetrVG nunmehr auch Bewerber und nicht nur „alle im Betrieb tätigen Personen“.[433]

---

426 Schiek-*Schmidt*, § 1 AGG Rn 45.

427 Siehe: *Linsenmaier*, RdA 2003, Sonderbeilage zu Heft 5, 22, 25.

428 Siehe hierzu: *Körner*, NZA 2008, 497, 498.

429 Von 1967 bis 1986 erfasste der ADEA sogar nur Arbeitnehmer zwischen 40 und 65 Jahren; siehe vertiefend zum Umfang des irischen Employment Equality Acts sowie des ADEA auch: *Körner*, NZA 2008, 497, 498.

430 So: *Körner*, NZA 2008, 497, 498 m.w.N.

431 Eine ausführliche Darstellung der des Gesetzeslage vor Inkrafttreten des AGG zu finden unter: *Gertich*, S. 79.

432 Vgl. *Linsenmaier*, RdA 2003, Sonderbeilage Heft 5, 22, 25.

433 Vgl.: *Polloczek*, S. 116; *Gertich*, S. 80.

Da die enumerative Aufzählung der Merkmale in Art. 3 Abs. 3 GG das Alter nicht benennt und zu Zeiten der Entstehung des Grundgesetzes das Problembewusstsein hinsichtlich der Problematik möglicher Altersdiskriminierung noch nicht vorhanden war wie heute, ist davon auszugehen, dass sich auch kein Altersdiskriminierungsschutz aus Art. 3 Abs. 1 GG ergab.[434] Dennoch sind bereits vor Inkrafttreten des AGG mehrfach Altersgrenzen-Regelungen anhand des Maßstabs des Art. 3 Abs. 1 GG überprüft worden. Hierbei bestand jedoch zwischen dem Schutzzweck der Regelungen des AGG und dem sich aus Art. 3 Abs. 1 GG ergebenden Schutz große Unterschiede. Im Gegensatz zu den Regelungen des AGG, welche auf die Diskriminierung einer Einzelperson abstellen, ist für Art. 3 Abs. 1 GG stets eine Vergleichsgruppe erforderlich. Zudem binden Grundrechte nur Gesetzgebung, Rechtsprechung und Verwaltung unmittelbar, Tarifvertragsparteien mittelbar[435], während eine unmittelbare Drittwirkung im Verhältnis der Privaten abgelehnt wird. Auf das Verhältnis der Arbeitsvertragsparteien erstreckt Art. 3 Abs. 1 GG nur über die Bindung des arbeitsrechtlichen Gesetzgebers sowie über die Ausstrahlungswirkung der Grundrechte.[436] Folglich besitzen die Vorschriften des AGG bereits eine andere Schutzrichtung und schützen weitergehend vor Diskriminierungen anhand des Alters i.R.d. Arbeitsverhältnisses.

Auch die Berufsfreiheit i.S.d. Art. 12 Abs. 1 GG, also das Recht, Beruf, Arbeitsplatz und Ausbildungsstätte frei zu wählen, konnte bereits vor Inkrafttreten des AGG durch die Verwendung von Altersgrenzen eingeschränkt gewesen sein. Diesbezüglich galt ein solcher Eingriff in die Berufsfreiheit dann als gerechtfertigt, sofern „wichtige Gemeinschaftsgüter" geschützt werden sollten und das Mittel hierbei verhältnismäßig war. Zum Schutz solcher Rechtsgüter der Allgemeinheit wurden bspw. Altersgrenzen für Hebammen, Bezirksschornsteinfeger, Prüfingenieure für Baustatik, Notare und Kassenärzte als gerechtfertigt angesehen und somit von der Rechtsprechung gebilligt.[437]

Die dem AGG zugrundeliegende Richtlinie 2000/78/EG sieht kein absolutes und uneingeschränktes Verbot der Differenzierung anhand des Alters vor, sondern beinhaltet ebenfalls verschiedene Ausnahmeregelungen für ein mögliches Anknüpfen an diesem Differenzierungsmerkmal. Art. 6 Abs. 1 der Richtlinie eröffnet den nationalen Gesetzgebern hierbei zudem einen gewissen Spielraum, Ungleichbehandlungen wegen des Alters bis zur Grenze der vorsätzlichen Diskriminierung zuzulassen[438], wobei jedoch die jeweilige nationale Regelung jeweils einer Verhältnismäßigkeitsprüfung standhalten muss. Die nationale Regelung muss objektiv und angemessen sein und i.R.d. nationalen Rechts durch ein legitimes Ziel

---

434 So auch: *Polloczek*, S. 111 m.w.N.

435 BAG, Urt. v. 25. Februar 1998 – 7 AZR 641/96, AP Nr. 11 zu § 1 TVG Tarifverträge: Luftfahrt.

436 Siehe auch: *Polloczek*, S. 113.

437 Siehe auch: *Polloczek*, S. 114 m.w.N.

438 So: *Wiedemann, H.*, S. 71.

gerechtfertigt sein.[439] Art. 6 Abs. 2 Richtlinie 2000/78/EG geht hierüber sogar noch hinaus.[440] Hiernach kann der nationale Gesetzgeber ungeachtet des Diskriminierungsverbotes wegen des Alters vorsehen,

> *„dass bei den betrieblichen Systemen der sozialen Sicherheit die Festsetzung von Altersgrenzen als Voraussetzung für die Mitgliedschaft oder den Bezug von Altersrente oder von Leistungen bei Invalidität einschließlich der Festsetzung unterschiedlicher Altersgrenzen im Rahmen dieser Systeme für bestimmte Beschäftigte oder Gruppen bzw. Kategorien von Beschäftigten und die Verwendung im Rahmen dieser Systeme von Alterskriterien für versicherungsmathematische Berechnungen keine Diskriminierung wegen des Alters darstellt, solange dies nicht zu Diskriminierungen wegen des Geschlechts führt".*

Als nationale Umsetzung von Art. 6 der Richtlinie 2000/78/EG regelt § 10 AGG die Voraussetzungen, unter denen eine unterschiedliche Behandlung wegen des Alters zulässig sein soll, obwohl das Alter grundsätzlich eines der „verpönten" Merkmale des § 1 AGG darstellt.[441] Nach der Generalklausel der § 10 S. 1 und 2 AGG soll eine unterschiedliche Behandlung anhand des Alters im Arbeitsleben erlaubt sein, sofern die Differenzierung objektiv und angemessen und durch ein legitimes Ziel gerechtfertigt ist. Ziel ist es, einfacher einen Ausgleich zwischen den Interessen jüngerer und älterer Beschäftigter zu finden bzw. diesen Ausgleich zu gestalten.[442]

Hierin besteht eine Besonderheit des Diskriminierungsmerkmales „Alters": Das AGG sieht hier im Gegensatz zu den anderen Diskriminierungstatbeständen nicht bloß bei mittelbaren, sondern vielmehr auch bei unmittelbaren Benachteiligungen die Möglichkeit einer Rechtfertigung vor. Das AGG lässt gem. § 10 AGG unter bestimmten Voraussetzungen sowohl die Bevorzugung/Benachteiligung jüngerer als auch älterer Arbeitnehmer anhand des Lebensalters zu. Für den Bereich der bAV hat der Gesetzgeber darüber hinaus in § 10 S. 3 Nr. 4 AGG sogar einen besonderen Rechtfertigungsgrund für Benachteiligungen anhand des Alters im Gesetz implementiert.[443] Dies ist wohl auch der Notwendigkeit bestimmter Unterscheidungen anhand des Alters im Bereich der bAV geschuldet.[444]

§ 10 S. 1 und 2 AGG formulieren hierbei eine Generalklausel. Nach dieser soll bzgl. aller in Beschäftigung oder Beruf Stehenden eine unterschiedliche Behandlung wegen des Alters gerechtfertigt sein, solange diese objektiv und durch ein legitimes Ziel gedeckt ist und die Mittel zur Erreichung dieses Ziels angemessen und erforderlich sind. Darüber hinaus benennt § 10 S. 3 AGG nicht enumerative

---

439 So zutreffend: ErfKomm-*Schlachter*, § 10 AGG Rn 1; *Richter/Bouchouaf*, NVwZ 2006, 538.

440 So auch: *Schlachter*, in Richardi/Reichold, S. 368.

441 Vgl. BT-Drucks. 16/1780, S. 36; siehe auch: *Lobinger* in Isensee, S. 133.

442 Vgl.: *Adomeit/Mohr*, § 10 AGG Rn 2.

443 Grundlegend zum Rechtfertigungsgrund des § 10 S. 3 Nr. 4 AGG siehe auch: B.IV.1.a)dd)(2)(d)(dd).

444 Vgl.: *Steinmeyer*, BetrAV 2006, 601, 602.

(Regel-) Beispiele, bei denen eine unterschiedliche Behandlung wegen des Alters nach dem Willen des Gesetzgebers gerechtfertigt sein soll.[445]

Ebenso wenig wie aus dem Wortlaut des zugrundeliegenden Art. 6 der Rahmenrichtlinie ergibt sich auch aus § 10 AGG nicht eindeutig, ob die Altersbenachteiligung beim Vorliegen eines dieser Regelbeispiele des S. 3 automatisch gerechtfertigt sein sollen, oder aber ob auch die benannten Regelbeispiele an der Generalklausel der § 10 S. 1 und 2 AGG gemessen werden müssen. Während der Gesetzeswortlaut des AGG eine solche Auslegung mit der Verwendung der Worte *„können insbesondere einschließen"* in S. 3 nahelegt, ging das Europäische Parlament bereits bzgl. des Richtlinienentwurfes davon aus, dass die dortigen als Beispiele aufgeführten Sondertatbestände keine unwiderlegbare Vermutung für eine gerechtfertigte Ungleichbehandlung darstellen.[446]

Interessant ist diesbezüglich, dass der deutsche Gesetzgeber den Rechtfertigungsgrund des Art. 6 Abs. 2 Richtlinie 2000/78/EG in der nationalen Umsetzung – von der europäischen Systematik abweichend – in den Katalog der möglichen Rechtfertigungstatbestände mit eingebunden hat. Der Rechtfertigungsgrund von Art. 6 Abs. 2 Richtlinie 2000/78/EG findet sich in der nationalen Umsetzung als Nr. 4 in der Regelung des § 10 S. 3 AGG wieder, so dass hier davon auszugehen ist, dass der nationale Gesetzgeber diesen Rechtfertigungstatbestand ebenfalls der Verhältnismäßigkeitsprüfung der § 10 S. 1 und 2 AGG unterstellen wollte.[447]Auch wenn der Gesetzgeber augenscheinlich nach § 10 AGG bestimmte anhand des Alters unterscheidende Regelungen für zulässig erachtet, ist hierbei folglich dennoch stets zu beachten, dass unterschiedliche Behandlungen anhand des Alters trotz der vom Gesetzgeber in § 10 S. 3 AGG vorgegebenen Regelbeispiele stets auch verhältnismäßig im Sinne der § 10 S. 1 und 2 AGG sein müssen.[448]

Dies gilt auch für § 10 S. 3 Nr. 4 AGG, so dass auch im Bereich der bAV im Einzelfall zu überprüfen ist, inwiefern die unterschiedlichen am Alter anknüpfenden Regelungen den Anforderungen einer Rechtfertigung i.S.d. § 10 S. 1 und 2 AGG genügen.[449] Zudem ist hierbei stets zu beachten, dass eine eventuell nach § 10 AGG grundsätzlich gerechtfertigte Festsetzung von Altersgrenzen nicht gleichzeitig zu einer Benachteiligung wegen des Geschlechtes oder eines anderen der in § 1 AGG genannten Gründe führen darf.[450] beinhalten mittelbare Benachteiligungen wegen des Alters auf Grund anderer „verpönter" Merkmale bereits das negative Tatbestandsmerkmal der Rechtfertigung durch ein rechtmäßiges Ziel. In allen Fällen

---

445 So auch: *Schlachter*, ZESAR 2006, 391, 396; vertiefend zu den Regelungen des § 10 AGG s.u.: B.IV.1.a)dd)(2).

446 Siehe hierzu: Beschluss des Europäischen Parlaments zum Gesetzesvorschlag KOM (1999) 565 – C 5-0068/2000, S. 68/107 (zitiert nach *Wiedemann, H.*, S. 72).

447 So auch zutreffend: BAG, Urt. v. 11. August 2009 – 3 AZR 23/08, AP Nr. 139 zu Art. 9 GG = NZA 2010, 408 ff. [Rn 39 f.].

448 *Meinel/Heyn/Herms*, § 10 AGG Rn 59.

449 *Hellkamp/Rinn*, BetrAV 2008, 442, 446.

450 So ausdrücklich in: BT-Drucks 16/1780, S. 36.

mittelbarer Benachteiligungen i.S.d. § 3 Abs2 AGG ist. Ebenso wie mittelbare Benachteiligungen gem. § 3 Abs. 2 AGG[451] stets die Möglichkeit der Rechtfertigung besteht und das Ziel einer Verhältnismäßigkeitsprüfung zu unterziehen ist, sieht also § 10 AGG auch für unmittelbare Benachteiligungen wegen des Alters ein solches Abstellen auf ein dem Grundsatz der Verhältnismäßigkeit genügendes rechtmäßiges Ziel als Rechtfertigungsmöglichkeit vor.[452] Hierdurch unterscheidet sich das Merkmal des Alters von den übrigen Merkmalen des § 1 AGG, da Benachteiligungen anhand dieser anderen Merkmale stets nur unter deutlich strengeren Voraussetzungen zulässig sind.

Mittlerweile höchstrichterlich festgestellt wurde, dass das Vorliegen einer sachlichen Rechtfertigung einer möglichen unmittelbaren Benachteiligung nach § 10 AGG auch eine unzulässige mittelbare Benachteiligung wegen des Alters ausschließt, so dass § 10 AGG über seinen reinen Wortlaut hinaus auch hinsichtlich mittelbarer Benachteiligungen Bedeutung zukommt.[453]

Insbesondere im Bereich der sich u.a. gerade auch auf den Altersfall beziehenden bAV stellt sich in vielen Fällen die Frage, inwiefern Regelungen, welche unmittel- oder auch bloß mittelbar an das Merkmal des Alters anknüpfen, eventuell gem. § 10 AGG gerechtfertigt sind. So lassen sich im Bereich der bAV bspw. Altersabstandsregelungen oder Mindestehedauerklauseln in der Hinterbliebenenversorgung, Höchstaufnahmealtersregelungen, Vorschalt- oder Wartezeiten etc. finden. Einer der Schwerpunkte dieser Arbeit soll im dritten Teil auf die Überprüfung solcher Regelungen hinsichtlich ihrer Rechtmäßigkeit gelegt werden.[454]

Da das Alter in der Bundesrepublik wie dargelegt bis zur Einführung des AGG weder verfassungs- noch einfachgesetzlich ein Diskriminierungsmerkmal i.S.d. Individualdiskriminierungsschutzes darstellte[455], kann man folglich durchaus von einem „neuen“ Diskriminierungsmerkmal sprechen. Dennoch haben sich deutsche Gerichte bereits vor Inkrafttreten des AGG mit der Zulässigkeit des Anknüpfens an das Merkmal des Alters, insbesondere von Altersgrenzen, häufig im Zusammenhang mit der Beendigung von Arbeitsverhältnissen beschäftigt. Zusammenfassend kann jedoch gesagt werden, dass das Lebensalter bislang durchaus als zulässiges Differenzierungsmerkmal angesehen wurde, so bspw. für die Bemessung des Arbeitsentgelts, der Dauer des Urlaubs, als Kriterium der Sozialauswahl im Kündigungsschutz gem. § 1 Abs. 3 S. 1 KSchG sowie auch der Unverfallbarkeit der bAV.[456]

---

451 Zu mittelbaren Benachteiligungen siehe auch oben: B.III.5.b)aa)(2).

452 So: Schiek-*Schmidt*, § 10 AGG Rn 2.

453 Vgl.: BAG, Urt. v. 12. Februar 2013 – 3 AZR 100/11, MDR 2013, 725 f. = DB 2013, 1245 ff. [Rn 25] unter Verweis auf: BAG, Urt. v. 26. Mai 2009 – 1 AZR 198/08 [Rn 40] m.w.N.; Urt. v. 11. August 2009 – 3 AZR 23/08, AP Nr. 139 zu Art. 9 GG = NZA 2010, 408 ff. [Rn 35].

454 Zu der Vereinbarkeit solcher Regelungen mit den Vorgaben des AGG s.u.: B.IV.1.

455 So: *Fuchs*, ZESAR 2006, 377, 383.

456 Vgl.: *Richardi*, ZfA 2008, 31, 50.

Im Arbeitsrecht finden sich neben mancher Bevorzugung häufig auch Benachteiligungen älterer Arbeitnehmer aufgrund ihres fortgeschrittenen Alters. Gerade vor solchen Benachteiligungen sollten ältere Arbeitnehmer durch die Aufnahme des Diskriminierungsmerkmals des „Alters“ in die Richtlinie 2000/78/EG geschützt werden.[457] Dies insbesondere vor dem Hintergrund, dass sich die Beschäftigungssituation der Arbeitnehmer im Alter über 50 Jahren im Vergleich zur Beschäftigungssituation jüngerer Arbeitnehmer bisher als besonders problematisch darstellt.[458] Die Unzulässigkeit einer schlichtweg anhand des Lebensalters differenzierender Entgeltstaffelung ist wohl die Rechtsfolge des AGG, in welchem das Verbot der Altersdiskriminierung in Deutschland auch bereits vor Inkrafttreten des AGG große Akzeptanz gefunden hatte.[459]

Im Bereich der bAV hingegen liegt es in deren Natur, dass hier zwangsläufig in bestimmten Bereichen und insbesondere i.R.v. Berechnungen auf das Alter als messbare Größe abgestellt wird. So stellt *Thüsing* schlicht, aber zutreffend fest: *„BAV hat etwas mit Alter zu tun.“*[460] Bspw. ist die bAV darauf angewiesen, Altersgrenzen für den Bezug von Leistungen vorzusehen.[461] Zudem beabsichtigen Arbeitgeber oftmals, ihre Risiken durch die Verwendung des Alters als Abgrenzungsmerkmal hinsichtlich der Versorgungsversprechen und – leistungen zu begrenzen und hierdurch auch für eine verbesserte Kalkulierbarkeit der Kosten zu sorgen.[462] Dadurch, dass eine Vielzahl von Regelungen in bisher üblichen Versorgungsordnungen unmittelbar oder zumindest mittelbar an das Alter als Unterscheidungsmerkmal anknüpfen, werden in manchen dieser Fälle jüngere Arbeitnehmer, in anderen Fällen hingegen ältere Arbeitnehmer negativ betroffen. Solche – auch die der Risikobegrenzung dienenden – Regelungen stehen seit Inkrafttreten des AGG unter einem verstärkten Rechtfertigungszwang.[463]

Das für den Schutz Beschäftigter maßgebliche und „zentrale“[464] Verbot von Benachteiligungen anhand der „verpönten“ Merkmale des § 1 AGG, also auch des „Alters“, findet sich in § 7 Abs. 1 AGG. Das Benachteiligungsverbot des § 7 Abs. 1 AGG umfasst hierbei sowohl unmittelbare als auch bloß mittelbare, also „verschleiernde“ Diskriminierungen.[465] Verboten sind alle (anhand eines der Merkmale des § 1 AGG) diskriminierenden Maßnahmen oder Vereinbarungen, wobei der Begriff der „Vereinbarung“ hierbei sowohl Individual- als auch Kollektivverträge

457 Erwägungsgrund 6 sowie S. 2 von Erwägungsgrund 8 zu Richtlinie 2000/78/EG.
458 *Fuchs*, ZESAR 2006, 377, 380.
459 So: *Hanau*, ZIP 2007, 2381, 2386.
460 *Thüsing*, BetrAV 2006, 704, 705.
461 Siehe hierzu: *Hopfner/Naumann*, Rn 135; *Thüsing*, Rn 463.
462 Vgl. *Schmidbauer/Schmidbauer*, S. 69.
463 Vgl. BeckOK-*Clemens*, § 1 BetrAVG Rn 114.
464 *Adomeit/Mohr*, § 7 AGG Rn 9.
465 BT-Drucks. 16/2022, S. 34; zum Begriff der unmittelbaren und mittelbaren Benachteiligung siehe: B.III.5.b)aa).

umfasst.[466] Stets zwingend erforderlich für die Annahme des Vorliegens eines benachteiligenden Tuns oder Unterlassens ist, dass dieses gerade durch eines (oder mehrere) der Merkmale des § 1 AGG motiviert ist.

Verboten sind Benachteiligungen insbesondere bei der Einstellung, dem beruflichen Aufstieg, bei Weisungen, den Arbeitsbedingungen oder auch der Beendigung des Arbeitsverhältnisses. Sofern Bestimmungen in Vereinbarungen gegen eines der sich aus § 7 Abs. 1 AGG i.V.m. § 1 AGG ergebenden Benachteiligungsverbote verstoßen, sind die jeweiligen Bestimmungen gem. § 7 Abs. 2 AGG unzulässig.

Im Folgenden sollen mögliche praxisrelevante Szenarien unmittelbarer und mittelbarer Benachteiligungen anhand des Alters i.R.d. bAV auf ihre Vereinbarkeit mit § 7 Abs. 1 AGG bzw. mit den Vorgaben der Richtlinien hin begutachtet werden.

a) Unmittelbare Benachteiligung anhand des Alters

aa) Versorgungsfall des Alters i.S.d. § 1 Abs. 1 S. 1 1. HS BetrAVG

Den augenscheinlichsten Anknüpfungspunkt des Betriebsrentenrechts an eines der nach dem AGG „verpönten“ Merkmale stellt die Abhängigkeit der Anspruchsentstehung vom Eintritt des Versorgungsfalles „Alter, Invalidität oder Tod“[467] dar. Aufgrund des individualschützenden Charakters des AGG könnte die Festlegung einer festen Altersgrenze in den Versorgungsordnungen bedenklich sein und eine ungerechtfertigte unmittelbare Benachteiligung wegen des Alters i.S.d. AGG darstellen.[468]

Der BAG-Rechtsprechung zu § 2 Abs. 2 S. 2 AGG zufolge[469] ist hinsichtlich möglicher benachteiligender Regelungen in der bAV stets zunächst zu fragen, ob das BetrAVG eine speziellere Regelung für diesen Fall vorsieht, welche dann den Diskriminierungsverboten des AGG vorginge.

Hinsichtlich fester Altersgrenzen ist dies der Fall: § 1 Abs. 1 S. 1 1. HS BetrAVG sieht Leistungen der Alters-, Invaliditäts- und der Hinterbliebenenversorgung, also gerade auch an das Alter anknüpfende Versorgungsleistungen als den Grundfall der bAV vor und legaldefiniert diesen sogar als bAV. Hiermit stellt eine der zentralen Normen des Betriebsrentenrechts auf das Alter als Versorgunsgfall ab. Da die Regelung an das Alter anknüpfende Regelungen vorsieht könnte sie als benachteiligend aufgrund des Alters erachtet werden.

Zu überprüfen ist hier also die Richtlinienkonformität der Regelung des BetrAVG bzw., ob die jeweilige Regelung des BetrAVG möglicherweise europarechtskonform ausgelegt werden muss.[470] Es stellt sich somit die Frage, ob

---

466 Siehe auch: Wendeling-Schröder/Stein-*Wendeling-Schröder*, § 7 AGG Rn 16.

467 Zum Anspruchsvoraussetzung des „biologischen Ereignisses“ s.o.: B.I.1.d).

468 *Cisch/Böhm*, BB 2007, 602, 606.

469 BAG, Urt. v. 11. Dezember 2007 – 3 AZR 249/06, BAGE 125, 133 ff. = AP Nr. 1 zu § 2 AGG = BB 2008, 557.

470 Siehe auch richtigerweise: *Bezani/Nacewicz*, EWiR 2008, 417, 418.

womöglich § 1 Abs. 1 S. 1 1. HS BetrAVG gegen die Vorgaben der Antidiskriminierungsrichtlinien verstößt, indem es am Lebensalter anknüpfende Leistungen für zulässig hält.

Seit dem Ablauf der Umsetzungsfrist der Rahmenrichtlinie am 2. Dezember 2006 sind nationale Regelungen unmittelbar an der Richtlinie als Konkretisierung des primärrechtlichen Altersdiskriminierungsverbots zu prüfen.[471] Mit Ablauf der Umsetzungsfrist einer Richtlinie wird der Anwendungsbereich des Unionsrechts auch für solche nationale Regelungen wie die des BetrAVG eröffnet, die bei ihrem Inkrafttreten bereits erlassen waren und den Regelungsbereich der Richtlinie betreffen.[472] Selbstverständlich dürfte daher auch diese Norm des BetrAVG, welche – wie das BAG festgestellt hat – dem AGG vorgeht, nicht europarechtswidrig gegen die Vorgaben der Richtlinie verstoßen.

Die Richtlinie 2000/78/EG sah in Art. 6 –wie auch später vom deutschen Gesetzgeber im AGG umgesetzt – die Möglichkeit vor, Altersdiskriminierungen unter bestimmten Umständen zu rechtfertigen. So sollen nach Vorgabe der Richtlinie Ungleichbehandlungen wegen des Alters keine Diskriminierung darstellen, sofern sie i.R.d. nationalen Rechts durch ein legitimes Ziel gerechtfertigt sind, worunter insbesondere rechtmäßige Ziele aus den Bereichen Beschäftigungspolitik, Arbeitsmarkt und berufliche Bildung zu verstehen sind. Zudem müssen die Mittel zur Erreichung dieses Ziels angemessen und erforderlich sind.

Artikel 6 Abs. 2 der Richtlinie 2000/78/EG stellte es den Mitgliedsstaaten frei, i.R.d. Umsetzung der Richtlinie vorzusehen, dass bei den betrieblichen Systemen der sozialen Sicherheit – also insbesondere der bAV – die Festsetzung von Altersgrenzen als Voraussetzung für die Mitgliedschaft oder auch für den Bezug von Alters- und Invaliditätsrenten zulässig sei. Den Mitgliedstaaten stand es also frei, die Festsetzung unterschiedlicher Altersgrenzen i.R.d. Systeme für bestimmte Beschäftigte oder Gruppen bzw. Kategorien von Beschäftigten und die Verwendung i.R.d. Systeme von Alterskriterien für versicherungsmathematische Berechnungen zuzulassen, so dass diese keine Diskriminierung wegen des Alters darstellten, solange dies wiederum nicht zu Diskriminierungen wegen des Geschlechts führt.

Der deutsche Gesetzgeber hat sich bei der Ausgestaltung der Regelung des § 10 S. 3 Nr. 4 AGG sehr eng an den Vorgaben und dem Wortlaut der Richtlinie orientiert. Diese Regelung findet jedoch zumindest auf solche Sachverhalte keine Anwendung, bei denen das BetrAVG eine ausdrückliche Regelung vorsieht, welche als speziellere Norm dem AGG vorgeht.

---

471 So: BAG, Urt. v. 19. Juli 2011 – 3 AZR 434/09, AP Nr. 65 zu § 2 BetrAVG = NZA 2012, 155 ff. [Rn 40].

472 EuGH, Urt. 19. Januar 2010 – Rs. C-555/07 [*Kücükdeveci*], Slg. 2010, I-365 = AP Nr. 14 zu Richtlinie 2000/78/EG [Rn 24 ff.]; auf diese EuGH-Rspr. verweisend: BAG, Urt. v. 19. Juli 2011 – 3 AZR 434/09, AP Nr. 65 zu § 2 BetrAVG = NZA 2012, 155 ff. [Rn 24].

bb) Unverfallbarkeitsregelung des § 1b Abs. 1 S. 1 BetrAVG

Auch die Regelung des § 1b Abs. 1 S. 1 BetrAVG stellt direkt auf das Lebensalter als Unterscheidungskriterium ab.

Arbeitnehmer, denen der Arbeitgeber eine Zusage auf Leistungen der bAV gegeben hat, erwerben zunächst eine Versorgungsanwartschaft. Eine Anwartschaft wird grundsätzlich definiert als rechtlich gesicherte, regelmäßig unentziehbare Erwerbsaussicht auf ein Recht, eine Vorstufe auf Erwerb eines Vollrechts, dessen Voraussetzungen noch nicht (voll) erfüllt sind.[473] Zwischen dem Zeitpunkt der Zusageerteilung und dem Eintritt eines durch die Versorgungszusage abgesicherten Versorgungsfalles liegt i.R.d. bAV eine Versorgungsanwartschaft vor. Es handelt sich hier um einen aufschiebend bedingten Versorgungsanspruch, der mit dem Eintritt des Versorgungsfalles zum Vollrecht erstarkt.

In § 1b sowie in den §§ 2 bis 4 BetrAVG wird die Unverfallbarkeit der betrieblichen Versorgungsanwartschaften, also der Ausschluss der Verfallbarkeit von Anwartschaften beim Ausscheiden des Arbeitnehmers vor Eintritt des vorgesehenen Versorgungsfalles geregelt. Unterschieden wird nach verfallbaren und unverfallbaren Anwartschaften.[474] Als verfallbar gilt eine Versorgungsanwartschaft solange entweder die gesetzlichen Voraussetzungen der Unverfallbarkeit des § 1b BetrAVG noch nicht erfüllt sind. Sind diese Voraussetzungen noch nicht erfüllt, so führt die Beendigung des Arbeitsverhältnisses zum Untergang der Versorgungsanwartschaft. Ist die Anwartschaft hingegen bei einem vorzeitigen Ausscheiden aus dem Arbeitsverhältnis bereits unverfallbar - die Voraussetzungen des § 1b BetrAVG demnach bereits erfüllt - so ist ein insolvenzgesicherter eigentumsähnlicher Vermögenswert aufrechtzuerhalten, wenn auch nach § 2 BetrAVG ratierlich gekürzt.[475] Ab dem Zeitpunkt des Ablaufs der gesetzlichen Unverfallbarkeitsfristen stehen die betrieblichen Versorgungsleistungen auch unter dem Eigentumsschutz des Art. 14 GG. Der Versorgungsempfänger kann somit auf ihren Bestand vertrauen. Dadurch, dass die Anwartschaften unter bestimmten Umständen unverfallbar werden, soll die Mobilität der Arbeitnehmer gefördert werden.

Vergleicht man die deutsche Regelung mit Regelungen anderer europäischer Gesetzgeber, so fällt auf, dass der deutsche Gesetzgeber den Arbeitnehmern mit der Regelung der Unverfallbarkeit einen recht weitgehenden Schutz ihrer Bezüge einräumt. In anderen europäischen Ländern wie bspw. Frankreich, Portugal oder Malta stellen sich Betriebsrenten weiterhin eher als „Treuegelder“ dar,

---

473 Zur Diskussion hinsichtlich des Begriffs der Anwartschaft i.R.d. BetrAVG siehe auch: ErfKomm-*Steinmeyer*, § 1b BetrAVG Rn 7 f.

474 Siehe zum Begriff der Anwartschaften in der bAV auch: *Griebeling/Griebeling*, Rn 307; *Höfer*, Band I: Arbeitsrecht, ART Rn 974; *Blomeyer/Rolfs/Otto*, Anh § 1 BetrAVG Rn 233.

475 BAG, Urt. v. 17. Januar 1989 – 3 AZR 456/78, AP Nr. 185 zu § 242 BGB Ruhegehalt; Siehe vertiefend auch: *Blomeyer/Rolfs/Otto*, Anh § 1 BetrAVG Rn 233; *Höfer*, Band I: Arbeitsrecht, ART Rn 974; ausführlich zur ratierlichen Kürzung siehe auch die Kommentierung von *Kemper* zu § 2 BetrAVG in: Kemper/Kisters-Kölkes/Berenz/Huber.

Unverfallbarkeitsfristen existieren in großen Teilen nicht.[476] Bleibt ein Arbeitnehmer also nicht bis zum Rentenalter bei dem gleichen Arbeitgeber beschäftigt, so verliert er in vielen Ländern seine Betriebsrentenansprüche.

Die Regelung stellt derzeit zum einen auf einen 5-jährigen Bestand der Zusage ab, zum anderen wird eine Altersgrenze festgelegt, ab welcher die Anwartschaften unverfallbar werden können. Das Mindestalter besitzt im Betriebsrentenrecht insofern große Bedeutung, als die Versorgungsanwartschaft ersatzlos entfällt, sobald ein Arbeitnehmer vor Vollendung des maßgeblichen Lebensalters ausscheidet oder aber, bevor seine Zusage bereits eine Bestandsdauer von fünf Jahren erreicht hat. Die Anwartschaft verfällt auch ungeachtet davon, ob eventuell nur noch wenige Tage oder Wochen zur Erfüllung der Voraussetzungen des § 1b Abs. 1 S. 1 BetrAVG fehlen.[477] Fristbeginn bzgl. der Bestandsdauer der Versorgungszusage ist stets der Zeitpunkt der Erteilung der Versorgungszusage.

Die Anforderungen an die Unverfallbarkeit auch in Deutschland haben seit geraumer Zeit Anlass für Kritik gegeben. Während die Vorschrift des § 1b BertAVG zunächst vorsah, dass der Arbeitnehmer mindestens das 35. Lebensjahr vollendet und das Arbeitsverhältnis mindestens 10 Jahre Bestand gehabt haben müsse, wurde diese Regelung später auf ein Mindestalter von 30 Jahren sowie eine Mindestdauer des Arbeitsverhältnisses von 5 Jahren verkürzt. Durch Art. 4 des Fördergesetzes vom 10. Dezember 2007[478] hat der Bundesgesetzgeber das Mindestalter für den Eintritt der Unverfallbarkeit von vormals dem 30. Nunmehr auf das 25. Lebensjahr herabgesetzt. Diese Änderung gilt jedoch nur für Zusagen, die ab dem 1. Januar 2009 erteilt werden, während für die „Altzusagen" die Übergangsvorschrift des § 30f Abs. 2 Anwendung findet.[479] Das BetrAVG stellt folglich in seiner aktuellen Fassung für „Neuzusagen" zur Erlangung unverfallbarer Anwartschaften unmittelbar auf das Lebensalter des Versorgungsempfängers an die Altersgrenze von 25 Jahren im Zusammenspiel mit der 5-Jahres-Frist ab.

Trotz der erneuten Herabsetzung des Mindestalters durch den nationalen Gesetzgeber bleibt abzuwarten, inwiefern europäische Vorgaben nicht eventuell ein noch geringeres Mindestalter oder aber die Abschaffung der Mindestdauer des Arbeitsverhältnisses erfordern werden oder evtl. sogar schon erfordern. So sollte das Mindestalter bspw. bereits gem. der zunächst geplanten[480], dann

---

476 Siehe zum europäischen Vergleich auch: *Stiefermann*, Ass Compact, April 2007, 2, 3

477 BAG, Urt. v. 7. August 1975 – 3 AZR 12/75, EzA Nr. 44 zu § 242 BGB Ruhegeld; Urt. v. 29. März 1983 – 3 AZR 26/81, EzA Nr. 26 zu § 1 BetrAVG; Urt. v. 22. Februar 2000 – 3 AZR 4/99, EzA Nr. 72 zu § 1 BetrAVG; Siehe hierzu auch: Kemper/Kisters-Kölkes/Berenz/Huber-*Kemper*, § 1b Rn 29.

478 Gesetz zur Förderung der zusätzlichen Altersvorsorge und zur Änderung des Dritten Buches Sozialgesetzbuch, BGBl. I, S. 2838.

479 *Höfer*, Band I: Arbeitsrecht, ART Rn 7.6.

480 Vorschlag der Europäischen Kommission für eine Richtlinie des Europäischen Parlaments und des Rates zur Verbesserung der Portabilität von Zusatzrentenansprüchen vom 20. Oktober 2005, KOM (2005) 507 endgültig.

modifizierten[481] und zuletzt im Jahr 2007 abgelehnten EU-Portabilitätsrichtlinie auf 21 Jahre und die Unverfallbarkeitsfrist auf 2 Jahre herabgesetzt werden.[482] Das 2010 veröffentliche Grünbuch der Europäischen Kommission zu angemessenen, nachhaltigen und sicheren Renten- und Pensionssystemem scheint wiederum ernsthaft eine europaweite Kürzung der Unverfallbarkeitsfristen in Betracht zu ziehen. Zumindest benennt die Kommission die Förderung der Mobilität der Renten und Pensionen auch weiterhin als Ziel.[483] Aktuelle Überlegungen der Europäischen Kommission gehen jedoch sogar noch hierüber hinaus[484], so dass die diesbezügliche europäische Entwicklung mit Spannung zu erwarten ist.

An dieser Stelle soll die Zulässigkeit der aktuellen nationalen Regelung, also die Zulässigkeit des Abstellens auf die derzeitige Altersgrenze von 25 Lebensaltersjahren überprüft werden. In der starren Altersregelung des § 1b BetrAVG könnte möglicherweise zudem eine Altersdiskriminierung im Sinne der Antidiskriminierungsrichtlinien gegeben sein.

Noch vor Inkrafttreten des AGG, im Jahr 2005, hatte das BAG hinsichtlich der ehemaligen Regelung des § 1 Abs. 1 BetrAVG a.F. und des ehemaligen Abstellens auf die Lebensaltersgrenze von 35 Jahren klargestellt, dass diese Lebensaltersgrenze zumindest keine Geschlechterdiskriminierung i.S.d. Art. 157 AEUV[485] konstatiere.[486]

Im *obiter dictum* ging das BAG davon aus, dass sogar eine (unterstellte) Benachteiligung wegen des Geschlechtes anhand dieser Lebensaltersgrenze zumindest durch sachlich einleuchtende Gründe gerechtfertigt sei.[487] Durch die gesetzliche Altersgrenze solle das legitime Ziel eines Arbeitgebers, durch die Gewährung von Leistungen der bAV insbesondere junge Arbeitnehmer an das Unternehmen binden zu wollen, gefördert werden. Dieses (legitime) Ziel eines Arbeitgebers sei durch das übergeordnete sozialpolitische Ziel gedeckt, die Gewährung der bAV für

---

481 Vorschlag der Europäischen Kommission für eine Richtlinie des Europäischen Parlaments und des Rates über Mindestvorschriften zur Erhöhung der Mobilität von Arbeitnehmern durch Verbesserung der Begründung und Wahrung von Zusatzrentenansprüchen vom 9. Oktober 2007, KOM (2007) 603.

482 ErfKomm-*Steinmeyer*, § 1b BetrAVG Rn 23 (so zumindest bis zur 11. Auflage, 2011).

483 KOM(2010)365 endg., S. 16; siehe hierzu auch: *Recht*, in FS Höfer, S. 184 f.; zur aktuellen Entwicklung hinsichtlich des Erlasses einer Portabilitätsrichtlinie s.u.: C. II.

484 Siehe auch: *von der Leyen*, BetrAV 2012, 374.

485 ex-Art. 141 EGV.

486 BAG, Urt. v. 18. Oktober 2005 – 3 AZR 506/04, AP Nr. 13 zu § 1 BetrAVG Unverfallbarkeit = BetrAV 2006, 404 ff.

487 BAG, Urt. v. 18. Oktober 2005 – 3 AZR 506/04, AP Nr. 13 zu § 1 BetrAVG Unverfallbarkeit = BetrAV 2006, 404 ff; das BAG stellte hier jedoch auf eine von der Klägerin geltend gemachte Benachteiligung wegen des Geschlechts i.S.d. heutigen Art. 157 AEUV (ex-Art. 141 EG) ab.

Arbeitgeber generell interessanter auszugestalten, was wiederum der wichtigen Rolle der bAV in der Altersversorgung geschuldet sei.[488]

Das BAG stellte fest, dass das Gemeinschaftsrecht den EU-Mitgliedstaaten bei der Wahl der Mittel, die sie zur Verwirklichung ihrer jeweiligen sozial- und beschäftigungspolitischen Ziele ergreifen, einen weiten Entscheidungsspielraum eingeräumt habe und verwies hierbei auf hierzu ergangene Rechtsprechung des EuGH.[489] Nach Auffassung der Erfurter Richter stellte die Altersgrenze von 35 Jahren in diesem Sinne ein geeignetes und angemessenes Mittel des nationalen Gesetzgebers dar, um die betriebliche Altersversorgung zu fördern und die Arbeitgeber nicht durch den uneingeschränkten Erwerb unverfallbarer Anwartschaften von der Gewährung derartiger Leistungen *„abzuschrecken"*. Die Unverfallbarkeit sei von persönlichen und sachlichen, geschlechtsneutralen Merkmalen abhängig gemacht worden, welche das Interesse der Arbeitgeber an langer Betriebstreue, wirtschaftlicher Gestaltungsfreiheit und begrenzter finanzieller Belastung berücksichtigten und welche aus diesem Grund auch mögliche Benachteiligungen (wegen des Geschlechtes) rechtfertigten. Dass hierbei vom Gesetzgeber auf das Lebensalter abgestellt werde, sei der Überlegung geschuldet, dass jüngere Arbeitnehmern häufiger ihren Arbeitsplatz wechselten als ältere Arbeitnehmer.[490]

An dieser Stelle soll jedoch nicht die Zulässigkeit der Altersgrenze der derzeit gültigen Regelung vor dem Hintergrund einer möglichen Benachteiligung wegen des Geschlechts[491], sondern vielmehr vor dem Hintergrund einer möglichen Benachteiligung wegen des Alters überprüft werden. Nach den Vorgaben der Antidiskriminierungsrichtlinie sowie des AGG stellt eine derartige Altersgrenze eine unmittelbare Benachteiligung anhand des Alters dar.[492] Durch das Anknüpfen an das Lebensalter wird Versorgungsempfängern, die zum Zeitpunkt ihres Ausscheidens jünger als 25 Jahre sind, die Möglichkeit verwehrt, unverfallbare Anwartschaften zu erlangen. Scheidet bspw. ein 24-Jähriger nach mehr als 5-jähriger Arbeitszeit aus einem Beschäftigungsverhältnis aus, so verliert er lediglich aufgrund seines geringen Lebensalters zum Zeitpunkt des Ausscheidens die gesamten bislang erdienten Anwartschaften. Er wird folglich im Vergleich zu einem bspw. 26-Jährigen mit gleicher Betriebszugehörigkeit unmittelbar aufgrund seines

---

488 So auch: *Höfer*, Band I: Arbeitsrecht, Rn 805.18, die BAG-Rspr. aus dem Jahr 2005 für überzeugend ansehend.

489 EuGH, Urt. v. 14. Dezember 1995 – Rs. C-317/93, EuGHE I 1995, 4625 [Rn 33]; Urt. v. 9. Februar 1999 – Rs. C-167/97, EuGHE I 1999, 623 [Rn 74].

490 BT-Drucks. 7/2843, S. 7.

491 S.u. zu möglichen Benachteiligungen anhand des Geschlechts i.R.d. bAV: B.IV.7.

492 So zutreffend ebenfalls: *Meinel/Heyn/Herms*, § 10 AGG Rn 64; HK-Arbeitsrecht-*Berg*, § 10 AGG Rn 26 m.w.N.; *Preis*, BetrAV 2010, 513; eine unmittelbare Benachteiligung bei der ehemaligen Altersgrenze von 30 Jahren bejahend auch: *Kolmhuber/Schreiner*, Rn 70; eine Überprüfung der Altersgrenze von 30 Jahren für erforderlich haltend auch: *Langohr-Plato*, jurisPR-ArbR 20/2008 Anm. 1 [dort unter Buchstabe D.].

geringeren Lebensalters benachteiligt, da Letzterer seine erdienten Anwartschaften auch trotz seines Ausscheidens behält.

Der Rechtsprechung des BAG zum Verhältnis zwischen AGG und BetrAVG[493] folgend, geht die Regelung des § 1b Abs. 1 S. 1 BetrAVG als *lex specialis* den Regelungen des AGG vor. Somit stellt sich auch hier nicht die Frage, ob die Regelung des BetrAVG eine (ungerechtfertigte) Benachteiligung i.S.d. AGG darstellt.[494] Da das AGG kein höherrangiges Recht gegenüber dem BetrAVG darstellt, ist vielmehr zu überprüfen, ob die Regelung des § 1b Abs. 1 S. 1 BetrAVG möglicherweise den Antidiskriminierungsrichtlinien widersprechend als europarechtswidrig eingestuft werden muss. Hierbei ist insbesondere zu überprüfen, ob die Regelung des BetrAVG mit der Richtlinie 2000/78/EG vereinbar ist oder ob die Regelung des Betriebsrentenrechts möglicherweise einen Verstoß gegen das durch die Richtlinie konkretisierte primärrechtliche Altersdiskriminierungsverbot darstellt und daher spätestens seit dem Ende der Umsetzungsfrist der Rahmenrichtlinie hinsichtlich des Merkmals des Alters am 2. Dezember 2006 unangewendet bleiben muss.[495]

Gem. Art. 2 Abs. 1, 2 lit. a) i.V.m. Art. 1 Richtlinie 2000/78/EG sind Benachteiligungen wegen des Alters untersagt, so dass die nationale betriebsrentenrechtliche Regelung des § 1b Abs. 1 S. 1 BetrAVG auf den ersten Blick gegen die Vorgabe der Richtlinie zu verstoßen scheint.[496] Art. 6 Abs. 1 Richtlinie 2000/78/EG sieht jedoch – wie dargestellt[497] - über die allgemeinen Rechtfertigungsmöglichkeiten des Art. 2 Abs. 2 Richtlinie 2000/78/EG für mittelbare Benachteiligungen hinausgehend die Möglichkeit vor, dass Altersdiskriminierungen beim Vorliegen eines legitimen Ziels, worunter insbesondere rechtmäßige Ziele aus den Bereichen

---

493 BAG, Urt. v. 11. Dezember 2007 – 3 AZR 249/06, BAGE 125, 133 ff. = AP Nr. 1 zu § 2 AGG = BB 2008, 557.

494 a.A.: Däubler/Bertzbach-*Brors*, § 10 AGG Rn 90; davon ausgehend, dass die Regelung möglicherweise gem. § 10 S. 1 AGG gerechtfertigt sei.

495 Ebenfalls eine Überprüfung der Regelung des § 1b Abs. 1 S. 1 BetrAVG anhand der Richtlinie 2000/78/EG für notwendig erachtend: *Meinel/Heyn/Herms*, § 10 AGG Rn 64, Einleitung Rn 30 ff, 35; *Bauer/Göpfert/Krieger*, § 10 AGG Rn 37; *Cisch/Böhm*, BB 2007, 602, 608; *Rengier*, NZA 2006, 1251, 1254; *Rolfs*, NZA 2008, 553, 555; *Adomeit/Mohr*, ZfA 2008, 449, 463; Schleusener/Suckow/Voigt-*Voigt*, § 10 AGG Rn 40; a.A. hingegen, eine Vereinbarkeit mit den Regelungen des AGG ablehnend: Däubler/Bertzbach-*Brors*, § 10 AGG Rn 60 [zumindest laut Erstauflage von 2006]; von der Vereinbarkeit der Regelung des § 1b Abs. 1 S. 1 BetrAVG mit § 10 S. 3 Nr. 4 AGG ausgehend wohl: *Steinmeyer*, ZfA 2007, 27, 37.

496 Ebenfalls in der Altersgrenze des § 1b Abs. 1 S. 1 BetrAVG a.F. eine unmittelbare Benachteiligung wegen des Alters i.S.d. Art. 2 Abs. 2 lit. a) der Richtlinie 2000/78/EG erkennend: BAG, Urt. v. 15. Oktober 2013 – 3 AZR 10/12, BB 2013, 2996 [Rn 31], unter Verweis auf: Urt. v. 28. Mai 2013 – 3 AZR 635/11, DB 2013, 1973 ff. = BB 2013, 2036 [Rn 16], hier eine unmittelbare Benachteiligung in der Altersgrenze des § 1b Abs. 1 i.V.m. § 30f Abs. 1 BetrAVG annehmend; vgl. auch zu diesem Urteil: *Matthießen*, jurisPR-ArbR 41/2013 Anm. 3.

497 Siehe zu Art. 6 Richtlinie 2000/78/EG oben: B.IV.1.a)aa).

Beschäftigungspolitik, Arbeitsmarkt und berufliche Bildung zu verstehen sein sollen, gerechtfertigt sein können. Hierfür müssen die die gewählten Mittel zur Erreichung dieses Ziels jedoch auch angemessen und erforderlich sein.

Insbesondere hinsichtlich betrieblicher Systeme der sozialen Sicherheit und somit auch hinsichtlich der bAV sieht die Richtlinie in Art. 6 Abs. 2 darüber hinaus sogar eine spezielle Rechtfertigungsmöglichkeit für Altersgrenzen vor. Vor dem Hintergrund dieser Regelung sowie dem Erwägungsgrund Nr. 25 der Richtlinie 2000/78/EG ist davon auszugehen, dass den Mitgliedsstaaten bei der Umsetzung der Richtlinie auch weiterhin für den Bereich der Sozial- und Beschäftigungspolitik ein weiter Handlungsspielraum eingeräumt werden sollte.[498]

Der nationale Gesetzgeber hat diesen eingeräumten Handlungsspielraum auch ausgenutzt und Art. 6 Abs. 2 Richtlinie 2000/78/EG nahezu wörtlich in § 10 S. 3 Nr. 4 AGG übernommen. Hierdurch hat er der besonderen nationalen Bedeutung der bAV als anerkannte zweite Säule der Alterssicherungssysteme in Deutschland Rechnung getragen. Die Tatsache, dass diese weitere Säule der Alterssicherung jedoch ebenfalls den Diskriminierungsverboten unterliegt, unterstreicht nur die steigende Bedeutung der bAV.[499] Allerdings hat der nationale Gesetzgeber den Rechtfertigungstatbestand für Altersgrenzen i.R.d. bAVin den Katalog des § 10 S. 3 AGG eingepflegt, so dass dieser Rechtfertigungstatbestand, über die Vorgaben der Richtliniensystematik hinausgehend, zusätzlich noch der Verhältnismäßigkeitsprüfung der § 10 S. 1 und 2 AGG unterliegt. Die europarechtliche Vorgabe in Art. 6 Abs. 2 Richtlinie 2000/78/EG hingegen erfordert seiner Systematik zufolge gerade keine Prüfung der Verhältnismäßigkeit. Abs. 2 stellt vielmehr einen eigenständigen Rechtfertigungstatbestand, losgelöst von der Verhältnismäßigkeitsprüfung, wie sie Abs. 1 vorsieht, dar. Liegen hinsichtlich einer nach dem Alter benachteiligenden Regelung die Voraussetzungen des Art. 6 Abs. 2 Richtlinie 2000/78/EG vor, so ist davon auszugehen, dass diese Regelung nach Art. 6 Abs. 2 Richtlinie 2000/78/EG gerechtfertigt ist, ohne dass sie einer Verhältnismäßigkeitsprüfung zu unterziehen wäre.[500]

Hinsichtlich der Altersgrenze der Unverfallbarkeit, wie sie der deutsche Gesetzgeber in § 1b Abs. 1 S. 1 BetrAVG vorgesehen hat, stellt sich nunmehr die Frage, ob diese an dem Alter anknüpfende und nach dem Alter benachteiligende Regelung unter den spezielleren Ausschlusstatbestand des Art. 6 Abs. 2 Richtlinie 2000/78/EG zu fassen oder aber an den Vorgaben des Abs. 1, also der allgemeinen Verhältnismäßigkeitsprüfung, zu messen ist.

---

498 Vgl. auch: EuGH, Urt. v. 16. Oktober 2007 – Rs. C-411/05 [*Palacios de la Villa*], Slg. 2007, I-08531 = NZA 2007, 1219 ff. [Rn 68]; Urt. v. 22. November 2005 – Rs. C-144/04 [*Mangold*], Slg. 2005, I-9981 ff. = AP Nr. 1 zu Richtlinie 2000/78/EG [Rn 63]; BAG, Urt. v. 18. Oktober 2005 – 3 AZR 506/04, AP Nr. 13 zu § 1 BetrAVG Unverfallbarkeit = BetrAV 2006, 404 ff.

499 So auch: Schlachter-*Schlachter*, S. 30.

500 So auch jüngst: BAG, Urt. v. 15. Oktober 2013 – 3 AZR 10/12, BB 2013, 2996 [Rn 31], unter Verweis auf: Urt. v. 28. Mai 2013 – 3 AZR 635/11, DB 2013, 1973 ff. = BB 2013, 2036 [Rn 17].

Art. 6 Abs. 2 Richtlinie 2000/78/EG sieht vor, dass Altersgrenzen in Systemen der betrieblichen Sicherheit *„als Voraussetzung für die Mitgliedschaft oder den Bezug von Altersrente oder von Leistungen bei Invalidität"* festgesetzt werden dürfen, ohne dass dies eine Altersdiskriminierung darstelle. Des Weiteren dürfe im Bereich der bAV auf das Alter als versicherungsmathematischer Faktor abgestellt werden.

In der Literatur wird die Zulässigkeit der Altersgrenze des § 1b Abs. 1 S. 1 BetrAVG tlw. schlichtweg mit einem Verweis auf Art. 6 Abs. 2 Richtlinie 2000/78/EG begründet, ohne hierbei genauer darzulegen, ob das Erreichen einer bestimmten Altersgrenze als Voraussetzung für die Unverfallbarkeit von Anwartschaften tatsächlich unter den Ausnahmetatbestand von Abs. 2 fällt.[501] Tlw. wird hingegen auch differenzierter argumentiert: daraus, dass den Mitgliedstaaten freigestellt werde, Altersgrenzen als Voraussetzung für die Mitgliedschaft in betrieblichen Systemen der sozialen Sicherheit festsetzen dürfen, folge *a maiore ad minus*, dass dies auch für die Unverfallbarkeitsfristen bereits erworbener Rentenanwartschaften gelten müsse.[502]

Auch das BAG ist in einer Entscheidungen aus dem Jahr 2013[503] davon ausgegangen, dass die Regelung des § 1b Abs. 1 BetrAVG a.F. mit einer Altersgrenze von 35 Jahren von der Ausnahmeregelung des Art. 6 Abs. 2 der Richtlinie gedeckt gewesen sei. So stellten die Richter fest, dass die Festsetzung von Altersgrenzen in den betrieblichen Systemen der sozialen Sicherheit unionsrechtlich *„in der Regel"* zulässig sei. Ebenso hat das BAG auch in einer weiteren Entscheidung aus dem Jahr 2013 hinsichtlich der aktuellen Regelung des § 1b Abs. 1 S. 1 i.V.m. der Übergangsregelung des § 30f Abs. 1 S. 1 BetrAVG und die hierin geregelten Altersgrenzen entschieden. Die Richter gingen hierbei davon aus, dass *„die Mitgliedstaaten, soweit es um die betrieblichen Systeme der sozialen Sicherheit geht, bei der Umsetzung der Richtlinie 2000/78/EG in nationales Recht nicht verpflichtet* [Anm.: seien], *die Voraussetzungen des Art. 6 Abs. 1 der Richtlinie 2000/78/EG einzuhalten."*[504] Auch hier stellte das BAG fest, dass *„die Festsetzung von Altersgrenzen in den betrieblichen Systemen der sozialen Sicherheit somit in der Regel zulässig"* seien.

Das BAG ist jedoch in beiden Entscheidungen nicht genauer auf die Frage behandelt, inwiefern es sich bei der Altersgrenze, welche der nationale Gesetzgeber in § 1 BetrAVG a.F.[505] bzw. in § 1b Abs. 1 i.V.m. § 30f Abs. 1 BetrAVG n.F. oder auch im aktuellen § 1b Abs. 1 BetrAVG vorgesehen hat, tatsächlich um eine solche

---

501 Bspw.: ErfKomm-*Steinmeyer*, Vorbem. BetrAVG Rn 45; *Meinel/Heyn/Herms*, § 10 AGG Rn 64; *Adomeit/Mohr*, § 10 AGG Rn 151 m.w.N; *Blomeyer/Rolfs/Otto*, Anh § 1 BetrAVG Rn 46.

502 Blomeyer/Rolfs/Otto-*Rolfs*, § 1b BetrAVG Rn 71b m.w.N.; *Adomeit/Mohr*, § 10 AGG Rn 151.

503 BAG, Urt. v. 15. Oktober 2013 – 3 AZR 10/12, BB 2013, 2996 [Rn 30 f.].

504 BAG, Urt. v. 28. Mai 2013 – 3 AZR 635/11, DB 2013, 1973 ff. = BB 2013, 2036 [Rn 17].

505 In dieser Form gültig bis zum 01. Januar 2001, geändert durch: Art. 9 Nr. 2 ff. des Gesetz zur Reform der gesetzlichen Rentenversicherung und zur Förderung eines

Altersgrenze handelt, welche der nationale Gesetzgeber nach Art. 6 Abs. 2 der Richtlinie für den Bereich der betrieblichen Systeme der sozialen Sicherheit, also der Betriebsrentensysteme, vorsehen darf.

In seiner Entscheidung von Mai 2013 hinsichtlich der Rechtmäßigkeit des § 1b Abs. 1 i.V.m. § 30f BetrAVG hingegen hat das BAG schlichtweg festgestellt, dass Altersgrenzen nach Art. 6 Abs. 2 der Richtlinie für Betriebsrentensystem vorgesehen werden dürften und somit unionsrechtlich zulässig seien. Aus diesem Grund sei es auch zuläsig, die Unverfallbarkeit der Anwartschaften auf Leistungen der bAV an das Erreichen eines bestimmten Mindestalters zu knüpfen.[506] Dass es sich bei den in Art. 6 Abs. 2 der Richtlinie benannten Ausnahmefällen nicht um den Fall des Vorsehens einer Altersgrenze für die Unverfallbarkeit von Anwartschaften handelt, scheinen die Richter hier also sogar erkannt zu haben. Die Argumentation der Richter erinnert dabei an das in der Literatur vertretene *a maiore ad minus* Argument.

Das BAG verkennt hierbei jedoch ebenso wie auch die beiden dargestellten Literatur-Meinungen, dass der europäische Richtliniengeber in Art. 6 Abs.2 Richtlinie 2000/78/EG eine Ausnahmeregelung geschaffen hat, für welche er ausdrücklich und seinem Wortlaut nach auch abschließend konkrete Anwendungsfälle benannt hat. Die Regelung benennt ausdrücklich die Ausnahmefälle, für welche der nationale Gesetzgeber Altersgrenzen in einem System der bAV vorsehen darf. Die Richtlinie benennt hier die *Mitgliedschaft* in einem solchen System sowie den *Bezug* von Leistungen der bAV. Weitere Ausnahmen benennt der Ausnahmetatbestand hingegen nicht, so dass davon auszugehen ist, dass er enumerativ gefasst ist. Art. 6 Abs. 2 sieht gerade nicht vor, dass Altersgrenzen i.R.d. bAV im Generellen ohne weiteres zulässig sein sollen. Diese Rechtsauffassung hat auch der EuGH in einer aktuellen Entscheidung in einem Vorlageverfahren hinsichtlich einer möglichen Altersdiskriminierung im Bereich der bAV vertreten. Das Gericht hat hier eindeutig erklärt, dass sowohl Wortlaut, Systematik als auch Zweck des Art. 6 Abs. 2 der Richtlinie 2000/78/EG dafür sprechen, dass der Geltungsbereich dieser Vorschrift nicht über die dort ausdrücklich genannten Fälle hinaus auszudehnen ist. Hätte der Unionsgesetzgeber eine solche Ausdehnung gewollt, so stellten die Luxemburger Richter fest, so *„hätte er dies ausdrücklich, z. B. unter Verwendung des Adverbs „insbesondere“, getan“*.[507] Eine (Mindest)-Altersgrenze für den Eintritt der Unverfallbarkeit der Anwartschaften jedoch nennt die Richtlinie gerade nicht als mögliche Ausnahme vom Grundsatz des Verbotes der Altersdiskriminierung.

---

kapitalgedeckten Altersvorsorgevermögens (Altersvermögensgesetz – AVmG) vom BGBl. I 2001 Nr. 31, S. 1327.

506 BAG, Urt. v. 28. Mai 2013 - 3 AZR 635/11, DB 2013, 1973 ff. = BB 2013, 2036 [Rn 17 f.].

507 EuGH, Urteil vom 26. September 2013 - C-476/11, [*HK Danmark, handelnd für Glennie Kristensen gegen Experian A/S*] [Rn 44], abrufbar unter: http://eur-lex.europa.eu/LexUriServ/LexUriServ.do?uri=CELEX:62011CJ0476:DE:HTML.

Diesem Argument widerspricht *Höfer*[508], indem er ausführt, dass durch das Mindestalter der gesetzlichen Unverfallbarkeitsregelung unmittelbar auch die Frage nach der Mitgliedschaft in einem Versorgungswerk angesprochen werde. Hierbei verkennt *Höfer* jedoch wiederum, dass die Unverfallbarkeit nicht die Mitgliedschaft an sich betrifft, sondern vielmehr die sich schlussendlich aus der Mitgliedschaft ergebenden Ansprüche. So ist es nach § 1b Abs. 1 S. 1 BetrAVG bspw. durchaus möglich, Mitglied in einem System der bAV zu sein, schlussendlich jedoch keinen Anspruch auf den Bezug von Leistungen der bAV zu besitzen, da die Versorgungszusage zum Zeitpunkt des Ausscheidens nicht bereits mindestens fünf Jahre bestanden hat.[509] In solchen Fällen ist die gesetzlich vorgesehene Unverfallbarkeitsfrist somit noch nicht erfüllt worden, so dass die verfallbare Anwartschaft erlischt.[510]

Das *a maiore ad minus* Argument hingegen, wonach die Festsetzung einer Altersgrenze für die Unverfallbarkeit der Anwartschaften zulässig sein müsse, da die Festsetzung von Altersgrenzen doch auch bereits für die Mitgliedschaft an sich zulässig seien, kann ebenfalls nicht überzeugen. Folgte man diesem Argument, so müsste man davon ausgehen, dass aufgrund der Ausnahmeregelung, welche der europäische Richtliniengeber in Art. 6 Abs. 2 Richtlinie 2000/78/EG für Altersgrenzen hinsichtlich der Mitgliedschaft in Systemen der bAV vorgesehen hat, jegliche Altersgrenzen i.R.d. Systeme der bAV zulässig seien. Wenn schon eine Altersgrenze für die Mitgliedschaft vorgesehen werden könne, so müssten doch in jedem Fall auch die Mitgliedschaft an sich und die Folgen einer solchen Mitgliedschaft auch anhand des Merkmals des Alters ausgestaltet werden können. Folgte man also dem *a maiore ad minus* Argument, so würde Art. 6 Abs. 2 eine Art *„Freifahrtschein"* für jegliche Altersgrenzen i.R.d. Systeme der bAV darstellen. Davon allerdings, dass die Regelung des Art. 6 Abs. 2 einen derartigen *„Freifahrtschein"* darstellen sollte, ist – insbesondere vor dem Hintergrund der enumerativen Auflistung der Ausnahmetatbestände durch den Richtliniengeber – nicht auszugehen. Gegen eine derartige Ausweitung des in Art. 6 Abs. 2 Richtlinie 2000/78/EG vorgesehenen Ausnahmetatbestandes auf die Festsetzung einer Mindestaltersgrenze für die Unverfallbarkeit einer Versorgungszusage spricht auch der vom EuGH entwickelte Grundsatz, dass Ausnahmeregelungen für Ausnahmen vom Grundsatz der Gleichbehandlung bzw. vom Verbot der Altersdiskriminierung grundsätzlich eng auszulegen sind.[511]

Die Meinungen, nach denen die Altersgrenze des § 1b Abs. 1 S. 1 BetrAVG unter den Ausnahmetatbestand des Art. 6 Abs. 2 Richtlinie/2000/78 zu fassen sei,

---

508 *Höfer*, Band I: Arbeitsrecht, ART Rn 805.17.

509 So wohl auch: *Matthießen*, jurisPR-ArbR 41/2013 Anm. 3.

510 Vgl.: Blomeyer/Rolfs/Otto-*Rolfs*, § 1b BetrAVG Rn 69.

511 So zutreffend: *Preis*, BetrAV 2010, 513 mit Verweis auf EuGH, Urt. v. 12. Januar 2010 – C-341/08 [*Petersen*], EuZW 2010, 137 ff. = NJW 2010, 587 ff.[Rn 60]; a.A.: *Höfer*, Band I: Arbeitsrecht, ART Rn 805.17.

verkennen zudem, dass der Richtliniengeber den Anwendungsbereich des Abs. 2 ausdrücklich auf Leistungen der bAV i.S.d. der Leistung wegen des Alters oder der Invalidität beschränkt. Würde man nunmehr die Altersgrenze des § 1b Abs.1 S. 1 BetrAVG unter den Ausnahmetatbestand des Art. 6 Abs. 2 Richtlinie 2000/78/EG fassen, so könnte dies in jedem Fall auch nur hinsichtlich der Unverfallbarkeit der Anwartschaften auf Ansprüche wegen des Leistungsfalls des Alters oder der Invalidität gelten. In der Praxis wäre folglich die Altersgrenze hinsichtlich der Unverfallbarkeit und Mitnaheme der Anwartschaften für Ansprüche wegen des Leistungsfalls des Alters sowie der Invalidität zulässig. Die Altersgrenze hinsichtlich der Anwartschaften auf Ansprüche der Hinterbliebenenversorgung wäre hingegen zumindest nicht nach Art. 6 Abs. 2 Richtlinie 2000/78/EG gerechtfertigt, so dass möglicherweise trotz einer Mindestaltersgrenze auch für jüngere Beschäftigte bei Ausscheiden aus dem Unternehmen die Anwartschaften für die Hinterbliebenenversorgung weitergeführt werden müssten. Ein solches Ergebnis erscheint weder praktikabel noch erwünscht.

Nach der hier vertretenen Ansicht ist folglich eine Altersgrenze i.R.d. bAV, welche dem Wortlaut nach nicht unter den Ausnahmetatbestand des Art. 6 Abs. 2 Richtlinie 2000/78/EG zu fassen ist, vielmehr am generellen Ausnahmetatbestand für Altersdiskriminierungen in Art. 6 Abs. 1 Richtlinie 2000/78/EG zu messen und somit einer Verhältnismäßigkeitsprüfung zu unterziehen.[512]

Dass die Unverfallbarkeit gemäß Art. 6 Abs. 2 Richtlinie 2000/78/EG an ein Mindestalter geknüpft werden dürfe, hat das BAG ebenfalls in seiner Entscheidung hinsichtlich der Rechtmäßigkeit des § 1 Abs. 1 S. 1 BetrAVG a.F. und der hierin vorgesehenen Altersgrenze von 35 Jahren aus Oktober 2013 unter schlichtem Verweis auf dies vertretenen Stimmen in der Literatur festgestellt.[513]

Die Frage hingegen, ob § 1 Abs. 1 S. 1 BetrAVG a.F. jedoch lediglich an Art. 6 Abs. 1 der Rahmenrichtlinie zu messen ist, oder aber i.S.v. Art. 6 Abs. 1 der Richtlinie einer Verhältnismäßigkeitsprüfung bedarf, haben die Erfurter Richter in dieser Entscheidung ausdrücklich offen gelassen. Vielmehr haben die Richter darauf abgestellt, dass die Regelung zumindest *auch* nach Art. 6 Abs. 1 der Richtlinie gerechtfertigt sei.[514] Nach dieser Auffassung sowie nach der hier vertretenen Ansicht, dass die Altersgrenze des § 1b Abs. 1 S. 1 BetrAVG am generellen Ausnahmetatbestand für Altersdiskriminierungen in Art. 6 Abs. 1 Richtlinie 2000/78/EG zu messen ist, Zunächst müsste der nationale Gesetzgeber mit der Festlegung der Altersgrenze von 25 Jahren hinsichtlich der Unverfallbarkeit der Anwartschaften ein legitimes, sachliches Ziel verfolgen.

---

512 So wohl auch zutreffend jüngst: EuGH, Urteil vom 26. September 2013 – C- 476/11, [*HK Danmark, handelnd für Glennie Kristensen gegen Experian A/S*] [Rn 44], abrufbar unter: http://eur-lex.europa.eu/LexUriServ/LexUriServ.do?uri=CELEX:62011CJ0476:DE:HTML; *Matthießen*, jurisPR-ArbR 41/2013 Anm. 3; a.A. wohl: *Adomeit/Mohr*, § 10 AGG Rn 151.

513 BAG, Urt. v. 15. Oktober 2013 – 3 AZR 10/12, BB 2013, 2996 [Rn 32].

514 BAG, Urt. v. 15. Oktober 2013 – 3 AZR 10/12, BB 2013, 2996 [Rn 30, 34].

Wie dargestellt, hielt das BAG in seinem Urteil aus dem Jahr 2005 einen sachlichen Grund für mögliche Benachteiligungen durch die Altersgrenze des § 1 Abs. 1 BetrAVG a.F. für gegeben. Das BAG sah die Altersgrenze als geeignetes Mittel an, um die Attraktivität der bAV zu steigern, da jüngere Arbeitnehmer häufiger den Arbeitgeber wechselten und durch eine derartige Altersgrenze von einem solchen Wechsel abgehalten werden sollten. Der bereits zu Vor-AGG-Zeiten artikulierte Gedanke, dass die Steigerung der Attraktivität der bAV für Arbeitgeber möglicherweise Benachteiligungen von Arbeitnehmern i.R.d. bAV rechtfertigen könne, könnte auch hinsichtlich des AGG und der diesem zugrundeliegenden Richtlinien aufgegriffen werden. So ging das BAG bspw. hinsichtlich des AGG mit Verweis auf die zugrunde liegende Richtlinie davon aus, dass zur Erreichung des Ziels der Verbreitung der bAV auch Hindernisse, die einer Verbreitung der betrieblichen Altersversorgung möglicherweise entgegenstehen könnten, abgebaut werden sollen[515], um auf Seiten der Arbeitgeber die Akzeptanz für die Gewährung einer bAV zu erhöhen.

Auch das LAG Köln[516] sowie des LAG Rheinland-Pfalz[517] schlossen sich dieser Ansicht des BAG an und gingen ebenfalls davon aus, dass die ehemals gültige Altersgrenze von 35 Jahren keine unzulässige unmittelbare Benachteiligung darstelle. Vielmehr sei eine mögliche Benachteiligung durch das legitime Ziel gerechtfertigt, einen *„Ausgleich zwischen dem Interesse des Arbeitgebers an einer möglichst weitgehenden Verwirklichung seiner unternehmerischen Freiheit und dem Interesse des Arbeitnehmers an einem effektiven Sozialschutz gewährleisten“* zu wollen.

Dies führten das LAG Köln sowie das LAG Rheinland-Pfalz zwar jeweils zu Sachverhalt aus Vor-AGG-Zeiten aus, behandelten hierbei jedoch auch eine mögliche Benachteiligung wegen des Alters[518] vor dem Hintergrund der Rahmenrichtlinie. Auch vor dem Hintergrund der Richtlinie 2000/78/EG habe der Gesetzgeber mit der Einführung der Altersgrenze hinsichtlich der Unverfallbarkeit das sachliche Ziel der Förderung der bAV verfolgt. Dem Interesse des Arbeitgebers an einer Beschränkung der Unverfallbarkeitsregelungen wurde tlw. sogar ein erhebliches öffentliches Interesse beigemessen, da die Allgemeinheit ein herausragendes Interesse daran habe, dass sich Rentner aus von ihnen erworbenen Ansprüchen selbst versorgen können und nicht aus Steuermitteln unterstützt werden müssten.[519]

---

515 So auch: BAG, Urt. v. 30. November 2010 –3 AZR 754/08, AP Nr. 72 zu § 16 BetrAVG = NZA-RR 2011, 593 ff. [Rn 34].

516 LAG Köln, Urt. v. 17. Januar 2008 – 11 Sa 1077/07, ZIP 2008, 1548 [Rn 43, 48 ff.].

517 LAG Rheinland-Pfalz, Urt. v. 11. November 2011 – 9 Sa 462/11, abrufbar unter: http://www3.mjv.rlp.de/rechtspr/DisplayUrteil_neu.asp?rowguid={0B558FE9-2C46-4106-AB8C-E83801CE459C} [Rn 18].

518 Das BAG-Urteil aus dem Jahr 2005 hingegen behandelte wie dargestellt einen Fall möglicher Benachteiligung anhand des Geschlechts.

519 Vgl.: LAG Köln, Urt. v. 17. Januar 2008 – 11 Sa 1077/07, ZIP 2008, 1548 [Rn 58 f.].

Zutreffend ist fraglos, dass das Ziel der Steigerung der Attraktivität der bAV für Arbeitgeber und die hiermit langfristig verfolgte Förderung der Verbreitung der bAV als sozialpolitisches Ziel ein sachliches Ziel darstellt, welches nach Art. 6 Abs. 1 Richtlinie 2000/78/EG (ebenso wie bei Anwendbarkeit des AGG auch nach § 10 S. 1 und 2 AGG) Benachteiligungen wegen des Alters rechtfertigen kann, sofern das gewählte Mittel erforderlich und angemessen ist.[520]

Nach Darstellung des verfolgten sachlichen Ziels stellten die Richter in den erwähnten Entscheidungen jedoch lediglich fest, dass das gewählte Mittel der Altersgrenze hinsichtlich der Erlangung unverfallbarer Anwartschaften zur Erreichung des Ziels wohl auch erforderlich und angemessen sei, gingen hierbei jedoch nicht im Detail auf die Erforderlichkeit ein.[521] Sowohl das BAG wie auch die Landesarbeitsgerichte nahmen – ohne dies ausführlicher zu begründen – lediglich lapidar an, dass nur eine Altersgrenze den Arbeitgeber vor der Konsequenz bewahre, Anwartschaften von regelmäßig geringerer Höhe über einen langen Zeitraum verwalten zu müssen.[522]

Hinsichtlich der Frage nach der Verhältnismäßigkeit des Mittels der Altersgrenze gingen die Gerichte davon aus, dass eine uneingeschränkte Unverfallbarkeit ohne feste Altersgrenze dazu führen könne, dass Arbeitgeber sich veranlasst sehen könnten, gar keine Zusagen auf Gewährung einer bAV zu erteilen. Einer möglichen Absenkung oder gar Aufhebung der Altersgrenze für die Unverfallbarkeit von Anwartschaften wurde entgegen gehalten, dass eine Regelung ohne Altersbeschränkung auf Arbeitgeber eine besonders abschreckende Wirkung haben würde, da sie für den Arbeitgeber zu einem erheblichen bürokratischen Aufwand führe. Der Arbeitgeber müsste auch Anwartschaften von geringer Höhe über ggf. 30 oder mehr Jahre verwalten und werde hierdurch von der bAV abgeschreckt. Wäre der Arbeitgeber hierzu verpflichtet, so müsse befürchtet werden, dass Arbeitgeber sich veranlasst sähen, von der Erteilung von Versorgungszusagen insgesamt abzusehen. Um diesem entgegen zu wirken, sei eine Altersgrenze erforderlich, da eine derartige Unverfallbarkeitsfrist dazu beitrage, Hindernisse bei der Verbreitung der bAV zu beseitigen.[523]

Des Weiteren führten die Kölner Richter und zuletzt auch das BAG aus, dass jüngere Arbeitnehmer durch eine Altersgrenze weniger stark belastet würden als ältere Arbeitnehmer. Jüngeren Arbeitnehmern, welche vor dem Erreichen der

---

520 Vgl.: BAG, Urt. v. 15. Oktober 2013 – 3 AZR 10/12, BB 2013, 2996 [Rn 34]; Urt. v. 11. August 2009 – 3 AZR 23/08, AP Nr. 139 zu Art. 9 GG = NZA 2010, 408 ff.; so auch: ErfKomm-*Steinmeyer*, Vorbemerkung BetrAVG Rn 45; *Kemper/Kisters-Kölkes*, Rn 26.

521 BAG, Urt. v. 18. Oktober 2005 – 3 AZR 506/04, AP Nr. 13 zu § 1 BetrAVG Unverfallbarkeit = BetrAV 2006, 404 ff. [Rn 12].

522 So auch zuletzt in BAG, Urt. v. 15. Oktober 2013 – 3 AZR 10/12, BB 2013, 2996 [Rn 35].

523 Dies stellte das LAG Köln sogar hinsichtlich der ehemals gültigen Altersgrenze von 35 Jahren fest.

Altersgrenze ausschieden, stünde ein vergleichsweise langer Zeitraum zur Verfügung, sich auf den Verlust der Anwartschaft einzustellen und diesen noch anderweitig im verbleibenden Berufsleben oder durch Eigenvorsorge auszugleichen.[524] Dem Gesetzgeber habe auch kein milderes Mittel zur Verfügung gestanden. Nur eine Altersgrenze bewahre den Arbeitgeber vor der Konsequenz, Anwartschaften von regelmäßig geringer Höhe über einen langen Zeitraum verwalten zu müssen. Daher sei eine solche Altersgrenze auch erforderlich und angemessen.[525]

Hinsichtlich der ehemaligen Altersgrenze von 35 Jahren des § 1 Abs. 1 S. 1 BetrAVG a.F. verwiesen die Erfurter Richter unlängst zudem auf den Umstand, dass vor Inkrafttreten dieser Regelung kein derartiger, gesetzlich normierter Anwartschaftsschutz existiert habe. Vielmehr sei eine derartige Unverfallbarkeit der Anwartschaften bis zum Inkrafttreten dieser Norm lediglich aufgrund von richterlicher Rechtsfortbildung und erst nach mehr als 20-jähriger Betriebszugehörigkeit angenommen worden. Folglich habe die Norm des § 1 Abs. 1 S. 1 BetrAVG a.F. samt ihrer Altersgrenze dennoch zum Sozialschutz der Arbeitnehmer beigetragen.[526]

Aus den vorbenannten Gründen schlossen die Erfurter Richter auch in den jüngsten Entscheidungen auf die Verhältnismäßigkeit sowohl der ehemaligen Altersgrenze von 35 Jahren als auch der aktuellen Altersgrenze des § 1b Abs. 1 BetrAVG. Auf die Frage, inwiefern auch ein milderes Mittel zur Verfügung steht, die Risiken für die Verbreitung der bAV zu minimieren, wie dies nach Auffassung der Richter eine derartige Altersgrenze tut, gingen die Richter jedoch nicht weiter ein.

Auch in der Literatur wird zusammenfassend wohl weiterhin mehrheitlich von der Erforderlichkeit einer Altersgrenze hinsichtlich der Unverfallbarkeit der Anwartschaften und somit von der Vereinbarkeit der Regelung des § 1b Abs. 1 S. 1 BetrAVG mit der Rahmenrichtlinie ausgegangen.[527] Auch in der jüngsten gesetzgeberischen Diskussion um die Vorschrift des § 1b Abs. 1 S. 1 BetrAVG und der

524 LAG Köln, Urt. v. 17. Januar 2008 – 11 Sa 1077/07, ZIP 2008, 1548 [Rn 61]; BAG, Urt. v. 15. Oktober 2013 – 3 AZR 10/12, BB 2013, 2996 [Rn 36], unter Verweis auf: BAG, Urt. v. 28. Mai 2013 – 3 AZR 635/11, DB 2013, 1973 ff. = BB 2013, 2036 [Rn 23].

525 LAG Köln, Urt. v. 17. Januar 2008 – 11 Sa 1077/07, ZIP 2008, 1548 [Rn 62].

526 BAG, Urt. v. 15. Oktober 2013 – 3 AZR 10/12, BB 2013, 2996 [Rn 37]; ähnlich hatten die Richter auch bereits in der oben benannten Entscheidung zur Altersgrenze des § 1 Abs. 1 S. 1 BetrAVG a.F. vom 18. Oktober 2005 – 3 AZR 506/04 argumentiertn, vgl. hierzu: *Langohr-Plato*, jurisPR-ArbR 22/2006 Anm. 4.

527 *Höfer*, Band I: Arbeitsrecht, Rn 805.18 ff.; *Bauer/Göpfert/Krieger*, § 10 AGG Rn 37; *Langohr-Plato*, Rn 1474 ff.; *Cisch/Böhm*, BB 2007, 602, 608; *Adomeit/Mohr*, ZfA 2008, 449, 464; *dies.*, § 10 AGG Rn 151; *Rengier*, NZA 2006, 1251, 1254; *Rolfs*, NZA 2008, 553, 555; *Nollert-Borasio/Perreng*, § 10 AGG Rn 22; darauf abstellend, dass Art. 6 Abs. 2 Richtlinie 2000/78/EG eine „unbedingte" Ausnahmevorschrift darstelle: *Meinel/Heyn/Herms*, § 10 AGG Rn 64; a.A. wohl, zumindest die bisherigen vom BAG verwendeten Rechtfertigungsgründe anzweifelnd: *Matthießen*, jurisPR-ArbR 41/2013 Anm. 3.

dortigen Altersgrenze von 25 Jahren wurden ähnliche Argumente vorgebracht. So ging bspw. die Bundesministerin für Arbeit und Soziales, *Ursula von der Leyen*, davon aus, dass bei einer weiteren Einschränkung der Regelung des § 1b Abs. 1 S. 1 AGG zu befürchten stünde, dass sich viele Firmen aus den Betriebsrentensystemen zurückzögen bzw. sich auch keine weiteren Unternehmen zur Einführung einer bAV entschließen würden, da bei weiterem Absenken der Voraussetzungen für unverfallbare Anwartschaften Aufwand und Nutzen in ein Missverhältnis geraten würden.[528]

Die aktuelle Lebensaltersgrenze des § 1b Abs. 1 S. 1 BetrAVG stelle einen zulässigen Kompromiss zwischen dem Sozialschutz und der Berufsfreiheit der Arbeitnehmer sowie der unternehmerischen Freiheit und dem Bindungsinteresse des Arbeitgebers dar.[529] Ein solcher Kompromiss sei insbesondere deshalb von Nöten, da bei jüngeren Arbeitnehmern die Fluktuation höher als bei älteren Arbeitnehmern sei und der Arbeitgeber dahingehend geschützt werden müsse[530], insbesondere, dass er nicht für lediglich kurze Beschäftigungszeiten aufwendig Anwartschaften verwalten müsse.

Hinsichtlich dieses Kompromisses der sich entgegenstehenden Interessen ergebe sich auch aus der Rechtsprechung des EuGH in Sachen *Kücükdeveci*[531] nichts anderes. Hier sei zwar festgestellt worden, dass das Europarecht einer Regelung wie der des § 622 Abs. 2 S. 2 BGB, nach welchem Arbeitzeiten bis zum 25. Lebensjahr hinsichtlich der erleichterten Kündigung bei Arbeitnehmern unberücksichtigt blieben, entgegen steht. Die Richtlinie 2000/78/EG gestatte in Art. 6 Abs. 2 jedoch gerade im Gegensatz dazu für betriebliche Systeme der sozialen Sicherheit besondere Altersdifferenzierungen.[532] *Rolfs* führt darüber hinaus an, dass die Tatsache, dass der (mittlerweile jedoch gescheiterte) Vorschlag der Kommission für eine neue Portabilitätsrichtlinie[533] eine Altersgrenze (hier das 21. Lebensjahr) vorgesehen habe, ebenfalls für die Zulässigkeit einer Lebensaltersgrenze spräche.[534]

---

528 *von der Leyen*, BetrAV 2012, 374.

529 So hinsichtlich der möglichen Benachteiligung wegen des Geschlechtes: *Adomeit/Mohr*, ZfA 2008, 449, 464; hinsichtlich der möglichen Benachteiligung wegen des Alters ähnliche Argumente vertretend, jedoch auf fehlende höchstrichterliche Rechtsprechung hinweisend: *dies.*, § 10 AGG Rn 26; *Langohr-Plato*, Rn 1475 ff.

530 *Langohr-Plato*, Rn 1475 ff; so auch jüngst: BAG, Urt. v. 15. Oktober 2013 – 3 AZR 10/12, BB 2013, 2996 [Rn 37].

531 EuGH, Urt. 19. Januar 2010 – Rs. C-555/07 [*Kücükdeveci*], Slg. 2010, I-365 = AP Nr. 14 zu Richtlinie 2000/78/EG.

532 *Höfer*, Band I: Arbeitsrecht, Rn 805.18 ff; *Adomeit/Mohr*, § 10 AGG Rn 151.

533 Art. 4 lit. b des Vorschlags der Europäischen Kommission für eine Richtlinie des Europäischen Parlaments und des Rates zur Verbesserung der Portabilität von Zusatzrentenansprüchen vom 20. Oktober 2005, KOM (2005) 507 endg.

534 *Rolfs*, NZA 2008, 553, 555 m.w.N.; ähnlich auch: *Adomeit/Mohr*, § 10 AGG Rn 151; *Langohr-Plato*, Rn 1477.

Rolfs verkennt in dieser Argumentation jedoch, dass sich auch aus diesem Kommissionsvorschlag gerade kein Argument für, sondern eher ein Argument gegen die Zulässigkeit der gesetzlichen Altersgrenze von 25 Jahren herleiten lässt. Zwar sah der mittlerweile gescheiterte Vorschlag der Kommission – wie *Rolfs* richtig darstellt – durchaus ebenfalls eine Altersgrenze vor. Das Mittel der Einrichtung einer solchen festen Altersgrenze i.R.d. Unverfallbarkeit der Anwartschaften wird folglich nicht *per se* abzulehnen sein. Dass jedoch die Kommission gerade eine erheblich niedrigere Altersgrenze vorgeschlagen hat, spricht vielmehr gegen die Erforderlichkeit und somit auch gegen die Verhältnismäßigkeit einer Altersgrenze von 25 Jahren, geschweige denn der ehemaligen Altersgrenzen von 35 oder von 30 Jahren. In keinem Fall jedoch spricht dieser Vorschlag *per se* für die Rechtmäßigkeit einer Altersgrenze von 25 Jahren, wie *Rolfs* darzulegen versucht.[535]

Gegen die europarechtliche Zulässigkeit der aktuellen Fassung der nationalen Regelung des § 1b Abs. 1 S. 1 BetrAVG spricht zudem, dass das vom LAG Köln sowie vom BAG vorgebrachte Argument, nach welchem jüngere Arbeitnehmer im Verlauf ihres Berufslebens noch ausreichend Zeit hätten, eine Altersversorgung aufzubauen, äußerst schwach ist und mit Sicherheit nicht zur Begründung einer solchen Altersgrenze ausreicht.[536] Folgte man den Gerichten in dieser Argumentation, so hieße dies, Entgelteinbußen jüngerer Arbeitnehmer mit dem lapidaren Argument hinzunehmen, den betroffenen Arbeitnehern stünde ja noch „das ganze Arbeitsleben offen“, um erlittene Gehaltseinbußen wieder aufzuholen. Vor diesem Hintergrund wird in der Literatur – bislang jedoch lediglich vereinzelt – vertreten, dass die Altersgrenze des § 1b Abs. 1 S. 1 BetrAVG aufgrund des sich aus der Rahmenrichtlinie ergebenden Benachteiligungsverbotes wegen des Alters keinen Bestand mehr haben dürfe.[537]

Zwar ist der Argumentation der Gerichte und auch des nationalen Gesetzgebers zuzugeben, dass Arbeitsplatzwechsel – die in den ersten Berufsjahren häufiger auftreten[538] – die Schutzbedürftigkeit des wechselnden Arbeitnehmers in gewissem Maße reduzieren. Hier drückt sich auch der Gedanke aus, dass durch die Gewährung der Betriebsrente auch die Betriebstreue belohnt werden soll. Je weniger Betriebstreue jedoch von einem Arbeitnehmer gezeigt wird, umso

535 *Langohr-Plato / Stahl*, NJW 2008, 2378, 2380 f., der darauf schließt, dass lediglich eine Altersgrenze deutlich unterhalb der früheren 35 oder 30 Jahre sachlich gerechtfertigt sein dürfte; ebenso: *ders.*, Rn 1477.

536 So ebenfalls: *Bertelsmann*, ZESAR 2005, 242, 245; Schiek-*Schmidt*, § 10 AGG Rn 25.

537 *Kolmhuber/Schreiner*, Rn 71; *Preis*, BertAV 2010, 513 f; wohl auch: Däubler/Bertzbach-*Brors*, § 10 AGG Rn 138 [zumindest noch bis zur 2. Auflage 2008].

538 So wechselten in der Gruppe der unter 25-jährigen Arbeitnehmer und Arbeitnehmerinnen mehr als 50% innerhalb von drei Jahren mindestens einmal den Arbeitsplatz, während der entsprechende Anteil bei den 60- bis 64-Jährigen mit lediglich 23 Prozent weniger als halb so hoch liegt (Quelle: *Grobe*, TK-Gesundheitsreport 2012, S. 17).

weniger kann der Beschäftigte erwarten, Leistungen wie bspw. eine Betriebsrente zu erhalten.

Hierbei muss jedoch hinterfragt werden, inwiefern eine Altersgrenze von 35, 30 bzw. aktuell 25 Jahren tatsächlich brauchbar ist, um die Schutzunbedürftigkeit dieser einzelnen Arbeitnehmer herauszukristallisieren und die nicht schutzbedürftigen Arbeitnehmern von solchen abzugrenzen, welche aufgrund ihrer Betriebstreue durchaus auch schon in frühen Jahren ihres Berufslebens schutzbedürftig sind. So ist bspw. nicht einzusehen, warum ein mit 17 Jahren in ein Unternehmen eintretender Arbeitnehmer, der seinen Arbeitsplatz erstmals nach 7 Jahren wechselt, weniger schutzwürdig sein soll, als ein Arbeitnehmer, der bspw. mit 35 Jahren in das Unternehmen eintritt, dieses aber bereits nach wenig mehr als 5 Jahren wieder verlässt.[539]

Bzgl. der Altersgrenze des § 1b Abs. 1 S. 1 BetrAVG bzw. umso mehr auch hinsichtlich der früheren, noch höheren Altersgrenzen stellt sich hier insbesondere die Frage nach der Erforderlichkeit. Es ist zu beleuchten, ob tatsächlich kein anderes, milderes Mittel gleicher Eignung zur Verfügung steht.

Wie bereits dargestellt ist zwar zuzugeben, dass die bAV für Arbeitgeber attraktiver ist, wenn sichergestellt ist, dass die bAV tatsächlich Betriebstreue belohnt. Ebenso erscheint eine bAV fraglos für einen Arbeitgeber interessanter, wenn er nicht den Verwaltungsaufwand der Anwartschaften solcher Arbeitnehmer fürchten muss, die bereits nach kurzer Zeit wieder aus dem Unternehmen ausscheiden. Auch die Tatsache, dass mittels einer für den Arbeitgeber attraktiver ausgestalteten bAV die Verbreitung und Akzeptanz der bAV und somit ein sozialpolitisches Ziel verfolgt werden soll, ist – wie dargestellt – unbestritten.

Jedoch sind alle diese (legitimen) Ziele gleichfalls dadurch zu erreichen, dass allein auf die Stellschraube der 5-jährigen Betriebszugehörigkeit i.R.d. § 1b Abs. 1 S. 1 BetrAVG abgestellt wird. Diese Einschränkung trägt ausreichend dem Umstand Rechnung, dass ein Ausgleich zwischen den Interessen des Arbeitgebers und den Schutzinteressen der Arbeitnehmer gefunden werden muss. Den Arbeitgeberinteressen hinsichtlich der erforderlichen Betriebstreue wird jedoch bereits durch die 5-Jahres-Unverfallbarkeitsfrist ausreichend entgegen gekommen. Durch das alleinige Abstellen auf eine 5-jährige Betriebszugehörigkeit wird ebenfalls zu Genüge den Bedenken begegnet, dass Arbeitgeber ohne die Stellschraube einer festen Altersgrenze zu viele unverfallbare Anwartschaften solcher Arbeitnehmer verwalten und betreuen müssten, die bereits nach kurzer Betriebszugehörigkeit wieder ausscheiden.[540] Hierfür spricht auch das Urteil des BAG vom 18. Oktober 2005, in welchem die Erfurter Richter festgestellt hatten, dass in der Altersgrenze

539 So auch ähnlich: *Meinel/Heyn/Herms*, § 10 AGG Rn 64; *Matthießen*, jurisPR-ArbR 41/2013 Anm. 3.

540 So wohl auch Rust/Falke-*Bertelsmann*, § 10 AGG Rn 214 f.; Däubler/Bertzbach-*Brors*, § 10 AGG Rn 138 [zumindest noch bis zur 2. Auflage 2008]; a.A.: *Adomeit/ Mohr*, § 10 AGG Rn 151.

von 35 Jahren keine Benachteiligung wegen des Geschlechts anzunehmen sei.[541] Nicht die Altersgrenze, sondern vielmehr – so führten die Richter hier aus – die damalige gesetzliche Wartezeit von 10 Jahren habe größere Auswirkungen auf die Arbeitnehmer gehabt und mehr Arbeitnehmerinnen von unverfallbaren Anwartschaften ausgeschlossen als die 35-Jahres-Altersgrenze.[542]

Folglich ist nicht erkennbar, warum eine feste Altersgrenze, dazu noch gerade in der Höhe von 25 Jahren, erforderlich sein sollte, um die Attraktivität der bAV zu steigern und hierdurch die Verbreitung der bAV voranzutreiben. Ebenso wenig erscheint eine feste Altersgrenze auch zur Stärkung des Betriebstreuegedankens erforderlich. Vielmehr stellt das alleinige Abstellen auf die 5-jährige Betriebszugehörigkeit ein ebenso wirksames, gleichzeitig jedoch deutlich milderes, da nicht auf eine feste Altersgrenze abstellendes, Mittel zur Erreichung dieser durchaus erstrebenswerten Ziele dar.

Es ist daher davon auszugehen, dass die gesetzliche Regelung des § 1b Abs. 1 S. 1 BetrAVG in seiner aktuellen wie auch in den vorherigen Fassungen eine wegen des Alters diskriminierende und nicht gerechtfertigte Regelung darstellt und das Altersdiskriminierungsverbot der Richtlinie 2000/78/EG der nationalen Regelung des Betriebsrentenrechts entgegensteht, insbesondere auch nicht nach Art. 6 Abs. 1 Richtlinie 2000/78/EG, geschweige denn nach Abs. 2 gerechtfertigt ist.[543] Gleiches gilt selbstverständlich seit dem Ende der Umsetzungsfrist auch hinsichtlich der ehemaligen Altersgrenze von 30 bzw. 35 Jahren.

cc) Entgeltvereinbarungen anhand des Alters / bAV als Arbeitsentgelt

Bzgl. des Entgelts war bisher der im Alter häufig höhere finanzielle Bedarf hinsichtlich des sozialen Umfelds des Arbeitnehmers, welcher sich bspw. aus dem Familienstand, einem höheren Lebensstandard, gestiegenen Kosten der Gesundheitspflege oder Ähnlichem ergibt, als Element bei der Berechnung einer mit dem Alter steigenden Entgelthöhe anerkannt. Es war und ist daher eine bei Arbeitgebern beliebte Methode, mittels bestimmter Altersstufen Steigerungen im Entgelt festzulegen.

Mit der Verabschiedung des AGG hat der deutsche Gesetzgeber eine rechtspolitische Entscheidung getroffen und i.R.d. AGG der Richtlinie 2000/78/EG folgend

541 BAG, Urt. v. 18. Oktober 2005 – 3 AZR 506/04, AP Nr. 13 zu § 1 BetrAVG Unverfallbarkeit = BetrAV 2006, 404 ff.

542 Vgl. hierzu auch: *Langohr-Plato*, jurisPR-ArbR 22/2006 Anm. 4.

543 So wohl auch: *Kolmhuber/Schreiner*, Rn 71; *Preis*, BertAV 2010, 513 f.; ebenfalls Zweifel an der bisherigen Rspr. Für angebracht erachtend: *Matthießen*, jurisPR-ArbR 41/2013 Anm. 3; a.A.: Blomeyer/Rolfs/Otto-*Rolfs*, § 1b BetrAVG Rn 71b; ErfKomm-*Steinmeyer*, Vorbem. BetrAVG Rn 45; ebenfalls a.A., jedoch direkt vom Vorliegen eines rechtmäßigen Ziels auf die Zulässigkeit schließend: *Walk/Lipke*, BB 2008, 561, 562.

die Vorgaben des Entgeltgleichheitsgebots für gleiche oder gleichwertige Arbeit, welches sich bislang gem. Art. 157 AEUV[544] auf die Gleichbehandlung der Geschlechter beschränkte, auch auf das Kriterium des Alters ausgeweitet.

Mit dem Alter als Benachteiligungsmerkmal i.S.d. § 1 AGG wurde ein absolutes Diskriminierungsverbot geschaffen, welches sich gem. § 2 Abs. 1 Nr. 2 AGG auch auf das Arbeitsentgelt erstreckt. Der Schutz vor Altersdiskriminierung erstreckt sich hierbei auch gerade nicht nur auf ältere, sondern ebenso auf jüngere Arbeitnehmer. Die Rechtmäßigkeit einer sich unmittelbar am Alter orientierenden und die Arbeitnehmer am Alter unterscheidenden Entgeltregelung beurteilt sich somit nach den Rechtfertigungstatbeständen des AGG. Die Beantwortung der Frage nach der Zulässigkeit einer Entgelt-Regelung, welche anhand fester Altersstufen differenziert Frage nach der Rechtfertigung einer unmittelbar am Alter anknüpfenden Entgeltregelung hat auch unmittelbare Auswirkungen auf die bAV, da es sich bei der bAV und deren Versprechen um Entgeltbestandteile handelt.[545]

Gem. § 5 AGG könnte bspw. die Gewährung eines höheren Entgelts bei höherem Alter weiterhin als positive Maßnahme i.S.d. § 5 AGG möglich sein, sofern hiermit nachweislich tatsächliche sich aus dem Alter ergebende Nachteile ausgeglichen oder deren Entstehen verhindert werden sollen. Ebenso könnte es hiernach auch möglich sein, jüngeren Arbeitnehmern ein höheres Entgelt zu gewähren, wenn hierdurch i.S.d. § 5 AGG tatsächliche, sich hier aus dem geringeren Alter ergebende Nachteile ausgeglichen oder verhindert werden sollen.

Damit § 5 AGG als Rechtfertigungsgrund in Betracht kommt, muss zunächst ein Nachteil vorliegen, welcher durch die entsprechende Maßnahme verhindert oder ausgeglichen werden soll. Dieser Verhinderungszweck muss im Hinblick auf die benachteiligende Maßnahme in eine Zweck-Mittel-Relation gesetzt, demnach also am Maßstab der Verhältnismäßigkeit gemessen werden. Die Maßnahme muss zunächst geeignet sein, das Ziel der Verhinderung oder des Ausgleichs des Nachteils zu erreichen. Zudem muss es sich bei diesem Mittel um das mildeste der zur Zielerreichung geeigneten Mittel handeln. Schlussendlich muss das Verhältnis zwischen der Maßnahme und dem verfolgten Zweck auch angemessen im engeren Sinn sein.[546]

Es ist jedoch schwierig, eine unterschiedliche Behandlung hinsichtlich des Entgelts tatsächlich mit dem Ausgleich bzw. der Verhinderung sich aus dem Alter ergebender Nachteile im Sinne einer Rechtfertigung nach § 5 AGG zu begründen. Eine höhere Vergütung wegen des Alters kann nicht mit einem größeren Bedarf des älteren Arbeitnehmers begründet werden, da schon bereits keine tatsächlichen Nachteile wegen des Alters (als solchem) ersichtlich sind.[547] Das Alter ist – zumindest hinsichtlich der Zeiten der Erwerbstätigkeit, welche nun einmal von möglichen

---

544 ex-Art. 141 EGV.

545 S.o. zur Einordnung der bAV als Entgelt: B.I.3.

546 Vgl.: *Nollert-Borasio/Perreng*, § 5 AGG Rn 6; *Meinel/Heyn/Herms*, § 5 AGG Rn 8 ff.; *Bauer/Göpfert/Krieger*, § 5 AGG Rn 12 ff.

547 So wohl auch: *Thüsing*, Rn 466, 421.

Benachteiligungen i.R.d. Entgeltstruktur betroffen sind – nicht zwingend mit höheren Kosten verbunden.[548] Vielmehr ergeben sich häufig gerade bereits in den ersten Berufsjahren durch Familiengründung, Hausstandserrichtung etc. mindestens gleich große, wenn nicht sogar größere Kostenbelastungen der Arbeitnehmer. Zudem ist auch nicht festzustellen, dass Entgelt üblicherweise anhand des tatsächlichen Bedarfs bemessen wird. *Thüsing* nimmt daher an, dass in Zukunft kein höheres Entgelt lediglich aufgrund höheren Alters mehr gewährt werden dürfe.[549]

Ebenso wie dies das ArbG Berlin in einem Urteil aus dem Jahr 2008 festgestellt hat, ist mittlerweile gemeinhin anerkannt, dass Vergütungssysteme, welche die Vergütung schlichtweg nach dem Lebensalter staffeln, aufgrund einer ungerechtfertigten Benachteiligung anhand des Alters unwirksam sind.[550] Bei anderen Autoren lösen solche Systeme zumindest erhebliche Bedenken aus, insbesondere auch hinsichtlich ihrer europarechtlichen Zulässigkeit.[551]

Teilweise wird zumindest noch angenommen, dass ein mit dem Lebensalter verbundener Zuwachs an Lebenserfahrung als Rechtfertigung akzeptiert werden könne, sofern dieser für die Berufsausübung im Einzelfall „nützlich" oder „vorteilhaft" sei.[552] Auch der Gesetzesbegründung zufolge scheint eine Rechtfertigung dahingehend im Einzelfall zumindest nicht gänzlich ausgeschlossen zu sein.[553]

Während eine rein anhand des Alters differenzierende Entgeltregelung in den allermeisten Fällen unzulässig geworden ist, hat der EuGH i.R.d. „*Cadman*"-Entscheidung[554] eindeutig klargestellt, dass es auch weiterhin möglich sein soll,

548 Vgl.: *Bauer/Göpfert/Krieger*, § 10 AGG Rn 24, vielmehr sogar darauf hinweisend, dass bspw. junge Familien üblicherweise einen höheren Finanzierungsbedarf haben.

549 Wiedemann-*Thüsing*, Einl. Rn 162.

550 ArbG Berlin, Urt. v. 22. August 2008 – 86 Ca 1696/07; Ebenfalls die Unwirksamkeit solcher Entgeltregelungen annehmend auch: *Alenfelder*, Rn 82, 404; *Bauer/Göpfert/Krieger*, § 10 AGG Rn 23, 30; *Boemke/Danko*, § 13 AGG Rn 33; Däubler/Bertzbach-*Brors*, § 3 AGG Rn 61a; Däubler/Bertzbach-*Dette*, § 7 AGG Rn 125; *Dornbusch/Kasprzyk*, NZA 2009, 1000; *Hanau*, ZIP 2006, 2189, 2197; *Lingemann/Gotham*, NZA 2007, 663, 666; *Lingscheid*, S. 236; *Löwisch*, DB 2006, 1729, 1730 f.; *Meinel/Heyn/Herms*, § 10 AGG Rn 45; MüKo-*Thüsing*, § 10 AGG Rn 54 („*regelmäßig unzulässig*"); Schleusener/Suckow/Voigt-*Voigt*, § 10 AGG Rn 30, 32; Däubler-*Winter*, § 1 Rn 495.

551 *Schmidt/Senne*, RdA 2002, 80, 88; *Linsenmaier*, RdA 2003 Sonderbeilage Heft 5, 22, 29 („*europarechtlich bedenklich*"); *Bauschke*, § 1 AGG Rn 34; in Frage stellend auch *Kokott*, RdA 2006, Sonderbeilage Heft 6, 30, 33.

552 Auf den konkreten Einzelfall abstellend: *Waltermann*, NZA 2005, 1265, 1268 f; ders., ZfA 2006, 305, 322.

553 BT-Dr. 16/1780, S. 36, wonach in manchen Berufszweigen eine mögliche höhere Belastbarkeit jüngerer Arbeitnehmer, in anderen hingegen eine möglicherweise größere Lebenserfahrung älterer Arbeitnehmer von Interesse für den Arbeitgeber sein kann.

554 EuGH, Urt. v. 3. Oktober 2006 – Rs. C-17/05 [*Cadman*], Slg 2006, I-9583 ff. = AP Nr. 15 zu Art. 141 EG; die EuGH-Rspr aufgreifend auch: ArbG Berlin, Urt.

eine zwar nicht an das Alter, jedoch an die Berufserfahrung als Differenzierungsmerkmal anknüpfende Vergütungsordnung zu schaffen, da davon auszugehen sei, dass gesteigerte Berufserfahrung im Allgemeinen dazu befähige, die jeweilige Arbeit besser zu verrichten. Unzulässig ist jedoch in jedem Fall das alleinige Abstellen auf das Lebensalter an sich.[555]

Wegen des Entgeltcharakters der bAV lassen sich die Grundsätze dieser das Entgelt betreffenden EuGH-Rechtsprechung auch auf die bAV übertragen. Es ist somit hinsichtlich der bAV davon auszugehen, dass die alleinige Verknüpfung der Gewährung einer bAV an das Lebensalter unzulässig ist. Vielmehr wird ein derartiges System durch ein auf objektive Kriterien gestützes System ersetzt werden müssen[556] - bspw. durch eine Verknüpfung mit Kriterien der Berufserfahrung oder der Betriebstreue.[557]

dd) Höchstaufnahmealters-/ Höchstaltersgrenzen

Höchstaufnahmealtersregelungen (tlw. auch Höchstaltersgrenzen bzw. -regelungen genannt) bestimmen in manchen Versorgungszusagen, dass ältere, neu in das Arbeitsverhältnis eintretende Arbeitnehmer von der Versorgungszusage komplett ausgenommen sein sollen, wenn sie bereits eine bestimmte Lebensaltersgrenze überschritten haben. Eine solche Höchstaufnahmealtersregelung kann folglich dazu führen, dass eine Versorgungszusage an einzelne Arbeitnehmer überhaupt nicht erteilt wird.

(1) Bisherige rechtliche Bewertung

Vor Inkrafttreten des AGG wurden solche Regelungen grundsätzlich für zulässig erachtet.[558] Voraussetzung hierfür war vor dem Hintergrund des allgemeinen arbeitsrechtlichen Gleichbehandlungsgrundsatzes, dass die Festsetzung der Altersgrenze weder sachfremd noch willkürlich war.[559] Höchstaufnahmealtersgrenzen

---

v. 22. August 2007 – 86 Ca 1696/07, BB 2008, 161; *Bissels/Lützeler*, BB 2008, 666, 667.

555 Vgl. auch: Schulze/Zuleeg/Kadelbach-*Schlachter/Seifert*, § 39 Rn 77.

556 So auch: *Berg/Natzel*, ZfA 2012, 65, 73.

557 EuGH, Urt, v. 17. Oktober 1989 – Rs. C-109/88 [*Danfoss*], NZA 1990, 772; Urt. v. 3. Oktober 2006 – Rs. C-17/05 [*Cadman*], Slg 2006, I-9583 ff. = AP Nr. 15 zu Art. 141 EG; generell zum Anknüpfen an die Betriebstreue anstelle an das Lebensalter vgl. auch: Vgl. *Schlachter*, in Richardi/Reichold, S. 358.

558 BAG, Urt. v. 9. Januar 1990 – 3 AZR 319/88, AP Nr. 23 zu § 1 BetrAVG Wartezeit; Urt. v. 24. Februar 2004 - 3 AZR 5/03, EzA Nr. 2 zu § 1b BetrAVG; *Höfer*, Band I: Arbeitsrecht, ART Rn 822; *Blomeyer/Rolfs/Otto*, Anh § 1 BetrAVG Rn 168; *Rengier*, NZA 2006, 1251, 1254; vgl. auch mit Hinweis auf bisherige Rspr. zu Vor-AGG-Zeiten: LAG Baden-Württemberg, Urt. v. 24. September 2012 – 9 Sa 48/12, EzA-SD 2012, Nr. 24, 14 [Rn 41] (Revision anhängig unter dem Az. 3 AZR 940/12).

559 BAG, Urt. v. 31. August 1978 – 3 AZR 313/77, AP Nr. 1 zu § 1 BetrAVG Gleichberechtigung; zum allgemeinen arbeitsrechtlichen Gleichbehandlungsgrundsatz s.o.: B.I.1.a)bb)(2).

wurden mit der einfachen Begründung für zulässig gehalten, dass die Altersversorgung auch angemessen finanziert werden müsse.[560]

Bereits zu Vor-AGG-Zeiten waren derartige Regelungen vom BAG auf ihre Zulässigkeit vor dem Hintergrund des arbeitsrechtlichen Gleichbehandlungssatzes überprüft worden.[561] Das BAG ging in dem damaligen Urteil von der Zulässigkeit einer Höchstaufnahmealtersregelung aus und argumentierte, dass ohne derartiges Anknüpfen an den Faktor des Lebensalters kaum eine sachgerechte Regelung und eine zuverlässige Kalkulation der Kosten denkbar seien. Dem Arbeitgeber müsse die Möglichkeit gegeben werden, den Kreis der Begünstigten nach seinen Vorstellungen begrenzen zu können. Hierbei bestimmte das BAG sogar, dass ein Ausschluss älterer Beschäftigter aufgrund des Nicht-Einhaltens einer Höchstaufnahmealtergrenze sogar nach Ableisten einer Wartezeit von 15 Jahren zulässig sei. Diese Rechtsprechung ist später auch vom BVerfG gebilligt worden.[562] Das BVerfG stellte hierbei darauf ab, dass der Arbeitgeber ein berechtigtes Interesse daran haben könne, jüngere Arbeitnehmer mittels einer solchen Höchstaufnahmealtersgrenze zum Eintritt in das Unternehmen zu bewegen.

(2) Zulässigkeit nach dem AGG

Seit Inkrafttreten des AGG wird eine solche Höchstaltersgrenze jedoch zunächst als unmittelbare Benachteiligung anhand des Alters an den Regelungen des AGG zu messen sein.[563] Eine solche unmittelbar auf das Lebensalter der jeweiligen neu eintretenden Arbeitnehmer abstellende Regelung benachteiligt unzweifelhaft solche Arbeitnehmer, welchen lediglich aufgrund ihres zum Zeitpunkt des Eintritts in das Unternehmen bereits fortgeschrittenen Alters keine bAV gewährt werden soll. Folglich stellt sich die Frage, inwiefern diese Ungleichbehandlung wegen des Alters möglicherweise gerechtfertigt ist.[564]

Zur Beantwortung dieser Frage ist bei Benachteiligungen anhand des Alters i.S.d. AGG auf die Regelung des § 10 AGG abzustellen. In § 10 AGG hat der nationale Gesetzgeber Art. 6 Richtlinie 2000/78/EG umgesetzt. Die Vorschrift erfordert jedoch das Vorliegen eines legitimen, mit der Benachteiligung verfolgten Zieles, sowie die Objektivität und Angemessenheit. Des Weiteren benennt § 10 S. 3 AGG einige Regelbeispiele, in denen eine Benachteiligung wegen des Alters gerechtfertigt sein kann.

---

560 Schleusener/Suckow/Voigt-*Voigt*, § 10 AGG Rn 43 mit Verweis auf die bisherige Rspr.

561 BAG, Urt. v. 14. Januar 1986 – 3 AZR 456/84, DB 86, 2030; unter Verweis auf: BAG, Urt. v. 31. August 1978 - 3 AZR 313/77, AP Nr. 1 zu § 1 BetrAVG Gleichberechtigung.

562 BVerfG, Urt. v. 27. November 1989 – 1 BvR 945/86, AP Nr. 5a zu § 1 Gleichbehandlung.

563 So zutreffend auch: *Thum*, BB 2008, 2291, 2292; Däubler/Bertzbach-*Brors*, § 10 AGG Rn 90; *Nollert-Borasio/Perreng*, § 2 AGG Rn 52; a.A. *Langohr-Plato*, Rn 1448.

564 So ebenfalls: *Steinmeyer*, BetrAV 2006, 601, 602.

(a) § 10 AGG - Legitimes Ziel der Benachteiligung wegen des Alters

Für die Rechtfertigung einer unmittelbaren Benachteiligung wegen des Alters muss gem. § 10 S. 1 AGG stets ein legitimes Ziel für die unterschiedliche Behandlung gegeben sein. Hierbei ist davon auszugehen, dass ein legitimes Ziel inhaltlich dasselbe darstellt wie ein „rechtmäßiges Ziel" i.S.d. § 3 Abs. 2 AGG bei mittelbaren Benachteiligungen.[565]

Zunächst ist hierbei zu klären, aus wessen Sicht die Legitimität des mit der Ungleichbehandlung verfolgten Ziels zu bestimmen ist. Laut Begründung des Gesetzesentwurfes ist die Legitimität dieses Zieles *„unter Berücksichtigung der fachlich-beruflichen Zusammenhänge aus Sicht des Arbeitgebers oder der Tarifvertragsparteien zu beurteilen"*.[566] Betrachtet man also die Gesetzesbegründung des AGG, so scheint ihr Wortlaut dafür zu sprechen, dass nach dem Willen des nationalen Gesetzgebers auch die legitimen Interessen innerstaatlicher Rechtsanwender, also die Situation des einzelnen Unternehmens oder der jeweiligen Branche Beachtung finden und eine Ausnahme vom generellen Benachteiligungsverbot bewirken können sollen.[567]

Mit § 10 AGG wollte der nationale Gesetzgeber jedoch Art. 6 Richtlinie 2000/78/EG in nationales Recht umsetzen. Art. 6 Abs. 1 Richtlinie 2000/78/EG wie auch Erwägungsgrund 25 dieser Richtlinie nennen lediglich Beschäftigungspolitik, Arbeitsmarkt sowie die berufliche Bildung – allesamt öffentliche Interessen – als legitime Ziele einer Altersdiskriminierung, nicht hingegen Interessen bspw. eines einzelnen Unternehmers. Die Tatsache allerdings, dass die Richtlinie an beiden oben genannten Stellen Ziele jeweils nur als *„insbesondere"* legitim benennt, spricht dafür, dass diese Aufzählung nicht enumerativ ist.[568] Folglich lässt sich hieraus zumindest kein eindeutiges Argument dafür herleiten, dass lediglich die in der Richtlinie benannten öffentlichen Interessen legitime Interessen für eine Altersbenachteiligung darstellen würden.

Dennoch gingen Teile der Literatur sowie der Rechtsprechung nach Inkrafttreten des AGG davon aus, dass die Aufzählung des Art. 6 Abs. 1 Richtlinie 2000/78/EG zwar nicht abschließend gewesen sei, es sich dennoch bei den verfolgten Zielen stets um sozialpolitische Ziele des Allgemeinwohls handeln müsse, welche gesetzlich normiert und somit als Ausdruck des innerstaatlichen Willen „legitimiert"

565 Zum Begriff der unmittelbaren und mittelbaren Benachteiligung s.o.: B.III.5.b)aa).

566 BT-Drucks. 16/1780, S. 36; Siehe zu dieser Problematik vertiefend auch: Schiek-*Schmidt*, § 10 AGG Rn 6 f.; *Adomeit/Mohr*, § 10 AGG Rn 37 ff.; *Nollert-Borasio/Perreng*, § 10 AGG Rn 7; ErfKomm-*Schlachter*, § 10 AGG Rn 2; *Kamanabrou*, RdA 2006, 321, 329; *Hellkamp/Rinn*, BetrAV 2008, 442, 445.

567 Siehe auch: Schiek-*Schmidt*, § 10 AGG Rn 6; Jauernig-*Mansel*, § 10 AGG Rn 2 m.w.N.; BeckOK-*Roloff*, § 10 AGG Rn 4; *Thüsing*, NZA 2001, 1061, 1063; *Linsenmaier*, RdA 2003, Sonderbeilage zu Heft 5, 22, 26; *Hellkamp/Rinn*, BetrAV 2008, 442, 445; *Wendeling-Schröder*, NZA 2007, 1399, 1400.

568 So auch zutreffend: *Schlachter*, in Richardi/Reichold, S. 368.

seien müssten.[569] Ungleichbehandlungen wegen des Alters durch den Arbeitgeber sollten nach Vorgabe der EU-Richtlinie nur in solchen Fällen gerechtfertigt werden können, in denen der Gesetzgeber einen entsprechenden Ausnahmetatbestand geschaffen habe. Die nationalen Ausnahmen müssten hierbei konkret bestimmt sein und stets einem Interesse der Allgemeinheit von erheblicher Bedeutung dienen.

Der Wortlaut des Art. 6 Abs. 1 Richtlinie 2000/78/EG spricht jedoch nach der hier vertretenen Ansicht eindeutig dafür, dass nicht ausschließlich öffentliche, sondern vielmehr auch individuelle Interessen berücksichtigt werden können. Ebenso sieht dies nunmehr auch die nationale Regelung vor. Mit Art. 6 der Richtlinie hat der Unionsgesetzgeber dem nationalen Gesetzgeber die Möglichkeit gegeben, auf nationaler Ebene einen abschließenden Katalog legitimer, normierter Ziele zu erstellen. Diese Möglichkeit der Nennung eines abschließenden Kataloges hat der deutsche Gesetzgeber nicht wahrgenommen und hierdurch die Richtlinie auch europarechtskonform umgesetzt.[570] Folglich ist davon auszugehen, dass nach dem Willen des deutschen Gesetzgebers jedes legitime Ziel gestattet ist, welches aus gemeinschaftsrechtlicher Sicht nicht zu beanstanden ist.[571]

Nicht nur der Wortlaut, sondern auch die Systematik von Art. 6 sprechen dafür, nicht nur Interessen der Allgemeinheit als legitime Ziele Beachtung zukommen zu lassen. Art. 6 unterscheidet nicht zwischen unmittelbaren und mittelbaren Benachteiligungen wegen des Alters, sondern ist vielmehr für beide Benachteiligungsformen maßgeblich. Im Rahmen mittelbarer Benachteiligungen reicht jedoch grundsätzlich bereits jedes legitime Regelungsziel einer ansonsten verhältnismäßigen Maßnahme zur Rechtfertigung der Benachteiligung aus. Der deutsche Gesetzgeber hat in § 10 S. 1 AGG somit freiwillig die gleichen Voraussetzungen für die Rechtfertigung einer unmittelbaren Benachteiligung wegen des Alters gewählt wie in dem mittelbare Benachteiligungen regelnden § 3 Abs. 2 AGG. Die vom Gesetzgeber gewählte Systematik würde untergraben, nähme man bzgl. der unmittelbaren Benachteiligung nun stets auch das Erfordernis eines öffentlichen Interesses an.[572]

Auch ein Blick auf die in § 10 S. 3 AGG genannten Regelbeispiele, welche *„insbesondere“* Rechtfertigungstatbestände darstellen können, lässt erkennen, dass aus Sicht des Gesetzgebers nicht nur im Allgemeininteresse liegende Ziele zur Rechtfertigung herangezogen werden sollen.[573] Der deutsche Gesetzgeber hat vielmehr

---

569 So bspw. das ArbG Osnabrück, Urt. v. 5. Februar 2007 - 3 Ca 724/06, NZA 2007, 626 ff., Rn 45 m.w.N.; Däubler/Bertzbach-*Brors*, § 10 AGG Rn 14 f.; Rust/Falke-*Bertelsmann*, § 10 AGG Rn 50 ff; *Wiedemann/Thüsing*, NZA 2002, 1234, 1237; so wohl auch: *Steinmeyer*, ZfA 2007, 27, 38; *Hahn*, S. 122 f.

570 So auch: BAG, Urt. v. 25. Februar 2010 – 6 AZR 911/08, BB 2010, 2635 ff.; Urt. v. 11. August 2009 – 3 AZR 23/08, AP Nr. 139 zu Art. 9 GG = NZA 2010, 408 ff.

571 So auch: Schiek-*Schmidt*, § 10 AGG Rn 6.

572 So ebenfalls: *Polloczek*, S. 97 m.w.N.

573 Siehe auch: *Meinel/Heyn//Herms*, § 10 AGG Rn 18; Schleusener/Suckow/Voigt-*Voigt*, § 10 AGG Rn 16; *Kamanabrou*, RdA 2006, 321, 329; *Wendeling-Schröder*, NZA 2007, 1399, 1400.

darauf verzichtet, die auf Ziele *„sozialpolitischer Art“* gerichteten Regelbeispiele der Richtlinie direkt zu übernehmen, wie *Schlachter* richtigerweise feststellt. Die Nicht-Übernahme der Eingangsklausel des Art. 6 der Richtlinie spricht vielmehr eindeutig dafür, dass gerade nicht lediglich Ziele sozialpolitischer Art ausreichen sollen.[574]

Vielmehr sind § 10 S. 1 und 2 AGG als Generalklausel zu sehen, nach welcher Ungleichbehandlungen auch dann gerechtfertigt sein können, wenn sie anderen Interessen als ausdrücklich geregelten Allgemeininteressen dienen. Für eine solche Auslegung und gleichzeitige Begrenzung der Berücksichtigung solch individueller Interessen spricht letztlich auch die Einschränkung der Generalklausel, nach welcher eine Benachteiligung nur dann gerechtfertigt sein soll, sofern sie tatsächlich objektiv gerechtfertigt ist.[575] I.R.d. Generalklausel des § 10 S. 1 und 2 AGG kann demnach bspw. das Interesse des Arbeitgebers an einer ausgeglichenen Altersstruktur oder der geordneten Nachwuchs- und Personalplanung ein legitimes Ziel darstellen.[576]

Der EuGH hat in seiner *Age Concern England* Entscheidung[577] klargestellt, dass rein und lediglich individuelle Ziele wie bspw. die Kostenreduzierung oder auch die Verbesserung der Wettbewerbsfähigkeit für sich genommen nicht als rechtmäßige Ziele des Arbeitgebers anzusehen sind. So dürften solche Ziele zwar in die Überlegungen des Arbeitgebers durchaus mit einfließen, also die Rechtfertigungsmöglichkeiten nicht auf lediglich sozialpolitische Ziele begrenzt sein. Einzig solche ausschließlich unternehmensbezogene Ziele sollen jedoch gerade nicht genügen, sondern vielmehr müssten gleichzeitig daneben auch sozialpolitische Ziele verfolgt werden.[578]

Mit Sicherheit abgelehnt werden kann die Frage, ob ein Rückgriff auf das Kriterium des Lebensalters zur schlichten Honorierung der Betriebstreue gerechtfertigt sein kann. Die Honorierung der Betriebstreue an sich an sich stellt zwar ein legitimes Ziel i.S.d. § 10 AGG dar, wenn hierdurch i.S.d. Anciennitätsprinzips eine längere Betriebszugehörigkeit honoriert wird. Will der Arbeitgeber also die Betriebstreue honorieren und auch möglicherweise anhand der Betriebstreue zum

---

574 Siehe richtigerweise: ErfKomm-*Schlachter*, § 10 AGG Rn 2.

575 Dieser Ansicht hat sich mittlerweile auch eindeutig das BAG angeschlossen: BAG, Urt. v. 22. Januar 2009 – 8 AZR 906/07, NZA 2009, 945, Rn 25 ff.

576 Vgl.: ArbG Bielefeld, Urt. v. 25. April 2007 – 6 Ca 2886/06, NZA-RR 2007, 466 ff.; *Adomeit/Mohr*, § 10 AGG Rn 43; *Linsenmaier*, Sonderbeilage zur RdA Heft 5/2003, 22, 26; *ders.*, RdA 2008, 1, 10; *Nicolai*, Rn 293; Schleusener/Suckow/Voigt-*Voigt*, § 10 AGG Rn 17; Jauernig-*Mansel*, § 10 AGG Rn 2; *Preis*, NZA 2006, 410; *Wendeling-Schröder*, NZA 2007, 1399, 1401.

577 EuGH, Urt. v. 05. März 2009 – Rs. C-388/07 [*Age Concern England*], Slg 2009, I-1569 ff. = NZA 2009, 305.

578 So auch: BAG, Urt. v. 05. November 2010 – 2 AZR 676/08, NZA 2010, 457 = AP Nr. 183 zu § 1 KSchG 1969 Betriebsbedingte Kündigung; siehe auch: ErfKomm-*Schlachter*, § 10 AGG Rn 2.

Zweck der Honorierung Differenzierungen treffen, so muss daher auf das Dienstalter, nicht hingegen auf das Lebensalter abgestellt werden.[579]

Cisch/Böhm gehen davon aus, dass im Bereich der bAV legitime Ziele *„in der Leistungs- oder Beitragsorientierung des Systems, seiner externen Finanzierung, sei es versicherungsförmig oder auch nicht, oder der in der Zusage definierten Erfolgsabhängigkeit der Versorgungsleistungen liegen"* können[580], ohne jedoch genauer darauf einzugehen, inwiefern hier die Schaffung solcher Systeme oder aber die Gewährleistung deren Kalkulier- und Finanzierbarkeit gemeint ist. Dass eine bessere Kalkulier- und Finanzierbarkeit der Leistung als legitimes Ziel einer Benachteiligung aufgrund des Alters i.R.d. Generalklausel des § 10 S. 1 und 2 AGG angenommen werden kann, hat mittlerweile selbst das BAG bestätigt.[581]

Hinsichtlich der bAV ist das bloße wirtschaftliche Interesse des Arbeitgebers sowie das Interesse des Arbeitgebers an einem funktionierenden Firmenrentenmodell grundsätzlich nicht als legitimes Ziel i.S.d. Rechtfertigung einer Altersdiskriminierung anzuerkennen[582]. Es stellt sich jedoch die Frage, ob das verfolgte sozialpolitische Ziel der Förderung und Ausbreitung der bAV womöglich auch Benachteiligungen nach dem Alter – sowie möglicherweise auch bei mittelbaren Benachteiligungen anhand anderer Merkmale gem. § 3 Abs. 2 AGG – rechtfertigen kann bzw. inwiefern dieses Ziel dahingehend ausgedehnt werden darf, dass dem Arbeitgeber zur Steigerung der Attraktivität der bAV in einem gewissen Maße „freie Hand" gelassen werden sollte. Das Ziel der Förderung, Stärkung und Verbreitung der bAV ist gemeinhin anerkannt, insbesondere vor dem Hintergrund der unsicheren Zukunft der gesetzlichen Rentenversicherung.[583] Zur Verfolgung dieses Ziels ist es erforderlich, die bAV für Arbeitgeber auch in Zukunft attraktiv zu gestalten. So wird davon auszugehen sein, dass sich Arbeitgeber sicherlich eher zur Einführung und Gewährung einer bAV entschließen wird, wenn sich ihm die bAV als attraktives Modell bspw. zur Arbeitnehmerbindung darstellt. Diesbezüglich könnte für Arbeitgeber auch entscheidend sein, wie einfach oder wie kompliziert und umfangreich sich die Handhabung der bAV darstellt. Folglich stellt es ein sachliches und sozialpolitisch fördernswertes und in gewisser Weise übergeordnetes Ziel dar, die Attraktivität und hierfür auch die Vereinfachung der bAV zu

---

579 EuGH, Urt. v. 3. Oktober 2006 – Rs. C-17/05 [*Cadman*], Slg 2006, I-9583 ff. = AP Nr. 15 zu Art. 141 EG; ähnlich auch: LAG Köln, Urt. v. 9. Juni 2008 – 2 Sa 265/08, abrufbar unter: http://www.justiz.nrw.de/ses/nrwesearch.php; siehe auch: *Preis*, BetrAV 2010, 513, 515.

580 Siehe auch: *Cisch/Böhm*, BB 2007, 602, 605.

581 So bspw.: BAG, Vorlagebeschluss v. 27. Juni 2006 – 3 AZR 352/05 (A), AP Nr. 6 zu § 1b BetrAVG [Rn 48]; LAG Baden-Württemberg, Urt. v. 12. November 2009 - 11 Sa 41/09, NZA-RR 2010, 315, 317; so auch: *Rengier*, NZA 2006, 1251, 1255.

582 So: ArbG Frankfurt, Urt. v. 29. Mai 2007 – 11 Ca 8952/06, DSB 2007, Nr. 9, 20.

583 Siehe hierzu die Einleitung oben unter: 0, S. 2 f.; die Wichtigkeit der bAV hervorhebend auch: *von der Leyen*, BetrAV 2012, 373 f.

fördern.[584] Zur Erreichung dieses Zieles sollen laut gesetzgeberischem Anliegen auch Hindernisse, die einer Verbreitung der betrieblichen Altersversorgung möglicherweise entgegenstehen könnten, abgebaut werden.[585]

Inwiefern jedoch auch vor diesem Hintergrund i.R.d. bAV anhand des Alters differenziert werden darf und derartige Benachteiligungen gem. § 10 AGG im Einzelfall gerechtfertigt sein können, insbesondere, inwiefern die gewählten Mittel erforderlich und angemessen sind und sie einer Verhältnismäßigkeitsprüfung i.S.d. § 10 S. 1 und 2 AGG standhalten, soll im Verlauf dieser Arbeit anhand der jeweiligen (benachteiligenden) Regelungen herausgearbeitet werden.

(b) § 10 AGG - Objektivität des Ziels

Auch wenn die unterschiedliche Behandlung ein legitimes Ziel verfolgt, soll nicht generell jede Differenzierung gerechtfertigt sein. Das Ziel der Benachteiligung muss gem. § 10 S. 1 AGG zur Feststellung der Rechtfertigung der Benachteiligung nicht nur lediglich legitim, sondern weiterhin auch objektiv und angemessen sein. Objektiv in diesem Sinne ist eine Differenzierung jeweils dann, wenn sie nicht nur auf subjektiven Ansichten bspw. des Arbeitgebers oder der Tarifparteien basiert[586], sondern vielmehr auf nachprüfbaren Tatsachen. Das BAG hat diesbezüglich in seiner Entscheidung vom 22. Januar 2009[587] festgestellt, dass das mit der Benachteiligung verfolgte Ziel auf tatsächlichen und nachvollziehbaren Erwägungen beruhen muss und nicht bloß auf bloßen Vermutungen und subjektiven Einschätzungen. Zudem soll das Ziel der Benachteiligung an sich nicht nur am Merkmal Alter, sondern an einem vom Alter zu differenzierenden Ziel anknüpfen.[588]

Laut Gesetzesbegründung ist die *„Legitimität eines Zieles unter Berücksichtigung der fachlich-beruflichen Zusammenhänge aus der Sicht des Arbeitgebers oder der Tarifvertragsparteien zu beurteilen"*.[589] Rein subjektive Ziele wie bspw. die bloße Überzeugung des Arbeitgebers, eine veränderte Altersstruktur im Betrieb seien von Nöten, sind hingegen wie dargelegt gerade nicht ausreichend. Vielmehr muss das Ziel anhand von Fakten objektiv nachvollziehbar sein.[590] Das Erfordernis der Objektivität des Ziels stellt demnach eine Art Korrektiv und Schutz vor ausufernder Bemühung der Rechtfertigung des § 10 AGG durch Arbeitgeber oder Tarifparteien dar, auch wenn deren Interessen nicht ungeachtet bleiben sollen.

---

584 Vgl.: BAG, Urt. v. 11. August 2009 – 3 AZR 23/08, AP Nr. 139 zu Art. 9 GG = NZA 2010, 408 ff. [Rn 42]; so auch: ErfKomm-*Steinmeyer*, Vorbemerkung BetrAVG Rn 45.

585 So auch: BAG, Urt. v. 30. November 2010 –3 AZR 754/08, AP Nr. 72 zu § 16 BetrAVG = NZA-RR 2011, 593 ff. [Rn 34]; Urt. v. 11. August 2009 – 3 AZR 23/08, AP Nr. 139 zu Art. 9 GG = NZA 2010, 408 ff. [Rn 43].

586 Vgl.: Jauernig-*Mansel*, § 10 AGG Rn 2.

587 BAG, Urt. v. 22. Januar 2009 – 8 AZR 906/07, NZA 2009, 945 ff.

588 Vgl.: Däubler/Bertzbach-*Brors*, § 10 AGG Rn 26.

589 BT-Drucks. 16/1780, S. 36.

590 Siehe auch: *Wendeling-Schröder*, NZA 2007, 1399, 1401.

(c) § 10 AGG - Angemessenheit und Erforderlichkeit des Mittels zur Erreichung des Ziels

Die Durchsetzung objektiv belegbarer Eigeninteressen, welche möglicherweise eine Benachteiligung rechtfertigen können, wird des Weiteren von den Merkmalen der Angemessenheit sowie der Erforderlichkeit des zur Erreichung des Zieles eingesetzten Mittels begrenzt. Beide Begriffe umschreiben das im deutschen ebenso wie im europäischen Recht bekannte Verhältnismäßigkeitsprinzip.[591] Angemessen in diesem Sinne ist ein Mittel dann, wenn es zur Erreichung eines verfolgten legitimen Zieles geeignet ist, das angegebene Ziel also mittels dieser Maßnahme tatsächlich erreicht werden kann.[592] Erforderlich ist ein (angemessenes) Mittel dann, wenn das (legitime) Ziel nicht auch mittels einer milderen Behandlung erreicht werden kann, bspw. mittels einer unterschiedslosen, nicht benachteiligenden Behandlung.[593]

Das erforderliche Mittel zur Erreichung des legitimen Zieles muss zudem verhältnismäßig im engeren Sinne sein. Die Verhältnismäßigkeitsprüfung muss sich hierbei an der bestehenden Interessenlage, das heißt auch dem jeweiligen Arbeitsmarkt und der persönlichen Situation des Betroffenen orientieren.[594] Je stärker sich der Eingriff für den Betroffenen auswirkt, umso gewichtiger müssen rechtfertigende Gründe sein.

Folglich ist unmittelbar anhand der Richtlinie zu überprüfen, ob die Regelung des § 1 Abs. 1 S. 1 1. HS BetrAVG möglicherweise gegen die Vorgaben des Verbots unmittelbarer Benachteiligungen wegen des Alters i.S.d. Art. 2 Abs. 1 Richtlinie 2000/78/EG verstößt. Allerdings stand es dem nationalen Gesetzgeber offen, entsprechend der Vorgaben der Rechtfertigungsmöglichkeiten gem. Art. 2 Abs. 2 Richtlinie 2000/78/EG oder, da es sich um eine Benachteiligung anhand des Alters handelt, des Art. 6 Richtlinie 2000/78/EG eine nationale Regelung vorzusehen, welche ein Abstellen auf das Alter als Unterscheidungsmerkmal bzw. als Voraussetzung für die Mitgliedschaft oder den Bezug von Alters- und Invaliditätsrenten zulässt.

Folglich ist von der europarechtlichen Zulässigkeit der Regelung des § 1 Abs. 1 S. 1 1. HS BetrAVG auszugehen, der an das Alter anknüpfende Versorgungsleistungen als den Grundfall der bAV vorsieht und diese als bAV legaldefiniert.

(d) Regelbeispiele des § 10 S. 3 AGG

In § 10 S. 3 AGG finden sich Regelbeispiele für solche i.S.d. § 10 S. 1 und 2 AGG erlaubten unterschiedlichen Behandlungen anhand des Alters. Diese Beispiele sollen

---

591 So richtig: Rust/Falke-*Bertelsmann*, § 10 AGG Rn 54; *Wendeling-Schröder*, NZA 2007, 1399, 1401.

592 Vgl. zum Begriff der Verhältnismäßigkeit auch: Rust/Falke-*Bertelsmann*, § 10 AGG Rn 55; *Nollert-Borasio/Perring*, § 10 AGG Rn 9.

593 Siehe auch: Schiek-*Schmidt*, § 10 AGG Rn 10.

594 Vgl.: EuGH, Urt. v. 22. November 2005 – Rs. C-144/04 [*Mangold*], Slg. 2005, I- 9981 ff. = AP Nr. 1 zu Richtlinie 2000/78/EG; zur bisherigen EuGH-Rspr. zur Frage der Verhältnismäßigkeit siehe auch: *Adomeit/Mohr*, § 10 AGG Rn 44 ff.

jedoch nicht abschließend, sondern vielmehr als Regelbeispiele gelten, welche dazu dienen sollen, eine „Wegweisung“ dafür zu geben, in welchen Fällen Ausnahmen vom Verbot der Altersdiskriminierung zulässig sein „können“.[595] Hierbei sind die Beispiele der Ziffern Nr. 1 bis 3 den Rechtfertigungsgründen der Richtlinie 2000/78/EG nachgebildet.

Auch wenn jedoch eines der Regelbeispiele des S. 3 einschlägig ist, ist dennoch stets zu prüfen, ob die Voraussetzungen der S. 1 und S. 2 gegeben sind, die jeweilige getroffene Maßnahme also auch einem legitimen Ziel dient und verhältnismäßig ist.[596] Liegt also eines der Beispiele vor, so kommt eine Rechtfertigung nach § 10 AGG zwar in Betracht, zwingend gegeben ist sie hingegen nicht. Der Gesetzgeber hat hier vielmehr legitime Ziele definiert und hierdurch dargelegt, was er für zulässig hält und was nicht. An das Alter anknüpfende Maßnahmen, Vereinbarungen etc., die sich hingegen bereits nicht unter die Beispiele der § 10 S. 3 Nr. 1-6 AGG fassen lassen, sind generell an der Generalklausel des § 10 S. 1 und 2 AGG zu messen. Ob eine nach dem Alter unterscheidende Regelung tatsächlich gerechtfertigt ist, ist demnach stets das Ergebnis der Rechtfertigungsprüfung im Einzelfall.[597]

Für die bAV möglicherweise relevant könnten die Regelbeispiele des § 10 S. 3 Nr. 2, Nr. 3 sowie insbesondere Nr. 4 AGG darstellen:

(aa) § 10 S. 3 Nr. 2 AGG: Anknüpfen an Mindestalter, Berufserfahrung etc.

Gem. § 10 S. 3 Nr. 2 AGG soll es – wiederum jedoch nur unter dem Vorbehalt der Erforderlichkeit und Angemessenheit[598] – zulässig sein, für die Bereiche des Zugangs zur Beschäftigung oder zu bestimmten mit der Beschäftigung verbundenen

---

595 Vgl. *Adomeit/Mohr*, § 10 AGG Rn 3 m.w.N.; Schiek-*Schmidt*, § 10 AGG Rn 2, 4; Jauernig-*Mansel*, § 10 AGG Rn 2; ErfKomm-*Schlachter*, § 10 AGG Rn 1, 3; BeckOK-*Roloff*, § 10 AGG Rn 10; *Rühl/Schmid/Viethen*, S. 73; *Körner*, NZA 2008, 497, 500; *Hellkamp/Rinn*, BetrAV 2008, 442, 444; *Kamanabrou*, RdA 2006, 312, 330.

596 BAG, Urt. v. 11. August 2009 – 3 AZR 23/08, AP Nr. 139 zu Art. 9 GG = NZA 2010, 408 ff. [Rn 41]; LAG Düsseldorf, Urt. v. 09. April 2010 - 9 Sa 690/09, NZA-RR 2010, 653 (mittlerweile auch bestätigt durch: LAG Düsseldorf, Urt. v. 29. Februar 2012 – 12 Sa 1430/11, ArbRB 2012, 237) [Rn 78]; ArbG Köln, Urt. v. 20. März 2008 – 22 Ca 8411/07; OVG Münster, Urt. v. 15. März 2007 – 6 A 4625/04, RiA 2007, 221, 224; Vgl. auch Schiek-*Schmidt*, § 10 AGG Rn 11; *Höfer*, Band I: Arbeitsrecht, ART Rn 805.10; *Bauer/Göpfert/Krieger*, § 10 AGG Rn 12, 25; *Nollert-Borasio/Perreng*, § 10 AGG Rn 1; Däubler/Bertzbach-*Brors*, § 10 AGG Rn 89; *Steinmeyer*, ZfA 2007, 27, 39; *Kamanabrou*, RdA 2006, 321, 330; *Annuß*, BB 2006, 1629, 1633; *Hellkamp/Rinn*, BetrAV 2008, 442, 444; etwas missverständlich auch: *Meinel/Heyn/Herms*, § 10 AGG Rn 13, die davon ausgehen, dass in jedem Fall § 10 S. 3 Nr. 1 ein legitimes Ziel und Nr. 2 ein legitimes Mittel i.R.d. Verhältnismäßigkeitsprüfung darstellten.

597 Siehe auch: *Hellkamp/Rinn*, BetrAV 2008, 442, 446.

598 Siehe auch: *Kamanabrou*, RdA 2006, 321, 330.

Vorteilen Mindestanforderungen an das Alter (somit ein Mindestalter), die Berufserfahrung oder das Dienstalter festzulegen.

Durch die Aufzählung des Alters, der Berufserfahrung und des Dienstalters hat sich in dieser Norm der Gedanke niedergeschlagen, dass diese Begriffe *„die Befähigung zur Ausübung des [Anm.: jeweiligen] Berufes"* beschreiben können. *„Es muss aber im Einzelfall eine relevante Beziehung zwischen der Tätigkeit und dem [Anm.: erwarteten oder zumindest erhofften] größeren Erfahrungswissen des Dienstälteren deutlich werden"*[599], wie *Voigt* richtig feststellt. Es muss stets an die Berufserfahrung als messbaren Wert angeknüpft werden. Eine generelle Rechtfertigung höheren Entgelts für ältere Arbeitnehmer nur aufgrund ihres vorangeschrittenen Alters lässt sich aus § 10 S. 3 Nr. 2 AGG hingegen nicht entnehmen. Der Rechtfertigungsgrund des § 10 S. 3 Nr. 2 AGG greift besonders in *„tarifliche Entgeltsysteme ein, die nach der Beschäftigungsdauer gestuft sind und die Betriebstreue des Arbeitnehmers entlohnen sollen"*[600]. Auch bzgl. Mindestaltersstufen bei der Einstellung muss stets ein verhältnismäßiger Zweck gegeben sein.

Da diese Regelung jedoch gerade an ein bestimmtes Mindestalter anknüpft, wird sich hieraus keine Rechtfertigung für das Anknüpfen an ein Höchstaufnahmealter konstruieren lassen, so dass eine solche Regelung zumindest nicht gem. § 10 S. 3 Nr. 2 AGG gerechtfertigt ist.

(bb) § 10 S. 3 Nr. 3 AGG: Höchstalter bei der Einstellung

Nach § 10 S. 3 Nr. 3 AGG wiederum soll es zulässig sein, aufgrund der spezifischen Ausbildungsanforderungen eines bestimmten Arbeitsplatzes oder aufgrund der Notwendigkeit einer angemessenen Beschäftigungszeit vor dem Eintritt in den Ruhestand ein Höchstalter für die Einstellung festzulegen. In dieser Regelung findet der Gedanke seinen Niederschlag, dass der aufwendigen und teilweise kostspieligen Einarbeitung eines neuen Mitarbeiters am Arbeitsplatz *„eine betriebswirtschaftlich sinnvolle Mindestdauer einer produktiven Arbeitsleistung gegenüber stehen muss"*.[601]

Diese Regelung, die wie Nr. 1 eine Konkretisierung des legitimen Zieles im Sinne der Generalklausel des § 10 S. 1 und 2 AGG darstellt, wird aller Voraussicht nach jedoch nur bei besonders teuren oder langwierigen Ausbildungsprozessen und somit in seltenen Fällen einschlägig sein. Zudem ist auch hier stets die Verhältnismäßigkeitsprüfung des § 10 S. 1 und S. 2 zu beachten.

Diese Regelung wiederum betrifft die Einstellung in einem bestimmten Lebensalter an sich. Nicht hingegen von diesem Rechtfertigungsgrund erfasst ist die Frage, ob nach erfolgter Einstellung bestimmte Leistungen nur an Beschäftigte unter einer bestimmten Altersgrenze vergeben werden. Folglich kommt diese Regelung auch nicht für Höchstaufnahmealtersregelungen als Rechtfertigungsgrund in Frage.

---

599 Schleusener/Suckow/Voigt-*Voigt*, § 10 AGG Rn 28.

600 Däubler/Bertzbach-*Brors*, § 10 AGG Rn 69 [bis 2. Auflage 2008].

601 BT-Drucks. 16/1780, S. 36; So auch: *Rühl/Schmid/Viethen*, S. 74.

(cc) § 10 S. 3 Nr. 5 AGG: Altersgrenzen

§ 10 S. 3 Nr. 5 AGG knüpft ebenfalls an Altersgrenzen an. Mit dieser Regelung stellt es der Gesetzgeber den Parteien eines Arbeitsvertrages frei, Befristungen des Arbeitsverhältnisses auf das Erreichen des Rentenalters hin, also bis zu dem Zeitpunkt vorzunehmen, zu welchem der Beschäftigte eine Altersrente beantragen kann. Es soll nach dem Willen des nationalen Gesetzgebers auch weiterhin möglich sein, in arbeits- oder tarifvertraglichen Regelungen vorzusehen, dass Arbeitsverhältnisse zum 65. bzw. mittlerweile zum 67. Lebensjahr automatisch ohne Kündigung beendet werden, die Beendigung somit an die Rentenberechtigung der Beschäftigten zu knüpfen. Auch hierdurch soll für eine Fluktuation und Bewegung auf dem Arbeitsmarkt zugunsten neu-eintretender junger Arbeitnehmer gesorgt werden.

Allerdings handelt es sich hierbei zum einen um die Frage der Zulässigkeit einer Befristung des Arbeitsverhältnisses an sich, zum anderen um ein Anknüpfen an die gesetzliche Altersversorgung, nicht hingegen an die bAV. Folglich wird sich für die Frage der Zulässigkeit einer Höchstaltersgrenze in der bAV keine Rechtfertigung aus § 10 S. 3 Nr. 5 AGG ergeben.

(dd) § 10 S. 3 Nr. 4 AGG: Altersgrenzen und -kriterien in der betrieblichen Altersversorgung

Unmittelbar auf die bAV und dortige Altersgrenzen bezieht sich hingegen das Regelbeispiel des § 10 S. 3 Nr. 4 AGG. Entgegen der Aussage des § 2 Abs. 2 S. 2 AGG, wonach auf die bAV (nur) die Regelungen des BetrAVG (und demnach nicht die des AGG) Anwendung fänden, finden hier die *„betrieblichen Systeme der sozialen Sicherung"* ausdrücklich Erwähnung. In der Bundesrepublik betrifft dieser Begriff praktisch nur die bAV.[602]

Der Gesetzgeber hat durch diese Regelung – wie bereits dargelegt – klargestellt, dass Systeme der sozialen Sicherheit, mithin die bAV, zu den Beschäftigungs- und Arbeitsbedingungen im Sinne von § 2 Abs. 1 Nr. 2 AGG gehören, innerhalb derer Benachteiligungen auf Grund der Merkmale des § 1 AGG gem. dem Benachteiligungsverbot des § 7 Abs. 1 AGG zu unterbleiben haben. Wären die Systeme nicht umfasst, so bedürfte es nicht des Rechtfertigungsgrundes des § 10 S. 3 Nr. 4 AGG.[603] Sofern also in Versorgungsregelungen der bAV unmittelbar auf das Alter als Differenzierungsmerkmal abgestellt wird, ist stets auch eine mögliche Rechtfertigung nach § 10 AGG zu prüfen. Hierbei scheint das Regelbeispiel § 10 S. 3 Nr. 4 AGG sämtliche Durchführungswege der bAV von Direktzusagen über Direktversicherungen, Unterstützungskassen und Pensionskassen zu erfassen.[604]

Dem Wortlaut des § 10 S. 3 Nr. 4 AGG zufolge *„kann"* die Festsetzung einer Altersgrenze als Voraussetzung für die Mitgliedschaft oder den Bezug von Leistungen

602 Vgl. *Langohr-Plato*, JurisPR-ArbR 20/2008 Anm. 1.
603 Zur Frage der Anwendbarkeit des AGG auf die BAV siehe ausführlich: B.I.
604 Vgl. *Meinel/Heyn/Herms*, § 10 AGG Rn 61.

der Altersrente i.R.d. betrieblichen Systeme der sozialen Sicherheit gerechtfertigt sein und somit keine Benachteiligung wegen des Alters darstellen. Hierbei lehnt sich die nationale Regelung an Art. 6 Abs. 2 der Richtlinie 2000/78/EG an. Das verfolgte Allgemeininteresse liegt somit darin, bereits bestehende Systeme der bAV mit ihren bisherigen Grundlagen *„abzusichern“*[605], ihre Funktionsfähigkeit sicherzustellen.[606] Da solche Systeme nach versicherungsmathematischen Grundsätzen betrieben werden, wäre ohne feste Berechnungsgrundlagen für anspruchsbegründende Mindestbeitragszeiten nicht ohne weiteres deren Funktionsfähigkeit gegeben.[607] Darüber hinausgehend ist davon auszugehen, dass Sinn und Zweck dieses Rechtfertigungstatbestandes gleichzeitig auch ist, Hindernisse, die einer Verbreitung der bAV entgegenstehen, abzubauen und die bAV gleichzeitig zu fördern.[608]

Der zugrundeliegende Art. 6 Abs. 2 Richtlinie 2000/78/EG scheint es den Gesetzgebern der Mitgliedsstaaten sogar zu gestatten, Regelungen einzuführen, nach denen i.R.d. betrieblichen Systeme der sozialen Sicherheit die Festsetzung von Altersgrenzen generell keine Diskriminierung wegen des Alters darstellt. Folglich hätte der nationale Gesetzgeber gar jegliche Altersgrenzen i.R.d. bAV aus dem Anwendungsbereich des AGG herausnehmen können.[609] Der deutsche Gesetzgeber hat diesen Spielraum der Richtlinie jedoch – eventuell unwissentlich – nicht gänzlich ausgeschöpft.

Auch der nationalen Umsetzung, dem Gesetzeswortlaut des § 10 S. 3 Nr. 4 AGG, zufolge sind Altersgrenzen i.R.d. bAV jedoch nicht automatisch gerechtfertigt. Vielmehr spricht der Wortlaut der nationalen Regelung in S. 3 lediglich davon, dass eine Festsetzung von Altersgrenzen im Sinne der Rechtfertigungsmöglichkeit des § 10 S. 1 und 2 AGG gerechtfertigt sein „könne“. Aufgrund dieses Unterschiedes zwischen der Vorgabe in der Richtlinie und der Umsetzung durch den deutschen Gesetzgeber stellt sich die Frage, ob das Vorliegen einer Altersgrenze – bspw. der hier vorliegenden Höchstaltersgrenze – i.R.d. bAV i.S.d. § 10 S. 3 Nr. 4 AGG automatisch keine Altersdiskriminierung darstelle, vielmehr stets gerechtfertigt sei.[610]

---

605 Schleusener/Suckow/Voigt-*Voigt*, § 10 AGG Rn 42.

606 *Adomeit/Mohr*, § 10 AGG Rn 144.

607 ErfKomm-*Schlachter*, § 10 AGG Rn 9.

608 BAG, Urt. v. 30. November 2010 – 3 AZR 754/08, AP Nr 72 zu § 16 BetrAVG = NZA-RR 2011, 593 ff. [Rn 34]; Urt. v. 11. August 2009 – 3 AZR 23/08, AP Nr. 139 zu Art. 9 GG = NZA 2010, 408 ff. [Rn 43].

609 Vgl.: *Adomeit/Mohr*, § 10 AGG Rn 140 m.w.N.; die Frage nach der Zulässigkeit der vollständigen Herausnahme von Altersgrenzen der bAV aus dem Verbot der Altersdiskriminierung beschäftigt jedoch derzeit den EuGH (Vgl.: EuGH, Anhängiges Verfahren, Vorabentscheidungsersuchen des Vestre Landsret (Dänemark), eingereicht am 19. September 2011 - C-476/11 [*HK Danmark, handelnd für Glennie Kristensen gegen Experian A/S*], ABl EU 2011, Nr C 340, 11).

610 So bspw.: *Körner*, NZA 2008, 497, 502; ähnlich jüngst auch das BAG, welches die Verhältnismäßigkeitsprüfung des § 10 S. 1 und 2 AGG im Falle einer Altersgrenze

Die Gesetzesbegründung zu § 10 S. 3 Nr. 4 AGG gibt nur bedingt Aufschluss bzgl. der Intention des Gesetzgebers. War vom Gesetzgeber gewollt, dass die Festlegung von Altersgrenzen stets gerechtfertigt sei, oder aber wollte er lediglich, dass eine solche Festlegung nach den Voraussetzungen der § 10 S. 1 und 2 AGG durchaus gerechtfertigt sein könne? Die diesbezügliche Gesetzesbegründung liest sich wie folgt:

> *„Nummer 4 stellt klar, dass die Festsetzung von Altersgrenzen bei den betrieblichen Systemen der sozialen Sicherheit – insbesondere der betrieblichen Altersversorgung – regelmäßig keine Benachteiligung wegen des Alters darstellt. Zulässig sind auch unterschiedliche Altersgrenzen für bestimmte Beschäftigte oder Gruppen von Beschäftigten. Die Festsetzung von Altersgrenzen darf aber nicht zu einer Benachteiligung wegen des Geschlechts oder wegen eines anderen in § 1 genannten Grundes führen (vgl. die Ausführungen zu § 4)"*

Die Gesetzesbegründung lässt darauf schließen, dass die Festlegung solcher Altersgrenzen zwar in einem Großteil der Fälle („*regelmäßig*") keine Diskriminierung darstellen, eine Altersgrenze in solchen Fällen folglich gerechtfertigt sein soll. Andererseits spricht die Wahl des Wortes „*regelmäßig*" auch dafür, dass es auch Fälle geben wird, in denen die Festlegung einer solchen Altersgrenze nicht gerechtfertigt sein wird. Die Regelung des § 10 S. 3 Nr. 4 AGG ist somit stets vor dem Hintergrund und im Zusammenhang mit S. 1 und 2 der Regelung zu lesen. Die Voraussetzungen der S. 1 und S. 2 müssen demnach auch bei der Festlegung von Altersgrenzen stets gegeben sein, auch wenn die Erfüllung der Voraussetzungen durch das Vorliegen eines der in S. 3 genannten Regelbeispiele im Einzelfall bereits indiziert ist.[611] Der Gesetzgeber hat somit mittels dieses Regelbeispiels deutlich gemacht, was er wohl – zumindest in der Mehrzahl der Fälle – als zulässig erachtet, wenngleich auch stets im Einzelfall eine Überprüfung der Zulässigkeit erforderlich ist.[612] Der Gesetzgeber hat mit den S. 1 und S. 2 vielmehr lediglich eine „*Hilfe bieten*" wollen.[613] In jedem Fall jedoch spricht das Regelbeispiel des § 10 S. 3 Nr. 4 AGG eindeutig dafür, dass es Intention des Gesetzgebers war, Hindernisse, die einer Verbreitung der bAV entgegenstehen, abzubauen und die bAV zu fördern.[614] Aus diesem Grund ist auch davon auszugehen, dass die Förderung der bAV ein legitimes Ziel i.S.d. Verhältnismäßigkeitsprüfung der § 10 S. 1 und 2 AGG darstellt.[615]

---

i.S.d. § 10 S. 3 Nr. 4 AGG auf die Angemessenheit beschränkt sah: BAG, Urt. v. 12. Februar 2013 – 3 AZR 100/11, MDR 2013, 725 f. = DB 2013, 1245 ff. [Rn 26 ff.].

611 a.A. wohl: *Kamanabrou* RdA 2006, 321, 332.

612 So auch: HK-Arbeitsrecht-*Berg*, § 10 AGG Rn 10, 25 f.; *Bauer/Göpfert/Krieger*, § 10 AGG Rn 25; Schiek-Schmidt, § 10 AGG Rn 11; *Thüsing*, Rn 428.

613 Schleusener/Suckow/Voigt-*Voigt*, § 10 AGG Rn 11.

614 So auch nach Einführung des AGG: BAG, Urt. v. 30. November 2010 – 3 AZR 754/08, AP Nr. 72 zu § 16 BetrAVG = NZA-RR 2011, 593 ff. [Rn 34].

615 So auch: BAG, Urt. v. 11. August 2009 – 3 AZR 23/08, AP Nr. 139 zu Art. 9 GG = NZA 2010, 408 ff.; siehe hierzu auch: *Adomeit/Mohr*, § 10 AGG Rn 140; siehe auch der Praxishinweis in: NJW-Spezial 2013, 340.

Auf den ersten Blick scheint der Gesetzgeber[616] in § 10 S. 3 Nr. 4 AGG also die Möglichkeit vorgesehen zu haben, Höchstaufnahmealtersgrenzen für die Aufnahme in ein Versorgungswerk und auch sonstige Altersgrenzen im Bereich der bAV zu verwenden. Auch noch nach Inkrafttreten des AGG scheinen also Versorgungsordnungen dem Gesetzestext zufolge zulässig zu sein, welche die Teilhabe an der bAV bei Überschreiten eines bestimmten Lebensalters ausschließen.[617]

Um tatsächlich jedoch nach § 10 S. 3 Nr. 4 AGG gerechtfertigt zu sein, müssen wegen des Alters benachteiligende Regelungen im Bereich der bAV – wie bspw. die Höchstaufnahmealtersgrenzenregelung – jedoch gleichzeitig auch den Anforderungen der Generalklausel des § 10 S. 1 und 2 AGG genügen. Die jeweilige Regelung müsste demnach auch angemessen und objektiv sein sowie ein legitimes Ziel verfolgen.

Wie bereits dargelegt, muss ein Ziel, welches mittels einer (anhand des Alters) benachteiligenden Regelung verfolgt wird, zwar nicht zwangsläufig ausschließlich sozialpolitischer Natur sein. Es darf jedoch auch nicht ausschließlich individuelle Interessen des Arbeitgebers verfolgen. Werden hingegen lediglich individuelle Interessen des Arbeitgebers verfolgt, so kann keine Rechtfertigung i.S.d. § 10 AGG angenommen werden.

Sozialpolitisch wird hinsichtlich der bAV insgesamt das übergeordnete Ziel verfolgt, die bAV für Arbeitgeber attraktiv auszugestalten und hiermit die Verbreitung der bAV voranzutreiben. Vor diesem Hintergrund wird es wohl auch legitim sein, die (grundsätzlich eher individuellen) Interessen eines Arbeitgebers, die bAV möglichst kalkulierbar und risikofrei zu gestalten, als legitime Ziele i.S.d. § 10 S. 1 und 2 AGG anzuerkennen. Wird den Arbeitgebern die Möglichkeit eingeräumt, durch derartige Regelungen die Kalkulierbarkeit der bAV zu steigern und das Risiko für Arbeitgeber zu senken, so führt dies fraglos zu einer Steigerung der Attraktivität der bAV für Arbeitgeber. Aus diesem Grund erscheint eine derartige Ausweitung auf solche Interessen eines Arbeitgebers vor dem großen sozialpolitischen Ziel, die bAV zu fördern und als starke zweite Säule des deutschen Altersversorgungssystems aufzubauen, vertretbar.[618]

Hinsichtlich der Frage nach dem mit einer derartigen Regelung verfolgten Ziel wird tlw. davon ausgegangen, dass eine derartige Altersgrenze der Sicherstellung eines ausreichenden Finanzierungszeitraums diene.[619] Die Altersgrenze diene zudem dem Ziel der Risikobegrenzung, da Arbeitgeber ein ab gewissen Altersgrenzen statistisch erhöhtes Invaliditäts- oder Todesfallrisiko nicht tragen wollten.[620]

616 Anm.: bzw. der europ. Richtliniengeber, dessen Vorgaben in Art. 6 Abs. 2 der Richtlinie 2000/78/EG beinahe wortwörtlich vom deutschen Gesetzgeber übernommen worden ist.

617 So auch: *Kemper/Kisters-Kölkes*, Rn 194; Küttner-*Kania*, *„Diskriminierung“* Rn 92.

618 So wohl auch: EuGH, Urt. v. 05. März 2009 – Rs. C-388/07 [*Age Concern England*], Slg 2009, I-1569 ff. = NZA 2009, 305; a.A. wohl: *Steinmeyer*, ZfA 2007, 27, 39.

619 So bspw.: *Rengier*, NZA 2006, 1251, 1254; ebefalls: *Adomeit/Mohr*, § 10 AGG Rn 146.

620 So: *Höfer*, Band I: Arbeitsrecht, ART Rn 832.1.

Mittels derartiger Höchstaltersgrenzen könne das Invaliditätsrisiko ausgeschlossen oder zumindest entscheidend verringert werden.[621] Da bei älteren Arbeitnehmern der Versorgungsfall der Invalidität bzw. des Todes statistisch gesehen sehr viel häufiger eintrete als bei jüngeren Arbeitnehmerns, könne anhand einer Altersgrenze die Kalkulierbarkeit verbessert werden und somit der Argumentation des BAG aus Vor-AGG-Zeiten gefolgt werden.[622]

Diese erscheint nach Inkrafttreten des AGG jedoch nicht mehr unproblematisch übertragbar. Zwar ist einer für Arbeitgeber besseren bzw. genaueren Kalkulierbarkeit der bAV zuzugeben, dass dies – insbesondere vor dem Hintergrund der erwünschten Steigerung der Attraktivität – ein sachliches Ziel i.S.e. Rechtfertigung nach § 10 AGG darstellen kann.[623]

Ein derartiger vollständiger Ausschluss älterer Mitglieder mittels einer bestimmten Höchstaltersgrenze könnte womöglich auch der in den vergangenen Jahren vom Gesetzgeber verfolgten Verbesserung der Situation älterer Beschäftigter auf dem Arbeitsmarkt zugute kommen. Mit der „Initiative 50plus" und dem daraus hervorgegangenen Gesetz zur Verbesserung der Beschäftigungschancen älterer Menschen[624] wird seit Jahren versucht, arbeits- und sozialrechtliche Anreize zu setzen, dass Arbeitsverhältnisse mit älteren Arbeitnehmern durchaus auch neu begründet werden sollen. Könnten sich Arbeigeber hinsichtlich älterer, neu eintretender Beschäftigter möglicherwiese mittels einer Höchstaltersgrenze bestimmte Leistungen ersparen, könnte dies durchaus ein Anreiz für Arbeitgeber darstellen, ältere Beschäftigte einzustellen.

I.R.d. Rechtfertigungstatbestandes des § 10 S. 1 und 2 AGG ist jedoch wie dargestellt auch im Falle der Annahme eines zulässigen Zieles nicht schlichtweg auf das bloße Gegebensein eines zulässigen Zieles abzustellen. Vielmehr muss stets auch das zur Erreichung dieses Ziels gewählte Mittel, also die benachteiligende Regelung, erforderlich und angemessen sein.

Zur Beantwortung dieser Frage muss jedoch nach beitrags- oder leistungsbezogenen Systemen der bAV unterschieden werden.[625] Diese Unterscheidung wird notwendig, da i.R.e. beitragsbezogenen Versorgungssystems, in welchem die Versorgungsleistung nach versicherungsmathematischen Gesichtspunkten kalkuliert wird, ein geringeres Bedürfnis zur Festlegung einer Höchstaltersgrenze besteht.

Bei reinen Leistungszusagen wird eine definierte Leistung für den Eintritt des Versorgungsfalles zugesagt. Hier wird nur eine Versorgungsleistung versprochen, nicht jedoch auch der Aufwand genannt, den der Versprechende dafür leisten

---

621 So bspw.: *Höfer*, Band I: Arbeitsrecht, ART Rn 805.12 ff., 805.15.

622 S.o.: BAG, Urt. v. 14. Januar 1986 –3 AZR 456/84, DB 86, 2030.

623 Vgl.: BAG, Urt. v. 11. August 2009 – 3 AZR 23/08, AP Nr. 139 zu Art. 9 GG = NZA 2010, 408 ff.; so auch: ErfKomm-*Steinmeyer*, Vorbemerkung BetrAVG Rn 45.

624 Gesetz vom 19. April 2007, BGBl. I, S: 538.

625 So bspw.: *Rengier*, NZA 2006, 1251, 1254; ebenso: ErfKomm-*Steinmeyer*, Vorbem. BetrAVG Rn 45; *Adomeit/Mohr*, § 10 AGG Rn 147; zu den Unterschieden zwischen den verschiedenen Zusagetypen siehe auch: *Schipp*, BetrAV 2012, 378, 379 f.

muss.[626] Bei beitragsbezogenen Leistungszusagen hingegen legt der Arbeitgeber fest, welche Beiträge er für die einzelnen Versorgungsempfänger aufwenden, also investieren wird und zudem welche Unverfallbarkeitsbeträge bzw. welche Leistungen im Versorgungsfall bei Anwendung festgelegter Umrechnungsmodalitäten erbracht werden sollen. Letztere Beiträge werden anhand der verwendeten Sterbetafel und dem verwendeten Rechnungszinsfuß berechnet.[627]

Der Arbeitgeber verspricht also bei einer beitragsbezogenen Leistungszusage ebenso wie bei der reinen Leistungszusage eine Versorgungsleistung. Hierbei wird jedoch nicht die konkrete (Versorgungs-)Leistung, sondern ein bestimmter periodischer oder einmaliger Beitrag bzw. Aufwand des Arbeitgebers genannt. Im Versorgungsfall steht dem Arbeitnehmer später die Summe der vom Arbeitgeber zugesagten einzelnen Beiträge zuzüglich der hieraus erzielten Erträge als Leistung zur Verfügung.[628] Dem Grunde nach sagt der Arbeitgeber hier jedoch die Leistung bestimmter Beiträge zu, zuzüglich hieraus erzielter Erträge.

Da hier die Versorgungsleistungen anhand versicherungsmathematischer Berechnungen ermittelt werden könnten, ist hier bereits kein Grund für eine Unterscheidung aufgrund des Alters gegeben.[629] Zudem benötigt der Arbeitgeber nicht unbedingt die Stellschraube einer Altersgrenze, um seine Leistungen kalkulierbar zu gestalten. Vielmehr würde dieselbe Kalkulierbarkeit ebenso oder evtl. sogar einfacher dadurch erreicht, dass bspw. eine pekuniäre Höchstgrenze hinsichtlich der Beitragszahlungen an sich oder aber hinsichtlich der Dienstjahre, für welche vom Arbeitgeber Beiträge geleistet werden sollen, festgelegt wird. Eine nicht anderweitig abzuwendende besondere Belastung des Arbeitgebers bei älteren Arbeitnehmern, welche möglicherweise eine Höchstaltersgrenze erfordern würde, ist hier somit gerade nicht ersichtlich. Folglich ist eine Altersgrenze hinsichtlich der Aufnahme in das Versorgungswerk zumindest i.R.v. beitragsbezogenen Systemen bereits mangels Erforderlichkeit des Mittels nicht zu rechtfertigen.[630]

Ist hingegen die Verpflichtung des Arbeitgebers Gegenstand der Versorgungszusage, im Versorgungsfall eine ganz bestimmte Versorgungsleistung zu erbringen,

---

626 Siehe auch: *Höfer/Witt/Kuchem*, BB 2007, 1445, 1448, die folgendes Beispiel benennen: bei einer reinen Leistungszusage verpflichtet sich der Arbeitgeber bspw., für jedes geleistete Dienstjahr eine monatliche Rente von 10 Euro zu zahlen. Nach 35 Dienstjahren erhielte der Arbeitnehmer somit eine Altersrente von 350 Euro.

627 *Schipp*, BetrAV 2012, 378, 380.

628 Zur Funktionsweise beitragsorientierter Leistungszusagen siehe: ErfKomm-*Steinmeyer*, § 1 BetrAVG Rn 15; *Blomeyer/Rolfs/Otto*, § 1 BetrAVG Rn 83 m.w.N.; *Schipp*, BetrAV 2012, 378, 380.

629 *Preis*, BetrAVG 2010, 513, 514; *Adomeit/Mohr*, ZfA 2008, 449, 466; *dies.*, § 10 AGG Rn 146 f.

630 So ebenfalls: Rust/Falke-*Bertelsmann*, § 10 AGG Rn 209; im Ergebnis ebenfalls zutreffend, jedoch auf das Fehlen eines sachlichen Zieles abstellend: *Meinel/Heyn/Herms*, § 10 AGG Rn 67; *Rolfs*, NZA 2008, 553, 556.

so handelt es sich um eine so genannte Leistungszusage bzw. um ein leistungsbezogenes System der bAV. Hier enthält die Verpflichtung des Arbeitgebers die Zusage auf eine Versorgungsanwartschaft, wobei sich die Höhe der Anwartschaft nach dem vom Arbeitgeber zugesagten Beitrag bemisst.[631]

Im Gegensatz zu Fällen beitragsbezogener Systeme erscheint die Argumentation des BAG hinsichtlich der Kalkulierbarkeit in leistungsbezogenen Systemen zunächst durchaus sinnvoll. Seitens des Arbeitgebers sind beim Eintritt älterer Mitglieder höhere Aufwendungen zur Finanzierung der schlussendlich gleichen Leistungen notwendig als bei jüngeren Arbeitnehmern. Aus diesem Grund wird in der Literatur bspw. eine Altersgrenze von 55 Jahren hinsichtlich solcher leistungsbezogener Systeme überwiegend als legitim angesehen.[632]

Das LAG Düsseldorf hingegen ging in einer Entscheidung aus dem Jahr 2012 davon aus, dass eine Höchstaltersgrenze von 50 Jahren grds. eine unzulässige Benachteiligung wegen des Alters darstelle.[633] Das Gericht wies richtigerweise darauf hin, dass das tlw. in der Literatur vertretene Argument, dass durch derartige Höchstaltersgrenzen das Invaliditätsrisiko verringert werden könne[634], nicht verfängt. Diesem im höheren Alter durchaus erhöhten Risiko kann durch einen lediglich auf das Ivaliditätsrisiko bezogenen Ausschlusstatbestand begegnet werden, ohne ältere Arbeitnehmer generell von der bAV ausschließen zu müssen. So könnten ältere Arbeitnehmer lediglich von der Zusage für Invaliditätsleistungen ausgenommen werden, was bereits ein milderes Mittel darstellen würde.[635]

Das Gericht ließ jedoch in dem zu entscheidenden Fall offen, ob eine Höchstaltersgrenze generell für den Zugang zur betrieblichen Altersversorgung überhaupt zulässig sein kann oder stets unzulässig ist. Vielmehr stellte das Gericht auf die seiner Ansicht nach zumindest unverhältnismäßig niedrige Höchstaltersgrenze von 50 Jahren ab.[636] Das Gericht stellte fest, dass die Gründe i.S.v. § 10 S. 1 und 2

---

631 *Blomeyer/Rolfs/Otto*, § 1 BetrAVG Rn 86 m.w.N.

632 *Rengier*, NZA 2006, 1251, 1255; ähnlich: *Meinel/Heyn/Herms*, § 10 AGG Rn 67; Schleusener/Suckow/Voigt-*Voigt*, § 10 AGG Rn 43; sogar eine Altersgrenze von 52 Jahren für zulässig haltend auch: *Rolfs*, NZA 2008, 553, 556; generell in leistungsbezogenen Systemen von der Zulässigkeit einer Höchstaltersgrenze ausgehend: *Adomeit/Mohr*, § 10 AGG Rn 146 f.

633 LAG Düsseldorf, Urt. v. 29. Februar 2012 – 12 Sa 1430/11, ArbRB 2012, 237, Volltext veröffentlicht unter: http://www.lag-duesseldorf.nrw.de/beh_static/entscheidungen/entscheidungen/sa/1430-11.pdf [Rn 51] (Bestätigung von LAG Düsseldorf, Urt. v. 09. April 2010 – 9 Sa 690/09, NZA-RR 2010, 653 [Rn 80 ff.]);

634 S.o. bspw.: *Höfer*, Band I: Arbeitsrecht, ART Rn 805.12 ff., 805.15.

635 Hinsichtlich der Frage der Zulässigkeit solcher Regelungen s.u.:B.IV.1.a)gg).

636 LAG Düsseldorf, Urt. v. 29. Februar 2012 – 12 Sa 1430/11, ArbRB 2012, 237, Volltext veröffentlicht unter: http://www.lag-duesseldorf.nrw.de/beh_static/entscheidungen/entscheidungen/sa/1430-11.pdf [Rn 51] (Bestätigung von LAG Düsseldorf, Urt. v. 09. April 2010 – 9 Sa 690/09, NZA-RR 2010, 653 [Rn 80 ff.]);

AGG umso gewichtiger sein müssen, je niedriger die Höchstaltersgrenze ist. Hierbei knüpfte das Gericht an Rechtsprechung des LAG Baden-Württemberg aus dem Jahr zuvor an. Hier hatte das Gericht festgestellt, dass eine Höchstaltersgrenze von 45 Jahren zu niedrig ausgefallen sei, insbesondere, da die Gründe für die Benachteiligung umso gewichtiger und überzeugender sein müssten, je niedriger die Höchstaltersgrenze ausfalle.[637]

Beide Gerichte wiesen zwar jeweils darauf hin, dass in Systemen der betrieblichen Altersversorgung zur Finanzierung der gleichen Leistung bei in älterem Alter eintretenden Arbeitnehmern höhere Aufwendungen erforderlich seien, nahmen jedoch die Unzulässigkeit der jeweils zu überprüfenden Regelungen wegen der niedrigen Altersgrenze an. Folglich kann hieraus zumindest nicht geschlossen werden kann, dass die Benachteiligung älterer Arbeitnehmer durch eine (höhere) Höchstaltersgrenze nicht evtl. doch gerechtfertigt sein könnte, wie dies in der Literatur vertreten wird.[638]

Für die Rechtmäßigkeit einer solchen Regelung spricht – wie dargestellt – die Überlegung, dass der Arbeitgeber beim Eintritt eines älteren Beschäftigten in leistungsbezogenes System verpflichtet ist, innerhalb verhältnismäßig kurzer Zeit dieselben Anwartschaften für den Arbeitnehmer anzulegen wie bei einem zum Eintrittszeitpunkt jüngeren Arbeitnehmer, der dieselbe Leistungszusage erhält, bei welchem dem Arbeitgeber jedoch eine längere Zeit zur Verfügung steht, um die Anwartschaften anzulegen.

Zwar ist der Arbeitgeber bereits durch die 5-Jahres-Unverfallbarkeitsfrist in gewissem Maße vor einer Ausuferung der Ansprüche geschützt. Dennoch erscheint ein weitergehender Schutz zumindest hinsichtlich solcher leistungsbezogener Systeme der bAV sinnvoll und somit als legitimes Ziel. In diesen Fällen geht der Arbeitgeber schließlich ein gegenüber den beitragsbezogenen Systemen vergleichsweise höheres Risiko ein. In Fällen der leistungsbezogenen Systeme lässt sich das Risiko eines höheren Eintrittsalters auch nicht durch die Berücksichtigung entsprechender versicherungsmathematischer Faktoren ausgleichen.[639] Aus diesem Grund soll durch Höchstaltersgrenzen das Risiko begrenzt und sichergestellt werden, dass bis zum Erreichen des biologischen Risikos des Alters ein für den Arbeitgeber ausreichender Finanzierungszeitraum bestanden hat.[640]

---

laut aktueller Pressemitteilung wohl keine unzulässige Benachteiligung in einer solchen Altersgrenze erkennend, Urteilsgründe jedoch zum Zeitpunkt der Erstellung dieser Arbeit jedoch noch nicht veröffentlicht: BAG, Urt. v. 12. November 2013 – 3 AZR 356/12.

637 LAG Baden-Württemberg, Urt. v. 23. November 2011 – 2 Sa 77/11, AuA 2012, 176.

638 S.o.: *Rengier*, NZA 2006, 1251, 1255; ähnlich: *Meinel/Heyn/Herms*, § 10 AGG Rn 67; Schleusener/Suckow/Voigt-*Voigt*, § 10 AGG Rn 43; sogar eine Altersgrenze von 52 Jahren für zulässig haltend auch: *Rolfs*, NZA 2008, 553, 556.

639 So auch: *Meinel/Heyn/Herms*, § 10 AGG Rn 67; *Adomeit/Mohr*, § 10 AGG Rn 147; *Rengier*, NZA 2006, 1251, 1255; *Rolfs*, NZA 2008, 553, 556.

640 Siehe auch: *Rengier*, NZA 2006, 1251, 1254; *Adomeit/Mohr*, § 10 AGG Rn 147.

Fraglich ist jedoch die Erforderlichkeit des drastischen Mittels der vollständigen Ausklammerung älterer Arbeitnehmer. Ebenso gut könnte dem Umstand, dass bei älteren Beschäftigten ein lediglich relativ kurzer Zeitraum besteht, um die Anwartschaften zu finanzieren, dahingehend Rechnung getragen wird, dass das gesamte Versorgungsniveau abgesenkt wird.[641] Als milderes Mittel, das Risiko des Arbeitgebers aber ebenfalls beschränkendes und somit ebenso wirksames Mittel, käme auch eine ratierliche Kürzung der Ansprüche für ältere Mitglieder in Betracht. Die bAV-Zusage könnte dergestalt formuliert werden, dass aus Gründen der besseren Kalkulierbarkeit und Risikobegrenzung Arbeitnehmern ab einem bestimmten Lebensalter lediglich gekürzte Ansprüche zugestanden werden, bei Beschäftigungsbeginn ab einem bestimmten Lebensalter also nur noch eine geringere Leistung bzw. Gesamtversorgung im Alter zusagt würde.[642]

Es bestehen folglich alternative, hinsichtlich der Kosten (insbesondere der Höhe der Anwartschaft nach der m/ntel Formel) auch durchaus überschaubare Modelle.[643] Derartige Regelungen wären in jedem Fall milder, da ältere Arbeitnehmer nicht direkt vollständig von der Versorgung ausgeschlossen würden. Folglich ist entgegen der wohl vorherrschenden Ansicht in Literatur und Rechtsprechung von der Unzulässigkeit solcher Höchstaltersgrenzen auch in leistungsbezogenen Systemen auszugehen.[644]

In der Literatur findet allerdings auch die Ansicht, dass derartige Höchstalters- bzw. Höchstaufnahmegrenzen dann gerechtfertigt seien, wenn die von diesen Altersgrenzen Betroffenen bereits in früheren Arbeitsverhältnissen die Möglichkeit besessen hätten, sich eine gesetzliche und/oder bAV aufbauen zu können, also auf den Versorgungsstand des jeweiligen Betroffenen abgestellt wird. In solchen Fällen handele es sich dann nicht mehr um eine Benachteiligung wegen des Alters, sondern lediglich um eine Differenzierung anhand der bereits gewährleisteten Versorgung.[645]

Solche Regelungen dürften jedoch nicht nur aus praktischen Gründen bereits schwer umsetzbar sein, sondern wohl ebenfalls den Vorgaben des AGG widersprechen. Nicht nur würden hier Betroffene bereits aufgrund ihrer bisherigen Vorsorge (und somit anhand ihres bisherigen Einkommens) benachteiligt, was dem allgemeinen arbeitsrechtlichen Gleichbehandlungsgrundsatz widersprechen dürfte. Zudem jedoch würde eine solche Differenzierung wohl auch eine mittelbar

---

641 So bspw. auch: *Preis*, BetrAVG 2010, 513, 514.

642 So ebenfalls: *Meinel/Heyn/Herms*, § 10 AGG Rn 67; a.A. wohl: *Adomeit/Mohr*, § 10 AGG Rn 147.

643 So wohl mittlerweile auch: LAG Baden-Württemberg, Urt. v. 24. September 2012 – 9 Sa 48/12, EzA-SD 2012, Nr. 24, 14 (Revision anhängig unter dem Az. 3 AZR 940/12); ebenfalls zustimmend: Rust/Falke-*Bertelsmann*, § 10 AGG Rn 209 f.

644 a.A. wohl laut aktueller Pressemitteilung, Urteilsgründe jedoch zum Zeitpunkt der Erstellung dieser Arbeit jedoch noch nicht veröffentlicht: BAG, Urt. v. 12. November 2013 – 3 AZR 356/12.

645 So: *Bauer/Göpfert/Krieger*, § 10 AGG Rn 37.

aufgrund des Alters diskriminierende Regelung darstellen, welche ebenfalls dem Rechtfertigungszwang unterläge.[646] Dass eine Rechtfertigung für eine derartige Benachteiligung nicht vorliegt, ist bereits dargestellt worden.

ee) Vorschaltzeiten / Wartezeiten anhand des Lebensalters

In vielen Versorgungsordnungen sind Mindestaltersgrenzen für die Aufnahme in das betriebliche Versorgungswerk (Vorschaltzeiten) bzw. für die Fälligkeit der Pensionsleistungen im Leistungsfall (Wartezeiten) vorgesehen. Bspw. erfordern manche Ordnungen, dass der Arbeitnehmer erst mit einem Mindestalter von 30 Jahren die Zusage erteilt wird bzw. als erteilt gelten soll oder dass nur bei Eintritt des Leistungsfalles nach Erreichen eines gewissen Mindestalters tatsächlich Leistungen fällig werden.[647] Während bei der Unverfallbarkeitsfrist eine gewisse Betriebszugehörigkeit abgeleistet worden sein muss, bevor die Anwartschaften auf Betriebsrentenleistungen unverfallbar werden, soll der Arbeitnehmer bei solchen Vorschaltzeiten gar erst nach Ablauf der Vorschaltzeit, bspw. nach Erreichen eines bestimmten Mindestalters, in das Versorgungswerk aufgenommen werden.

Solche Mindestaltersgrenzen wurden vor Inkrafttreten des AGG sowohl von Rechtsprechung[648] als auch der Literatur[649] für zulässig gehalten. Vor dem Hintergrund des AGG könnten solche Regelungen jedoch eine unmittelbare Benachteiligung jüngerer Arbeitnehmer wegen des Alters i.S.d. § 3 Abs. 1 AGG darstellen, welche wiederum am Rechtfertigungsmaßstab des § 10 AGG zu messen wäre.

Sieht eine Versorgungsordnung bspw. vor, dass Arbeitnehmer erst mit 30 oder 35 Jahren in das Versorgungswerk aufgenommen werden sollen, so stellt dies eine Benachteilung jüngerer Arbeitnehmer anhand ihres Alters dar. Ein Beschäftigter bspw., der das Unternehmen bereits vor Überschreiten der vorgesehenen Altersgrenzen wieder verlässt, würde gegenüber einem Beschäftigten benachteiligt, der bspw. bereits bei Eintritt in das Unternehmen die Altersgrenze überschritten hat und das Unternehmen jedoch nach gleich langer Betriebszugehörigkeit wieder verlässt. Während letzterer nunmehr Aufnahme in das Versorgungswerk gefunden hat, stünden dem jüngeren Beschäftigten keinerlei Ansprüche zu.

Ob tatsächlich eine Benachteiligung jüngerer Arbeitnehmer in solchen Fällen gegeben ist, in denen eine Versorgungsordnung bspw. eine Mindestaltersgrenze von 25 Jahren für die Aufnahme beinhaltet, ist fraglich. Eine solche Altersgrenze spiegelt lediglich die aktuelle gesetzliche Altersgrenze der Unverfallbarkeit nach § 1b Abs. 1 S. 1 BetrAVG wieder. Das BAG hat bzgl. derartiger Vorschaltzeiten

646 So ähnlich auch zum Thema der Vorschaltzeiten: Schiek-*Schmidt*, § 10 AGG Rn 25; *Bertelsmann*, ZESAR 2005, 242, 245.

647 Zur Zulässigkeit derartiger Regelungen, die hinsichtlich der Vorschaltzeit bzw. der Wartezeit nicht an dem Lebensalter, sondern vielmehr am Dienstalter anknüpfen, s.u.: B.IV.1.b)dd) (Wartezeiten) bzw.: B.IV.1.b)ee) (Vorschaltzeiten).

648 BAG, 19. April 2005 – 3 AZR 469/04, AP Nr. 19 zu § 1 BetrAVG Betriebsveräußerung.

649 Bspw.: *Höfer*, Band I: Arbeitsrecht, ART Rn 824, 832.1, 925.

entschieden, dass die gesetzlichen Unverfallbarkeitsfristen bereits mit der Zusage (d.h. regelmäßig bereits mit Eintritt in das Unternehmen), nicht erst mit Erreichen eines solchen Mindestalters zu laufen beginnen. Abzustellen ist vielmehr auf die *„Zusage auf die Zusage"*.[650] Aus diesem Grund beginnt auch die Unverfallbarkeitsfrist des § 1b Abs. 1 S. 1 BetrAVG auch trotz einer Altersgrenze von 25 Jahren bereits mit der *„Zusage auf die Zusage"* zu laufen. Es stellt sich daher die Frage, inwiefern die Betroffenen durch eine solche Regelung gegenüber älteren Arbeitnehmern tatsächlich benachteiligt werden.

Im Zusammenhang mit der Regelung des § 1b Abs. 1 S. 1 BetrAVG wird teilweise vertreten, dass vor dem Hintergrund der Herabsetzung des Mindestalters i.S.d. § 1b Abs. 1 BetrAVG auf 25 Jahre sowie der BAG-Rechtsprechung zur Vorschaltzeitenproblematik Mindestaltersgrenzen zwar grundsätzlich zulässig seien, die zulässige Mindestaltersgrenze vor dem Hintergrund der 5-Jahres-Frist des § 1b Abs. 1 BetrAVG jedoch auf 20 Jahre reduziert werde.[651]

Wie oben dargestellt[652] verstößt jedoch die gesetzliche Altersgrenze (25 Jahre) der aktuellen Fassung des § 1b Abs. 1 S. 1 BetrAVG gegen die Vorgaben der Rahmenrichtlinie und ist auch nicht als gerechtfertigte Altersdiskriminierung von Art. 6 Abs. 2 Richtlinie 2000/78/EG gedeckt. Folglich läge auch in einer derartigen, auf die Altersgrenze der aktuellen Unverfallbarkeitsregelung abstellenden Regelung bereits eine Benachteiligung i.S.d. AGG vor. Aus diesem Grund verfängt auch das tlw. in der Literatur vertretene Argument nicht, dass die unverfallbare Anwartschaft bereits vor dem Erreichen der Mindestaltersgrenze erworben werden könne, da lediglich auf die *„Zusage auf die Zusage"* abzustellen sei und solche Altersgrenzen bereits keine verbotene Benachteiligung wegen des Alters i.S.v. § 7 Abs. 1 AGG darstellten.[653]

Es stellt sich folglich auch hinsichtlich derartiger Vorschalt- oder Wartezeiten die Frage nach einer Rechtfertigung einer solchen Benachteiligung. Die gesetzliche Vermutung geht in § 10 S. 3 Nr. 4 AGG zunächst von der Zulässigkeit des Abstellens auf eine (Lebens-)Altersgrenze für den Eintritt in Betriebsrentensysteme aus, so dass Mindestaltersgrenzen nach § 10 S. 3 Nr. 4 AGG gerechtfertigt sein könnten. Teilweise wird in der Literatur schlichtweg darauf abgestellt, dass § 10 S. 3 Nr. 4 AGG ausdrücklich Altersgrenzen in der bAV benennt, weshalb von der Rechtfertigung einer solchen Benachteiligung auszugehen sei.[654] Wie bereits dargestellt, müssen hierfür jedoch auch die Voraussetzungen der § 10 S. 1 und 2 AGG erfüllt sein. Es stellt sich folglich wiederum die Frage nach einem legitimen Regelungsziel einer derartigen Mindestaltersklausel.

---

650 BAG, Urt. v. 24. Februar 2004 – 3 AZR 5/03, AP Nr. 2 zu § 1b BetrAVG.

651 So bspw.: *Rolfs*, NZA 2008, 553, 556.

652 S.o.: B.IV.1.a)bb).

653 *Cisch/Böhm*, BB 2007, 602.

654 So wohl: *Cisch/Böhm*, BB 2007, 602, 607; *Kempers/Kisters-Kölkes*, Rn 183; MüKo-*Thüsing*, § 10 AGG Rn 54; ebenfalls, auf die nationale Umsetzung des Art. 6 Abs. 2 Richtlinie 2000/78/EG in § 10 S. 3 Nr. 4 abstellend: *Adomeit/Mohr*, ZfA 2008, 449, 465.

Das LAG Düsseldorf ging in einer Entscheidung aus dem Jahr 2012[655] davon aus, dass der Arbeitgeber durchaus für die Gewährung einer Betriebsrente voraussetzen dürfe, dass der Beschäftigte bereits eine ausreichende Betriebstreue bewiesen hat. Um eine solche Betriebstreue der in den Genuss der bAV kommenden Belegschaft sicherzustellen, sei u.a. die Verwendung einer Wartezeitenregelung zulässig.

Auch in der Literatur wird vielfach auf das Argument der Betriebstreue abgestellt. Der Arbeitgeber habe ein verständliches Interesse daran, die bAV als Gegenleistung für Betriebstreue erst nach einer gewissen Mindestleistung des Arbeitnehmers gewähren und insbesondere die Betriebstreue durch den Aufbau von Versorgungsanwartschaften honorieren zu wollen.[656] Dies sei insbesondere vor dem Hintergrund zu sehen, dass eine höhere Fluktuationsneigung bei jüngeren Arbeitnehmern bestehe, welche auch zu einer Erhöhung der Kosten und des Verwaltungsaufwandes zumindest bei extern und versicherungsförmig durchgeführten Versorgungen führe.[657] Als weiteres Argument wird vorgebracht, dass es ebenfalls ein legitimes Ziel der Arbeitgeber sei, die Kosten des Versorgungswerkes durch den Ausschluss besonders früh eintretender Leistungsfälle zu begrenzen.[658] So könne durch den Ausschluss der jüngsten Arbeitnehmer zumindest ausgeschlossen werden, dass für solchen jungen Arbeitnehmer bei Eintritt des Versorgungsfalls der Invalidität oder des Todes jahrzehntelang Leistungen der bAV geschuldet würden.

Wiederum vor dem Hintergrund der politisch geförderten Verbreitung der bAV und der hierfür sinnvollen Steigerung der Attraktivität, kann auch hier auf die grundsätzlich in erster Linie individuellen Interessen der Arbeitgeber abgestellt werden, so dass sowohl der Gedanke der Betriebstreue-Honorierung sowie der Risikominimierung durchaus legitime Ziele darstellen können.[659] Das Argument hingegen, dass derartige Regelungen zulässig seien, da jüngere Arbeitnehmer später

---

655 LAG Düsseldorf, Urt. v. 29. Februar 2012 – 12 Sa 1430/11, ArbRB 2012, 237, Volltext veröffentlicht unter: http://www.lag-duesseldorf.nrw.de/beh_static/entscheidungen/entscheidungen/sa/1430-11.pdf (Bestätigung von LAG Düsseldorf, Urt. v. 09. April 2010 – 9 Sa 690/09, NZA-RR 2010, 653 [Rn 80 ff.]).

656 *Thum*, BB 2008, 2291, 2292; *Rolfs*, NZA 2008, 553, 556; *Nollert-Borasio/Perreng*, § 10 AGG Rn 22; so auch: *Adomeit/Mohr*, ZfA 2008, 449, 466, klarstellend, dass dieses Argument natürlich nur hinsichtlich arbeitgeberfinanzierten Systemen gelten kann, da i.R.v. arbeitnehmerfinanzierten Systemen gem. § 1a Abs. 1 BetrAVG ein unbedingter Anspruch auf Entgeltumwandlung besteht.

657 So, im Ergebnis derartige Regelungen jedoch für unzulässig haltend: *Höfer*, Band I: Arbeitsrecht, ART Rn 805.11; zu den Unterschieden zwischen älteren und jüngeren Arbeitnehmern in der Fluktuation siehe auch: *Grobe*, TK-Gesundheitsreport 2012, S. 17.

658 *Höfer*, Band I: Arbeitsrecht, ART Rn 832.1; *Thum*, BB 2008, 2291, 2292; *Rolfs*, NZA 2008, 553, 556.

659 So wohl auch: BAG, Urt. v. 11. August 2009 – 3 AZR 23/08, AP Nr. 139 zu Art. 9 GG = NZA 2010, 408 ff.; ErfKomm-*Steinmeyer*, Vorbemerkung BetrAVG Rn 45.

noch genügend Zeit zum Aufbau einer Altersversorgung besäßen, darf auch hier kein Argument sein und nicht als sachliches Ziel für eine Benachteiligung vorgebracht werden.[660]

Fraglich ist jedoch die Erforderlichkeit des gewählten Mittels. Besteht tatsächlich kein milderes, gleich geeignetes Mittel zur Durchsetzung der Ziele der Arbeitgeber?

Um das Ziel der Honorierung der Betriebstreue zu erreichen, ist das Mittel der Verwendung von Vorschalt- bzw. Wartezeiten nicht erforderlich. Dieses Ziel und ebenso das Ziel der Reduktion der Verwaltungskosten können auch auf einem anderen Wege erreicht werden. So könnte die Mitgliedschaft stets erst nach einer gewissen Mindestdienstzeit gewährt, also auf die Betriebstreue in Form von Dienstjahren abgestellt werden.[661] Dem Arbeitgeber steht es auch i.R.d. bAV frei, an der Betriebstreue orientierte Entgeltsysteme anzuwenden. Derartige an der Betriebstreue bzw. den Dienstjahren anknüpfende Regelungen sind zulässig[662] und führen sogar effektiver zum Ziel als Vorschaltzeiten. Sieht bspw. eine Vorschaltzeiten-Regelung vor, dass Zusagen lediglich an Beschäftigte ab einem Lebensalter von 30 Jahren erteilt werden, so stellt sich bereits die Frage, inwiefern hierdurch tatsächlich die Betriebstreue honoriert werden soll: so steht es einem 35-Jährigen frei, innerhalb von 5 Jahren unverfallbare Anwartschaften zu erlangen, während ein 19-Jähriger nach mehr als 10 Jahren Betriebstreue ohne unverfallbare Anwartschaften ausscheiden könnte.

Das Interesse des Arbeitgebers, sich gegen ein hohes finanzielles Risiko bei Invalidität und Tod abzusichern, ist nachvollziehbar und wohl grundsätzlich auch berechtigt. Allerdings stellt sich auch hier wiederum die Frage, inwiefern Vorschaltzeiten ein geeignetes und zudem erforderliches Mittel darstellen. So ist festzustellen, dass das Invaliditätsrisiko in jüngeren Jahrgängen entschieden niedriger ist als in älteren Jahrgängen. So bleibt das Invaliditätsrisiko statistisch gesehen unterhalb der Altersgrenze von 50 Jahren stets auf etwa gleichem Niveau, bevor es danach auf mehr als das Doppelte ansteigt.[663] Die erwünschte Begrenzung des Invaliditätsrisikos erscheint somit lediglich mit Altersgrenzen weit jenseits der 30 oder 35 Jahre zu erreichen, da statitisch gesehen das Risiko noch vergleichsweise gering ist.

Zudem könnte dem mit dem Alter steigenden Invaliditätsrisiko sinnvoller und für die Beschäftigten weniger einschneidend begegnet werden. So könnte bspw. ab dem Zeitpunkt des Eintritts der unverfallbaren Anwartschaft eine jährlich steigende Zusage vorgesehen werden, welche das bis zum Ende der vorgesehenen Wartezeit ratierlich abnehmende Risiko des Arbeitgebers auffängt bzw. entsprechend

---

660 So richtig: Schiek-*Schmidt*, § 10 AGG Rn 25; *Bertelsmann*, ZESAR 2005, 242, 245.

661 So zutreffend auch: *Höfer*, Band I: Arbeitsrecht, ART Rn 805.11.

662 So auch: *Watzenberg*, NJ 2008, 433, 435; s.u. zu der Frage, ob derartige Regelungen eine mittelbare Benachteiligung anhand des Alters darstellen: B.IV.1.b)dd).

663 *Heubeck*, S. 46; *Höfer*, Band I: Arbeitsrecht, ART Rn 805.17.

begrenzt. Hierbei bestünde auch die Möglichkeit, die Regelung derart auszugestalten, dass der Finanzierungsrahmen für den Arbeitgeber gleich bleibt.

Es ist folglich von der Unzulässigkeit derartiger Vorschalt- oder Wartezeiten auszugehen, welche schlichtweg eine feste Altersgrenze vorsehen.[664] So geht auch *Höfer*[665] davon aus, dass die Mitgliedschaft in Versorgungswerken nicht allein aufgrund des jungen Alters des Beschäftigten und der höheren Fluktuation jüngerer Beschäftigter verweigert werden dürfe.

ff) Altersabhängige Dienstzeitzählung / Limitierungsklauseln

In manchen Versorgungszusagen ist vorgesehen, dass Dienstjahre, welche nach Erreichen einer bestimmten Altersgrenze geleistet werden, nicht in die Berechnung der Versorgungsansprüche einfließen sollen. So wird bspw. in manchen Zusagen ausgeschlossen, Dienstjahre nach Vollendung des 55. Lebensjahres des Versorgungsempfängers zu zählen. Spätere Dienstjahre werden somit von der Berechnung der späteren Ansprüche ausgeschlossen. Hierdurch versuchen Arbeitgeber bei dienstzeitabhängigen Versorgungsmodellen anhand dieser Altersgrenze die möglicherweise erdienbaren Anwartschaften bereits vorab zu begrenzen.

Durch eine derartige Regelung werden Arbeitnehmer betroffen, die im Gegensatz zu der oben diskutierten Problematik des Höchstaufnahmealters[666] zwar von der Versorgungszusage erfasst sind, während ihrer beruflichen Tätigkeit jedoch die Höchstaltersgrenze der Dienstzeitzählung erreichen. Arbeitnehmer, welche die Altersgrenze der Dienstzeitzählung überschreiten, werden unmittelbar aufgrund ihres Alters schlechter gestellt als jüngere Arbeitnehmer, deren Dienstjahre weiterhin uneingeschränkt gezählt werden. Typischerweise sind hierdurch Arbeitnehmer stärker betroffen, welche erst wenige Jahre vor Überschreiten dieser Altersgrenze in das Unternehmen eintreten. Im Gegensatz zu anderen Regelungen, welche an das Dienstalter[667] anknüpfen, wird hier unmittelbar an den Faktor Lebensalter angeknüpft.

Es stellt sich folglich die Frage nach einer möglichen Rechtfertigung einer solchen Benachteiligung wegen des Alters. Wie jede Benachteiligung wegen des Alters könnte auch die altersabhängige Dienstzeitzählung nach § 10 AGG gerechtfertigt sein. Hierfür müsste jedoch – wie dargestellt – ein sachliches Ziel verfolgt

---

664 So im Ergebnis auch: Schiek-*Schmidt*, § 10 AGG Rn 25; *Bertelsmann*, ZESAR 2005, 242, 245; a.A. bspw.: *Nollert-Borasio/Perreng*, § 10 AGG Rn 22.

665 *Höfer*, Band I: Arbeitsrecht, ART Rn 805.11..

666 Zur Zulässigkeit von Höchstaufnahmealterregelungen s.o.: B.IV.1.a)dd).

667 Zur generellen Zulässigkeit des Anknüpfens an das Kriterium des Dienstalters: EuGH, Urt. v. 3. Oktober 2006 – Rs. C-17/05 [*Cadman*], Slg 2006, I-9583 ff. = AP Nr. 15 zu Art. 141 EG; zur Zulässigkeit von Regelungen, welche vorsehen, dass Dienstjahre ab einem bestimmten Dienstalter nicht mehr betriebsrentensteigernd wirken, s.u.: B.IV.1.b)ll).

werden und die Benachteiligung zur Erreichung dieses Ziels erforderlich und angemessen sein.[668]

In der Literatur, in welcher diese Art der Regelungen kaum behandelt wird, findet sich tlw. die schlichte Feststellung, dass ein derartiger Verstoß gegen das Verbot der Benachteiligung wegen des Alters unproblematisch gerechtfertigt sei. Zur Rechtfertigung wird lediglich ausgeführt, dass die Benachteiligung durch ein legitimes Ziel des Arbeitgebers gerechtfertigt sei, ohne jedoch weiter auszuführen, welches legitime Ziel der der Arbeitgeber mit einer solchen benachteiligenden Regelung verfolge.[669] Auch die Erforderlichkeit und Angemessenheit des gewählten Mittels zur Erreichung dieses (unbenannten) Ziels i.S.d. nach § 10 S. 1 und 2 AGG erforderlichen Verhältnismäßigkeitsprüfung werden nicht weiter behandelt.

Vertreten wird des Weiteren, dass Limitierungsklauseln in zulässiger Weise das Interesse des Arbeitnehmers an einer Weiterbeschäftigung über die Altersgrenze der gesetzlichen Rentenversicherung hinaus begrenzen. So verfolge der Arbeitgeber das Ziel, Anreize für die Arbeitnehmer zu schaffen, das Arbeitsverhältnis bspw. mit Vollendung des 60. Lebensjahres zu beenden.[670] Dies stelle ein legitimes Ziel i.S.d. Art. 6 Abs. 2 Richtlinie 2000/78/EG bzw. § 10 S. 3 Nr. 4 AGG dar und die Limitierungsklauseln seien ein zur Erreichung dieses Zieles erforderliches und angemessenes Mittel.[671]

Dieses Ziel erscheint jedoch bereits vor dem Hintergrund, dass in den vergangenen Jahre aufgrund des demographischen Wandels eine Tendenz zu längeren Arbeitsverhältnissen besteht und der Gesetzgeber den späteren Renteneintritt fördert (Stichworte: Rente mit 67, Initiative 50Plus etc.), nicht legitim. Hier würde demnach ein rein wirtschaftliches Interesse des Arbeitgebers einem sozialpolitischen Interesse der Allgemeinheit entgegenstehen. Zwar ist grundsätzlich auch dem Interesse des Arbeitgebers in gewissem Maße Rechnung zu tragen, um das sozialpolitische Ziel der Steigerung der Attraktivität der bAV zu fördern. Vorliegend widersprechen jedoch die Ziele der Beschäftigung und Sicherung der gesetzlichen Rentenversorgung dem Interesse an der Steigerung der Attraktivität der bAV.

Nach der hier vertretenen Ansicht ist bereits kein legitimes Ziel zu erkennen. Zumindest erscheint hier die Legitimität des Ziels äußerst fragwürdig. Nimmt man an, der Arbeitgeber verfolgte mit einer derartigen Regelung tatsächlich sachliche Ziele wie eine Kostenbegrenzung, bessere Kalkulierbarkeit oder – gem. der Annahme, man würde die Rechtmäßigkeit des Zieles bejahen – auch eine Steigerung des Anreizes, bereits vor oder spätestens mit Erreichen des Rentenalters die Arbeitsstelle aufzugeben, so scheitert eine Rechtfertigung spätestens bei der Prüfung

---

668 So auch, auf die bisherige Ungeklärtheit dieser Frage hinweisend: *Thum*, BB 2008, 2291, 2293.

669 *Kemper/Kisters-Kölkes*, Rn 186, 210.

670 So bspw. *Thüsing*, Rn 464.

671 *Adomeit/Mohr*, ZfA 2008, 449, 468; *dies.*, § 10 AGG Rn 160; *Thüsing*, Rn 464; *Rolfs*, NZA 2008, 553, 557.

der Erforderlichkeit des gewählten Mittels. Wie *Höfer*[672] hier zutreffend feststellt, könnten sowohl eine Kostenbegrenzung wie auch eine verbesserte Kalkulierbarkeit ebenso gut mittels der Festschreibung einer maximalen Anrechnungsfähigkeit von bspw. 30 (Dienst-)Jahren o.ä. erreicht werden, ohne hierbei eine feste Lebensaltersgrenze zu verwenden.[673] Eine derartige Regelung würde ebenfalls, ohne an ein festes Lebensalter anzuknüpfen, dafür sorgen, dass der Großteil der Beschäftigten die maximale Anzahl anrechnungsfähiger Dienstjahre bereits weit vor Eintritt des Rentenalters erlangt hat. Folglich würde auch ein Anreiz gegeben, früher aus dem Arbeitsverhältnis auszutreten. Auch dieses – bereits fragwürdige – Ziel könnte demnach mittels eines milderen, jedoch gleich geeigneten Mittels erreicht werden.

Zudem erscheint eine Regelung, welche die Dienstjahre bis zu einer festen Altersgrenze anrechnet, danach hingegen gänzlich unbeachtet lässt, im Einzelfall auch unangemessen. So könnte bspw. eine Altersgrenze von 50 Jahren zur Folge haben, dass ein Mitarbeiter 15 Jahre lang betriebstreu sein kann und keinerlei Betriebsrente verdient, während hingegen z. B. ein 48jähriger Mitarbeiter für die gleiche Dienstzeit eine Betriebsrente erhält. Nicht nur sind keine ausreichenden Gründe ersichtlich, welche diesen vollständigen und langfristigen Ausschluss rechtfertigen[674], sondern vielmehr erschiene eine solche Rechtsfolge auch unangemessen.

Es ist folglich davon auszugehen, dass mildere und ebenso zielführende Mittel zur Verfügung stehen, so dass eine altersabhängige Dienstzeitzählung eine ungerechtfertigte Benachteiligung wegen des Alters i.S.d. AGG darstellt.[675]

gg) Altersdifferenzierungsklauseln bzgl. der Invaliditätsversorgung

Einige Versorgungsordnungen beinhalten Regelungen, nach denen auf die grundsätzlich zugestandene Invaliditätsversorgung kein Anspruch mehr bestehen soll, sobald der betreffende Arbeitnehmer eine bestimmte Altersgrenze (bspw. das vollendete 60. Lebensjahr) überschritten hat.

---

672 *Höfer*, Band I: Arbeitsrecht, ART Rn 805.24.

673 Zur Zulässigkeit einer solcher, die anrechenbaren Dienstjahre anhand der Jahre und nicht des Altrs begrenzenden Regelung s.u.: B.IV.1.b)ll)); ebenso: *Thum*, BB 2008, 2291, 2293; *Adomeit/Mohr*, ZfA 2008, 449, 468; *Reichenbach/Grünenklee*, BetrAV 2006, 708, 710.

674 So auch: LAG Düsseldorf, Urt. v. 29. Februar 2012 – 12 Sa 1430/11, ArbRB 2012, 237, Volltext veröffentlicht unter: http://www.lag-duesseldorf.nrw.de/beh_static/entscheidungen/entscheidungen/sa/1430-11.pdf (Bestätigung von LAG Düsseldorf, Urt. v. 09. April 2010 – 9 Sa 690/09, NZA-RR 2010, 653 [Rn 80 ff.]).

675 So auch im Ergebnis zutreffend: *Reichenbach/Grünenklee*, BetrAV 2006, 708, 710; *Rolfs*, NZA 2008, 553, 557; a.A.: *Cisch/Böhm*, BB 2007, 602, 607; *Rengier*, NZA 2006, 1251, 1256, allerdings schlichtweg vom Regelbeispiel des § 10 S. 3 Nr. 4 AGG auf die Zulässigkeit schließend; ebenfalls wohl, zumindest hinsichtlich linearer Systeme: *Adomeit/Mohr*, § 10 AGG Rn 160; *dies.*, § 10 AGG Rn 160.

Eine solche Regelung stellt eine unmittelbare Benachteiligung älterer Arbeitnehmer i.S.d. § 3 Abs. 1 AGG dar, die bereits die jeweilige Altersgrenze überschritten haben. Fraglich ist, inwiefern die hierin liegende Benachteiligung älterer Arbeitnehmer aufgrund des Alters gerechtfertigt sein kann. Wie bei allen (unmittelbaren) Benachteiligungen wegen des Alters kommt eine Rechtfertigung nach § 10 AGG in Betracht, da es sich um eine Altersgrenze im Bereich der bAV handelt, insbesondere die Regelung des § 10 S. 3 Nr. 4 AGG.

Für die Verwendung einer Altersdifferenzierungsklausel hinsichtlich Leistungen der Invaliditätsversorgungen müsste zunächst ein sachliches Ziel gegeben sein, welches mit dieser Benachteiligung verfolgt wird. Es ist anerkannt, dass das Invaliditätsrisiko mit steigendem Alter sprunghaft ansteigt. Wie bereits dargestellt steigt das Invaliditätsrisiko zwischen der Vollendung des 50. bis zur Vollendung des 55. Lebensjahres progressiv auf das Doppelte, von 55 bis 60 sogar auf mehr als das Doppelte, während es unterhalb der Altersgrenze von 50 Jahren stets auf etwa gleichem Niveau verharrt.[676] Um sich vor diesem Risiko zu schützen, schließen viele Lebensversicherer den Invaliditätsschutz ab einem gewissen Alter häufig komplett aus oder gewähren ihn nur nach besonderen Gesundheitsprüfungen etc. und auch dann nur verbunden mit außergewöhnlich hohen Prämien.

Vor diesem Hintergrund könnte argumentiert werden, dass auch Arbeitgebern zugestanden werden müsse, Invaliditätsleistungen nur für eine gewisse Altersgruppe zu gewähren. Ebensogut könnte der Arbeitgeber sich auch dazu entschließen, gänzlich keine Invaliditätsleistungen zu gewähren.[677] Die Altersgrenze dient also auf der Arbeitgeber-Seite der Risikobegrenzung, auf der Beschäftigten-Seite jedoch auch der Belegschaft als solcher, da der Arbeitgeber sich aufgrund der Risikobegrenzung dazu in der Lage sieht, zumindest für jüngere Beschäftigte eine Invaliditätsversorgung zu versprechen und somit solche „Ausreißer“ nach unten abzusichern. Für einen Großteil der Erwerbstätigkeit soll also die Ausfallversicherung durch Invaliditätsleistungen gewährt werden.

Argumentiert wird hierbei, dass der Betroffene bereits umso näher am Zeitpunkt des Bezuges einer (gesetzlichen sowie möglicherweise betrieblichen) Altersversorgung sei, je später der Invaliditätsfall einträte. Folglich sei das Bedürfnis der Invaliditätsversorgung bei älteren Beschäftigten, welche bereits zeitlich nah vor dem Bezug einer Altersgrenze stehen, zumindest in zeitlicher Hinsicht nicht so groß wie bei jüngeren Arbeitnehmer, die durch den Invaliditätsfall gehindert würden, durch eine Erwerbstätigkeit ihre Versorgung zu sichern.

Demgegenüber muss jedoch auch konstatiert werden, dass im Invaliditätsfall solcher älterer Beschäftigter, welche bereits kurz vor dem Bezug einer Altersgrenze stehen, das Risiko für den Arbeitgeber bereits nur noch verringert ist. Es droht

676 So: *Höfer*, Band I: Arbeitsrecht, ART Rn 805.45 mit Verweis auf: *Heubeck*, S. 46.

677 Dies gilt selbstverständlich lediglich für die arbeitgeberfinanzierte bAV, da i.R.v. arbeitnehmerfinanzierten Systemen gem. § 1a Abs. 1 BetrAVG ein unbedingter Anspruch auf Entgeltumwandlung besteht.

nicht mehr ein langer Leistungszeitraum wie noch beim Invaliditätsfall junger Beschäftigter. Das Risiko ist folglich nicht derart entschieden höher, wie dies tlw. dargestellt wird. Zwar ist das Risiko des Leistungsfalls ab einem Alter von 50 Jahren entschieden höher, dafür aber droht hingegen in höherern Alter auch kein derart langer Leistungszeitraum wie noch bei jüngeren Beschäftigten.

Vor dem Hintergrund der Attraktivitässteigerung der bAV zur weiteren Verbreitung derselben wird man wohl davon ausgehen müssen, dass die Risikobegrenzungsinteressen der Arbeitgeber sachliche Ziele i.S.d. Rechtfertigungstatbestandes des § 10 AGG darstellen.[678] Das gewählte Mittel der Altersgrenze müsste jedoch gleichfalls ebenso erforderlich wie angemessen sein.

Ein milderes, gleich geeignetes Mittel zur Risikobegrenzung hinsichtlich der Invaliditätsversorgung im Alter könnte bspw. eine Stufenregelung darstellen, nach welcher die Invaliditätsbezüge schrittweise verringert werden. So könnte die Invaliditätsleistungen mit jedem Lebensjahr etwas reduziert werden, um hiermit das Risiko der Invaliditätsversorgung älterer Beschäftigter besser aufzufangen. Mittels einer solchen Regelung könnte zudem vermieden werden, dass es zu besondere Härtefällen kommt, wenn bspw. ein Beschäftigter im Falle einer Invalidität zeitlich kurz vor Erreichen der Altersgrenze noch Invaliditätsleistungen erhalten würde, im Falle des Überschreitens der Grenze jedoch nicht mehr. Aufgrund einer festen Altersgrenze könnte es ansonsten eine Frage von Wochen oder Tagen sein, ob vollständig oder gänzlich keine Invaliditätsleistungen geleistet werden.

Da mildere, gleich geeignete Mittel zur Erreichung des Ziels der Risikobegrenzung verfügbar sind, ist der Rechtfertigungstatsbestand des § 10 S. 1 und 2 AGG hinsichtlich einer festen Altersgrenze hinsichtlich der Invaliditätsversorgung nicht erfüllt und eine derartige Altersgrenze stellt eine nicht gerechtfertigte unmittelbare Benachteiligung anhand des Alters i.S.d. § 3 Abs. 1 AGG dar.[679]

hh) Spätehenklauseln

In der Praxis der bAV finden sich häufig sogenannte Spätehenklauseln. Solche Klauseln schließen den Bezug einer Hinterbliebenenrente für solche Fällen aus, in denen die Ehe des/der Hinterbliebenen mit dem/der Verstorbenen erst nach Beendigung des Arbeitsverhältnisses, nach Eintritt des Versorgungsfalles bzw. erst nach Erreichen eines bestimmten, üblicherweise in der Versorgungsordnung festgelegten, Lebensalters geschlossen worden ist.[680] Sogenannte *„nachgeheiratete"* Witwen/Witwer sollen dadurch von der Hinterbliebenenversorgung ausgeschlossen werden, dass als Voraussetzung für den Bezug der Hinterbliebenenversorgung

678 Zur Legitimität dieser Ziele s.o.: B.IV.1.a)dd)(2)(a); ebenfalls: BAG: Urt. v. 20. April 2010 – 3 AZR 509/08, AP Nr. 26 zu § 1 BetrAVG Hinterbliebenenversorgung = DB 2010, 2000.

679 a.A.: *Höfer*, Band I: Arbeitsrecht, ART Rn 805.45 f.

680 Vgl.: Rust/Falke-*Bertelsmann*, § 10 AGG Rn 218; *Bauer/Göpfert/Krieger*, § 2 AGG Rn 49.

ein bestimmter Eheschließungszeitpunkt – zumeist noch während der Beschäftigungszeit - festgelegt wird. Zudem soll die Ehe im Zeitpunkt des Versorgungsfalls auch noch Bestand haben.[681]

(1) Bisherige rechtliche Bewertung

In der Rechtsprechung zu Vor-AGG-Zeiten wurde von der Zulässigkeit derartiger Regelungen ausgegangen. So entschied das BAG noch im Jahr 2005 über die Zulässigkeit einer Klausel, welche Merkmale einer Spätehenklausel mit denen einer Mindestehedauerklausel kombinierte.[682] Nach dieser Klausel sollte dem Ehepartner im Falle einer erst nach Vollendung des 50. Lebensjahres des Arbeitnehmers abgeschlossenen Ehe nur dann eine Hinterbliebenenversorgung gewährt werden, wenn die Ehe vor Inanspruchnahme der Rentenleistungen bereits 10 Jahre Bestand hatte.

Das BAG hielt diese Klausel nach nationalem Recht für zulässig. Insbesondere verstoße sie nicht gegen § 75 Abs. 1 S. 2 BetrVG a.F., nach welchem der Arbeitnehmer als Konkretisierung des allgemeinen arbeitsrechtlichen Gleichbehandlungsgrundsatzes nicht ohne sachlichen Grund wegen des Überschreitens bestimmter Altersstufen benachteiligt werden durfte.[683]

Nach Ansicht des Gerichtes sei der Arbeitgeber in der grundsätzlichen Entscheidung, überhaupt eine bAV zu gewähren, frei. Aus diesem Grund müsse ihm auch das Recht zugestanden werden, Risiken der Hinterbliebenenversorgung durch bestimmte Merkmale zu begrenzen und zugesagte Leistungen hierdurch kalkulierbarer zu gestalten. Der Arbeitgeber müsse gerade die Gefahren sogenannter Versorgungsehen abwehren können, die lediglich abgeschlossen würden, um die Versorgung des (zumeist jüngeren) Ehepartners und späteren Hinterbliebenen zu sichern. Ähnlich wie in den Fällen der Altersabstandsklauseln[684] sei es dem Arbeitgeber nicht zuzumuten, das Risiko jahrzehntelanger Versorgungsleistungen zu tragen. Die Erfurter Richter stellten auch hier fest, dass das Leistungsversprechen der Hinterbliebenenversorgung für den Arbeitgeber zusätzliche Unwägbarkeiten und Risiken in sich berge. Insbesondere hinsichtlich des Zeitpunkts des Leistungsfalles und der Dauer der Leistungserbringung habe der Arbeitgeber i.R.d. Hinterbliebenenversorgung ein berechtigtes Interesse, diese Risiken zu begrenzen und besser kalkulierbar zu machen.[685]

---

681 *Förster/Cisch/Karst*, § 1 BetrAVG Rn 55.

682 BAG, Urt. v. 28. Juli 2005 – 3 AZR 457/04, BAGE 115, 317 ff. = NZA-RR 2006, 591 ff. = BetrAV 2006, 584 ff.; zur Zulässigkeit einer solchen Klausel nach den Vorgaben des AGG s.u.: B.IV.1.a)ii).

683 Siehe auch: *Cisch/Bleeck*, BB 2008, 1002, 1003.

684 Zur Frage der Zulässigkeit solcher Altersabstandsklauseln nach den Vorgaben des AGG s.u.: B.IV.1.a)jj).

685 BAG, Urt. v. 28. Juli 2005 – 3 AZR 457/04, BAGE 115, 317 ff. = NZA-RR 2006, 591 ff. = BetrAV 2006, 584 ff.[Rn 36].

Das BAG bestätigte hiermit die Entscheidung des LAG Köln.[686] Die Kölner Richter hatten festgestellt, dass bei einer erst im sehr späten Lebensalter abgeschlossenen Ehe ein erhebliches Missbrauchsrisiko bestehe. Es bestehe bei so genannten Spätehen eine erheblich gesteigerte Wahrscheinlichkeit, dass eine Ehe ausschließlich geschlossen wird, um durch die Hinterbliebenenrente eine schon bestehende Versorgungslücke eines der Ehepartner zu schließen.

Zudem wurde darauf abgestellt, dass bei Spätehen für gewöhnlich jeder der Ehepartner bereits ausreichende Chancen besessen habe, eigenständig Vorsorge für sein Alter zu betreiben.[687] Heirate ein Beschäftigter erst nach Vollendung des 50. Lebensjahres, so könne der Arbeitgeber davon ausgehen, dass bereits in ausreichender Weise eine Eigenversorgung des Ehepartners gewährleistet sei. Bei einer Heirat in jungem Alter hingegen bestehe jene Versorgungslücke des Ehepartners, welche der Arbeitgeber mittels der Hinterbliebenenrente zu schließen suche. Diese Versorgungslücke entstehe zudem im Regelfall aufgrund der zwischen den Eheleuten während der Ehezeit durchgeführten Arbeitsteilung, z.B. der lediglich von einem Ehepartner geleisteten Kinderbetreuung etc.

Mit ähnlicher Argumentation hatte das BAG bereits im Jahr 2002[688] einen ähnlich gelagerten Fall entschieden, in welchem die Spätehenklausel mit der darüber hinausgehenden Einschränkung versehen war, dass die Hinterbliebene zum Zeitpunkt des Eintritts des Versorgungsfalles das 50. Lebensjahr bereits vollendet haben müsse. Die Spätehenklausel war also mit einer Altersgrenze hinsichtlich der durch die Hinterbliebenenversorgung begünstigten Person kombiniert. Mit diesem Urteil bestätigten die Richter auch eine Entscheidung aus dem Jahr 2000[689], in welcher eine Klausel für zulässig erachtet worden war, welche die Hinterbliebenenversorgung auf solche Ehen beschränkte, die bereits vor Ausscheiden aus dem Arbeitsverhältnisses, auf Grund dessen eine Betriebsrente gewährt wurde, abgeschlossen wurden. Auch hier stellten die Richter darauf ab, dass die Zusage einer Hinterbliebenenversorgung Teil einer umfassenden und vom Arbeitgeber freiwillig erteilten Versorgungsregelung sei. Ziel sei es hierbei, den Beschäftigten von der Sorge um die finanzielle Versorgung seiner Hinterbliebenen zu befreien bzw. zu entlasten. Hierbei müssten jedoch nicht alle Ehen von Anfang an gleich behandelt werden. Vielmehr könne der Arbeitgeber seinen finanziellen Aufwand für die Hinterbliebenenversorgung dadurch begrenzen, daß er nach einer der genannten Kriterien den Kreis der möglichen Versorgungsberechtigten einschränke. Insbesondere sei es sachgerecht, dass er die Zusage derartig ausgestalte, dass Hinterbliebenenbezüge

686 LAG Köln, Urt. v. 14. Juni 2004 – 2 Sa 259/04, abrufbar unter: http://openjur.de/u/101214.html.

687 LAG Köln, Urt. v. 14. Juni 2004 – 2 Sa 259/04 [Rn 36], abrufbar unter: http://openjur.de/u/101214.html.

688 BAG, Urt. v. 19. Februar 2002 – 3 AZR 99/01, AP Nr. 22 zu § 1 BetrAVG Hinterbliebenenversorgung.

689 BAG, Urt. v. 19. Dezember 2000 – 3 AZR 186/00, AP Nr. 19 zu § 1 BetrAVG Hinterbliebenenversorgung.

nur solchen Hinterbliebenen zustehen sollen, welche die Berufsarbeit des Ehepartners durch ihre/seine Fürsorge mitgetragen habe. So genannte Versorgungsehen könnten somit wirksam ausgeschlossen werden.[690] Hierbei griff das BAG seine in einem Urteil im Jahr 1987[691] festgestellten Grundsätze wieder auf.

In einer anderen Entscheidung aus dem Jahr 1997[692] ging das BAG sogar so weit, dass unter bestimmten Umstände eine erst nachträgliche Einführung einer Spätehenklausel, welche sich auf eine bereits erteilte Versorgungszusage und bereits zurückgelegte Beschäftigungszeiten auswirkt, auch noch nach Eintritt des Versprechensempfängers in den Ruhestand zulässig sein könne.

Auch die Verfassungsrichter gingen zu Vor-AGG-Zeiten von der Rechtmäßigkeit derartiger Spätehenklauseln aus. So bestätigte das BVerfG bereits in einer Entscheidung aus dem Jahr 1979[693] die Rechtmäßigkeit einer Spätehenklausel, welche die Hinterbliebenenversorgung bei Eheschließung nach Vollendung des 60. Lebensjahres durch den Arbeitnehmer ausschloss.

Die Verfassungsrichter begründeten ihre Entscheidung seinerzeit ebenfalls mit dem Vorliegen eines legitimen Risikobegrenzungsgedankens des Arbeitgebers. Dieser wolle die Altersversorgung kalkulierbar gestalten. Es müsse demnach ein Ausgleich zwischen den Interessen des Arbeitnehmers, welcher die Versorgung seiner Ehefrau sicherstellen wolle, sowie denen des die Kalkulierbarkeit anstrebenden Arbeitgebers gefunden werden. Nach Ansicht der Verfassungsrichter stellte es eine sachgerechte Erwägung des Arbeitgebers dar, dass die Witwe für die Gewährung einer Hinterbliebenenversorgung die Berufsarbeit des verstorbenen Arbeitnehmers durch ihre Fürsorge mitgetragen haben und zudem eine dem Verstorbenen im Grundsatz vergleichbare Lebenserwartung besitzen müsse. Folglich erkannte das BVerfG in dieser Entscheidung zum einen ein gewisses Mittragen der Arbeitsleistung als Differenzierungskriterium an, zum anderen verwies es auch auf das Risiko der Versorgungsehe mit einem erheblich jüngeren Ehepartner.

Zum Zeitpunkt der oben genannten Entscheidungen war jedoch das AGG noch nicht in Kraft getreten. Folgerichtig haben die Gerichte die Zulässigkeit einer Spätehenklausel nur an der damaligen nationalen Rechtslage und gerade nicht an dem sich aus dem Unionsrecht und dem AGG als seiner nationalen Umsetzung ergebenden Verbot der Altersdiskriminierung gemessen oder nach deren Vorgaben für zulässig gehalten.[694]

---

690 BAG, Urt. v. 19. Dezember 2000 – 3 AZR 186/00, AP Nr. 19 zu § 1 BetrAVG Hinterbliebenenversorgung; siehe auch: *Thüsing*, BetrAV 2006, 704, 707.

691 vgl. BAG, Urt. v. 11. August 1987 – 3 AZR 6/86, AP Nr. 4 zu § 1 BetrAVG Hinterbliebenenversorgung = EzA Nr. 2 zu § 1 BetrAVG Hinterbliebenenversorgung.

692 BAG, Urt. v. 26. August 1997 – 3 AZR 235/96, BAGE 86, 216 ff. = AP Nr. 27 zu § 1 BetrAVG Ablösung.

693 BVerfG, Urt. v. 11. September 1979 – 1 BvR 92/79, AP Nr. 182 zu § 242 BGB Ruhegehalt.

694 Auf die Frage, inwiefern nach der *Mangold*-Rechtsprechung des EuGH (Urt. v. 22. November 2005 – Rs. C-144/04 [*Mangold*], Slg. 2005, I-9981 ff. = AP Nr. 1 zu

Zu untersuchen ist nunmehr, ob sich auch nach Inkrafttreten des AGG und seiner Benachteiligungsverbote an oben genannter Rechtsprechung festhalten lässt und ob Arbeitgeber auch nach Inkrafttreten des neuen Gesetzes weiterhin Spätehenklauseln verwenden dürfen, um die Hinterbliebenenversorgung einzuschränken und das Risiko sogenannter Versorgungsehen zu reduzieren.

(2) Zulässigkeit nach dem AGG

Spätehenklausel, welche unmittelbar an ein bestimmtes Lebensalter zum Zeitpunkt der Eheschließung als Grenze zwischen Gewährung und Nicht-Gewährung der Hinterbliebenenrente anknüpfen, stellen eine unmittelbare Benachteiligung anhand des Alters i.S.d. § 3 Abs. 1 AGG i.V.m. 1 AGG dar, welche nach § 7 Abs. 1 AGG verboten sind. Ältere Beschäftigte werden durch derartige Klauseln dahingehend gegenüber jüngeren Beschäftigten aufgrund ihres Alters schlechter gestellt, dass es ihnen versagt ist, für ihren Eheparter eine Hinterbliebenenversorgung zu erdienen. Folglich stellt sich hier nunmehr die Frage nach der Rechtfertigung einer solchen Spätehenklausel.[695]

Die reine Feststellung, dass ein „ausreichender Zusammenhang mit einleuchtenden Risikoerwägungen“ gegeben sei, wie dies das BAG noch im Jahr 2005 für ausreichend anerkannt hatte[696], genügt nach den Maßstäben des AGG im Gegensatz zur vorherigen Rechtslage wohl nicht mehr. Vielmehr müsste ein legitimes Ziel vorliegen, welches mittels angemessener und erforderlicher Mittel erreicht werden soll. Folglich ist eine Abwägung zwischen den Interessen des Arbeitgebers an der Begrenzung seines Risikos etc. und den Interessen des Arbeitnehmers an einer benachteiligungsfreien Gewährung der bAV vorzunehmen.[697]

Aufgrund des nach Angaben des Statistischen Bundesamtes bei Männern höheren durchschnittlichen Heiratsalters[698] sind männliche Beschäftigte stärker von

---

Richtlinie 2000/78/EG) das Verbot der Altersdiskriminierung bereits vor Ablauf der Umsetzungsfrist der Richtlinien als europäisches Primärrecht Anwendung hätte finden müssen, soll im Rahmen dieser Bearbeitung nicht weiter eingegangen werden. Jedoch sei darauf hingewiesen, dass der EuGH in seinem Urt. v. 23. September 2008 – Rs. C-427/06 [*Bartsch*], Slg 2008, I-7245 ff. = AP Nr. 11 zu Richtlinie 2000/78/EG, ausdrücklich klargestellt hat, dass das in der Rechtssache *Mangold* entwickelte primärrechtliche Verbot der Altersdiskriminierung nur auf Maßnahmen zur Umsetzung von Gemeinschaftsrecht Anwendung findet.

695 a.A. hingegen: *Berg/Natzel*, ZfA 2012, 65, 76, welche ohne weitere Erläuterung davon ausgehen, Spätehenklauseln würden „keinen rechtlichen Bedenken“ begegnen.

696 BAG, Urt. v. 28. Juli 2005 – 3 AZR 457/04, BAGE 115, 317 ff. = NZA-RR 2006, 591 ff. = BetrAV 2006, 584 ff. [Rn 37].

697 So auch: *Bauer/Göpfert/Krieger*, § 2 AGG Rn 49; *Steinmeyer*, BetrAV 2006, 601, 602; *Nicolai*, BetrAV 2007, 701, 703; *Rengier*, NZA 2006, 1251, 1255.

698 Nach Angaben des Statistischen Bundesamtes, abrufbar unter: www.destatis.de, zitiert nach *Nicolai*, BetrAV 2007, 701 f.

einer Spätehenklausel betroffen als ihre weiblichen Kolleginnen. Folglich stellt eine solche Klausel zudem auch eine mittelbare Benachteiligung männlicher Arbeitnehmer aufgrund des Geschlechtes i.S.d. § 3 Abs. 2 AGG dar. Auch hier stellt sich die Frage nach einer möglichen (tatbestandsausschließenden) Rechtfertigung der mittelbaren Benachteiligung.[699]

Spätehenklauseln wären als gem. § 7 Abs. 1 AGG verbotene unmittelbare Benachteiligung aufgrund des Alters unzulässig, sollte die Benachteiligung nicht gerechtfertigt sein. Eine solche Rechtfertigung könnte nach § 10 AGG gegeben sein.[700]

Zunächst käme eine Rechtfertigung nach einem der in § 10 S. 3 AGG genannten Regelbeispiele in Betracht, wobei für Spätehenklauseln i.R.d. bAV als betriebliches System der sozialen Sicherheit hinsichtlich Benachteiligungen aufgrund des Alters zunächst an eine Rechtfertigung i.R.d. § 10 S. 3 Nr. 4 AGG zu denken ist. Da dieser Rechtfertigungstatbestand seinem Wortlaut zufolge jedoch lediglich Altersgrenzen für die Gewährung von Alters- oder Invaliditätsleistungen umfassen soll, kann die Rechtfertigung lediglich über die Generalklausel des § 10 S. 1 und 2 AGG erfolgen. Hiernach müsste der Arbeitgeber mit der Einschränkung der Hinterbliebenenversorgung durch das Mittel der Spätehenklausel zunächst ein rechtmäßiges, legitimes Ziel verfolgen. Zudem müsste das angewandte Mittel der Spätehenklausel zur Erreichung dieses (legitimen) Zieles auch geeignet und erforderlich sein.

(a) Absenken des Prüfungsmaßstab

Bislang wurde teilweise darauf abgestellt, dass die Gewährung einer Hinterbliebenenrente eine freiwillige Entscheidung des Arbeitgebers darstelle und es sich daher bei der Hinterbliebenenversorgung an sich im Gegensatz zur Altersrente des Arbeitnehmers lediglich um eine sogenannte vom Versorgungsanspruch des Verstorbenen abgeleitete Leistung handele.[701] Aus diesen Gründen müssten i.R.d. Ausgestaltung dieser freiwilligen Leistung gewisse Freiheiten zugestanden werden bzw. der Prüfungsmaßstab bei der Frage der Rechtfertigung einer solchen Regelung abgesenkt und die Rechtfertigungsmöglichkeiten einer Benachteiligung ausgeweitet werden.

Diese Argumentation ist jedoch abzulehnen. Aus der Freiwilligkeit der Leistung kann sich keine Absenkung des Prüfungsmaßstabes ergeben. Bei der bAV mit Ausnahme der Betriebsrente durch Entgeltumwandlung handelt es sich stets und somit nicht nur im Fall der Hinterbliebenenversorgung um eine freiwillige Leistung des Arbeitgebers. Trotz der Freiwilligkeit dieser Leistungen müssen dennoch im gesamten Bereich Gleichbehandlungsgebote und Benachteiligungsverbote beachtet werden, eine freiwillige Versorgungsordnung also dennoch benachteiligungsfrei ausgestaltet werden.

699 Zu dieser Frage s.u.: B.IV.7.b)ii).

700 Zur Systematik und dem Inhalt des § 10 AGG s.o.: B.IV.1.a)dd)(2).

701 Moll-*Rengier*, § 36 Rn 78; So bspw. noch LAG Hamm, Urt. v. 15. Februar 2011 – 9 Sa 1989/10, NZA-RR 2011, 374, 377 = FamFR 2011, 263 [Rn 80].

Dies hat das BAG im Hinblick auf die Hinterbliebenenversorgung ebenfalls bereits vor Inkrafttreten des AGG in seiner Witwerrenten-Entscheidung[702] festgestellt. Obwohl es sich bei der Hinterbliebenenrente um eine freiwillige Leistung handelt, wurde die Gewährung einer reinen Witwenrente als Verstoß gegen das Entgeltgleichheitsgebot des Art. 157 AEUV[703] für unzulässig gehalten, da eine solche Regelung Arbeitnehmerinnen benachteiligen würde, deren Ehemänner keine Hinterbliebenenversorgung erhielten. Folglich ging das BAG bereits in dieser Entscheidung davon aus, dass trotz der Freiwilligkeit der Leistung das Entgeltgleichheitsgebot berücksichtigt werden müsse.

Die Hinterbliebenenversorgung stellt, auch wenn die Leistung nicht der Beschäftigte, sondern dessen Hinterbliebener empfängt, dennoch einen Teil des Arbeitsentgelts und somit gerade keine sogenannte abgeleitete Leistung dar.[704] So stellte das BAG explizit keine Benachteiligung des Hinterbliebenen bzgl. einer etwaigen bloß abgeleiteten Leistung, sondern vielmehr eine Benachteiligung des Versprechensempfängers selber hinsichtlich des Arbeitsentgelts fest. Bei der Frage nach einer Benachteiligung i.R.d. Hinterbliebenenversorgung handelt es sich somit ebenfalls um die Frage einer Benachteiligung in der Beziehung zwischen Arbeitgeber und Beschäftigtem. Ebenso verhält es sich auch nach dem AGG, im Rahmen dessen ebenfalls nicht der Hinterbliebene, sondern der die Hinterbliebenenrentenansprüche Erdienende unter den Begriff des Beschäftigten i.S.d. § 6 AGG fällt. Folglich kann hier auch nur dieser von einer Benachteiligung i.R.d. arbeitsrechtlichen Teiles des AGG betroffen sein.

Es kann also nicht davon ausgegangen werden, dass der Prüfungsmaßstab bei der Frage der Rechtfertigung der Begrenzung einer Hinterbliebenenversorgung abzusenken ist. Vielmehr muss auch hier im Einzelfall eine Benachteiligung des Arbeitnehmers nach den im Gesetz vorgesehenen Regeln gerechtfertigt werden.

(b) Legitimes Interesse des Arbeitgebers

Wie beschrieben wurden in der bisherigen Rechtsprechung die Vermeidung eines erst spät entstehenden hohen Versorgungsrisikos[705], die Honorierung eines gewissen Mitwirkens des hinterbliebenen Ehepartners an der Erwerbstätigkeit des verstorbenen Arbeitnehmers, also die Honorierung eines Beitrages des Hinterbliebenen an dem wirtschaftlichen Erfolg des Unternehmens, sowie der Ausschluss sogenannter Versorgungsehen als anerkennenswerte Ziele des Arbeitgebers bei der Ausgestaltung der Versorgungszusagen anerkannt.[706] Die Verbesserung der

702 BAG, Urt. v. 5. September 1989 – 3 AZR 575/88, AP Nr. 8 zu § 1 BetrAVG Hinterbliebenenversorgung; zu dieser Entscheidung s.o.: B.I.1.d)cc).

703 Des damaligen Art. 141 EGV.

704 So auch: *Nicolai*, BetrAV 2007, 701, 703.

705 So hinsichtlich der Begrenzung des Versorgungsrisikos ebenfalls, allerdings vor dem Hintergrund des allg. Gleichbehandlungsgrundsatzes: *Berg/Natzel*, ZfA 2012, 65, 76.

706 Zu dieser Rechtsprechung im Einzelnen s.o.: B.IV.1.a)hh)(1).

Kalkulierbarkeit der Hinterbliebenenversorgung und somit die Begrenzung seines Risikos galten demnach als legitimes Ziel des Arbeitgebers.[707]

Fraglich ist, ob diese Ziele auch vor dem Hintergrund des europäischen Verbotes der Altersdiskriminierung legitime Interessen des Arbeitgebers darstellen. Diese Frage hat das BAG bereits in seiner Vorlage an den EuGH vom 27. Juni 2006[708] aufgeworfen. So hieß es hier in Randnummer 46: *„Kann es ein Rechtfertigungsgrund für eine derartige Regelung sein, dass der Arbeitgeber ein Interesse an der Begrenzung der aus der bAV folgenden Risiken hat?"* Das Gericht verwies hierbei darauf, dass sowohl nach Vorgabe des Art. 6 der Richtlinie 2000/78/EG wie auch i.R.d. primärrechtlichen Diskriminierungsverbots wie dem des Art. 157 AEUV[709] stets die Möglichkeit der sachlichen Rechtfertigung einer unmittel- oder mittelbaren Benachteiligung vorgesehen sei. Vor diesem Hintergrund habe das Gericht in der Vergangenheit in der Begrenzung des Leistungsrisikos ein legitimes Interesse des Arbeitgebers erblickt.[710] Der EuGH hat jedoch in der hieran anschließenden Entscheidung *Bartsch* mangels unionsrechtlichen Bezugs des vorgelegten Sachverhaltes die vom BAG aufgeworfene Frage der möglichen Rechtfertigung unbeantwortet gelassen.[711]

In Ermangelung einer gefestigten Rechtsprechung zur Frage der Legitimität der mit der benachteiligenden Regelung verfolgten Ziele der Risikominimierung, des Ausschlusses von Versorgungsehen sowie der Honorierung eines gewissen Mitwirkens des hinterbliebenen Ehepartners an der Erwerbstätigkeit des Verstorbenen soll nunmehr überprüft werden, inwiefern die bislang für legitim gehaltenen Ziele auch einer Prüfung anhand der Vorgaben des AGG standhalten.

Zuzugeben ist, dass statistisch gesehen mit zunehmendem Alter der Versorgungsfall des Todes des Arbeitnehmers und somit des Eintritts von Versorgungspflichten gegenüber Hinterbliebenen immer näher rückt. Durch die Begrenzung möglicher langwieriger Versorgungsansprüche Hinterbliebener mittels der Verwendung von Spätehenklauseln soll der relativ späten Neuschaffung eines zusätzlichen, bisher nicht bestehenden Versorgungsrisikos mit möglicherweise langer Bezugsdauer entgegen gewirkt und somit für eine bessere Kalkulierbarkeit der finanziellen Belastungen durch die Hinterbliebenenversorgung gesorgt werden.[712]

---

707 Siehe bspw.: BAG, Urt. v. 28. Juli 2005 – 3 AZR 457/04, BAGE 115, 317 ff. = NZA-RR 2006, 591 ff. = BetrAV 2006, 584 ff.

708 BAG, Vorlagebeschluss v. 27. Juni 2006 – 3 AZR 352/05 (A), AP Nr. 6 zu § 1b BetrAVG.

709 ex-Art. 141 EGV.

710 So bspw. in seinem Urt. v. 28. Juli 2005 – 3 AZR 457/04, BAGE 115, 317 ff. = NZA-RR 2006, 591 ff. = BetrAV 2006, 584 ff.

711 EuGH, Urt. v. 23. September 2008 – Rs. C-427/06 [*Bartsch*], Rn 26, Slg 2008, I-7245 ff. = AP Nr. 11 zu Richtlinie 2000/78/EG.

712 So: OVG Rheinland-Pfalz, Urt. v. 26. Mai 2010 – 6 A 10320/10, DStRE 2010, 1339ff. = BB 2010, 1596 [Rn 41 f.];ebenfalls bereits vor Inkrafttreten des AGG: BAG, Urt. v. 28. Juli 2005 – 3 AZR 457/04, BAGE 115, 317 ff. = NZA-RR 2006, 591 ff. = BetrAV 2006, 584 ff.; so hinsichtlich der Begrenzung des Versorgungsrisikos

Hierdurch soll insgesamt auch die Leistungsfähigkeit der Hinterbliebenenversorgung gewahrt werden.[713]

Das Interesse an einer Risikobegrenzung stellt ein legitimes Ziel des Arbeitgebers i.S.d § 10 S. 1 AGG dar.[714] Dem Arbeitgeber soll es offen stehen, seine Leistungspflichten auf Risiken zu beschränken, die bereits während des Arbeitsverhältnisses angelegt waren.[715] Dieses Interesse stellt vor dem Hintergrund der EuGH-Rechtsprechung in *Age Concern England*[716] auch nicht lediglich ein reines Arbeitgeberinteresse dar. Vielmehr wird gleichzeitig auch das sozialpolitische Interesse und die hieraus folgende gesetzgeberische Intention verfolgt, die Verbreitung der bAV zu fördern und hierbei eine für Arbeitgeber interessante Ausgestaltung der Systeme der betrieblichen Altersversorgung zu ermöglichen.

Dadurch, dass die allgemeine Lebenserwartung stetig steigt, wird automatisch auch das Risiko einer Versorgungsehe immer größer.[717] Die Gefahr für den Arbeitgeber, durch eine erst spät vom Beschäftigten - bspw. erst kurz vor dem Ausscheiden aus dem Arbeitsverhältnis - vorgenommene Eheschließung zu einer möglicherweise jahrzehntelangen Versorgung des Ehepartners verpflichtet zu werden, hat sich durch die gestiegene Lebenserwartung erhöht und wächst weiter. Es besteht – wie schon dargestellt – die Gefahr einer missbräuchlichen Ausnutzung der Hinterbliebenenversorgung durch Eheschließung in späten Jahren.

Für die Legitimität des Zieles, Versorgungsehen mittels einer entsprechenden Regelung ausschließen zu wollen, spricht auch der Vergleich mit den Vorschriften der gesetzlichen Rentenversicherung. So sieht § 46 Abs. 2a SGB VI vor, dass für den Bezug einer Hinterbliebenenrente die Ehe bereits mindestens ein Jahr Bestand gehabt haben muss. Auch der Gesetzgeber hat hier das Risiko einer Versorgungsehe erkannt und einen Ausschlusstatbestand in der gesetzlichen Regelung vorgesehen, mittels dessen dieses Risiko minimiert werden soll. Er geht hierbei sogar mittels gesetzlicher Vermutung zunächst davon aus, dass die Erlangung einer Versorgung Ziel der Eheschließung war.[718]

---

ebenfalls, allerdings vor dem Hintergrund des allg. Gleichbehandlungsgrundsatzes: *Berg/Natzel*, ZfA 2012, 65, 76.

713 So wohl: Küttner-*Kania*, *„Diskriminierung"* Rn 94, jedoch zur Rechtfertigung einer Altersabstandsklausel; ebenfalls: OVG Rheinland-Pfalz, Urt. v. 26. Mai 2010 – 6 A 10320/10, DStRE 2010, 1339ff. = BB 2010, 1596 [Rn 41 f.].

714 So auch: *Rengier*, NZA 2006, 1251, 1255; *Blomeyer-Rolfs-Otto*, Anh. § 1 BetrAVG Rn 202, 205; *Langohr-Plato*, Rn 57.

715 Siehe auch: BAG: Urt. v. 20. April 2010 – 3 AZR 509/08, AP Nr. 26 zu § 1 BetrAVG Hinterbliebenenversorgung = DB 2010, 2000; der BAG-Rspr. zustimmend ebenfalls: *Bepler*, in FS Höfer, S. 7.

716 EuGH, Urt. v. 05. März 2009 – Rs. C-388/07 [*Age Concern England*], Slg 2009, I- 1569 ff. = NZA 2009, 305.

717 Siehe hierzu auch: *Reichenbach/Grünenklee*, BetrAV 2006, 708, 711.

718 Zur gesetzgeberischen Intention siehe: Landessozialgericht Sachsen-Anhalt, Urt. v. 20. September 2007 – L 3 RJ 126/05, NZA-RR 2008, 207.

In dieser Zielrichtung korrespondiert diese Vorschrift des Sozialgesetzbuches auch mit entsprechenden Bestimmungen in den Bereichen der gesetzlichen Unfallversicherung (§ 65 Abs. 6 SGB VII), der Kriegsopferversorgung (§ 38 Abs. 2 BVG) sowie der Beamtenversorgung (§ 19 Abs. 1 Satz 2 Nr. 1 BeamtVG), so dass davon ausgegangen werden kann, dass die Risikobegrenzung hinsichtlich derartiger Versorgungsehen ein legitimes Ziel auch i.S.d. § 10 AGG darstellt.[719]

Ziel manches Arbeitgebers ist zudem, durch die Hinterbliebenenrente die Versorgung solcher hinterbliebenen Ehepartner sicherzustellen, die durch ihre Ehe mit dem verstorbenen Arbeitnehmer während des Bestandes des Arbeitsverhältnisses indirekt am Wohlergehen des Unternehmens mitgewirkt haben. Der Arbeitgeber möchte den hinterbliebenen Ehepartner in solchen Fällen durch die Gewährung einer Hinterbliebenenversorgung für seine mittelbare Mitwirkung, die Unterstützung, also das sprichwörtliche *„Den-Rücken-Freihalten“* des früheren Arbeitnehmers honorieren.[720] Die Rechtsprechung hatte solche Überlegungen bislang für durchaus verständlich gehalten und daher anerkannt, dass mittels einer Spätehenklausel Ehepartner von der Hinterbliebenenversorgung ausgeschlossen werden könnten, deren Ehe erst nach Beendigung des Arbeitsverhältnisses eingegangen wurde und denen es somit an einem Mitwirken an den Unternehmensgeschicken mangelte.

Dass es zulässig sein sollte, die Leistungen auf solche Ehepartner zu begrenzen, welche durch ihre Fürsorge den Arbeitnehmer bereits während der Erwerbstätigkeit unterstützt hätten, hatte das BAG bspw. bereits in einer Entscheidung aus dem Jahre 1987 festgestellt.[721] Das BAG hat in seinen früheren Entscheidungen als Argument akzeptiert, dass der Hinterbliebene einer *„späten Ehe“* aufgrund der späten Heirat die Lebensarbeit des Ehepartners nur für eine vergleichsweise kurze Zeitspanne mitgetragen habe und eine Begrenzung der Hinterbliebenenversorgung daher aus Sicht des Arbeitgebers gerechtfertigt erscheine.[722] Geht man im Interesse des Arbeitgebers noch einen Schritt weiter und stellt darauf ab, dass diese mittelbare Mitwirkung wenigstens einen gewissen Teil des Erwerbslebens des Arbeitnehmers über bestanden haben müsse, so kommt man zur Begrenzung der Hinterbliebenenversorgung mittels einer Mindestehedauerklausel.[723]

Das Abstellen auf das Mitwirken seitens des Hinterbliebenen erscheint jedoch durchaus problematisch. Die Rechtsprechung hat mehrfach ausgeführt, dass die

---

719 So auch: OVG Rheinland-Pfalz, Urt. v. 26. Mai 2010 – 6 A 10320/10, DStRE 2010, 1339ff. = BB 2010, 1596 [Rn 41 f.]; *Rengier*, NZA 2006, 1251, 1255.

720 *Herbold*, S. 256 ff.

721 BAG, Urt. v. 11. August 1987 – 3 AZR 6/86, AP Nr. 4 zu § 1 BetrAVG Hinterbliebenenversorgung.

722 BAG, Urt. v. 18. Juli 1972 – 3 AZR 472/71, AP Nr. 158 zu § 242 BGB Ruhegehalt; Urt. v. 19. Dezember 2000 – 3 AZR 186/00, AP Nr. 19 zu § 1 BetrAVG Hinterbliebenenversorgung.

723 Zur Zulässigkeit der Begrenzung der Hinterbliebenenversorgung mittels einer solchen Mindestehedauerklausel s.u.: B.IV.1.b)hh).

Leistung der Betriebs- und auch der Hinterbliebenenrente Entgelt und somit eine Gegenleistung für die Leistung des Arbeitnehmers darstellt.[724] Folglich wird vorgebracht, dass die Hinterbliebenenversorgung gerade nicht von einer etwaigen Gegenleistung wie etwa einem Mitwirken, einem *„Den-Rücken-Freihalten"* oder Ähnlichem des Hinterbliebenen abhängt.[725]

Zudem wird darauf abgestellt, dass es sich rechtlich gesehen bei der Hinterbliebenenversorgung um einen echten Vertrag zugunsten eines Dritten i.S.d. § 328 Abs. 1 BGB handelt[726], da der Hinterbliebene weder an die Stelle des Versorgungsgläubigers aus dem Versorgungsvertrag tritt noch dessen Rechtsnachfolger ist. Der bedachte Hinterbliebene steht in den meisten Fällen in keinem Arbeits- oder sonstigem Rechtsverhältnis zu dem Arbeitgeber.[727] Er erhält vielmehr einen eigenen Anspruch aus der Versorgungszusage des Versorgungsgläubigers.[728] Da es sich um eine Verpflichtung dem Arbeitnehmer gegenüber handelt, stellt sich die Hinterbliebenenversorgung als akzessorischer Anspruch dar.

I.R.e. solchen Vertrags zugunsten Dritter darf jedoch die Leistung an den Dritten nicht von einer eigenen Gegenleistung des Dritten abhängig gemacht werden.[729] Daher könnte argumentiert werden, dass eine angestrebte Vergütung des Mitwirkens des Hinterbliebenen somit kein anerkennenswertes Ziel i.R.d. Frage nach einer Rechtfertigung der mittelbaren Benachteiligung durch eine durch Spätehe- oder Mindestehedauerklauseln darstellen darf.

Außerdem stehen dem Versprechenden in einem solchen Vertrag zugunsten Dritten gem. § 334 BGB die Einwendungen aus dem Vertrag zugunsten Dritter auch gegenüber dem Dritten, also dem Hinterbliebenen, zu. So kann er sich in bestimmten Fällen auch diesem gegenüber auf einen Wegfall der Geschäftsgrundlage berufen. Bspw. hat das LG Köln in einer Entscheidung aus dem Jahr 1985 festgestellt, dass der Arbeitgeber die zugesagte Witwenrente kürzen dürfe, wenn der Versorgungsgläubiger nach Abschluss der Ruhegeldvereinbarung eine wesentlich (37 Jahre) jüngere Frau heiratet, da dies den Rahmen des für den Arbeitgeber kalkulierbaren Risikos sprenge.[730]

Zudem muss festgestellt werden, dass in Zeiten weit verbreiteter doppelter Erwerbstätigkeit von Ehepartnern das Argument, nach welchem i.S.e. traditionellen Familienbildes die Ehefrau den Arbeitnehmer durch die Übernahme der

---

724 Zum Entgeltcharakter der bAV siehe auch oben: B.I.3.

725 So auch: *Herbold*, S. 259; *Nicolai*, BetrAV 2007, 701, 703.

726 Vgl. zur Einordnung als Vertrag zugunsten Dritter: BAG, Urt. v. 21. Oktober 1966 – 3 AZR 119/66, AP Nr. 116 zu § 242 BGB Ruhegehalt; Urt. v. 5. September 1972 – 3 AZR 212/69, AP Nr. 159 zu § 242 BGB Ruhegehalt; siehe auch: Schaub-*Vogelsang*, § 85 Rn 208; *Griebeling/Griebeling*, Rn 450; *Langohr-Plato*, Rn 57.

727 Siehe auch: *Rühmann*, in FS Förster, S. 255; so auch: BAG, Urt. v. 28. März 1995 – 3 AZR 343/94, AP Nr. 14 zu § 1 BetrAVG Hinterbliebenenversorgung.

728 *Rühmann*, in FS Förster, S. 254 f.

729 *Nicolai*, BetrAV 2007, 701, 703.

730 LG Köln, Urt. v. 17. April 1985 – 24 O 282/84, DB 1985, 2252.

Verpflichtungen im Haushalt, in der Kindererziehung etc. entlastet und somit eventuell zu einer besseren Arbeitsleistung des Arbeitnehmers beigetragen hat und der Arbeitgeber diese Leistung durch die Gewährung einer Hinterbliebenenrente honorieren will, wohl als gesellschaftlich überholt anzusehen ist. Andererseits muss beachtet werden, dass viele heute bestehende Versorgungszusagen aus Zeiten stammen, in denen die traditionelle Rollenverteilung in der Familie durchaus noch verbreitet war.

Die Argumentation gegen den Charakter der Hinterbliebenenversorgung als Honorierung des Mitwirkens übersieht, dass die bAV einen Doppelcharakter besitzt und neben dem Entgelt- auch einen Versorgungscharakter besitzt. Somit muss es dem Arbeitgeber auch freistehen, den Umfang der Versorgung auszugestalten und hierbei möglicherweise für die gute Arbeitsleistung des Arbeitnehmers mitverantwortliche Leistungen des Angehörigen zu honorieren und dessen Versorgung ebenfalls sicherzustellen.

Auch ist hier wohl eher davon auszugehen, dass dieses Mitwirken des Hinterbliebenen nicht als Voraussetzung für den Bezug der Leistung, sondern bereits als Voraussetzung für die Erteilung einer Zusage der Hinterbliebenenversorgung an den Beschäftigten zu sehen ist. Der Arbeitgeber will sichergehen, dass Beschäftigte, welche zuhause vom Ehepartner unterstützt werden, sich keine Sorge um die spätere Versorgung dieses Ehepartners machen müssen. Ein derartiges „Mittragen“ der Arbeit wird jedoch zumindest bei einer sehr spät geschlossenen Ehe nicht besonders groß gewesen sein, da die Ehepartner erst zu einem vergleichsweise späten Zeitpunkt im Erwerbsleben des Arbeitnehmers eine Partnerschaft eingegangen sein dürften. Folglich stellt sich die Intention des Arbeitgebers, durch eine Spätehenklausel sicherzustellen, dass das Risiko von Versorgungsehen reduziert wird und tatsächlich nur solche Ehepartner von der Hinterbliebenenversorgung profitieren, als durchaus legitim und ist als sachliches Ziel i.S.d. § 10 AGG anzuerkennen.

Es bleibt also festzuhalten, dass die bisher für legitim erachteten Ziele der Risikobegrenzung, des Ausschlusses von Versorgungsehen sowie der Honorierung einer gewissen Mitwirkung des Angehörigen wohl auch nach Inkrafttreten des AGG legitime Ziele des Arbeitgebers für die Verwendung von Spätehenklauseln darstellen[731], wenn auch die Honorierung sicherlich am kritischsten betrachtet werden muss.

Ähnlich entschied auch das BVerfG im Jahr 2010.[732] Die Verfassungsrichter hielten eine Spätehenklausel und den hiermit einhergehenden Ausschluss so

731 So: LAG Baden-Württemberg, Urt. v. 12. November 2009 – 11 Sa 41/09, BetrAV 2010, 292 ff. = NZA-RR 2010, 315 ff.; Zur Legitimität dieser Ziele s.o.: B.IV.1.a) dd)(2)(a); ebenfalls: BAG: Urt. v. 20. April 2010 – 3 AZR 509/08, AP Nr. 26 zu § 1 BetrAVG Hinterbliebenenversorgung = DB 2010, 2000; Spätehenklauseln *„als Begrenzung von Gestaltungsmissbrauch [Anm: für] grds. gerechtfertigt“* haltend auch: ErfKomm-*Steinmeyer*, Vorbem. BetrAVG Rn 45; ebenso: *Höfer*, Band I: Arbeitsrecht, ART Rn 805.37 f.

732 BVerfG, Beschluss v. 01. März 2010 – 1 BvR 2584/06, NJW 2010, 3773 ff.

genannter *„nachgeheirateter"* Witwen für verfassungsmäßig. In der zu überprüfenden Regelung der Satzung des Versorgungswerkes der Ärztekammer des Saarlandes erkannten die Richter keine Verletzung des allgemeinen Gleichheitssatzes des Art. 3 Abs. 1 GG, da das Differenzierungsmerkmal der Spätehe sachlich durch die Honorierung des Mittragens der Arbeitsleistung gerechtfertigt sei.

(c) Erforderlichkeit des Mittels

Das zur Erreichung des Zieles der Risikobegrenzung und Honorierung der „Mitarbeit" verwandte Mittel der Spätehenklauseln müsste jedoch für die Zielerreichung auch erforderlich sein. Es darf folglich kein gleich geeignetes, jedoch milderes Mittel zur Verfügung stehen.

Große Teile der Literatur gehen schlichtweg davon aus, dass zwar mit Sicherheit mildere, jedoch nicht gleich geeignete Mittel neben dem Mittel der Spätehenklauseln zur Verfügung stünden. Folglich müsse es Arbeitgebern auch trotz des Inkrafttretens des AGG weiterhin offenstehen, ihre Versorgungsordnung mittels Spätehenklauseln einzugrenzen und die Gefahr des Abschlusses reiner Versorgungsehen zu minimieren.[733] Lediglich vereinzelt wird davon ausgegangen, dass keine Erforderlichkeit gegeben sei oder zumindest davon abgeraten, weiterhin Spätehenklauseln zu verwenden.[734]

Jene Teile der Literatur, die auch noch vor dem Hintergrund der Vorgaben des AGG weiterhin von der Rechtmäßigkeit derartiger Spätehenklauseln ausgehen, verkennen jedoch, dass durchaus mildere Mittel verfügbar wären, um dem Risiko der Versorgungsehe zu begegnen. So könnten Arbeitgeber dieses Risiko minimieren, indem sie bspw. die Hinterbliebenenversorgung nicht von der Stellschraube einer festen Altersgrenze abhängig machen würden, sondern vielmehr die Hinterbliebenenversorgung entweder gänzlich vom Erreichen einer bestimmten Anzahl an Dienstjahren nach der Eheschließung abhängig machen oder die Höhe der Hinterbliebenenversorgung an die nach der Eheschließung geleisteten Dienstjahre anzuknüpfen. Mittels derartiger Regelungen würde zudem stärker dem Ziel des Arbeitgebers entsprochen, durch die Gewährung einer Hinterbliebenenrente auch das „Mitwirken" des Ehepartners zu belohnen.

Einem Anknüpfen an die Dienstjahre seit Eheschließung wird auch nicht entgegnet werden können, dass im Fall einer später Eheschließung und der darauf

---

733 So bspw.: *Bauer/Göpfert/Krieger*, § 2 AGG Rn 49; Küttner-*Kania*, *„Diskriminierung"* Rn 94; *Schuster*, ArbRAktuell 2010, 477; so wohl auch: *Förster/Cisch/Karst*, § 1 BetrAVG Rn 57; *Blomeyer-Rolfs-Otto*, Anh. § 1 BetrAVG Rn 202; *Langohr-Plato*, Rn 57; ErfKomm-*Steinmeyer*, Vorbem. BetrAVG Rn 45, zum Teil jedoch auf die bisherige Zulässigkeit abstellend; Däubler/Bertzbach-*Schrader/Schubert*, § 2 AGG Rn 156a, hier jedoch ohne Begründung von der Zulässigkeit ausgehend.

734 Vom Gebrauch von Altersdifferenz- sowie Spätehenklauseln abratend: BeckOK-*Clemens*, § 1 BetrAVG Rn 114; ähnlich: *Preis/Temming*, NZA 2008, 1209 ff; mittlerweile auch: *Meinel/Heyn/Herms*, § 10 AGG Rn 70.

folgenden somit geringen Dienstzeit seit Eheschließung lediglich eine Versorgung von geringerem Umfang gewährt würde. Der (späte) Ehepartner konnte nicht davon ausgehen, dass er lediglich aufgrund der Eheschließung in höherem Alter noch eine umfassende Absicherung erhalte. Vielmehr hat der Ehepartner, sofern er ein ähnliches Lebensalter wie der Beschäftigte hat, bereits die Zeit gehabt, sich um seine eigene Absicherung zu kümmern. Bei Hinterbliebenen, welche ein erheblich jüngeres Lebensalter als der Beschäftigte besitzen, besteht hingegen noch die Möglichkeit, die (wenn auch geringe) Versorgung aus der Hinterbliebenenrente noch durch eine eigene Absicherung zu ergänzen.

Auch, dass hiernach die Hinterbliebenen von spät in den Betrieb eintretenden, jedoch bereits seit langem verheirateten Beschäftigten geringere Hinterbliebenenrenten erhalten würden als Hinterbliebene, welche bereits seit vielen Jahren mit einem Beschäftigten verheiratet sind, welcher ebenfalls bereits seit Jahren in dem Unternehmen beschäftigt ist, würden keine ungerechtfertigte Benachteiligung darstellen. Vielmehr würde auch hier wiederum die Intention des Arbeitgebers umgesetzt, dem Beschäftigten für die Zeit der Beschäftigung die Sorgen um die Versorgung der Angehörigen zu ersparen und das „Mitwirken" des Ehepartners zu honorieren. So würde bspw. die Hinterbliebene eines bei seinem Eintritt in das Unternehmen bereits seit 25 Jahren verheirateten Beschäftigten entschieden weniger erhalten als die Hinterbliebene eines Beschäftigten, mit welchem sie ebenfalls bereits seit Jahren verheiratet ist, welcher jedoch auch bereits seit Jahren in dem Unternehmen tätig ist. Hinsichtlich der Hinterbliebenen des spät Eingetretenen wäre vor dem Hintergrund des Honorierungsgedankens durchaus angemessen, dass sie weniger bekommt, da bei ihr im Gegensatz zu der Vergleichsperson auch von Seiten des Arbeitgebers die ersten 25 Ehejahre gerade nicht honoriert werden sollen, da der Beschäftigte zu dieser Zeit noch nicht in dem Unternehmen tätig war.

Ähnlich hat in der Rechtssache *Bartsch*[735] auch die Generalanwältin in ihren Schlussanträgen argumentiert.[736] In dieser die Rechtmäßigkeit einer Altersabstandsklausel bei Ehegatten i.R.d. Hinterbliebenenversorgung betreffenden Rechtssache trug die Generalanwältin vor, dass es bspw. möglich sei, an jüngere Hinterbliebene geringere Leistungen zu zahlen oder die Zahlungen erst beginnen zu lassen, wenn die Hinterbliebenen ein gewisses Alter erreicht haben.

Aufgrund der fehlenden Erforderlichkeit des Mittels stellen somit Spätehenklauseln im Einzelfall mangels Rechtfertigun i.S.d. § 10 S. 1 und 2 AGG eine ungerechtfertigte Benachteiligung wegen des Alters i.S.d. § 7 Abs. 1 AGG dar.[737]

---

735 Zur Rs. *Bartsch*, EuGH, Urt. v. 23. September 2008 – Rs. C-427/06 *[Bartsch]*, Slg 2008, I-7245 ff. = AP Nr. 11 zu Richtlinie 2000/78/EG, siehe auch oben: B.III.5.c).

736 EuGH, Schlussanträge der Generalanwältin *Eleanor Sharpston* vom 22.05.2008 – Rs. C-427/06 [*Bartsch*].

737 a.A.: *Rolfs* NZA 2008, 553, 558; Schaub-*Vogelsang*, § 85 Rn 209; *Höfer*, Band I: Arbeitsrecht, ART Rn 805.38.

ii) Gemischte Spätehen- und Mindestehedauerklausel

Manche Versorgungszusagen beschränken in ihren Hinterbliebenenklauseln den Leistungsanspruch eines Hinterbliebenen auch insoweit, als der Anspruch nur dann bestehen soll, wenn die nach einem bestimmten Alter (bspw. häufig nach Vollendung des 50. Lebensjahres) geschlossene Ehe zumindest für einen in der Versorgungsordnung bestimmten Zeitraum (bspw. X Jahre) bestanden hat. Eine solche Klausel stellt eine Mischung aus einer Spätehen- sowie einer Mindestehedauerklausel dar.[738] Sinn und Zweck einer derartigen Regelung ist es für gewöhnlich, *„versorgungsnahe Ehen"* von der Hinterbliebenenversorgung auszuschließen.

(1) Bisherige rechtliche Bewertung

Bis zum Inkrafttreten des AGG wurden derartige Klauseln von der Rechtsprechung grundsätzlich für zulässig gehalten. So hielt das BAG in einem Urteil vom 11. August 1987[739] eine Regelung für zulässig, nach welcher der Anspruch auf Witwenversorgung voraussetzte, daß die Ehe vor dem Eintritt des Versorgungsfalles oder vor dem vorzeitigen Ausscheiden geschlossen worden war und bis zum Zeitpunkt des Todes des Ehemannes mindestens zwei Jahre bestanden hatte.

Ähnliche Spätehenklauseln waren auch Gegenstand der Urteile vom 26. August 1997[740] sowie vom 19. Dezember 2000[741]. Auch hier hielt das BAG jeweils gemischte Spätehen- und Mindestehedauerklausel für zulässig. Noch kurz vor Inkrafttreten des AGG, im Jahr 2005, hat das BAG eine Klausel für wirksam und zulässig angesehen, nach welcher die Ehe mindestens 10 Jahre bestanden haben muss, wenn sie nach Vollendung des 50. Lebensjahres des verstorbenen Ehegatten geschlossen wurde.[742]

Das BAG begründete die Zulässigkeit derartiger Klauseln mit dem Risikobegrenzungsgedanken der Arbeitgeber. Hinsichtlich der Hinterbliebenenversorgung bestehe stets das Risiko einer sogenannten Versorgungsehe, welches mittels derartiger Klauseln begrenzt werden sollte. Da der Arbeitgeber nicht verpflichtet ist, eine Hinterbliebenenversorgung zu schaffen, so müsse er dementsprechend auch grundsätzlich berechtigt sein, sie von zusätzlichen Voraussetzungen abhängig zu machen.[743] Die Verwendung derartiger sachlich gerechtfertigter

---

738 Zur Zulässigkeit einer einfachen Mindestehedauerklausel s.u.: B.IV.1.b)hh).

739 BAG, Urt. v. 11. August 1987 – 3 AZR 6/86, AP Nr. 4 zu § 1 BetrAVG Hinterbliebenenversorgung = DB 1988, 347 ff.

740 BAG, zur Zulässigkeit einer nachträglich eingeführten Spätehenklausel: BAG, Urt. v. 26. August 1997 – 3 AZR 235/96, BAGE 86, 216 ff. = AP Nr. 27 zu § 1 BetrAVG Ablösung.

741 BAG, Urt. v. 19. Dezember 2000 – 3 AZR 186/00, AP Nr. 19 zu § 1 BetrAVG Hinterbliebenenversorgung = NZA 2001, 1260 ff.

742 BAG, Urt. v. 28. Juli 2005 – 3 AZR 457/04, BAGE 115, 317 ff. = NZA-RR 2006, 591 ff. = BetrAV 2006, 584 ff.

743 BAG, Urt. v. 11. August 1987 – 3 AZR 6/86, AP Nr. 4 zu § 1 BetrAVG Hinterbliebenenversorgung = DB 1988, 347 ff.

Risikobegrenzungen sei daher zulässig. Des Weiteren sei die Gewährung einer Hinterbliebenenversorgung häufig von dem klassischen Gedanken bestimmt, dass der Arbeitgeber mittels dieser Versorgung ein Mitwirken der Hinterbliebenen am betrieblichen Erfolg honorieren wolle.

(2) Zulässigkeit nach dem AGG

Derartige gemischte Spätehen- und Mindestehedauerklauseln stellen ebenso wie reine Spätehenklauseln eine unmittelbare Benachteiligung anhand des Alters i.S.d. § 3 Abs. 1 AGG i.V.m. § 1 AGG dar. Sie stellen auf eine feste Altersgrenze und somit auf ein bestimmtes Lebensalter der Beschäftigten ab und differenzieren hiernach. Dass solche Klauseln zugleich mit Elementen einer Mindestehedauerklausel versehen sind, ändert nichts an der Einordnung als unmittelbare Benachteiligung anhand des Alters, wird doch im ersten Schritt zunächst ausschließlich nach dem Lebensalter differenziert. Eine Mindestehedauerklausel stellt vielmehr als bloß mittelbar am Lebensalter anknüpfende Regelung für sich genommen bereits mittelbare Benachteiligungen i.S.d. § 3 Abs. 2 AGG dar, welche ebenfalls einer Rechtfertigung bedarf.[744]

Als unmittelbare Benachteiligungen aufgrund des Alters verstoßen auch gemischte Spätehen- und Mindestehedauerklauseln gegen das Benachteiligungsverbot gem. § 7 Abs. 1 AGG i.V.m. § 1 AGG und bedürfen einer Rechtfertigung nach dem AGG. Da der nach dem Zeitpunkt der Eheschließung differenzierende Teil dieser Klausel einer reinen Spätehenklausel gleichend nach dem Lebensalter zum Zeitpunkt der Eheschließung differenziert, stellt sich bei einer solchen Klausel dieselbe Frage der Möglichkeit einer Rechtfertigung i.S.d. § 10 AGG.

Auch mittels einer gemischten Spätehen- und Mindestehedauerklausel verfolgt der Arbeitgeber das Interesse, die Hinterbliebenenversorgung und somit sein Versorgungsrisiko kalkulierbar und möglichst risikoarm zu gestalten.[745] Die zu Vor-AGG-Zeiten vom BAG dargelegten sachlichen Ziele, welche Arbeitgeber zur Einführung derartiger Klauseln bewegen, könnten auch rechtmäßige Ziele i.S.d. § 10 S. 1 und 2 AGG darstellen. Dass Motive der Risikobegrenzung und Verbesserung der Kalkulierbarkeit vor dem Hintergrund des sozialpolitisch übergeordneten Zieles der Attraktivitätssteigerung der bAV sachliche Ziele i.S.d. Rechtfertigungstatbestandes des AGG darstellen können, wurde bereits erläutert.[746] Folglich ist auch bei derartigen gemischten Spätehen- und Mindestehedauerklauseln vom Vorliegen eines legitimen Zieles für die Benachteiligung auszugehen.[747]

---

744 Zur Frage der Zulässigkeit einer solchen reinen Mindestehedauerklausel s.u.: B.IV.1.b)hh).

745 So auch: *Adromeit/Mohr*, § 10 AGG Rn 157.

746 Zur Legitimität dieser Ziele s.o.: B.IV.1.a)dd)(2)(a); ebenfalls: BAG: Urt. v. 20. April 2010 – 3 AZR 509/08, AP Nr. 26 zu § 1 BetrAVG Hinterbliebenenversorgung = DB 2010, 2000.

747 Vgl.: BAG, Urt. v. 11. August 2009 – 3 AZR 23/08, AP Nr. 139 zu Art. 9 GG = NZA 2010, 408 ff.; so auch: ErfKomm-*Steinmeyer*, Vorbemerkung BetrAVG Rn 45.

Es stellt sich vielmehr auch hinsichtlich dieser Klauseln die Frage, wo die Grenzen der Angemessenheit für eine solche Risikobegrenzung liegen.[748] Ist eine solche Klausel tatsächlich erforderlich, also kein milderes und gleich geeignetes Mittel ersichtlich?

Vorliegend scheitert eine Rechtfertigung nach § 10 AGG bereits am Merkmal der Erforderlichkeit. Arbeitgebern stünde es offen, mittels anderer Stellschrauben als derartiger Klauseln das Risiko zu begrenzen. So könnten sie bspw. die Hinterbliebenenversorgung generell lediglich an der tatsächlichen Dauer der Ehe anknüpfend gewähren. Versorgungszusagen könnten derart ausgestaltet werden, dass sie Regelung vorsehen, nach denen der Versprechensempfänger mit jedem Ehejahr weitere Versorgungsansprüche für den später hinterbliebenen Ehepartner[749] erdienen könnte.

Aus diesem Grund mangelt es gemischten Spätehe- und Mindestehedauerklauseln an der Erforderlichkeit, so dass solche Klauseln folglich eine nicht i.S.d. § 10 S. 1 und 2 AGG gerechtfertigte und somit i.S.d. § 7 Abs. 1 AGG unzulässige Benachteiligung wegen des Alters darstellen.[750]

jj) Altersabstandsklauseln (Altersdifferenzklauseln)

Teilweise sehen die Versorgungsordnungen hinsichtlich der Hinterbliebenenversorgung auch Regelungen vor, nach welchen zwischen dem Beschäftigten und dem Hinterbliebenen lediglich ein bestimmter Altersabstand bestanden haben darf. Unter Altersabstandsklauseln werden somit solche Klauseln in Versorgungsordnungen der Hinterbliebenenversorgungen verstanden, nach denen die Altersdifferenz zwischen dem Arbeitnehmer und seinem Ehepartner eine bestimmte Zeitspanne nicht überschreiten darf. Überschreitet die Altersdifferenz zwischen dem Lebensalter des Arbeitnehmers und seines Ehepartners diese Grenze, so soll eine Hinterbliebenenversorgung des Ehepartners ausgeschlossen sein. Üblich sind Regelungen, nach welchen Hinterbliebene, die mehr als 10, 15 oder 20 Jahre jünger als der Empfänger der Versorgungszusage sind, keine Hinterbliebenenversorgung empfangen sollen. Ein Leistungsausschluss soll somit in solchen Fällen eintreten, in denen der Altersunterschied über den zwischen Ehegatten „üblichen" Unterschied hinausgeht.[751]

Hinsichtlich derartiger Regelungen stellt sich die Frage nach der Zulässigkeit des Ausschlusses anhand einer Altersdifferenzgrenze. Möglicherweise könnte hierin eine Benachteiligung wegen des Alters zu erblicken sein.

---

748 So auch zutreffend: *Rengier*, NZA 2006, 1251, 1255.

749 Zur Frage, ob die Hinterblienenversorgung stets auch hinsichtlich eingetragener Lebenspartner gelten muss, s.o.: B.IV.2.a).

750 So im Ergebnis auch: Rust/Falke-*Bertelsmann*, § 10 AGG Rn 221; a.A.: *Adomeit/Mohr*, § 10 AGG Rn 157.

751 So: *Adomeit/Mohr*, § 10 AGG Rn 139, wobei sicherlich die Frage gestellt werden muss, welche Altersabstände als „üblich" zu bezeichnen sind.

(1) Bisherige rechtliche Bewertung
Zu Vor-AGG-Zeiten hielt das BAG derartige Altersabstandsklauseln vor dem Hintergrund des allgemeinen arbeitsrechtlichen Gleichbehandlungsgrundsatzes für gerechtfertigt.[752] So wurde bspw. eine (Altersdifferenz-)Grenze von 25 Jahren für zulässig und nicht gegen Art. 3 Abs. 1 GG verstoßend befunden.[753]

Begründet wurde die Zulässigkeit einer solchen Grenze zum einen mit dem Argument, dass der Arbeitgeber durch die ansonsten drohende Versorgung einer im Todesfall des Arbeitnehmers verhältnismäßig sehr jungen Frau besonders starken Belastungen ausgesetzt sei. Der Arbeitgeber müsse eine Handhabe besitzen, sich vor diesem Risiko zu schützen. Die Risikobegrenzung wurde demnach als legitimes und sachliches Ziel für eine Ungleichbehandlung anerkannt.

Zum anderen wurde insbesondere darauf abgestellt, dass der Ehegatte den Verstorbenen in den meisten Fällen nur für eine vergleichsweise kurze Zeitspanne begleitet und daher keine Ansprüche – wohl aufgrund mangelnden Mittragens der Arbeitsleistung – auf eine umfassende Versorgung besäßen.[754]

Einer Witwe, die ihren Ehemann in jungen Jahren verliere, könne zudem eine Berufstätigkeit viel eher als einer älteren Frau zugemutet werden.[755]

Die BAG-Rechtsprechung wurde später auch durch das BVerfG bestätigt.[756] Die Verfassungsrichter gingen davon aus, dass durch derartige Altersabstandsklauseln weder gegen Art. 1 Abs. 1 noch Art. 3 Abs. 1 oder Art. 6 Abs. 1 GG verstoßen werde. Das BVerfG nahm ein verständliches Interesse des Arbeitgebers an, das Ruhegeld als Teil des Arbeitslohnes kalkulierbar zu halten. Die Entscheidung des Arbeitgebers sei sachlich gerechtfertigt, nur einer Witwe des Arbeitnehmers Hinterbliebenenrente zu zahlen,, die nach ihrem Lebensalter noch zu seiner Generation gehört, seine Berufsarbeit durch ihre Fürsorge mitgetragen habe und eine ihm einigermaßen vergleichbare Lebenserwartung hat. Gerade an der entsprechenden Teilhabe an dem Arbeitsleben des Lohnberechtigten mangele es regelmäßig, wenn die Ehefrau mehr als 25 Jahre jünger sei und somit schon der nächsten Generation angehöre. Die Karlsruher Richter sahen folglich sowohl die Honorierung eines gewissen Mittragens der Arbeitsleistung als auch das Interesse an einer besseren Kalkulierbarkeit seitens des Arbeitgebers als sachliche Gründe für die Schlechterstellung an.

752 Vgl. BAG, Vorlagebeschluss vom 27. Juni 2006 – 3 AZR 352/05 (A), AP Nr. 6 zu § 1b BetrAVG [Rn 11].

753 BAG, Urt. v. 18. Juli 1972 – 3 AZR 472/71, BAGE 24, 370 = AP Nr. 158 zu § 242 BGB Ruhegehalt = NJW 1972, 2327 f.; Urt. v. 9. November 1978 – 3 AZR 784/77, AP Nr. 179 zu § 242 BGB Ruhegehalt = BetrAV 1979, 63.

754 BAG, Urt. v. 18. Juli 1972 – 3 AZR 472/71, BAGE 24, 370 = AP Nr. 158 zu § 242 BGB Ruhegehalt = NJW 1972, 2327, 2328; so auch: *Rühmann*, in FS Förster, S. 261.

755 BAG, Urt. v. 18. Juli 1972 – 3 AZR 472/71, BAGE 24, 370 = AP Nr. 158 zu § 242 BGB Ruhegehalt = NJW 1972, 2327, 2328, die vorhergehende Entscheidung des LAG Hamm, Urt. v. 17. September 1971 – 6 Sa 497/71, bestätigend.

756 BVerfG, Beschluss v. 11. September 1979 – 1 BvR 92/79, AP Nr. 182 zu § 242 BGB Ruhegehalt.

Auch das LG Köln nahm in einer Entscheidung zur Hinterbliebenenversorgung im Jahr 1985[757] an, dass der Arbeitgeber die Hinterbliebenenversorgung zumindest kürzen dürfe, wenn der Arbeitnehmer nach Erhalt der Versorgungszusage eine 37 Jahre jüngere Frau heirate. Das Gericht sah das Leistungsrisiko des Arbeitgebers wegen der großen Altersdifferenz zwischen Versprechensempfänger und Hinterbliebenem als *„gesprengt"* an, da die zu erwartende Versorgungsleistung nicht mehr im angemessenen Verhältnis zur erbrachten Arbeitsleistung und Betriebstreue des Arbeitnehmers stehe, für welche dieser durch die Betriebs- und auch die Hinterbliebenenversorgung entlohnt werden solle. Es ließ daher den Arbeitgeber sogar noch nachträglich[758] in die Leistungen der Hinterbliebenenversorgung eingreifen.

Das Gericht hat hier jedoch offen gelassen, ab welchem Altersunterschied bereits vom Wegfall der Geschäftsgrundlage ausgegangen werden könne. Eine konkrete Grenzziehung hielt das Gericht für schwierig, da bei der Interessenabwägung i.R.d. Prüfung des Wegfalls der Geschäftsgrundlage auch das durch Art. 6 Abs. 1 GG geschützte persönliche Recht der freien Partnerwahl zu berücksichtigen sei.

Das LAG Hessen hingegen entschied im Jahr 1997[759], dass eine Altersabstandsklausel von 15 Jahren durchaus gegen Art. 3 und Art. 6 GG verstoßen könne, da eine lediglich 15 Jahre jüngere Hinterbliebene noch derselben Generation angehöre wie der Versprechensempfänger. Daher könne nicht davon ausgegangen werden, dass der Versprechensempfänger nur für eine vergleichsweise kurze Zeitdauer von dem Ehepartner begleitet werde.

Das ArbG Duisburg hingegen sah im Jahr 2000 in einer Altersabstandsklausel von 15 Jahren keinen Verstoß gegen Art. 3 Abs. 1 oder Art. 6 Abs. 1 GG und hielt eine derartige Regelung für zulässig.[760] Das Gericht führte hierbei an, dass auch ein lediglich 15 Jahre jüngerer Ehepartner bereits einer anderen Generation zugehörig sei und daher nicht die notwendige Mitwirkung an der Arbeitsleistung vorweisen könne. Zudem sei der Arbeitgeber bei der Gewährung und auch der Ausgestaltung einer bAV in seiner Entscheidung gänzlich frei und könne daher die Hinterbliebenenversorgung durchaus auch vom Vorliegen anderer Voraussetzungen abhängig machen.

Noch kurz vor Inkrafttreten des AGG, im Jahr 2005, entschieden das LAG Düsseldorf[761] und das LAG Köln[762] ähnlich. Auch die Düsseldorfer Richter betonten in dem Fall, welcher später als Rechtssache *Bartsch*[763] seinen Weg bis zum EuGH

757 LG Köln, Urt. v. 17. April 1985 – 24 O 282/84, DB 1985, 2252.

758 Anm.: Eingriff nach § 334 BGB unter Zugrundelegung der Grundsätze des Wegfalls der Geschäftsgrundlage; einen solchen Wegfall der Geschäftsgrundlage sogar bereits bei 25 Jahren Altersdifferenz annehmend: *Rühmann*, in FS Förster, S. 262.

759 LAG Hessen, Urt. v. 12. März 1997 – 8 Sa 177/96, MDR 1997, 1037 = NZA-RR 1998, 5 ff.

760 ArbG Duisburg, Urt. v. 16. Februar 2000 – 3 Ca 3606/99, NZA-RR 2001, 48.

761 LAG Düsseldorf, Urt. v. 19. Mai 2005 – 5 Sa 509/05, DB 2005, 2143 f. [Rn 38].

762 LAG Köln, Urt. v. 14. Juni 2004 – 2 Sa 259/04, BeckRS 2004, 42107.

763 Zur Rechtsprechung des EuGH in der Rs. *Bartsch*, EuGH, Urt. v. 23. September 2008 – Rs. C-427/06 *[Bartsch]*, Slg 2008, I-7245 = AP Nr. 11 zu Richtlinie 2000/78/EG, siehe auch: B.III.5.c).

finden sollte, dass es dem Arbeitgeber bei arbeitgeberfinanzierten Leistungen der bAV freistehe, den Kreis der anspruchsberechtigten Dritten zu bestimmen und auch durch zusätzliche anspruchsbegründende oder besondere anspruchsausschließende Merkmale zu begrenzen. Die Kölner Richter gingen insbesondere davon aus, dass für den Arbeitgeber das Rentenrisiko sowie die erforderlichen Rückstellungen i.R.d. Hinterbliebenenversorgung ansonsten nicht mehr kalkulierbar seien. Während ihm zum Zeitpunkt der Zusage der Betriebsrente an den Arbeitnehmer selber dessen Alter noch bekannt sei und er damit aus den einschlägigen Sterbetafeln entnehmen könne, mit welcher betrieblichen Belastung zu rechnen ist, so sei die Versorgung der Hinterbliebenen erheblich schlechter kalkulierbar. Um für eine bessere Kalkulierbarkeit sorgen zu können, müsse auch auf die Altersdifferenz zwischen den Ehepartnern abgestellt werden dürfen. In dem zu entscheidenden Fall wurde eine Grenze bei 20 Jahren Altersdifferenz für zulässig gehalten.

Auf die Düsseldorfer Entscheidung folgend legte das BAG dem EuGH die Frage vor, ob eine derartige Altersabstandsregelung (abstellend auf 15 Jahre Altersdifferenz) evtl. unter ein mögliches Differenzierungsverbot wegen des Alters fallen könne, da das BAG die Möglichkeit sah, dass es sich bei einer derartigen Regelung um eine unmittelbar oder zumindest mittelbare Benachteiligung wegen des Alters handeln könne.[764] Hierbei stellten die Richter jedoch bereits klar, dass sie in einer solchen Regelung lediglich eine mögliche Benachteiligung des Beschäftigten, nicht hingegen des Hinterbliebenen erkennen könnten, da der Hinterbliebene lediglich aus einem Vertrag zugunsten Dritter berechtigt zum Bezug von Versorgungsleistungen berechtigt wird. Die Richter gingen davon aus, dass möglicherweise eine Benachteiligung älterer Arbeitnehmer angenommen werden müsste, da mit steigendem Alter der Lebenserfahrung nach die Möglichkeit erhöhe, von der Ausschlussklausel betroffen zu sein. Dies insbesondere vor dem Hintergrund, dass es bspw. einem 18-Jährigen schon allein rechtlich nicht möglich sei, eine 15 Jahre Jüngere zu ehelichen. Gleichzeitig stellten die Erfurter Richter jedoch auch fest, dass ihrer Rechtsauffassung nach die mit einer derartigen Klausel verfolgten Ziele der Risikobegrenzung und Verbesserung der Kalkulierbarkeit legitim sein und eine mögliche Benachteiligung wegen des Alters rechtfertigen könnten.[765]

Die vom BAG gestellten Fragen, somit auch die hinsichtlich der Zulässigkeit einer Altersabstandsklausel, hat das EuGH jedoch nicht beantwortet, da es mangels gemeinschaftsrechtlichen Bezuges der Rechtssache *Bartsch* das gemeinschaftsrechtliche Altersdiskriminierungsverbot für nicht anwendbar hielt und diese Frage somit nicht mehr zu beantworten war.

---

764 BAG, Vorlagebeschluss vom 27. Juni 2006 – 3 AZR 352/05 (A), AP Nr. 6 zu § 1b BetrAVG [Rn 40 ff.].

765 BAG, Vorlagebeschluss vom 27. Juni 2006 – 3 AZR 352/05 (A), AP Nr. 6 zu § 1b BetrAVG [Rn 47 f.]; diehe auch: Rust/Falke-*Bertelsmann*, § 10 AGG Rn 220.

(2) Zulässigkeit nach dem AGG

Seit Einführung des AGG und der (laut BAG zumindest subsidiären) Anwendbarkeit der Diskriminierungsverbote des AGG auf Betriebsrentenregelungen[766] stellt sich natürlich bei der Betrachtung solcher Altersabstandsklauseln die Frage, ob es sich bei solchen Klauseln um eine ungerechtfertigte (unmittelbare oder auch mittelbare) Benachteiligung wegen des Alters handelt.[767] Diese Frage wird nicht nur in der Literatur sondern auch von den Gerichten diskutiert.

Teilweise wird vertreten, dass es sich um eine unmittelbare Benachteiligung aufgrund des Alters handele.[768] So führte bspw. die Generalanwältin *Sharpston* in den Schlussanträgen in der Rechtssache Bartsch am 22. Mai 2008[769] aus, dass vom gemeinschaftsrechtlichen Verbot der Altersdiskriminierung auch das *„relative"*, nicht nur das absolute Alter erfasst sei. Folglich ergebe sich auch aus dem Abstellen auf den Altersabstand zwischen Arbeitgeber und Hinterbliebenem, d.h. aus den kombinierten Merkmalen der beiden jeweiligen Lebensalter, der Altersbezug i.S.e. unmittelbaren Benachteiligung aufgrund des Alters.

Diese „Konstruktion" der Generalanwältin *Sharpston*, Altersabstandsklauseln als Diskriminierung wegen des *„relativen Alters"* anzusehen, überzeugt jedoch wenig.[770] Überwiegend wird daher richtigerweise vertreten, dass es sich bei Altersabstandsklauseln i.R.d. Hinterbliebenenversorgung zumindest schon nicht um eine unmittelbare Benachteiligung handele. Die Altersabstandsklausel stellt nicht wie für eine unmittelbare Benachteiligung wegen des Alters i.S.d. § 7 Abs. 1 i.V.m. §§ 3 Abs. 1, 1 AGG erforderlich unmittelbar auf das (Lebens-)Alter des Arbeitnehmers ab, sondern orientiere sich vielmehr nur am Altersabstand zwischen dem Lebensalter des Arbeitnehmers und dessen Ehepartner und bilde somit eine mittelbare Benachteiligung (älterer Arbeitnehmer) anhand einer zunächst neutral erscheinenden Regelung.[771]

---

766 BAG, Urt. v. 11. Dezember 2007 – 3 AZR 249/06, BAGE 125, 133 ff. = AP Nr. 1 zu § 2 AGG = BB 2008, 557.

767 So auch: *Konzen*, BetrAV 2007, 696 f; Küttner-*Kania*, „Diskriminierung" Rn 93.

768 So wohl bspw.: *Nollert-Borasio/Perreng*, § 10 AGG Rn 22 oder auch *Förster/Cisch/Karst*, § 1 BetrAVG Rn 58 f., welche jeweils die Rechtfertigung einer Benachteiligung durch eine Altersabstandsklausel nach § 10 AGG prüfen und tlw. auch bejahen.

769 EuGH, Schlussanträge der Generalanwältin *Eleanor Sharpston* vom 22.05.2008 – Rs. C-427/06 [*Bartsch*].

770 So zutreffend: *Bauer/Arnold*, NJW 2008, 3377, 3380.

771 So zutreffend, im Ergebnis jedoch eine Rechtfertigung für die mittelbare Benachteiligung annehmend: LAG Niedersachsen, Urt. v. 23. Juni 2011 – 4 Sa 381/11, NZA-RR 2011, 600, 601; ebenso das BAG, Vorlagebeschluss v. 27. Juni 2006 – 3 AZR 352/05 (A), AP Nr. 6 zu § 1b BetrAVG; ebenfalls eine mittelbare Benachteiligung annehmend: MüKo-*Thüsing*, § 10 AGG Rn 57; *ders.*, Rn 466; die Rechtmäßigkeit einer solchen Regelung ebenfalls anzweifelnd: *Reichenbach/Grünenklee*, BetrAV 2006, 708 ff; sowie *Meinel/Heyn/Herms*, § 10 Rn 69a, die „zumindest" von

Eindeutig abzulehnen ist hingegen die teilweise in der Literatur vertretene Ansicht, nicht der Beschäftigte, sondern dessen Ehepartner werde wegen des Alters benachteiligt. Nicht an das Alter des Beschäftigten, sondern *„in erster Linie"* an das des Ehepartners werde angeknüpft.[772] Würde dieser Gedanke weitergeführt, so wäre das AGG auf diese Fälle nicht anwendbar, da das AGG nur auf das jeweilige Arbeitsverhältnis Anwendung findet.[773]

Wie dargestellt, werden jedoch durch Altersabstandsklauseln ältere Arbeitnehmer mittelbar aufgrund ihres Alters benachteiligt. Zudem könnte sogar überlegt werden, ob es sich nicht vielmehr bei einer solchen Klausel eventuell auch um eine mittelbare Benachteiligung männlicher Arbeitnehmer aufgrund ihres Geschlechtes handelt, da Altersabstandsklauseln vermehrt männliche Arbeitnehmer treffen, da diese im Großteil der Fälle der ältere Ehepartner sind.[774] Eine mittelbare Benachteiligung aufgrund des Geschlechtes wäre jedoch ebenso nach den Maßstäben des § 3 Abs. 2 AGG zu rechtfertigen wie eine mittelbare Benachteiligung aufgrund des Alters.

Folglich stellt sich die Frage, inwiefern Altersabstandsklauseln mittelbare Benachteiligungen i.S.d. § 3 Abs. 2 AGG darstellen oder ob derartige Klauseln evtl. verhältnismäßig und durch ein legitimes Ziel gerechtfertigt sind, so dass aufgrund des Vorliegens des negativen Tatbestandsmerkmals der Rechtfertigung keine mittelbare Benachteiligung i.S.d. § 3 Abs. 2 AGG anzunehmen wäre.[775]

kk) Differenzierung zwischen vorzeitig ausgeschiedenen und betriebstreuen Mitarbeitern i.R.d. Rentenanpassung

Im Jahr 2010 hatte das BAG über einen Fall zu entscheiden, in welchem eine Differenzierung zwischen solchen Arbeitnehmern, die bis zum Eintritt des Leistungsfalls in einem Dienstverhältnis zu dem Arbeitgeber gestanden haben, und denjenigen, die vorzeitig ausgeschieden sind vorgesehen war.[776] Während die vorzeitig Ausgeschiedenen von der Betriebsrentenanpassung ausgeschlossen waren, wurden die Betriebsrenten der bis zum Versorgungsfall im Dienst Gebliebenen jährlich

---

einer mittelbaren Benachteiligung ausgehen; a.A. hingegen, eine unmittelbare Benachteiligung annehmend: *Reinecke*, BB 2012, 1025, 1028.

772 BeckOK-*Roloff*, § 10 AGG Rn 18; *Hanau*, ZIP 2006, 2189, 2192, ebenso *Nollert-Borasio/Perreng*, § 10 AGG Rn 22; *Willemsen/Döring*, BetrAV 2011, 432, 437, diese jedoch darauf unter Hinweis auf die Ausführungen der Generalanwältin feststellend, dass diese Einschätzung vor dem EuGH wohl keinen Bestand haben werde; ebenfalls auf ein mögliches Abstellen auf das Alter des Ehepartners hinweisend: Däubler/Bertzbach-*Brors*, § 10 AGG Rn 91.

773 *Bauer/Arnold*, NJW 2008, 3377, 3380; *Bauer/Göpfert/Krieger*,§ 2 AGG Rn 49; *Adomeit/Mohr*, § 10 AGG Rn 158.

774 *Boemke/Danko*, § 4 Rn 80.

775 Zur Frage der Zulässigkeit einer solchen mittelbaren Benachteiligung, s.u.: B.IV.1.b)ff).

776 BAG, Urt. v. 30. November 2010 –3 AZR 754/08, AP Nr. 72 zu § 16 BetrAVG = NZA-RR 2011, 593 ff; vgl. hierzu auch: *Reinecke*, BetrAV 2012, 402, 409.

angepasst. Es war folglich zu überprüfen, ob das Anknüpfen an die bis zum Versorgungsfall bestehende Betriebstreue ein rechtmäßiges Differenzierungsmerkmal darstellt oder nicht.

Wie das BAG in seiner Entscheidung festgestellt hat, ist in einer solchen Differenzierung mangels Anknüpfens am Merkmal des Alters keine Benachteiligung anhand des Alters zu erkennen. Eine am Alter orientierte Gruppenbildung ließ sich nicht feststellen.[777]

Hiermit bestätigte das BAG auch das Urteil des LAG Köln aus dem Jahr 2008[778], in welchem die Kölner Richter ebenfalls festgestellt hatten, dass es sich bei derartigen Regelungen um keine unmittelbare Benachteiligungen wegen des Alters und somit auch nicht um eine gem. § 7 Abs. 1 i.V.m. § 3 Abs. 1 AGG unzulässige Regelung handelt.[779]

ll) Altersabhängige versicherungsmathematische Faktoren

Systeme der bAV bestimmen sich meist auch anhand altersabhängiger versicherungsmathematischer Faktoren. Besondere Bedeutung erfahren solche versicherungsmathematischen Kriterien bei der Berechnung der Leistungen beitragsorientierter Leistungszusagen i.S.d. § 1 Abs. 2 Nr. 1 BetrAVG. So lässt sich in beitragsbezogenen Leistungssystemen bspw. das Risiko eines höheren Eintrittsalters durch die Berücksichtigung entsprechender am Alter anknüpfender versicherungsmathematischer Berechnungsfaktoren ausgleichen.[780]

Mögliche unmittelbare Benachteiligungen wegen des Alters i.S.d. § 3 Abs. 1 AGG könnten allerdings bspw. darin erkannt werden, dass i.R.v. beitragsorientierten Versorgungszusagen aufgrund des Verzinsungseffekts als versicherungsmathematischer Kalkulationsgrundlage aus gleich hohen Beiträgen bei Arbeitnehmern unterschiedlichen Alters unterschiedlich hohe Leistungsansprüche resultieren.[781] So könnte bspw. auch das Abstellen auf das erwartete Lebensalter des Versorgungsempfängers als versicherungsmathematischen Faktor eine unmittelbare Benachteiligung wegen des Alters darstellen.[782] Ebenfalls anhand des Alters wird die Abfindungshöhe für ein Rentenrecht bestimmt, wobei hier auf das Lebensalter des Berechtigten zum Abfindungszeitpunkt abgestellt wird.

Der EuGH hatte sich bereits vor Inkrafttreten des AGG in der Rechtssache *Lindorfer* mit der Zulässigkeit einer Unterscheidung anhand altersabhängiger

---

777 BAG, Urt. v. 30. November 2010 –3 AZR 754/08, AP Nr. 72 zu § 16 BetrAVG = NZA-RR 2011, 593 ff. [Rn 25].

778 LAG Köln, Urt. v. 9. Juni 2008 – 2Sa 265/08, abrufbar unter: http://www.justiz.nrw.de/ses/nrwesearch.php.

779 Zur Frage, inwiefern eine solche Regelung eine mittelbare Benachteiligung i.S.d. § 3 Abs. 2 AGG darstellt, s.u.: B.IV.1.b)ii).

780 Siehe hierzu auch ausführlicher: *Rengier*, NZA 2006, 1251, 1255.

781 *Rolfs*, NZA 2008, 553, 558.

782 *Steinmeyer*, ZfA 2007, 27, 37; anders jedoch dann, wenn auf das unterschiedliche zu erwartende Lebensalter bei Männern und Frauen abgestellt wird.

versicherungsmathematischer Kriterien auseinandergesetzt.[783] In den Schlussanträgen dieser Rechtssache wies der Generalanwalt *Jacobs* explizit darauf hin, dass es sich bei dem Alter um ein dem Versorgungssystem innewohnendes Kriterium handele und gewisse Unterscheidungen aufgrund des Alters in diesem Zusammenhang unvermeidbar seien.[784] Insbesondere wies der Generalanwalt hier auch ausdrücklich auf die bestehenden Unterschiede zwischen alters- und geschlechtsabhängigen versicherungsmathematischen Faktoren hin. Während die Verwendung geschlechtsspezifischer Faktoren eine sehr eindeutige und grobe Form der Diskriminierung darstelle, die zudem sehr starke Verallgemeinerungen umfasse, sei eine (mögliche) Benachteiligung aufgrund des Alters zumindest anhand der verschiedenen Altersstufen weniger einschneidend.

Seit Inkrafttreten des AGG sind mittel- und unmittelbare Benachteiligungen wegen des Alters nunmehr nach § 7 Abs. 1 unzulässig. Da jedoch auch weiterhin i.R.d. versicherungsmathematischen Berechnung der Leistungen einer bAV die Notwendigkeit besteht, auf Alterskriterien abzustellen, und das BetrAVG selbst in seinem § 4 Abs. 5 S. 1 die Anwendung versicherungsmathematischer Kriterien voraussetzt, hat der Gesetzgeber die Zulässigkeit eines solchen Abstellens auf das Alter in der Regelung des § 10 S. 3 Nr. 4 vermutet.[785]

§ 10 S. 3 Nr. 4 AGG stellt die gesetzliche Vermutung dar, dass versicherungsmathematische Kriterien zulässig sein sollen, auch wenn sie sich direkt auf das Alter beziehen. Die Verwendung von Alterskriterien bei versicherungsmathematischen Faktoren i.R.v. Systemen der bAV soll trotz möglicher Ungleichbehandlungen/Benachteilungen anhand des Alters grundsätzlich zulässig sein.

Wie sich aus der Gesetzesbegründung ergibt, wird diese gesetzliche Vermutung lediglich von der Feststellung des Gesetzgebers eingeschränkt, dass die Verwendung derartiger Alterskriterien nicht gleichzeitig zu einer Ungleichbehandlung wegen des Geschlechtes führen dürfe.[786]

Art. 6 Abs. 2 der Richtlinie 2000/78/EG sah die Möglichkeit vor, Alterskriterien i.R.d. versicherungsmathematischen Berechnungen der bAV ohne eine Verhältnismäßigkeitsprüfung als zulässig erachten. Die Gesetzessystematik des § 10 AGG hingegen sieht – wie dargestellt –vor, dass die Fälle des § 10 S. 3 AGG nicht automatisch gerechtfertigt sein sollen, sondern vielmehr auch nach § 10 S. 1 und 2 AGG erforderlich und angemessen sein müssen. Der nationale Gesetzgeber hat hier also bei der Umsetzung der Richtlinienvorgaben in nationales Recht nicht den gesamten Spielraum der Richtlinie ausgenutzt.

---

783 EuGH, Urt. v. 11. September 2007 – Rs. C-227/04 [*Lindorfer*], ABl EU 2007, Nr. C 269, S. 3 = Slg. 2007 I-06767.

784 So die Schlussanträge des Generalanwalts *Jacobs* vom 27. Oktober 2005 – Rs. C- 227/94 P.

785 *Höfer*, Band I: Arbeitsrecht, ART Rn 805.47 f.

786 BT-Drucks. 16/1780, S. 36.

Bei der Verwendung derartiger versicherungsmathematischer Faktoren handelt es sich jedoch auch i.S.d. § 10 S. 1 und 2 AGG um sowohl erforderliche wie angemessene Regelungen. Diese sind erforderlich, um die Funktionalität des Systems der bAV aufrechtzuerhalten. Daher ist eine Ungleichbehandlungen Anhand derartiger altersabhängiger Faktoren auch nach § 10 S. 3 Nr. 4 AGG gerechtfertigt.[787]

Derartige versicherungsmathematische Faktoren werden sich insbesondere auch in dem Versicherungsverhältnis finden, welches bei Einbeziehung externer Versorgungsträger zwischen diesem und dem Arbeitgeber besteht. Für dieses Versicherungsvertragsverhältnis gilt – wie dargestellt – der 3. Abschnitt des AGG, die §§ 19 ff. AGG.[788] Folglich wäre eine beschriebene Benachteiligung in diesem Versicherungsvertragsverhältnis wegen des Alters nicht an § 10 AGG, sondern der Gesetzessystematik folgend lediglich an § 20 AGG zu messen. Dies scheint jedoch eher ein Versehen des Gesetzgebers zu sein, benennt die gesetzliche Rechtfertigungsvermutung des § 10 S. 3 Nr. 4 AGG doch ausdrücklich versicherungsmathematische Faktoren als zulässige Fälle eines Abstellens auf das Alter im Bereich der bAV. Es erscheint systematisch nicht erklärbar, warum der Gesetzgeber den Schutz des Arbeitnehmers i.R.d. 2. Abschnittes des AGG stärker habe begrenzen wollen als die Benachteiligungsverbote i.R.d. 3. Abschnittes. Vielmehr wird hier davon auszugehen sein, dass auch im Verhältnis zwischen Arbeitgeber und externem Versorgungsträger der Rechtfertigungstatbestand des § 10 S. 3 Nr. 4 AGG – zumindest analog – Anwendung findet.

mm) Nach Alter gestaffelte Beiträge in Betriebsrentensysteme

Unlängst dem EuGH von einem dänischen Gericht vorgelegt[789] wurde die Frage, inwiefern nach Alter gestaffelte Beiträge des Arbeitgebers in Betriebsrentensysteme eine unmittelbar Benachteiligung wegen des Alters darstellen und inwiefern eine solche mögliche Benachteiligung wegen des Alters gerechtfertigt ist.[790]

In dem von dem dänischen Gericht zu beurteilenden Fall zahlte der Arbeitgeber altersabgestufte Rentenversicherungsbeiträge als Teil des Entgelts, die für Mitarbeiter unter 35 Jahren 6 %, für Mitarbeiter von 35 bis 44 Jahren 8 % und für Mitarbeiter über 45 Jahre 10 % des jeweiligen Entgelts betrugen. Gleichzeitig sah die Regelung darüber hinaus jedoch auch einen jeweils halb so hohen Eigenanteil der Arbeitnehmer i.S.e. Entgeltumwandlung vor (Mitarbeiter unter 35 Jahren 3%, von 35 bis 44 Jahren: 4% und über 45 Jahre: 5%). Das Gericht legte diese Regelung dem EuGH mit der Frage vor, ob die Regelung und die in ihr vorgenommene Differenzierung anhand des Alters nach Art. 6 Abs. 2 Richtlinie

---

787 So auch zutreffend: *Rolfs*, NZA 2008, 553, 558; *Steinmeyer*, ZfA 2007, 27, 37.

788 Siehe zu dieser Unterscheidung oben: B.III.5.b).

789 EuGH, Vorabentscheidungsersuchen des Vestre Landsret (Dänemark), eingereicht am 19. September 2011 – C –476/11 [*HK Danmark, handelnd für Glennie Kristensen gegen Experian A/S*], ABl EU 2011, Nr C 340, 11.

790 Vgl. bspw.: EuGH, Schlussanträge der Generalanwältin *Kokott* vom 07. Februar 2013 – C-476/11, BetrAV 2013, 148 ff.

2000/78/EG zulässig ist, sofern sie nicht zu einer Benachteiligung wegen des Geschlechts führt.

Der EuGH hat in diesem Verfahren zunächst erneut klargestellt, dass Leistungen der bAV, auch wenn sie lediglich auf der arbeitsvertraglichen Beziehung zwischen Arbeitgeber und Arbeitnehmer beruhen, Entgeltbestandteile darstellen und daher Entgelt i.S.d. Art. 157 Abs. 2 AEUV darstellen. Zudem erkannte der EuGH zutreffend, dass in der beschriebenen Fallkonstellation die monatlichen Gesamtbezüge der jüngeren Arbeitnehmer niedriger als die der älteren Arbeitnehmer ausfallen und sie somit insoweit – unmittelbar mit dem Alter zusammenhängend – schlechter behandelt werden als die älteren Arbeitnehmer. Die Luxemburger Richter hielten jedoch auch fest, dass das in Art. 21 der GRC verankerte und durch die Richtlinie 2000/78/EG, insbesondere deren Art. 2 und 6 Abs. 2, konkretisierte Verbot der Altersdiskriminierung einer derartigen Regelung i.R.d. bAV möglicherweise dann nicht entgegensteht, wenn die Mitgliedstaaten die sich aus Art. 6 Abs. 2 der Richtlinie ergebende Möglichkeit genutzt haben, im nationalen Recht vorzusehen, dass unter Umständen eine Ungleichbehandlung keine Diskriminierung wegen des Alters darstellt.[791]

Da es sich jedoch bei der vorgelegten, an dem Alter anknüpfenden Regelung nicht um einen der in Art. 6 Abs. 2 Richtlinie 2000/78/EG benannten Ausnahmefälle handelte, so die Richter, könne sie lediglich nach der allgemeinen Rechtfertigung, wie Art. 6 Abs. 1 der Richtlinie vorsieht, gerechtfertigt sein. Eine Rechtfertigung komme hier folglich nur dann in Betracht, sofern die Regelung objektiv und angemessen ist und i.R.d. nationalen Rechts durch ein legitimes Ziel, worunter insbesondere rechtmäßige Ziele aus den Bereichen Beschäftigungspolitik, Arbeitsmarkt und berufliche Bildung zu verstehen sind, gerechtfertigt ist und die Mittel zur Erreichung dieses Ziels angemessen und erforderlich sind. Diese Überprüfung jedoch obliege den nationalen Gerichten.[792]

Bei einer solchen Regelung handelt es sich wie dargestellt um eine unmittelbar anhand des Alters benachteiligende Regelung handelt. Folglich würde sich beim Vorliegen einer derartigen Regelung nach deutschem Recht zunächst die Frage nach der Vereinbarkeit mit dem AGG stellen. Hier wiederum wäre zu überprüfen, inwiefern eine derartige Regelung nach § 10 AGG gerechtfertigt ist.

Nach der hier vertretenen Auffassung könnte zwar möglicherweise ein legitimes Ziel in einem verfolgten Fürsorge- und/oder Versorgungsgedanken erkannt werden. So wurde auch hinsichtlich der dem EuGH vorliegenden Regelung diskutiert – und vom EuGH auch als legitimes Ziel anerkannt –, dass mittels einer

---

791 EuGH, Urteil vom 26. September 2013 – C-476/11, [*HK Danmark, handelnd für Glennie Kristensen gegen Experian A/S*] [Rn 37 ff.], abrufbar unter:http://eur-lex.europa.eu/LexUriServ/LexUriServ.do?uri=CELEX:62011CJ0476:DE:HTML.

792 EuGH, Urteil vom 26. September 2013 – C-476/11, [*HK Danmark, handelnd für Glennie Kristensen gegen Experian A/S*] [Rn 53 ff.], abrufbar unter:http://eur-lex.europa.eu/LexUriServ/LexUriServ.do?uri=CELEX:62011CJ0476:DE:HTML.

solchen benachteiligenden Regelung „*in erster Linie älteren Arbeitnehmern, die erst zu einem späten Zeitpunkt ihrer beruflichen Laufbahn eine Tätigkeit bei Experian* [Anm.: der Arbeitgeber in dem vorgelegten Sachverhalt] *aufnähmen, ermöglichen solle, innerhalb einer verhältnismäßig kurzen Zeit der Mitgliedschaft eine angemessene Altersvorsorge zu bilden.*"[793] Darüber hinaus könne durch eine solche Regelung auch sichergestellt werden, dass junge Arbeitnehmer frühzeitig in die betriebliche Altersversorgung integrieren und ihnen zeitgleich ein größerer Teil ihres Gehalts belassen, da für sie ein geringerer Arbeitnehmeranteil gelte. Folglich biete diese Regelung allen betroffenen Arbeitnehmern die Möglichkeit, eine angemessene Altersvorsorge zu bilden.

In jenem dem EuGH vorgelegten Sachverhalt könnte möglicherweise, insbesondere auch vor dem Hintergrund der für jüngere Arbeitnehmer auch geringeren Eigenbeiträge zur Altersversorgung von einer erforderlichen und angemessenen Regelung ausgehen. In dem Fall einer lediglich anhand des Lebensalters differenzierenden, keinen entgegengesetzt anhand des Alers reduzierten Eigenanteil vorsehenden Regelung jedoch müsste die Rechtfertigung einer derartigen Regelung an der Frage nach der Erforderlichkeit des Mittels zur Erreichung des Ziels scheitern. Erkennt der Arbeitgeber tatsächlich aufgrund des höheren Alters ein größeres Erfordernis, höhere Rentenversicherungsbeiträge zu zahlen, so erklärt dies zumindest nicht das Erfordernis, dies anhand fester Altersgrenzen auszugestalten. Ein 44-jähriger Beschäftigter wird bspw. einen ähnlich großen Versorgungsbedarf besitzen wie ein nur wenig älterer, 45-jähriger Beschäftigter. Zudem erklärt sich hieraus noch nicht, warum ein jüngerer Arbeitgeber lediglich aufgrund seines Alters in seinem Entgelt schlechtergestellt werden soll. Vielmehr würde es nach der hier vertretenen Auffassung ein milderes Mittel darstellen, würde der geschuldete Beitrag nicht anhand derartig fester Altersstufen berechnet, sondern bspw. anhand der Frage der bislang erdienten gesetzlichen Rentenversicherungsansprüche oder zumindest anhand des Dienstalters o.ä.

Es ist folglich davon auszugehen, dass nationale Gerichte von der Unzulässigkeit einer derartigen Regelung ausgehen werden.

b) Mittelbare Benachteiligung anhand des Alters

Stellen Regelungen der bAV nicht unmittelbar auf das Alter der Beschäftigten ab, sondern unterscheiden anhand solcher Merkmale, die auf den ersten Blick neutral erscheinen, jedoch ebenfalls eine bestimmte Gruppe aufgrund ihres Alters benachteiligen, so können diese Regelungen mittelbare Benachteiligungen i.S.d. § 3 Abs. 2 AGG darstellen.[794]

---

793 EuGH, Urteil vom 26. September 2013 – C-476/11, [*HK Danmark, handelnd für Glennie Kristensen gegen Experian A/S*] [Rn 58], abrufbar unter: http://eur-lex.europa.eu/LexUriServ/LexUriServ.do?uri=CELEX:62011CJ0476:DE:HTML.

794 Zu Tatbestand der mittelbaren Benachteiligung i.S.d. § 3 Abs. 2 AGG s.o.: B.III.5.b) aa)(2).

In diesem Abschnitt sollen verschiedene Regelungen, wie sie i.R.d. bAV üblicherweise zu finden sind, dahingehend überprüft werden, ob sie mittelbare Benachteiligungen i.S.d. AGG darstellen. Sofern festgestellt wird, dass grundsätzlich eine Benachteiligung gegeben ist, wird stets zu überprüfen sein, ob womöglich das negative Tatbestandsmerkmal des Vorliegens einer Rechtfertigung der Benachteiligung anzunehmen ist.

aa) Progressive und degressive Versorgungszusagen

Da es sich bei der bAV um freiwillige Leistungen des Arbeitgebers handelt[795], steht es dem Arbeitgeber grds. frei, die Zusage linear, pro- oder degressiv auszugestalten. Während bei einer linearen Zusage in jedem Jahr der Beschäftigungsdauer Anwartschaften in derselben Höhe erdient werden, werden die Dienstjahre bei pro oder degressiven Zusagen nicht alle gleichmäßig bei der Honorierung der Betriebstreue berücksichtigt. Während bei progressiven Versorgungszusagen die Betriebstreue der älteren Arbeitnehmer stärker ins Gewicht fällt, wirkt die Betriebstreue älterer Arbeitnehmer bei degressiven Versorgungszusagen nicht mehr in gleichem Umfang leistungssteigernd wie in den ersten Beschäftigungsjahren.

Bei progressiven Zusagen steigt die Höhe der Anwartschaften mit jedem Jahr der Betriebszugehörigkeit. Ebenfalls unter den Begriff der progressiven Zusage fallen solche Versorgungszusagen, welche Vorschalt- oder Wartezeiten vorsehen, in denen der Beschäftigte anfangs seiner Beschäftigungsdauer keinerlei Anwartschaften erdient.[796] Ziel der Verwendung progressiver Zusagen ist für gewöhnlich, eine verstärkte Betriebsbindung herbeizuführen.[797]

Bei degressiven Systemen hingegen startet der Erwerb von Anwartschaften auf vergleichsweise hohem Niveau – im Extremfall gar mit einer Festbetragszusage zum Zeitpunkt der Versorgungszusage – und sinkt mit dem Dauer der Betriebszugehörigkeit. Teilweise wird auch durch eine so genannte Limitierungsklausel eine bestimmte Höchstdauer von Dienstjahren bestimmt, in welchen eine Betriebsrente erworben werden kann.[798] Sinn und Zweck einer degressiven Zusage ist hierbei, eine Überversorgung der Beschäftigten zu vermeiden. Ebenfalls ist die Verwendung solch degressiver Zusagen ein Mittel, um zumindest indirekt darauf hinzuwirken, dass Beschäftigte nicht eine bestimmte Dauer der Betriebszugehörigkeit überschreiten.

---

795 Diese Feststellung gilt selbstverständlich nur hinsichtlich der arbeitgeberfinanzierten bAV. I.R.v. arbeitnehmerfinanzierten Systemen besteht hingegen gem. § 1a Abs. 1 BetrAVG ein unbedingter Anspruch auf Entgeltumwandlung.

796 Ausführlich zur Zulässigkeit derartiger Vorschalt- oder Wartezeiten s.u.: B.IV.1.b) dd) bzw. B.IV.1.b)ee).

797 Vgl. auch: *Diller*, NZA 2011, 725, 726.

798 Zur Zulässigkeit derartiger, direkt am Dienstalter anknüpfener Limitierungsklauseln s.u.: B.IV.1.b)ll).

Während bspw. durch progressive Versorgungszusagen ältere Arbeitnehmer bessergestellt werden, werden jüngere Mitarbeiter aufgrund ihrer geringeren Beschäftigungszeit durch eine solche Zusage mittelbar aufgrund ihres Alters benachteiligt. I.R.v. degressiven Versorgungszusagen hingegen werden die späteren Dienstjahre älterer Arbeitnehmer nicht mehr gleichwertig behandelt, so dass hier die älteren Arbeitnehmer mittelbar aufgrund ihres Alters benachteiligt werden.

Da progressive und degressive Zusagen nicht unmittelbar am Lebensalter, sondern lediglich am Dienstalter anknüpfen, kommt eine unmittelbare Benachteiligung wegen des Alters i.S.d. § 3 Abs. 1 AGG weder bei progressiven noch bei degressiven Zusagen in Betracht. Beide Zusagearten benachteiligen jedoch – wie dargestellt – entweder die betroffenen jüngeren bzw. älteren Beschäftigten mittelbar. Es ist folglich zu überprüfen, inwiefern derartige benachteiligende Ausgestaltungen gerechtfertigt sind, so dass auch keine mittelbare Benachteiligung i.S.d. § 3 Abs. 2 AGG anzunehmen wäre.

Es stellt sich folglich die Frage, inwiefern progressive und degressive Zusagen jeweils i.S.d. § 3 Abs. 2 AGG gerechtfertigt sind, d.h. inwiefern für die jeweilige Ausgestaltung ein legitimes, sachliches Ziel gegeben ist und das Mittel zur Erreichung dieses Ziels auch erforderlich und angemessen ist.

(1) Rechtfertigung einer Benachteiligung jüngerer Beschäftigter durch progressive Zusagen

Rolfs geht davon aus, dass hinsichtlich progressiver Zusagen unproblematisch das Vorliegen einer Rechtfertigung angenommen werden könne. Wenn bereits unmittelbare Benachteiligungen anhand des Alters nach Art. 6 Abs. 2 Richtlinie 2000/78/EG bzw. § 10 S. 3 Nr. 4 AGG gerechtfertigt sein könnten und somit sogar ein unmittelbares Anknüpfen an das Alter gestattet werde, bestehe gegen eine lediglich mittelbare Berücksichtigung des Alters erst recht keine Bedenken.[799]

Diese Argumentation bzw. dieser *„erst-recht-Schluss“* greift jedoch zu kurz. Würde man dieser Argumentation folgen, so wären im Zweifel sämtliche mittelbare Benachteiligungen anhand des Alters von vornherein gerechtfertigt, da sowohl der europäische Richtlinien- wie auch der nationale Gesetzgeber erkannt haben, dass im Bereich der bAV Benachteiligungen wegen des Alters tlw. unumgänglich sind und hierfür Rechtfertigungstatbestände eingerichtet haben. Dass Art. 6 Abs. 2 der Richtlinie gerade keine allgemeine Rechtfertigung für nicht explizit in Abs. 2 aufgezählte Benachteiligungen wegen des Alters darstellt, hat der EuGH mittlerweile auch ausdrücklich festgestellt.[800]

---

799 *Rolfs*, NZA 2008, 553, 556.

800 Vgl. hierzu ausführlich oben: B.IV.1.a)bb); sowie: EuGH, Urteil vom 26. September 2013 – C-476/11, [*HK Danmark, handelnd für Glennie Kristensen gegen Experian A/S*] [Rn 44], abrufbar unter: http://eur-lex.europa.eu/LexUriServ/LexUriServ.do?uri=CELEX:62011CJ0476:DE:HTML.

Wie *Rolfs* allerdings an gleicher Stelle zutreffend bemerkt, ist hinsichtlich einer progressiven Ausgestaltung einer Versorgungszusage ein legitimes Ziel darin zu erkennen, dass der Arbeitgeber die lange Betriebstreue älterer Arbeitnehmer honorieren möchte. So wollen Arbeitgeber besonders langjährig Beschäftigte durch eine solche Zusage und somit durch den Erwerb höherer Anwartschaften begünstigen. Hierdurch soll die Betriebstreue honoriert und auch weiter gefördert werden. Zudem können Arbeitgeber solche Zusagen nutzen, um stabile Beschäftigungsstrukturen zu erreichen.[801]

Die Honorierung und Betriebstreue ist durchaus als sachliches Ziel i.S.d. § 3 Abs. 2 AGG anzuerkennen. Auch hinsichtlich des Entgelts wird angenommen, dass ein Anknüpfen an die Berufserfahrung sowie an die Betriebstreue sowohl zur Honorierung als auch zur Förderung der Betriebstreue rechtmäßig und eine damit verbundene Benachteiligung jüngerer Beschäftigter gerechtfertigt ist.[802] So ist es dem Arbeitgeber unbenommen, das bereits von langjährigen Beschäftigten erworbenes KnowHow zu honorieren. Zudem ist eine progressive Entgeltentwicklung auch ein geeignetes Mittel, um der in jungen Jahren höheren Fluktuation von Beschäftigten entgegen zu wirken.

Zwar werden hier jüngere Arbeitnehmer aufgrund ihres Alters schlechter gestellt, da ältere Arbeitnehmer im Endeffekt einfacher eine längere Berufstreue aufweisen werden als jüngere Arbeitnehmer bzw. jüngere Arbeitnehmer im Einzelfall noch gar nicht die Möglichkeit besessen haben werden, eine gleichlange Betriebszugehörigkeit zu erlangen. Die Belohnung von Betriebstreue knüpft hierbei zwar nicht unmittelbar an das Merkmal des Alters an, benachteiligt jedoch zumindest mittelbar anhand des Alters, so dass es sich beim Anknüpfen an der Betriebszugehörigkeit um eine mittelbare Benachteiligung i.S.d. § 3 Abs. 2 AGG handelt.

Eine solche mittelbare Benachteiligung i.S.d. § 3 Abs. 2 AGG ist jedoch gerechtfertigt, wenn der Arbeitgeber ein rechtmäßiges Ziel verfolgt und das Mittel der Benachteiligung zur Erreichung des Zieles erforderlich und angemessen ist. Das legitime Ziel einer solchen Entgeltregelung stellt die Honorierung der erbrachten Betriebstreue dar. Dass dies ein legitimes Ziel darstellen kann, hat der EuGH in seiner Entscheidung in der Rechtssache *Cadman* klargestellt.[803] Der EuGH sah das Ziel der Honorierung der Betriebstreue als legitim an, da hiermit in der Regel auch honoriert werde, dass der Arbeitnehmer seine Arbeit aufgrund der i.R.d. längeren Dienstzeit erworbenen Berufserfahrung besser erbringe. Nach Ansicht des EuGH geht das Dienstalter mit der Berufserfahrung einher. Dies müsse der Arbeitgeber auch nicht am einzelnen Arbeitsplatz jeweils nachweisen. Andersherum soll es aber auch möglich sein, im Einzelfall Ausnahmen nachzuweisen.

---

801 *Rolfs*, NZA 2008, 553, 556.

802 S.o.: B.IV.1.a)cc).

803 EuGH, Urt. v. 3. Oktober 2006 – Rs. C-17/05 [*Cadman*], Slg 2006, I-9583 ff. = AP Nr. 15 zu Art. 141 EG.

Dieser Argumentation des EuGH ist zwar bereits in den Fällen nicht mehr gänzlich zuzustimmen, in welchen bspw. ein erst spät in ein Unternehmen eintretender Arbeitnehmer die gleiche Position und Arbeit bereits jahrzehntelang in einem anderen Unternehmen ausgeübt hat. In diesen Fällen geht die Argumentation also zu kurz. Man wird in solchen Fällen mit Sicherheit nicht darauf abstellen können, dass die erbrachte Arbeit mangels langjähriger Betriebszugehörigkeit in dem neuen Unternehmen schlechter sei. Folglich müsste der Arbeitnehmer hiernach grundsätzlich gleich behandelt werden. Allerdings drückt die Honorierung der Betriebstreue nicht bloß aus, dass der langjährig Beschäftigte seine Arbeit besser verrichten wird. Vielmehr werden hier auch Kostenerwägungen des Arbeitgebers eine Rolle spielen. So erspart ein betriebstreuer Beschäftigter dem Arbeitgeber Kosten für das Recruitment, Einarbeitung, Verwaltungsaufwand etc, so dass die Honorierung der Betriebstreue als durchaus legitimes Ziel erscheint.

Nach Ansicht des EuGH ist das Kriterium des Dienstalters bzw. der Betriebszugehörigkeit in der Regel auch geeignet, dieses legitime Ziel der Honorierung der Betriebstreue zu erreichen.[804] An dem Dienstalter anknüpfende, mittelbar anhand des Alters benachteiligende Regelungen sind somit gerechtfertigt i.S.d. § 3 Abs. 2 AGG. Folglich ist davon auszugehen, dass auch i.R.d. bAV Versorgungsordnungen zulässig sind, welche eine Staffelung nach dem Dienstalter vorsehen. Staffelungen nach dem Lebensalter hingegen sind hier ebenfalls unzulässig.[805]

Zu beachten ist allerdings stets, dass die Differenzierung nach der Betriebstreue keine bloße Umgehung der verbotenen Differenzierung nach dem Alter darstellen darf.[806] Solches wird bspw. dann angenommen, wenn Vordienstzeiten bei anderen Arbeitnehmern angerechnet werden, von denen der die Betriebstreue belohnende Arbeitgeber nicht selber profitiert hat.

Gleiches muss nicht nur für Entgelt an sich, sondern auch für Anwartschaften in einem System der bAV gelten, da es sich bei Leistungen der bAV gleichfalls um Entgelt handelt. Auch hier muss es dem Arbeitgeber freistehen, längere Betriebstreue zu honorieren und somit anhand der Betriebszugehörigkeit zu differenzieren. Das Mittel der progressiven Versorgungszusage stellt hierbei auch das mildeste, gleich geeignete Mittel dar, um das Ziel der Honorierung und Förderung der Betriebstreue zu erreichen. Mildere, gleich geeignete Mittel sind nicht ersichtlich. Insbesondere erscheint eine derartige progressive Zusage auch angemessen, so dass eine derartige progressive Versorgungszusage keine unzulässige mittelbare Benachteiligung i.S.d. § 3 Abs. 2 AGG, sondern auch noch seit Inkrafttreten des AGG ein zulässiges Gestaltungsmittel der betrieblichen Altersversorgung darstellt.

---

804 EuGH, Urt, v. 17. Oktober 1989 – Rs. C-109/88 [*Danfoss*], NZA 1990, 772; Urt. v. 3. Oktober 2006 – Rs. C-17/05 [*Cadman*], Slg 2006, I-9583 ff. = AP Nr. 15 zu Art. 141 EG.

805 Siehe hierzu auch oben: B.IV.1.a)cc); sowie: *Hanau*, ZIP 2007, 2381, 2385 m.w.N.

806 MüKo-*Thüsing*, § 10 AGG Rn 53.

(2) Rechtfertigung einer Benachteiligung älterer Beschäftigter durch degressive Zusagen

Auch hinsichtlich degressiver Ausgestaltungen der Versorgungszusagen stellt sich hinsichtlich ihrer gegenüber älteren Beschäftigten mittelbar anhand des Alters benachteiligenden Wirkung die Frage nach dem Bestehen einer Rechtfertigung.

Hier wird vertreten, dass degressive Versorgungszusagen in zulässiger Weise dem Arbeitgeber helfen würden, das Interesse des Beschäftigten an einer Weiterbeschäftigung über die Altersgrenze der gesetzlichen Rentenversicherung hinaus zu begrenzen. Es wird also darauf abgestellt, dass Beschäftigte von der Tatsache, dass sich späte weitere Dienstjahre in degressiven Betriebsrentensystemen nicht mehr oder nur noch verringert anwartschaftssteigernd bemerkbar machen, dazu animiert würden, das Beschäftigungsverhältnis auch zeitig zu beenden. Dies stelle ein legitimes Ziel i.S.d. Art. 6 Abs. 2 Richtlinie 2000/78/EG bzw. des § 10 S. 3 Nr. 4 AGG dar und degressive Zusagen seien i.d.S. auch erforderlich und angemessen.[807]

Dieser Einschätzung ist jedoch bereits zu entgegnen, dass es sich aufgrund des Fachkräftemangels sowie der demographischen Entwicklung um ein anerkanntes sozialpolitisches Ziel handelt, Beschäftigte möglichst lang auf dem Arbeitsmarkt zu binden. Folglich erscheint hier bereits das Vorliegen eines legitimen Zieles durchaus fraglich.

Darüber hinaus jedoch bestünden – die Legitimität dieses Ziels unterstellt – auch Zweifel an der Geeignetheit des Mittels. Es ist zu bezweifeln, dass die Zusage von Betriebsrentenleistungen bzw. die nicht mehr vorhandene oder lediglich eingeschränkte Möglichkeit, über einen gewissen, bereits erdienten Anspruch hinausgehend noch weitere Ansprüche zu erdienen, tatsächlich Beschäftigte dazu veranlasst, ihr Beschäftigungsverhältnis früher zu beenden. Zudem dürften mildere, mindestens ebenso geeignete Mittel gegeben sein, um dieses Ziel zu erreichen. So stünde es dem Arbeitgeber bspw. frei, generell vorzusehen, dass der Arbeitsvertrag mit der festen Altersgrenze 67 endet. Eine Rechtfertigung der durch eine degressive Ausgestaltung gegebenen mittelbaren Benachteiligung aufgrund des Alters i.S.d. § 3 Abs. 2 AGG ist folglich nicht gegeben.

Rolfs hingegen vertritt hinsichtlich einer degressiven Ausgestaltung die Auffassung, dass diese unter den Begriff der positiven Maßnahme i.S.d. § 5 AGG zu fassen und bereits aus diesem Grund zulässig sei. Eine solche Regelung sei bspw. nicht so einschneidend wie eine Limitierungsklausel und begünstige die Arbeitnehmer sogar tendenziell.[808] I.R.e. solchen Versorgungszusage sei es auch in höherem Alter eintretenden Arbeitnehmern noch möglich, schnell einen im Verhältnis hohen „Versorgungssockel" zu erreichen. Insbesondere jedoch stelle sich diese Regelung auch positiv für jüngere Arbeitnehmer dar, da ihnen die Möglichkeit

---

807 *Adomeit/Mohr*, ZfA 2008, 449, 468; so zumindest auch hinsichtlich Limitierungsklauseln: *Thüsing*, Rn 464.

808 *Rolfs*, NZA 2008, 553, 556 f.

eröffnet werde, in relativ kurzer Zeit und somit in vergleichsweise jungen Jahren den Versorgungssockel zu erreichen.

Dieses Argument ist jedoch abzulehnen, da hier bereits nicht ersichtlich ist, welche bestehende Benachteiligung der jüngeren Arbeitnehmer aufgrund eines in § 1 AGG benannten Grundes durch eine degressive Ausgestaltung ausgeglichen werden bzw. welcher drohende Nachteile wegen eines in dieser Gründe verhindert werden soll. Folglich ist eine mittelbare Benachteiligung aufgrund des Alters durch eine degressive Ausgestaltung der Versorgungszusage auch nicht i.S.d. § 5 AGG hinzunehmen.

Es ist folglich weder i.S.d. § 3 Abs. 2 AGG noch i.S.d. § 5 AGG eine Rechtfertigung für die Schlechterstellung älterer Beschäftigter durch die Verwendung degressiver Zusagen zu erkennen.

bb) Ratierliche Kürzung der Leistungen der bAV bei Ausscheiden vor dem Versorgungsfall gem. § 2 Abs. 1 BetrAVG

(1) Inhalt der Regelung

Der Empfänger einer Zusage auf bAV erhält im Zeitpunkt des Versorgungsfalles einen Versorgungsanspruch gegenüber dem Leistungsversprechenden. Unter dem Versorgungsfall versteht man den Zeitpunkt, zu dem das Vollrecht, also der Versorgungsanspruch, gem. der Versorgungszusage aus der Versorgungsanwartschaft entsteht. Dies ist der Fall, wenn alle Voraussetzungen des Leistungsanspruchs gegeben sind, also auch das biologische Risiko des Alters, der Invalidität oder des Todes eingetreten ist.

Scheidet ein Arbeitnehmer bereits vor Eintritt des Versorgungsfalles mit einer bereits unverfallbaren Versorgungsanwartschaft aus dem Arbeitsverhältnis aus, so erstarkt diese unverfallbare Anwartschaft mit Eintritt des Versorgungsfalles zum Vollrecht.

Scheidet der Versprechensempfänger einer bAV hingegen vorzeitig aus dem Arbeitsverhältnis aus, so werden die Leistungen der bAV bzw. die insolvenzgeschützten Betriebsrentenanwartschaften gem. § 2 BetrAVG bzw. nach § 7 Abs. 2 S. 3 und 4 i.V.m. mit § 2 Abs. 1 S. 1 BetrAVG ratierlich gekürzt.

Diese gesetzlich vorgesehene ratierliche Kürzung dient dem Grundgedanken, dass die vollständigen Leistungen der bAV die gesamte, vollständige Betriebstreue des Arbeitnehmers honorieren bzw. entgelten sollen. Da die Betriebsrente als Gegenleistung für die gesamte Betriebszugehörigkeit bis zur Altersgrenze aufgefasst wird[809], spiegelt die Kürzung den Entgeltgedanken der bAV wieder. Wird aufgrund vorzeitigen Ausscheidens des Arbeitnehmers nicht die gesamte, ursprünglich erwartete, (zeitliche) Betriebstreue erfüllt, so wird die Leistung dementsprechend als Ausdruck des *Teilleistungsgedankens* gekürzt.[810] Dies geschieht in einem

809 Siehe ausführlich zum Normzweck des § 2 BetrAVG: ErfKomm-*Steinmeyer*, § 2 BetrAVG Rn 1; zur Entlohnung der Betriebstreue siehe zudem m.w.N.: *Cisch/Böhm*, BB 2007, 602, 608; *Rengier*, NZA 2006, 1251, 1256; *Schipp*, ArbRB 2012, 15, 16.

810 *Cisch/Böhm*, BB 2007, 602, 608; Kemper/Kisters-Kölkes/Berenz/Huber-*Kisters-Kölkes*, § 2 Rn 63 ff.

angemessenen Verhältnis zu der vom Arbeitnehmer erbrachten Arbeitsleistung[811]: Der Ausscheidende soll lediglich einen Anspruch auf den Teil der Leistung besitzen, der dem Verhältnis der Dauer seiner Betriebszugehörigkeit zu dem Zeitraum von Beginn der Betriebszugehörigkeit bis zur Vollendung des Renteneintrittsalters entspricht.[812]

Die tatsächlich geleistete Betriebstreue wird hierzu ins Verhältnis zu der ursprünglich maximal möglichen Betriebstreue gesetzt. Für die Berechnung[813] der ratierlich gekürzten Anwartschaft wird dabei die bis zum verfrühten Ausscheiden tatsächlich zurückgelegte Dienstzeit mit der nach dem Vertrag bis zur Altersgrenze eigentlich geplanten Dienstzeit ins Verhältnis gesetzt. Diese Berechnung nennt sich „*pro-rata-temporis*-Verfahren" oder auch „*m/n-tel*-Verfahren".

§ 2 Abs. 1 S. 1 BetrAVG knüpft hierbei an den tatsächlichen Beginn der Betriebszugehörigkeit des Arbeitnehmers und nicht an den Zeitpunkt der Versorgungszusage an. Es wird dann zunächst die Höhe der fiktiven Versorgungsleistung („*fiktive Höchstleistung*") ermittelt, welche der Arbeitnehmer erhalten hätte, wäre er nicht vorzeitig ausgeschieden. Diese fiktive Versorgungsleistung wird dann entsprechend der vom Arbeitnehmer aufgrund seines Ausscheidens nicht mehr abgeleisteten Dienstzeit gekürzt.[814] Dies ergibt die trotz des Ausscheidens „*aufrechtzuerhaltende Anwartschaft*". Um diese zu berechnen, wird die „*fiktive Höchstleistung*" mit dem „*Unverfallbarkeitsquotienten*", d.h., dem Verhältnis der tatsächlich geleisteten Dienst- und der ursprünglich (ohne Ausscheiden) möglichen Dienstzeit, gesetzt. Wird bspw. in der Versorgungsordnung bestimmt, dass ein mit 35 Jahren Eintretender bis zum Erreichen einer festen Altersgrenze von 65 Jahren Ansprüche der bAV i.H.v. 6.000 Euro erdienen könne, scheidet er jedoch bereits nach 20 Jahren aus, so beträgt die „*fiktive Höchstleistung*" 6.000 Euro und der „*Unverfallbarkeitsquotient*" lautet 2/3 (20 von 30 möglichen Dienstjahren geleistet). Folglich scheidet er mit einer „*aufrechtzuerhaltenden Anwartschaft*" i.H.v. 4.000 Euro aus.

Nimmt ein Arbeitnehmer hingegen die Altersgrenze der gesetzlichen Rentenversicherung vorzeitig als Vollrente in Anspruch, steht ihm gem. § 6 BetrAVG auf sein Verlangen hin auch ab diesem Zeitpunkt bereits ein Versorgungsanspruch i.R.d. bAV zu. Man spricht hierbei von einem Versorgungsfall kraft Gesetzes, bei dem der Arbeitnehmer nicht als Versorgungsanwärter, sondern direkt als Versorgungsberechtigter aus dem Arbeitsverhältnis ausscheidet.[815] Das Gesetz gestattet es also dem Arbeitnehmer, den Versorgungsfall des „Alters" durch eine einseitige

---

811 Ähnlich: ErfKomm-*Steinmeyer*, § 2 BetrAVG Rn 1; zur Zulässigkeit dieser Kürzung vor dem Hintergrund der europarechtlichen Vorgaben s.u.: B.IV.1.b)aa).

812 *Langohr-Plato*, Rn 413.

813 Ausführlich zur Berechnungsmethode des § 2 Abs. 1 BetrAVG auch: *Diller*, NZA 2011, 725.

814 Ausführlich zur ratierlichen Kürzung gem. § 2 Abs. 1 BetrAVG siehe auch: *Langohr-Plato*, Rn 411 ff.

815 Siehe hierzu auch: *Griebeling/Griebeling*, Rn 495.

Erklärung auf den Beginn der gesetzlichen Rente vorzuverlegen, sofern alle anderen Voraussetzungen der Versorgungszusage erfüllt sind.

Bei einer solchen vorzeitigen Inanspruchnahme der Betriebsrente i.S.d. § 6 BetrAVG sind jedoch Leistungskürzungen möglich, da der Arbeitnehmer nicht die für die volle Leistung vorausgesetzte volle Betriebstreue erbringt und die Leistungen voraussichtlich eine längere als die der ursprünglich geplante Zeit beziehen wird. Somit wird die Versorgung in zweierlei Hinsicht teurer als vom Arbeitgeber kalkuliert. Aus diesem Grund ist eine Kürzung der Leistungen von Seiten des Arbeitgebers möglich.[816] Zumeist enthalten die Versorgungsordnungen bereits solche Kürzungen bei vorzeitiger Inanspruchnahme betreffende Regelungen. Sind Kürzungen hingegen nicht geregelt, so bietet sich eine Kürzung nach den Regeln des § 2 Abs. 1 BetrAVG an, teilweise wird sogar eine doppelt-ratierliche Kürzung der Rentenleistungen durch den Arbeitgeber vertreten, da das vorzeitige Ausscheiden des Arbeitnehmers diesen auch doppelt belaste.[817]

(2) Zulässigkeit nach dem AGG bzw. den europarechtlichen Vorgaben

Tlw. wird in der Literatur vertreten, dass i.R.d. Kürzung ältere Arbeitnehmer gegenüber jüngeren bevorzugt behandelt würden.[818] Hätten ein älterer und ein jüngerer Beschäftigter i.R.e. arbeitgeberfinanzierten leistungsorientierten Versorgungszusage dieselbe Dauer der Betriebszugehörigkeit und somit grundsätzlich dieselbe (zeitliche) Betriebstreue geleistet, so sollte grds. davon auszugegangen werden können, dass sie auch in derselben Höhe unverfallbare Anwartschaften erdient hätten.

Bei älteren Beschäftigten kann sich die vergleichsweise geringere verbleibende Wartezeit bis zum Bezugszeitpunkt der Leistungen der bAV i.R.d. § 2 Abs. 1 BetrAVG geringer auswirken als die im Vergleich längere Wartezeit des jüngeren Arbeitnehmers. Unter im Übrigen gleichen Voraussetzungen werden hierbei dieselben Betriebszugehörigkeitszeiten somit in höherem Lebensalter stärker bewertet als die in jüngerem Alter. Dies führt schlussendlich trotz gleichlanger Betriebszugehörigkeit zu einer höheren Rentenanwartschaft der Älteren.[819] Folglich wirkt es sich in diesen Fällen negativ aus, die Betriebszugehörigkeit bereits in jüngeren Jahren zurückgelegt zu haben.[820]

---

816 Zu den Berechnungsgrundsätzen siehe vertiefend: *Blomeyer/Rolfs/Otto*, § 6 BetrAVG Rn 88 ff.

817 BAG, Urt. v. 1. Juni 1978 – 3 AZR 216/77, AP Nr. 1 zu § 6 BetrAVG; Urt. v. 11. September 1980 – 3 AZR 185/80, AP Nr. 3 zu § 6 BetrAVG; Urt. v. 23. Januar 2001 – 3 AZR 164/00, AP Nr. 16 zu § 1 BetrAVG Berechnung; Urt. v. 24. Juli 2001 – 3 AZR 567/00, AP Nr. 27 zu § 6 BetrAVG; Urt. v. 18. November 2003 – 3 AZR 517/02, AP Nr. 26 zu § 1 BetrAVG Berechnung; zum Meinungsstand ausführlich: *Blomeyer/Rolfs*/Otto, § 6 BetrAVG Rn 134 ff.

818 So bspw.: Schleusener/Suckow/Voigt-*Voigt*, § 10 AGG Rn 40; *Rolfs*, NZA 2008, 553, 555; *Reinecke*, BetrAV 2012, 204, 208; *ders.*, BetrAV 2012, 402, 409.

819 Schleusener/Suckow/Voigt-*Voigt*, § 10 AGG Rn 40.

820 So auch: *Fladung*, BB 2011, 1331; ebenso: *Adomeit/Mohr*, § 10 AGG Rn 154.

Anschaulich stellt *Rolfs*[821] diese Benachteiligung an folgendem Beispielsfall dar, welcher im Jahr 2010 vom LAG Baden-Württemberg[822] zu entscheiden war:

> *„Ein 45-jähriger, der nach zehn Jahren Betriebszugehörigkeit den Arbeitgeber verlässt, hätte maximal 30 Jahre erreichen können und erhält deshalb nur 10/30, also ein Drittel der Vollversorgung. Ein 55-jähriger erhält dagegen nach 10 Jahren Betriebszugehörigkeit 10/20, also die Hälfte."*

Rolfs weist jedoch auch zutreffend darauf hin, dass i.R.v. beitragsorientierten Leistungszusagen oder Beitragszusagen eine derartige Schlechterstellung nicht zu befürchten ist. In diesen Fällen wird die Höhe der unverfallbaren Anwartschaft nicht ratierlich gem. § 2 Abs. 1 BetrAVG berechnet.[823] Vielmehr findet gem. § 2 Abs. 5a 2. HS BetrAVG bzw. gem. § 2 Abs. 5b BetrAVG eine am erbrachten Beitragsaufwand orientierte Berechnungsweise Anwendung.[824] In den Fällen jedoch, in denen der Versorgungsanspruch bspw. „gedeckelt" ist, z.B. Anwartschaften nur bis zu einer gewissen maximalen Dauer der Betriebstreue erworben werden können, werden jüngere Arbeitnehmer besser gestellt als ältere.[825]

Zwar knüpft die hier vorliegende Schlechterstellung der jüngeren Beschäftigten hinsichtlich der Dauer der potenziellen Betriebszugehörigkeit nicht unmittelbar an das Merkmal des Alters an. Es könnte sich jedoch um eine mittelbare Benachteiligung anhand des Alters i.S.d. § 3 Abs. 2 AGG handeln[826], so dass sich die Frage stellt, inwiefern die gesetzliche Bestimmung des § 2 Abs. 1 S. 1 BetrAVG auch noch nach Inkrafttreten des AGG zulässig ist.

Wie dargestellt, verbleibt es entsprechend der Entscheidung des Bundesarbeitsgerichts vom 11. Dezember 2007[827] bzgl. der Normen des Betriebsrentengesetzes dabei, dass die gesetzlichen Regelungen des Betriebsrentengesetzes denen des AGG als *leges speciales* vorgehen und der Schutzbereich des AGG nicht eröffnet ist. Vielmehr sind die gesetzlichen Regelungen unmittelbar an der Richtlinie als

---

821 *Rolfs*, NZA 2008, 553, 555.

822 LAG Baden-Württemberg, Urt. v. 27. September 2010 – 4 Sa 7/10, EzA-SD 2010, Nr. 21, 16.

823 So auch: *Adomeit/Mohr*, § 10 AGG Rn 154.

824 *Rolfs*, NZA 2008, 553, 555.

825 So zutreffend: *Reinecke*, BetrAV 2012, 402, 409.

826 So: LAG Köln, Urt. v. 6. Mai 2009 – 9 Sa 1/09; *Rolfs*, NZA 2008, 553, 555; *Cisch/Kruip*, BB 2007, 1162, 1165; *Rengier*, NZA 2006,1251, 1256; *Fladung*, BB 2011, 1331; *Adomeit/Mohr*, § 10 AGG Rn 154 f.; ebenfalls: BAG, Urt. v. 19. Juli 2011 – 3 AZR 434/09, AP Nr. 65 zu § 2 BetrAVG = NZA 2012, 155 ff.; a.A.: *Cisch/Böhm*, BB 2007, 602, 609, darauf abstellend, dass nicht die gesetzliche Regelung die Benachteiligung darstelle, sondern dass im Einzelfall die Versorgungszusage unabhängig von der erreichbaren Betriebszugehörigkeit und hierdurch benachteiligend ausgestaltet werde.

827 BAG, Urt. v. 11. Dezember 2007 – 3 AZR 249/06, BAGE 125, 133 ff. = AP Nr. 1 zu § 2 AGG = BB 2008, 557.

Konkretisierung des primärrechtlichen Altersdiskriminierungsverbots zu prüfen, wie das BAG sogar explizit bzgl. der Überprüfung der gesetzlichen Regelung des § 2 Abs. 1 BetrAVG festgestellt hat.[828] Seit dem Ablauf der Umsetzungsfrist der Richtlinie ist der Anwendungsbereich des Unionsrechts auch für solche nationale Regelungen eröffnet, die bereits vorher erlassen waren[829], folglich auch für die des § 2 Abs. 1 S 1 BetrAVG.

Als mittelbare Benachteiligung wegen des Alters könnte die Regelung des § 2 Abs. 1 S. 1 BetrAVG gegen das Verbot der (unmittelbaren und mittelbaren) Atersdiskriminierung verstoßen, wie es sich aus Art. 2 Abs. 1 Richtlinie 2000/78/EG ergibt.[830] Für die Feststellung eines Verstoßes gegen das Verbot mittelbarer Altersdiskriminierung reicht das Vorliegen einer größeren Betroffenheit einer bestimmten Gruppe i.S.d. Art. 2 Abs. 2 lit. b Richtlinie 2000/78/EG aus. Ein statistischer Nachweis ist für die Feststellung einer möglichen Benachteiligung nicht erforderlich. Vielmehr ist ausreichend, wenn das darin enthaltene Kriterium hierzu typischerweise geeignet ist.[831] Das ist hier der Fall, da – wie dargelegt – typischerweise jüngere Arbeitnehmer schlechter gestellt werden als ältere, welche dieselbe Betriebstreue geleistet haben.[832]

Die Rahmenrichtlinie sieht in Art. 2 Abs. 2 lit. b Nr. i Richtlinie 2000/78/EG die Möglichkeit vor, dass Benachteiligungen gerechtfertigt sein können, sofern sie durch ein rechtmäßiges Ziel sachlich gerechtfertigt und zur Erreichung dieses Ziels auch angemessen und erforderlich sind.[833]

Die Frage nach der Rechtmäßigkeit der gesetzlichen Regelung des § 2 Abs. 1 S. 1 BetrAVG und die Problematik ihrer möglicherweise benachteiligenden Auswirkungen müssen jedoch differenzierter betrachtet werden. Bevor diese Fragen beantwortet werden können, muss hinsichtlich der jeweiligen Ausgestaltung der Versorgungszusage differenziert werden.[834] Es ist bereits keineswegs in allen Fallkonstellationen von einer mittelbaren Benachteiligung auszugehen. Vielmehr ist

---

828 So: BAG, Urt. v. 19. Juli 2011 – 3 AZR 434/09, AP Nr. 65 zu § 2 BetrAVG = NZA 2012, 155 ff. [Rn 40]; eine Überprüfung anhand der Rahmenrichtlinie ebenfalls befürwortend: *Adomeit/Mohr*, ZfA 2008, 449, 463; *dies.*, § 10 AGG Rn 155.

829 EuGH, Urt. 19. Januar 2010 – Rs. C-555/07 [*Kücükdeveci*], Slg. 2010, I-365 = AP Nr. 14 zu Richtlinie 2000/78/EG [Rn 24 ff.]; auf diese EuGH-Rspr. verweisend: BAG, Urt. v. 19. Juli 2011 – 3 AZR 434/09, AP Nr. 65 zu § 2 BetrAVG = NZA 2012, 155 ff. [Rn 24].

830 So zutreffend: *Höfer, Band I: Arbeitsrecht, ART* Rn 805.20.

831 BAG, Beschluss v. 18. August 2009 – 1 ABR 47/08, BAGE 131, 342 = NZA 2010, 222 [Rn 29].

832 So auch: BAG, Urt. v. 19. Juli 2011 – 3 AZR 434/09, AP Nr. 65 zu § 2 BetrAVG = NZA 2012, 155 ff. [Rn 28].

833 Eine Rechtfertigung nach den Vorgaben der Richtlinie befürwortend bspw.: *Rolfs*, NZA 2008, 553, 555.

834 So auch BAG, Urt. v. 19. Juli 2011 – 3 AZR 434/09, AP Nr. 65 zu § 2 BetrAVG = NZA 2012, 155 ff.; ebenso *Diller*, NZA 2011, 725 ff.

hierfür entscheidend, welche Art von Versorgungszusage im Einzelfall erteilt worden ist.[835]

Immer dann, wenn eine Versorgungszusage progressiv ausgestaltet ist, muss von den dargestellten Benachteiligungen älterer Beschäftigter ausgegangen werden. Immer dann jedoch, wenn Versorgungszusagen degressiv ausgestaltetet sind, ist eine Benachteiligung jüngerer Beschäftigter anzunehmen. Wird wiederum eine lineare Versorgungsordnung gewählt, so ist davon auszugehen, dass weder ältere noch jüngere Beschäftigte gegenüber der jeweils anderen Gruppe benachteiligt werden.

Auch wenn diese Feststellung zunächst dafür spricht, nicht die gesetzliche Regelung des § 2 Abs. 1 BetrAVG als mittelbar benachteiligend zu beurteilen, sondern vielmehr die jeweilige Ausgestaltung der Versorgungsordnung, hat das BAG im Jahr 2011 ausdrücklich festgestellt, dass die unterschiedliche Behandlung in diesen Fällen durch die gesetzliche Regelung und nicht ausschließlich durch die jeweilige Versorgungsordnung bewirkt werde. Die Tatsache, dass die Auswirkungen des Gesetzes je nach Versorgungsordnung unterschiedlich seien, ändert nach Ansicht des BAG nichts daran, dass es sich doch um direkte Auswirkungen der gesetzlichen Regelung handelt.[836]

Je nach Ausgestaltung – ob linear, progressiv oder degressiv – kann es hierbei im Zusammenspiel mit der Regelung des § 2 Abs. 1 BetrAVG – wie dargestellt – zu mittelbaren Benachteiligungen anhand des Alters kommen. Die Richtlinie 2000/78/EG sieht die Möglichkeit vor, dass Benachteiligungen wegen des Alters dennoch gerechtfertigt sind, wenn sie duch ein legitimes Ziel gerechtfertigt sind und sich auch die gewählten Mittel als erforderlich und angemessen darstellen. Folglich ist zu überprüfen, inwiefern die Regelung des § 2 Abs. 1 BetrAVG rechtmäßig ist oder inwiefern sie gegen das europarechtliche Verbot der Altersdiskriminierung verstößt.[837]

Teile der Literatur gehen davon aus, dass durch die Regelung und die hierin vorgesehene ratierliche Kürzung der Anwartschaften die Betriebstreue als ein entscheidender typischer Berechnungsfaktor der bAV honoriert werden solle.[838] Durch das Honorieren der Betriebstreue verfolge ein Arbeitgeber zudem das Ziel, qualifizierte Mitarbeiter möglichst lange zu binden. Dieses Ziel sei insbesondere im heutigen Zeitalter des Fachkräftemangels aktueller denn

835 So zutreffend: *Diller*, NZA 2011, 725, 726; ähnlich auch: *Preis*, BetrAV 2010, 513, 515; ebenfalls auf die unterschiedlich (nicht) benachteiligenden Wirkungen verschiedener Versorgungszusagen hinweisen: BAG, Urt. v. 19. Juli 2011 – 3 AZR 434/09, AP Nr. 65 zu § 2 BetrAVG = NZA 2012, 155 ff. [Rn 33].

836 BAG, Urt. v. 19. Juli 2011 – 3 AZR 434/09, AP Nr. 65 zu § 2 BetrAVG = NZA 2012, 155 ff. [Rn 32; 34].

837 So wohl auch: Rust/Falke-*Bertelsmann*, § 10 AGG Rn 223, schlussendlich jedoch von der Zulässigkeit der Regelung ausgehend.

838 *Rolfs*, NZA 2008, 553, 555; *Adomeit/Mohr*, § 10 AGG Rn 155; ebenfalls auf die angebliche Rechtfertigung durch Art. 2 Abs. 2 lit. b Nr. i. der Richtlinie 2000/78/EG abstellend: *Blomeyer/Rolfs/Otto*, Anh § 1 BetrAVG Rn 46.

je. Daher solle es Arbeitgebern möglich sein, auch im Bereich der Altersversorgung entsprechende Anreize zu setzen.[839] Da der Anwendungsbereich des § 2 Abs. 1 BetrAVG zudem bewusst auf leistungsorientierte Versorgungszusagen beschränkt sei und bei beitragsorientierten Leistungszusagen und bei Beitragszusagen mit Mindestleistung eine stärker am erbrachten Beitragsaufwand orientierte Berechnungsweise Anwendung finde, gehe die gesetzliche Regelung auch nicht über das Erforderliche hinaus.[840] Die Regelung sei schlussendlich auch deshalb angemessen, da Arbeitnehmer, die den Betrieb in jüngeren Jahren verließen, die Erwartung vollständiger Betriebstreue, wie sie in der Versorgungsordnung zum Ausdruck komme, in größerem Ausmaß verletzten als ältere Arbeitnehmer.[841] Außerdem sei es auch hinzunehmen, dass gleich lange Betriebstreue unterschiedlich honoriert werde. Dies sei laut *Schipp* bei jeder Festbetragszusage der Fall und somit nicht unüblich.[842] Zudem, so *Höfer*, gelte die Maxime nicht mehr, nach welcher jedem Dienstjahr eine gleichhohe Versorgungsleistung zugeordnet werden müsse.[843]

Es ist jedoch zunächst festzuhalten, dass das Argument, wonach bislang eine gewisse ungleiche Belohnung der Betriebstreue durchaus üblich sei, ebenso wenig zu verfangen weiß wie der Hinweis darauf, dass immer dann, wenn der Arbeitgeber sich für eine bAV in Form einer Festbetragszusage entscheide, ungleich stärkere Ungleichbehandlungen hinsichtlich der Betriebstreue die (mögliche) Folge sind.[844] Die Tatsache, dass in vielen Versorgungszusagen Ungleichbehandlungen und Benachteiligungen bestehen, kann kein Argument für die Rechtfertigung einer benachteiligenden Regelung sein. Ebenso wenig überzeugt der Hinweis auf die Möglichkeit einer Festbetragszusage, in welcher die Betriebstreue unterschiedlich gewichtet wird. In den Fällen, in denen sich der Arbeitgeber für die Gewährung einer derartige Festbetragszusage entscheidet, wird er dies nicht vor dem Hintergrund tun, dass er die konkrete Betriebstreue honorieren möchte, wie sie sich aus dem Dienstalter bzw. der Betriebszugehörigkeit ergibt. Vielmehr wird er eine grundsätzliche Entscheidung getroffen haben, den Arbeitnehmern unabhängig von der Betriebstreue einen gewissen Festbetrag als Betriebsrente zu gewähren.

Das BAG ging dennoch in seinem Urteil aus dem Jahr 2011, in welchem es die Regelung des § 2 Abs. 1 S. 1 BetrAVG zur Berechnung der insolvenzgeschützten Betriebsrentenanwartschaft und der gesetzlich unverfallbaren Anwartschaft bei vorzeitigem Ausscheiden direkt auf einen Verstoß gegen die Richtlinie hin überprüfte, ebenfalls davon aus, dass die Regelung <u>nicht</u> gegen das unionsrechtliche

---

839 *Fladung*, BB 2011, 1331; so auch: *Adomeit/Mohr*, § 10 AGG Rn 155.
840 *Rolfs*, NZA 2008, 553, 555.
841 *Rolfs*, NZA 2008, 553, 555 f.; *Cisch/Böhm*, BB 2007, 602, 608; ebenfalls: *Adomeit/Mohr*, § 10 AGG Rn 155.
842 *Schipp*, ArbRB 2012, 15, 16.
843 *Höfer, Band I: Arbeitsrecht, ART* Rn 805.23.
844 So bspw.: *Schipp*, ArbRB 2012, 15, 16.

Verbot der Diskriminierung wegen des Alters verstoße.[845] Diese Entscheidung hat das BAG auch abermals ausdrücklich in einem Urteil im Jahr 2012 bestätigt.[846]

Das BAG sieht die Regelung des deutschen Betriebsrentengesetzes als nach Art. 2 Abs. 2 lit. b Nr. i Richtlinie 2000/78/EG gerechtfertigt an und geht vom Vorliegen eines legitimen, im Allgemeininteresse stehenden Zieles aus, zu dessen Erreichung das Mittel auch angemessen und erforderlich sei: § 2 Abs. 1 BetrAVG knüpfe daran an, dass Arbeitnehmer üblicherweise erst mit Erreichen des Versorgungsfalls aus dem Arbeitsverhältnis ausschieden und die vom Arbeitgeber zu erbringende bAV als Gegenleistung für die gesamte Betriebszugehörigkeit zwischen dem Beginn des Arbeitsverhältnisses und dem Erreichen der festen Altersgrenze aufgefasst werde. Die Erfurter Richter stellten in ihrer Entscheidung insbesondere auf die bezweckte Belohnung der der tatsächlich erbrachten Betriebstreue ab. Die bAV werde als Gegenleistung für tatsächlich erbrachte Betriebstreue angesehen. Daher sei es auch notwendig, dem Arbeitgeber ein Instrument an die Hand zu geben, anhand dessen Leistungen der bAV in solchen Fällen gekürzt werden können, in denen der Beschäftigte nur einen Teil der ursprünglich erwarteten Betriebstreue leistet.[847] Die Regelung des § 2 Abs. 1 BetrAVG werde somit lediglich dem Verständnis des Betriebsrentenrechts gerecht.

Diese Argumentation ist in der Folge auch Kritik ausgesetzt gewesen. So hat *Rengier* bspw. zurecht angemerkt, dass derartige Lebensarbeitsverhältnisse mit ausgeprägter Betriebstreue, auf welche die ratierliche Kürzung ursprünglich ausgelegt war und nach Ansicht des BAG wohl auch immer noch ausgelegt zu sein scheint, in der modernen Arbeitswelt immer seltener werden und eine immer geringere Rolle spielen. Dies lässt sich auch anhand der Zunahme befristeter Arbeitsverhältnisse feststellen.[848] Zudem spiegelt sich dies darin wieder, dass es vom Gesetzgeber erwünscht scheint, die Flexibilität der Arbeitnehmer zu steigern, bspw. durch die Einführung von Erleichterungen für die Übertragbarkeit unverfallbarer Anwartschaften.

---

845 BAG, Urt. v. 19. Juli 2011 – 3 AZR 434/09, AP Nr. 65 zu § 2 BetrAVG = NZA 2012, 155 ff. [Rn 39 ff.]; dieses Urteil bestätigend auch: BAG, Urt. v. 11. Dezember 2012 – 3 AZR 634/10, NZA 2013, 564 ff. = BetrAV 2013, 245 [Rn 25]; siehe hierzu auch: *Cisch/Bleeck/Karst*, BB 2012, 1153, 1156 oder *Schipp*, ArbRB 2012, 15 f.; Vorinstanz: LAG Köln, Urt. v. 6. Mai 2009 – 9 Sa 1/09, in welchem bereits das eine ungerechtfertigte Benachteiligung annehmende erstinstanzliche Urteil des ArbG Köln aufgehoben wurde; ebenfalls von einer gerechtfertigten Benachteiligung ausgehend: *Rolfs*, NZA 2008, 553, 555; *Cisch/Böhm*, BB 2007, 602, 608 f.; Kemper/Kisters-Kölkes/Berenz/Huber-*Kisters-Kölkes*, § 2 BetrAVG Rn 90b unter Verweis auf die Rspr des BAG vom 19. Juli 2011; a.A: *Rengier*, NZA 2006, 1251, 1256.

846 BAG, Urt. v. 11. Dezember 2012 - 3 AZR 634/10, NZA 2013, 564 ff. = BetrAV 2013, 245 ff. [Rn 25].

847 Im Ergebnis ebenso: Rust/Falke-*Bertelsmann*, § 10 AGG Rn 224; Kemper/Kisters-Kölkes/Berenz/Huber-*Kisters-Kölkes*, § 2 Rn 90b.

848 *Rengier*, NZA 2006, 1251, 1256.

Auch wenn die Betriebstreue, wie *Rengier* zutreffend feststellt, in der modernen Arbeitswelt immer seltener wird, so muss doch auch beachtet werden, dass zwangsläufig mögliche Anreize für Betriebstreue immer wichtiger werden.[849] Dies spräche wiederum für die Zulässigkeit eines solchen Anknüpfens.

Zudem ist festzustellen, dass Leistungen der bAV auch nicht mehr ausschließlich als Belohnung der Betriebstreue, sondern vielmehr gleichzeitig auch als Entgelt für geleistete Arbeit verstanden wird.[850] Diesen Gedanken hat das BAG in seiner Entscheidung zu § 2 Abs. 1 BetrAVG aufgegriffen und ausgeführt, dass jedoch bei der Ausgestaltung der bAV ebenfalls der Betriebstreue-Gedanke weiterhin eine Rolle spielen dürfe, gerade kein reines *„Entgeltprinzip"* bestehe.

Gleichzeitig ist jedoch auch anerkannt, dass die Honorierung der Betriebstreue zwar durchaus ein legitimes Ziel im Hinblick auf eine Benachteiligung wegen des Alters darstellen kann, gleichzeitig jedoch die Betriebstreue gerade nicht durch ein Anknüpfen am (Lebens-) Alter, sondern vielmehr nur, dem *Anciennitätsprinzip* folgend, durch ein Anknüpfen am Dienstalter honoriert werden darf.[851] Dies widerspricht der Argumentation von *Höfer*, nach welcher die Maxime, dass jedem Dienstjahr eine gleichhohe Versorgungsleistung zugeordnet werden müsse, nicht mehr gelte.[852] Zudem spricht dies gegen die Argumentation, wonach die Betriebstreue der Mitarbeiter nicht allein durch die Dauer der Betriebszugehörigkeit bestimmt werde, sondern ebenso durch den Frage, inwiefern er die in seinem Fall erreichbare Betriebstreue tatsächlich erreicht hat.[853]

Preis weist zudem zutreffender Weise darauf hin, dass von der ratierlichen Kürzung des § 2 Abs. 1 BetrAVG auch solche Arbeitnehmer bzw. deren Anwartschaften betroffen sind, deren Betriebszugehörigkeit aufgrund arbeitgeberseitiger Kündigung beendet wurde. Dies hat bislang zur inkonsequenten Folge, dass ein Arbeitnehmer, welcher im Zweifel durchaus gewillt und in der Lage war, seine Betriebstreue durch weitere Betriebszugehörigkeit zu beweisen und somit weitere unverfallbare Anwartschaften zu erdienen, nicht nur hieran gehindert wird. Vielmehr würde er durch die Anwendung der Vorschrift des § 2 Abs. 1 BetrAVG und der hierin vorgesehenen Kürzung er Anwartschaften geradezu dafür „bestraft", dass er - wenn auch ungewollt - die Betriebstreue „verletzt" habe.

Inwiefern das Argument, dass der Arbeitgeber ein Instrument besitzen müsse, um das Nicht-Ableisten der gesamten Betriebstreue, tatsächlich zur Rechtfertigung einer Benachteiligung reichen kann, erscheint fraglich. Zwar erscheint es bei linearen Versorgungszusagen durchaus gerechtfertigt, dass die Anwartschaften entsprechend gekürzt werden, wenn der Arbeitnehmer die Betriebstreue verletzt.

---

849 *Fladung*, BB 2011, 1331.

850 Zur Entgelteigenschaft der bAV siehe auch oben: B.I.3; ebenfalls m.w.N.: *Diller*, NZA 2011, 725, 726.

851 *Preis*, BetrAV 2010, 513, 515.

852 *Höfer, Band I: Arbeitsrecht, ART* Rn 805.23.

853 *Adomeit/Mohr*, § 10 AGG Rn 155 m.w.N.

I.R.d. linearen Systeme ist jedoch – wie dargestellt – bereits keine Benachteiligung wegen des Alters in der ratierlichen Kürzung zu erkennen, so dass hier auch keine Rechtfertigung erforderlich ist.

Hinsichtlich der Fälle der progressiven sowie degressiven Versorgungszusagen hingegen, in welchen in der ratierlichen Kürzung i.S.d. § 2 Abs. 1 BetrAVG durchaus eine ungerechtfertigte Benachteiligung wegen des Alters zu erkennen ist, ist eine Rechtfertigung erforderlich. Hier erscheint allerdings das Argument, wonach das „Verletzen“ der Betriebstreue „bestraft“ werden müsse, fragwürdig. Soll dem Arbeitgeber ein Instrument in die Hand gegeben werden, um die tatsächlich geleistete Betriebstreue (gemessen in Betriebszugehörigkeitsdauer) angemessen honorieren zu können, so ist es geradezu widersinnig, wenn ältere und jüngere Arbeitnehmer gerade auch in Fällen gleich langer Betriebszugehörigkeit aufgrund der progressiven/degressiven Ausgestaltung unterschiedlich behandelt werden und die gleiche Dauer der Betriebszugehörigkeit zu unterschiedlich hohen Anwartschaften führt. Besonders drastisch zeigt sich diese Ungerechtigkeit - wie dargestellt - an dem Beispiel der arbeitgeberseitigen Kündigung. In der Honorierung der Betriebstreue kann folglich nicht ohne Weiteres ein (überzeugendes) legitimes Ziel erkannt werden. Aus vorgenannten Gründen wird in der Literatur tlw. vetreten, dass die Regelung des § 2 Abs. 1 S. 1 BetrAVG im Einzelfall unangewandt zu bleiben habe.[854]

Trotz der vorgenannten Kritikpunkte ist jedoch festzustellen, dass an dieser Stelle auch das Argument, wonach die Attraktivität der bAV für Arbeitgeber gesteigert werden soll, eingreift. Die Gewährung einer Betriebsrente, hinsichtlich welcher bereits das Gesetz vorsieht, dass die Leistungen bei lediglich verringerter Betriebstreue automatisch ratierlich gekürzt werden, wird für Arbeitgeber attraktiver sein als ein System der bAV, in welchem keine solche Kürzung vorgesehen ist.

Zudem ist das Argument, nach welchem nur die tatsächlich geleistete Betriebstreue honoriert werden soll, als legitimes Ziel für die in degressiven und progressiven Systemen auftretenden Benachteiligungen nicht vollständig von der Hand zu weisen. Will man dem Arbeitgeber die Chance eröffnen, tatsächlich nur die Betriebstreue honorieren zu müssen, welche geleistet wurde, so kann dies nur auf zwei Wegen geschehen: entweder erteilt der Arbeitgeber eine Zusage, nach welcher mit jedem Jahr der Betriebszugehörigkeit eine gewisse Steigerung der Betriebstreue vorgesehen ist. Hier wird jeder Arbeitnehmer, egal ob jung oder alt, nach einer bestimmten Betriebszugehörigkeit eine gleich hohe Anwartschaft erworben haben. Andernfalls kann der Arbeitgeber auch Betriebsrenten versprechen, welche grds. nicht von der jeweiligen Betriebszugehörigkeit abhängig sind. Hier jedoch muss ihm die Möglichkeit zustehen, beim vorzeitigen

---

854 So bspw.: *Preis*, BetrAV 513, 515; eine Neuregelung des § 2 Abs. 1 BetrAVG für notwendig erachtend: *Meinel/Heyn/Herms*, § 10 AGG Rn 66; die Erforderlichkeit des Mittels zumindest in Frage stellend: Däubler/Bertzbach-*Brors*, § 10 AGG Rn 90.

Ausscheiden des Arbeitnehmers eine Kürzung der Anwartschaften vorzunehmen. Um jedoch eine ratierliche Kürzung vornehmen zu können, muss hinsichtlich der potentiellen Betriebszugehörigkeit ein Maximalwert bestimmt werden, welchen der Arbeitnehmer ursprünglich hätte erreichen können. Zu diesem werden dann die tatsächlich geleisteten Jahre der Betriebszugehörigkeit ins Verhältnis gesetzt. Dass hierbei selbstverständlich der ursprünglich mögliche Maximalwert bei in jungem Alter eintretenden Arbeitnehmer vergleichsweise hoch und bei in späten Jahren eintretenden Arbeitnehmern vergleichsweise niedrig ist, steht hierbei außer Frage. Diese Schlechterstellung wird jedoch vor dem Hintergrund der Honorierung der anteilig geleisteten Betriebstreue hinzunehmen sein. Dies gilt insbesondere, da auch keine milderen, gleich geeigneten Mittel ersichtlich sind. Insbesondere ist kein anderer Bezugspunkt als die maximale potentielle Betriebszugehörigkeit für die Berechnung der ratierlich gekürzten Ansprüche ersichtlich.

Die Regelung des § 2 Abs. 1 BetrAVG stellt somit zwar im Einzelfall immer dann eine Benachteiligung wegen des Alters dar, wenn die ratierliche Kürzung zu einer Ungleichbehandlung wegen des Alters führt. Diese Benachteiligung ist jedoch i.S.d. Art. 2 Abs. 2 lit. b Nr. i der Richtlinie 2000/78/EG gerechtfertigt. und daher auch im Einzelfall anzuwenden.[855] Für lineare Systeme hingegen gilt diese Feststellung nicht, da hier - wie dargestellt - bereits keine Benachteiligung zu erkennen ist.

cc) Mindestdauer der Versorgungszusage i.R.d. Unverfallbarkeitsfristen des § 1b Abs. 1 BetrAVG

Die Vorschrift des § 1b Abs. 1 S. 1 BetrAVG beinhaltet neben der Voraussetzung des Mindestalters[856] eine weitere, kumulativ erforderliche Voraussetzung für den Erwerb unverfallbarer Anwartschaften. Das Betriebsrentengesetz sieht hier vor, dass der Beschäftigte nicht nur die Altersgrenze des § 1b Abs. 1 S. 1 erreicht haben, sondern zugleich das Beschäftigtigungsverhältnis auch mindestens 5 Jahre Bestand gehabt haben muss.

In dieser Voraussetzung des § 1b Abs. 1 S. 1 BetrAVG ist jedoch keine mittelbare Benachteiligung älterer Beschäftigter zu erkennen. Auch dann, wenn ein Beschäftigter aufgrund seines späten Eintritts in das Beschäftigungsverhältnis

---

855 Vgl. auch, von der europarechtlichen Zulässigkeit der nationalen Regelung des § 2 Abs. 1 BetrAVG bzw. auch der auf diesen verweisenden Norm des § 7 Abs. 2 S. 3 und 4 BetrAVG ausgehend: Rust/Falke-*Bertelsmann*, § 10 AGG Rn 224; ebenso wohl: *Schipp*, ArbRB 2012, 15, 16; *Adomeit/Mohr*, § 10 AGG Rn 155; *Höfer, Band I: Arbeitsrecht, ART* Rn 805.21 f.; ebenso: LAG Niedersachsen, Urt. v. 21. April 2009 – 3 Sa 957/08 B, abrufbar unter: www.rechtsprechung.niedersachsen.de [Rn 36]; BAG, Urt. v. 19. Juli 2011 – 3 AZR 434/09, AP Nr. 65 zu § 2 BetrAVG = NZA 2012, 155 ff.; Urt. v. 11. Dezember 2012 - 3 AZR 634/10, NZA 2013, 564 ff. = BetrAV 2013, 245 ff. [Rn 25].

856 Zur Zulässigkeit der Mindestaltergrenze i.R.d. § 1b Abs. 1 S. 1 BetrAVG s.o.: B.IV.1.a)bb).

nicht mehr die Möglichkeit besitzt, vor Erreichen des Renteneintrittsalters die 5-Jahres-Frist zu erfüllen, so wirkt es sich nicht negativ für ihn aus, wenn er die für den Versorgungsfall des Alters maßgeblich Altersgrenze erreicht, ohne vorher die 5-Jahres-Frist erfüllt zu haben.

Der Vorschrift des § 1b Abs. 1 S. 1 BetrAVG und dem Vorliegen bzw. Nichtvorliegen ihrer Voraussetzungen kommt lediglich bei Ausscheiden vor dem Versorgungsfall bzw. vor Erreichen der maßgeblichen Altersgrenze Bedeutung zu. Die Vorschrift nennt lediglich die Voraussetzungen für die Portabilität der erdienten Ansprüche bei vorzeitigem Ausscheiden. Ein aufgrund des Erreichens des Rentenalters Ausgeschiedener erhält folglich auch ohne Erfüllen der 5-Jahres Frist des § 1b Abs. 1 S. 1 BetrAVG Betriebsrentenleistungen, so dass auch keine Schlechterstellung oder Benachteiligung älterer Beschäftigter zu erkennen ist.

dd) Wartezeiten anhand der Betriebszugehörigkeit

Viele Versorgungsordnungen sehen Wartezeiten als Leistungsplanelement mit anspruchsausschließender Funktion vor. Unter einer Wartezeit anhand der Betriebszugehörigkeit versteht man hierbei die Zeit der ununterbrochenen Betriebszugehörigkeit, die der Beschäftigte zurückgelegt haben muss, bevor der Anspruch auf eine Versorgungsleistung entsteht.[857] Erfüllt der Beschäftigte diese Voraussetzung nicht, steht ihm kein Anspruch auf Betriebsrentenleistungen zu. Ebenfalls zu finden, jedoch in der Praxis weniger weit verbreitet, sind Wartezeiten mit anspruchsaufschiebender Funktion. Hierbei wird lediglich die Entstehung des Leistungsanspruchs zeitlich hinausgeschoben.[858] Hiervon zu unterscheiden sind Fälle der Vorschaltzeiten, in denen die Erteilung der Versorgungszusage als solche zeitlich hinausgeschoben werden soll.[859] Das Ruhegeld soll in diesen Fällen nur dann gezahlt werden, wenn der Arbeitnehmer gewisse Mindestdienstzeiten zurückgelegt hat.[860] Während sich Vorschaltzeiten jedoch auf die Erteilung der Versorgungszusage selbst beziehen, sind Wartezeiten lediglich auf die Entstehung des Leistungsanspruchs gerichtet.[861] Der Ablauf einer Wartezeit wird hier als weitere Voraussetzung für die Entstehung des Anspruchs in der bereits erteilten Versorgungszusage vorgesehen. Tritt bspw. vor Ablauf der Wartezeit, jedoch nach Ablauf der gesetzlichen Unverfallbarkeitsfrist ein Fall der Erwerbsunfähigkeit ein, so kann der Beschäftigte vor Ablauf der Wartezeit keine Leistung erwarten.

Oftmals stellen Arbeitgeber hierbei auf Wartezeiten von 5, 10 oder sogar 15 Jahren ab.[862] Selbst 20 Jahre Wartezeit werden in der Literatur als nicht unbillig

857 Moll-*Rengier*, § 37 Rn 37.

858 Vgl. zur Terminologie der Wartezeitenregelungen: *Blomeyer/Rolfs/Otto*, § 1b BetrAVG Rn 141.

859 ErfKomm-*Steinmeyer*, § 1b BetrAVG Rn 35.

860 Schaub-*Vogelsang*, § 85 Rn 110.

861 *Blomeyer/Rolfs/Otto*, § 1b BetrAVG Rn 142.

862 *Blomeyer/Rolfs/Otto*, Anh § 1 BetrAVG Rn 167.

angesehen.[863] Zu Vor-AGG-Zeiten wurde angenommen, dass es dem Arbeitgeber freigestellt sei, Wartezeiten in der Versorgungsordnung vorzusehen, solange deren Verwendung sich nicht als rechtsmissbräuchlich darstellt. Insbesondere sei kein Verstoß gegen den Gleichbehandlungsgrundsatz oder gegen § 75 Abs. 1 S. 2 BetrVG zu erkennen.[864]

Aufgrund der Gestaltungsfreiheit des Arbeitgebers sind Wartezeiten mit anspruchsausschließender Funktion unabhängig von den gesetzlichen Unverfallbarkeitsmodalitäten regelbar. Wartezeiten können grds. auch dann zulässig sein, wenn sie die Unverfallbarkeitsfrist des § 1b Abs. 1 BetrAVG übersteigen.[865] So setzt das BetrAVG das Bestehen solcher Wartezeitenregelungen in § 1b Abs. 1 S. 5 BetrAVG im Zusammenhang mit der gesetzlichen Unverfallbarkeit sogar voraus.[866] Das Gesetz stellt hier für jene Fälle, in denen die Wartezeit über die gesetzliche Unverfallbarkeitsfrist hinausgeht, klar, dass der Ablauf der Wartezeit durch die Beendigung des Arbeitsverhältnisses nach Erfüllung der Voraussetzungen der gesetzlichen Unverfallbarkeit i.S.d. § 1b Abs. 1 und 2 BetrAVG nicht berührt wird. Hierdurch soll sichergestellt werden, dass der Arbeitgeber die Unverfallbarkeit nicht durch eine über die gesetzliche Unverfallbarkeitsfrist hinausgehende Wartezeit unterläuft.[867] Folglich ist auch davon auszugehen, dass der nationale Gesetzgeber zumindest grds. von der Zulässigkeit der Verwendung von gewissen Wartezeiten ausgegangen ist. Dies gilt hinsichtlich der Regelung des § 1b Abs. 1 S. 5 BetrAVG allerdings nur für solche Fälle, in denen die Wartezeit überhaupt noch vor Eintritt des Versorgungsfalls abgeleistet werden könnte. Sieht bspw. eine Zusage eine Wartezeit von 10 Jahren vor, so kann diese Wartezeit faktisch nur von Beschäftigten eingehalten werden, welche mindestens 10 Jahre vor ihrem Ausscheiden aus Altersgründen in das Beschäftigungsverhältnis eingetreten sind.

Fraglich ist jedoch, inwiefern solche Regelungen auch nach Inkrafttreten des AGG zulässig sind. Sofern sich eine Wartezeitenregelung als mittel- oder unmittelbare Altersdiskriminierung darstellt, wäre sie nach § 7 Abs. 1 AGG unzulässig und gem. § 7 Abs. 2 AGG unwirksam, sofern sie nicht gerechtfertigt ist. Bei Unwirksamkeit derartiger Regelungen könnten die Begünstigten bei Vorliegen der übrigen Anspruchsvoraussetzungen möglicherweise auch bereits beim Eintritt des Versorgungsfalles vor Ablauf der in der Regelung festgelegten Wartezeit Ansprüche auf Versorgungsleistungen geltend machen.

---

863 Schaub-*Vogelsang*, § 85 Rn 110; ebenso: *Blomeyer/Rolfs/Otto*, Anh § 1 BetrAVG Rn 168.

864 BAG, Urt. v. 24. Februar 2004 – 3 AZR 5/03, AP Nr. 2 zu § 1b BetrAVG; so auch: *Blomeyer/Rolfs/Otto*, Anh § 1 BetrAVG Rn 167.

865 So: Kemper/Kisters-Kölkes/Berenz/Huber-*Kemper*, § 1b Rn 113; *Blomeyer/Rolfs/Otto*, Anh § 1 BetrAVG Rn 168 m.w.N.; siehe auch: BAG, Urt. v. 19. April 2005 – 3 AZR 469/04, AP Nr. 19 zu § 1 BetrAVG.

866 So auch: ErfKomm-*Steinmeyer*, § 1b BetrAVG Rn 35.

867 Schaub-*Vogelsang*, § 85 Rn 105.

Es stellt sich somit zunächst die Frage, ob Wartezeiten-Regelungen eine unmittelbare oder zumindest mittelbare Benachteiligung i.S.d. § 3 Abs. 1 und 2 AGG darstellen. So könnte vertreten werden, dass eine ausschließende Wartezeiten-Regelung eine unmittelbare Benachteiligung aufgrund des Alters darstellt, da durch sie ältere Beschäftigte *de facto* ab einem bestimmten Lebensalter von der betrieblichen Altersversorgung ausgeschlossen werden.[868] So wird bspw. ein Beschäftigter, welcher erst mit 60 Jahren eintritt, keine Anwartschaften mehr erwerben können, wenn eine ausschließende Wartezeit bspw. eine Beschäftigungszeit von mind. 10 Jahren vor altersbedingtem Ausscheiden aus dem Beschäftigungsverhältnis voraussetzt.[869]

Nach der hier vertretenen Auffassung kommt in solchen Fällen jedoch mangels eines unmittelbaren Abstellens auf das Lebensalter eine unmittelbare Benachteiligung anhand des Alters i.S.d. § 3 Abs. 1 AGG gerade nicht in Betracht.[870] Vielmehr stellt sich eine solche Regelung lediglich als „faktische" Altersgrenze dar, welche sich anhand des Renteneintrittsalters und der erforderlichen zu absolvierenden Betriebszugehörigkeit errechnet.

Allerdings kann eine Wartezeitenregelung mittelbar anhand des Alters benachteiligen.[871] Ist eine Wartezeitenregelung bspw. derart ausgestaltet, dass ältere neueintretende Arbeitnehmer oder – im Falle der Neueinführung eines Betriebsrentensystems – Arbeitnehmer, welche zum Zeitpunkt der Einführung bereits ein bestimmtes Alter erreicht haben, aufgrund der Länge der Wartezeit, welche vor Erreichen einer bestimmten Altersgrenze (bspw. der des altersbedingten Ausscheidens aus dem Betrieb) erreicht werden muss, bereits nicht die Möglichkeit besitzen, die erforderliche Wartezeit bis zum vertraglich vorgesehenen Ende des Arbeitsverhältnisses überhaupt erreichen zu können, so werden diese älteren Beschäftigten zumindest mittelbar wegen ihres Alters benachteiligt.[872]

Nicht gefolgt werden kann der Ansicht, dass bei einer solchen Regelung bereits keine Benachteiligung erkannt werden könne. So weist *Thum* bspw. darauf hin, dass die Rechtsprechung in den vergangenen Jahren eher restriktiv bei der Feststellung mittelbarer Benachteiligungen gewesen sei.[873] So habe das BAG bspw. im Fall einer Höchstbetragsklausel bzgl. einer Sozialplanabfindung eine mittelbare Altersdiskriminierung abgelehnt, obwohl von der dortigen Regelung typischerweise mehr ältere als jüngere Arbeitnehmer betroffen waren. Die Rechtsprechung habe hierbei

868 Auf die Möglichkeit der Qualifizierung als unmittelbare Benachteiligung hinweisend, die Abgrenzung jedoch offen lassend: BAG, Urt. v. 12. Februar 2013 – 3 AZR 100/11, MDR 2013, 725 f. = DB 2013, 1245 ff. [Rn 25].

869 Vgl.: *Blomeyer/Rolfs/Otto*, § 1b BetrAVG Rn 146 f.

870 So auch zutreffend: *Thum*, BB 2008, 2291, 2293.

871 So auch zutreffend: *Adomeit/Mohr*, § 10 AGG Rn 153; Däubler/Bertzbach-*Brors*, § 10 AGG Rn 91.

872 So auch: *Reichenbach/Grünenklee*, BetrAV 2006, 708, 711; ebenfalls die Problematik der Benachteiligung erkennend: *Nollert-Borasio/Perreng*, § 2 AGG Rn 52.

873 *Thum*, BB 2008, 2291, 2293.

darauf abgestellt, dass die älteren Arbeitnehmer durch die Höchstbetragsklausel jedoch gerade nicht anders behandelt würden als die jüngeren Arbeitnehmer und gerade keine Differenzierung anhand des Alters stattfände.[874] Laut *Thum* könne man folglich auch bei derartigen Wartezeitenregelungen feststellen, dass durch die Anwendung einer solchen Klausel gerade keine Differenzierung nach dem Alter stattfinde und und ältere Arbeitnehmer einer solchen Regelung genauso unterfielen wie jüngere. So würden jüngere Arbeitnehmer ebenfalls von der bAV ausgeschlossen bleiben, sofern sie nicht die erforderte Wartefrist in Diensten des Arbeitgebers verbrachten.

Thum verkennt hierbei jedoch, dass es gerade im Wesen der mittelbaren Benachteiligung liegt, dass eine Regelung zwar nicht auf das „verpönte" Merkmal an sich abstellt, sondern vielmehr zunächst neutral erscheint. Hierbei sind die benachteiligenden, auf den ersten Blick neutralen Regelungen für gewöhnlich auch auf alle Beschäftigten anwendbar. Im Endeffekt ist jedoch hauptsächlich eine bestimmte, anhand des „verpönten" Merkmals abgrenzbare Gruppe negativ betroffen.

Auch das Argument, dass jüngere Arbeitnehmer, welche bereits vor Ablauf der Wartefrist den Arbeitgeber wieder verließen, ebenfalls von der Regelung betroffen seien und die Wartezeit nicht erfüllen und somit von der bAV ausgeschlossen würden, verfängt nicht. Der entscheidende und diskriminierende Unterschied besteht darin, dass diesen jüngeren Arbeitnehmern bei Abgabe der Zusage zumindest die Möglichkeit offen steht, die Wartefrist vollständig zu erfüllen. Zudem kann bei den jüngeren, vor Ablauf der Wartezeit ausscheidenden Arbeitnehmern § 1 Abs. 1 S. 5 BetrAVG einschlägig sein. Den älteren Arbeitnehmern hingegen wird diese Möglichkeit gerade nicht eingeräumt. Folglich ist in einer Wartezeitenregelung entgegen der von *Thum* vertretenen Ansicht durchaus eine (zumindest mittelbare) Benachteiligung wegen des Alters zu erkennen.

Von der oben dargestellten, mittelbar anhand des Alters diskriminierenden Regelung ist jedoch der folgende Fall zu unterscheiden: Manche Wartezeitenregelungen sehen zwar eine Wartefrist von bspw. 10 Jahren vor, knüpfen jedoch im Gegensatz zu obigem Fall, in welchem es zur Bedingung gemacht wurde, dass die Wartezeit vor dem altersbedingten Ausscheiden erfüllt sei, an kein bestimmtes Lebensalter an. Im genannten Beispielsfall könnte der Beschäftigte nach einer solchen lediglich aufschiebenden Wartezeiten-Regelung demnach noch bis zum 70. Lebensjahr die Wartefrist erfüllen und somit auch noch im höheren Lebensalter, auch noch nach Erreichen der Altersgrenze in der gesetzlichen Rentenversicherung, die Voraussetzungen für den Erwerb der Versorgungsansprüche erfüllen. Eine Benachteiligung anhand des Alters, auch eine mittelbare, ist in einer derartigen Ausgestaltung der Versorgungsordnung nicht zu erkennen.[875]

Eine Regelung mit mittelbar benachteiligender Ausgestaltung hingegen, in welcher die älteren Beschäftigten bereits keine Möglichkeit besitzen, die Wartezeit bis

874 BAG, Urt. v. 2. Oktober 2007 – 1 AZN 793/07, AP Nr. 52 zu § 75 BetrVG 1972.

875 So auch: Moll-*Rengier*, § 37 Rn 39 m.w.N.

zum vertraglich vorgesehenen Ende des Arbeitsverhältnisses erreichen zu können, muss sich folglich als mittelbare Diskriminierung wegen des Alters dem Erfordernis der sachlichen Rechtfertigung stellen.[876] Gem. § 3 Abs. 2 AGG ist eine mittelbare Benachteiligung dann gerechtfertigt, wenn ein legitimes Ziel vorliegt und das Mittel zur Erreichung dieses Zieles auch erforderlich und angemessen ist.

Stimmen in der Literatur gehen davon aus, dass derartige anspruchsausschließende Wartezeitenregelungen, welche gewisse Teile der Beschäftigten aufgrund ihres Alters bereits ausschließen, wie ein Höchstaufnahmealter wirken und daher ebenfalls unter den Rechtfertigungstatbestand des § 10 S. 3 Nr. 4 AGG zu fassen seien.[877] Daher müsse von der Rechtmäßigkeit solcher auf die Dienstzeit abstellenden Wartezeiten ausgegangen werden, da gem. § 10 S. 3 Nr. 4 AGG sogar feste Altersgrenzen als Voraussetzung für die Mitgliedschaft in einem Versorgungswerk zulässig seien und demnach *erst recht* auch dienstzeitabhängige Regelungen rechtmäßig sein müssten.[878] Da zudem auch die Regelung des § 1b Abs. 1 S. 5 BetrAVG das Vorliegen von Wartezeitenregelungen vorsieht, könnte gar davon ausgegangen werden, dass der Gesetzger von der Zulässigkeit einer Wartezeitenregelung ausgegangen sei.

Zum einen ist hierzu jedoch festzuhalten, dass vorliegend eine bloß mittelbare Benachteiligung vorliegt und somit grundsätzlich nicht ohne Weiteres auf § 10 AGG abgestellt werden kann. Allerdings ist – wie bereits dargelegt – höchstrichterlich geklärt, dass die sachliche Rechtfertigung einer unmittelbaren Benachteiligung nach § 10 AGG zugleich auch eine unzulässige mittelbare Benachteiligung wegen des Alters ausschließt[879], so dass es beim Vorliegen eines Rechtfertigungsgrundes i.S.d. § 10 AGG nicht mehr auf die Unterscheidung zwischen mittel- oder unmittelbarer Benachteiligung ankäme.

Andererseits erfordert auch ein Abstellen auf § 10 S. 3 Nr. 4 AGG, dass die in Frage stehende Regelung nach § 10 S. 1 und 2 AGG gerechtfertigt wäre. Hieran, insbesondere an der Erforderlichkeit des Mittels, scheitert es nach der hier vertretenen Ansicht bspw. bei unmittelbar am Alter anknüpfenden Höchstaufnahmealterregelungen i.R.d. bAV.[880] Zudem hat der EuGH – wie dargestellt – mittlerweile eindeutig festgestellt, dass die in Art. 6 Abs. 2 der Richtlinie 2000/78/EG benannten Ausnahmetatbestände, welche keiner weiteren Verhältnismäßigkeitsprüfung unterzogen werden müssen, eine abschließende Regelung darstellen und nicht ohne

---

876 So auch: MüKo-*Thüsing*, § 10 AGG Rn 56; *Adomeit/Mohr*, § 10 AGG Rn 153.

877 *Cisch/Bleeck*, BB 2006, 2815, 2817

878 *Cisch/Böhm*, BB 2007, 602, 607.

879 BAG, Urt. v. 12. Februar 2013 – 3 AZR 100/11, MDR 2013, 725 f. = DB 2013, 1245 ff. [Rn 25] unter Verweis auf: BAG, Urt. v. 26. Mai 2009 – 1 AZR 198/08 [Rn 40] m.w.N.; Urt. v. 11. August 2009 – 3 AZR 23/08, AP Nr. 139 zu Art. 9 GG = NZA 2010, 408 ff. [Rn 35].

880 Ausführlich zur Frage der Zulässigkeit derartiger am Höchstaufnahmealterklauseln nach Inkrafttreten des AGG s.o.: B.IV.1.a)dd)(2).

Weiteres auf möglicherweise ähnliche Fälle auszudehnen sind.[881] Da sich der nationale Gesetzgeber mit seiner Regelung in § 10 S. 3 AGG an den Ausnahmetatbeständen des Art. 6 Abs. 2 der Richtlinie orientiert hat, ist auch nach deutschem Recht davon auszugehen, dass der vorgenannte *erst recht*-Schluss nicht verfängt, sondern die Verhältnismäßigkeit einer solchen Wartefrist nicht an § 10 S. 3, sondern an § 10 S. 1 und 2 AGG zu überprüfen ist.

Bis zum Inkrafttreten des AGG wurden anspruchsausschließende Wartezeiten mit dem einfachen Argument begründet, dass der Arbeitgeber sich freiwillig zur Finanzierung einer bAV verpflichte und er in der Ausgestaltung der Versorgungsordnung frei sein müsse.[882] Hierauf wird auch tlw. noch nach Inkrafttreten des AGG abgestellt. So solle es dem Arbeitgeber offen stehen, anhand der zu erwartenden, künftigen Betriebstreue zu differenzieren und daran anknüpfend anhand einer Wartezeitregelung bestimmte Gruppen von der Versorgung auszuschließen, um hierdurch eine längere Betriebszugehörigkeit der Arbeitnehmer zu fördern.[883] Des Weiteren kommen hier als mögliche legitime Ziele z.B. der Versuch, Versorgungsrisiken (versteckte Krankheiten etc.) und ein ein erhöhtes Todesfall- und Invaliditätsrisiko auszuschließen und damit die Kosten der Altersversorgung zu beschränken[884] sowie Kalkulierbarkeitsgründe in Betracht. Insbesondere vor dem Hintergrund der höheren Fluktuation bei jüngeren als bei älteren Arbeitnehmern sei es im personalpolitischen Interesse des Arbeitgebers, die Kalkulierbarkeit sicher zu stellen.[885] So könne der Arbeitgeber durch die Festlegung der Voraussetzungen für die Zusage einer bAV indirekt seinen Dotierungsrahmen bestimmen. Zu den hierbei zulässigen Voraussetzungen zähle auch eine derartige „faktische" Altersgrenze.[886]

Das Argument, dass der Arbeitnehmer aufgrund einer Wartezeitregelungen von Beginn des Beschäftigungsverhältnisses an wisse, dass er die Mindest-Betriebszugehörigkeitsdauer gar nicht erreichen und demnach auch für seine

---

881 Vgl.: EuGH, Urteil vom 26. September 2013 – C-476/11, [*HK Danmark, handelnd für Glennie Kristensen gegen Experian A/S*] [Rn 44], abrufbar unter: http://eur-lex.europa.eu/LexUriServ/LexUriServ.do?uri=CELEX:62011CJ0476:DE:HTML.

882 Siehe auch: MüKo-*Thüsing*, § 10 AGG Rn 56.

883 So bspw.: *Adomeit/Mohr*, § 10 Rn 153; so ebenfalls, allerdings noch zu Vor-AGG-Zeiten: BAG, Urt. v. 19. April 2005 – 3 AZR 469/04, AP Nr. 19 zu § 1 BetrAVG.

884 So bspw.: *Thum*, BB 2008, 2291, 2293; ebenfalls, allerdings hinsichtlich einer möglichen Rechtfertigung nach § 10 AGG: Moll-*Rengier*, § 37 Rn 38; *Cisch/Böhm*, BB 2007, 602, 607; ähnlich ebenfalls das BAG nach Inkrafttreten des AGG: BAG, Urt. v. 12. Februar 2013 – 3 AZR 100/11, MDR 2013, 725 f. = DB 2013, 1245 ff., sowie noch zu Vor-AGG-Zeiten: BAG, Urt. v. 19. April 2005 – 3 AZR 469/04, AP Nr. 19 zu § 1 BetrAVG.

885 *Nollert-Borasio/Perreng*, § 10 AGG Rn 22, jedoch darauf abstellend, dass die Wartezeit nicht unangemessen lang ausgestaltet sein dürfe; ebenfalls von der Zulässigkeit solcher anschlussausschließender Regelungen nach dem AGG ausgehend: *Cisch/Bleeck*, BB 2006, 2815, 2817.

886 BAG, Urt. v. 12. Februar 2013 – 3 AZR 100/11, MDR 2013, 725 f. = DB 2013, 1245 ff. [Rn 31].

Betriebstreue keine Versorgung erwarten könne, weiß nicht zu überzeugen, da dies allenfalls ein Argument für die Angemessenheit einer derartigen Regelung darstellen kann. Die bloße Kenntnis von Arbeitnehmern, dass sie einer (benachteiligenden) Regelung unterfallen werden, führt nicht dazu, dass diese Regelung automatisch gerechtfertigt ist.

Die Argumentation, dass das legitime Ziel bei Wartezeiten gerade nicht in der Verfallbarkeit, sondern in der Begrenzung des Versorgungsrisikos zu sehen sei, d.h. insbesondere in der Begrenzung von Risiken, welche bei Vertragsschluss zwar schon bestanden, jedoch eventuell noch nicht erkennbar waren, und dass durch solche Wartezeienklauseln möglicherweise Gesundheitsprüfungen ersetzt werden könnten, verfängt eben so wenig.

Zwar wird vertreten, dass ältere und jüngere Arbeitnehmer unterschiedliche Versorgungsrisiken hätten.[887] Dieses Argument mag jedoch schwerlich auf den Versorgungsfall des Alters zutreffen. Der Versorgungsfall des Alters beinhaltet im Gegensatz zum Versorgungsfall der Invalidität gerade kein Risiko hinsichtlich nicht erkennbarer Gefahren. Folglich erscheinen Wartefristen zwar als Einschränkung hinsichtlich des Versorgungsfalls der Invalidität grundsätzlich möglich. Sieht eine Versorgungsordnung also eine Einschränkung hinsichtlich des Versorgungsfalls der Invalidität vor, so erscheint eine diesbezügliche Schlechterstellung zumindest möglicherweise gerechtfertigt. Um derartige nicht erkennbare Risiken hinsichtlich der Invalidität zu begrenzen, ist eine Wartezeitenregelung allerdings zumindest nicht erforderlich.

Höfer hingegen ging bislang davon aus, dass die in hohem Alter eintretenden Arbeitnehmer sogar davon bevorzugt würden, sollte man in einer Wartezeitenregelung eine mittelbare Benachteiligung erkennen und als Reaktion auf die Unwirksamkeit einer solchen Regelung die Wartefrist für ältere Arbeitnehmer kürzen oder sogar gänzlich die Wartefrist außer Kraft setzen. Zweck des AGG sei jedoch nicht, altersabhängige Privilegierungen zuzugestehen, sondern lediglich, Benachteiligungen (wegen des Alters) auszuschließen.[888]

Hierbei verkennt *Höfer* jedoch, dass ältere Arbeitnehmer in dem Fall, in dem eine solche Wartefrist hinsichtlich aller Arbeitnehmer wegfallen würde, nicht wegen ihres Alters bevorzugt würden. Vielmehr bestünde eine solche Besserstellung nur dann, wenn die Regelung lediglich mit Wirkung für die älteren Arbeitnehmer wegfallen würde. Würde man hingegen eine derartige Wartefrist für gänzlich unzulässig erklären, so würden weder ältere noch jüngere Arbeitnehmer von dieser Regelung getroffen. Vielmehr würden sie gleich behandelt, da in Bezug auf die Leistungsgewährung zum Zeitpunkt des Versorgungsfalles nunmehr weder jüngere noch ältere Arbeitnehmer einer Wartezeit-Beschränkung unterfielen.

Als legitim erscheint hingegen das ebenfalls vorgebrachte Ziel hingegen, die erhoffte zukünftige Betriebstreue jüngerer Arbeitnehmer zu entlohnen und nur

887 So bspw: *Adomeit/Mohr*, § 10 Rn 153.
888 *Höfer*, Band I: Arbeitsrecht, ART Rn 805.22. f. [a.F.]

Leistungen der betrieblichen Altersversorgung zu gewähren, sofern eine gewisse Betriebstreue geleistet werde.[889] Dass die Honorierung der Betriebstreue und ein hierfür vorgenommenes Anknüpfen an die Betriebszugehörigkeit ein legitimes Ziel darstellen können, ist bereits ausführlich dargestellt und auch vom EuGH entsprechend entschieden worden. Allerdings erscheint dies im vorliegenden Fall, also beim Ausschluss älterer Arbeitnehmer von den Leistungen der bAV ungemein schwieriger.

Grundsätzlich wird das Abstellen auf die Betriebszugehörigkeit mit der Vergütung von geleisteter Betriebstreue oder zusätzlichen fachspezifischen Wissens gerechtfertigt. Dies sind zwei Attribute, welche auf Arbeitnehmer nach längerer Betriebszugehörigkeit zutreffen. Somit erscheint es für gewöhnlich gerechtfertigt, jüngere Arbeitnehmer, welche noch keine große Betriebstreue und auch noch kein spezielles Fachwissen vorweisen können, von bestimmten Leistungen auszuschließen.

Vorliegend jedoch sollen durch die benachteiligende Regelung gerade ältere Arbeitnehmer ausgeschlossen werden, welche zum einen nicht mehr die Möglichkeit besitzen, die erwünschte Betriebstreue zu erbringen, auch wenn sie dies wollten. Bei diesen Arbeitnehmern handelt es sich zum anderen aufgrund ihrer langjährigen Berufserfahrung im Zweifel um die Beschäftigten, welche ein größeres Fachwissen besitzen als jüngere Arbeitnehmer, die wiederum im Gegensatz zu den älteren Arbeitnehmern in den Genuss der Betriebsrenten kommen sollen. Eine Rechtfertigung für eine Regelung, nach welcher ein jüngerer Arbeitnehmer, der vor dem vorgesehenen Ende des Arbeitsverhältnisses, jedoch nach Ablauf der Wartezeit, mit einer (ratierlich gekürzten) unverfallbarer Anwartschaft ausscheidet, der ältere Arbeitnehmer hingegen bereits aufgrund seines Alters keine Anwartschaft mehr erwerben kann, ist im Argument der Honorierung der Betriebstreue und des größeren Fachwissens somit nicht erkennbar.[890]

Wie dargestellt, ist eine Wartezeitenregelung hinsichtlich der Honorierung eines größeren Fachwissens eher kontraproduktiv. Den Arbeitgeberinteressen hingegen, sicherzustellen, dass die Arbeitnehmer, welche eine Betriebsrente erhalten, zumindest eine gewisse, aus Sicht des Arbeitgebers erforderliche zu honorierenden Betriebstreue geleistet haben müssen, ist bereits ausreichend durch die gesetzliche 5-Jahres-Frist der Unverfallbarkeitsvoraussetzungen gedient. Durch diese Frist werden Arbeitgeber hinreichend vor Betriebsrentenansprüchen bei – aus Sicht des Arbeitgebers – lediglich kurzer Betriebszugehörigkeit geschützt. Insbesondere ist dieses Argument auch dann problematisch, wenn der Arbeitnehmer zwar die Unverfallbarkeitsfrist noch vor dem Ausscheiden aus dem Unternehmen erfüllen kann, einer weiteren Betriebstreue hingegen die Verrentung im Wege

889 BAG, Urt. v. 12. Februar 2013 – 3 AZR 100/11, MDR 2013, 725 f. = DB 2013, 1245 ff. [Rn 32]; *Adomeit/Mohr*, § 10 AGG Rn 153; *Meinel/Heyn/Herms*, § 10 AGG Rn 68.

890 So ebenfalls: MüKo-*Thüsing*, § 10 AGG Rn 56, der zudem davon ausgeht, dass Wartefristen nicht die gesetzliche Unverfallbarkeitsfrist übersteigen dürfte.

steht, auch wenn der Arbeitnehmer wohlmöglich noch weitere Betriebstreue leisten würde.

Auch *Thüsing* hinterfragt daher lange Wartezeiten kritisch. Er geht davon aus, dass es an einer Rechtfertigung von Regelungen fehle, bei denen die erforderte Wartezeite über die Unverfallbarkeitsfrist hinausgeht, und stellt somit auf die gesetzliche Unverfallbarkeitsfrist als Höchstgrenze für die Länge einer Wartezeit ab.[891] Auch wenn die gesetzlichen Unverfallbarkeitsfristen die Portabilität bereits erdienter Anwartschaften, Wartezeitregelungen hingegen bereits das Entstehen der Anwartschaften beschränken und den Personenkreis der Begünstigten eingrenzen, so sind beide Regelungen doch von dem Gedanken getragen, den Arbeitgeber vor der Inanspruchnahme bei lediglich sehr kurzer Betriebszugehörigkeit zu schützen. Dies drückt bei beiden Regelungen die Honorierung der Betriebstreue aus. Folglich macht die Argumentation Sinn, dass Wartezeiten zumindest nicht länger sein dürften als die gesetzliche Unverfallbarkeitsfrist.

Auch *Nollert-Borrasio/Perreng* gehen davon aus, dass unangemessen lange Wartezeiten nicht gerechtfertigt seien, verweisen hierbei jedoch auf die Vor-AGG-Rechtsprechung[892], so dass davon auszugehen ist, dass sie wohl Wartezeiten von 5-15 Jahren für zulässig halten.

Das BAG hat in einer aktuellen Entscheidung aus dem Jahr 2013[893] angenommen, dass sogar eine Wartezeit von 15 Jahren aufgrund der Risikobegrenzung des Arbeitgebers zulässig sei. Da der Arbeitgeber grundsätzlich auch die Möglichkeit besäße, sich gänzlich gegen die Gewährung einer Betriebsrente zu entscheiden, so müsse es ihm auch möglich sein, das Risiko in dem Maße zu begrenzen, wie er dies wünsche.

Nach der hier vertretenen Ansicht kann jedoch bereits nicht ohne weitere Differenzierung das Vorliegen eines legitimen Zweckes angenommen werden. Weder Argumentationen hinsichtlich einer erwünschten Risikobegrenzung noch hinsichtlich der Honorierung der Betriebstreue wissen bezüglich der in Frage stehenden Wartezeitregelungen vollständig zu überzeugen. Insbesondere ist bei der Motivation der Risikobegrenzung zwischen beitrags- und leistungsbezogenen Systemen zu differenzieren. Während sich bei beitragsbezogenen Versorgungssystemen das Risiko eines höheren Eintrittsalters mithilfe von versicherungsmathematischen Berechnungsfaktoren ausgleichen lässt, ist dies bei leistungsbezogenen, arbeitgeberfinanzierten Versorgungssystemen nicht der Fall. Folglich erscheint die

---

891 MüKo-*Thüsing*, § 10 AGG Rn 56; *Thüsing*, Rn 465.

892 *Nollert-Borasio/Perreng*, § 10 AGG Rn 22.

893 BAG, Urt. v. 12. Februar 2013 – 3 AZR 100/11, MDR 2013, 725 f. = DB 2013, 1245 ff. [Rn 30]; hierbei hat das BAG wie dargestellt sogar ausdrücklich offen gelassen, ob es sich um eine mögliche unmittel- oder mittelbare Benachteiligung handele. Vielmehr gingen die Erfurter Richter davon aus, dass sowohl eine unmittel- wie auch eine mittelbare Benachteiligung anhand einer Wartezeit von 15 Jahren zumindest gerechtfertigt sei.

Argumentation, eine Wartezeit würde das legitime Ziel der Risikobegrenzung verfolgen, lediglich bei leistungsbezogenen Versorgungssystemen nachvollziehbar.[894]

Vorliegend mangelt es jedoch auch an der Erforderlichkeit einer derartigen Klausel. Sollte man tatsächlich auf die Argumente der Risikobegrenzung sowie der Betriebstreuehonorierung als legitime Ziele abstellen, so erscheint es doch zumindest milder und dennoch gleich geeignet, nicht direkt nach dem *„alles-oder-nichts-Prinzip"* einen vollständigen Ausschluss für den Fall vorzusehen, dass ältere Beschäftigte die Wartezeit nicht mehr erfüllen. Vielmehr wäre es ebenso – und für den Arbeitnehmer weniger einschneidend – möglich, vorzusehen, dass der Arbeitnehmer zwar Anwartschaften erdient, jedoch lediglich entsprechend der im Unternehmen geleisteten Dienstzeit ratierlich gekürzt. Es ist nicht verständlich, wieso das zur Verfügung stehende Mittel einer ratierlichen Kürzung nicht angewandt werden soll, wenn bspw. ein Arbeitnehmer bereits zum Zeitpunkt der Zusage der bAV erkennen kann bzw. muss, dass ihm bei Ausscheiden aus dem Beschäftigungsverhältnis aufgrund des Erreichens des gesetzlichen Rentenalters einige wenige Monate zur Erfüllung der gesamten Wartezeit fehlen werden, er aber dennoch die gesamte ihm mögliche Betriebstreue geleistet haben wird.

Geht man – entgegen der hier vertretenen Ansicht – dennoch davon aus, dass eine die Versorgung gänzlich ausschließende Wartezeitregelung ein erforderliches Mittel darstellt, so scheint es bei Regelungen, die über die gesetzliche Unverfallbarkeitsfrist hinausgehen, zudem an der Angemessenheit fehlen.

Grundlegend anders hat hier jüngst das BAG[895] entschieden: Eine mittlerweile pensionierten Arbeitnehmerin, welche aufgrund ihres fortgeschrittenen Alters bereits zum Zeitpunkt der Zusageerteilung nicht mehr die vorgesehenen 15 Jahre erforderlicher Betriebszugehörigkeit leisten konnte, hatte auf Leistungen der bAV geklagt. Das BAG ging hier wie dargestellt davon aus, dass ein legitimes Ziel für die Verwendung einer solchen Wartefrist gegeben sei, da es die Verbreitung der bAV zu fördern gelte und daher den Arbeitgebern bei der Gewährung und Ausgestaltung solcher freiwilliger Leistungen in gewissem Maße „freie Hand" gelassen werden müsse. Die Erfurter Richter gingen darüber hinaus auch von der Angemessenheit der vom Arbeitgeber vorgesehenen 15-jährigen Wartezeit aus.

Begründet wurde die Angemessenheit der Regelung zum einen damit, dass eine 15-jährige Wartezeit im Vergleich zu einem typischerweise mindestens 40-jährigen Erwerbsleben gering und daher noch hinnehmbar sei. Zudem sei die „lediglich" 15-jährige Wartezeit hinnehmbar, da davon ausgegangen werden könne, dass durch diese Wartzeit ausgeschlossenen Arbeitnehmer aufgrund ihres höheren Alters in vorangegangenen Arbeitsverhältnissen bereits die Möglichkeit besessen hätten, Betriebsrentenanwartschaften zu erdienen.[896]

---

894 So auch zutreffend: *Mückel/Herrnstadt*, GWR 2013, 258.

895 BAG, Urt. v. 12. Februar 2013 – 3 AZR 100/11, MDR 2013, 725 f. = DB 2013, 1245 ff.

896 BAG, Urt. v. 12. Februar 2013 – 3 AZR 100/11, MDR 2013, 725 f. = DB 2013, 1245 ff. [Rn 33].

Zum anderen jedoch gingen die Richter hinsichtlich der Regelung des § 10 S. 3 Nr. 4 AGG davon aus, dass die Festsetzung einer Altersgrenze für den Zugang zu betrieblichen Systemen der sozialen Sicherheit und somit auch zur bAV nach dieser Regelung grundsätzlich zulässig sein solle. Die jeweilige Altersgrenze müsse lediglich angemessen sein.[897]

Das Urteil des BAG geht vorliegend in verschiedener Hinsicht fehl: grundsätzlich ist zwar fraglos der getroffenen Feststellung zuzustimmen, dass die Verbreitung der bAV ein legitimes Ziel im Sinne der Rechtfertigungsmöglichkeiten des § 10 AGG darstellt.[898] Allerdings verwundert die hinsichtlich der Länge der Wartezeit getroffene Aussage ebenso wie die Herleitung der Entscheidung.

Die Richter haben – zumindest ergibt sich aus den Entscheidungsgründen nichts Gegenteiliges – bei ihrer Entscheidungsfindung außer Acht gelassen, dass es bei einer anspruchausschließenden Wartezeitenregelung auch an der Erforderlichkeit mangeln kann und nach der hier vertretenen Ansicht auch mangelt. Nicht nur haben sie es versäumt, auf mögliche Unterschiede zwischen der Verhältnbismäßigkeit einer solchen Regelungen in beitrags- oder aber in leistungsbezogenen Systemen hinzuweisen. Vielmehr scheinen die Richter auch davon ausgegangen, dass bei Wartezeitenregelungen bei festgestelltem Vorliegen eines legitimen Ziels des Weiteren lediglich auf die Angemessenheit der Regelung abzustellen sei.

Die Möglichkeit hingegen, als Rechtsfolge einer Wartezeitenregelung auch bspw. eine lediglich ratierliche Kürzung anstelle eines vollständigen Ausschlusses vorsehen zu können, ließen die Richter unkommentiert. Das Urteil der Erfurter Richter geht daher an dieser Stelle zu kurz, da es nach der Feststellung eines legitimen Zieles automatisch auf die Angemessenheit der 15-jährigen Frist eingeht. Da jedoch nach der hier vertretenen Ansicht die Interessen des Arbeitgebers an der Kalkulierbarkeit seiner Leistugen sowie an dem Ausschluss lediglich kurzfristig Beschäftigter bereits durch die gesetzlichen Unverfallbarkeitsfristen zu genüge gewahrt werden, erscheint die Regelung nicht verhältnismäßig. Das Interesse des Arbeitgebers hingegen, sicherstellen zu wollen, dass die volle Leistung der bAV lediglich im Fall des Ableistens einer gewissen Betriebstreue gewährt werden soll, würde jedoch auch mittels milderer Regelungen gewahrt werden. So würde bspw. eine Regelung, welche vorsieht, dass für jedes nicht geleistete Jahr der Betriebstreue ein Abzug von x-Prozent vorgenommen wird, eine mildere Regelung darstellen, welche gleich geeignet wäre, das Interesse des Arbeitgebers zu schützen.

Folglich ist entgegen der Auffassung des BAG von der Unzulässigkeit einer solchen Regelung zumindest dann auszugehen, wenn die Wartezeit über die gesetzliche Unverfallbarkeitsfrist hinausgeht, da diese den Arbeitgeber bereits hinreichend in seinen Kalkulationsinteressen schützt.

---

897 BAG, Urt. v. 12. Februar 2013 – 3 AZR 100/11, MDR 2013, 725 f. = DB 2013, 1245 ff. [Rn 26].

898 Siehe hierzu auch bereits ausführlich oben: B.IV.1.a)dd)(2)(a).

ee) Vorschaltzeiten

Wie bereits dargestellt sehen Arbeitsverträge häufig vor, dass die Versorgungszusage erst dann erfolgen soll, wenn der Arbeitnehmer eine Mindestdienstzeit bei dem die Leistungszusage gebenden Arbeitgeber abgeleistet oder ein bestimmtes Mindestalter erreicht hat. Es handelt sich bei solchen Regelungen um so genannte Vorschaltzeiten, durch die die Erteilung der Versorgungszusage hinausgeschoben werden soll.[899] Sie sind daher von den Wartezeiten zu unterscheiden, bei denen nicht die Zusage, sondern das Entstehen der Leistungsansprüche hinausgeschoben werden soll.[900] Während sich die Wartezeiten also auf die Zeit nach Erteilung der Zusage beziehen, behandeln sogenannte Vorschaltzeiten die Zeit noch vor Erteilung der Zusage.

Nach bisheriger Rechtsprechung waren Arbeitgeber darin frei, derartige Zeiträume festzulegen, welche der Arbeitnehmer bereits i.R.d. Arbeitsverhältnisses absolviert haben muss, um einen Anspruch auf bAV zu erwerben. Diese Gestaltungsfreiheit wurde damit begründet, dass sich der Arbeitgeber freiwillig zur Leistung einer bAV verpflichte und diese freiwillige Selbst-Verpflichtung nach seinen Vorstellungen gestalten können müsse.[901]

Nach Ansicht des BAG sollten derartige Regelungen insbesondere nicht zum Hinausschieben des Zeitpunktes der Erteilung der Versorgungszusage führen. Vielmehr hat die Rechtsprechung bestimmt, dass der Arbeitnehmer durch die Vereinbarung, ihm nach einer festgelegten Zeitspanne eine Versorgungszusage zu erteilen, einen Anspruch auf Zusageerteilung erhält.[902] Es handele sich somit um eine „Zusage auf eine Zusage". Eine derartige *„Zusage auf eine (zukünftige) Zusage"* hingegen stelle bereits eine „echte" Zusage i.S.d. § 1b BetrAVG, also den Rechtsbegründungsakt der bAV, dar. Auch das Erstarken der Anwartschaft zum Vollrecht hängt nach Ansicht der Gerichte in diesen Fällen nur vom Fortbestand des Arbeitsverhältnisses und vom Eintritt des Versorgungsfalles ab, gerade nicht jedoch vom Ableisten der vom Arbeitgeber geregelten Mindestdienstzeit.[903] Vorschaltzeiten sind vielmehr in bloße leistungsausschließende Wartezeiten umzudeuten, welche ein Element des Leistungsplanes sind.

Hinsichtlich der Zulässigkeit derartiger Wartezeiten hingegen wird auf oben Ausgeführtes verwiesen.[904]

---

899 ErfKomm-*Steinmeyer*, § 1b BetrAVG Rn 35; Kemper/Kisters-Kölkes/Berenz/Huber-*Kemper*, § 1b Rn 52 f.; *Blomeyer/Rolfs/Otto*, § 1b BetrAVG Rn 50; zu den Rechtsbegründungsakten der BAV s.o.: B.I.1.a).

900 Zu Zulässigkeit solcher Wartefristen s.o.: B.IV.1.b)dd).

901 So bspw.: BAG, Urt. v. 24. Februar 2004 – 3 AZR 5/03, AP Nr. 2 zu § 1b BetrAVG.

902 *Blomeyer/Rolfs/Otto*, § 1b BetrAVG Rn 51.

903 BAG, Urt. v. 7. Juli 1977 – 3 AZR 572/76, EzA Nr. 3 zu § 1 BetrAVG Wartezeit; Urt. v. 24. Februar 2004 - 3 AZR 5/03, EzA Nr. 2 zu § 1b BetrAVG.

904 Siehe ausführlich zur Zulässigkeit derartiger Wartezeitklauseln vor dem AGG: B.IV.1.b)dd).

ff) Altersabstandsklauseln

Wie bereits dargestellt sehen Versorgungsordnungen hinsichtlich der Hinterbliebenenversorgung häufig so genannte Altersabstandsklauseln vor. Zu Vor-AGG-Zeiten wurden solchen Klauseln für zulässig gehalten.[905]

Da sie nicht direkt bzw. unmittelbar auf das (Lebens-)Alter des Versprechensempfängers abstellen, sondern vielmehr gleichzeitig sowohl auf das Alter seines Ehepartners als auch insbesondere und ausschlaggebend auf die zwischen den beiden bestehende Altersdifferenz, kann in derartigen Altersabstandsklauseln auch keine unmittelbare Benachteiligung wegen des Alters erkannt werden.

Gleichzeitig jedoch werden durch derartige Klauseln ältere Arbeitnehmer jüngeren Arbeitnehmern gegenüber benachteiligt. Die Gruppe der Mitarbeiter, deren Ehepartner mehr als den vorgesehenen Höchstaltersabstand von X Jahren jünger ist, wird gegenüber der Gruppe der Mitarbeiter mit einem weniger jungen Ehepartner schlechter gestellt. Da jüngere Arbeitnehmer bereits denklogisch lediglich geringere Altersabstände zu ihren Ehepartnern haben können – so kann bspw. ein 25-Jähriger bereits keine 10 Jahre Jüngere ehelichen – als dies bei älteren Arbeitnehmern der Fall ist, wird diese Benachteiligung ältere Arbeitnehmer häufiger treffen als jüngere. Ältere Arbeitnehmer könnten gar unter Umständen in ihrer Partnerwahl beeinflusst werden. In jedem Fall jedoch werden sie durch eine mittelbar (auch) an ihr Alter anknüpfende Regelung i.S.d. § 3 Abs. 2 AGG wegen ihres Alters benachteiligt.[906]

Folglich stellt sich die Frage, ob eine derartige mittelbare Benachteiligung älterer Arbeitnehmer durch die Verwendung von Altersabstandsklauseln evtl. von einem legitimen Ziel gedeckt und dieses Mittel für die Erreichung dieses Ziels auch erforderlich und angemessen ist.[907] Sollte eine derartige Rechtfertigung gegeben sein, so läge bereits tatbestandlich keine mittelbare Benachteiligung wegen des Alters i.S.d. § 3 Abs. 2 AGG vor.

(1) Legitimes Ziel

Zunächst müsste ein legitimes, sachliches Ziel vorhanden sein, welches mittels einer derartigen Klausel als (angemessenem und erforderlichem) Mittel verfolgt wird. Arbeitgeber nehmen Altersabstandsklauseln – ebenso wie oben bereits hinsichtlich der Spätehenklauseln erläutert[908] - aus unterschiedlichen Gründen in die Versorgungsreglungen auf.

---

905 Zum Begriff der Altersabstandsklauseln sowie zur Zulässigkeit von Altersabstandsklauseln zu Vor-AGG-Zeiten s.o.: B.IV.1.a)jj) bzw. B.IV.1.a)jj)(1).

906 So auch zutreffend: *Meinel/Heyn/Herms*, § 10 Rn 69a; a.A.: *Willemsen/Döring*, BetrAV 2011, 432, 437; ausführlich zur Einordnung des Sachverhaltes einer Altersabstandsklausel unter den Begriff der mittelbaren Benachteiligung s.o.: B.IV.1.a)jj)(2).

907 So auch: *Preis/Temming* NZA 2008, 1209; wohl die Rechtfertigung solcher Regelungen annehmend: ErfKomm-*Steinmeyer*, Vorbemerkung BetrAVG Rn 45; *Höfer*, Band I: Arbeitsrecht, ART Rn 890; MüKo-*Thüsing*, § 10 AGG Rn 59.

908 Zur möglichen Rechtfertigung einer so genannten Spätehenklausel s.o.: B.IV.1.a) hh)(2)(b).

Hinsichtlich der Hinterbliebenenversorgung besteht aus Sicht der Arbeitgeber stets die Gefahr, dass Missbrauch in Form von *„Versorgungsehen zwischen Alt und Jung“* betrieben wird und der Arbeitgeber dann für einen entschieden längeren Zeitraum als ursprünglich geplant das Versorgungsrisiko trägt.[909] Viele Arbeitgeber wollen sich anhand derartiger Klauseln insofern absichern, als der Rahmen der Versorgungsleistungen überschaubar bleiben, das wirtschaftliche Versorgungsrisiko also begrenzt werden soll. Aus diesem Grund wird vertreten, dass es sich bei solchen Klauseln um sachlich gerechtfertigte Mittel der Risiko- und Lastenbegrenzung handele.[910] Es stelle ein berechtigtes Interesse des Arbeitgebers ein, keine unkalkulierbaren Langlebigkeitsrisiken einzugehen.

Dem ist jedoch entgegen zu halten, dass die Generalanwältin *Sharpston* in den Schlussanträgen zur EuGH-Rechtssache *Bartsch* die finanziellen Auswirkungen der in dieser Rechtssache möglich erscheinenden Unwirksamkeitserklärung solcher Klauseln als jedenfalls nicht gravierend bezeichnete.[911] Hierfür sprechen auch aktuelle Statistiken, nach welchen in Deutschland im Jahr 2012 der durchschnittliche Altersabstand zwischen Ehepartnern 3,9 Jahre betrug. Ein Altersabstand von mehr als 10 Jahren hingegen besteht lediglich in 6 % der bundesdeutschen Ehen, also lediglich in ca. jeder 17ten Ehe.[912] Man kann folglich nicht davon ausgehen, dass hier ein überragendes Risiko für Arbeitgeber besteht, sollten Altersabstandsklauseln für unwirksam erklärt werden. Nimmt man dies als Maßstab, so lässt sich argumentieren, dass wohl auch kein derart übergeordnetes und besonders schützenswertes Interesse der Arbeitgeber an der Risiko- und Lastenbegrenzung sowie der Verbesserung der Kalkulierbarkeit bestehen könne. Bestünde ein derariges Interesse, so müssten die Auswirkungen einer möglichen Unwirksamkeit solcher Klauseln ja auch gravierend sein.

Wie jedoch bereits ausführlich dargelegt, stellen die Risikobegrenzung und die Verbesserung der Kalkulierbarkeit insbesondere vor dem Hintergrund des sozialpolitischen Zieles der Verbreitung der bAV und der hierfür für erforderlich

909 *Blomeyer/Rolfs/Otto*, Anh § 1 BetrAVG Rn 202; MüKo-*Thüsing*, § 10 AGG Rn 56; ebensso auch: BAG, Vorlagebeschluss v. 27. Juni 2006 – 3 AZR 352/05 (A), AP Nr. 6 zu § 1b BetrAVG.

910 So bspw.: LAG Niedersachsen, Urt. v. 23. Juni 2011 – 4 Sa 381/11, NZA-RR 2011, 600 ff.; so wohl auch, eine Rechtfertigung aus diesem Grund ebenfalls für möglich haltend: BAG, Vorlagebeschluss v. 27. Juni 2006 – 3 AZR 352/05 (A), AP Nr. 6 zu § 1b BetrAVG; *Rengier*, NZA 2006, 1251, 1255; Schiek-*Schmidt:* § 10 AGG Rn 24; *Förster/Cisch/Karst*, § 1 BetrAVG Rn 58; *Willemsen/Döring*, BetrAV 2011, 432, 437; *Blomeyer/Rolfs/Otto*, Anh. § 1 BetrAVG Rn 202.

911 EuGH, Schlussanträge der Generalanwältin *Eleanor Sharpston* vom 22.05.2008 – Rs. C-427/06 [*Bartsch*] [Rn 132].

912 So laut Statistisches Bundesamt: Zahl der Woche vom 22. Oktober 2013 – „Altersunterschied bei Paaren im Durchschnitt 4 Jahre“, abrufbar unter: https://www.destatis.de/DE/PresseService/Presse/Pressemitteilungen/zdw/2013/PD13_043_p002pdf.pdf?__blob=publicationFile.

gehaltenen Steigerung ihrer Attraktivität durchaus wichtige und daher legitime Ziele i.R.e. Rechtfertigung i.S.d. AGG dar.[913] Zudem kann hier der Generalanwältin insbesondere hinsichtlich ihrer Ausführungen zu den angeblich nicht gravierenden finanziellen Auswirkungen nicht gefolgt werden.

Höfer stellt diesbezüglich darauf ab, dass es eine zu starke Einschränkung der Vertragsfreiheit darstellen würde, sollten Arbeitgeber nicht mehr berechtigt sein, Altersabstandsklauseln zu verwenden.[914] Zwar ist diesem Argument insoweit zuzustimmen, als es dem Arbeitgeber frei stehen muss, Einfluss auf den Gesamtumfang der von ihm erteilten Versorgungszusage zu nehmen. Ebenso stünde es ihm zum Vergleich frei, die Hinterbliebenenversorgung gänzlich auszuschließen. Folglich muss es ihm zumindest möglich sein, das Risiko durch gewisse Stellschrauben zu begrenzen.

Allerdings stellte das LAG Düsseldorf in einem eine Altersabstandsklausel betreffendem Urteil aus dem Jahr 2006[915] zutreffender Weise fest, dass der Arbeitgeber zwar frei in der Entscheidung sei, eine bAV und auch eine Hinterbliebenenrente einzuführen. Hat er sich jedoch einmal dazu entschieden, so befindet er sich bei der Gestaltung durchaus nicht im rechtsfreien Raum, sondern muss insbesondere auch das Entgeltgleichheitsgebot beachten, da es sich bei Leistungen der bAV anerkannter Weise um Entgeltleistungen handelt. Folglich weiß *Höfers* Argument hier nicht vollständig zu überzeugen.

Die Verwendung von Altersabstandsklauseln wird tlw. auch damit begründet, dass eine Hinterbliebenenversorgung bei Ehepartnern, welche sehr viel jünger als der Verstorbene sind, nicht so notwendig erscheine wie hingegen bei Ehepartner, die ein ähnliches Alter besitzen wie der Verstorbene. Erheblich jüngere Hinterbliebene besäßen für gewöhnlich eher die Möglichkeit, selber eine Arbeit aufzunehmen und somit für eine eigene Versorgungsgrundlage zu sorgen, unabhängig von einer etwaigen Hinterbliebenenrente.[916]

Fraglich ist, ob diese auch zu Spätehenklauseln vorgebrachten Argumente ohne Weiteres und ohne genauere Überprüfung auch auf Altersabstandsklauseln übertragen werden können, oder ob hier evtl. die Altersabstandsklauseln nicht das erforderliche und angemessene Mittel darstellen. Zu beachten ist hierbei, dass Altersabstandsklauseln den Betroffenen im Einzelfall noch härter treffen können als Spätehenklauseln. Während beim Abschluss einer späten (und somit unter eine

---

913 Zur Legitimität dieser Ziele s.o.: B.IV.1.a)dd)(2)(a) sowie B.IV.1.a)hh)(2)(b); ebenfalls: BAG: Urt. v. 20. April 2010 – 3 AZR 509/08, AP Nr. 26 zu § 1 BetrAVG Hinterbliebenenversorgung = DB 2010, 2000; LAG Niedersachsen, Urt. v. 23. Juni 2011 – 4 Sa 381/11, NZA-RR 2011, 600, 601; das Urteil des LAG Niedersachsen zusammenfassend: *Obenberger*, BetrAV 2011, 327, 332.

914 *Höfer*, Band I: Arbeitsrecht, ART Rn 889 f.; ebenfalls auf die Vertragsfreiheit verweisend: Däubler/Bertzbach-*Schrader/Schubert*, § 2 AGG Rn 156a.

915 LAG Düsseldorf, Urt. v. 12. April 2006 – 12 Sa 1660/05, abrufbar über: www.juris.de [Rn 23].

916 So wohl: *Thüsing*, Rn 466; diese Ansicht bestätigend: *Adomeit/Mohr*, § 10 Rn 157.

Spätehenklausel fallenden) Ehe der Versorgungsfall augenscheinlich schon recht nahe ist, liegt er bspw. bei Eheschließung zwischen einem 40-Jährigen und einer 20-Jährigen noch in relativ weiter Ferne. Folglich trifft die Altersabstandsklausel denjenigen Betroffenen stärker, dem verwehrt wird, über Jahrzehnte in den verbleibenden Dienstjahren Versorgungsleistungen für seine spätere Hinterbliebene zu erdienen. Dieser Unterschied ist jedoch keine Frage des legitimen Zieles, sondern eher der Angemessenheit des Mittels. Auch hinsichtlich der Altersabstandsklauseln stellt sich die Frage, wo die Grenzen der Angemessenheit für eine deartige legitime Risikobegrenzung liegen.[917] Es ist auch hier eine Abwägung zwischen den Interessen des Arbeitgebers an der Begrenzung seines Risikos etc. und den Interessen des Arbeitnehmers an einer benachteiligungsfreien Gewährung der bAV bzw. hier der Versorgung seines Ehepartners vorzunehmen.[918]

Es muss daher überprüft werden, ob Altersabstandsklauseln das erforderliche und angemessene Mittel darstellen, um die legitimen Ziele der Arbeitgeber der Risikobegrenzung zu verfolgen.[919]

(2) Erforderlichkeit des Mittels

Ein Teil der Literatur vertritt die Ansicht, Altersdifferenzregelungen seien ein zur Erreichung des Zieles der Risikobegrenzung erforderliches Mittel und weiterhin zulässig.[920] Durch eine Altersabstandsklausel werde das Risiko des Arbeitgebers anhand demographischer Kriterien begrenzt. Sie beschränke insbesondere das Risiko des Arbeitgebers, dass sich der Versorgungszeitraum zumeist umso länger erstrecke, je jünger die oder der Hinterbliebene im Vergleich zum Beschäftigten sei.

Es wird jedoch auch darauf abgestellt, dass eine solche Risikobegrenzung nur solange angemessen sei, als nicht solche Altersunterschiede ausgeschlossen würden, wie sie zwischen Ehegatten gewöhnlich erscheinen. Tlw. wird angenommen, eine Altersdifferenzklausel von 15 Jahren sei noch angemessen, da 15 Jahre Altersunterschied bereits nicht mehr gewöhnlich erschienen.[921] *Rolfs* hingegen geht sogar

917 *Rengier*, NZA 2006, 1251, 1255.

918 *Rengier*, NZA 2006, 1251, 1255.

919 Schaub-*Vogelsang*, § 85 Rn 209; wohl zumindest hinsichtlich „unüblicher" Altersabstände (bspw,. 15 Jahre) Altersabstandsklauseln für gerechtfertigt erachtend: *Adomeit/Mohr*, § 10 AGG Rn 159.

920 MüKo-*Thüsing*, § 10 AGG Rn 59; *Rolfs*, NZA 2008, 553, 557; *Thüsing*, Rn 466; *Adomeit/Mohr*, § 10 AGG Rn 159; zumeist jedoch ohne nähere Diskussion der Erforderlichkeit; wohl auch, eine auf zwischen Ehegatten unübliche Altersdifferenz abstellende Klausel wohl für gerechtfertigt haltend, jedoch gleichsam auch auf die Kritik an der Verhältnismäßigeit hinweisend: *Adomeit/Mohr*, § 10 AGG Rn 159; bzw. auf ratierliche Kürzungsmöglichkeiten zumindest hinweisend: Küttner-*Kania*, „Diskriminierung" Rn 93; a.A., die Erforderlichkeit eines vollständigen Ausschlusses verneinend: *Förster/Cisch/Karst*, § 1 BetrAVG Rn 58; *Langohr-Plato*, Rn 57.

921 *Förster/Cisch/Karst*, § 1 BetrAVG Rn 58; so ebenfalls, jedoch lediglich eine gestaffelte Kürzung für gerechtfertigt haltend: LAG Rheinland-Pfalz, Urt.

darüber hinaus und hält auch das Abstellen auf einen Altersabstand von mehr als 10 Jahren noch für eine zulässige Beschränkung.[922] Ebenso vertritt *Höfer* weiterhin seine bereits zu Vor-AGG-Zeiten vertretene Ansicht, dass Altersabstandsklauseln aufgrund der Vertragsfreiheit sogar bei relativ geringen Altersunterschieden von 10 oder weniger Jahren zulässig seien.[923] Auch das ArbG Duisburg ging bereits in einem Urteil aus dem Jahr 2000[924] davon aus, dass statistisch gesehen Ehefrauen 2-3 Jahre im Durchschnitt jünger seien als die Ehepartner und zudem eine ca. 10 Jahre längere durchschnittliche Lebenserwartung besäßen. Hieraus errechneten die Duisburger Richter, dass der Arbeitgeber somit im Versorgungsfall ca. 12-13 Jahre eine Hinterbliebenenrente zahlen müsse. Der Arbeitgeber begrenze dieses Versorgungsrisiko durch eine, nach Ansicht des Gerichts – zumindest zu Vor-AGG-Zeiten – zulässige Altersabstandsklausel von 15 Jahren.[925]

Die zitierten Urteile, mit Ausnahme das Urteil des ArbG Duisburg, wie auch Literaturstimmen lassen bzw. ließen sich jedoch allesamt nicht zu der Frage der Erforderlichkeit des Mittels aus, sondern stellen schlichtweg fest, das Mittel der Altersabstandsklausel sei erforderlich. Es wurde und wir jedoch zumeist versäumt, ernsthaft darüber zu diskutieren bzw. genau zu überprüfen, ob es nicht mildere Mittel gäbe, welche gleich geeignet wären, so dass die Erforderlichkeit von Altersabstandsklauseln in jedem Fall kritischer zu prüfen ist, als dies in großen Teilen der Literatur bislang getan wird.[926] Bestehen denn solche milderen Mittel, die gleich geeignet sind, die Risiken des Arbeitgebers zu begrenzen?

Als besonders problematisch, da äußerst einschneidend, stellt sich dar, dass die hier diskutierten Altersabstandsklauseln ein *„alles-oder-nichts-Prinzip“* verfolgen. Ist die zwischen den Ehepartnern bestehende Altersdifferenz auch nur wenige Monate oder wenige Tage größer als die vom Arbeitgeber noch akzeptierte, so soll der hinterbliebene Ehepartner gänzlich von der Versorgung ausgenommen werden. So kann nach solchen Regelungen sogar ein Altersabstand von lediglich einem

---

v.19. Dezember 2008 – 6 Sa 399/08, abrufbar unter: http://www.mjv.rlp.de/Rechtsprechung/ [Rn 31]; eine Kurzzusammenfassung des Urteils auch in *Obenberger*, BetrAV 2011, 327, 331.

922 *Rolfs*, NZA 2008, 553, 557.

923 *Höfer*, Band I: Arbeitsrecht, ART Rn 889; diese Ansicht bestätigend: *Blomeyer/Rolfs/Otto*, Anh § 1 BetrAVG Rn 202.

924 ArbG Duisburg, Urt. v. 16. Februar 2000 – 3 Ca 3606/99, NZA-RR 2001, 48.

925 Diese Berechnung insbesondere aufgrund des hohen angenommenen Unterschiedes bei der durchschnittlichen Lebenserwartung anzweifelnd: LAG Düsseldorf, Urt. v. 12. April 2006 – 12 Sa 1660/05, abrufbar über: www.juris.de [Rn 19], mit Verweis auf aktuelle Statistiken des Statistischen Bundesamtes, welche eine Durchschnittserwartung für Männer von ca. 73,2 und für Frauen von ca. 77,3 Jahren annimmt. Siehe hierzu auch: http://www.zeit.de/wissen/gesundheit/2010-11/lebenserwartung-rekord-deutschland.

926 Ebenfalls eine kritischere Betrachtung fordernd: *Boemke/Danko*, § 4 Rn 80; *Reichenbach/Grünenklee*, BetrAV 2006, 708 f.

zusätzlichen Tag (z.B. 15 Jahre + 1 Tag) zwischen einer Hinterbliebenenversorgung in voller Höhe und deren vollständigem Verlust entscheiden.[927]

Ebenso wenig ist verständlich und wohl auch nicht vertretbar, dass bei einer Altersabstandsklausel von 10 Jahren bspw. eine 21 Jahre alte Ehefrau eines 32-jährigen Beschäftigten keinerlei Hinterbliebenenrente bekäme. Hier erscheint das Versorgungsrisiko des Arbeitgebers jedoch nicht derart übermäßig gesteigert, da auch eine gleichalte Ehepartnerin (oder sogar auch noch eine 23-)Jährige ebenfalls eine umfangreiche Versorgung erhalten würde.

Auf diesen Punkt gingen auch die Duisburger Richter ein. Am Maßstab eines möglichen Verstoßes gegen Art. 3 GG, nicht hingegen gegen eines der Verbote des (damals noch nicht erlassenen) AGG stellten die Richter hier fest, dass dem Arbeitgeber nicht zuzumuten sei, eine lineare Kürzung der Ansprüche entsprechend dem ansteigenden Altersabstand vorzusehen. Eine derartige lineare Ausgestaltung des Systems der bAV sei aus Praktikabilitätsgründen nicht vom Arbeitgeber zu erwarten.[928] Ebenso lehnten die Richter auch eine Reduzierung der Betriebsrentenleistungen an alle Beschäftigten i.S.e. Umlegung des erhöhten Risikos auf die Beschäftigten ab. Zutreffender Weise wurde angenommen, dass eine Abdeckung des gesamten erhöhten Versorgungsrisikos eine deutliche Kürzung der Betriebsrentenansprüche für die gesamte Belegschaft zur Folge hätte und daher nicht gleich geeignet erscheint.

Auch *Höfer* deutet Bedenken hinsichtlich der Erforderlichkeit einer solchen Regelung an. Zwar geht er wie dargestellt zwar von der Zulässigkeit einer auf einen Altersunterschied von 10 Jahren abstellenden Klausel aus, weist jedoch an gleicher Stelle darauf hin, dass auch Ausgestaltungen möglich wären, nach denen Kürzungen der Leistungen mit jedem Jahr, welches die Ehepartner weiter über eine bestimmte Grenze hinausgehend voneinander entfernt sind, vorgenommen werden.[929] Eine derartige Staffelung würde gegenüber einem Komplett-Ausschluss von der Hinterbliebenenrente bei Überschreiten eines gewissen Altersabstandes in jedem Fall ein milderes Mittel darstellen. Eine - wie von *Höfer* dargestellt - ebenfalls vorstellbare, nach dem Altersabstand gestaffelte Leistungsminderung gleich wirksam, aber milder.[930] Folglich ist die Erforderlichkeit eines Mittels in Form solcher Klauseln, welche bei Überschreiten einer gewissen Altersdifferenz die Hinterbliebenenversorgung komplett ausschließen, zu verneinen.[931]

---

927 So überzeugend: *Bauer/Arnold*, NJW 2008, 3377, 3380.

928 ArbG Duisburg, Urt. v. 16. Februar 2000 – 3 Ca 3606/99, NZA-RR 2001, 48 [Rn 24].

929 *Höfer*, Band I: Arbeitsrecht, ART Rn 805.33.

930 So auch: Schaub-*Vogelsang*, § 85 Rn 209; *Berg/Natzel*, ZfA 2012, 65, 76 unter Verweis auf: LAG Rheinland-Pfalz, Urt. v. 19. Dezember 2008 – 6 Sa 399/08, abrufbar unter: http://www.mjv.rlp.de/Rechtsprechung/; auf dieses Urteil hinweisend, allerdings wohl dennoch von der Zulässigkeit einer nicht lediglich ratierlichen Kürzung ausgehend: Küttner-*Kania*, „Diskriminierung" Rn 93.

931 Ebenso, wenn auch von einer unmittelbaren Benachteiligung wegen des Alters ausgehend: *Förster/Cisch/Karst*, § 1 BetrAVG Rn 59; ebenfalls die Erforderlichkeit

Es besteht also hinsichtlich des Altersabstandes die Möglichkeit einer Staffelung, um dem zu ungerechten und extremen Ergebnissen führenden *„alles-oder-nichts-Prinzip"* zu entgehen. Entgegen der Ansicht der Duisburger Richter erscheint eine derartige Staffelung auch ebenso praktikabel wie eine die Hinterbliebenenrente ab einem bestimmten Abstand gänzlich ausschließende Regelung. Ebenso, wie der Altersabstand hier vom Arbeitgeber bzw. dem Versorgungswerk erfasst werden muss, um den Abstand hinsichtlich einer derartigen Regelung auf einen möglichen Komplett-Ausschluss hin zu überprüfen, ist es möglich, den Altersabstand unmittelbar als versicherungsmathematischer Faktor in die Berechnung einer linear anhand des steigenden Altersabstandes abnehmenden Betriebsrente einzupflegen. Insbesondere vor dem Hintergrund der heutigen Möglichkeiten der elektronischen Datenverarbeitungssysteme dürfte dies für den Arbeitgeber nicht unpraktikabel sein.

So ist es möglich, gleich geeignet und weniger einschneidend, dem Risiko der potenziell längeren Bezugszeiten auf Grund des jüngeren Lebensalters des Hinterbliebenen durch eine versicherungsmathematische Reduzierung mit zunehmendem Altersabstand Rechnung zu tragen.[932] Eine derartig gestaffelte Kürzung hatte auch das LAG Rheinland-Pfalz im Jahr 2009 zu prüfen. In dem konkreten Fall wurde die Hinterbliebenenrente für jedes Jahr, welches der Altersabstand mehr als 15 Jahre betrug, um 5 % gekürzt. Das Gericht ging hier zutreffender Weise von der Zulässigkeit einer derartigen Kürzung aus.[933]

Teilweise wird zudem diskutiert, ob nicht dieselben Ziele auch durch Verringerung der Anspruchshöhe für alle Berechtigten oder zumindest für alle Hinterbliebenen erreicht werden könnten.[934] Denkbar wäre ebenfalls, an den Vorschlag der Generalanwältin *Sharpston*[935] anlehnend, ein bestimmtes Lebensalter als Beginn für den Bezug von Hinterbliebenenversorgung festzulegen oder die Bezugsdauer zu begrenzen.[936] Hiermit würde ebenfalls der Problematik der überdurchschnittlich langen Bezugszeiträume entgangen und gleichzeitig auch dem Argument gefolgt, nach welchem jüngere Ehepartner in der Regel noch die Möglichkeit besitzen, auch eine eigene (dann zusätzliche) Versorgung aufzubauen.[937] Auch *Rolfs* nennt das Abstellen der Hinterbliebenenversorgung auf das Alter des Hinterbliebenen

---

und Angemessenheit für fraglich erachtend: ErfKomm-*Schlachter*, § 10 AGG Rn 9.

932 *Bauer/Arnold*, NJW 2008, 3377, 3380; *Berg/Natzel*, ZfA 2012, 65, 76; diese Möglichkeit durchaus für vorstellbar haltend: *Willemsen/Döring*, BetrAV 2011, 432, 437; *Höfer*, Band I: Arbeitsrecht, ART Rn 890; ebenfalls vom Vorliegen milderer Mittel ausgehend: *Reinecke*, BB 2012, 1025, 1028; *ders.*, BetrAV 2011, 318, 321.

933 LAG Rheinland-Pfalz, Urt. v. 19. Dezember 2008 – 6 Sa 399/08, abrufbar unter: http://www.mjv.rlp.de/Rechtsprechung/.

934 *Schiek-Schmidt*, § 10 AGG Rn 25.

935 Siehe: EuGH, Schlussanträge der Generalanwältin *Eleanor Sharpston* vom 22.05.2008 – Rs. C-427/06 [*Bartsch*] [Rn 121].

936 *Boemke/Danko*, § 4 Rn 80; so ebenfalls: *Reinecke*, BB 2012, 1025, 1028.

937 *Bauer/Arnold*, NJW 2008, 3377, 3380.

zum Zeitpunkt des Todesfalles des Arbeitnehmers als Möglichkeit, das Risiko der Versorgungsehen zu begrenzen.[938]

Es ist demnach offensichtlich, dass Altersabstandsklauseln im Bereich der Hinterbliebenenversorgung der bAV ein nicht erforderliches Mittel darstellen, um die legitimen Ziele des Arbeitgebers in Form der Risikobegrenzung etc. zu erreichen. Vielmehr stehen *„ohne Schwierigkeiten weniger extreme Möglichkeiten als der völlige Ausschluss von Hinterbliebenen"*[939] zur Verfügung, welche ebenso geeignet, jedoch diskriminierungsfrei und damit sind.

Altersabstandsklauseln in der hier untersuchten Form sind folglich als mittelbare Benachteiligung wegen des Alters i.S.d. § 3 Abs. 2 AGG gem. § 7 Abs. 1 AGG unzulässig.[940]

gg) Spätehenklauseln mit Ausschluss bei Eheschließung nach Ausscheiden

Sofern eine Spätehenklausel nicht auf das (Lebens-)Alter bei Eheschließung, sondern auf die Frage abstellt, ob die Ehe nicht erst nach dem Ausscheiden aus dem Beschäftigungsverhältnis geschlossen worden ist, so handelt es sich bei einer solchen Klausel mangels Anknüpfens an das Lebensalter jedenfalls um keine unmittelbare Benachteiligung wegen des Alters i.S.d. § 3 Abs. 1 AGG.[941]

Mittels einer auf das Bestehen des Beschäftigungsverhältnis zum Zeitpunkt des Eheschlusses abstellenden Klausel wird die Hinterbliebenenrente allerdings auf Ehejahre während des Arbeitsverhältnisses beschränkt. Eine derartige Klausel könnte eine mittelbare Benachteiligung wegen des Alters darstellen. So werden hierdurch ältere, ehemalige Beschäftigte, die aus Altersgründen bereits ausgeschieden sind, gegenüber jüngeren Beschäftigten benachteiligt. Sie können auch

---

938 *Blomeyer-Rolfs-Otto*, Anh. § 1 BetrAVG Rn 203, gleichzeitig jedoch widersprüchlicher Weise die Zulässigkeit von Altersdifferenzklauseln vertretend [Rn 202].

939 So die Erforderlichkeit des Mittels prägnant verneinend: EuGH, Schlussanträge der Generalanwältin *Eleanor Sharpston* vom 22.05.2008 – Rs. C-427/06 [*Bartsch*] [Rn 121].

940 Sich nicht abschließend festlegend, zumindest aber von der Verwendung derartiger Klauseln abratend und auf mögliche Alternativen hinweisend: *Reinecke*, BB 2012, 1025, 1028; *ders.*, BetrAV 2012, 402, 409; *Preis/Temming*, NZA 2008, 1209, 1215; a.A.: bspw.: *Nollert-Borasio/Perreng*, § 10 AGG Rn 22; *Blomeyer-Rolfs-Otto*, Anh. § 1 BetrAVG Rn 202, die davon ausgehen, dass lediglich die zulässige Altersdifferenzgrenze noch unklar sei.

941 So ebenfalls: LAG Baden-Württemberg, Urt. v. 12. November 2009 – 11 Sa 41/09, BetrAV 2010, 292 ff. = NZA-RR 2010, 315 ff.; BAG, Urt. v. 20. April 2010 – 3 AZR 509/08, AP Nr. 26 zu § 1 BetrAVG Hinterbliebenenversorgung = DB 2010, 2000, 2003; LAG München, Urt. v. 01. Februar 2011 – 6 Sa 1078/10, abrufbar unter: http://www.arbg.bayern.de/imperia/md/content/stmas/lag/muenchen/6sa1078-10.pdf [Rn 79]; zu derartigen, tatsächlich auf das Lebensalter abstellenden Spätehenklauseln s.o.: B.IV.1.a)hh).

trotz späterer Hochzeit keine Hinterbliebenversorgung mehr für den Ehepartner erdienen. Aus diesem Grund gingen auch das BAG sowie das LAG Hamm davon aus, dass eine solche Klausel mittelbar an das Alter anknüpfe und somit an den Vorgaben von § 3 Abs. 2 AGG zu messen sei.[942] Sollte eine solche mittelbare Benachteiligung allerdings gerechtfertigt sein, so liegt bereits tatbestandlich keine mittelbare Benachteiligung i.S.d. § 3 Abs. 2 AGG vor.[943]

Das BAG ging sowohl im Jahr 2010 als auch im Jahr 2013 von der Zulässigkeit einer derartigen Regelung aus.[944] Dies hatten die Erfurter Richter bereits in einer Entscheidung aus dem Jahr 2000[945], also vor Inkrafttreten des AGG, angenommen und bestätigten diese Haltung auch in Hinblick auf eine mögliche Diskriminierung nach den Bestimmungen des nunmehr geltenden AGG.[946] Weder verstoße eine solche Regelung gegen das AGG und dessen Benachteiligungsverbote noch gegen den allgemeinen arbeitsrechtlichen Gleichbehandlungsgrundsatz und zudem auch nicht gegen den sich Art. 6 GG ergebenden Schutz von Ehe und Familie. Es müsse dem Arbeitgeber freigestellt sein, seine Risiken, welche er durch das Versprechen auf Gewährung einer Altersversorgung abgebe, zu begrenzen und kalkulierbar zu machen. Zudem sei er nicht gezwungen, erst nach Rentenbeginn entstehende Risiken zu übernehmen.[947] Diesem legitimen Ziel diene eine Beschränkung der Leistungszusage für Hinterbliebene auf lediglich solche Ehepartner des Versprechensempfängers, mit denen bereits vor Ausscheiden eine Ehe bestanden hat.[948]

---

942 BAG, Urt. v. 20. April 2010 – 3 AZR 509/08, AP Nr. 26 zu § 1 BetrAVG Hinterbliebenenversorgung = DB 2010, 2000, 2003 [Rn 73 f.]; Urt. v. 15. Oktober 2013 – 3 AZR 294/11, Urteilsgründe zum Zeitpunkt der Erstellung dieser Arbeit jedoch noch nicht veröffentlicht; LAG Hamm, Urt. v. 15. Februar 2011 – 9 Sa 1989/10, NZA-RR 2011, 374 ff. = FamFR 2011, 263; So ebenfalls: LAG München, Urt. v. 01. Februar 2011 – 6 Sa 1078/10, abrufbar unter: http://www.arbg.bayern.de/imperia/md/content/stmas/lag/muenchen/6sa1078-10.pdf [Rn 80]; siehe auch: *Schuster*, ArbRAktuell 2010, 477.

943 Zum Begriff der mittelbaren Benachteiligung sowie der Systematik des § 3 Abs. 2 s.o.: B.III.5.b)aa)(2).

944 BAG, Urt. v. 20. April 2010 – 3 AZR 509/08, AP Nr. 26 zu § 1 BetrAVG Hinterbliebenenversorgung = DB 2010, 2000, 2003 [Rn 73 f.]; Urt. v. 15. Oktober 2013 – 3 AZR 294/11, Urteilsgründe zum Zeitpunkt der Erstellung dieser Arbeit jedoch noch nicht veröffentlicht.

945 BAG, Urt. v. 19. Dezember 2000 – 3 AZR 186/00, AP Nr. 19 zu § 1 BetrAVG Hinterbliebenenversorgung.

946 BAG, Urt. v. 20. April 2010 – 3 AZR 509/08, AP Nr. 26 zu § 1 BetrAVG Hinterbliebenenversorgung = DB 2010, 2000, 2003.

947 *Obenberger*, BetrAV 2011, 327, 332, unter Verweis auf das Urteil des LAG Baden-Württemberg, Urt. v. 12. November 2009 – 11 Sa 41/09, BetrAV 2010, 292 ff. = NZA-RR 2010, 315 ff.

948 So auch: LAG München, Urt. v. 01. Februar 2011 – 6 Sa 1078/10, abrufbar unter: http://www.arbg.bayern.de/imperia/md/content/stmas/lag/muenchen/6sa1078-10.pdf [Rn 81].

Die Gerichte stellten fest, dass von den Arbeitgebern durch die Verwendung derartiger Klauseln ein legitimes Ziel verfolgt werde. So sei es Ziel des Arbeitgebers, seine Leistungspflichten auf solche Risiken zu begrenzen, die bereits während des Arbeitsverhältnisses angelegt waren. Dies stelle auch ein rechtmäßiges Ziel i.S.d. § 3 Abs. 2 AGG dar.[949] Zutreffenderweise nahmen die Gerichte an, dass es dem Arbeitgeber zugestanden werden müsse, die Lebensgestaltung des ehemaligen Beschäftigten nach dem Ausscheiden unberücksichtigt zu lassen. Diese Argumentation ist insbesondere auch vor dem sozialpolitischen Hintergrund der angestrebten Steigerung der Attraktivität der bAV für Arbeitgeber zu bejahen.

Die verwendete Klausel müsste jedoch auch erforderlich und angemessen zur Erreichung des verfolgten Ziels sein. Dies haben die Gerichte ebenfalls bejaht. So gingen sie davon aus, dass die Voraussetzung, dass die Ehe vor dem Ausscheiden aus dem Arbeitsverhältnis geschlossen sein muss, zur Erreichung des Ziels auch angemessen und erforderlich sei.[950]

Dieser von den Gerichten vorgenommenen Wertung ist ebenfalls zuzustimmen. Hinsichtlich der klassischen Spätehenklauseln besteht der Einwand, dass ein milderes Mittel darin gesehen werden könne, dass der Arbeitgeber für die Hinterbliebenenrente lediglich die nach der Eheschließung erbrachten Dienstjahre anrechnen könne. Aus diesem Grund sind Spätehenklauseln nicht gerechtfertigt.[951] Hier jedoch nimmt der Arbeitgeber gerade die hinsichtlich der Spätehenklauseln geforderte Unterscheidung vor: so sollen nur solche Ehepartner Hinterbliebenenrentenansprüche erhalten, die auch schon zu Zeiten der Beschäftigung verheiratet waren. Ein noch milderes, gleich geeignetes Mittel ist hier nicht ersichtlich. Zudem ist das Mittel auch für die Erreichung des verfolgten Ziels angemessen, insbesondere, da es sich bei der Gewährung der Hinterbliebenenversorgung um eine freiwillige Entscheidung des Arbeitgebers handelt.

Folglich ist davon auszugehen, dass derartige Spätehenklauseln, die daran anknüpfen, dass die Eheschließung noch vor dem Ausscheiden aus dem Unternehmen stattgefunden hat, i.S.d. § 3 Abs. 2 AGG gerechtfertigt sind und somit keine mittelbare Benachteiligung i.S.d. AGG darstellen.[952] Gleiches hat das BAG auch in einem aktuellen Fall festgestellt, in welchem die Hinterbliebene zwar schon während des

---

949 LAG Hamm, Urt. v. 15. Februar 2011 – 9 Sa 1989/10, NZA-RR 2011, 374 ff. = FamFR 2011, 263.

950 LAG Hamm, Urt. v. 15. Februar 2011 – 9 Sa 1989/10, NZA-RR 2011, 374 ff. = FamFR 2011, 263; Ebenfalls eine Rechtfertigung, jedoch nach § 10 AGG, annehmend: LAG Baden-Württemberg, Urt. v. 12. November 2009 – 11 Sa 41/09, BetrAV 2010, 292 ff. = NZA-RR 2010, 315 ff. [Rn 34].

951 Zur Frage der Zulässigkeit, insbes. der Erforderlichkeit einer „klassischen" Spätehenklausel s.o.: B.IV.1.a)hh)(2)(c).

952 So ebenfalls, *Reinecke*, BetrAV 2011, 318, 319, unter Verweis auf die Rspr. des BAG, Urt. v. 20. April 2010 – 3 AZR 509/08, AP Nr. 26 zu § 1 BetrAVG Hinterbliebenenversorgung = DB 2010, 2000, 2003; im Ergebnis ebenfalls: *Nollert-Borasio/Perreng*, § 10 AGG Rn 22.

Arbeitsverhältnisses mit dem Arbeitnehmer verheiratet gewesen war, die Ehepartner sich jedoch vor dem Ausscheiden des Arbeitnehmers hatten scheiden lassen. Dass die Ehepartner sich nach dem Ausscheiden abermals geehelicht hatten, führte nicht zu einem Entstehen von Ansprüchen auf eine Hinterbliebenenrente, da hier die Versorgungsordnung die eindeutige Regelung vorgesehen hatte, dass die Ehe beim Ausscheiden aus dem Unternehmen Bestand gehabt haben musste.[953]

Ebenfalls zulässig erscheinen auch so genannte Wiederverheiratungsklauseln, in denen auf eine potentielle Wiederverheiratung des Hinterbliebenen abgestellt wird und im Falle einer solchen Wiederverheiratung des Hinterbliebenen die Hinterbliebenenversorgung eingestellt oder zumindest beschränkt wird. Auch anhand solcher Klauseln soll das Versorgungsrisiko des Arbeitgebers beschränkt werden.[954] Diese Fälle knüpfen jedoch weder unmittelbar noch mittelbar an das Alter an und sind daher i.R.d. Arbeit auch nicht weiter zu behandeln.

hh) Mindestehedauerklauseln

In vielen Versorgungsordnungen finden sich auch so genannte Mindestehedauerklauseln. Von solchen Mindestehedauerklauseln spricht man immer dann, wenn Leistungen der Hinterbliebenenrente an den Witwer bzw. an die Witwe daran geknüpft werden, dass die Ehe des Hinterbliebenen mit dem Versprechensempfänger, dem Arbeitnehmer, eine gewisse Mindestzeit lang bestanden hat. Auch hierdurch sollen so genannte *„versorgungsnahe Ehen"* von der Hinterbliebenenversorgung ausgeschlossen werden.

Noch zu Vor-AGG-Zeiten ging bspw. das BAG von der Zulässigkeit einer Mindestehedauerklausel aus, welche vorsah, dass die Ehe des Arbeitnehmers zur Zeit seines Todes mindestens zwei Jahre Bestand gehabt haben musste, damit der Hinterbliebene in den Genuss einer Hinterbliebenenrente kam.[955]

Im Jahr 2009 bestätigte das BVerwG diese Ansicht nochmals im Fall einer Regelung eines berufsständischen Versorgungswerks, welche für versorgungsnahe Ehen eine Mindestbestandsdauer von drei Jahren voraussetze, für so genannte Frühehen hingegen eine Ehedauer von einem Jahr ausreichen ließ. Das BVerwG ging davon aus, dass durch eine derartige Regelung der allgemeine Gleichheitssatz nicht verletzt werde und sich auch aus Art. 6 Abs. 1 GG kein Anspruch auf eine Gleichstellung hinsichtlich jeglicher die Ehe oder Familie betreffenden Nachteils ergebe. Zudem verstoße ein solcher Ausschluss auch nicht gegen das europarechtliche Entgeltgleichheitsgebot.[956]

---

953 BAG, Urt. v. 15. Oktober 2013 – 3 AZR 294/11, Urteilsgründe zum Zeitpunkt der Erstellung dieser Arbeit jedoch noch nicht veröffentlicht.

954 So: *Fath/Urbitsch*, S. 132; *Förster/Cisch/Karst*-Cisch, § 1 Rn 56; *Langohr-Plato*, Rn 57 m.w.N.

955 Vgl.: BAG, Urt. v. 11. August 1987 – 3 AZR 6/86, AP Nr. 4 zu § 1 BetrAVG Hinterbliebenenversorgung = BB 1988, 834 ff.;

956 BVerwG, Urt. v. 27. Mai 2009 – 8 CN 1/09, BVerwGE 134, 99 ff. = BetrAV 2009, 769 ff.

Vielmehr, so das BVerwG, sei es nachvollziehbar und auch nicht willkürlich, wenn die Gruppe der versorgungsnahen Ehen schlechter gestellt werde, da hier davon ausgegangen werden könne, dass der Ehepartner, also der potentielle spätere Hinterbliebene, die Möglichkeit besessen habe, bereits eigene Versorgungsanwartschaften zu erwerben, wohingegen sich bei Frühehen der Ehepartner auf das Entstehen der Anwartschaften über die Hinterbliebenenversorgung verlasse und aufgrund des jungen Alters und der in diesem Alter üblichen Familiengründung, Kinderbetreuung etc. im Zweifel nicht bzw. lediglich eingeschränkt die Möglichkeit besitze, eigene Anwartschaften zu erwerben.

Hinsichtlich des Erfordernisses eines zeitlichen Ausschlusses durch das Tatbestandsmerkmal der Mindestehedauer ging das BVerwG davon aus, dass mit diesem Merkmal – insbesondere bei den älteren Arbeitnehmern und somit den versorgungsnahen Ehen – das legitime Ziel der finanziellen Risikobegrenzung der Versichertengemeinschaft verfolgt werde und das Mittel auch *„geeignet, erforderlich [...] nicht außer Verhältnis"* sei.[957]

Das Gericht stellte hierzu insbesondere fest, dass auch keine milderen, gleich geeigneten Mittel zur Verfügung stünden. So sei es weder gleich geeignet, den Betroffenen die Möglichkeit zuzugestehen, dass sie den Vorwurf einer potentiellen Versorgungsehe widerlegen könnten. Ebenso wenig sei eine lediglich verminderte Versorgung der Hinterbliebenen, welche die Mindestehedauer nicht erreicht haben, gleich wirksam. So bspw. stelle auch ein geringerer Unterhaltsbeitrag, also eine verminderte Hinterbliebenenleistung, immer noch einen nicht unerheblichen Kapitalabfluss für das Gesamtversicherungssystem dar, welcher bei Spätehen ohne die ausreichende Mindestehedauer verhindert werden müsste.

Seit Inkrafttreten des AGG stellt sich nunmehr jedoch die Frage, ob eine derartige Regelung auch vor den Benachteiligungsverboten des AGG, insbesondere vor dem Verbot der Benachteiligung wegen des Alters, Bestand haben kann.

In der der Literatur wird tlw. schlichtweg darauf abgestellt, dass eine Mindestehedauer nicht unmittelbar an das Alter anknüpfe und eine derartige Regelung daher für unproblematisch gehalten werden könne.[958] Diese Darstellung geht jedoch zu kurz, da eine derartige Mindestehedauerklausel vor dem Hintergrund des AGG eine mittelbare Benachteiligung anhand des Alters darstellt. Zwar knüpft eine derartige Regelung nicht unmittelbar, jedoch mittelbar an das Merkmal des Alters an, wie das BVerwG hinsichtlich einer solchen Regelung i.R.e. berufsständischen Versorgungswerkes vor dem Hintergrund der Richtlinie 2000/78/EG bereits richtiggehend festgestellt hat.

Beschäftigten ist bei Eingreifen einer Mindestehedauerklausel im Fall einer Eheschließung ab einem bestimmten Alter nicht mehr vergönnt, ihren Ehepartnern

---

957 BVerwG, Urt. v. 27. Mai 2009 – 8 CN 1/09, BVerwGE 134, 99 ff. = BetrAV 2009, 769 ff. [Rn 22].

958 So bspw.: Rust/Falke-*Bertelsmann*, § 10 AGG Rn 218; *Höfer*, Band I: Arbeitsrecht, ART Rn 805.31 f.

eine Hinterbliebenenversorgung bieten zu können. Sieht bspw. eine Versorgungsordnung eine Mindestehedauer von 5 Jahren vor dem Ausscheiden aus dem Beschäftigungsverhältnis vor, so erhält bspw. der Ehepartner eines zum Zeitpunkt des Eheschlusses 63-jährigen Beschäftigten aufgrund der späten Eheschließung keine Hinterbliebenenrente. Ältere Arbeitnehmer werden daher aufgrund ihres erhöhten Alters (mittelbar) benachteiligt, da sie einem nur kurze Zeit vor dem Ausscheiden aus dem Arbeitsverhältnis geheirateten Partner keine Hinterbliebenenversorgung mehr bieten können Die Erfüllung einer solchen Mindestehedauer ist ihnen bereits nicht mehr möglich.

Auch in solchen Fällen, in denen eine gewisse Mindestdauer der Ehe nicht bis zum Ausscheiden, sondern lediglich bis zum Tod des Beschäftigten vorgesehen ist, sind ältere Beschäftigte bereits aus rein statistischen Gründen mittelbar aufgrund ihres Alters benachteiligt. So ist der Todesfall in rentennahen Jahrgängen statistisch gesehen weitaus wahrscheinlicher als bei Ehepartnern so genannter Frühehen.

Für ein derartiges mittelbares Anknüpfen an eines der „verpönten“ Merkmale des § 1 AGG sieht das AGG den Tatbestand der mittelbaren Benachteiligung vor, § 3 Abs. 2 AGG. Hiernach ist eine mittelbare Benachteiligung jedoch nur dann gegeben, wenn die benachteiligende Regelung nicht durch ein rechtmäßiges Ziel sachlich gerechtfertigt und die Mittel zur Erreichung dieses Ziels angemessen und erforderlich sind. Um auch noch nach Inkrafttreten des AGG zulässig zu sein, müssten Mindestehedauerklauseln folglich ein angemessenes und erforderliches Mittel zur Erreichung eines legitimen Zieles darstellen.[959]

Einen möglichen Verstoß gegen die Vorgaben des AGG hatte das BVerwG in der vorgenannten Entscheidung nicht zu überprüfen. Die Richter prüften die oben beschriebene Regelung lediglich an den Vorgaben des GG sowie des europarechtlichen Entgeltgleichheitsgebots und der Richtlinie 2000/78/EG. Hinsichtlich der Vereinbarkeit einer solchen Regelung mit den Bestimmungen des AGG lassen sich jedoch aus den Ausführungen des Gerichts zumindest hinsichtlich der europarechtlichen Bestimmungen Schlüsse ziehen:

Hinsichtlich des Entgeltgleichheitsgebotes aus Art. 157 AEUV[960] stellte das BVerwG schlichtweg fest, dass es sich bei der Hinterbliebenenversorgung i.S.e. berufsständischen Versorgungswerkes nicht um Entgelt handele, so dass das Entgeltgleichheitsgebot in dem zu überprüfenden Fall bereits keine Anwendung finde.[961]

---

959 So auch: Schleusener/Suckow/Voigt-*Voigt*, § 10 AGG Rn 44.

960 ex-Art. 141 Abs. 1 EGV.

961 BVerwG, Urt. v. 27. Mai 2009 – 8 CN 1/09, BVerwGE 134, 99 ff. = BetrAV 2009, 769 ff. [Rn 30]; dieser Feststellung ist nicht zuzustimmen: bei der Hinterbliebenenrente handelt es sich zwar um lediglich sogenannte „abgeleitete“ Leistungen. Diese waren jedoch auch bereits zu Vor-AGG-Zeiten am Entgeltsgleichheitsgebot zu prüfen, wie das BAG in der „Witwerrentenentscheidung“ dies auch getan hat. Eine Benachteiligung hinsichtlich der Hinterbliebenenversorgung stellt stets auch eine Benachteiligung des Arbeitnehmers selbst dar, vgl.: BAG, Urt.

Im Bezug auf die Richtlinie 2000/78/EG hingegen ging das Gericht treffender Weise davon aus, dass die zu überprüfende Mindestehedauerregelung – eine Anwendbarkeit der Richtlinie auf ein derartiges Versorgungswerk vorausgesetzt – hinsichtlich einer möglichen mittelbaren Altersdiskriminierung überprüft werden müsse.

Das Gericht ging hier jedoch hinsichtlich einer mittelbaren Benachteiligung wegen des Alters davon aus, dass das Vorliegen einer Rechtfertigung auf der Grundlage des Art. 6 Abs. 2 der Richtlinie 2000/78/EG anzunehmen sei. Rechtfertigungsgrund sei die Leistungsfähigkeit des nur aus Beiträgen der Versicherten finanzierten Versorgungswerks, welcher die finanzielle Risikobegrenzung bei versorgungsnahen Ehen diene.[962] Die Regelung sei zum Erreichen dieses Zieles auch geeignet und insbesondere milder als eine ebenfalls denkbare Altersabstandsklausel. Während bei einer Altersabstandsklausel bei Überschreiten eines gewissen Altersabstandes die Hinterbliebenenrente vollständig ausgeschlossen werde und auch keine Möglichkeit bestehe, noch Rentenleistungen der Hinterbliebenenrente zu erlangen, handele es sich bei einer Mindestehedauerklausel lediglich um einen zeitweisen Ausschluss. Sobald das Ehepaar die Mindestehedauer erreiche, käme ihm die volle Leistung der Hinterbliebenenrente zugute. Hierbei ist das Gericht allerdings nicht weiter auf die Fälle eingegangen, welche mangels Erreichens dieser Mindestehedauer keine Hinterbliebenenrente erhalten bzw. aufgrund schon fortgeschrittenen Alters eventuell auch die Mindestehedauer vor Ausscheiden bereits nicht mehr erreichen können.

Das BVerwG strengte im Weiteren jedoch noch einen Vergleich zu den Vorschriften der gesetzlichen Rentenversicherung oder des Beamtenversorgungsrechts an. Auch aus diesen Vorschriften ergebe sich keine anderweitige Wertung. Vielmehr handele es sich bei der gesetzlichen Rentenversicherung sowie der Beamtenversorgung jeweils um umlagefinanzierte Systeme, bei einem Versorgungswerk hingegen um eine kapitalfinanzierte, genossenschaftlich organisierte Versicherung. Während bei den Systemen der gesetzlichen Rentenversicherung sowie der Beamtenversorgung jeweils der Staat die finanziellen Risiken auffange, handele es sich bei einer genossenschaftlich organisierten Versicherung um eine Gefahrengemeinschaft, die eine versicherungsmathematische Risikobegrenzung erforderlich mache. Daher, so das BVerwG, dürfe die satzungsrechtliche Ausgestaltung der Hinterbliebenenversorgung in einem Versorgungswerk der Notwendigkeit einer Begrenzung den finanziellen Risiken für die Versichertengemeinschaft Rechnung tragen. Insbesondere sei der Satzungsgeber aufgrund dieser Unterschiede auch nicht verpflichtet, die Regelungen der gesetzlichen Rentenversicherung oder des Beamtenversorgungsrechts zu übernehmen.[963]

---

v. 05. September 1989 – 3 AZR 575/88, AP Nr. 8 zu § 1 BetrAVG Hinterbliebenenversorgung; Vertiefend zu dieser Entscheidung s.o.: B.I.1.d)cc).

962 BVerwG, Urt. v. 27. Mai 2009 – 8 CN 1/09, BVerwGE 134, 99 ff. = BetrAV 2009, 769 ff. [Rn 32].

963 *Held-Daab*, jurisPR-BVerwG 20/2009 Anm. 1.

Sowohl das BeamtVG (vgl. § 19 Abs. 1 S. 2 Nr. 1) als auch das SGB VI (vgl. § 46 Abs. 2a) sehen sogar Vorschriften vor, welche eine Vermutung für das Vorliegen einer *„Versorgungsehe"* zum Inhalt haben, sollte eine gewisse Mindestehedauer nicht erfüllt werden. Mit der Vorschrift des SGB VI korrespondieren zudem entsprechende Bestimmungen im Bereich der gesetzlichen Unfallversicherung (§ 65 Abs. 6 SGB VII) und der Kriegsopferversorgung (§ 38 Abs. 2 BVG).[964] § 19 Abs. 1 S. 2 Nr. 2 BeamtVG sieht darüber hinausgehend gar einen Ausschluss von der Hinterbliebenenversorgung bereits aufgrund des späten Eheeintrittsalters vor.

Alle diese Vorschriften sehen vor, dass ein Anspruch auf Witwenrente bei einer Versorgungsehe ausgeschlossen sein soll, wenn das zumindest überwiegende Ziel der Eheschließung die Erlangung einer Versorgung ist. Dabei wird unterstellt, dass dies regelmäßig der Fall ist, wenn ein Ehegatte innerhalb eines Jahres nach Eheschließung verstirbt.[965] Alle diese Regelungen drücken das Bedürfnis aus, das Risiko so genannter *„Versorgungsehen"* bei Ehen auszuschließen oder zumindest zu begrenzen.

Diese Vermutungsregelungen gewähren allerdings auch gleichzeitig die Möglichkeit, die Vermutung der Annahme einer *„Versorgungsehe"* zu widerlegen. So heißt es bspw. in § 46 Abs. 2a SGB VI, dass eine Hinterbliebenenversorgung ausgeschlossen sei, *„es sei denn, dass nach den besonderen Umständen des Falles die Annahme nicht gerechtfertigt ist, dass es der alleinige oder überwiegende Zweck der Heirat war, einen Anspruch auf Hinterbliebenenversorgung zu begründen."* Zudem sieht das BeamtVG im Falle eines Ausschluss zumindest eine geringe „Ersatz"-Versorgung der Hinterbliebenen vor. Solche Ehefrauen, die nicht witwengeldberechtigt sind, erhalten nach § 22 BeamtVG zumindest einen geringen Unterhaltsbeitrag. Folglich hat in der Beamtenversorgung die Nichterfüllung der Mindestehedauer nicht zur Folge, dass der Hinterbliebenen vollständig von jeglichen Versorgungsleistungen ausgeschlossen wird, wie dies bei einer typischen Mindestehedauerklausel in der bAV der Fall ist.

Das BVwG hat in seiner Entscheidung – wie dargestellt – festgestellt, dass bei der gesetzlichen Rentenversicherung und bei der Beamtenversorgung, insbesondere jedoch auch bei berufsständischen Versorgungswerken ein legitimes Ziel für die Verwendung von Mindestehedauerklauseln darin erkannt werden könne, *„Versorgungsehen"* auszuschließen. Gleiches gelte zudem auch hinsichtlich der Invaliditätsversorgung i.S.d. § 65 Abs. 6 SGB VII. Nach dieser Vorschrift ist die Hinterbliebenenversorgung ebenfalls ausgeschlossen, wenn die Ehe erst nach Eintritt der Invalidität geschlossen wurde und der Tod des Invaliden innerhalb von einem Jahr nach Eheschließung eintritt.

Diese vom BVerwG vorgenommenen Wertungen auf arbeitgeberfinanzierte Systemen der bAV übertragend, bei denen der Arbeitgeber das Finanzierungsrisiko trägt, erscheint es zunächst denklogisch sinnvoll, dass dieses wirtschaftliche

---

964 Siehe hierzu auch die Ausführungen des Landessozialgerichts Sachsen-Anhalt, Urt. v. 20. September 2007 – L 3 RJ 126/05, NZA-RR 2008, 207 ff.

965 Siehe auch: BT-Drucksache 14/4595.

Risiko des Versorgungsträgers auch hier durch den Ausschluss von *„Versorgungsehen“* minimiert werden können soll.[966] Aus Gründen der Funktionssicherheit des angebotenen Betriebsrentensystems muss das gesteigerte Risiko, welches kurze Ehen bereits aufgrund der möglichen langen Dauer des Bezugs von Versorgungsleistungen begründen, von einem Arbeitgeber, der freiwillig eine Hinterbliebenenversorgung anbietet, begrenzt werden können.

Neben diesem – folglich legitimen – Ziel der Risikobegrenzung wird für manche Arbeitgeber auch hier erneut der Gedanke eine Rolle spielen, dass die Hinterbliebenenversorgung eine Honorierung des Mittragens der Arbeitsleistung durch den Hinterbliebenen darstellen soll.[967]

Auch wenn hier gute Gründe dafür sprechen, das Risiko der Versorgungsehe ähnlich wie in der gesetzlichen Rentenversicherung etc. auch gerade im Bereich der arbeitgeberfinanzierten bAV, in welchem der Arbeitgeber das gesamte finanzielle Risiko trägt, ausschließen zu wollen und Mindestehedauerklauseln zur Erreichung dieses legitimen Ziels durchaus geeignet erscheinen, so wird hier doch die Erforderlichkeit einer solchen zu verneinen sein.[968]

Zwar ist dem Argument des ArbG Duisburg, welches hinsichtlich der Frage der Zulässigkeit von Altersabstandsklauseln auf die Risikobegrenzung als legitimes Ziel abgestellt hat[969], durchaus zuzustimmen, dass eine Gesamtabsenkung der Betriebsrenten aller Beschäftigter zur Umverteilung des Risikos von *„Versorgungsehen“* nicht gleich geeignet erscheint. Jedoch ist *Boemke/Danko* dahingehend beizupflichten, dass dem Arbeitgeber stattdessen durchaus die Möglichkeit offenstünde, bspw. die Bezugsdauer der Hinterbliebenenrente in Abhängigkeit zu der Dauer der Ehe zu setzen und hiermit der Risikobegrenzung angemessen Rechnung zu tragen.[970] Dieses Mittel erscheint zur Risikominimierung ebenso geeignet, gleichzeitig jedoch entschieden milder als ein Komplett-Ausschluss aus der Hinterbliebenenversorgung.

Ein im Vergleich zur Mindestehedauerklausel milderes Mittel wäre auch hier darin zu erkennen, würde die Höhe der Hinterbliebenenrente in Relation zur tatsächlichen Ehedauer gesetzt – hier dann allerdings nicht an der steigenden

---

966 BVerwG, Urt. v. 27. Mai 2009 – 8 CN 1/09, BVerwGE 134, 99 ff. = BetrAV 2009, 769 ff. [Rn 18 ff.]; ebenso: Schleusener/Suckow/Voigt-*Voigt*, § 10 AGG Rn 44; siehe ausführlich zur Legitimität des Zieles des Ausschlusses von Versorgungsehen zur Risikominimierung auch bereits oben: B.IV.1.a)hh)(2)(b).

967 So bspw.: OVG Koblenz, Urt. v. 26. Mai 2010 – 6 A 10320/10, DStRE 2010, 1339 ff. = BB 2010, 1596 (Leitsatz) mit Verweis auf die Rspr. des BVerwG; ebenso *Herbold*, S. 257; auf dieses Ziel verweisend, die Legitimität des Zieles jedoch ablehnend: *Nicolai*, BetrAV 2007, 701, 703; siehe jedoch zur Legitimität dieses Ziels ausführlich: B.IV.1.a)hh)(2)(b).

968 Ebenfalls die Erforderlichkeit ablehnend bspw.: *Boemke/Danko*, § 4 Rn 80.

969 ArbG Duisburg, Urt. v. 16. Februar 2000 – 3 Ca 3606/99, NZA-RR 2001, 48 [Rn 24].

970 *Boemke/Danko*, § 4 Rn 80; a.A., von der Rechtfertigung durch Risikobegrenzungsbestrebungen ausgehend bspw.: *Blomeyer-Rolfs-Otto*, Anh. § 1 BetrAVG Rn 201; Moll-*Rengier*, § 37 Rn 58.

Altersdifferenz, sondern stattdessen an der geringeren Ehedauer anknüpfend. Das vom ArbG Duisburg hinsichtlich der Zulässigkeit von Altersabstandsklauseln vorgebrachte Gegenargument, wonach eine lineare Ausgestaltung für Arbeitgeber nicht praktikabel sei[971], kann nicht überzeugen. Vielmehr steht es dem Arbeitgeber frei, die Bezugshöhe oder, dem Vorschlag von *Boemke/Danko* folgend, die Bezugsdauer der Hinterbliebenenrente linear ansteigend von der tatsächlichen Ehedauer abhängig zumachen. Beide Vorschläge würden angemessene Beschränkungen der Hinterbliebenenrente, da hierdurch auch darauf abgestellt werden könnte, dass der Hinterbliebene bei besonders kurzer Ehedauer am ehesten auch noch die Möglichkeit besessen hat oder sogar nicht besitzt, eigene Versorgungsansprüche zu erdienen.

Hinsichtlich solcher Mindestehedauerklauseln jedoch, welche die Hinterbliebenenversorgung für den Fall des Nichterreichens der Mindestehedauer komplett ausschließen, ist zusammenfassend davon auszugehen, dass eine derartig ausgestaltete Klausel nicht i.S.d. § 3 Abs. 2 AGG gerechtfertigt ist, sondern im Einzelfall vielmehr eine mittelbare Benachteiligung wegen des Alters und somit ein Verstoß gegen das Benachteiligungsverbot des § 7 Abs. 1 AGG vorliegt.[972] Es ist hier folglich zu raten, Mindestehedauerklauseln zumindest in ihrer Rechtsfolge milder auszugestalten oder gänzlich auf sie zu verzichten.

ii) Differenzierung zwischen vorzeitig ausgeschiedenen und betriebstreuen Mitarbeitern i.R.d. Rentenanpassung

Wie oben bereits festgestellt wurde, handelt es sich bei Regelungen, welche sich hinsichtlich der Rentenanpassung an der Betriebstreue bzw. dem vorzeitigen Ausscheiden orientieren, um keine unmittelbaren Benachteiligungen wegen des Alters.[973] Da hier nicht unmittelbar auf das Alter oder ein Kriterium abgestellt wird, welches untrennbar mit dem Alter verbunden ist, sondern vielmehr lediglich auf den Zeitpunkt des Ausscheidens des Beschäftigten, stellt sich die Frage, ob eine derartige Regelung evtl. eine mittelbare Benachteiligung wegen des Alters i.S.d. § 3 Abs. 2 AGG darstellt.

Selbst wenn man davon ausginge, dass eine solche Regelung zumindest mittelbar an dem Alter als i.S.d. § 1 AGG „verpöntem" Benachteiligungsmerkmal anknüpft, so ist hier dennoch keine mittelbare Benachteiligung i.S.d. § 3 Abs. 2 AGG zu erkennen. Das BAG stellte zutreffenderweise hinsichtlich einer möglichen mittelbaren Benachteiligung wegen des Alters fest, dass eine solche objektiv und angemessen und durch ein legitimes Ziel gerechtfertigt sei.[974] Eine derartige

---

971 Siehe hierzu bereits ausführlich oben: B.IV.1.b)ff)(2).

972 a.A., eine Mindestehedauerklausel weiterhin für zulässig erachtend bspw.: *Förster/Cisch/Karst*, § 1 BetrAVG Rn 55.

973 So: BAG, Urt. v. 30. November 2010 –3 AZR 754/08, AP Nr. 72 zu § 16 BetrAVG = NZA-RR 2011, 593 ff. [Rn 25]; siehe hierzu auch oben: B.IV.1.a)kk).

974 BAG, Urt. v. 30. November 2010 –3 AZR 754/08, AP Nr. 72 zu § 16 BetrAVG = NZA-RR 2011, 593 ff. [Rn 28 ff.].

Rechtfertigung wirkt i.R.d. § 3 Abs. 2 AGG tatbestandsausschließend, so dass keine unzulässige (mittelbare) Benachteiligung anzunehmen ist.

Das mit einer solchen Regelung verfolgte Ziel ist in der Förderung der Betriebstreue zu erkennen. Es soll nicht nur abgeleistete Betriebszugehörigkeit honoriert, sondern gleichzeitig ein Anreiz für künftige Betriebszugehörigkeit geschaffen werden.[975] Bei dieser Regelung geht es dem Versorgungsversprechenden vor allem darum, einen Mitarbeiter von einer auf eigener Entscheidung beruhenden Beendigung des Arbeitsverhältnisses abzuhalten, indem ihm durch eine verbesserte Versorgung ein Anreiz zum Verzicht auf die Kündigung geboten wird. Hierdurch sollen Fluktuationen und Wechsel zu anderen Arbeitgebern verhindert werden, da die Weiterbeschäftigung bestimmter Beschäftigter im betrieblichen Interesse des Arbeitgebers liegt. Insbesondere auch vor dem Hintergrund, dass die Attraktivität der bAV gesteigert werden soll, stellt dieses Ziel ein legitimes Ziel i.S.d. § 3 Abs. 2 AGG dar, welches der Arbeitgeber verfolgen darf, sofern das genutzte Mittel erforderlich und angemessen ist.

Es ist vorliegend kein anderes, gleich geeignetes, aber milderes Mittel erkennbar. Um die Betriebstreue zu honorieren und gleichzeitig zu fördern, ist es zwingend notwendig, dass dem Arbeitgeber die Möglichkeit offen steht, zukünftige Betriebstreue dadurch für die Beschäftigten interessant zu machen, dass er bestimmte Leistungen, hier die automatische Rentenanpassung, und Besserstellungen gegenüber zuvor Ausscheidenden für den Fall verspricht, dass die Beschäftigten bis zum Versorgungsfall oder bis zu einem anderen vom Arbeitgeber zu bestimmenden Zeitpunkt im Unternehmen beschäftigt bleiben. Für den Fall, dass die Betriebstreue nicht weiter geleistet wird, werden ab diesem Zeitpunkt auch die automatischen Rentenanpassungen nicht mehr fortgesetzt.

Folglich ist die vorliegende Regelung auch erforderlich und zudem auch angemessen zur Erreichung des verfolgten Zieles, so dass die mögliche mittelbare Benachteiligung gem. § 3 Abs. 2 AGG gerechtfertigt erscheint.

jj) Stichtagsregelung hinsichtlich einer Verbesserung oder Verschlechterung der Versorgungszusage

Ebenfalls eine mittelbare Benachteiligung anhand des Alters könnte in solchen Regelungen in Betriebsrentensystemen gesehen werden, nach denen Verbesserungen oder Verschlechterungen der bAV auf solche Mitarbeiter beschränkt werden sollen, welche erst nach einem bestimmten Stichtag aus dem Beschäftigungsverhältnis ausscheiden. So hatte bspw. das BAG im Jahr 2009[976] einen Fall zu entscheiden, in welchem Tarifparteien sich bei der Neuregelung der bAV darauf verständigt hatten, dass ehemalige Mitarbeiter bzw. Betriebsrentner, welche an einem bestimmten

975 BAG, Urt. v. 30. November 2010 –3 AZR 754/08, AP Nr. 72 zu § 16 BetrAVG = NZA-RR 2011, 593 ff. [Rn 30, 34].

976 BAG, Urt. v. 11. August 2009 – 3 AZR 23/08, 3 AZR 23/08, AP Nr. 139 zu Art. 9 GG = NZA 2010, 408 ff.

Stichtag bereits ausgeschieden waren, nicht an einer neu vereinbarten Verbesserung der bAV teilhaben sollten.

Das BAG ging hier davon aus, dass in einer solchen Stichtagsregelung zwar grds. eine unmittelbare Benachteiligung wegen des Alters zu erkennen ist. Die Tarifparteien hätten durch die Festsetzung einer derartigen Stichtagsregelung ihren Gestaltungsspielraum jedoch nicht überschritten, da eine solche Regelung zumindest den Voraussetzungen der § 10 S. 1 und 2 sowie § 10 S. 3 Nr. 4 AGG entspräche.[977]

I.R.d. bAV soll es trotz der gültigen Benachteiligungsverbote weiterhin möglich sein, Systeme der bAV auch flexibel an Veränderungen der jeweiligen Umstände und Situationen anzupassen. Wäre eine solche Anpassung, welche zwangsläufig die Festsetzung eines gewissen Stichdatums erfordert, nicht möglich bzw. zulässig, so wäre ansonsten eine „Versteinerung" der bAV auf Ewigkeit zu befürchten.[978] Zudem drückt sich in der Einräumung dieser Regelungsmöglichkeit auch der besondere Ermessensspielraum von Tarifvertragsparteien aus.[979]

kk) Leistungen der betrieblichen Altersversorgung nur für Mitarbeiter mit einem bestimmten Mindesteinkommen

Manche Versorgungsordnungen sehen vor, dass Leistungen der bAV nur solchen Mitarbeitern gewährt werden sollen, die ein bestimmtes Mindesteinkommen erhalten. Solche Regelungen führen statistisch gesehen zu einer mittelbaren Benachteiligung jüngerer Arbeitnehmer, da für gewöhnlich ältere Arbeitnehmer einen höheren Verdienst erhalten.[980]

Eine solche mittelbare Benachteiligung der jüngeren Arbeitnehmer könnte jedoch wiederum nach § 3 Abs. 2 AGG gerechtfertigt sein. Der Arbeitgeber müsste hierfür mit der Benachteiligung ein rechtmäßiges Ziel verfolgen und dieses Mittel zur Erreichung des legitimen Zieles auch angemessen und erforderlich sein.[981]

Als mögliches legitimes Ziel für ein derartiges Anknüpfen an das Einkommen kommt bspw. in Betracht, dass der Arbeitgeber ein Interesse daran hat, insbesondere die Leistungsträger an das Unternehmen zu binden.[982] Zudem dürften hierbei auch Überlegungen eine Rolle spielen, dass der Arbeitgeber das Gesamtvolumen der bAV begrenzen und gerade nicht allen Beschäftigten Leistungen der bAV zuteil kommen lassen möchte.

---

977 BAG, Urt. v. 11. August 2009 – 3 AZR 23/08, 3 AZR 23/08, AP Nr. 139 zu Art. 9 GG = NZA 2010, 408 ff. [Rn 43]; vgl. dieser Rspr. zustimmend auch: *Rolfs/Schmid*, SAE 2011, 12, 16 f.; *Adomeit/Mohr*, § 10 AGG Rn 148.

978 So zutreffend *Adomeit/Mohr*, § 10 AGG Rn 148 m.w.N.

979 Vgl. hierzu auch: EuGH, Urt. v. 12. Oktober 2010 - C-45/09 [*Rosenbladt*], NJW 2010, 3736 f. = BetrAV 2010, 685 ff.

980 Auf die Problematik solcher Regelungen ebenfalls hinweisend: *Reichenbach/Grünenklee*, BetrAV 2006, 708, 710.

981 *Rolfs*, NZA 2008, 553, 558.

982 So bspw.: *Doetsch*, in FS Kemper, S. 91, 97.

Das Ziel, insbesondere Leistungsträger an das Unternehmen binden zu wollen und ihnen hierfür als besonderes Entgelt Leistungen der bAV anzubieten, erscheint durchaus nachvollziehbar. So stünde es dem Arbeitgeber ebenso frei, bestimmte Personen hinsichtlich des klassischen Arbeitslohns noch besser zu vergüten. Somit muss es ihm jedoch auch möglich sein, eine Besserstellung durch die Gewährung von Leistungen der bAV zu erreichen, welche lediglich die (Führungs-)Kräfte ab einer bestimmten Einkommensstufe treffen soll. Auch hier kann zudem das Argument angeführt werden, dass dem Arbeitgeber die Möglichkeit offen stehen soll, bessere Arbeit auch besser zu entlohnen. Da Arbeitnehmer sich durch gute Arbeitsleistungen auch in höhere Lohnstufen vorarbeiten können und somit dann ebenfalls in den Genuss der Leistungen der bAV kämen, bezweckt die Gewährung der bAV folglich gleichzeitig auch die Entlohnung besserer Arbeit.

Ein unmittelbares Abstellen auf bestimmte Positionen/Posten erscheint hier auch nicht milder. Vielmehr verhält es sich hier so, dass auch Arbeitnehmer aus unteren bis mittleren Positionen wohlmöglich im Verlauf ihrer Berufslaufbahn zwar gehaltstechnisch aufsteigen werden, möglicherweise jedoch nicht gleichbedeutend mit einem Aufstieg in höhere (Führungs-)Positionen. Somit erscheinen hier nicht nur die genannten Ziele legitim, sondern auch das Mittel des Abstellens auf das Einkommen erforderlich und angemessen. Die mittelbare Benachteiligung ist somit gem. § 3 Abs. 2 AGG gerechtfertigt.

ll) Limitierungsklauseln anhand anrechenbarer Dienstjahre

Begrenzt eine Versorgungsregelung in einem dienstzeitabhängigen Versorgungssystem die Dienstzeiten der Beschäftigten, in welchen diese Ansprüche der bAV erdienen können, anhand von Lebensaltersgrenzen, bspw. auf die Dienstjahre zwischen dem 30. und dem 60. Lebensjahr oder gänzlich auf Dienstzeiten, welche vor dem Erreichen einer bestimmten Altersgrenze geleistet werden, so ist hierin eine unmittelbare Benachteiligung jüngerer und/oder älterer Beschäftigter wegen des Alters zu sehen. Diese Benachteiligung ist nach der hier vertretenen Ansicht nicht gem. § 10 AGG gerechtfertigt[983], entgegen der bisherigen Behandlung von Limitierungsklauseln, welche grundsätzlich unter dem Gesichtspunkt der Vertragsfreiheit uneingeschränkt als zulässig angesehen wurden.[984]

Seit Einführung des AGG ist jedoch eine Benachteiligung, wenn auch nur eine mittelbare, auch darin zu erkennen, wenn Regelungen vorsehen, dass nur eine gewisse Anzahl von Dienstjahren anrechenbar sein soll, bspw. lediglich 20 oder 35 Dienstjahre.[985] Wird eine derartige Obergrenze der anrechnungsfähigen Dienstjahre festgelegt, so wird zwar nicht unmittelbar anhand des Alters unterschieden. Dennoch werden durch eine solche Regelung jüngere Beschäftigte älteren

---

983 Zur Frage der Zulässigkeit einer derartigen Regelung s.o.: B.IV.1.a)ff).

984 So auch: *Rengier*, NZA 2006, 1251, 1255 m.w.N.

985 Siehe hierzu auch: *Rengier*, NZA 2006, 1251, 1255; *Adomeit/Mohr*, ZfA 2008, 449, 468.

gegenüber benachteiligt.[986] Entgegen der – allerdings ohne fundierte Begründung getroffenen – Feststellung des BAG in einer Entscheidung aus dem Jahr 2013[987] ist in einer solchen Regelung eine mittelbare Schlechterstellung aufgrund des Alters zu erkennen: bei den jüngeren Mitarbeitern können sich hierdurch spätere Dienstjahre nach Erreichen der Obergrenze der anrechnungsfähigen Dienstjahre nicht mehr leistungssteigernd auswirken. Die (vormals jüngeren) Beschäftigten erhalten also in späteren Dienstjahren nach Erreichen der Obergrenze ein „Weniger" als Entgelt. Demgegenüber stehen (ältere) Beschäftigte, welche erst in einem höheren Alter in das Beschäftigungsverhältnis eingetreten sind. Können sie bspw. aufgrund ihres zum Zeitpunkt des Eintritts bereits gesteigerten Alters nicht mehr oder lediglich unwesentlich länger als die maximale anrechnungsfähige Dienstzeit in dem Beschäftigungsverhältnis verbleiben, so genießen sie den Vorteil, dass ihre gesamten Dienstjahre anrechnungsfähig sind, sie also nie ein solches „Weniger" als Entgelt erhalten. Ältere Beschäftigte können auch noch im höheren Alter den Maximalanspruch erlangen, solange sie noch nicht die maximale Anzahl der Dienstjahre erreicht haben. Es stellt sich demnach die Frage nach der Rechtfertigung einer solchen mittelbaren Benachteiligung i.S.d. § 3 Abs. 2 AGG.

Wohl überwiegend wird in Rechtsprechung und Literatur von einer Rechtfertigung der Benachteiligung und somit von der Rechtmäßigkeit einer derartigen Regelung ausgegangen.[988] So ging bspw. das LAG Baden-Württemberg in einem Urteil aus dem Jahr 2010 davon aus, dass eine Begrenzung auf 40 anrechenbare Dienstjahre i.R.e. Versorgungszusage zwar eine mittelbare Benachteiligung jüngerer Beschäftigter darstelle, diese jedoch durch ein rechtmäßiges Ziel sachlich gerechtfertigt und die getroffene Regelung auch zur Erreichung dieses Ziels angemessen und erforderlich sei.[989] Insbesondere stellte das Gericht hierbei darauf ab, dass Arbeitgeber mit einer derartigen Regelung eine Risikobegrenzung verfolgten. Eine derartige Limitierungsklausel werde als Mittel genutzt, um die Leistungen der betrieblichen Altersversorgung für den Arbeitgeber überschaubar und kalkulierbar zu machen.

---

986 So: LAG Baden-Württemberg, Urt. v. 27. September 2010 – 4 Sa 7/10, EzA-SD 2010 [Rn 21, 16]; nunmehr auch bestätigt durch: BAG, Urt. v. 11. Dezember 2012 – 3 AZR 634/10, NZA 2013, 564 ff. = BetrAV 2013, 245 [Rn 20]; ebenfalls: LAG Niedersachsen, Urt. v. 21. April 2009 – 3 Sa 957/08 B, abrufbar unter: www.rechtsprechung.niedersachsen.de [Rn 34]; *Rengier*, NZA 2006, 1251, 1255.

987 BAG, Urt. v. 28. Mai 2013 – 3 AZR 266/11[Rn 33 ff.], abrufbar unter: http://juris.bundesarbeitsgericht.de/cgi-bin/rechtsprechung/document.py?Gericht=bag&Art=en&nr=16853, hierbei jedoch ohne Erläuterung dahingehend, warum keine Schlechterstellung wegen des Alters anzunehmen sei.

988 So: Cisch/Böhm, BB 2007, 602, 607; Thum BB 2008, 2291, 2293 f.; Adomeit/Mohr, ZfA 2008, 449, 468; *Höfer*, Band I: Arbeitsrecht, *ART* Rn 805.25 ff.

989 LAG Baden-Württemberg, Urt. v. 27. September 2010 – 4 Sa 7/10, EzA-SD 2010 [Rn 21, 16]; nunmehr auch bestätigt durch: BAG, Urt. v. 11. Dezember 2012 – 3 AZR 634/10, NZA 2013, 564 ff. = BetrAV 2013, 245 [Rn 20].

In dem vom LAG Baden-Württemberg zu entscheidenden Fall zogen die Richter den Vergleich mit der Regelung des § 1b Abs. 1 S. 1 BetrAVG, mit welcher ebenfalls eine Risikobegrenzung erlangt werden solle. Die Grenze von 40 Dienstjahren sei rechtmäßig, da hierdurch im Zweifel solche jüngeren Beschäftigten benachteiligt würden, welche jünger als 25 Jahre alt sind und somit auch noch unterhalb der Altersgrenze des Unverfallbarkeitsschutzes des § 1b Abs. 1 S. 1 BetrAVG von 25 Jahren liegen. Das Gericht stellte hierbei darauf ab, dass die gesetzliche Regelung des § 1b Abs. 1 S. 1 BetrAVG zeige, dass jüngere Arbeitnehmer, d.h. Arbeitnehmer unter der Altersgrenze von 25 Jahren, vom Gesetzgeber für weniger schutzwürdig erachtet würden.

Hierbei verkannte das Gericht jedoch, dass diese vor Ablauf des 25. Lebensjahres geleisteten Dienstzeiten grundsätzlich später durchaus in die Berechnung der Leistungen der bAV mit einbezogen werden. Die Beschäftigten sind somit auch hier schon in jüngerem Alter in der Lage, Anwartschaften zu erdienen, welche mit Vollendung des 25. Lebensjahres und nach Ablauf der 5-Jahres-Frist des § 1b Abs. 1 S. 1 BetrAVG unverfallbar werden. Folglich ist zumindest nicht *per se* von einer geringeren Schutzbedürftigkeit in diesem Alter auszugehen.[990] Des Weiteren ist nach der hier vertretenen Ansicht sogar von der europarechtlichen Unzulässigkeit und somit im Einzelfall von der Unanwendbarkeit der Altersgrenze des § 1b Abs. 1 S. 1 BetrAVG auszugehen.[991] Folglich erscheint es nicht schlüssig, warum die Beschäftigten hier nicht auch hinsichtlich der erdienbaren Ansprüche bereits schutzbedürftig sein sollen.

Ebenfalls für zulässig hielt das LAG Niedersachsen eine derartige Klausel, welche das Ruhegeld auf 25 Dienstjahre begrenzte, bereits im Jahr 2009.[992] Auch hier nahm das Gericht an, dass die Begrenzung des den Arbeitgeber treffenden Risikos durchaus ein legitimes Ziel i.R.d. Rechtfertigung einer Benachteiligung anhand des Alters darstellen könne. Allerdings wiesen die Richter hinsichtlich dieses Zieles darauf hin, dass sie die Erforderlichkeit für nicht gegeben erachteten. Die Risikobegrenzung sei nach Ansicht der Richter auch auf andere, mildere Art und Weise erreichbar, die nicht zu einer so deutlich unterschiedlichen Bewertung verschiedener Betriebszugehörigkeitszeiträume führe.

Die Richter stellten dennoch hinsichtlich der Rechtfertigung der Benachteiligung darauf ab, dass Leistungen der bAV einen Doppelcharakter besitzen und neben dem Entgeltcharakter auch als Belohnung der Betriebstreue anzusehen sind. Diese Honorierung der Betriebstreue wiederum könne der Arbeitgeber frei gestalten. Insbesondere könne er einen Versorgungshöchstbetrag festlegen, um die i.R.d. Versorgung übernommenen Risiken zu begrenzen. Diesen Höchstbetrag

990 So auch: BAG, Urt. v. 18. Oktober 2005 – 3 AZR 506/04, AP Nr. 13 zu § 1 BetrAVG Unverfallbarkeit = BetrAV 2006, 404 ff.

991 Ausführlich zur Frage der Vereinbarkeit der Regelung des § 1b Abs. 1 S. 1 BetrAVG mit europarechtlichen Vorgaben s.o.: B.IV.1.a)bb).

992 LAG Niedersachsen, Urt. v. 21. April 2009 – 3 Sa 957/08 B, abrufbar unter: www.rechtsprechung.niedersachsen.de [Rn 35].

wiederum könne er auch so ausgestalten, dass er sich aus der maximal anrechenbaren Betriebszugehörigkeit ergibt. Zudem verwies das Gericht auch darauf, dass es sich bei der Honorierung der Betriebstreue um ein rechtmäßiges Ziel i.S.v. §§ 3 Abs. 2, 10 Abs. 1 Satz 1 AGG handele.

Neben den anerkannten Zielen der Betriebstreue sowie der Risikobegrenzung[993] wird in der Literatur u.a. auch als Ziel genannt, der Arbeitgeber wolle zum einen auch später eintretenden Beschäftigten noch die Erlangung der Maximalversorgung ermöglichen, zum anderen dafür sorgen, dass es auch nicht zu einer Überversorgung komme.[994]

Rengier stellt hierzu jedoch zutreffend fest, dass eine Benachteiligung aufgrund des Ziels, eine Maximalversorgung zu erreichen, unter dem Gesichtspunkt der Lohngleichheit und des Entgeltprinzips der betrieblichen Altersversorgung nicht zu rechtfertigen ist.[995] Hier ist insbesondere auch zu beachten, dass dies dem Gedanken widersprechen würde, wonach ältere Arbeitnehmer im Zweifel bereits in anderen Beschäftigungsverhältnissen Altersversorgungsansprüche erdient haben. Somit bestünde sogar gerade bei Anwendung einer derartigen Klausel, je nach Höhe der anrechenbaren Maximaldienstzeit, die erhöhte Gefahr einer Überversorgung, da ein häufiger das Unternehmen wechselnder Arbeitnehmer die Möglichkeit besäße, sich in verschiedenen Betrieben eine Altersversorgung aufzubauen. Abzulehnen ist dieses Ziel aber schon bereits aus dem Grund, dass ein solcher Gedankengang, eine derartige Besserstellung älterer Arbeitnehmer an sich bereits schon eine Benachteiligung der jüngeren Arbeitnehmer lediglich aufgrund ihres jüngeren Alters darstellen würde. So könnte ein älterer Arbeitnehmer, welcher bspw. bereits in einem anderen Beschäftigungsverhältnis unverfallbare Betriebsrentenanwartschaften aufgebaut hat – bspw. während einer 20 Jahre dauernden Vorbeschäftigung, auch in dem neuen Beschäftigungsverhältnis, in welchem eine maximal anrechenbare Dienstzeit von bspw. 20 Jahren vorgesehen ist, auch hier noch die maximale Dienstzeit erdienen. Er würde folglich in beiden Beschäftigungsverhältnissen das „Mehr“ der bAV erdienen. Der jüngere Arbeitnehmer hingegen wäre gezwungen, nach Erreichen der maximal anrechenbaren Dienstzeit den Arbeitsplatz zu wechseln, um nicht die nachfolgenden Dienstjahre keinerlei Anwartschaften zu erdienen, folglich nicht *de facto* ab diesem Zeitpunkt nur noch ein „Weniger“ zu verdienen. Dies würde also jüngere Arbeitnehmer zum früheren/häufigeren Arbeitsplatzwechsel verleiten und somit auch dem Zweck der Stärkung der Betriebstreue zuwiderlaufen.

Bereits aus diesem Grund erscheint das Ziel, eine Überversorgung vermeiden zu wollen, nicht als legitim im Sinne der Rechtfertigung einer mittelbaren Benachteiligung. Darüber hinaus jedoch erscheint dieses Ziel zu unbestimmt. Ziel ist es,

993 So bspw. auch: *Thum*, BB 2008, 2291, 2293 f.

994 Bspw.: *Höfer*, Band I: Arbeitsrecht, ART Rn 925; dieses Ziel ebenfalls für legitim ansehend: Schleusener-Suckow-Voigt-*Voigt*, § 10 AGG Rn 45.

995 *Rengier*, NZA 2006, 1251, 1256.

dass die Gesamtversorgung einschließlich der Sozialversicherungsrente ein angestrebtes Gesamtversorgungsniveau nicht überschreiten soll. Dieses Gesamtversorgungsniveau wird in der Versorgungsordnung nicht genau bestimmt. Es stellt sich folglich die Frage: Wo fängt die Überversorgung an? Lediglich anhand einer einfachen Leistungslimitierungsklausel wird sich zumindest nicht genau bestimmen lassen, ob und wann dieses Gesamtversorgungsniveau erreicht ist.[996] Folglich erscheint das Mittel der Limitierungsklausel auch ungeeignet.

Die Argumente hinsichtlich der Ziele der Betriebstreue sowie der Risikobegrenzung überzeugen jedoch. Während es für das Ziel der Honorierung der Betriebstreue zwar geeigneter wäre, auf die gesamte Dienstzeit abzustellen und somit die gesamte geleistete Betriebstreue einheitlich zu vergelten, so erscheinen Limitierungsklauseln, welche an das Dienstalter anknüpfen, für die Risikobegrenzung des Arbeitgebers auch erforderlich und angemessen. Der Arbeitgeber hat ein schützenswertes Interesse sowohl daran, die Honorierung der geleisteten Betriebstreue frei zu gestalten, als auch daran, sein Risiko wirksam zu begrenzen. So kann der Arbeitgeber von vornherein den Höchstbetrag der zugesagten Versorgung als Obergrenze (und damit auch den Dotierungsrahmen) frei bestimmen. Da es ihm somit ebenfalls möglich wäre, sein Risiko zu begrenzen, indem er bereits anfangs eine lediglich geringere Versorgung verspricht, so kann er eine Risikobegrenzung auch durch eine an den Dienstjahren anknüpfende Limitierungsklausel erreichen. Eine solche Limitierung anhand der anrechenbaren Dienstjahre ist mit der Möglichkeit der generellen Absenkung der Versorgungsleistung durchaus vergleichbar.[997]

Es ist auch kein milderes Mittel ersichtlich, welches ebenso geeignet erscheint, während von ihm sowohl ein Anreiz zur Betriebstreue ausgeht und welches gleichzeitig im Falle nicht vollständiger Betriebstreue bis zum Erreichen der Regelaltersgrenze nur prozentuale Abschläge von der Rentenanwartschaft zu Folge hätte.

Fraglich ist hingegen die Angemessenheit. Das LAG Baden-Württemberg und nachfolgend das BAG hatten wie oben beschrieben einen Fall zu begutachten, in welchem die maximale anrechenbare Dienstzeit auf 40 Dienstjahre ab dem 25. Lebensjahr festgelegt war. Die Gerichte haben bei der Frage der Rechtfertigung unter anderem darauf abgestellt, dass somit die zumindest übliche gesamte Dienstzeit bis zum damaligen Renteneintrittsalter von 65 Jahren abgedeckt war.

Hieraus folgt jedoch zwangsläufig die Frage, ob lediglich eine derartige, das gesamte Arbeitsleben zwischen Erreichen der Mindestaltersgrenze des § 1b Abs. 1 S. 1 BetrAVG abdeckende Regelung angemessen ist oder ob es ebenso angemessen ist, wenn der Arbeitgeber bspw. vorsiehr, dass die Anrechnung der Dienstjahre bereits nach 20 oder gar 10 Dienstjahren endet. Es ist vorliegend nicht ersichtlich,

996 So wohl auch: Schleusener/Suckow/Voigt-*Voigt*, § 10 AGG Rn 45, die wohl eine Klausel, welche klar auf eine Gesamtversorgung in Zusammenhang mit der gesetzlichen Versorgung abstellt, für zulässig erachten würden.

997 So zutreffend: *Thum*, BB 2008, 2291, 2293 f.

warum dem Arbeitgeber Letzteres nicht möglich sein sollte. Ebenso, wie es ihm möglich wäre, die gesamte Versorgung, welche er für die geleistete Betriebstreue für angemessen erachtet, zu senken, so muss es ihm auch möglich sein, zu bestimmen, nach wievielen Jahren der Dienstzeit und somit Betriebstreue der Arbeitnehmer die vollständige Betriebsrente erhalten soll. Darüber hinaus wäre es ihm sogar möglich, direkt zu Beginn des Arbeitsverhältnisses und somit noch gänzlich ohne geleistete Betriebstreue den gesamten Betrag zu versprechen.

Eine das anrechenbare Dienstalter begrenzende Regelung ist demnach angemessen und erforderlich, so dass davon auszugehen ist, dass die hierin zu erkennende mittelbare Benachteiligung anhand des Alters i.S.d. § 3 Abs. 2 AGG gerechtfertigt ist.[998] Diese Auffassung bestätigt auch ein Vergleich mit anderen Ausgestaltungsmöglichkeiten der bAV. So ist es bspw. auch möglich, die Höhe der Versorgungsleistung gänzlich unabhängig von der Dienstzeit auszugestalten. Dies geschieht bspw. dann, wenn für den Versorgungsfall der Invalidität oder des Todes noch Mindestleistungen oder dienstzeitunabhängige Sockelbeiträge vereinbart werden.[999]

2. Das Merkmal „Sexuelle Identität"

Gem. § 1 AGG stellt auch die „sexuelle Identität" nunmehr ein „verpöntes" Merkmal i.S.d. AGG dar. Die Bezeichnung dieses Benachteiligungsmerkmales verwundert auf den ersten Blick, sprachen doch sowohl die dem AGG zugrunde liegende Richtlinie 2000/78/EG wie auch die Ermächtigungsgrundlage des Art. 19 AEUV[1000] nicht von „sexueller Identität", sondern jeweils von „sexueller Ausrichtung" (*sexual orientation*). Inhaltlich soll jedoch laut Gesetzesbegründung ebenso wie in der Regelung des § 75 Abs. 1 S. 1 BetrVG, der seit dem Jahr 2001 ebenfalls den Begriff der „sexuellen Identität" beinhaltet, kein Unterschied zwischen den Begriffen der „Ausrichtung" und der „Identität" bestehen.[1001] Beide Begriffe beschreiben vielmehr dasselbe, ebenso wie auch der Begriff der „sexuellen Orientierung", wie er sich in § 17 Abs. 1 des österreichischen Gleichbehandlungsgesetzes findet. Vor dem Hintergrund der Verpflichtung zur richtlinienkonformen Auslegung muss zudem davon ausgegangen werden, dass der AGG-Begriff der „sexuellen Identität" allenfalls weiter ausgelegt werden kann als der Begriff „sexuelle Ausrichtung". Hinter

---

998 So ebenfalls: LAG Baden-Württemberg, Urt. v. 27. September 2010 – 4 Sa 7/10, EzA-SD 2010 [Rn 21, 16]; nunmehr auch bestätigt durch: BAG, Urt. v. 11. Dezember 2012 – 3 AZR 634/10, NZA 2013, 564 ff. = BetrAV 2013, 245 [Rn 20]; So im Ergebnis wohl auch: *Rolfs*, NZA 2008, 553, 557; *Cisch/Böhm*, BB 2007, 602, 607; *Cisch/Kruip*, BB 2007, 1162, 1164; *Thum*, BB 2008, 2291, 2293 f.; *Höfer/Witt/Kuchem*, BB 2007, 1445; *Adomeit/Mohr*, § 10 AGG Rn 160.

999 Siehe zu diesem Argument auch: *Höfer*, Band I: Arbeitsrecht, ART Rn 805.26.

1000 ex-Art. 13 EGV.

1001 BT-Drucks. 14/5741, S. 45; BT-Drucks. 15/4538, S. 28; Siehe auch: *Thüsing*, Beilage zu NZA Heft 22/2004, 13; *Bauer/Krieger*, BB-Special 6/2004, 20.

dem Schutzniveau der Richtlinie hingegen darf die Auslegung des deutschen Begriffes nicht zurückbleiben.[1002]

Die Begriffe der „sexuellen Identität“ und der des „Geschlechtes“ hingegen *„schließen einander* [Anm.: wechselseitig] *aus“*.[1003] Während die „Identität“ die Beziehung zu anderen Personen im sexuellen Bereich beschreibt und hierbei neben der Hetero- auch die männliche wie weibliche Homo- sowie Bisexualität erfasst, fällt unter das geschlechtsbezogene Diskriminierungsverbot lediglich die *objektive Geschlechtlichkeit*, also die Zuordnung zu einer bestimmten Geschlechtsgruppe.

Benachteiligungen aufgrund von Zwischengeschlechtlichkeit oder auch aufgrund von Transsexualität waren nach bisheriger Rechtsprechung des EuGH dem Merkmal des „Geschlechtes“, also der vorbenannten *„objektiven Geschlechtlichkeit“* zuzuordnen.[1004] Der nationale Gesetzgeber hingegen ging ausweislich der Gesetzesbegründung zum AGG davon aus, dass der Schutz des Merkmals der „sexuellen Identität“ *„homosexuelle Männer und Frauen ebenso wie bisexuelle, transsexuelle oder zwischengeschlechtliche“*[1005] erfasse. I.R.d. vorliegenden Abhandlung soll die Frage, inwiefern das Merkmal der „sexuellen Identität“ Benachteiligungen wegen Transsexualität oder Zwischengeschlechtlichkeit erfasst, dahingestellt bleiben, da in jedem Falle eine Benachteiligung von Transsexuellen wie auch von Zwischengeschlechtlichen nach dem AGG verboten sind, sei es nun unter dem Merkmal der „sexuellen Identität“ oder nach dem Merkmal des „Geschlechts“.

Das Merkmal der „sexuellen Identität“ ist neben dem des „Alters“ eines derjenigen Diskriminierungsmerkmale, welche vor Inkrafttreten des AGG nicht bereits vom Diskriminierungsverbot des Art. 3 Abs. 3 GG erfasst waren. Auch wenn einige neuere Landesverfassungen bereits vor Inkrafttreten des AGG ein Verbot der Diskriminierungen aufgrund der „sexuellen Identität“ enthielten[1006], so fand sich im Deutschen Bundestag noch im Jahr 1994 keine Mehrheit, das Merkmal im Katalog des Art. 3 Abs. 3 GG zu verankern. Begründet wurde die damalige Ablehnung damit, dass die „sexuelle Identität“ bereits ausreichend durch den Grundsatz der Menschenwürde, der allgemeinen Handlungsfreiheit wie auch durch das allgemeine Persönlichkeitsrecht geschützt sei.[1007] Das allgemeine Persönlichkeitsrecht *“sichert dem Menschen die Freiheit, seine Einstellungen zum Geschlechtlichen selbst*

1002 So auch: Schiek-*Schiek*, § 1 AGG Rn 30.

1003 *Thüsing*, Rn 215; ähnlich auch EuGH, Urt. v. 17. Februar 1998 – Rs. C-249/96 [*Grant*], NZA 1998, 301, 303; siehe ebenfalls: *Thüsing*, Beilage zu NZA Heft 22/2004, 13.

1004 EuGH, Urt. v. 30. April 1996 – Rs. C-13/94 [*P/S u. Cornwall County Council*], Slg. 1996, I-2143; Urt. v. 7. Januar 2004 – Rs. C-117/01, NJW 2004, 1440.

1005 BT-Drucks. 17/1780, S. 31.

1006 Bspw.: Art. 10 Abs. 2 Verfassung von Berlin vom 23. November 1995, Art. 12 Abs. 2 Verfassung des Landes Brandenburg vom 20. August 1992, GVBl. I S. 298, oder als „sexuelle Orientierung“ in Art. 2 Abs. 3 Verfassung des Freistaats Thüringen vom 25. Oktober 1993, GVBl. S. 625.

1007 BT-Drucks. 12/8165, S. 1, 29.

zu bestimmen"[1008] und auch selber darüber zu entscheiden, inwiefern er erotische Kontakte mit anderen Menschen eingehen will. So war auch bereits vor Inkrafttreten des AGG eine Benachteiligung aufgrund der „sexuellen Identität" Inhalt einer Entscheidung des BAG, in welcher eine Kündigung für unwirksam erklärt wurde, die auf der homosexuellen Neigung des Arbeitnehmers beruhte. In seiner Begründung stützte sich das BAG hierbei vor allem auf die durch Art. 2 Abs. 1 GG garantierte freie Persönlichkeitsentfaltung.[1009]

Die ersten Jahre seit Inkrafttreten des AGG haben gezeigt, dass dem Merkmal der „sexuellen Identität" in der Praxis besondere Relevanz im Hinblick auf Homosexuelle zukommt. Diese Entwicklung hatte der Gesetzgeber bereits erkannt und im Gesetzesentwurf zum AGG bestimmt, dass der Schutz Homosexueller vor Diskriminierungen (gerade auch am Arbeitsplatz) im Fokus stehen solle.[1010]

Zwei Drittel der i.R.d. im Auftrag des Bundesministeriums der Justiz erstellten Studie *„Benachteiligung gleichgeschlechtlich orientierter Personen und Paare"*[1011] Befragten berichten noch im Jahr 2000 von früheren und/oder aktuellen Erfahrungen mit Diskriminierungen aufgrund ihrer sexuellen Identität in den Bereichen der Arbeit, des Wohnens oder der Öffentlichkeit. Diese Erfahrungen reichen von bloßem unsicheren Verhalten über soziale Ausgrenzungen und verbale Angriffe bis hin zu Übergriffen. Erfreulicher Weise lässt die Studie jedoch auch erkennen, dass die Ablehnung gleichgeschlechtlich orientierter Personen in den vergangenen Jahren abgenommen hat.[1012] Trotz des Rückganges der Ablehnung zeigt das unverändert erschreckend hohe Ausmaß der Diskriminierungserfahrungen von ca. zwei Dritteln, dass ein umfassender Diskriminierungsschutz für gleichgeschlechtlich orientierte Personen weiterhin und unbedingt eines der Hauptaugenmerke des Antidiskriminierungsrechtes darstellen muss.

Im Bereich der bAV ergeben sich gerade auch im Hinblick auf die eingetragene Lebenspartnerschaft und deren Behandlung in Versorgungsregelungen verschiedene Fragen, welche in dieser Arbeit geklärt werden sollen.[1013] Einer der Problemfälle besteht in der Behandlung eingetragener Lebenspartnerschaften im Hinblick auf eine im Bereich der bAV gewährte Hinterbliebenenrente.

Seit dem 1. August 2001 steht Menschen in Deutschland nach dem Lebenspartnerschaftsgesetz das Recht zu, mit Personen des gleichen Geschlechts eine sogenannte eingetragene Lebenspartnerschaft zu führen. Nach Erhebungen des

---

1008 Vgl.: ErfKomm-*Schmidt*, Art. 2 GG Rn 41.

1009 BAG, Urt. v. 23. Juni 1994 – 2 AZR 617/93, AP Nr. 9 zu § 242 BGB; *Fuchs*, ZESAR 2006, 377, 383.

1010 BT-Drucks. 16/1780, S. 24; vgl. auch: *Adomeit/Mohr*, § 1 AGG Rn 166; *Thüsing*, Rn 215.

1011 *Buba/Vaskovics*, S. 12, abrufbar unter: http://www.bmj.de/SharedDocs/Downloads/DE/pdfs/Studie_Benachteiligung_gleichgeschlechtlich_orientierter_Personen.pdf?__blob=publicationFile.

1012 Rudolf/Mahlmann-*Klose*, § 10 Rn 4.

1013 Siehe hierzu: B.IV.2.

Lesben- und Schwulenverbandes in Deutschland bestanden Ende des Jahres 2004 zwischen 12.500 und 14.000 eingetragene Lebenspartnerschaften.[1014] Bis zum Jahr 2011 wiederum hatte sich die Anzahl der eingetragenen Lebenspartnerschaften in der Bundesrepublik Deutschland auf mittlerweile ca. 27.000 erhöht und damit beinahe verdoppelt.[1015]

Das Bundesverfassungsgericht hat in einem Urteil aus dem Jahr 2002 die Verfassungsmäßigkeit des Lebenspartnerschaftsgesetzes bestätigt.[1016] Insbesondere sei kein Verstoß gegen Art. 6 Abs. 1 des Grundgesetzes (GG) gegeben. Die eingetragene Lebenspartnerschaft berühre nicht die grundrechtlich geschützte Eheschließungsfreiheit, da gleichgeschlechtlichen Paaren die Ehe grundsätzlich verschlossen bleibe. Das Strukturprinzip der Ehe sei somit durch das Lebenspartnerschaftsgesetz nicht betroffen. Zudem stellten die Karlsruher Richter fest, dass sich aus der Zulässigkeit, das Rechtsinstitut der Ehe gegenüber anderen Lebensformen zu privilegieren, kein Gebot herleiten lasse, andere Rechtsinstitute gegenüber der Ehe zu benachteiligen.[1017] Trotz der in vielerlei Hinsicht vorgenommenen Annäherungen des Familienstandes der eingetragenen Lebenspartnerschaft an den der Ehe wird von den Gerichten angenommen, dass die eingetragene Lebenspartnerschaft keine Ehe i.S.d. allgemeinen und des gesetzlichen Sprachgebrauchs, sondern einen eigenständigen Familienstand darstellt.[1018]

Der Gesetzgeber hat mit dem am 1. Januar 2005 in Kraft getretenen „Gesetz zur Überarbeitung des Lebenspartnerschaftsrechts“[1019] die eingetragene Lebenspartnerschaft dem Institut der Ehe in der gesetzlichen Rentenversicherung gleichgestellt und darüber hinaus auch den Versorgungsausgleich bei Trennungen für eingetragene Lebenspartner eingeführt. Insgesamt wurde die Anwendbarkeit des ehelichen Güter- und Unterhaltsrechts weitestgehend kraft Verweises auf die Lebenspartnerschaft ausgeweitet, die Adoption von Stiefkindern zugelassen, der Versorgungsausgleich eingeführt und zudem Regelungen für die Hinterbliebenenversorgung i.R.d. Lebenspartnerschaft geschaffen.

Die gesetzlich vorgesehene Lebenspartnerschaft wird im Lebenspartnerschaftsgesetz jedoch gerade nicht als „Ehe“ bezeichnet, sondern lediglich in vielerlei Hinsicht der Ehe zwischen Personen verschiedenen Geschlechtes gleichgestellt.

1014 Bruns/Kemper-*Stüber*, Einführung Rn 39.

1015 Laut Angaben des Statistischen Bundesamtes: Statistisches Bundesamt, Fachserie 1, Reihe 3: Bevölkerung und Erwerbstätigkeit - Haushalte und Familien: Ergebnisse des Mikrozensus 2011, 74, abrufbar unter: https://www.destatis.de/DE/Publikationen/Thematisch/Bevoelkerung/HaushalteMikrozensus/HaushalteFamilien2010300117004.pdf?__blob=publicationFile.

1016 BVerfG, Urt. v. 17. Juli 2002 – 1 BvF 1/01 = 1 BvF 2/01, BVerfGE 105, 313 (357).

1017 a.A., ein Priviligierungsgebot hinsichtlich der Ehe und Familie annehmend: BeckOK-GG-*Uhle*, Art. 6 GG Rn 36 m.w.N.

1018 BVerwG, Urt. v. 26. Januar 2006 – 2 C 43/04, BVerwGE 125, 79 ff. = NJW 2006, 1828 f.

1019 BGBl I 2004 Nr. 69 vom 20. Dezember 2004.

Insbesondere da der Bereich der betrieblichen Altersversorgung in dieser Gesetzesreform nicht behandelt wurde, ist weiterhin nicht davon auszugehen, dass Regelungen, welche die Begriffe „Ehe" oder „Ehepartner" etc. i.R.e. Versorgungszusage beinhalten, automatisch auch eine Versorgung für Lebenspartner begründen.

a) Gewährung der Hinterbliebenenversorgung ausschließlich zugunsten hinterbliebener Ehepartner

In der bAV gehören zu solchen Regelungen in allererster Linie solche, welche die Hinterbliebenenrente regeln. In den vergangenen Jahren haben Regelungen der Hinterbliebenenrente in verschiedenen Ausformungen die Arbeitsgerichte beschäftigt. Oftmals gewähren Regelungen der Hinterbliebenenversorgung ihrem Wortlaut zufolge die Hinterbliebenenversorgung nur „Ehegatten"/„Witwern" bzw. „Witwen". „Hinterbliebene Lebenspartner" hingegen werden üblicherweise nicht erwähnt und sind folglich dem Wortlaut nach von der Hinterbliebenenversorgung ausgeschlossen. Die Einbeziehung von Lebenspartnern in die Hinterbliebenenversorgung ist in solchen Fällen mit dem reinen Wortlaut der jeweiligen Regelungen nicht in Einklang zu bringen, sofern Lebenspartner nicht ausdrücklich erwähnt werden.[1020] Es stellt sich also die Frage, inwiefern ein derartiger Ausschluss eingetragener Lebenspartner von der Hinterbliebenenversorgung eine Benachteiligung anhand des Merkmals der sexuellen Identität i.S.d. § 3 Abs. 1 i.V.m. § 1 AGG darstellt.

Während es nach hier vertretener Ansicht zutreffender erscheint, einen solchen Sachverhalt unter den Begriff der mittelbaren Benachteiligung zu fassen[1021], wird die Zulässigkeit derartiger Regelungen für gewöhnlich vielmehr unter dem Begriff der unmittelbaren Benachteiligung diskutiert.[1022] Dieser Unterscheidung käme

1020 *Bauer*, NJW 2001, 2672, 2675.

1021 So nach der hier vertretenen Ansicht zutreffend: *Lembke*, NJW 2008, 1631, 1633; ebenso wohl auf § 3 Abs. 2 AGG abstellend: BVerwG, Urt. v. 25. Juli 2007 – 6 C 27/06, BVerwGE 129, 129 ff = NJW 2008, 246 ff. [Rn 32]; OVG Berlin-Brandenburg, Urt. v. 05. Februar 2008 – OVG 12 B 5.07, abrufbar unter: http://openjur.de/u/277596.html; ErfKomm-*Schlachter*, § 1 AGG Rn 16; *Nollert-Borasio/Perreng*, § 2 AGG Rn 52; Anm: eine unmittelbare Benachteiligung wird wohl in solchen Fällen, in welchen die Versorgungsordnung an Begriffe der Ehepartner, Witwen, o.ä, anknüpft, auszuschließen sein, da hier gerade nicht an den Umstand der sexuellen Identität, bspw. der Homosexualität, als solcher, sondern vielmehr lediglich an das neutrale Kriterium der Ehe angeknüpft wird.

1022 So bspw.: BAG, Urt. v. 14. Januar 2009 – 3 AZR 20/07, NZA 2009, 489 ff. = BetrAV 2009, 259; Urt. v. 15. September 2009 – 3 AZR 294/09, AP Nr. 317 zu Art 3 GG = NZA 2010, 216 ff.; EuGH, Urt. v. 01. April 2008, Rs. C-267/06 [*Maruko*], Slg. 2008 I, 01757 = NJW 2008, 1649; LAG Köln, Urt. v. 19. Juli 2006 – 7 Sa 139/06, ZTR 2007, 267; VwGH Baden-Württemberg, 03. April 2012 – 4 S 1773/09, RiA 2012, 170 ff.; ErfKomm-*Steinmeyer*, Vorbem. BetrAVG Rn 43; *Blomeyer/Rolfs/Otto*, Anh. § 1 BetrAVG Rn 209.

jedoch lediglich nur dann Gewicht zu, sollte man in der Folge vom Vorliegen eines Rechtfertigungsgrundes für eine derartige Benachteiligung ausgehen: Ginge man vom Vorliegen einer unmittelbaren Benachteiligung aus, so bestünde lediglich die Chance, diese Benachteiligung gem. der Regelung des § 8 AGG zu rechtfertigen. Weitere Rechtfertigungstatbestände für unmittelbare Benachteiligungen anhand der sexuellen Identität sind i.R.d. AGG nicht vorgesehen. Nähme man hingegen an, dass es sich lediglich um eine mittelbare Benachteiligung handelt, so wäre das Nichtvorliegen einer Rechtfertigung bereits als negatives Tatbestandsmerkmal i.R.d. § 3 Abs. 2 AGG zu überprüfen. Liegt keine solche Rechtfertigung nach § 3 Abs. 2 AGG vor, so ergeben sich keine weiteren Unterschiede aus der Kategorisierung als mittel- oder unmittelbare Benachteiligung. Die Rechtsfolge für unmittel- wie für mittelbare Benachteiligungen ergibt sich stets aus § 7 Abs. 1, 2 AGG i.V.m. §§ 2 Abs. 1 Nr. 2, 8 Abs. 2 AGG.

Es ist demnach vor dem Hintergrund des AGG und des neu eingeführten „verpönten" Diskriminierungsmerkmals der „sexuellen Identität" zu überprüfen, inwiefern ein derartiger Ausschluss von Lebenspartnern i.S.d. LPartG eine Benachteiligung darstellt und daher Lebenspartner im Einzelfall im Rahmen solcher Regelungen Ehepartnern hinsichtlich der betrieblichen Hinterbliebenenversorgung gleichgestellt werden müssen bzw. ihnen auch nach solchen, dem reinen Wortlaut nach lediglich Ehepartner erwähnenden Zusagen entsprechend ein Anspruch auf Leistungen der Hinterbliebenenversorgung zusteht.

aa) Bisherige rechtliche Behandlung

Das BVerwG[1023] wie auch der BGH[1024] und das BVerfG[1025] gingen nach Erlass der Antidiskriminierungsrichtlinien sowie des AGG zunächst davon aus, dass der Ausschluss eingetragener Lebenspartner von einer Hinterbliebenenversorgung i.R.d. bAV keinen Verstoß gegen eines der Diskriminierungsverbote der Richtlinie 2000/78/EG darstelle. Derartige, zwischen eingetragener Lebenspartnerschaft und Ehepartnern differenzierende Regelungen, so Ansicht der Gerichte, knüpften lediglich am Familienstand der Betroffenen, nicht hingegen an deren sexueller Identität an.[1026] Hierbei verwiesen die Gerichte insbesondere auf Erwägungsgrund 22 der Richtlinie 2000/78/EG, wonach die in der Richtlinie niedergelegten Diskriminierungsverbote einzelstaatliche Rechtsvorschriften über den Familienstand und davon abhängige Leistungen „unberührt" lassen. Sinn und Zweck der Richtlinie 2000/78/EG sei es somit gerade nicht gewesen, Vergütungsbestandteile, welche verheirateten Beschäftigten gewährt werden, automatisch auch solchen Beschäftigten zukommen

1023 BVerwG, Urt. v. 26. Januar 2006 – 2 C 43/04, BVerwGE 125, 79 ff. = NJW 2006, 1828 f.

1024 BGH, Urt. v. 14. Februar 2002 – IV ZR 267/04, BetrAV 2007, 280 ff.

1025 BVerfG, Nichtannahmebeschluss v. 20. September 2007 – 2 BvR 855/06, NJW 2008, 209 ff.

1026 Siehe ebenfalls ausführlich zu den Argumenten der bisherigen Rspr.: *Wiemann*, NJW 2010, 1427, 1428.

zu lassen, welche eine eingetragene Lebenspartnerschaft führten und somit einen anderen Familienstand besäßen. Die Richter sahen den Anwendungsbereich des Antidiskriminierungsrechtes in solchen Fällen nicht eröffnet, so dass auch nicht nach einem sachlichen Grund für eine Ungleichbehandlung gefragt werden müsse.

Auch das LAG Köln sowie das VG Koblenz gingen in Urteilen aus den Jahren 2006[1027] und 2007[1028] noch davon aus, dass Erwägungsgrund 22 der Richtlinie nicht so zu verstehen sei, dass unterschiedliche Entgeltregelungen verboten werden sollten, welche an unterschiedliche Familienstände anknüpfen. Vielmehr nehme Begründungserwägung 22 gerade familienstandsbezogene Leistungen von dem Anwendungsbereich der Richtlinie 2000/ 78/EG aus.

Kritischer hingegen betrachtete diese Frage bereits das BVerwG in einer Entscheidung aus dem Jahr 2007, in welcher das Gericht zwar von der Zulässigkeit des Ausschlusses hinterbliebener Lebenspartner anhand des (auf Ehepartner beschränkenden) Wortlautes einer berufsständischen Versorgungsordnung ausging. Das Gericht nahm an, dass die Ehe gegenüber der eingetragenen Lebenspartnerschaft durchaus bevorzugt werden dürfe. Gleichzeitig wies das Gericht jedoch bereits darauf hin, dass die unterschiedliche Behandlung von Ehepartnern und Lebenspartnern hinsichtlich der Hinterbliebenenversorgung in Fällen, in denen die Zusage der Hinterbliebenenversorgung auch Entgelt darstellt, zunehmend rechtfertigungsbedürftig werde.[1029]

Auch in der Literatur wurde zunächst davon ausgegangen, dass der Ausschluss von Lebenspartnern von Leistungen der Hinterbliebenenrente oder auch von anderen Leistungen gerechtfertigt sei. Eine Verpflichtung, Lebenspartner nach dem LPartG bzgl. der Hinterbliebenenversorgung den Eheleuten gleichzustellen, bestünde weder für den Gesetzgeber noch für den Arbeitgeber. Dies ergebe sich insbesondere daraus, dass die Ehe auf die Familie als Gemeinschaft ausgerichtet sei, der bloße Zweierbund der Lebenspartnerschaft hingegen gerade nicht.[1030] Gem. der grundgesetzlichen Werteentscheidung solle lediglich das Rechtsinstitut der Ehe nach Art. 6 Abs. 1 GG besonderen Schutz, die Lebenspartnerschaft hingegen gerade nicht denselben Schutz wie die Ehe genießen. Die eingetragene Lebenspartnerschaft bleibe trotz ihrer Gleichstellung mit der Ehe in vielen rechtlichen Bereichen ein „Weniger" gegenüber dem Rechtsinstitut der Ehe. Diese Wertentscheidung dürfe sich der Arbeitgeber auch bei den gegenüber den Arbeitnehmern versprochenen Leistungen zu Eigen machen.[1031]

1027 VG Koblenz, Urt. v. 7. Februar 2006 – 6 K 871/05, NJOZ 2006, 1346 ff.

1028 LAG Köln, Urt. v. 19. Juli 2006 – 7 Sa 139/06, ZTR 2007, 267.

1029 BVerwG, Urt. v. 25. Juli 2007 – 6 C 27/06, BVerwGE 129, 129 ff = NJW 2008, 246 ff.; in dem zu entscheidenden Fall handelte es sich nicht um Leistungen der bAV, sondern um Leistungen eines berufsständischen Versorgungswerkes.

1030 *Hopfner/Naumann*, Rn 136; zunächst auch noch *Thüsing*, Rn 354, 466 [a.F.]; a.A.: *Meinel/Heyn/Herms*, § 10 AGG Rn 73; *Rengier*, NZA 2006, 1251, 1252; nunmehr auch *Thüsing*, Rn 349, 465 [n.F.].

1031 *Hopfner/Naumann*, Rn 136; a.A. wohl *Wendeling-Schröder*, Der Personalrat 2008, 177, darauf hinweisend, dass Lebenspartner in Punkten wie bspw. der Beihilfe,

bb) EuGH-Rechtsprechung in Sachen *Tadao Maruko* und ihre Folgen – Benachteiligung durch Beschränkung auf Eheleute?

Sowohl das VG München in der Rechtssache *Maruko*[1032] als auch das ArbG Hamburg in einem anderen Fall[1033] waren der Auffassung, dass der Ausschluss von eingetragenen Lebenspartnern von solchen Leistungen, welche Ehepartnern gewährt werden, möglicherweise eine Benachteiligung aufgrund der sexuellen Identität darstellen könne. Zur Klärung dieser Frage legte das VG München einen arbeitsrechtlichen Sachverhalt, welcher den Ausschluss eines hinterbliebenen Lebenspartners aus der Hinterbliebenenversorgung eines berufsständischen Versorgungssystems zur Grundlage hatte, dem EuGH zur Vorabentscheidung vor.

Hieraufhin hat der EuGH i.R.d. sogenannten *Tadao Maruko*-Entscheidung[1034] zunächst klargestellt, dass die Hinterbliebenenversorgung i.R.e. berufsständischen Versorgungssystems aufgrund des Entgeltcharakters der Leistungen im Besoldungs- und Versorgungsbereich unter den Begriff des Arbeitsentgelts und somit unzweifelhaft auch in den Geltungsbereich der Richtlinie 2000/78/EG und der in ihr geregelten Diskriminierungsverbote fällt.

Die Luxemburger Richter stellten des Weiteren fest, dass ein Ausschluss hinterbliebener Lebenspartner von der Hinterbliebenenversorgung zumindest dann eine Benachteiligung aufgrund der sexuellen Identität nach der Richtlinie 2000/78/EG darstelle, sofern die grundsätzliche Situation von Lebenspartnern im Bezug auf die Hinterbliebenenversorgung nach nationalem Recht mit jener von Ehegatten vergleichbar ist. Um eine ungerechtfertigte Ungleichbehandlung verschiedener Personen feststellen zu können müssten diese Personen überhaupt vergleichbar sein, sich also auch in einer vergleichbaren Lage befinden.[1035]

Sofern tatsächlich nach nationalem Recht Vergleichbarkeit zwischen Lebenspartnern und Ehepartnern gegeben sei, Lebenspartner jedoch hinsichtlich der Hinterbliebenenversorgung schlechter gestellt würden, so liegt nach Ansicht des EuGH sogar eine unmittelbare und somit nicht zu rechtfertigende Benachteiligung anhand der sexuellen Identität im Sinne von Art. 1 i.V.m. Art. 2 Richtlinie 2000/78/EG vor.[1036] Personen einer gleichgeschlechtlichen Lebenspartnerschaft würden dann durch den Ausschluss benachteiligt, da ihnen als Personen gleichen Geschlechts in Deutschland die Eheschließung verwehrt sei. Sofern sich also

---

Familienzuschüssen und Witwen- sowie Waisengeld schlechter gestellt würden als Ehepartner in derselben Situation.

1032 VG München, Vorabentscheidungsersuchen v. 20. Juni 2006 – C 267/06.

1033 ArbG Hamburg, Beschluss v. 13. April 2006 – 26 Ca 209/05, abrufbar über juris.

1034 EuGH, Urt. v. 01. April 2008, Rs. C-267/06 [*Maruko*], Slg. 2008 I, 01757 = NJW 2008, 1649.

1035 So zutreffend: *Bieback*, ZESAR 2008, 296, 299.

1036 EuGH, Urt. v. 01. April 2008, Rs. C-267/06 [*Maruko*], Slg. 2008 I, 01757 = NJW 2008, 1649 [Rn 72].

Ehegatten und Lebenspartner in einer vergleichbaren rechtlichen Situation befänden, Lebenspartner jedoch von der Hinterbliebenenversorgung ausgeschlossen würden, sei die Hinterbliebenenversorgung auch den überlebenden Lebenspartnern zu gewähren.

Folglich verwies der EuGH das Verfahren zurück und wies das vorlegende (nationale) Gericht an, zu überprüfen, inwiefern sich ein überlebender Lebenspartner in einer Situation befindet, die mit der eines überlebenden Ehegatten, welcher die betreffende Hinterbliebenenversorgung erhält, vergleichbar ist.[1037] Diesbezüglich wies der EuGH zudem darauf hin, dass sich die Bundesrepublik Deutschland entschlossen habe, gleichgeschlechtlichen Partnern gerade nicht die Möglichkeit der Eheschließung zu eröffnen, sondern dies weiterhin Personen unterschiedlichen Geschlechts vorzubehalten. Stattdessen habe der Gesetzgeber für Personen gleichen Geschlechts ein anderes Institut, die sogenannte eingetragene Lebenspartnerschaft, geschaffen, deren Bedingungen jedoch nach und nach schrittweise denen der Ehe angeglichen worden seien. Insbesondere wies der EuGH darauf hin, dass eine weitergehende Angleichung durch das Gesetz vom 15. Dezember 2004 vorgenommen worden sei. Hierin habe der deutsche Gesetzgeber das SGB VI geändert, indem er u.a. in dessen § 46 einen Abs. 4 eingefügt hat, wonach die Lebenspartnerschaft in Bezug auf die Witwen- oder Witwerrente der gesetzlichen Rentenversicherung im Sinne dieser Vorschrift der Ehe gleichgestellt wird.

Hinsichtlich des von deutschen Gerichten mit Blick auf eine unterschiedliche Behandlung von Ehepartnern und eingetragenen Lebenspartnern angeführten 22. Erwägungsgrundes der Richtlinie 2000/78/EG stellte der EuGH zudem fest, dass zwar der Familienstand und die sich hieraus ergebenden Leistungen in die Zuständigkeit der Mitgliedsstaaten falle, die Mitgliedsstaaten, im Ausgangsfall also die Bundesrepublik, hierbei jedoch auch das Gemeinschaftsrecht und somit auch die Diskriminierungsverbote zu beachten hätten.[1038]

Im Anschluss an diese wegweisende Entscheidung des EuGH stellte sich folglich die Frage, inwiefern die eingetragene Lebenspartnerschaft nach nationalem Recht hinsichtlich der Hinterbliebenenversorgung in eine Situation versetzt wurde, welche der diesbezüglichen Situation von Ehegatten vergleichbar ist.[1039] Sollte eine derartige Vergleichbarkeit festgestellt werden, so würde eine Versorgungsordnung, welche die Hinterbliebenenrente auf Ehepartner beschränkt und Lebenspartner somit von dieser Leistung ausschließt, nach Ansicht des EuGH eine unmittelbare Diskriminierung wegen der sexuellen Ausrichtung i.S.d. Art. 1, 2 Abs. 2a der Richtlinie 2000/78/EG bzw. nach § 3 Abs. 1 i.V.m. § 1 AGG darstellen.[1040]

1037 EuGH, Urt. v. 01. April 2008, Rs. C-267/06 [*Maruko*], Slg. 2008 I, 01757 = NJW 2008, 1649 [Rn 73].

1038 EuGH, Urt. v. 01. April 2008, Rs. C-267/06 [*Maruko*], Slg. 2008 I, 01757 = NJW 2008, 1649, Rn 59.

1039 *Obenberger*, BetrAV 2011, 327, 331.

1040 So: *Reinecke*, BB 2012, 1025, 1028 f., *ders.*, BetrAV 2011, 318, 320.

Genau diese Rechtsauffassung hat der EuGH auch in der Rechtssache *Römer* im Jahr 2011 erneut bekräftigt.[1041] Hier stellten die Richter fest, dass auch nationale Bestimmungen - wie in dem zu entscheidenden Fall § 10 Abs. VI des Hamburgischen Gesetzes über die zusätzliche Alters- und Hinterbliebenenversorgung für Angestellte und Arbeiter der Freien und Hansestadt Hamburg in der Fassung vom 30. Mai1995 - gegen die Richtlinie 2000/78/EG und das Verbot der Diskriminierung wegen der sexuellen Identität verstoßen können, sofern Lebenspartner im Gegensatz zu Ehepartnern von der nach dieser Bestimmung gewährten Leistung ausgeschlossen werden, Lebenspartner und Ehegatten sich jedoch hinsichtlich der jeweils gewährten Leistung grundsätzlich in einer vergleichbaren Situation befinden. Befinden sich Lebenspartner und Ehepartner in einer vergleichbaren Situation, so stelle eine solche nationale Regelung, welche beide dennoch diesbezüglich unterschiedlich behandle, eine unmittelbare Benachteiligung wegen der sexuellen Identität dar.

Ginge man entgegen der Auffassung des EuGH in den Rechtssachen *Tadao Maruko* und *Römer* hingegen bei Vorliegen einer solchen vergleichbaren Lage von einer lediglich mittelbaren Benachteiligung anhand der sexuellen Identität aus, so wäre an diese Feststellung anschließend zu fragen, inwiefern die alleinige Begünstigung von überlebenden Ehepartnern und der hierdurch folgende Ausschluss von überlebenden Lebenspartnern durch sachliche Erwägungen i.S.d. § 3 Abs. 2 AGG gerechtfertigt ist.

Aus der Entscheidung des EuGH in der Rechtssache *Tadao Maruko*[1042] ließ sich bereits eine Tendenz dahingehend entnehmen, dass der EuGH eine Angleichung der Rechtsbedingungen von Ehegatten sowie Personen in einer eingetragenen Lebenspartnerschaft in der Bundesrepublik festgestellt hat. Der EuGH wies darauf hin, dass durch das „Gesetz zur Überarbeitung des Lebenspartnerschaftsrechts“[1043] eine weitergehende Gleichstellung vorgenommen worden sei, überließ es jedoch den nationalen Gerichten festzustellen, ob nunmehr eine hinsichtlich der Hinterbliebenenversorgung vergleichbare Situation geschaffen worden sei.[1044]

(1) Vergleichbarkeit der Situation von Ehe- und eingetragenen Lebenspartnern hinsichtlich der Hinterbliebenenrente

Die Literatur war sich zunächst uneins über die Vergleichbarkeit der beiden Rechtsinstitute. Ein Teil der Literatur ging davon aus, dass keine vergleichbare Situation zwischen Ehe- und Lebenspartnern bestehe und folglich auch auch keine Ungleichbehandlung i.S.e. Diskriminierung möglich sei. Insbesondere wurde

1041 EuGH, Urt. v. 10. Mai 2011 – C-147/08 [*Römer*], AP Nr. 20 zu Richtlinie 2000/78/EG = BetrAV 2011, 399 [Rn 42 ff.].

1042 EuGH, Urt. v. 01. April 2008, Rs. C-267/06 [*Maruko*], Slg. 2008 I, 01757 = NJW 2008, 1649.

1043 BGBl I 2004 Nr. 69 vom 20. Dezember 2004.

1044 So: *Lembke*, NJW 2008, 1631, 1633; *Adomeit/Mohr*, ZfA 2008, 449, 470.

hierbei angeführt, dass bei Lebenspartnern mangels Kindeserziehung kein besonderer Alimentationsbedarf wie bei Ehepartnern gegeben sei.[1045]

Andere Autoren hingegen gingen – tlw. bereits seit Längerem – von einer Vergleichbarkeit der Situationen und der sich daraus ergebenden Notwendigkeit der Gleichbehandlung aus.[1046]

Auch die deutschen Gerichte waren in der Frage nach der Vergleichbarkeit der Situation von Ehe- und Lebenspartner lange Zeit uneins.[1047] Das Bundesverfassungsgericht ging noch im Jahr 2002 in der oben erwähnten Entscheidung hinsichtlich der Verfassungsmäßigkeit des LPartG von der Rechtmäßigkeit der Versagung des Verheirateten-Zuschlags für Beamte i.R.d. Lebenspartnerschaft aus.[1048] Eine solche Versagung von Leistungen, wie sie Ehepartner erhielten, sei verfassungsrechtlich nicht zu beanstanden. In dieser Begünstigung Verheirateter, so die Verfassungsrichter, finde der Grundgedanke des Art. 6 Abs. 1 GG Ausdruck, nach welchem der Staat verpflichtet sei, die Ehe zu schützen und zu fördern. Dieser Förderauftrag berechtige den Gesetzgeber auch dazu, die Ehe gegenüber anderen Lebensformen, demnach auch gegenüber der Lebenspartnerschaft, zu begünstigen. Auch wenn sich hieraus kein Gebot herleiten lasse, andere Rechtsinstitute gegenüber der Ehe zu benachteiligen, so ist dieser Entscheidung zumindest nicht zu entnehmen, dass das BVerfG zu diesem Zeitpunkt von einer generellen Vergleichbarkeit der Situation von Ehe- und Lebenspartnern bzw. von einer Vergleichbarkeit hinsichtlich der Hinterbliebenenversorgung ausging.

Auch noch im Jahr 2008 vertrat die 1. Kammer des Zweiten Senates des BVerfG in einem nicht bindenden Nichtannahmebeschluss[1049], dass eine solche Vergleichbarkeit erst gegeben sei, wenn tatsächlich keinerlei Unterschiede zwischen Ehen und Lebenspartnerschaften mehr bestünden. Die Richter sahen eine solche Vergleichbarkeit jedoch zum Zeitpunkt des Beschlusses als noch nicht gegeben an.

Das BAG hingegen stellte bereits in einer Entscheidung aus dem Jahr 2004 hinsichtlich der Frage des Ortszuschlages für Eheleute/Lebenspartner im Anwendungsbereich des BAT eine grundsätzliche Vergleichbarkeit der Voraussetzungen

---

1045 So bspw.: *Adomeit/Mohr*, ZfA 2008, 449, 470.

1046 So bspw.: Küttner-*Kania*, *„Diskriminierung"* Rn 76 m.w.N.; ebenso *Nicolai*, AGG, Rn 418; *Lembke*, NJW 2008, 1631, 1634, darauf hinweisend, dass nach der EuGH-Rspr mit einer die Vergleichbarkeit bejahenden, nationalen Rspr. zu rechnen sei; ebenso zumindest für die Zeit nach Inkrafttreten des LPartG: ErfKomm-*Steinmeyer*, Vorbem. BetrAVG, Rn 43.

1047 Zusammenfassend zur bisherigen Rspr. der deutschen Obergerichte zur Benachteiligung von eingetragenen Lebenspartnern siehe auch: *Bruns*, NJW 2008, 1929, 1930 ff.

1048 BVerfG, Urt. v. 17. Juli 2002 – 1 BvF 1/01 = 1 BvF 2/01, BVerfGE 105, 313 (357).

1049 BVerfG, Nichtannahmebeschluss v. 06. Mai 2008 – 2 BvR 1830/06, AP Nr. 316 zu Art. 3 GG = NJW 2008, 2325 ff; kritisch zu diesem Beschluss: *Gas*, EuZW 2008, 385.

zwischen Ehe- und Lebenspartnern fest.[1050] So hieß es im Urteil der Erfurter Richter, dass es sich bei beiden Rechtsinstituten jeweils um exklusive, auf Dauer geschlossene Verantwortungsgemeinschaften handele, welche nur durch gerichtliche Entscheidung aufgehoben werden könnten. Zudem sei eine Vergleichbarkeit hinsichtlich familienrechtlicher Rechte und Pflichten gegeben, da Lebenspartner einander wie Ehepartner zu Fürsorge und Unterstützung sowie zu angemessenem Unterhalt verpflichtet seien. Bezogen auf die Frage der Vergleichbarkeit hinsichtlich der Hinterbliebenenversorgung konnte man bereits nach dieser Entscheidung klare Tendenzen des BAG erkennen.

Sowohl das BVerwG[1051] als auch der BGH[1052] lehnten hingegen noch im Jahr 2007 eine generelle Vergleichbarkeit der Situation, in welcher sich Ehe- und Lebenspartner befänden, ab. Da eine derartige Vergleichbarkeit, welche der EuGH als entscheidend benannt hatte, gerade nicht gegeben sei, handele es sich beim Ausschluss des hinterbliebenen Lebenspartners folglich mangels Vergleichbarkeit auch nicht um eine mittelbare Diskriminierung i.S.d. Art. 2 Abs. 2 lit. b der Richtlinie 2000/78/EG. Auch trotz Inkrafttretens des Lebenspartnerschaftsgesetzes i.d.F. des am 1. Januar 2005 in Kraft getretenen Gesetzes zur Überarbeitung des Lebenspartnerschaftsrechts vom 15. Dezember 2004[1053] gelte nichts anderes. Der Gesetzgeber habe weiterhin gerade keine vollständige Gleichstellung von Ehe und eingetragener Lebenspartnerschaft vollzogen. Vielmehr sei lediglich eine weitgehende Gleichstellung beider familienrechtlicher Institute, nicht hingegen eine volle Gleichstellung beabsichtigt gewesen.[1054] Das BVerwG erwähnte zudem, dass es auch im Hinblick auf das AGG bereits keine Benachteiligung erkennen könne, da gerade nicht am Geschlecht oder der sexuellen Identität, sondern lediglich (und somit durch Art. 6 Abs. 1 GG gerechtfertigt) an den Familienstand angeküpft werde.[1055]

Auch der BGH[1056] ging in seiner Entscheidung, an die Rechtsprechung des BVerfG anknüpfend, davon aus, dass eine unterschiedliche Behandlung von eingetragenen Lebenspartnern sowie Ehepartnern vor dem Hintergrund von Art. 6 Abs. 1 GG durchaus zulässig, wenn auch nicht zwingend geboten sei. Hierzu führte die Karlsruher Richter aus, dass die Ehe als Rechtsinstitut verfassungsrechtlichen Schutz genieße und eine nicht vergleichbare Versorgungssituation zwischen Ehepartnern und Lebenspartnern bestehe. Während Ehepartner durch Vorsorgekosten

1050 BAG, Urt. v. 29. April 2004 – 6 AZR 101/03, AP Nr. 2 zu § 26 BAT.

1051 BVerwG, Urt. v. 15. November 2007 – 2 C 33/06, NJW 2008, 868 ff.; mit zustimmender Anm.: *Kugele*, jurisPR-BVerwG 10/2008 Anm. 3.

1052 BGH, Urt. v. 14. Februar 2007 – IV ZR 267/04, NJW-RR 2007, 1441 ff. = BetrAV 2007, 280 ff.

1053 BGBl I 2004 Nr. 69, S. 3396.

1054 BVerwG, Urt. v. 15. November 2007 – 2 C 33/06, NJW 2008, 868 ff. [Rn 12], mit Hinweis auf BT-Drucks. 15/3445 S. 14.

1055 BVerwG, Urt. v. 15. November 2007 – 2 C 33/06, NJW 2008, 868 ff. [Rn 13].

1056 BGH, Urt. v. 14. Februar 2007 – IV ZR 267/04, NJW-RR 2007, 1441 ff. = BetrAV 2007, 280 ff.

für den Ehegatten und die Kinder belastet seien, fielen solche Kosten bei Unverheirateten oder Nichteltern gerade nicht an.

Werde im Ausschluss eines hinterbliebenen Lebenspartners, wie in der zu beurteilenden Regelung der Satzung der Versorgungsanstalt des Bundes und der Länder, tatsächlich eine mittelbare Benachteiligung erkannt, so sei für einen solchen Ausschluss zumindest eine sachliche Rechtfertigung gegeben. Ein solches legitimes Ziel sei in der materiellen *„Förderung von auf Dauer angelegten menschlichen Gemeinschaften [Anm.: zu erkennen], in denen typischerweise Kinder geboren, gepflegt und erzogen werden wie in einer Ehe zwischen Mann und Frau"*.[1057] Folglich ging das Gericht auch in dieser Entscheidung noch davon aus, dass keine vergleichbare Situation zwischen Lebens- und Ehepartnern bestehe.

Im Anschluss an diese Rechtsprechung des BGH erhob der von der streitgegenständlichen Regelung Betroffene Verfassungsbeschwerde und führte aus, dass er durch den Ausschluss aus der Hinterbliebenenversorgung in seinem Grundrecht aus Art. 3 Abs. 1 GG verletzt werde. Dieser Verfassungsbeschwerde hat das BVerfG mit Beschluss vom 7. Juli 2009 stattgegeben und das Urteil des BGH aufgehoben. Das BVerfG stellte fest, dass eine Ungleichbehandlung von Ehe- und Lebenspartner mit Art. 3 Abs. 1 GG unvereinbar und insbesondere auch nicht vom Schutzgebot der Ehe in Art. 6 Abs. 1 GG gerechtfertigt sei.[1058]

Die Karlsruher Richter nahmen im Hinblick auf den Versorgungsbedarf von Ehe- und Lebenspartnern an, dass mittlerweile gerade keine erheblichen Unterschiede mehr zwischen Ehe und Lebenspartnerschaft bestehen. Insbesondere könne ein solcher unterschiedlicher Versorgungsbedarf von Eheleuten und Lebenspartnern einer eingetragenen Lebenspartnerschaft auch nicht mit typischerweise bei Eheleuten bestehenden Lücken in der Erwerbsbiographie aufgrund von Kindererziehung begründet werden.[1059] Diesbezüglich stellten die Karlsruher Richter zutreffender Weise fest, dass es weder in jeder Ehe Kinder gebe noch eine jede Ehe auf Kinder ausgerichtet sei. Ebenfalls sei auch nicht in jeder Ehe, in welcher es Kinder gebe, die Rollenverteilung dergestalt, dass einer der Ehepartner zumindest zeitweise aus dem Erwerbsleben ausscheide.

Vielmehr müsse festgestellt werden, dass tlw. auch Lebenspartnerschaften so gelebt würden, dass bei einem der beiden Partner ein erhöhter Versorgungsbedarf bedingt werde.[1060] Das Gericht ging hierbei davon aus, dass seit dem Inkrafttreten des Gesetzes zur Überarbeitung des Lebenspartnerschaftsrechts[1061] am 1. Januar 2005

1057 BGH, Urt. v. 14. Februar 2007 – IV ZR 267/04, NJW-RR 2007, 1441 ff. = BetrAV 2007, 280 ff. [Rn 22].

1058 BVerfG, Beschluss v. 7. Juli 2009 – 1 BvR 1164/07, BVerfGE 124, 199 ff. = BetrAV 2009, 672 ff.

1059 BVerfG, Beschluss v. 7. Juli 2009 – 1 BvR 1164/07, BVerfGE 124, 199 ff. = BetrAV 2009, 672 ff. [Rn 112].

1060 BVerfG, Beschluss v. 7. Juli 2009 – 1 BvR 1164/07, BVerfGE 124, 199 ff. = BetrAV 2009, 672 ff. [Rn 113].

1061 BGBl I 2004 Nr. 69, S. 3396.

von einer Vergleichbarkeit der Situation von Lebenspartner und Ehegatten ausgegangen werden könne, da mit diesem Gesetz auch der Versorgungsausgleich zwischen zwei Lebenspartnern eingeführt worden und nunmehr auch hierin die eingetragene Lebenspartnerschaft der Ehe gleichgestellt worden sei.[1062] Zudem gingen die Karlsruher Richter davon aus, dass ein möglicherweise im Einzelfall tatsächlich gegebener unterschiedlicher Versorgungsbedarf konkret berücksichtigt werden könne, ohne hierbei an den Familienstand anzuknüpfen. Mit seinem Beschluss widersprach das BVerfG folglich auch ausdrücklich seiner eigenen bisherigen Rechtsprechung[1063] sowie der bisherigen Rechtsprechung des BVerwG.[1064]

Mit Urteil vom 07. Juli 2010[1065] hat auch der BGH seine bisherige Rechtsprechung zur Stellung der eingetragenen Lebenspartnerschaft in der betrieblichen Altersversorgung korrigiert und somit auf die dieser inzwischen entgegenstehenden Entscheidung des BVerfG reagiert.[1066]

Auch das BAG hatte bereits in einer weiteren Entscheidung aus dem Jahr 2009 festgestellt, dass nunmehr von der rechtlichen Vergleichbarkeit der Lebenssituation von Lebens- und Ehepartnern auf dem Gebiet der Bundesrepublik auch hinsichtlich einer im Arbeitsverhältnis zugesagten Hinterbliebenenversorgung auszugehen sei.[1067] Eine derartige Vergleichbarkeit sei seit dem 01. Januar 2005, dem Tag des Inkrafttretens der Reform zum Lebenspartnerschaftsgesetz[1068], anzunehmen. Dies ergebe sich daraus, dass mit der Reform sowohl der Versorgungsausgleich für eingetragene Lebenspartner sowie die Aufnahme eingetragener Lebenspartner in die Hinterbliebenenversorgung der gesetzlichen Rentenversicherung eingeführt wurden, so dass nunmehr eine vergleichbare Situation zwischen Lebenspartnern und Ehegatten auch im Hinblick auf die Hinterbliebenenversorgung geschaffen worden sei.[1069] Folglich könne eingetragenen Lebenspartnern ein Anspruch auf Gleichstellung und somit auf Gewährung einer Hinterbliebenenrente zustehen, sofern für Ehegatten i.R.d. bAV eine dahingehende Zusage besteht. Als Voraussetzung hierfür sahen die Erfurter Richter es als erforderlich an, dass

1062 BVerfG, Beschluss v. 7. Juli 2009 – 1 BvR 1164/07, BVerfGE 124, 199 ff. = BetrAV 2009, 672 ff. [Rn 40].

1063 So bspw.: BVerfG, Nichtannahmebeschluss v. 06. Mai 2008 – 2 BvR 1830/06, NJW 2008, 2325, hier hat das BVerfG zwar bereits die zivilrechtliche Vergleichbarkeit der Unterhaltspflichten angenommen, jedoch darauf abgestellt, dass bei dem zu überprüfenden beamtenrechtlichen Familienzuschlag hinsichtlich der Vergleichbarkeit gerade nicht auf die zivilrechtlichen Regelungen abgestellt werden könne.

1064 S.o.: BVerwG, Urt. v. 25. Juli 2007 – 6 C 27/06, BVerwGE 129, 129 ff = NJW 2008, 246 ff. [Rn 7].

1065 BGH, Urt. v. 07. Juli 2010 – IV ZR 267/04, VersR 2010, 1207 f. = MDR 2010, 1186.

1066 Siehe zur BAG-Rspr. auch: *Eichenhofer*, FamFR 2010, 416.

1067 BAG, Urt. v. 14. Januar 2009 – 3 AZR 20/07, NZA 2009, 489 ff. = BetrAV 2009, 259.

1068 BGBl I 2004 Nr. 69, S. 3396.

1069 *Obenberger*, BetrAV 2011, 327, 331; *Reinecke*, BB 2012, 1025, 1028 f.

am 1. Januar 2005, also dem Zeitpunkt des Inkrafttretens der Überarbeitung des Lebenspartnerschaftsgesetzes und somit dem Zeitpunkt, seit welchem von einer vergleichbaren Situation auszugehen sei, noch ein Rechtsverhältnis zwischen dem Versorgungsberechtigten und dem Versorgungsschuldner bestanden habe.

In einer weiteren Entscheidung aus dem Jahr 2009 bestätigten die Erfurter Richter diese Einschätzung und gingen sogar so noch einen Schritt weiter. Sie gingen davon aus, dass bereits Ansprüche eines eingetragenen Lebenspartners auf Gleichbehandlung i.R.d. Hinterbliebenenversorgung bestünden, wenn zum Zeitpunkt des 01. Januar 2005 zumindest noch ein Versorgungsverhältnis zwischen ehemals Beschäftigten, die mit unverfallbaren Anwartschaften ausgeschieden sind, oder gar Betriebsrentnern und dem Arbeitgeber bestanden habe.[1070]

Diese Rechtsauffassung hat das BAG auch erneut in einem Urteil von Ende 2012 bestätigt.[1071] Auch hier ging das BAG erneut davon aus, dass ein Ausschluss eingetragener Lebenspartner von einer Hinterbliebenenversorgung, welche Ehepartner gewährt wird, eine unmittelbare Benachteiligung aufgrund der sexuelle Identität darstelle.

Das BAG hat somit in der Folge mehrfach auch die Rechtsauffassung bestätigt, welche das VG München bereits im Jahr 2008 im Anschluss an die Vorlageentscheidung in der Rechtssache *Tadao Maruko* geäußert hatte. Hier hatte das Gericht einen Anspruch des Klägers auf Gewährung einer Hinterbliebenenrente als gegeben angenommen, da bzgl. der Hinterbliebenenversorgung nach nationalem Recht mittlerweile eine normative Vergleichbarkeit von Ehe und eingetragener Lebenspartnerschaft vorliege. Diesbezüglich stellte das Gericht darauf ab, dass die Hinterbliebenenversorgung eine Unterhaltsersatzfunktion besäße.[1072] Auf die zivilrechtliche Regelung der Unterhaltspflichten in der Ehe und in der Lebenspartnerschaft abstellend, sei eine diesbezügliche Vergleichbarkeit festzustellen. Hinsichtlich der gegenseitigen Unterhaltspflichten der Partner entspräche mittlerweile die Lebenspartnerschaft grundsätzlich der Ehe, vgl. § 5 LPartG.[1073]

Die deutschen Gerichte haben folglich mittlerweile auch das festgestellt, was die Europäische Kommission bereits im Jahr 2007 bzw. 2008 in ihren blauen Briefen an die Bundesregierung zumindest hinsichtlich des Bereichs des öffentlichen

---

1070 BAG, Urt. v. 15. September 2009 – 3 AZR 294/09, AP Nr. 317 zu Art 3 GG = NZA 2010, 216 ff.

1071 BAG, Urt. v. 11. Dezember 2012 – 3 AZR 634/10, NZA 2013, 564 ff. = BetrAV 2013, 245 ff.

1072 VG München, Urt. v. 30. Oktober 2008 - M 12 K 08.1484, abrufbar unter: http://www.slpm.de/fileadmin/user_upload/Downloads/BMF-Schreiben_Urteile/VG_Muenchen20081030.pdf [Rn 27], unter Verweis auf: BVerfG, Nichtannahmebeschluss. v. 28. Februar 2005 – 1 BvR 155/05, NJW 2005, 1709; BVerwG, Urt. v. 25. Juli 2007 – 6 C 27/06, BVerwGE 129, 129 ff = NJW 2008, 246 ff.

1073 VG München, Urt. v. 30. Oktober 2008 - M 12 K 08.1484, abrufbar unter: http://www.slpm.de/fileadmin/user_upload/Downloads/BMF-Schreiben_Urteile/VG_Muenchen20081030.pdf [Rn 27], unter Verweis auf: BVerfG, Nichtannahmebeschluss v. 06. Mai 2008 – 2 BvR 1830/06, NJW 2008, 2325.

Dienstes klargestellt hatte. Die Kommission hatte hier angemerkt, dass sie davon ausging, dass es nicht zulässig sei, Bezüge wie Beihilfe, Familienzuschlag oder Witwengeld im öffentlichen Dienst nur verheirateten Paaren, nicht hingegen Paaren in eingetragener Lebenspartnerschaft zuzugestehen. Die Kommission stellte hierbei sogar darauf ab, dass es sich bei der eingetragenen Lebenspartnerschaft um denselben Familienstand wie bei Eheleuten handele, so dass Lebenspartner gleichzustellen seien.[1074]

Zusammenfassend ist festzustellen, dass sich Lebenspartner und Ehepartner seit der vom nationalen Gesetzgeber zum 1. Januar 2005 vorgenommenen Gesetzesänderung am LPartG sowie der Änderung des Unterhaltsgesetzes am 21. Dezember 2007[1075], durch welche nunmehr auch die gegenseitigen Unterhaltsverpflichtungen von Lebenspartnern völlig an die von Ehegatten angepasst wurde, im Hinblick auf das Arbeitsentgelt in ähnlichen, vergleichbaren Situationen befinden, insbesondere auch hinsichtlich der Leistungen von Beihilfe, Sterbegeld und Hinterbliebenenpensionen. Auch wenn Ehe und Lebenspartnerschaft gesetzlich weiterhin nicht vollständig identisch ausgestaltet sind, so kann der Ausschluss von Lebenspartnern aus der Hinterbliebenenversorgung dennoch eine Benachteiligung i.S.d Diskriminierungsverbote der Richtlinie 2000/78/EG und des AGG darstellen.[1076]

Auch hinsichtlich der Arbeitnehmer des öffentlichen Dienstes ist mittlerweile eine vergleichbare Situation von Ehepartnern und eingetragenen Lebenspartnern anerkannt. So stellte das BVerfG in einem Urteil vom 7. Juli 2009[1077] explizit fest, dass eine unterschiedliche Behandlung der Rechtsinstitute Ehe und eingetragene Lebenspartnerschaft i.R.d. betrieblichen Hinterbliebenenversorgung für Arbeitnehmer des öffentlichen Dienstes unzulässig sei, nahm hierbei sogar eine Unvereinbarkeit mit Art. 3 Abs. 1 GG an.

Das BVerwG wiederum hat in einem weiteren Urteil aus dem Jahr 2010 klargestellt, dass die Maruko-Entscheidung des EuGH auch Auswirkungen auf das Gesetz über die Versorgung der Beamten und Richter des Bundes, das Beamtenversorgungsgesetz (BeamtVG) besitzt. Der Wortlaut des § 28 BeamtVG schließt hinterbliebene Lebenspartner von Beamten und Richtern von der Gewährung der Hinterbliebenenversorgung nach den für Ehepartner geltenden Vorschriften aus. Aus diesem Grund hat das BVerwG klargestellt, dass die §§ 18 ff. und 28 insoweit unanwendbar sind, als diese Vorschriften mit Unionsrecht nicht in Einklang stehen. Es sei davon auszugehen, dass der Ausschluss der eingetragenen Lebenspartner von der Hinterbliebenenversorgung durch die Regelungen der BeamtVG gegen

---

1074 Vgl.: *Busch*, AiB 2008, 184, 185; *ders.*, Der Personalrat 2008, 284, 285.

1075 BGBl I 2004 Nr. 69, S. 3189.

1076 Dieses Ergebnis zusammenfassend ebenfalls: *Blomeyer/Rolfs/Otto*, Anh. § 1 BetrAVG Rn 209; Adomeit/Mohr, § 1 AGG Rn 168; *Reinecke*, BB 2012, 1025, 1028 f; *Schlachter*, GPR 2008, 251, 252; *Langohr-Plato*, Rn 65.

1077 BVerfG, Beschluss v. 7. Juli 2009 – 1 BvR 1164/07, BVerfGE 124, 199 ff. = BetrAV 2009, 672 ff.

die Vorgaben der Richtlinie 2000/78/EG verstoße bzw. die Richtlinie diesbezüglich nicht hinreichend umgesetzt worden sei.[1078]

Dieser Einschätzung hat sich auch das BAG in einem Urteil von Ende des Jahres 2012 angeschlossen. In dem vom Gericht zu entscheidenden Fall hatte die Dienstordnung der Beklagten ausdrücklich die Vorschriften des BeamtVG hinsichtlich der Geld- und geldwerte Leistungen und die Versorgung für entsprechend anwendbar erklärt. Das BAG stellte unter Verweis auf das Urteil des BVerwG fest, dass diese Regelungen unanwendbar zu bleiben hatten, da sie eine nach Ansicht des Gerichts unmittelbare Benachteiligung wegen der sexuellen Identität darstellten.[1079]

(2) Keine Rechtfertigung für Benachteiligung eingetragener Lebenspartner

Nach der hier vertretenen Auffassung handelt es sich jedoch beim Ausschlus von Lebenspartnern aus der Hinterbliebenenversorgung i.R.d. bAV aufgrund der festgestellten Vergleichbarkeit der diesbezüglichen Situation nicht um eine unmittelbare, sondern lediglich um eine mittelbare Benachteiligung i.S.d. § 3 Abs. 2 AGG bzw. Art. 2 Abs. 2 lit. b Richtlinie 2000/78/EG.[1080]

Regelungen, welche an der Lebenspartnerschaft bzw. dem Rechtsinstitut der Ehe anknüpfen, knüpfen gerade nicht unmittelbar an der sexuellen Identität der jeweiligen (Nicht-)Empfänger an. Die hier diskutierten Zusagen beziehen sich ihrem

1078 BVerwG, Urt. v. 28. Oktober 2010 – 2 C 47.09 [Rn 21 ff.], NVwZ 2011, 499 ff; mittlerweile ebenso entschieden hat: OVG Bremen, Urt. v. 16. Mai 2013 - 2 A 409/05, abrufbar über: www.juris.de.

1079 BAG, Urt. v. 11. Dezember 2012 – 3 AZR 634/10, NZA 2013, 564 ff. = BetrAV 2013, 245 ff. [Rn 25, 27].

1080 So auch: *Lembke*, NJW 2008, 1631, 1633; ebenso wohl auch auf § 3 Abs. 2 AGG abstellend das BVerwG, Urt. v. 25. Juli 2007 – 6 C 27/06, BVerwGE 129, 129 ff = NJW 2008, 246 ff. [Rn 32]; BVerfG, Nichtannahmebeschluss v. 20. September 2007 – 2 BvR 855/06, NJW 2008, 209 ff. [Rn 21]; OVG Berlin-Brandenburg, Urt. v. 05. Februar 2008 – OVG 12 B 5.07, abrufbar unter: http://openjur.de/u/277596.html; *Nollert-Borasio/Perreng*, § 2 AGG Rn 52; *Rolfs*, NZA 2008, 553, 559; *Bruns*, NJW 2008, 1929, 1930; *Bruns/Belau*, NVwZ 2007, 552; *Adomeit/Mohr*, § 2 AGG Rn 205; wohl auch: ErfKomm-*Schlachter*, § 1 AGG Rn 16 m.w.N.; ebenfalls auf eine mittelbare Benachteiligung abstellend: Schlussanträge des Generalanwalts *Ruiz-Jarabo Colomer* v. 6. September 2007 in EuGH, Rs. C-267/06 [*Maruko*] [Rn.103]; a.A., eine unmittelbare Benachteiligung annehmend und somit eine Rechtfertigungsmöglichkeit verneinend bspw.: EuGH, Urt. v. 01. April 2008 – Rs. C-267/06 [*Maruko*], Slg. 2008 I, 01757 = NJW 2008, 1649; Schaub-*Vogelsang*, § 85 Rn 208; ErfKomm-*Steinmeyer*, Vorbem. BetrAVG Rn 43; *Blomeyer/Rolfs/Otto*, Anh. § 1 BetrAVG Rn 209; BAG, Urt. v. 14. Januar 2009 – 3 AZR 20/07, NZA 2009, 489 ff. = BetrAV 2009, 259; LAG Köln, Urt. v. 19. Juli 2006 – 7 Sa 139/06, ZTR 2007, 267; VwGH Baden-Württemberg, 03. April 2012 – 4 S 1773/09, RiA 2012, 170 ff.; zuletzt auch: OVG Bremen, Urt. v. 16. Mai 2013 - 2 A 409/05, abrufbar unter: http://www.oberverwaltungsgericht.bremen.de/sixcms/media.php/13/2_A_409_05_URTEIL_00000009_163959Anonym.5388.pdf.

Wortlaut nach nicht auf die Unterscheidung zwischen heterosexuellen und homosexuellen Beschäftigten. Vielmehr stellt der Wortlaut lediglich auf das Gegebensein einer Ehe ab. Somit werden hieer bspw. auch Alleinstehende oder zumindest nicht verheiratete heterosexuelle Versorgungsempfänger bzw. deren Hinterbliebene von der Hinterbliebenenversorgung ausgenommen, ohne dass es sich hierbei um eine Diskriminierung anhand der sexuellen Identität handelt.

Ebenso wenig wie hier Ehepartner lediglich aufgrund ihrer heterosexuellen sexuellen Identität die Hinterbliebenenrente versprochen wird, sondern aufgrund der Tatsache, dass sie verheiratet sind, wird Lebenspartnern die Hinterbliebenenversorgung auch nicht schlicht aufgrund der Tatsache versagt, dass sie homosexuell veranlagt sind. Vielmehr wirkt sich hier die sexuelle Identität der Beschäftigten mittelbar über die ihnen offenstehenden Rechtsinstitute aus. Während heterosexuellen Beschäftigten i.R. ihrer sexuellen Identität die Möglichkeit offensteht, die Ehe einzugehen, ist Homosexuellen diese Möglichkeit – zumindest i.R. ihrer sexuellen Orientierung und mit ihrem Lebenspartner – verwehr. Das Anknüpfen an den Rechtsinstituten der Ehe bzw. der eingetragenen Lebenspartnerschaft stellt ein lediglich mittelbares Anknüpfen an die sexuelle Identität dar, da es gleichgeschlechtlichen Partnern nach dem Gesetz nicht möglich ist, eine „Ehe" mit ihrem Partner einzugehen, sondern lediglich eine „eheähnliche" Lebenspartnerschaft. Folglich ist es ihnen verwehrt, die zunächst neutral ausgestaltetn Voraussetzung („Ehe") für den Bezug einer lediglich Ehegatten gewährten Versorgungsleistung zu erfüllen.

Zutreffend stellt *Rolfs* fest, dass alleine aus der Tatsache, dass der Gesetzgeber gem. Erwägungsgrund 22 der Richtlinie 2000/78/EG den Familienstand der eingetragenen Lebenspartnerschaft durchaus auch unterschiedlich im Vergleich zur Eheausgestalten dürfe, nicht automatisch darauf geschlossen werden kann, dass auch Private eine derartige Unterscheidung vornehmen dürften. Vielmehr wird also in dem Fall, dass Systeme der bAV lediglich für hinterbliebene Ehepartner oder Witwen eine Hinterbliebenenversorgung vorsehen und Lebenspartner somit nach dem reinen Wortlaut ausgeschlossen sind, eine Rechtfertigung erforderlich sein, welche den die Versorgung Versprechenden berechtigt, eine derartige Unterscheidung vorzunehmen.[1081] Es stellt sich folglich die Frage nach einer sachlichen Rechtfertigung einer derartigen mittelbaren Benachteiligung durch ein rechtmäßiges Ziel.[1082]

Das BVerfG hat mittlerweile bereits festgehalten, dass der reine Verweis auf das auf das Schutzgebot der Ehe i.S.d. Art. 6 Abs. 1 GG zwar als Grund für eine Privilegierung der Ehe, nicht jedoch gleichzeitig als Rechtfertigung für eine damit verbundene Benachteiligung anderer Lebensformen wie bspw. der eingetragenen Lebenspartnerschaft dienen kann, sofern diese nach dem geregelten Lebenssachverhalt und den mit der Normierung verfolgten Zielen der Ehe vergleichbar sind.[1083]

1081 *Rolfs*, NZA 2008, 553, 559.
1082 So auch: *Bruns*, EuZW 2008, 257; *Rolfs*, NZA 2008, 553, 559.
1083 BVerfG, Beschluss v. 7. Juli 2009 – 1 BvR 1164/07, BVerfGE 124, 199 ff. = BetrAV 2009, 672 ff. [105].

Da die eingetragene Lebenspartnerschaft mit der Ehe wie dargestellt (insbesondere auch hinsichtlich der Hinterbliebenenversorgung) vergleichbar ist, kann folglich Art. 6 Abs. 1 GG nicht als Rechtfertigung für eine Benachteiligung aufgrund der sexuellen Identität dienen.

Das OVG Berlin-Brandenburg hingegen ging in einer Entscheidung aus dem Jahr 2008[1084] unter Verweis auf die Rechtsprechung des BVerwG davon aus, dass keine mittelbare Diskriminierung i.S.v. Art. 2 Abs. 2 lit. b) Richtlinie 2000/78/EG oder i.S.v. § 3 Abs. 2 AGG gegeben sei, da eine Benachteiligung durch ein rechtmäßiges Ziel sachlich gerechtfertigt und die Mittel zur Erreichung dieses Ziels angemessen und erforderlich seien. Als legitimes Ziel benannten sie die materielle Förderung von auf Dauer angelegten menschlichen Gemeinschaften, in denen typischerweise Kinder geboren, gepflegt und erzogen werden wie in einer Ehe zwischen Mann und Frau. Dieses Ziel sei für den Fortbestand der Gesellschaft insgesamt wichtig. Die lediglich Ehepartnern vorbehaltene Hinterbliebenenversorgung stelle auch ein angemessenes und erforderliches Mittel dar, da sie die besonderen Belastungen einer Ehe zumindest zu einem Teil ausgleiche.

Das Ziel, das Rechtsinstitut der Ehe fördern zu wollen, scheidet jedoch als legitimes Ziel i.S.e. Rechtfertigung auch bereits aus denklogischen Gründen aus. Zwar sieht Art. 6 Abs. 1 GG einen besonderen Schutz und hierfür auch eine Förderung des Rechtsinstituts der Ehe vor. Da jedoch Homosexuellen bereits aus rechtlichen Gründen der Weg in die Ehe versperrt ist, kann eine Besserstellung von Ehepartnern auf diese bereits nicht i.S.e. Anreizes wirken. Ein solcher Anreiz bestünde – wenn überhaupt – lediglich gegenüber ledigen heterosexuellen Paaren, denen der Weg in die Ehe nicht bereits per Gesetz versperrt ist, sondern grundsätzlich offen stünde. Folglich wird durch den Ausschluss der Lebenspartner das Rechtsinstitut auch nicht gefördert, sondern lediglich ein davon zu unterscheidendes Rechtsinstitut mit einem unterschiedlichen „Adressatenkreis" grundlos benachteiligt.[1085]

Dass Ehepartner generell einen erhöhten Versorgungsaufwand besäßen oder stets Verdienstausfallzeiten aufgrund der Familienbetreuung etc. ausgleichen müssten, lässt sich – wie vom BVerfG mittlerweile auch richtiggehend erkannt – bereits nicht generalisierend feststellen. Zum anderen könnten derartige im Einzelfall eintretende Mehrbelastungen zudem auch ohne einen generellen Ausschluss eingetragener Lebenspartner ausgeglichen werden, so dass das Mittel auch nicht erforderlich wäre.

Weder rechtfertigt also der besondere verfassungsrechtliche Schutz der Ehe nach Art. 6 Abs. 1 GG eine Schlechterstellung eingetragener Lebenspartner noch ergibt sich eine Begründung für eine derartige Unterscheidung aus den gegenseitigen Unterhaltspflichten. Unterhaltsrechtlich sind die beiden

1084 OVG Berlin-Brandenburg, Urt. v. 05. Februar 2008 – OVG 12 B 5.07, abrufbar unter: http://openjur.de/u/277596.html.

1085 So wohl auch: *Lembke*, NJW 2008, 1631, 1634; *Bruns*, NJW 2008, 1929, 1930.

Rechtsinstitute Ehe und eingetragene Lebenspartnerschaft mittlerweile völlig gleichgestellt.[1086] Auch bzgl. der familienrechtlichen Pflichten und Rechte spätestens seit dem 1. Januar 2005 eingetragene Lebenspartnerschaft mit einer Ehe vollauf vergleichbar.[1087] Auch in der gesetzlichen Rentenversicherung ist in § 46 Abs. 4 SGB VI eine Gleichstellung vorgenommen worden. Ein anderes, mit der vorgenommenen Schlechterstellung der eingetragenen Lebenspartner verfolgtes sachliches Ziel ist ebenfalls nicht ersichtlich, so dass kein sachlicher, d.h. durch ein rechtmäßiges Ziel gerechtfertigter Grund für die Ungleichbehandlung vorliegt.[1088]

Folglich ist in der Regel davon auszugehen, dass der generelle Ausschluss von Lebenspartnern von der Hinterbliebenenversorgung i.R.d. bAV nicht zulässig ist, sondern als nicht gerechtfertigte, mittelbare Benachteiligung wegen der sexuellen Identität gegen § 7 Abs. 1 i.V.m. § 3 Abs. 2 AGG verstößt.[1089] Witwen-/ Witwerrenten sollten demnach nicht mehr nur an hinterbliebene Ehegatten, sondern entsprechende Leistungen auch an Partner einer gleichgeschlechtlichen und eingetragenen Lebenspartnerschaft gewährt werden.[1090]

Nicht zu verwechseln ist diese Feststellung hingegen mit der Beantwortung der Frage, ob eingetragenen Lebenspartnern ebenfalls Ansprüche auf eine Hinterbliebenenrente i.R.d. Versicherung über ein berufsständisches Versorgungswerk bestehen. Wie der EuGH in der Rechtssache *Maruko* klargestellt hat, muss stets überprüft werden, ob nach Beendigung der Beschäftigung gewährte Leistungen vom früheren Arbeitgeber/Dienstherrn aufgrund seines Dienst- bzw. Arbeitsverhältnisses und mit Rücksicht auf die Dauer der Beschäftigung und das dabei erzielte Entgelt gezahlt werden und somit zum Entgelt zu zählen sind.[1091] Entscheidend ist hierbei stets der Zusammenhang mit dem Beschäftigungsverhältnis.[1092] Bei Ansprüchen aus einem berufsständischen Versorgungswerk handelt es sich zwar um Leistungen, welche nach Beendigung der Beschäftigung gewährt werden. Im Gegensatz zu Ansprüchen aus der bAV handelt es sich jedoch nicht um Entgeltansprüche als solche. Aus diesem Grund finden hier - wie das BVerwG

1086 Siehe auch: BAG, Urt. v. 29. April 2004 – 6 AZR 101/03, AP Nr. 2 zu § 26 BAT.

1087 Siehe auch vertiefend eine Gegenüberstellung der Regelungen zu Ehe und Lebenspartnerschaft: *Berger-Delhey*, ZTR 2008, 357, 359.

1088 So auch: *Bruns*, NJW 2008, 1929, 1930.

1089 So ebenfalls bspw.: Schaub-*Vogelsang*, § 85 Rn 208 m.w.N.; *Reinecke*, BB 2012, 1025, 1028 f., *ders.*, BetrAV 2011, 318, 320; einen Anspruch auf Anpassung ebenfalls befürwortend: *Adomeit/Mohr*, § 2 AGG Rn 208.

1090 So auch: *Rengier*, NZA 2006, 1251, 1252; ebenso: *Busch*, Der Personalrat 2008, 284, 286; *Steinkühler*, Rn 341; *Alenfelder*, Rn 442; *Rolfs*, NZA 2008, 553, 559; ebenfalls bereits: *Steinmeyer*, BetrAV 2006, 601, 602.

1091 Vgl. *von Roetteken*, jurisPR-ArbR 24/2008 Anm. 1, 2 unter Hinweis auf EuGH, Urt. v. 01. April 2008 – Rs. C-267/06 [*Maruko*], Slg. 2008 I, 01757 = NJW 2008, 1649 [Rn 46].

1092 Vgl. *Bruns*, NJW 2008, 1929, 1931.

zutreffend angenommen hat - auch weder das AGG noch die Richtlinie 2000/78/EG Anwendung.[1093]

cc) Zeitliche Auswirkung der festgestellten Unzulässigkeit

Abschließend stellt sich die Frage, ab wann von der Unzulässigkeit des Begrenzens der Hinterbliebenenversorgung auf Ehepartner auszugehen ist. Der EuGH hat in der Rechtssache *Maruko* die zeitliche Wirkung nicht begrenzt. Die Luxemburger Richter gingen davon aus, dass eine derartige Begrenzung im Gegensatz zu seiner Rechtsprechung in der Rechtssache *Barber* nicht notwendig sei, da nicht davon ausgegangen werden, dass eine Einbeziehung von Lebenspartner i.R.d. Hinterbliebenenrente das finanzielle System der bAV erschüttern könne.[1094] Die Aktenlage des Ausgangsverfahrens vor dem VG München habe nicht darauf hingewiesen, dass derart gravierende Auswirkungen zu befürchten seien. Dies galt insbesondere vor dem Hintergrund, dass das LPartG erst seit dem Jahr 2001 gilt und auch erst seit dem Jahr 2005 von einer Vergleichbarkeit der Situation auszugehen sei.[1095] Zudem stellt sich an dieser Stelle die Frage, inwiefern die Einbeziehung der gerade einmal weniger als 30.000 eingetragenen Lebenspartnerschaften[1096], verteilt auf alle Arbeitgeber in der Bundesrepublik, tatsächlich dazu geeignet wäre, das finanzielle System der bAV zu erschüttern.

Wie der EuGH in der Rechtssache *Römer* ausreichend klargestellt hat, war die Richtlinie mangels hinreichender Umsetzung in nationales Recht hinsichtlich des Benachteiligungsmerkmals der sexuellen Identität gem. Art. 18 Abs. 1 Richtlinie 2000/78/EG bereits mit dem Ablauf der Umsetzungsfrist am 03. Dezember 2003 unmittelbar anwendbar.[1097] Dies gilt mangels zeitlicher Beschränkung durch den EuGH auch hinsichtlich der in der *Maruko*-Entscheidung festgestellten Grundsätze.[1098] Wie oben bereits dargestellt, ist eine derartige Anwendbarkeit der Richtlinie vor Inkrafttreten des AGG zwar hinsichtlich des Diskriminierungsmerkmals des Alters abzulehnen, da die Bundesrepublik Deutschland die Zusatzfrist i.S.v. Art. 18 Abs. 2 Richtlinie 2000/78/EG in Anspruch genommen hat.[1099] Diese Frist bezog sich jedoch lediglich auf die Umsetzung der Vorgaben der Richtlinien hinsichtlich der Benachteiligungsverbote wegen des Alters und der Behinderung. Hinsichtlich der Diskriminierungsverbote wegen der übrigen „verpönten" Merkmale hingegen ist

1093 Vgl. zu dieser Frage: BVerwG, Urt. v. 25. Juli 2007 – 6 C 27/06, BVerwGE 129, 129 ff. = BetrAV 2007, 660 ff.

1094 So auch: *Bieback*, ZESAR 2008, 296, 300.

1095 Vgl.: EuGH, Urt. v. 01. April 2008 – Rs. C-267/06 [*Maruko*], Slg. 2008 I, 01757 = NJW 2008, 1649 [Rn 78 ff.]; siehe hierzu auch: *Lembke*, NJW 2008, 1631, 1632; *Stüber*, NVwZ 2008, 750, 751.

1096 Zu aktuellen Zahlen zur eingetragenen Lebenspartnerschaft vgl. oben: B.IV.2.

1097 Vgl. EuGH, Urt. v. 10. Mai 2011 – C-147/08 [*Römer*], AP Nr. 20 zu Richtlinie 2000/78/EG = BetrAV 2011, 399 [Rn 59 ff.].

1098 *Bruns*, EuZW 2008, 257.

1099 Hierzu ausführlich s.o.: B.III.5.c).

die Richtlinie mit Ablauf der Umsetzungsfrist am 03. Dezember 2003 unmittelbar anwendbar geworden.[1100] Folglich können einem benachteiligten Arbeitnehmer zumindest gegen einen öffentlichen Arbeitgeber bereits seit dem 03. Dezember 2003 Ansprüche zustehen.

Hinsichtlich der Ungleichbehandlung ist jedoch darauf abzustellen, ab wann von einer Vergleichbarkeit zwischen der Situation der Lebens- und Ehepartner im Hinblick auf die Hinterbliebenenversorgung auszugehen ist. Hier hat das BAG festgestellt, dass eine derartige Vergleichbarkeit seit dem 01. Januar 2005 anzunehmen sei.[1101] Folglich ist auch erst seit diesem Zeitpunkt von der Unzulässigkeit einer die Lebenspartner ausschließenden Regelung aufgrund einer Benachteiligung anhand der sexuellen Identität auszugehen, so dass auch erst seit diesem Zeitpunkt - wohl entgegen der Auffassung der Gerichte[1102] - Anwartschaften aufgrund des Gleichbehandlungsgrundsatzes erdient werden können.

Voraussetzung für einen Anspruch aufgrund einer Benachteiligung wegen der sexuellen Identität durch die Begrenzung der Hinterbliebenenversorgung ist folglich, dass an besagtem Stichtag, dem 01. Januar 2005, noch ein Rechtsverhältnis zwischen dem Versorgungsberechtigten, dem Versprechensempfänger, und dem Versorgungsschuldner bestanden hat. Dies hat das BAG in seinem Urteil vom 15. September 2009 ausdrücklich erläutert.[1103]

Ein solches Bestehen eines Rechtsverhältnisses ist fraglos dann zu bejahen, wenn der Versorgungsgläubiger zu diesem Zeitpunkt noch Arbeitnehmer des Versorgungsschuldners war. Das BAG ging jedoch darüber hinaus davon aus, dass es hinsichtlich der Anwendbarkeit des AGG und somit auch der Gleichstellung seit dem 01. Januar 2005 ausreichen soll, wenn der Arbeitnehmer mit Betriebsrentenansprüchen oder unverfallbaren Versorgungsanwartschaften ausgeschieden sei.[1104] Es sei folglich nicht erforderlich, dass am Stichtag noch ein Arbeitsverhältnis bestanden habe. Vielmehr sei einzig entscheidend, dass der Versorgungsgläubiger nicht bereits vor dem 01. Januar 2005 verstorben sei.[1105] In dem vom BAG zu entscheidenden Fall wurde die Klage des hinterbliebenen Lebenspartners abgewiesen, da der Lebenspartner, dem eine Hinterbliebenenversorgung zugesagt worden war,

1100 So auch: *Bruns*, NJW 2008, 1929, 1931.

1101 Vgl.: BAG, Urt. v. 14. Januar 2009 - 3 AZR 20/07, NZA 2009, 489 ff. = BetrAV 2009, 259; bestätigt durch: Urt. v. 15. September 2009 - 3 AZR 294/09, AP Nr. 317 zu Art. 3 GG = NZA 2010, 216 ff.

1102 S.o. zur zeitlichen Anwendbarkeit und der Anspruchsentstehung bei ungerechtfertigter Benachteiligung i.S.d. AGG bzw. der Antidiskriminierungsrichtlinien: B.III.5.

1103 BAG, Urt. v. 15. September 2009 – 3 AZR 294/09, AP Nr. 317 zu Art 3 GG = NZA 2010, 216 ff. [Rn 28, 37].

1104 BAG, Urt. v. 15. September 2009 – 3 AZR 294/09, AP Nr. 317 zu Art 3 GG = NZA 2010, 216 ff. [Rn 37]; so ebenfalls: Schaub-*Vogelsang*, § 85 Rn 208; *Reinecke*, BB 1025, 1028.

1105 *Reinecke*, BB 1025, 1028.

bereits im Jahr 2001 und damit vor dem 01. Januar 2005 und vor der seither zu konstatierenden Vergleichbarkeit von Ehe und eingetragener Lebenspartnerschaft verstorben war.

Dass ein derartiges Abstellen auf die Frage, ob der Arbeitnehmer zumindest bereits mit unverfallbaren Ansprüchen ausgeschieden ist, durchaus problematisch und aus Vertrauensschutzgesichtspunkten auch nicht gerechtfertigt erscheint, wurde bereits ausführlich dargelegt.[1106]

b) Benachteiligung anhand der sexuellen Identität durch Gewährung lediglich geringerer Zusatzversorgungsbezüge an eingetragene Lebenspartner

Mittlerweile ist der EuGH einen Schritt weiter gegangen. In seiner Entscheidung in der Rechtssache *Römer*[1107] aus dem Jahr 2011 bestimmten die Luxemburger Richter, dass auch darin eine Benachteiligung eingetragener Lebenspartner anhand ihrer sexuellen Identität zu erkennen ist, wenn die Versorgungsbezüge überlebender Partner eingetragener Lebenspartnerschaften geringer seien als die von überlebenden Ehepartnern.[1108] In dem zu entscheidenden Fall wurden verheiratete Versorgungsempfänger nach dem für Beschäftigte der Stadt Hamburg geltenden Hamburgischen Zusatzversorgungsgesetz aufgrund der gewählten Berechungsmethode gegenüber verpartnerten Versorgungsempfängern begünstigt. Dies stellt nach Ansicht des EuGH ebenfalls eine Diskriminierung wegen der sexuellen Identität dar. Somit ist davon auszugehen, dass hinterbliebenen Lebenspartnern nicht nur dann Ansprüche auf eine Anpassung nach oben hat, wenn er bislang gänzlich von der Hinterbliebenenrente der bAV ausgenommen wurde, sondern auch dann, wenn er bislang zwar Leistungen erhalten hat, Ehepartnern aber dennoch weitere, zusätzliche Leistungen gewährt wurden. Auch hinsichtliche dieser Besserstellung der Ehepartner steht eingetragenen Lebenspartnern ein Anspruch auf Anpassung nach oben zu.

3. Das Merkmal „Behinderung“

Gänzlich neu ist auch der Schutz von Behinderten in Deutschland nicht. Bereits seit dem Ende des Ersten Weltkrieges gab im Hinblick auf die Kriegsversehrten einen gewissen Schutz von Schwerbehinderten. Im Jahr 1974 wurden mit dem so genannten Schwerbehindertengesetz[1109] zahlreiche Förderungsmaßnahmen gesetzlich verankert. Diese Regelungen sind mit Wirkung zum 1. Juli 2001 im SGB IX,

---

1106 Vgl. oben: B.III.5.b)bb).

1107 EuGH, Urt. v. 10. Mai 2011 – C-147/08 [*Römer*], AP Nr. 20 zu Richtlinie 2000/78/EG = BetrAV 2011, 399.

1108 Siehe hierzu auch: *Reinecke*, BetrAV 2012, 204, 205.

1109 Gesetz zur Sicherung der Eingliederung Schwerbehinderter in Arbeit, Beruf und Gesellschaft (Schwerbehindertengesetz) vom 29. April 1974, BGBl. I, S. 1005.

einem speziellen Rehabilitationsgesetz aufgegangen. Auch in Art. 3 Abs. 3 S. 2 GG fand und findet sich ein Verbot der Benachteiligung von Behinderten, wenn auch wiederum nur mit Wirkung zwischen Staat und Bürger sowie mittelbarer Drittwirkung, so dass auch hier der Schutz durch das AGG durchaus als erweitert anzusehen ist.

Gem. § 81 SGB IX waren bereits vor Inkrafttreten des AGG Benachteiligungen aufgrund einer (Schwer-)Behinderung ausdrücklich verboten. Während § 81 Abs. 2 SGB IX in der bis zum Inkrafttreten des AGG geltenden Fassung einen ausführlichen Verbotskatalog umfasste, bestimmt die Norm nunmehr, dass *„[i m Einzelnen hierzu die Regelungen des Allgemeinen Gleichbehandlungsgesetzes [gelten]."*

Vom Schutz des § 81 Abs. 2 SGB IX waren bislang jedoch nicht einfache Behinderungen, sondern seinem Wortlaut zufolge lediglich Schwerbehinderungen erfasst. Der Diskriminierungsschutz des AGG, welches eine derartige Unterscheidung nach einfacher Behinderung und Schwerbehinderung nicht vorweist und demzufolge weiter zu gehen als der Behindertenbegriff des § 81 SGB IX, beinhaltet jedoch keinerlei Definition des Begriffs der Behinderung.[1110]

Laut Gesetzesbegründung sollte der im AGG verwandte Begriff der „Behinderung" dem der gesetzlichen Definition in § 2 Abs. 1 S. 1 SGB IX sowie der gleichlautenden Definition in § 3 des Gesetzes zur Gleichstellung behinderter Menschen (BGG) entsprechen.[1111] „Behindert" sind hiernach Menschen nur dann, *„wenn ihre körperliche Funktion, geistige Fähigkeit oder seelische Gesundheit mit hoher Wahrscheinlichkeit länger als sechs Monate von dem für das Lebensalter typischen Zustand abweichen und daher ihre Teilhabe am Leben in der Gesellschaft beeinträchtigt ist".* Schwerbehindert i.S.d. SGB IX sind Menschen gem. § 2 Abs. 3 SGB IX hingegen erst am einem Behinderungsgrad von mindestens 50.[1112] Folglich geht der Behinderungsbegriff des AGG auch der gesetzgeberischen Intention zufolge weiter als der Begriff der Schwerbehinderung i.S.d. § 81 SGB IX.

Der EuGH hat den Begriff der Behinderung jedoch bereits mit Urteil vom 11. Juli 2006[1113] und somit parallel zum Gesetzgebungsprozess in Deutschland anders ausgelegt. Nach Rechtsprechung des EuGH umfasst das Merkmal der Behinderung jede Einschränkung, die insbesondere auf physische, geistige oder psychische Beeinträchtigungen zurückzuführen ist, ein Hindernis für die Teilhabe des Betreffenden am Berufsleben bildet und wahrscheinlich von langer Dauer ist. Da das Merkmal auf der europarechtlichen Richtlinie 2000/78/EG beruht, wird der Begriff

1110 So zutreffend: MüKo-*Thüsing*, § 1 AGG Rn 78.

1111 BT-Drucks. 16/1780, S. 31; siehe auch: Wendeling-Schröder/Stein-*Stein*, § 1 AGG Rn 46; so wohl auch: *Annuß*, BB 2006, 1629, 1631.

1112 Vertiefend zu den unterschiedlichen Begriffen der „Behinderung" siehe: *Mohr*, br 2008, 34, 37.

1113 EuGH, Urt. v. 11. Juli 2006 – Rs. C-13/05 [*Sonia Chacón Navas*], NZA 2006, 839, 840.

des AGG auch entgegen der Intention des Bundesgesetzgebers *„unionsrechtsautonom auszulegen [Anm.: sein] – also entgegen von deutschen Begrifflichkeiten“*.[1114]

Teilweise wurde in der Literatur dennoch nach Einführung des AGG die Ansicht vertreten, dass der Schutz des AGG lediglich Schwerbehinderte i.S.d. § 2 Abs. 3 SGB IX umfassen sollte.[1115] Die umstrittene Auslegung des Begriffes der Behinderung soll an dieser Stelle jedoch nicht Inhalt weiterer Ausführungen sein.

Für die Annahme einer Benachteiligung i.S.d. § 7 Abs. 1 AGG i.V.m. § 1 AGG soll jedenfalls nicht ausreichen, dass durch die Behinderung lediglich andere Lebensbereiche als das Berufsleben betroffen sind, bspw. bei Errektionsstörungen etc.[1116] Umgekehrt kann die für die Annahme einer Behinderung erforderliche Gesundheitsstörung hingegen auch eine solche sein, durch welche zwar nicht unmittelbar die körperliche Funktionsfähigkeit, wohl aber die gesellschaftliche Teilhabe (am Berufsleben), insbesondere durch das Verhalten Anderer, beeinträchtigt wird (so bspw. bei HIV-Infektion, weiblicher Haarlosigkeit, entstellenden Narben o.ä.).[1117] Auch mittelbare Auswirkungen einer grundsätzlich nicht unmittelbar das Berufsleben tangierenden Behinderung können in der Lage sein, mittelbar eine Teilhabe am Berufsleben zu verhindern. Dies kann bspw. der Fall sein, wenn der Arbeitgeber den Betroffenen im Arbeitsleben erst nach Kenntnisnahme von dessen (die Arbeitsleistung ansonsten nicht tangierenden) Behinderung benachteiligt. Vergibt ein Arbeitgeber bspw. einen zu vergebenden Posten an einen Dritten, nachdem er von einer den Posten grundsätzlich nicht tangierenden Behinderung des Bewerbers erfahren hat, so wird von einer Benachteiligung wegen der Behinderung i.S.d. § 1 AGG auszugehen sein.

Bei dem Merkmal der Behinderung handelt es sich wie beschrieben um kein gänzlich „neues“ Diskriminierungsmerkmal im Sinne der Aufgabenstellung dieser Arbeit. Wie bereits dargestellt waren Arbeitgebern Benachteiligungen zumindest (Schwer-) Behinderter aufgrund ihrer Behinderung auch schon zu Vor-AGG-Zeiten nach § 81 Abs. 2 SGB IX und dem ehemals (nur) dort verorteten Verbotskatalog untersagt. Aus diesem Grund werden sich aus der Einführung des AGG und der nunmehr in § 81 Abs. 2 SGB IX aufgenommene Verweisung auf die Benachteiligungsverbote des AGG für die bAV keine besonderen Veränderungen ergeben.[1118] Daher soll diese Arbeit lediglich einen kurzer Überblick über die bestehenden Problemfälle bieten.

Besonders relevant im Hinblick auf Sachverhalte der bAV sind die Fragen nach der Zulässigkeit von Gesundheitsüberprüfungen bzw. Überprüfungen der so genannten „Versicherbarkeit“[1119] sowie nach der Zulässigkeit von Risikozuschlägen oder sogar des Ausschlusses aus der bAV aufgrund einer vorliegenden Behinderung.

1114 So BeckOK-*Roloff*, § 1 AGG Rn 7; Zustimmend auch: Schiek-*Welti*, § 1 AGG Rn 41.

1115 Vgl. zum Streitstand m.w.N.: Däubler/Bertzbach-*Däubler*, § 1 AGG Rn 75.

1116 Siehe auch: *Bauer/Göpfert/Krieger*, § 1 AGG Rn 41.

1117 So richtig: Schiek-*Welti*, § 1 AGG Rn 43 m.w.N.

1118 Vgl. auch: Kossens/von der Heide/Maaß-*Kossens*, § 81 SGB IX Rn 16.

1119 So auch: *Adomeit/Mohr*, § 2 AGG Rn 211 mit Verweis auf *Steinmeyer*, ZfA 2007, 27, 39 sowie *Rolfs*, NZA 2008, 553, 558.

Hinsichtlich des Merkmals der „Behinderung" ist im Bezug auf die Möglichkeit der Rechtfertigung einer Benachteiligung zu differenzieren: für unmittelbare Benachteiligungen besteht – zumindest i.R.d. Verhältnisses zwischen Arbeitnehmer und Arbeitgeber – mit Ausnahme der positiven Maßnahmen nach § 5 AGG sowie der wesentlichen beruflichen Anforderungen i.S.d. § 8 AGG keine Möglichkeit der Rechtfertigung der Benachteiligung. Sofern kein Fall der § 5 AGG oder § 8 AGG gegeben ist, liegt in diesem Verhältnis somit grundsätzlich *per se* eine ungerechtfertigte und unzulässige Benachteiligung wegen einer Behinderung vor. Eine mittelbare Benachteiligung aufgrund einer Behinderung im Verhältnis zwischen Arbeitgeber und Arbeitnehmer hingegen kann ebenso wie andere mittelbare Benachteiligungen i.S.d. AGG nach § 3 Abs. 2 AGG gerechtfertigt sein.[1120]

Das Verbot der Benachteiligung wegen einer „Benachteiligung" findet auch auf die Rechtsbeziehung zwischen Arbeitgeber und externem Versorgungsträger Anwendung, obwohl in diesem Verhältnis lediglich die Richtlinien Richtlinie 2000/34/EG sowie Richtlinie 2004/113/EG, nicht hingegen die Richtlinie 2000/78/EG einschlägig sind. Zwar ist festzustellen, dass die beiden grundsätzlich auf dieses Rechtsverhältnis anwendbaren Richtlinien gerade nicht Benachteiligungen aufgrund des Merkmals der „Behinderung" verbieten, jedoch ist der deutsche Gesetzgeber über diese europarechtlichen Vorgaben hinausgegangen und hat das Merkmal der Behinderung ausdrücklich auch in § 19 Abs. 1 AGG aufgenommen, dessen Benachteiligungsverbot gem. § 19 Abs. 1 Nr. 2 AGG auch auf privatrechtliche Versicherungen Anwendung findet.

Aus diesem Grund kann bei Einschalten eines externen Versicherungsträgers auch der besondere Rechtfertigungstatbestand des § 20 Abs. 2 S. 3 AGG einschlägig sein, nach welchem eine unterschiedliche Behandlung wegen der Religion, des Alters, der sexuellen Identität oder eben einer Behinderung i.R.v. privatrechtlichen Versicherungen zulässig sein kann. Gem. § 20 Abs. 2 S. 3 AGG[1121] besteht die Möglichkeit, eine Differenzierung auch anhand des (Nicht-)Vorliegens einer Behinderung vorzunehmen. Voraussetzung hierfür ist, dass die Differenzierung auf versicherungsmathematisch ermittelten Risikobewertungen unter Heranziehung statistischer Erhebungen, also auf anerkannten Prinzipien risikoadäquater Kalkulation, insbesondere auf einer versicherungsmathematisch ermittelten Risikobewertung beruht. Sofern der (externe) Versicherer den Nachweis führen kann, dass behinderte Menschen ein erhöhtes Invaliditätsrisiko aufweisen, darf er eine unterschiedliche Behandlung aufgrund der Behinderung vornehmen (bspw. einen entsprechenden Risikozuschlag verlangen).[1122]

Bereits aufgrund seiner systematischen Stellung im AGG kann der Rechtfertigungsgrund des § 20 Abs. 2 S. 3 AGG jedoch im Bereich der bAV einzig im Verhältnis zwischen Arbeitgeber und externem Versorgungsträger Geltung finden, nicht

---

1120 Zur Rechtfertigung einer mittelbaren Benachteiligung s.o.: B.III.5.b)aa)(2).

1121 Zur aktuellen Regelung des § 20 Abs. 2 AGG s.o.: B.III.5.b).

1122 So zutreffend: *Rolfs*, NZA 2008, 553, 558, verweisend auf: *Thüsing/v. Hoff*, VersR 2007, 1, 8.

hingegen im Verhältnis zwischen den Parteien der Versorgungsvereinbarung an sich, also zwischen Arbeitgeber und Arbeitnehmer.[1123] Folglich bleibt es für dieses Rechtsverhältnis lediglich bei der allgemeinen Rechtfertigungsmöglichkeit für mittelbare Benachteiligungen i.S.d. § 3 Abs. 2 AGG.[1124]

a) Gesundheitsuntersuchungen / Prüfung der Versicherbarkeit

Vor Erteilung der Versorgungszusage bzw. später vor Abschluss des Versicherungsvertrags seitens des Arbeitgebers oder eines externen Versicherungsträgers wird häufig eine Gesundheitsuntersuchung der zu versichernden Arbeitnehmer durchgeführt. Eine solche Prüfung der „Versicherbarkeit" wird verlangt, um das zu übernehmende Risiko des Arbeitgebers bzw. im Falle der Versorgung über einen externen Versicherungsträger dessen Risiko bestimmen zu können.

Diesbezüglich stellt sich die Frage, ob die reine Durchführung einer derartigen Überprüfung der „Versicherbarkeit" bereits eine (mittelbare) Benachteiligung von Behinderten darstellen kann.[1125] Dagegen ist einzuwenden, dass eine derartige Überprüfung gerechtfertigt ist, da es Arbeitgebern bzw. Versicherern möglich sein muss, eine personenbezogene Risikokalkulation vorzunehmen.[1126]

Insbesondere ist hier bereits nicht ersichtlich, inwiefern Behinderte, die ebenso wie nicht behinderte Beschäftigte diese Prüfung absolvieren müssen, bereits alleine durch die Verpflichtung zur Teilnahme an dieser Prüfung benachteiligt sein sollen. Eine mögliche Benachteiligung könnte lediglich in einer möglichen an das Nichtbestehen einer derartigen Überprüfung anknüpfenden Verweigerung der Versicherung o.ä. erkannt werden, nicht hingegen in der Überprüfung an sich, sofern hiervon alle Beschäftigten ohne Ausnahmen erfasst werden.

Inwiefern derartige, die gesamte Belegschaft treffende Gesundheitsuntersuchungen im Arbeitsverhältnis legitim sind, ist vielmehr anhand der nationalen Bestimmungen über den Persönlichkeitsschutz des jeweiligen Beschäftigten zu bestimmen.[1127]

b) Festsetzung von Risikozuschlägen

Nach Absolvieren einer derartigen Überprüfung der Versicherbarkeit werden für die Versicherung behinderter Beschäftigter häufig gewisse Risikozuschläge festgelegt. Insbesondere hinsichtlich des Invaliditätsrisikos lassen sich externe

---

1123 So auch zutreffend: *Willemsen/Döring*, BetrAV 2011, 432, 436.

1124 Hinsichtlich des Merkmals der Behinderung ebenfalls eine derartige Abgrenzung der unterschiedlichen Rechtsverhältnisse vornehmend: *Blomeyer/Rolfs/Otto*, Anh § 1 BetrAVG, Rn 47 f.

1125 Siehe zu dieser Frage auch: *Hellkamp/Rinn*, BetrAV 2008, 442, 447

1126 Vgl. *Steinmeyer*, ZfA 2007, 27, 39; ErfKomm-*Steinmeyer*, Vorbem. BetrAVG Rn 44; so auch: *Rolfs*, NZA 2008, 553, 558 f.

1127 Vgl.: *Rolfs*, NZA 2008, 553, 558 f. m.w.N.

Versicherungsträger die Versicherung Behinderter und das hierbei erhöhte Invaliditätsrisiko besonders entlohnen.

Es stellt sich folglich auch hier die Frage, inwiefern derartige Risikozuschläge mit den Vorgaben des AGG zu vereinbaren sind. Diese Frage scheint sich relativ schnell mit einem Blick in den bereits dargestellten Rechtfertigungsgrund des § 20 Abs. 2 S. 3 AGG beantworten zu lassen. Bei Einbeziehung externer Versorgungsträger ist eine unterschiedliche Behandlung aufgrund einer Behinderung dann zulässig, wenn sie auf anerkannten Prinzipien risikoadäquater Kalkulation beruht.[1128] Kann also nachgewiesen werden, dass aufgrund der Behinderung ein größeres Risiko besteht, was insbesondere hinsichtlich des Eintritts des Invaliditätsfalls im Sinne der bAV durchaus realistisch erscheint[1129], so ist eine Schlechterstellung aufgrund der Behinderung zulässig.

Im Verhältnis zwischen Arbeitgeber und externem Versicherungsträger geltend gemachte Risikozuschläge aufgrund der Behindung eines der zu versichernden Beschäftigten wird jedoch keinen Rückgriff auf den Rechtfertigungsgrund des § 20 Abs. 2 S. 3 AGG erfordern.[1130] In derartigen Fällen wird der Arbeitgeber zwar insoweit „benachteiligt", dass er einen um den sogenannten Risikozuschlag erhöhten Beitrag zahlen soll. Er wird jedoch gerade nicht selbst aufgrund einer eigenen Behinderung benachteiligt, sondern lediglich aufgrund einer Behinderung eines seiner zu versichernden Beschäftigten. In einem schlichten Arbeitgeber-Arbeitnehmer-Verhältnis wird man auch davon ausgehen können, dass der Arbeitger aufgrund der Behinderung des Beschäftigten selber diskriminiert wird. Zwar hat der EuGH in dem Urteil in Sachen *Coleman v Attridge Law* festgestellt, dass auch Dritte, nicht behinderte Personen, aufgrund der Behinderung einer ihnen nahestehenden Person selber wegen einer Behinderung benachteiligt werden können. In dieser Entscheidung hatten die Richter bestimmt, dass die Mutter eines behinderten Kindes trotz nicht in ihrer Person selbst gegebener Behinderung wegen der Behinderung (ihres Kindes) im Sinne einer so genannten „Discrimination by association" benachteiligt werden könne.[1131] Ein derartiges Näheverhältnis einer selber nicht behinderten dritten Person zu der jeweiligen behinderten Person, wie dies der EuGH in seiner Rechtsprechung für ausreichend aber auch erforderlich erachtet hat, wird man hingegen zwischen Arbeitgeber und Arbeitnehmer nicht ohne Weiteres annehmen können.

Folglich liegt hier bereits keine Benachteiligung aufgrund einer Behinderung vor, welche einer Rechtfertigung bedürfte, so dass hinsichtlich der Gesundheitsuntersuchungen an sich eine unterschiedliche Behandlung aufgrund der Behinderung

1128 ErfKomm-*Steinmeyer*, Vorbem. BetrAVG Rn 44; *ders.*, ZfA 2007, 39; so auch: *Adomeit/Mohr*, § 2 AGG Rn 211.

1129 *Rolfs*, NZA 2008, 553, 558.

1130 So auch: *Rolfs*, NZA 2008, 553, 558.

1131 Vgl.: EuGH, Urt. v. 17. Juli 2008, C-303/06 [], AP Nr. 10 zu Richtlinie 2000/78 EG = NJW 2008, 2763 ff.

zulässig ist. Problematischer stellen sich die Fälle dar, in welchen die Ergebnisse einer solchen Gesundheitsuntersuchung zu einer unterschiedlichen Behandlung der Beschäftigten im Hinblick auf die bAV führen.

c) Ausschluss Behinderter aus der bAV

Problematischer erweisen sich hier bspw. die Fälle, in welchen das erhöhte Invaliditätsrisiko tatsächlich zu einem Ausschluss der behinderten Beschäftigten führt. In vielen Unternehmen werden Beschäftigte mit bestimmten Vorerkrankungen bzw. Behinderungen nicht in die Systeme der bAV aufgenommen, insbesondere, wenn eine versicherungsförmige Rückdeckung des Versorgungssystems vorgesehen ist und diese Rückdeckung aufgrund von Vorerkrankung oder Behinderung nicht möglich ist.[1132]

Wie *Steinmeyer* hinsichtlich des Merkmals der Behinderung i.R.d. bAV richtigerweise herausstellt, gestaltet sich bei der Frage der Versicherbarkeit und der hiesigen Bewertung einer Behinderung die Abgrenzung zwischen unmittelbarer und mittelbarer Benachteiligung schwierig.[1133]

Sofern generell eine bestimmte Krankheit oder eine Behinderung als Ausschlusskriterium bestimmt wird und der Arbeitnehmer aufgrund der mit seiner Behinderung verbundenen Risikozuschläge bzw. des für den Arbeitgeber gestiegenen Invaliditätsrisikos von der Teilnahme an der bAV ausgeschlossen werden soll, so könnte dies eine unmittelbare Benachteiligung wegen der Behinderung darstellen.[1134]

Ebenso könnte man jedoch auch vertreten, dass es sich hierbei um eine lediglich mittelbare Benachteiligung handelt.[1135] Die behinderten Beschäftigten werden in vielen Fällen nicht alleine aufgrund ihrer Behinderung gegenüber nicht Behinderten schlechtergestellt. Vielmehr scheuen die Arbeitgeber oftmals schlichtweg die sich aufgrund der Behinderung ergebenden Risikozuschläge und die hieraus folgende zusätzliche finanzielle Belastung (im Fall des Hinzuziehens eines externen Versicherungsträgers) bzw. des für ihn als Versicherungsträger gestiegenen Invaliditätsrisikos (in Fällen, in denen kein externer Versorgungsträger hinzugezogen wird). Verweigert also ein Arbeitgeber aufgrund dieser Risikozuschläge die bAV, unabhängig davon, ob diese Zuschläge aufgrund von Vorerkrankungen, Behinderung oder sonstigen risikoerhöhenden Faktoren bedingt werden, so sprechen gute Gründe dafür, dies als bloß mittelbare Benachteiligung aufgrund der Behinderung einzustufen. Differenziert der Arbeitgeber jedoch schlichtweg nach dem Vorliegen der Behinderung an sich, so handelt es sich, auch wenn der Arbeitgeber durch die Vermeidung von Risikozuschlägen motiviert sein mag, um ein unmittelbares

---

1132 *Thüsing*, BetrAV 2006, 704, 707.
1133 *Steinmeyer*, ZfA 2007, 27, 39.
1134 So bspw.: *Willemsen/Döring*, BetrAV 2011, 432, 436 f.
1135 So bspw.: *Hellkamp/Rinn*, BetrAV 2008, 442, 447; *Reichenbach/Grünenklee*, BetrAV 2006, 708, 711.

Abstellen auf das Merkmal der Behinderung, so dass von einer unmittelbaren Benachteiligung i.S.d. AGG auszugehen ist.

Lässt sich bspw. der Arbeitgeber im Falle der unmittelbaren Versorgungszusage durch das erhöhte Invaliditätsrisiko bzw. im Falle der Einschaltung externer Versorgungsträger aufgrund eines vom Versorgungsträger geforderten Risikoabschlags dazu bewegen, die behinderten Beschäftigten von der bAV auszuschließen, so stellt sich hier die Frage nach der Zulässigkeit eines derartigen Ausschlusses.

aa) Ausschluss aufgrund des Vorliegens einer Behinderung

Am eindeutigsten liegt der Fall dann, wenn der Arbeitgeber schlichtweg auf das Vorliegen einer Behinderung abstellt und behinderte Beschäftigte automatisch von der bAV ausschließt. Hier fällt die Einordnung als unmittelbare Benachteiligung aufgrund einer Behinderung leicht, welche i.S.d. AGG wie dargestellt *per se* unzulässig ist und einen Verstoß gegen das Benachteiligungsverbot des AGG konstituiert, sofern nicht nach den § 5 bzw. § 8 AGG eine Rechtfertigung gegeben ist.[1136]

Eine abweichende Bewertung könnte sich hier jedoch womöglich aus der Förderungspflicht i.S.d. Art. 5 Richtlinie 2000/78/EG ergeben. Art. 5 der Richtlinie 2000/78/EG wurde vom deutschen Gesetzgeber bislang nicht umgesetzt. In diesem Artikel spiegelt sich jedoch die Konzeption der Richtlinie wieder, nach welcher nicht nur der Schutz vor Diskriminierungen erreicht werden soll, sondern gleichzeitig die tatsächlichen Arbeitsbedingungen etc. behinderter Menschen durch spezifische Fürsorgemaßnahmen anzugleichen und somit eine Förderung zu installieren sind.[1137] Die Vorschrift und die hierin verankerte Verpflichtung zu angemessenen Fördermaßnahmen sollen jedoch nach Konzeption des europäischen Richtliniengebers dann zurücktreten, sobald die Befolgung des Fürsorgegedankens für das Unternehmen bzw. den Arbeitgeber eine unverhältnismäßige Belastung darstellen würde.[1138] Der Arbeitgeber soll gem. Art. 5 S. 2 der Richtlinie also nicht gezwungen sein, Behinderten den *„Zugang zur Beschäftigung, die Ausübung eines Berufes, den beruflichen Aufstieg und die Teilnahme an Aus- und Weiterbildungsmöglichkeiten zu ermöglichen"*, wenn ihn dies unverhältnismäßig belasten würde. Art. 5 S. 2 Richtlinie 2000/78/EG erwähnt hierbei zwar nicht ausdrücklich die bAV, jedoch ist wohl davon auszugehen, dass der weite Wortlaut auch die bAV umfassen soll.[1139] Des Weiteren stellt S. 3 klar, dass eine unverhältnismäßige Belastung des Arbeitgebers lediglich dann angenommen werden können soll, wenn sie nicht *„durch geltende Maßnahmen im Rahmen der Behindertenpolitik des Mitgliedstaates ausreichend kompensiert wird"*.

1136 So auch: *Reichenbach/Grünenklee*, BetrAV 2006, 708, 711.

1137 *Mohr*, br 2008, 34, 41.

1138 *Adomeit/Mohr*, ZfA 2008, 449, 471; *Rolfs*, NZA 2008, 553, 558; *Blomeyer/Rolfs/Otto*, Anh § 1 BetrAVG Rn 47a.

1139 So überzeugend: *Rolfs*, NZA 2008, 553, 558; ebefalls: *Blomeyer/Rolfs/Otto*, Anh § 1 BetrAVG Rn 47.

Möglicherweise ließe sich aus diesem Grundverständnis, wonach der Arbeitgeber hinsichtlich der Gleichstellung Behinderter nicht über Gebühr belastet werden soll, eine Rechtfertigungsmöglichkeit in Fällen unmittelbarer oder mittelbarer Benachteiligungen aufgrund einer Behinderung i.R.d. bAV herleiten. Dies würde allerdings zunächst erfordern, dass die Einbeziehung des Behinderten den Arbeitgeber unverhältnismäßig belasten würde.

Hiergegen spricht zunächst, dass nach nationalem Recht sowohl die § 102 Abs. 3 S. 1 Nr. 2e SGB IX sowie der § 27 SchwbAV vorsehen, dass der Arbeitgeber finanzielle Unterstützung beim zuständigen Integrationsamt beantragen kann. Voraussetzung hierfür ist, dass entweder bei der Beschäftigung eines Behinderten mit einer Behinderung von mindestens 50% ein besonderer (personeller) Betreuungsaufwand besteht oder aber ein Ausgleich für aus behinderungsbedingten Gründen erheblich hinter dem Durchschnitt vergleichbarer Arbeitnehmer im Betrieb zurückbleibender Arbeitsleistung des Behinderten erforderlich ist, da bereits alle Möglichkeiten ausgeschöpft sind, um dem schwerbehinderten Menschen z. B. durch behinderungsgerechte Arbeitsplatzgestaltung u.ä. die Möglichkeit geboten wird, eine seinem Arbeitsentgelt entsprechende Arbeitsleistung zu erbringen. Hier wird davon ausgegangen, dass dem Arbeitgeber nicht zugemutet werden kann, die außergewöhnlichen Belastungen selbst zu tragen.

Zwar sind hier solche Kosten, welche hinsichtlich der Einbeziehung Behinderter in ein System der betrieblichen Altersversorgung über die üblichen Kosten hinausgehen, nicht ausdrücklich erwähnt. Allerdings könnten derartige Kosten durchaus unter den Gesetzeswortlaut des § 27 SchwbAV gefasst werden. Somit würde eine besondere Belastung des Arbeitgebers bereits durch Leistungen des Staates ausgeglichen. Zudem wird bereits vor dem Hintergrund der geringen Anzahl von Behinderten nicht davon auszugehen sein, dass Arbeitgeber aufgrund der Miteinbeziehung von Behinderten in die Systeme der bAV über Gebühr finanziell belastet würden.

Darüber hinaus erscheint außerdem auch die Argumentation fragwürdig, nach welcher Art. 5 der Richtlinie einen Rechtfertigungstatbestand darstellen könne. Während Art. 5 ein Verhaltensgebot statuiert, wonach Behinderte unter zumutbaren Umständen in die Arbeitswelt zu integrieren sind, statuiert Art. 2 der Richtlinie ein Verbot der Benachteiligung. Dieses Verbot würde konterkariert, würde dem Arbeitgeber aufgrund eines ebenfalls in Richtlinie statuierten Verhaltensgebotes das Recht eingeräumt, gegen das Benachteiligungsverbot zu verstoßen. Auch ein Vergleich des Wortlautes von Art. 5 auf der einen Seite und den Artikeln 4 bzw. 6 auf der anderen spricht dagegen, dass der Gemeinschaftsgesetzgeber in Art. 5 der Richtlinie im Gegensatz zu Art. 4 Abs. 1 (Rechtfertigung einer Benachteiligung aufgrund von beruflichen Anforderungen) bzw. im Gegensatz zu Art. 6 Abs. 1 und 2 Richtlinie 2000/78/EG (Rechtfertigung von Altersdiskriminierungen) eine Rechtfertigungsmöglichkeit für Benachteiligungen vorsehen wollte. So verweisen sowohl Art. 4 Abs. 1 als auch Art. 6 Abs. 1 und 2 ausdrücklich auf das Benachteiligungsverbot des Art. 2 Abs. 2 der Richtlinie und statuieren Ausnahmen hierzu („*Ungeachtet des Artikels 2 Absatz 2 können*“). Eine solche Verweisung fehlt in

Art. 5 der Richtlinie, so dass nicht davon auszugehen ist, dass sich aufgrund von Art. 5 Abs. 2 Richtlinie 2000/78/EG etwas an der Unzulässigkeit einer Benachteiligung wegen der Behinderung ändert.

bb) Ausschluss bei Forderung der Zahlung eines Risikozuschlages

Wird das System der bAV über einen externen Versicherungsträger abgeschlossen, so mag der Arbeitgeber bei Vorliegen einer Behinderung oder einer Vorerkrankung eines seiner Beschäftigten von den tlw. erheblichen Risikozuschlägen für die Versicherung des Invaliditätsfalls dieses Arbeitnehmers abgeschreckt werden. Oftmals verweigern Arbeitgeber den betroffenen Arbeitnehmern in solchen Fällen die bAV und stellen hierbei auf die Zahlung des Risikozuschlags als Differenzierungsmerkmal ab. Folglich handelt es sich hierbei – wie beschrieben – um eine mittelbare Benachteiligung des ausgeschlossenen Behinderten.

Auch in diesen Fällen wird nicht auf die Rechtfertigungsmöglichkeit nach § 20 Abs. 2 S. 3 AGG zurückzugreifen sein. Diese Regelung ist bereits wie dargestellt nicht auf das Verhältnis zwischen Arbeitgeber und Arbeitnehmer anwendbar. In diesem Verhältnis tritt jedoch vorliegend die Benachteiligung ein. Der Arbeitgeber gewährt dem Arbeitnehmer schlussendlich keine bAV, sei es, dass ihm die Risikobeiträge zu hoch erscheinen, oder sei es, dass der externe Versorgungsträger eine Versicherung des Behinderten gänzlich ablehnt. Folglich kommt hier eine Rechtfertigung nach den Maßstäben für privatrechtliche Verträge i.S.d. §§ 19 ff. AGG nicht in Betracht.

Zum anderen jedoch handelt es sich wie dargestellt um eine lediglich mittelbare Benachteiligung. In solchen Fällen mittelbarer Benachteiligungen besteht stets die Möglichkeit der Rechtfertigung der Benachteiligung i.S.d. negativen Tatbestandsmerkmals des § 3 Abs. 2 AGG. Hinsichtlich der Zulässigkeit eines derartigen Ausschlusses behinderter Beschäftigter von der bAV aufgrund des Erfordernisses der Zahlung eines Risikozuschlages stellt sich folglich die Frage nach einem legitimen Ziel und der Verhältnismäßigkeit des gewählten Mittels des kompletten Ausschlusses von der bAV.

Auch an dieser Stelle kann die gewünschte Verbreitung der bAV und die hiermit verbundene Steigerung der Attraktivität der bAV für Arbeitgeber als legitimes Ziel anerkannt werden. Würden Arbeitgeber hingegen zum Abschluss von bAV-Verträgen trotz teils erheblicher Risikozuschläge gezwungen sein, so wäre dies fraglos der Attraktivität der bAV für Arbeitgeber und somit ihrer Verbreitung abträglich.

Der Ausschluss der behinderten Beschäftigten von der bAV müsste jedoch auch das mildeste, zur Erreichung dieses Ziels gleich geeignete Mittel darstellen. Genau an dieser Stelle scheitert die Zulässigkeit eines vollständigen Ausschlusses. Gleichermaßen geeignet, jedoch für den Betroffenen erheblich milder wäre ebenso, nicht auf „Alles-oder-Nichts-Regelungen“ zu vertrauen, den Behinderten also nicht vollständig aus der bAV auszuschließen, sondern bspw. lediglich hinsichtlich des Invaliditätsfalles. So wäre es in jedem Fall milder, dem Betroffenen bspw. lediglich keine Invaliditätsrente zu versprechen und die bAV demnach schlichtweg entsprechend dem gesteigerten Risiko anzupassen bzw. diesbezüglich zu beschränken. Gleichfalls erscheint es selbst milder, den Betroffenen bspw. anzubieten, die Risikozuschläge, welche den Arbeitgeber zu dieser einschneidenden Entscheidung motivieren, selber zu tragen oder den Betroffenen zumindest entscheiden zu lassen, ob die Leistungen der bAV im Hinblick auf den Invaliditätsfall beschränkt werden sollen oder ob er es vorzieht, die ansonsten fälligen Risikobeiträge selber zu übernehmen. Auch ein Aufteilen der Beiträge zwischen Arbeitgeber und den Betroffenen erschiene hier möglich und in jedem Falle milder für die Betroffenen, ohne jedoch die Attraktivität der bAV erheblich zu schmälern. Es erscheint hier demnach möglich, einen Mittelweg zu finden, welcher den Komplettausschluss als nicht erforderlich erscheinen lässt.[1140]

Es ist somit davon auszugehen, dass ein Gesamtausschluss behinderter Beschäftigter aufgrund der bei der Versicherung des Invaliditätsfalles eintretenden Risikozuschläge nicht nach § 2 Abs. 3 AGG gerechtfertigt wäre.

Knüpft der Arbeitgeber hingegen unmittelbar an die Behinderung an, so stellt die Entscheidung des Arbeitgebers, dem behinderten Beschäftigten aufgrund eines aus seiner Sicht unverhältnismäßig hohen Invaliditätsrisikos keine bAV zu gewähren, eine Benachteiligung aufgrund der Behinderung dar. Da das AGG keinen Rechtfertigungstatbestand für unmittelbare Benachteiligungen wegen einer Behinderung im Bereich der Beschäftigung und des Berufs, also im Verhältnis zwischen Arbeitgeber und Arbeitnehmer, vorsieht, handelt es sich *per se* um eine ungerechtfertigte Benachteiligung, welche im Endeffekt zu einem Anpassungsanspruch des Behinderten führen würde. Ein derartiges Ergebnis erscheint jedoch aufgrund des tlw. durchaus erheblichen Risikos der Versicherung behinderter Beschäftigter nicht sachgerecht.

Möglicherweise könnte sich hier wieder aus Art. 5 Abs. 2 Richtlinie 2000/78/EG und der dortigen Grenze des Förderungs- und Gleichstellungsgrundsatzes etwas Anderes ergeben.[1141] Hierfür müsste jedoch die den Arbeitgeber durch die Gewährung der bAV treffende Belastung unverhältnismäßig sein. Einer derartigen unverhältnismäßigen Belastung wollte der europäische Richtliniengeber den Arbeitgeber auch trotz des Ziels der Förderung und der Gleichstellung behinderter Beschäftigter nicht aussetzen.

Wie dargestellt, bestehen jedoch in Fällen, in denen die Zahlung von Risikozuschlägen gefordert wird, ausreichend andere Möglichkeiten, eine derartige unverhältnismäßige Belastung zu umgehen. So stünde dem Arbeitgeber bspw. die Möglichkeit offen, den Behinderten nicht vollständig von der bAV auszuschließen, sondern die Risikobeiträge vielmehr beidseitig zu tragen oder auch vom Arbeitnehmer tragen zu lassen. Aus diesem Grund ist daher auch nicht davon auszugehen, dass ein vollständiger Ausschlus Behinderter aus der bAV aufgrund einer unverhältnismäßigen Belastung des Arbeitgebers nach Art. 5 Abs. 2 Richtlinie 2000/78/EG gerechtfertigt wäre.

1140 So ebenfalls: *Reichenbach/Grünenklee*, BetrAV 2006, 709, 711.

1141 So bspw.: *Blomeyer/Rolfs/Otto*, Anh § 1 BetrAVG Rn 47 m.w.N.

Es ist somit davon auszugehen, dass ein vollständiger Ausschluss Behinderter von der bAV lediglich aufgrund der von externen Versicherungsträgern erhobenen Risikozuschläge unzulässig ist und gegen das Benachteiligungsverbot des AGG verstößt.[1142]

cc) Ausschluss aufgrund des erhöhten Invaliditätsrisikos

Bedient sich der Arbeitgeber keines externen Versorgungsträgers, so wird er teilweise von dem ihn selber treffenden erhöhten Invaliditätsrisiko behinderter Beschäftigter[1143] davon abgehalten, diesen Beschäftigten Leistungen der bAV zu gewähren. Da der Arbeitgeber den Ausschluss des Behinderten an das für ihn erhöhten Risiko anknüpft und Beschäftigte mit das Risiko erhöhenden Vorerkrankungen ebenfalls ausschließt, liegt auch hierin eine mittelbare Benachteiligung wegen der Behinderung. Es stellt sich folglich auch hier die Frage, inwiefern der Ausschluss möglicherweise gerechtfertigt ist.

Eine Rechtfertigung i.S.d. § 3 Abs. 2 AGG wird wohl auch in diesen Fällen aus den bereits oben benannten Gründen ausscheiden. Auch hier bestünde für den Arbeitgeber die Möglichkeit, anstelle eines vollständigen Ausschlusses des Behinderten von der bAV eine mildere Lösung zu finden, bspw. durch einen Ausschluss lediglich von der Invaliditätsversorgung o.ä.

Folglich ist auch hier davon auszugehen, dass ein genereller Ausschluss aufgrund des erhöhten Invaliditätsrisikos unzulässig ist und einen Verstoß gegen das Benachteiligungsverbot des AGG darstellt.[1144]

d) Nichtversicherung des Versorgungsfalles einer bereits bestehenden Behinderung

Von diesen Fällen ist der Fall zu unterscheiden, wenn Arbeitgeber oder externer Versorgungsträger eine bereits bei Abschluss des Arbeitsvertrages oder bei Erteilung der Versorgungszusage vorhandene und bekannte Behinderung nicht zur Erfüllung des Versorgungsfalles ausreichen lassen. Dies ist bereits daher unbedenklich, da ein bei Eingehung einer Versicherung bereits eingetretenes Risiko nicht mehr versicherbar ist, wie *Rolfs* richtiger Weise ausführt.[1145]

1142 So auch: *Steinmeyer*, ZfA 2007, 27, 39; *Reichenbach/Grünenklee*, BetrAV 2006, 708, 711; ebenso wohl auch *Rolfs*, NZA 2008, 553, 558, der davon ausgeht, dass zumindest noch Risikozuschläge von 50% vom Arbeitgeber zu tragen seien; a.A. im Ergebnis wohl: *Adomeit/Mohr*, § 2 AGG Rn 211; *dies.*, ZfA 2008, 449, 471 jedoch davon ausgehend, dass *„jedenfalls [...] erhebliche Risikozuschläge zulässig [sind]“*; *Doetsch*, in FS Kemper, S. 91, 98; *Blomeyer/Rolfs/Otto*, Anh § 1 BetrAVG Rn 47.

1143 Vgl. hierzu: *Rolfs*, NZA 2008, 553, 558.

1144 So auch *Rolfs*, NZA 2008, 553, 558, der davon ausgeht, dass zumindest Risikozuschläge von 50% noch vom Arbeitgeber zu tragen seien; *Reichenbach/Grünenklee*, BetrAV 2006, 708, 711; a.A. im Ergebnis wohl: *Doetsch*, in FS Kemper, S. 91, 98.

1145 *Rolfs*, NZA 2008, 553, 558 m.w.N; so wohl auch: *Blomeyer/Rolfs/Otto*, Anh § 1 BetrAVG Rn 47a.

e) *Besser- oder Schlechterstellung bei Vorliegen bzw. Nichtvorliegen des Merkmals der Behinderung*

Der Umstand, dass in der Sozialversicherung behinderte gegenüber nichtbehinderten Menschen bei vorzeitigem Rentenbezug eine Bevorzugung durch geringere Kürzungstatbestände erfahren, verpflichtet den Arbeitgeber i.R.e. bAV nicht, diese Bevorzugung ebenfalls in seinen Regelungen nachzuvollziehen. So haben das ArbG Bonn und das LAG Köln festgestellt, dass keine Benachteiligung wegen der Behinderung i.S.d. § 1 AGG vorliegt, wenn behinderte Beschäftigte lediglich gleich den nicht-behinderten Beschäftigten behandelt werden und ihnen wie allen anderen Arbeitnehmern, welche vorgezogene Altersrente beantragen, diese Altersrente gekürzt wird.[1146] Daraus, dass in der Sozialversicherung geringere Kürzungszeiten vorgesehen sind, ergibt sich nichts anderes.

4. Das Merkmal „Religion" oder „Weltanschauung"

Bzgl. der Merkmale der Religion und Weltanschauung gestalten sich sowohl eine Definition als auch eine Abgrenzung der Begriffe voneinander sowie zu Begriffen wie Überzeugung und Tendenzen als schwierig. Die Merkmale der Religion und der Weltanschauung liegen begriffstypisch sehr nahe. Legaldefinitionen fehlen die beiden Merkmale sucht man vergeblich. Gerichte wie das BVerfG oder der EuGH haben bisher ebenso wenig wie die EMRK, GRC etc. eindeutige Definitionen geliefert.

Als Klassisches Abgrenzungskriterium zwischen den beiden Begriffen wird grds. angenommen, dass Religion sich auf Transzendenz beziehe, *„die Weltanschauung dahingegen ein rein diesseitig ausgerichtetes Phänomen ist"*.[1147] Die Weltanschauung als Gegenbegriff zur Religion soll durch seine a- oder antireligiösen Eigenschaften gekennzeichnet sein.[1148] Die reine politische Überzeugung soll nach Gesetzesbegründung jedoch gerade keine Weltanschauung i.S.d. § 1 AGG darstellen, wenngleich sich auch hier die Abgrenzung teilweise als schwierig darstellt. Auf eine detaillierte Abgrenzung des Begriffs der Weltanschauung von sonstigen säkularen Überzeugungen soll an dieser Stelle verzichtet werden, da die Relevanz einer solchen Abgrenzung für den Bereich der bAV nicht sonderlich groß zu sein scheint.

Auch auf eine genauere Abgrenzung zwischen den Begriffen der Religion und der Weltanschauung soll an dieser Stelle abgesehen werden, da die Abgrenzung für das Diskriminierungsrecht im Arbeitsrecht folgenlos bleibt. Benachteiligungen

---

1146 Vgl.: ArbG Bonn, Urt. v. 02. Dezember 2009 – Az.: 4 Ca 2094/09; nachfolgend ebenso: LAG Köln, Urt. v. 19. Juli 2010 – Az.: 2 Sa 249/10.

1147 MüKo-*Thüsing*, § 1 AGG Rn 70; entsprechend auch: Schiek-*Schiek*, § 1 AGG Rn 24; Däubler/Bertzbach-*Däubler*, § 1 AGG Rn 58.

1148 Dreier-*Morlok*, Art. 4 GG Rn 68; BVerwG, Urt. v. 14. November 1980 - 8 C 12/79; BVerwGE 61, 152, 154 f. m.w.N.

aufgrund der Religion oder aufgrund der Weltanschauung ziehen nach dem arbeitsrechtlichen Teil des AGG dieselben Rechtsfolgen nach sich.[1149] Lediglich hinsichtlich der zivilrechtlichen Benachteiligungsverbotes i.S.d. § 19 Abs. 1 AGG ist zu differenzieren, da dieses lediglich Benachteiligungen wegen der Religion, nicht hingegen wegen der Weltanschauung umfasst. Zu beachten ist zudem, dass für Religionsgemeinschaften bei Benachteiligungen von Beschäftigten wegen der Religion oder Weltanschauung ein besonderer Rechtfertigungsgrund nach § 9 AGG besteht.

Darüber hinaus erscheint es eher unwahrscheinlich, dass i.R.d. Systeme der bAV Benachteiligungen anhand des Merkmals der Religion oder Weltanschauung zu finden sind.[1150]

Zwei (mögliche) Problemstellungen sollen hier jedoch nicht unerwähnt bleiben.

a) Zinsverbot für Muslime

Bislang kaum in der Literatur diskutiert worden ist die Problematik des für strenggläubige Muslime geltenden Zinsverbotes.[1151] Das im Koran verankerte Zinsverbot untersagt es Muslimen, festverzinsliche Wertpapiere wie Anleihen und Renten zu besitzen. Ebenso ist es ihnen nicht erlaubt, Einnahmen von Zinsen aus Girokonten und ähnlichen Bankprodukten zu erwerben. So lautet Sure 3, Vers 130 des Korans: *„Ihr Gläubigen! Nehmt nicht Zins, indem ihr in mehrfachen Beträgen wiedernehmt, was ihr ausgeliehen habt!“* Die Einhaltung dieses Zinsverbotes stellt als Teil des Korans einen zentralen Bestandteil der islamischen Religion dar, so dass es zumindest strenggläubigen Muslimen unmöglich sein wird, die Zusage einer Betriebsrente zu akzeptieren.

Zwar ist festzustellen, dass die Gruppe der Beschäftigten, welche in der Bundesrepublik das Zinsverbot streng verfolgen, eher klein sein dürfte. So belegen bspw. Zahlen aus der Türkei, dass dort, in einem muslimisch geprägten Land, lediglich 15 % ihr Geld aufgrund des Zinsverbotes im Koran nicht in traditionellen Geldinstituten anlegen wollen. Dies lässt Rückschlüsse darauf zu, dass diese Zahl auch bei den türkischstämmigen Migranten als mit Abstand größter Gruppe innerhalb der rund 3,4 Millionen Menschen mit muslimischem Hintergrund in Deutschland ähnlich niedrig oder sogar noch niedriger sein wird.[1152] Da es sich bei der Türkei sowie bei vielen anderen Herkunftsländern muslimischer Migranten um Marktwirtschaften handelt, ist jedoch wohl davon auszugehen, dass Finanzanlagen, welche eine Rendite in Form von Zinsen einbringen, für einen Großteil der türkischstämmigen Muslime in Deutschland nicht unter den Begriff der Zinsen

---

1149 MüKo-*Thüsing*, § 1 AGG Rn 71; *Bauer/Göpfert/Krieger*, § 1 AGG Rn 28; anders hingegen bei Benachteiligungen im Zivilrecht, siehe MüKo-*Thüsing*, § 1 AGG Rn 3, 71.

1150 So zutreffend auch: *Rolfs*, NZA 2008, 553, 559.

1151 Mit Ausnahme von: *Hellkamp/Rinn*, BetrAV 2008, 442, 443.

1152 Siehe vertiefend zu diesen Zahlen: *Hayen/Sauer/Evers/Unterberg*, S. 32.

i.S.d. Zinsverbotes fallen werden. Die meisten Muslime in Deutschland werden das Zinsverbot vielmehr lediglich auf private Leihgeschäfte beziehen, so dass es sich bei dem Angebot von Finanzprodukten, die nicht gegen das Zinsverbot verstoßen, wohl lediglich um einen „Nischenmarkt" handelt.[1153]

Dennoch sind Fälle denkbar, in denen sich ein Beschäftigter tatsächlich aufgrund seines Glaubens bzw. aufgrund des Zinsverbots, dessen er sich verpflichtet fühlt, am Erhalt von Leistungen der bAV gehindert sieht. In diesen Fällen stellt sich die Frage, ob in der vom Arbeitgeber gewählten Ausgestaltung der bAV möglicherweise eine mittelbare Benachteiligung aufgrund seiner Religion i.S.d. § 3 Abs. 2 AGG zu erkennen ist. Die Benachteiligung könnte darin erkannt werden, dass dem Beschäftigten der Zugang zu Leistungen der bAV aufgrund seines Glaubens verwehrt ist.

Fraglich ist an dieser Stelle bereits, ob tatsächlich darin eine benachteiligende Handlung des Arbeitgebers erkannt werden kann. Zum einen wird hier der Arbeitgeber im Zweifel nicht beabsichtigen, bestimmte Mitarbeiter durch das Angebot der bAV bzw. durch deren kokrete Ausgestaltung zu benachteiligen. Vielmehr wird er eine für ihn praktikable und sinnvolle bAV gewähren. Zum anderen besteht hier die Problematik, dass der Arbeitgeber auch streng-gläubigen Beschäftigten die Gewährung der bAV anbietet, diese Beschäftigten sich jedoch aufgrund ihres Glaubens daran gehindert sehen, die Leistungen der bAV anzunehmen, da sie ansonsten gegen eine Vorgabe ihrer Religion verstoßen würden.

Grds. setzt eine Benachteiligung i.S.d. AGG nach der Konzeption des Gesetzes immer eine Andersbehandlung voraus.[1154] Allerdings ist auch anerkannt, dass bspw. bei Zurückweisung einer Bewerberin, welche bereits bei der Bewerbung angibt, dass sie sich aus religiösen Motiven nicht an die möglicherweise beim Arbeitgeber bestehende Kleiderordnung halten könne, welche das Tragen religiöser Symbole untersagt, eine unmittelbare Benachteiligung wegen der Religion angenommen werden kann.[1155] In einer solchen Kleiderordnung hingegen wird wohl zumindest eine mittelbare Benachteiligung zu erkennen sein, sofern nicht hygienische oder sonstige objektive Gründe für ein solches Verbot sprechen.[1156] Auch hier wird der oder die betroffende Beschäftigte sich nicht in der Lage sehen, die Arbeit der Kleiderordnung entsprechend zu verrichten und sich möglicherweise sogar gezwungen sehen, die Arbeit aufzugeben.

Bei der bAV handelt es sich allerdings um die Gewährung einer Leistung durch den Arbeitgeber, zu deren Entgegennahme der Beschäftigte sich nicht in der Lage sieht. Insofern unterscheidet sich der Fall von solchen „Kopftuch"-Fällen, in welchen ein Verbot ausgesprochen wird. Dass jedoch auch in der Gewährung von

---

1153 So: Yunus Ulusoy vom Zentrum für Türkeistudien an der Universität Duisburg-Essen, in: *Jochen Bettzieche*, *„Gesegnete Rendite"*, abrufbar unter: http://www.portfolio-international.de/newsdetails/article/gesegnete-rendite.html.

1154 Vgl. MüKo-*Thüsing*, § 7 AGG Rn 4.

1155 Vgl.: 2011MüKo-*Thüsing*, § 4 AGG Rn 2.

1156 MüKo-*Thüsing*, § 8 AGG Rn 34 f.; *Lingemann/Müller*, BB 2007 2006; BeckOK-BGB-*Fuchs*, § 7 AGG Rn 39.

Leistungen, welche für Teile der Belegschaft aus bspw. religiösen Motiven unannehmbar ist, eine (mittelbare) Benachteiligung erkannt werden kann, ergibt sich auch aus dem Zweiten Gemeinsamen Bericht der Antidiskriminierungsstelle des Bundes[1157]. So heißt es in diesem Bericht unter dem Kapitel „Empfehlungen zum Abbau von Benachteiligungen im Arbeitsleben", dass Arbeitgeber religiöse Essgewohnheiten in Kantinen berücksichtigen sollten, um Benachteiligungen von Mitarbeitern oder Mitarbeiterinnen wegen der Religion zu vermeiden. Auch hier gewährt der Arbeitgeber eine Leistung, er bietet das Angebot einer Kantine an. Beschränkt sich hierbei jedoch das Essensangebot lediglich auf Essen, welches für einen Teil der Belegschaft aus religiösen Gründen nicht annehmbar ist, so könnte folglich auch hierin eine Benachteiligung gesehen werden.

Sollte die Gewährung einer bAV bzw. der Ausgestaltung der bAV in einer Art und Weise, welche für streng gläubige Muslime nicht mit dem Glauben vereinbar ist, als mittelbare Benachteiligung i.S.d. AGG eingestuft werden, so stellt sich die Frage, ob diese mittelbare Benachteiligung möglicherweise nach § 3 Abs. 2 AGG gerechtfertigt ist.

Zu Rechtfertigung einer mittelbaren Benachteiligung müsste zunächst ein legitimes Ziel für die Benachteiligung vorliegen. Ein solches könnte darin erkannt werden, dass dem Arbeitgeber die Durchführung eines Systems der bAV erleichtert werden und somit die Attraktivität der bAV gesteigert werden soll. Den Arbeitgeber träfe ein größerer Verwaltungsaufwand, sollte er nicht mehr eine einheitliche Versorgung für alle Beschäftigten versprechen können. Eine derartige möglichst einfache und einheitliche Ausgestaltung der bAV könnte folglich i.R.d. allgemeinen Ziels der Steigerung der Attraktivität der bAV für Arbeitgeber gerechtfertigt sein, welches ein legitimes Ziel i.S.d. § 3 Abs. 2 AGG darstellt.

In den dargestellten Fällen der Benachteiligung wegen der Religion hinsichtlich solcher Beschäftigter, welche sich aufgrund des Zinsverbotes nicht in der Lage sehen, Leistungen einer klassischen bAV zu akzeptieren, stellt sich jedoch die Frage, inwiefern eine derartige Benachteiligung tatsächlich zur Erreichung des legitimen Ziels, der Steigerung der Attraktivität der bAV erforderlich ist. Zwar erscheint der Ausschluss streng gläubiger Muslime als mildestestes, gleich geeignetes Mittel, wenn man auf die Vereinfachung der Gewährung der bAV und auf die Steigerung der Attraktivität der bAV für Arbeitgeber abstellt. Jedoch erscheint hier die Angemessenheit fragwürdig.

Mittlerweile findet sich eine große Anzahl islamkonformer Finanzprodukte auf dem deutschen Versicherungsmarkt.[1158] Angeboten werden so genannte islamische

1157 Diskriminierung im Bildungsbereich und im Arbeitsleben - Zweiter Gemeinsamer Bericht der Antidiskriminierungsstelle des Bundes und der in ihrem Zuständigkeitsbereich betroffenen Beauftragten der Bundesregierung und des Deutschen Bundestages, Stand Juli 2013, S. 28, abrufbar unter: http://www.antidiskriminierungsstelle.de/SharedDocs/Downloads/DE/publikationen/Gemeinsamer_Bericht_2013.pdf?__blob=publicationFile.

1158 Vgl. auch: *Jochen Bettzieche*, *„Gesegnete Rendite"*, abrufbar unter: http://www.portfolio-international.de/newsdetails/article/gesegnete-rendite.html.

Anleihen, in welchen direkte Zinszahlungen auf Geld durch Mieteinnahmen, Firmenbeteiligungen oder ähnliche, im Islam erlaubte Praktiken umgangen werden. Zinszahlungen werden hierbei häufig durch „religionsverträgliche“ Gewinngutschriften ersetzt. Derartige Produkte werden mittlerweile auch von den Anbietern klassischer bAV-Produkte als Nischenangebote angeboten, um auch gläubige Muslime als Kunden zu gewinnen.

Aus diesem Grund erscheint es den Arbeitgebern durchaus zumutbar, bei den Anbietern der von ihnen gewährten bAV-Produkte für die im Zweifel wenigen muslimisch gläubigen Beschäftigten Alternativprodukte anzubieten, da dies ohne großen Mehraufwand möglich erscheint.

Sollte hingegen tatsächlich zu dem Ergebnis gekommen werden, dass den Arbeitgebern eine derartige „Aufsplittung“ in korankonforme und nicht korankonforme Altersversorgung nicht zugemutet werden könne, so müsste zumindest überprüft werden, inwiefern die hierdurch bestehende Entgeltdiskriminierung möglicherweise durch äquivalente Mehrzahlung im Lohn auszugleichen wären. Bislang ist diese Frage jedoch weder von den Gerichten geklärt noch in der Literatur als potentieller Problemfall erkannt worden, so dass die Entwicklung in dieser Frage mit Spannung erwartet werden kann. In jedem Fall jedoch besteht an dieser Stelle das Risiko, dass Gerichte in einer ausschließlich nicht korankonformen Ausgestaltung der Altersversorgung eine mittelbare Benachteiligung erkennen werden.

b) Begrenzung der Hinterbliebenenversorgung auf Ehepartner, Lebenspartner und Kinder

Nahezu absurd mutete hingegen der Fall an, den das BAG am 18. November 2008[1159] zu entscheiden hatte. Die Schwester eines verstorbenen Versorgungsempfängers hatte geklagt, dass ihr verstorbener Bruder durch die Regelung der Hinterbliebenenversorgung seines ehemaligen Arbeitgebers aufgrund seiner Weltanschauung benachteiligt worden sei. Der Arbeitgeber habe unzulässigerweise den Kreis der durch die Hinterbliebenenversorgung Begünstigten auf hinterbliebene Ehe- sowie Lebenspartner und Kinder beschränkt. Da der verstorbene Bruder die Institute der Ehe sowie der Lebenspartnerschaft abgelehnt und somit weder die Chance auf Kinder noch auf hinterbleibende Ehe- oder Lebenspartner besessen habe, sei er aufgrund seiner Religion oder Weltanschauung i.S.d. § 1 AGG durch die Versorgungsregelung seines ehemaligen Arbeitgebers benachteiligt worden.

Das BAG hat in seiner Entscheidung zunächst erneut klargestellt, dass dem Arbeitgeber grundsätzlich das Recht zustehe, die Hinterbliebenenversorgung in den

---

1159 BAG, Urt. v. 18. November 2008 – 3 AZR 277/07, AP Nr. 54 zu § 1 BetrAVG = BetrAV 2009, 167 ff.; siehe hierzu auch die Anm. v. *Langohr-Plato*, jurisPR-ArbR 7/2009 Anm. 4.

Versorgungsregelungen den Kreis der berechtigten Hinterbliebenen gegenüber dem gesetzlich Möglichen einzuschränken.

Das Gericht ist zutreffenderweise auch nicht der – abwegigen – Argumentation der Klägerin gefolgt, nach welcher Arbeitnehmer, welche aus religiösen oder weltanschaulichen Gründen eine Ehe oder eingetragene Lebensgemeinschaft ablehnten und deshalb auch keine Nachkommen hätten, durch die einschränkende Regelung der Hinterbliebenenversorgung unerlaubt benachteiligt würden. Vor dem Hintergrund des AGG sah das Gericht zutreffenderweise keine unerlaubte Benachteiligung gegeben. An dieser Stelle dürfte es bereits an einem tatsächlichen Anknüpfen an der Religion oder der Weltanschauung mangeln. Selbst eine zu Gunsten der Klägerin unterstellte mittelbare Benachteiligung, so das BAG, sei jedoch durch ein rechtmäßiges Ziel sachlich gerechtfertigt und das Mittel zur Erreichung dieses Ziels angemessen und erforderlich i.S.d. § 3 Abs. 2 AGG. Als rechtmäßiges Ziel habe der Arbeitgeber verfolgt, an einen typisierten Versorgungswillen und damit auch an eine entsprechende Nähebeziehung anzuknüpfen. Das Mittel der Begrenzung des Kreises der Hinterbliebenen sei zur Erreichung dieses Ziels auch angemessen und erforderlich gewesen, da gegenüber außerhalb dieses begrenzten Kreises stehenden Personen typischerweise kein solches Verhältnis bestehe, das einen entsprechenden typisierten Versorgungswillen auslöst. Das vom Arbeitgeber durch die Hinterbliebenenversorgung abgedeckte Risiko verwirkliche sich gerade nicht bei solchen Personen, die nicht zum beschränkten Kreis der Hinterbliebenen gehörten.

Dem Urteil ist zu entnehmen, dass es dem Arbeitgeber auch vor dem Hintergrund des AGG weiterhin möglich sein soll, den Kreis der von einer Hinterbliebenenversorgung umfassten Personen zu begrenzen. Regelungen, welche diesen Kreis anhand der Merkmale der Ehe- oder Lebenspartnerschaft sowie der Nachfahrenschaft begrenzen, sollen auch vor dem Hintergrund des Diskriminierungsmerkmals der Religion und Weltanschauung weiterhin zulässig sein, so dass bzgl. solcher Regelungen, wie sie ja in vielen Versorgungsordnungen vorliegen, kein Handlungsbedarf besteht.

5. Das Merkmal „Rasse“

Der Begriff der „Rasse“ selber ist im AGG nicht definiert. Auch in der Rechtsprechung des EuGH zum Begriff der „Rasse“ im Arbeitsrecht[1160] wie auch im Art. 19 AEUV[1161], der Richtlinie 2000/78/EG oder der GRC wird der Begriff der „Rasse“ zwar stets verwendet, jedoch keine Definition geliefert.

Laut Begründung des Regierungsentwurfes soll mit dem Begriff der „Rasse“ an die zugrundeliegende Antirassismus-Richtlinie[1162] angeknüpft werden,

1160 EuGH, Urt. v. 6. Oktober 2005 –Rs. C-328/04 [*Vajnai Attila*], Slg 2005, I-8577 ff.

1161 ex-Art. 13 EGV.

1162 Richtlinie 2000/43/EG des Rates vom 29. Juni 2000.

welche selber von der „Verpönung“ des Begriffs der „Rasse“ ausgeht. So erklärt Erwägungsgrund 6 der genannten Richtlinie:

> *„Die Europäische Union weist Theorien, mit denen versucht wird, die Existenz verschiedener menschlicher Rassen zu belegen, zurück. Die Verwendung des Begriffs „Rasse“ in dieser Richtlinie impliziert nicht die Toleranz solcher Theorien.“*

Aufgrund dieser Formulierung geht die wohl herrschende Meinung davon aus, dass durch das Merkmal der „Rasse“ nicht etwa auf die Zugehörigkeit zu einer bestimmten „Rasse“, sondern auf eine durch Vorurteile geprägte Vorstellung über Rassen und deren spezifische Eigenschaften wie Aussehen, Hautfarbe, Augenform, Haartracht o.ä. abgestellt werden solle.[1163] Mit dem AGG-Begriff der „Rasse“ werden ebenso wie vom Rassenbegriff des Art. 3 Abs. 3 GG gruppenspezifische, tatsächliche oder auch nur behauptete biologisch vererbbare Merkmale umschrieben.[1164] Bemerkenswert im Zusammenhang mit der Auslegung des Begriffes der „Rasse“ ist, dass Benachteiligungen i.S.d. AGG nach § 7 Abs. 1 AGG auch dann vorliegen, wenn sich der Benachteiligende das Vorliegen des Grundes bloß vorstellt. Ausschlaggebend soll stets die Motivation des Täters sein.[1165]

Dem Merkmal der „Rasse“ kommt nach den üblichen Versorgungsregelungen keine praktische Relevanz im Bereich der bAV zu. Es ist nicht bekannt, dass auf dieses Merkmal abstellende Versorgungsordnungen bestehen.[1166] Folglich soll auf dieses Merkmal an dieser Stelle nicht weiter eingegangen werden.

6. Das Merkmal „Ethnische Herkunft“

Ebenso wie der Begriff der „Rasse“ ist auch das Merkmal der ethnischen Herkunft weder in § 1 AGG, noch in der Antirassismus-Richtlinie, Art. 19 AEUV[1167] oder der GRC definiert. Unter dem schwer vom Merkmal der „Rasse“ abzugrenzenden, jedoch wohl weiter reichenden Merkmal[1168] versteht man die Zugehörigkeit zu einer Gruppe von Menschen, die kulturell, sozial und historisch eine Einheit bilden, deren Mitglieder durch gemeinsamen Eigenschaften wie z.B. Kultur, Sprache, Tradition, Religion oder Gebräuche verbunden sind und die sowohl in der Selbst- wie auch der Fremdwahrnehmung als kulturell unterscheidbar gilt.[1169] Als ethnische

---

1163 Siehe auch: MüKo-*Thüsing*, § 1 AGG Rn 53; Däubler/Bertzbach-*Däubler*, § 1 AGG Rn 24 m.w.N.

1164 MüKo-*Thüsing*, § 1 AGG Rn 53; Sachs-*Osterloh*, Art. 3 Rn 293.

1165 Vgl.: *Adomeit/Mohr*, § 1 AGG Rn 48; BeckOK-*Roloff*, § 1 AGG Rn 4.

1166 So ebenfalls: *Steinmeyer*, ZfA 2007, 27, 35; *Rolfs*, NZA 2008, 553, 559; *Blomeyer/Rolfs/Otto*, Anh § 1 BetrAVG Rn 54; *Adomeit/Mohr*, ZfA 2008, 449, 463.

1167 ex-Art. 13 EGV.

1168 So zutreffend von der „ethnischen Herkunft“ als Oberbegriff ausgehend: *Bauer/Göpfert/Krieger*, § 1 AGG Rn 19.

1169 So auch: *Hey*, § 1 AGG Rn 11; Rust/Falke-*Falke*, § 1 AGG Rn 20 m.w.N.; BeckOK-*Roloff*, § 1 AGG Rn 3; *Bauer/Göpfert/Krieger*, § 1 AGG Rn 21; Schleusener/Suckow/Voigt-*Schleusener*, § 1 AGG Rn 42.

Minderheiten gelten bspw. die Sinti und Roma, Kurden, Religionsgruppen wie die Sikhs oder auch nationale Minderheiten wie die Sorben in der Oberlausitz oder die dänische Minderheit in Schleswig-Holstein.[1170]

Eine mittelbare Diskriminierung aufgrund der ethnischen Herkunft kann auch darin erkannt werden, dass die Zurückstellung maßgeblich durch die Zugehörigkeit zu einer bestimmten Volks- oder Kulturgemeinschaft begründet ist.[1171] Ebenso kann teilweise eine Ungleichbehandlung wegen der ethnischen Herkunft in der Zurückstellung aufgrund der Zugehörigkeit zu einer bestimmten Religionsgemeinschaft gesehen werden, sofern die Benachteiligung nicht hauptsächlich durch die fremde Religion, sondern durch die Zugehörigkeit zu der als fremd und anders empfundenen Gruppe begründet ist.[1172]

Nicht erfasst ist hingegen eine Diskriminierung von „Farbigen", da diese keine gemeinsame kulturelle Herkunft verbindet und sie somit keine ethnische Gruppe darstellen. Vielmehr müsste eine Benachteiligung aufgrund dieses Merkmales wohl eher unter das AGG-Merkmal der „Rasse" gefasst werden.[1173]

Zusammenfassend bleibt festzuhalten, dass die Merkmale der „Rasse" und der ethnischen Herkunft nach dem Willen des Gesetzgebers umfassend zu verstehen sind und somit einen möglichst lückenlosen Schutz vor ethnisch motivierter Benachteiligung gewährleisten sollen.[1174] Es ist jedoch vor dem Hintergrund der Aufgabenstellung dieser Arbeit bei beiden Merkmalen nicht davon auszugehen, dass in der Praxis der bAV Diskriminierungen anhand dieser Merkmale Schwierigkeiten bereiten werden.

Langohr-Plato[1175] vertritt allerdings die Auffassung, dass die Regelung des § 3 Abs. 3 BetrAVG, nach welcher ausländischen Arbeitnehmern bei der Erstattung der Beiträge zur gesetzlichen Rentenversicherung ein Abfindungsrecht eingeräumt wird, eine Benachteiligung inländischer Arbeitnehmer gegenüber ihren ausländischen Kollegen darstellen könne, vor dem Hintergrund des AGG zumindest genauer beleuchtet werden müsse.

Die Annahme einer solchen (höchstens mittelbaren) Benachteiligung aufgrund der ethnischen Herkunft wird jedoch abzulehnen sein. Zunächst ist bereits festzustellen, dass die Regelung des § 3 Abs. 3 BetrAVG weder unmittelbar auf die Staatsangehörigkeit oder ethnische Herkunft abstellt, sondern vielmehr darauf, ob dem jeweiligen Beschäftigten die Beiträge zur Sozialversicherung erstattet worden sind. Die Erstattung dieser Beiträge wiederum richtet sich nach der Vorschrift des § 210 SGB VI. Diese Vorschrift jedoch differenziert abermals nicht nach

1170 *Thüsing*, NZA-Sonderbeilage zu Heft 22/2004, 9 f.; *ders.* in MüKo-*Thüsing*, § 1 AGG Rn 57.

1171 So auch: *Worzalla*, S. 31; *Roloff/Lampe*, JuS 2007, 354; *Bauer/Göpfert/Krieger*, § 1 AGG Rn 24

1172 So: *Thüsing*, NZA-Sonderbeilage zu Heft 22/2004, 9 f.

1173 So richtig: MüKo-*Thüsing*, § 1 AGG Rn 57.

1174 BT-Drucks. 16/1780, S. 31.

1175 *Langohr-Plato / Stahl*, NJW 2008, 2378, 2380.

Staatsangehörigkeit oder eter Herkunft, sondern sieht bspw. in Abs. 1 Nr. 2 die Erstattungsmöglichkeit auch für Versicherte vor, die die Regelaltersgrenze noch vor Erfüllung der allgemeinen Wartezeit erreicht haben. Dies tritt deutsche Beschäftigte ebenso wie Beschäftigte, welche nicht die deutsche Staatsangehörigkeit besitzen. Gleiches gilt nach § 210 Abs. 1 Nr. 3 SGB VI zudem auch für Hinterbliebene. Mitnichten wird diese Möglichkeit folglich lediglich ausländischen Beschäftigten eingeräumt.

Darüber hinaus stellt die Staatsangehörigkeit auch kein „verpöntes" Merkmal i.S.d. AGG dar. Auch die dem AGG zugrundeliegende Richtlinie stellte nicht auf die Staatszugehörigkeit ab.[1176] Das Merkmal der Nationalität wird weder automatisch vom Merkmal der ethnischen Herkunft noch vom Merkmal der „Rasse" umfasst.[1177] So heißt es hierzu im Erwägungsgrund Nr. 13 der Richtlinie 2000/43/EG, dass *„dieses Diskriminierungsverbot* [...] *nicht die Ungleichbehandlung aus Gründen der Staatsangehörigkeit"* umfasse. Sofern bei einer Diskriminierung einzig auf das Merkmal der Staatsangehörigkeit abgestellt wird, liegt folglich keine unmittelbare Diskriminierung wegen der ethnischen Herkunft i.S.d. § 1 AGG vor.

Ein Abstellen auf eine bestimmte ethnische Gruppe wird man hier folglich bereits ablehnen müssen, so dass keine Benachteiligung anhand eines „verpönten" Merkmals i.S.d. § 1 AGG vorliegt. Da darüber hinaus durch das – kritisierte und wie dargestellt nicht alleinige – Abstellen auf die Staatsangehörigkeit auch nicht hauptsächlich eine bestimmte Ethnie besonders benachteiligt wird, ist ebenfalls nicht von einer mittelbaren Benachteiligung auszugehen.

7. Das Merkmal „Geschlecht"

Inbesondere hinsichtlich des Themas der Gleichbehandlung ist der europäische Gesetzgeber nicht untätig geblieben. Hierbei sind in den vergangenen Jahren für den Bereich der bAV besonders Art. 157 AEUV[1178] sowie die Richtlinie 86/378/EWG wie auch die dem AGG zugrundeliegenden Antidiskriminierungsrichtlinien bedeutsam gewesen.

Dass Beiträge zu einem betrieblichen Altersversorgungssystem der Rechtsprechung des EuGH zufolge als Entgelt im Sinne des Entgeltgleichtsgebots von Art. 157 AEUV einzustufen sind, ist spätestens seit seinem Urteil vom 17. Mai 1990 in der Rechtssache 262/88 [*Barber gegen Guardian Royal Exchange Assurance Group*][1179], der sogenannten *Barber*-Rechtsprechung, geklärt. Somit gilt auch hier der Grundsatz der Lohngleichheit i.S.d. Art. 157 AEUV.

1176 Vgl.: ErfKomm-*Schlachter*, § 1 AGG Rn 4a.

1177 Siehe auch: MüKo-*Thüsing*, § 1 AGG Rn 54; BeckOK-*Roloff*, § 1 AGG Rn 4; *Biester*, jurisPK-ArbR 35/2006, Anm. 6; Rudolf/Mahlmann-*Rudolf*, § 6 Rn 30.

1178 ex-Art. 141 EGV.

1179 EuGH, Urt. v. 17. Mai 1990 – Rs. C-262/88 [*Barber*], Slg. 1990, I-1889 ff. = AP Nr. 20 zu Art. 119 EWG-Vertrag, im Folgenden: „*Barber*-Entscheidung".

Der deutsche Gesetzgeber hat die *Barber*-Rechtsprechung zum Anlass genommen, das deutsche Betriebsrentenrecht durch die Einführung des § 30a BetrAVG an die EuGH-Rechtsprechung zum Lohngleichheitsgebot anzupassen. Mittels dieser gesetzlichen Regelung sollen Benachteiligungen von Männern bzgl. des Pensionsalters, der Leistungshöhe oder sonstiger Leistungsvoraussetzungen hinsichtlich eines Anspruchs auf vorzeitige betriebliche Altersversorgung verhindert werden, da diese nicht mehr zulässig sind.[1180]

Seit Inkrafttreten des § 30a BetrAVG haben nunmehr auch männliche Arbeitnehmer bereits im Alter von 60 Jahren die Möglichkeit, unter bestimmten Voraussetzungen vorzeitige Leistungen aus der bAV in Anspruch zu nehmen, während dies nach der vorherigen Rechtslage weiblichen Arbeitnehmerinnen vorbehalten war. Die Voraussetzungen des § 30a BetrAVG fingieren nunmehr genau jene Voraussetzungen, welche eine weibliche Arbeitnehmerin vorher erfüllen musste, um nach der gesetzlichen Rentenversicherung eine vorzeitige Altersrente zu erhalten.

Die Vor-„Barber"-Zeiten werden nach Maßgabe des Gesetzes jedoch nicht von § 30a BetrAVG betroffen.[1181]

Weitere europarechtliche Vorgaben zum Betriebsrentenrecht ergaben sich zu Vor-AGG-Zeiten auch bereits aus der Richtlinie 86/378/EWG[1182] vom 24. Juli 1986 zur Verwirklichung des Grundsatzes der Gleichbehandlung von Männern und Frauen bei den betrieblichen Systemen der sozialen Sicherheit. Gem. Art. 7 lit. a der Richtlinie waren die Mitgliedstaaten dazu verpflichtet, dafür Sorge zu tragen, dass individualvertragliche, tarif- oder betriebsverfassungsrechtliche Regelungen, die dem Gleichbehandlungsgrundsatz entgegenstehen, nichtig sind, für nichtig erklärt oder geändert werden konnten.

Der Rat hat diese Richtlinie am 20. Dezember 1996 durch die Richtlinie 96/97/EG[1183] abgeändert. Aus dieser Richtlinie ergibt sich der Grundsatz der Gleichbehandlung von Männern und Frauen, so dass Arbeitnehmer in Betriebsrentensystemen nicht unmittelbar anhand des Geschlechtes diskriminiert werden dürfen. Auch bloß mittelbare Diskriminierungen sollen grundsätzlich unzulässig, eine objektive Rechtfertigung des Ausschluss einer bestimmten Gruppe von Beschäftigten jedoch möglich sein.

In der Rechtssache *Bilka* hat der EuGH festgehalten, dass der Ausschluss von Teilzeitbeschäftigten aus der bAV einen Fall der mittelbaren Diskriminierung wegen des Geschlechtes darstellen kann. Dies gilt zumindest dann, wenn der Ausschluss wesentlich mehr Frauen als Männer trifft und das Unternehmen nicht darlegen kann, dass dieser Ausschluss auf Faktoren beruht, die objektiv gerechtfertigt sind

---

1180 Kemper/Kisters-Kölkes/Berenz/Huber-*Kisters-Kölkes*, § 30a Rn 2 ff.

1181 Von dieser Regel wird gem. § 30a Abs. 2 S. 1 BetrAVG nur in solchen Fällen eine Ausnahme gemacht, in denen der betroffene Arbeitnehmer bereits zeitlich vor der Entscheidung des EuGH Rechtsmittel gegen die Ungleichbehandlung aufgrund des Geschlechtes eingelegt hatte.

1182 ABl. L 225 vom 12. August 1986, S. 40.

1183 ABl. EG Nr. L 46/25 vom 17. Februar 1997.

und nichts mit einer Diskriminierung aufgrund des Geschlechts zu tun haben.[1184] Hintergrund auch dieser Entscheidung war die richtige Feststellung, dass es sich beim Ruhegeld um Entgelt für erbrachte Arbeitsleistung handelt, welches daher unter Art. 157 AEUV[1185] fällt, so dass auch i.R.d. bAV das Entgeltgleichheitsgebot beachtet werden muss.[1186]

Hinsichtlich der Gleichbehandlung von Frauen und Männern hat die EU schlussendlich die Richtlinie 2006/54/EG erlassen. Diese Richtlinie regelt in ihren Art. 5 bis 13 die Anforderungen zur Durchführung des Gleichbehandlungsgrundsatzes hinsichtlich der in dieser Richtlinie behandelten betrieblichen Systeme der sozialen Sicherheit und löst diesbezüglich die Bestimmungen der Richtlinie 86/378/EWG ab, welche vergleichbare Regelungen enthielt und nach Art. 34 Richtlinie 2006/54/EG mit Wirkung zum 15. August 2009 aufgehoben wurde.

Die sich aus den Antidiskriminierungsrichtlinien 2000/43/EG und 2000/78/EG ergebenden Diskriminierungsverbote (Art. 2 Abs. 1 der Richtlinie 2000/43/EG verbietet jede unmittelbare oder mittelbare Diskriminierung wegen der Rasse oder der ethnischen Abstammung, Art. 1 der Richtlinie 2000/78/EG hingegen jede unmittelbare oder mittelbar Diskriminierung aufgrund der Religion oder Weltanschauung, einer Behinderung, des Alters oder der sexuellen Ausrichtung in Beschäftigung und Beruf) hat der deutsche Gesetzgeber durch die Verabschiedung des AGG im August 2006 in nationales Recht umgesetzt. Folglich stellt sich bzgl. dieser nunmehr auch national verankerten Diskriminierungsverbote die Frage nach den Auswirkungen auf die bAV.

Allerdings findet sich auch in den drei Antidiskriminierungsrichtlinien, welche das Merkmal des Geschlechts entweder in ihrem Normtext oder zumindest in ihren Erwägungsgründen erwähnen, für dieses Merkmal keine Definition. Ebenso ist auch in den Urteilen des EuGH zum Art. 157 AEUV[1187] keine solche Definition zu finden.

Das Geschlecht ist nach herrschender Meinung das biologische Geschlecht, welches bei den meisten Menschen mit dem registrierten Geschlecht (Mann/Frau) übereinstimmt. Während im europäischen Primärrecht sowie in den Gender-Richtlinien stets vom Wortpaar Männer und Frauen die Rede ist, verwendet das AGG nur den Begriff des Geschlechtes. Auch eine Benachteiligung aufgrund einer Geschlechtsumwandlung und somit dem Wechsel des Geschlechtes soll einer Benachteiligung aufgrund der Zugehörigkeit zu einem bestimmten Geschlecht gleichstehen.[1188] Nicht unter das Merkmal der Geschlechtsdiskriminierung fallen auf alle Fälle sexuelle Ausrichtungen wie Hetero-, Homo- oder Bisexualität. Solche

---

1184 EuGH, 13. Mai 1986 – Rs C-170/84 [*Bilka*], Slg. 1986, 1607 ff.

1185 ex-Art. 141 EGV.

1186 *Steinmeyer* in *Höfer*: Neue Chancen für Betriebsrenten, S. 116; *ders.*, Betriebliche Altersversorgung und Arbeitsverhältnis, S. 87.

1187 ex-Art. 141 EGV.

1188 Siehe: *Adomeit/Mohr*, § 1 AGG Rn 74 ff.

Ausrichtungen werden stattdessen vom Merkmal der „sexuellen Identität“ des § 1 AGG erfasst.

Gem. § 3 Abs. 1 S. 2 AGG umfasst das Diskriminierungsmerkmal des Geschlechtes zumindest für den Bereich der Beschäftigung (§ 2 Abs. 1 Nr. 1-4 AGG) und somit auch für die bAV Ungleichbehandlungen wegen einer Schwangerschaft oder wegen des Mutterschutzes. Hierbei wird der Schutz aufgrund von Schwangerschaft oder Mutterschutz jedoch zeitlich begrenzt sein. Geht man bspw. bzgl. der Elternzeit davon aus, dass diese in der Regel häufiger von Frauen als von Männern in Anspruch genommen wird, so kann in einer Ungleichbehandlung wegen der Inanspruchnahme des Anspruchs auf Elternzeit zumindest eine mittelbare Ungleichbehandlung aufgrund des Geschlechtes gesehen werden.[1189]

Das Verbot der Benachteiligung wegen des Geschlechtes war in „Vor-AGG-Zeiten“ bereits durch die mit Inkrafttreten des AGG weggefallenen §§ 611 a, 611 b, 612 Abs. 3 BGB kodifiziert, bei Verstößen teilweise auch bereits mit Sanktionen belegt. Der Arbeitgeber war nach § 611 a BGB verpflichtet, alle Rechtsgeschäfte im Zusammenhang mit dem Arbeitsverhältnis (geschlechts-) benachteiligungsfrei auszugestalten. § 611 b BGB sah vor, dass Stellen geschlechtsneutral auszuschreiben waren. Das Entgeltgleichheitsgebot für gleiche oder gleichwertige Arbeit hingegen war in § 612 Abs. 3 BGB festgelegt und ergab sich zudem bereits aus Art. 157 AEUV[1190]. Folglich wird bei der Beurteilung und Bewertung von möglichen Benachteiligungen wegen des Geschlechtes die bereits zu diesen Vorschriften ergangene Rechtsprechung und Literatur Anhaltspunkte liefern können.

Auch wenn – wie schon zu „Vor-AGG-Zeiten“ – Diskriminierungen wegen des Geschlechtes einen Großteil der Benachteiligungen im Bereich der bAV ausmachen, so sind doch viele Fallgestaltungen von Literatur und Rechtsprechung bereits ausführlich behandelt worden. Da es sich folglich um Benachteiligungen aufgrund eines „alten“ Merkmales handelt, soll soll an dieser Stelle lediglich eine verkürzte Darstellung bzgl. (möglicher) geschlechtsbezogener Benachteiligungen i.S.d. AGG hinsichtlich der bAV vorgenommen und auf aktuelle Streitfälle hingewiesen werden.

a) Unmittelbare Benachteiligung anhand des Geschlechtes

Liegt eine unmittelbare Benachteiligung eines Arbeitnehmers anhand des Merkmals des Geschlechtes in Arbeit und Beruf vor, so ist grundsätzlich keine Rechtfertigung möglich. Während sich für unmittelbare Benachteiligungen anhand einiger anderer „verpönter“ Merkmale besondere Rechtfertigungstatbestände aus den §§ 9 und 10 AGG ergeben können, besteht für unmittelbare geschlechtsbezogene Benachteiligungen keine Rechtfertigungsmöglichkeit. Die einzigen Ausnahmen bilden auch hier zum einen die Kategorisierung einer zunächst unmittelbar

1189 Vgl.: Rust/Falke-*Falke*, § 1 AGG Rn 39.
1190 ex-Art. 141 EGV.

benachteiligenden Maßnahme als positive Maßnahme i.S.d. § 5 AGG sowie der Rechtfertigungstatbestand des § 8 Abs. 1 AGG, wonach aufgrund bestimmter beruflicher Anforderungen unterschiedliche Behandlungen im Arbeitsleben auch anhand der in § 1 AGG benannten „verpönten" Merkmale gerechtfertigt sein können. Allerdings verweist § 8 Abs. 2 AGG auf das Entgeltgleichheitsgebot, welches hier zwangsläufig vorausgesetzt wird[1191], so dass gerade auch keine unterschiedliche Entlohnung bei gleicher Arbeit hinzunehmen wäre. Gerade das Entgeltgleichheitsgebot jedoch hat Auswirkungen auf die bAV als (lediglich aufgeschobene) Entgeltleistung.

aa) Unterschiedliche Altersgrenzen bei Frauen und Männern

Bereits vor Inkrafttreten des AGG hatte der EuGH im Jahr 1990 in der Rechtssache *Barber*[1192] festgestellt, dass unterschiedliche Altersgrenzen für Männer und Frauen in Betriebsrentensystemen, bspw. in Form unterschiedlicher Bezugszeitpunkte, gegen das Lohngleichheitsgebot des Art. 157 AEUV[1193] verstoßen und demnach unzulässig seien.

An dieser eindeutigen Rechtslage hat sich durch das Inkrafttreten des AGG nichts geändert.[1194] Vielmehr besagt die dem AGG zugrundeliegende Rahmenrichtlinie in Art. 6 Abs. 2 Richtlinie 2000/78/EG, dass sich aus einer möglicherweise für den Bereich der bAV zulässigen unterschiedlichen Behandlung wegen des Alters keinesfalls eine unterschiedliche Behandlung wegen des Geschlechts ergeben darf. Nach Vorgabe dieser Regelung durfte der nationale Gesetzgeber zwar Regelungen aufstellen, nach welchen unterschiedliche Behandlungen anhand des Alters gerechtfertigt sein können. Derartige Regelungen sollten jedoch stets nur solange möglich sein, als diese Regelungen keine Diskriminierung wegen des Geschlechtes darstellten. Der Richtliniengeber hat hier folglich das Verbot der geschlechtsbezogenen Benachteiligung im Bezug auf das Merkmal des Alters sogar noch gefestigt.

bb) *Unisex*-Tarife: Geschlechtsabhängige versicherungsmathematische Faktoren bei der Leistungsbemessung

Zu Vor-AGG-Zeiten waren insbesondere bei Lebens- und Rentenversicherungsverträgen geschlechtsspezifische Tarife üblich. Hierbei wurde auf das Geschlecht als Tarifkriterium abgestellt, da die Geschlechter unterschiedliche Lebenserwartungen aufweisen. Anhand dieser Parameter wurden geschlechtsspezifische Tarife berechnet, welche das jeweils statistisch längere bzw. kürzere zu erwartende Lebensalter in entsprechenden Beitragshöhen abgebildet haben. So waren bei

---

1191 ErfKomm-*Schlachter*, § 8 AGG Rn 8.

1192 EuGH, Urt. v. 17. Mai 1990 – Rs. C-262/88 [*Barber*], Slg. 1990, I-1889 ff. = AP Nr. 20 zu Art. 119 EWG-Vertrag.

1193 ex-Art. 141 EGV.

1194 So auch: *Willemsen/Döring*, BetrAV 2011, 432, 438.

geschlechtsspezifischen Tarifen die Beiträge von Frauen üblicherweise höher, da sich hierin das längere zu erwartende und zu versichernde Lebensalter wiedergespiegelt hat.

Auch i.R.d. bAV existierten solche Tarife, insbesondere bei beitragsorientierte Leistungszusagen, welche über externe Träger abgewickelt wurden.[1195] Bei gleichem Beitragsvolumen fiel hier die lebenslange reine Altersrente für Frauen ca. 10-15 % niedriger als die für Männer aus. Begründet wurde diese Schlechterstellung damit, dass die ca. fünf Jahre längere Restlebenserwartung der Frauen als versicherungsmathematischer Faktor berücksichtigt werde.

Während derartige nach dem Geschlecht unterscheidende Tarife vor Inkrafttreten des AGG – wenn auch nicht unumstrittener – *Usus* waren[1196], sah Art. 5 Abs. 2 Richtlinie 2004/113/EG („Gender-Richtlinie Zivilrecht“) ausdrücklich vor, dass die Mitgliedsstaaten i.R.d. nationalen Umsetzungen vorsehen konnten, dass geschlechtsspezifische Faktoren bei der Berechnung von Prämien und Leistungen im Bereich des Versicherungswesens ausnahmsweise und entgegen der Grundregel von Art. 5 Abs. 1 Richtlinie 2004/113/EG zugelassen werden dürften. Voraussetzung sollte sein, dass das Geschlecht aus versicherungsmathematischen Gründen einen bestimmenden Faktor darstellt.[1197] Der nationale Gesetzgeber implementierte in § 20 Abs. 2 S. 1 AGG eine Ausnahme vom Benachteiligungsverbot für privatrechtliche Versicherungsverträge, wie sich aus § 19 Abs. 1 Nr. 2 AGG ergibt.[1198] Folglich schien auch das Inkrafttreten des AGG zunächst nichts an der Versicherungspraxis zu ändern, da der Gesetzgeber von der Option des Art. 5 Abs. 2 Richtlinie 2004/113/EG Gebrauch gemacht hatte.[1199]

In der *„Unisexentscheidung“*, dem sogenannten *„Test-Achats“*-Urteil[1200], vom 01. März 2011 hat der EuGH nunmehr jedoch festgestellt, dass Art. 5 Abs. 2 Richtlinie 2004/113/EG, die Grundlage für die nationale Umsetzung in § 20 Abs. 2 S. 1 AGG, mit Wirkung zum 21. Dezember 2012 ungültig sei. Art. 5 Abs. 2 Richtlinie 2004/113/EG führe zu einer unbefristeten Perpetuierung einer unterschiedlichen Behandlung der Geschlechter in Versicherungsverträgen.[1201] Die Luxemburger Richter hielten diesbezüglich fest, dass es bei der versicherungsmathematischen Berechnung von Prämien und Leistungen zwar unverzichtbar sei, auf Prognosen

---

1195 Vgl.: *Birk*, BetrAV 2011, 441 = DB 2011, 819.

1196 Vgl. zum Diskussionsstand vor Einführung des AGG m.w.N.: *Steinmeyer*, NZA 2004, 1257, 1258 ff sowie: *Raulf/Gunia*, NZA 2003, 534, 540; eine solche Ungleichbehandlung schon zu Vor-AGG-Zeiten kritisierend bspw.: *Birk*, BetrAV, 2003, 197.

1197 *Bepler*, in FS Höfer, S. 8.

1198 *Raulf*, NZA-Beilage 2012, 88.

1199 Vgl.: *Hoffmann*, VersR 2012, 1073, 1075.

1200 EuGH, Urt. v. 01. März 2011 – Rs. C-236/09 [*Test Achats*], DB 2011, 822 = BetrAV 2011, 168 ff.

1201 *Ulbrich*, BetrAV 2012, 211 = DB 2011, 2775.

zurückzugreifen, um dass Versicherungsrisiko kalkulierbar zu machen.[1202] Eine allein an das Geschlecht des Versicherten anknüpfende Differenzierung nach versicherungsmathematischen Grundsätzen sei hingegen jedoch nicht gerechtfertigt und verstoße gegen höherrangiges Recht, nämlich Art. 21 und 23 GRC.[1203] Aus diesem Grund bestimmte der EuGH eine Anpassungsfrist bis zum 21. Dezember 2012.[1204]

Zwar hatte der deutsche Gesetzgeber § 20 Abs. 2 S. 1 AGG auch trotz der Entscheidung des EuGH zunächst nicht gestrichen. Dennoch war aufgrund der Entscheidung des EuGH davon auszugehen, dass die Norm zumindest mit dem 21. Dezember 2012 unanwendbar geworden wäre.[1205] Art. 2 Abs. 57 Nr. 1 des Entwurfs des Zehnten Gesetzes zur Änderung des Versicherungsaufsichtsgesetzes vom 18. April 2012[1206] sah auch die Streichung von § 20 Abs. 2 S. 1 AGG vor. Der entsprechende Passus des § 20 Abs. 2 AGG ist nunmehr in der Fassung vom 03. April 2013[1207] mit Gültigkeit zum 21. Dezember 2012 gestrichen worden.

Mit dem Wegfall des § 20 Abs. 2 S. 1 AGG bzw. seiner zunächst bestehenden Unanwendbarkeit ist die Rechtmäßigkeit von derartigen am Geschlecht anknüpfenden Versicherungstarifen nunmehr an § 19 Abs. 1 Nr. 2 AGG zu messen[1208], der die Unzulässigkeit einer Benachteiligung wegen des Merkmals des Geschlechts vorsieht.

Folglich ist spätestens seit dem 21. Dezember 2012 von der Unzulässigkeit von Versicherungstarifen auszugehen, die wegen des Geschlechtes differenzieren.[1209] Die Entscheidung des EuGH hatte jedoch zunächst zu einigen Unklarheiten geführt und wurde, insbesondere auch im Bereich der bAV, umfassend hinsichtlich ihrer Auswirkungen diskutiert.[1210] Im Folgenden soll daher ein kurzer Abriss über die diskutierten Fragestellungen gegeben werden.

Während tlw. bereits mit dem Argument die Anwendbarkeit der Rechtsprechung auf die bAV bezweifelt wird, dass es sich bei der bAV nicht um privatrechtliche

---

1202 Siehe hierzu ebenfalls: *Steinmeyer*, NZA 2004, 1257, 1258.

1203 EuGH, Urt. v. 01. März 2011 – Rs. C-236/09 [*Test Achats*], DB 2011, 822 = BetrAV 2011, 168 ff. [Rn 32].

1204 Vertiefend zum Urteil des EuGH mit Stellungnahme zu den Auswirkungen siehe auch: *Bepler*, in FS Höfer, S. 8 ff.

1205 So auch: *Purnhagen*, NJW 2013, 113, 114; *Langohr-Plato*, BetrAV 2012, 292, 294; zum Streitstand hinsichtlich der „Unisex"-Tarife auch: *ders.* Rn 1449 ff.

1206 BT-Drucks. 17/9342, S. 133.

1207 § 20 Abs. 2 S. 2 gem. Art. 8 Nr. 1 G v. 3.4.2013 I 610 mWv 21.12.2012.

1208 So auch: MüKo-*Thüsing*, § 8 AGG Rn 59; *Raulf*, NZA-Beilage 2012, 88; a.A.: eine (zumindest analoge) Anwendung der §§ 19 ff. AGG auf die bAV wohl ablehnend: *Birk*, BetrAV 2012, 7, 9.

1209 Vgl. auch: *Purnhagen*, NJW 2013, 113, 114 f.

1210 Siehe zu den Auswirkungen des Urteils auf die bAV auch: *Birk*, BetrAV 2012, 7 ff.; *Höfer*, DB 2011, 1134 ff.; keinerlei Auswirkungen auf die bAV erkennend: *Willemsen/Döring*, BetrAV 2011, 432 ff.

Versicherungen handele, wie dies auch die Europäische Kommission in Rn. 23 ihrer Mitteilung vom 22. Dezember 2011[1211] anzunehmen schien[1212], geht die h.M. von direkten Auswirkungen des Urteils auch auf die bAV aus.[1213] Richtigerweise muss jedoch auch an dieser Stelle darauf hingewiesen werden, dass die bAV ihrer Natur entsprechend aus dem arbeitsvertraglichen (betriebsrentenrechtlichen) Grundverhältnis und dem daneben ggf. bestehenden Versicherungsvertragsverhältnis besteht, so dass hinsichtlich der Auswirkungen der *„Unisexentscheidung"* auch nach diesen beiden Rechtsverhältnissen differenziert werden muss. Da der EuGH jedoch in seiner bisherigen Rechtsprechung hinsichtlich der Frage der Gleichbehandlung nicht zwischen gesetzlicher, privater oder betrieblicher Altersversorgung differenziert hat, ist davon auszugehen, dass der EuGH auch in der Verwendung geschlechtsspezifischer versicherungsmathematischer Faktoren i.R.d. betrieblichen Altersversorgung einen Verstoß gegen die Art. 21 und 23 GRC erkennen wird. Folglich ist davon auszugehen, dass die Grundsätze der *„Unisexentscheidung"* zumindest auf das Versicherungsvertragsverhältnis i.R.d. bAV anzuwenden sind.[1214]

Nach Klärung der generellen Anwendbarkeit auf den Bereich der bAV wird hinsichtlich der Auswirkung der *„Unisexentscheidung"* auf die bAV weiterhin zu beachten sein, dass eine mögliche Benachteiligung durch die Berücksichtigung des Geschlechts als versicherungsmathematischen Faktor lediglich in den Fällen in Betracht kommt, dass die bAV nicht in Form einer reinen Leistungszusage versprochen worden ist bzw. versprochen wird.[1215] Bei reinen Leistungszusagen ist der Arbeitgeber ohnehin gehalten, das Entgeltgleichheitsgebot zu beachten und

---

1211 Mitteilung der Europäischen Kommission vom 22. November 2011 – Leitlinien zur Anwendung der Richtlinie 2004/113/EG des Rates auf das Versicherungswesen im Anschluss an das EuGH-Uteil i.S. Test-Achats, BetrAV 2012, 78.

1212 So auch: *Willemsen/Döring*, BetrAV 2011, 432, 438.

1213 Vgl. m.w.N. zu dieser Problematik: Moll-*Rengier*, § 36 Rn 45; ebenfalls, direkte Auswirkungen auf die bAV bejahend: *Höfer*, DB 2011, 1334, 1335 f.; *Raulf*, NZA-Beilage 2012, 88, 89 f.; *Langohr-Plato*, BetrAV 2012, 292 f.; *Birk*, BetrAV 2012, 7, 9; gleichfalls wohl Dr. Christian Rolfs, Dr. Torsten Reich sowie Dr. Richard Herrmann in ihren Vorträgen anlässlich des Kolloquiums zum 70. Geburtstag von Prof. Dr. Höfer, *Binz*, RdA 2012, 61; a.A. wohl: *Ulbrich*, BetrAV 2012, 211, 213 = DB 2011, 2775, 2777.

1214 So überzeugend: *Höfer*, BetrAV 2011, 586, 588; *ders.*, DB 2011, 1334, 1335; *Birk*, BetrAV 2011, 441, 442 = DB 2011, 819, 820; *Langohr-Plato*, Rn 1450; *ders.* BetrAV 2012, 292, 293, hier unter dem Hinweis auf Rn 5 der Mitteilung der Europäischen Kommission vom 22. November 2011, in welchem die Kommission ausdrücklich auf die Möglichkeit hinweist, dass der EuGH sich in zukünftigen Entscheidungen auch entgegen der von der Kommission vertretenen Ansicht entscheiden könne.

1215 So zutreffend auch: MüKo-*Thüsing*, § 8 AGG Rn 59; *Langohr-Plato*, BetrAV 2012, 292, 293; *Reinecke*, BetrAV 2012, 402, 407; a.A. wohl: *Höfer*, BetrAV 2011, 586, 588 f. unter Verweis auf die Berechnung des Abfindungswertes im Falle einer möglichen Abfindung des Versorgungsversprechens i.S.d. § 3 Abs. 5 BetrAVG.

männlichen wie weiblichen Beschäftigten Leistungen in gleicher Höhe zu versprechen. Hat der Arbeitgeber beiden Gruppen die Leistung eines bestimmten Betrags X versprochen, so liegt keine Benachteiligung der weiblichen Beschäftigten vor. Sie besitzen vielmehr ebenso wie ihre männlichen Kollegen einen Anspruch auf diesen Betrag X. Die Tatsache, dass der Arbeitgeber aufgrund von geschlechtsspezifischen Versicherungsverträgen möglicherweise gezwungen ist bzw. bis zum Stichtagsdatum gezwungen war, höhere Versicherungsbeiträge zu leisten, um zu garantieren, dass weibliche Beschäftigte schlussendlich ebenso wie männlichen Beschäftigte die versprochene Leistung in Höhe des Betrages X erhalten, wirkt sich für sie nicht benachteiligend aus.

Problematisch stellt sich hingegen der Fall dar, wenn der Arbeitgeber eine beitragsbezogene Leistungszusage oder eine Beitragszusage mit Mindestleistung erteilt.[1216] Hier garantiert er gerade nicht den Erhalt der Leistung eines Betrages in Höhe X, sondern legt lediglich fest, welche Beiträge er für die einzelnen Versorgungsempfänger aufwenden, also investieren wird sowie, welche Unverfallbarkeitsbeträge bzw. welche Leistungen im Versorgungsfall bei Anwendung festgelegter Umrechnungsmodalitäten erbracht werden sollen. In diesen Fällen hat bereits der zu der Finanzierung aufgewendete Versorgungsbeitrag Entgeltcharakter und unterfällt somit der Gleichbehandlung. In diesen Fällen wirken sich geschlechtsspezifische Versicherungsverträge, in denen sich die längere Restlebenserwartung der Frauen niederschlägt, fraglos benachteiligend auf weibliche Beschäftigte aus. Da das AGG – wie dargestellt – keine Rechtfertigungsmöglichkeit für derartige Benachteiligungen wegen des Gesetzes vorsieht und auch der EuGH eindeutig klargestellt hat, dass er eine Rechtfertigung auch nicht in dem Abstellen auf versicherungsmathematische Faktoren erkennt, stellt sich in diesen Fällen die Frage nach den Auswirkungen dieses Verbotes auf die bAV.

Insbesondere umstritten war hierbei zunächst die Frage nach den zeitlichen Auswirkungen der *„Unisexentscheidung“*.[1217] Während Neuzusagen seit dem 21. Dezember 2012 unstreitig den „neuen“ Anforderungen gerecht werden und Prämien und Leistungen geschlechtsneutral kalkulieren müssen, bei Neuzusagen also in jedem Fall das Erfordernis von Unisextarifen zu beachten ist[1218], gab die Entscheidung selber keine unmittelbaren Hinweise darauf, inwiefern die in ihr getroffenen Feststellungen auch Rückwirkung auf bereits vor dem Stichtagsdatum abgeschlossene

---

1216 So ebenfalls: MüKo-*Thüsing*, § 8 AGG Rn 59; *Langohr-Plato*, BetrAV 2012, 292, 293.

1217 Eine Kurzübersicht über die in der Literatur vertretenen Ansichten auch bei: *Höfer*, BetrAV 2011, 586, 587.

1218 *Raulf*, NZA-Beilage 2012, 88; *Höfer*, BetrAV 2011, 586, 587 f.; *ders.*, DB 2011, 1334, 1335; einschränkend: *Langohr-Plato*, BetrAV 2012, 292, 294 f., der davon ausgeht, dass „allenfalls“ auf den 22. Dezember 2012 abgestellt werden könne; eine Anpassung zumindest für Neuzusagen empfehlend: *Ulbrich*, BetrAV 2012, 211, 213 f. = DB 2011, 2775, 2777 f.

Versicherungsverhältnisse besitzen sollte.[1219] So schien es zum einen möglich, dass eine Umstellung, eine Art „Anpassung“ bereits vor dem Stichtag gegebener Versorgungszusagen hinsichtlich der neuen Rechtslage zu fordern sei.[1220] Teilweise wurde hinsichtlich der Frage des Anpassungsbedarfs auch an den Zeitpunkt der Prämienzahlung hinsichtlich einer Anpassung angeknüpft.[1221] Teilweise wurde sogar davon ausgegangen, dass § 20 Abs. 2 rückwirkend zum 21. Dezember 2007 unanwendbar geworden sei.[1222] Die in der Literatur wohl h.M. hingegen ging nach Erlass des Urteils davon aus, dass vor dem 21. Dezember 2012 abgeschlossene Verträge auch trotz des Urteils und ungeachtet der veränderten Rechtslage unverändert Gültigkeit besäßen.[1223] Allerdings wurde vertreten, dass eine vollständige Sicherheit hinsichtlich der zeitlichen Auswirkungen hingegen wohl erst ein mögliches künftiges Urteil des EuGH geben werde.[1224]

Für diese Auslegung der h.M. sprach seit dem 18. April 2012 auch der Gesetzesentwurf für das Zehnte Gesetz zur Änderung des Versicherungsaufsichtsgesetzes[1225]. Nach diesem Entwurf sollte laut Art. 2 Abs. 57 Nr. 2 an § 33 AGG ein fünfter Absatz mit folgendem Wortlaut angefügt werden:

> *„(5) Bei Versicherungsverhältnissen, die vor dem 21. Dezember 2012 begründet werden, ist eine unterschiedliche Behandlung wegen des Geschlechts im Falle des § 19 Absatz 1 Nummer 2 bei den Prämien oder Leistungen nur zulässig, wenn dessen Berücksichtigung bei einer auf relevanten und genauen versicherungsmathematischen und statistischen Daten beruhenden Risikobewertung ein bestimmender Faktor ist. [...]“*

Der nationale Gesetzgeber hat diese Regelung nunmehr auch wortgleich in § 33 Abs. 5 AGG in seiner Fassung vom 3. April 2013[1226] umgesetzt, so dass aktuell davon auszugehen ist, dass hinsichtlich der zeitlichen Anwendbarkeit der im *Unisex*-Urteil entschiedenen Grundsätze auf das Stichdatum des 21. Dezember 2012 abzustellen.

1219 Vgl. auch: *Langohr-Plato*, BetrAV 2012, 292; *Birk*, BetrAV 2012, 7, 10.

1220 Eine Rückwirkung befürwortend bspw.: *Birk*, BetrAV 2011, 441, 442 = DB 2011, 819, 820; *ders.*, BetrAV 2012, 7, 10, jedoch die Frage nach Vertrauensschutzgesichtspunkten aufwerfend.

1221 So: *Bepler*, FS Höfer, S. 8, 12 f.

1222 So: *Purnhagen*, NJW 2013, 113, 114 f.

1223 Siehe auch m.w.N.: *Höfer*, DB 2011, 1334, 1335; *ders.*, BetrAV 2011, 586, 587 f.; *Ulbrich*, BetrAV 2012, 211, 213 = DB 2011, 2775, 2777; *Raulf*, NZA-Beilage 2012, 88 m.w.N.; *Mönnich*, VersR 2011, 1092, 1097.

1224 So zutreffend: *Ulbrich*, BetrAV 2012, 211, 214 = DB 2011, 2775, 2778 unter Verweis auf *Bepler*, FS Höfer, S. 8, 12; die Vorlage durch ein Arbeitsgericht zur Klärung der bestehenden Fragen ebenfalls befürwortend: *Höfer*, BetrAV 2011, 586, 589.

1225 BT-Drucks. 17/9342, S. 133; damit Art. 6 Abs. 3 des Referentenentwurfs zur 10. VAG-Novelle vom 23. August 2011 folgend.

1226 § 33 Abs. 5 in der Fassung vom 3. April 2013: Eingefügt durch Art. 8 Nr. 2 G v. 3.4.2013 I 610 mWv 21.12.2012.

cc) Haupternährerklauseln

Hinsichtlich des Merkmals des Geschlechts problematisch ist die auch Zulässigkeit sogenannter Haupternährerklauseln. Hierunter versteht man Regelungen, nach welchen eine Hinterbliebenenversorgung nur dann gewährt werden soll, wenn der Verstorbene „Haupternährer" war, also den Unterhalt der Familie zum überwiegenden Teil bestritten hat.

Wie *Kemper* richtig feststellt, ist hinsichtlich der zu überprüfenden Haupternährerklausel jeweils danach zu unterscheiden, ob die Haupternährerklausel lediglich auf weibliche oder gleichermaßen auf männliche wie weibliche Arbeitnehmer anwendbar ist.[1227] Handelt es sich nicht um eine geschlechtsneutrale Haupternährerklausel, sondern um eine Klausel, welche am Geschlecht anknüpft, so ist hier eine unmittelbare Benachteiligung wegen des Geschlechts anzunehmen und zu prüfen, ob ob eine solche Schlechterstellung möglicherweise gerechtfertigt ist. Auch bei einer geschlechtsneutral ausgestalteten Klausel hingegen könnte in dieser Regelung möglicherweise zumindest eine mittelbare Benachteiligung wegen des Geschlechts erkannt werden.

In seiner Grundsatzentscheidung zur Anwendbarkeit des AGG auf die bAV[1228] hatte das BAG den Fall einer Haupternährerklausel zu entscheiden, in der nicht nur nach dem Merkmal der Haupternährereigenschaft, sondern überdies auch nach dem Geschlecht differenziert wurde. Während den Hinterbliebenen eines männlichen Arbeitnehmers stets unabhängig von einer Haupternährereigenschaft eine Hinterbliebenenrente zustehen sollte, sollte dies bei Hinterbliebenen weiblicher Arbeitnehmerinnen nur dann der Fall sein, wenn sie Haupternährerin der Familie gewesen sei. Die Beschäftigte wurde durch diese Regelung hinsichtlich des Entgelts schlechter gestellt als männliche Beschäftigte, welche auch ohne Haupternährer ihrer Familie zu sein die Zusage für eine Hinterbliebenenrente erhalten.

Das BAG hat in seiner Entscheidung erklärt, dass eine derartige Regelung als Benachteiligung aufgrund des Geschlechtes auch schon vor Inkrafttreten des AGG aufgrund der Regelung des § 612 Abs. 3 BGB sowie des allgemeinen arbeitsrechtlichen Gleichbehandlungsgrundsatzes unzulässig gewesen sei. Dies insbesondere vor dem Hintergrund, dass die Hinterbliebenenrente – wie dargestellt – zum Entgelt im Sinne der europarechtlichen Diskriminierungsverbote, insbesondere i.S.d. Art. 157 AEUV[1229] zu zählen war und ist.

Das Gericht stellte zudem fest, dass eine solche, nach dem Geschlecht differenzierende Haupternährerklausel auch nach „neuem" (AGG-)Recht eine unzulässige,

---

1227 Kemper/Kisters-Kölkes/Berenz/Huber-*Kemper*, § 1 Rn 238; a.A.: von einer generellen Unzulässigkeit ausgehend: *Blomeyer/Rolfs/Otto*, Anh § 1 BetrAVG Rn 52.

1228 BAG, Urt. v. 11. Dezember 2007 – 3 AZR 249/06, BAGE 125, 133 ff. = AP Nr. 1 zu § 2 AGG = BB 2008, 557.

1229 ex-Art. 141 EGV.

da ungerechtfertigte Benachteiligung aufgrund des Geschlechtes darstelle.[1230] Es stellt nach Ansicht des Gerichts keinen ausreichenden Einwand dar, dass die Lebenserwartung bei Männern geringer und das Heiratsalter wesentlich höher sei als bei Frauen. Auch dadurch, dass die Arbeitnehmerinnen in dem zu entscheidenden Einzelfall im Vergleich zu ihren männlichen Kollegen ein vorgezogenes Altersruhegeld ohne Abschläge in Anspruch nehmen durften, sei die ungleiche Zusage einer Hinterbliebenenversorgung nicht sachlich gerechtfertigt worden. Diskriminierungen dürften nicht durch Besserstellungen in anderen Bereichen ausgeglichen werden.

Ebenso wie in dieser Entscheidung hatte das BAG bereits in einer Vorlage an den EuGH vom 23. März 1999[1231] argumentiert. Eine derartige sich lediglich an Frauen richtende Haupternährerklausel sei als unmittelbare Geschlechtsdiskriminierung zu klassifizieren. Diese Sichtweise bestätigte das BAG auch nochmals in seinem der Entscheidung des EuGH nachfolgenden Urteil vom 19. November 2002[1232].

Auch nach Inkrafttreten des AGG ist in einer solchen, direkt an dem Geschlecht anknüpfenden Haupternährerklausel folglich eine ungerechtfertigte Benachteiligung wegen des Geschlechts i.S.d. § 7 Abs. 1 AGG i.V.m. §§ 3 Abs. 1, 1 AGG zu erkennen ist.[1233]

Jeweils vom BAG offen gelassen wurde in diesen Entscheidungen hingegen die Frage, ob eine Haupternährerklausel eventuell zulässig sei, sofern sie geschlechtsneutral ausgestaltet ist und für die Gewährung einer Hinterbliebenenrente unabhängig vom Geschlecht fordert, dass der verstorbene Versprechensempfänger Haupternährer des gemeinsam von ihm mit dem/der Hinterbliebenen geführten Haushalts gewesen sein müsse.

Da im „Normalfall" bisher zumeist Männer die Haupternährer der Familien in Deutschland darstellten und in der Mehrheit auch weiterhin darstellen[1234], könnte sich eine derartige geschlechtsneutrale Haupternährerklauseln jedoch als mittelbare Benachteiligung wegen des Geschlechtes darstellen.[1235]

1230 *Heymer*, AuA 2009, 57.

1231 BAG, Vorlage v. 23. März 1999 – 3 AZR 631/97 (A), BetrAV 1999, 412 ff.

1232 BAG, Urt. v. 19. November 2002 – 3 AZR 631/97, AP Nr. 13 zu § 1 BetrAVG Gleichberechtigung.

1233 Vgl.: BAG, Urt. v. 11. Dezember 2007 – 3 AZR 249/06, BAGE 125, 133 ff. = AP Nr. 1 zu § 2 AGG = BB 2008, 557; Urt. v. 19. November 2002 – 3 AZR 631/97, AP Nr. 13 zu § 1 BetrAVG Gleichberechtigung; *Rengier*, NZA 2006, 1251, 1253; *Adomeit/Mohr*, § 2 AGG Rn 200; *Reinecke*, BB 2012, 1025, 1027; *Rolfs*, NZA 2008, 553, 555; Däubler/Bertzbach-*Schrader/Schubert*, § 2 AGG Rn 156.

1234 Vgl.: LAG Köln, Urt. v. 11. September 2012 – 12 Sa 757/11, abrufbar unter: http://www.justiz.nrw.de/nrwe/arbgs/koeln/lag_koeln/j2012/12_Sa_757_11_Urteil_20120911.html; siehe auch m.w.N.: *Rolfs*, NZA 2008, 553, 555 m.w.N.

1235 Siehe auch: *Adomeit/Mohr*, § 2 AGG Rn 200.

b) Mittelbare Benachteiligung wegen des Geschlechtes

aa) Haupternährerklauseln

In geschlechtsneutralen Klauseln, in denen vordergründig nicht anhand des Geschlechts, sondern einzig an der Haupternährerneigenschaft differenziert wird, ist eine zumindest mittelbare Benachteiligung von Frauen zu erkennen.[1236] Da nach dem traditionellen Familienbild zumeist der Ehemann der alleinige Ernährer der Familie war und statistisch auch heute noch zumindest in der Mehrzahl der Fälle der „Haupternährer der Familie“ bzw. derjenige Ehepartner mit dem höheren Einkommen ist[1237], werden durch derartige – vordergründig geschlechtsneutrale – Haupternährerklauseln proportional weniger Frauen die Zusage für eine Hinterbliebenenrente erhalten. Frauen werden somit mittelbar anhand eines nicht unmittelbar auf das Geschlecht abstellenden Differenzierungsmerkmals in Form der Haupternährereigenschaft benachteiligt.

Bei geschlechtsneutral formulierten Haupternährerklauseln im Bereich der bAV stellt sich folglich die Frage nach einer möglichen Rechtfertigung einer solchen mittelbaren Benachteiligung i.S.d. § 3 Abs. 2 AGG.

In der Literatur ist die Frage nach einer Rechtfertigung durchaus umstritten. Während einige Autoren schlicht darauf abstellen, dass es sich um eine ungerechtfertigte mittelbare Benachteiligung aufgrund des Geschlechtes handele, da die Klausel überwiegend männlichen Arbeitnehmern zugute käme[1238], wird teilweise auf den Fürsorge- und Versorgungscharakter der Hinterbliebenenversorgung abgestellt, welcher eine Rechtfertigung begründe. Sei der Hinterbliebene selber und gerade nicht der verstorbene Arbeitnehmer Haupternährer des Haushaltes und somit nicht auf eine Versorgung durch den Verstorbenen angewiesen gewesen, so müsse es dem Arbeitgeber freistehen, sich einer Versorgung oder Fürsorge des Hinterbliebenen nicht verpflichtet zu sehen.[1239] Da die bAV hauptsächlich die Sicherstellung einer angemessenen Versorgung bezwecke, müsse es möglich sein, auf das Versorgungsbedürfnis abzustellen, welches anhand der Haupternährereigenschaft bestimmt werden könne. Als legitimes Ziel einer

---

1236 So zutreffend: *Adomeit/Mohr*, § 2 AGG Rn 200; *Rengier*, NZA 2006, 1251, 1254; *Rolfs*, NZA 2008, 553, 555 m.w.N.; *Blomeyer/Rolfs/Otto*, Anh § 1 BetrAVG Rn 52; ebenso wohl auch: LAG Köln, Urt. v. 11. September 2012 – 12 Sa 757/11, abrufbar unter: http://www.justiz.nrw.de/nrwe/arbgs/koeln/lag_koeln/j2012/12_Sa_757_11_Urteil_20120911.html, das Gericht lehnte hier jedoch eine mittelbare Benachteiligung bereits mangels Vergleichsgruppe ab, da es sich um eine einzelvertragliche Zusage gehandelt hatte.

1237 Vgl.: LAG Köln, Urt. v. 11. September 2012 – 12 Sa 757/11 [Rn 98], abrufbar unter: http://www.justiz.nrw.de/nrwe/arbgs/koeln/lag_koeln/j2012/12_Sa_757_11_Urteil_20120911.html; siehe auch m.w.N.: *Rolfs*, NZA 2008, 553, 555 m.w.N.

1238 Bspw.: *Blomeyer/Rolfs/Otto*, Anh. § 1 BetrAVG Rn 207 f.

1239 So bspw.: *Höfer*, Band I: Arbeitsrecht, ART Rn 784 f.; *Adomeit/Mohr*, § 2 AGG Rn 200; ErfKomm-*Steinmeyer*, § 1 BetrAVG Rn 8.

Beschränkung auf Hauptnährer wird somit zumindest teilweise auf die Intention des Arbeitgebers abgestellt, die Hinterbliebenenversorgung am tatsächlich existierenden Versorgungsbedarf auszurichten und somit den Fürsorgecharakter der bAV zu stärken.[1240]

Da gerade bei der Hinterbliebenenversorgung der Fürsorge- bzw. Versorgungscharakter im Vordergrund steht, erscheint es grundsätzlich richtig, dass die Möglichkeit besteht, die Gewährung dieser Versorgung vom tatsächlichen Bedarf der oder des Hinterbliebenen abhängig zu machen.[1241] Da wie dargestellt die bAV unter anderem mit dem Ziel gewährt wird, die Versorgung des Beschäftigten nach Ausscheiden aus dem Berufsleben sowie – sofern vom Arbeitgeber eine Hinterbliebenenrente gewährt wird – auch die Versorgung der Hinterbliebenen zu sichern, erscheint das Abstellen auf den tatsächlichen Versorgungsbedarf zumindest als legitimes Ziel. An dieser Stelle ist zudem zu beachten, dass es auch nicht dem Ziel der Förderung der bAV zuträglich wäre, sollten Arbeitgeber die Möglichkeit entzogen werden, hinsichtlich der Gewährung einer Hinterbliebenenversorgung anhand eines tatsächlich bestehenden Versorgungsbedarfs zu differenzieren.

Will der Arbeitgeber – nach der hier vertretenen Ansicht legitimer Weise – auf den tatsächlich nach dem Versterben der oder des Beschäftigten bestehenden Versorgungsbedarf unter den Hinterbliebenen abstellen, so stellt die Differenzierung anhand der Hauptnährereigenschaft und der Ausschluss der Hinterbliebenenrente bei Nicht-Vorliegen der Hauptnährereigenschaft ein zumindest geeignetes Mittel dar, auch wenn die Bestimmung einer Grenze, bei welcher ein Versorgungsbedarf vorliegt und bei welcher kein Versorgungsbedarf vorliegt, mit Sicherheit Schwierigkeiten bereiten wird. Hier stellt sich hinsichtlich der Geeignetheit des Mittels bereits die Frage, inwiefern nicht vielmehr bspw. Eigentum, welches auf Seiten eines der beiden Ehepartner besteht – bspw. in Form von Immobilien etc., - Beachtung finden müsste. Derartige Vermögenswerte werden bei einem reinen Abstellen auf das Einkommen gänzlich außer Acht gelassen.

Auch wenn man die Geeignetheit des Mittels unterstellt, so dürfte des Weiteren auch kein milderes Mittel ersichtlich sein, welches gleich geeignet wäre, um den tatsächlichen Versorgungsbedarf abzubilden. Spätestens an dieser Stelle wird man davon ausgehen müssen, dass mildere Mittel gegeben sind, da zumindest die von Arbeitgebern gewählte „Ganz-oder-Gar-Nicht-Lösung“ mit Sicherheit nicht das mildeste Mittel darstellt, um auf den tatsächlich bestehenden Versorgungsbedarf abzustellen. In einem Fall, in welchem die Ehefrau und ehemalige Beschäftigte bspw. ca. 40 % des Einkommens des gemeinsamen Haushaltes verdient hat, mag dennoch nach ihrem Ableben ein gewisser Versorgungsbedarf bei den Hinterbliebenen bestehen. Zumindest ist nicht ersichtlich, inwiefern gerechtfertigt sein kann, dass die Hinterbliebenen dieser Beschäftigten überhaupt

1240 So wohl zutreffend: *Willemsen/Döring*, BetrAV 2011, 432, 438, unter Verweis auf: *Höfer*, Band I: Arbeitsrecht, ART Rn 785.

1241 So zutreffend: ErfKomm-*Steinmeyer*, § 1 BetrAVG Rn 8.

keine Hinterbliebenenrentenleistungen erhalten sollen, wohingegen bspw. die Hinterbliebenen einer ehemaligen Kollegin, welche dasselbe Einkommen besaß, jedoch bspw. 51 % des gemeinsamen Haushaltseinkommen verdient hat, vollständige Hinterbliebenenrentenleistungen erhalten sollen.[1242] Dem Arbeitgeber stünde gleichsam die Möglichkeit offen, als milderes Mittel die Hinterbliebenenrente vom tatsächlichen Versorgungsbedarf abhängig zu machen, indem in vorgenanntem Beispielsfall bspw. der benachteiligten Beschäftigten zumindest das Versprechen hinsichtlich einer ihrem Anteil am gemeinsamen Haushalt entsprechenden Hinterbliebenenrente erteilt wird.

Da das Abstellen auf die Haupternährereigenschaft mit anschließendem vollständigen Ausschluss aus der Hinterbliebenenversorgung nicht das mildeste Mittel darstellt, auf den tatsächlichen Versorgungsbedarf abzustellen, wird davon auszugehen sein, dass derartige, geschlechtsneutral formulierte Haupternährerklauseln mit vollständigem Versorgungsausschluss nicht verhältnismäßig und somit auch nicht nach § 3 Abs. 2 AGG gerechtfertigt sind.[1243]

bb) Anknüpfen an frühestmöglichen Rentenbezugszeitpunkt

Bereits höchstrichterlich entschieden wurde, dass Klauseln, nach welchen der Anspruch auf betriebliche Vorruhestandsleistungen mit dem Zeitpunkt des frühestmöglichen Renteneintritts enden soll, eine ungerechtfertigte mittelbare Benachteiligung von Frauen wegen des Geschlechtes i.S.d. § 3 Abs. 2 AGG darstellt. Dies ergibt sich daraus, dass für Frauen der Geburtsjahrgänge 1940 bis 1951 der Anspruch auf Vorruhestandleistungen bereits mit dem 60. Lebensjahr endet, wohingegen Männer derselben Jahrgänge frühenstens mit 63 Jahren Altersrente beanspruchen und deshalb drei Jahre länger als die Frauen Vorruhestandsleistungen beziehen können.

Derartige, an den frühestmöglichen Rentenbezugszeitpunkt anknüpfende, Regelungen benachteiligen ungerechtfertigter Weise mittelbar anhand des Geschlechts und sind somit nach § 7 Abs. 2 AGG unwirksam.[1244]

1242 Ähnlich wohl auch, insbesondere auch die Unbestimmtheit des Begriffs der Haupternährereigenschaft kritisieren: *Rengier*, NZA 2006, 1251, 1254.

1243 Solche Klauseln ebenfalls als ungerechtfertigte Benachteiligung klassifizierend: *Rengier*, NZA 2006, 1251, 1254; *Blomeyer/Rolfs/Otto*, Anh § 1 BetrAVG Rn 52; a.A. wohl: *Höfer*, Band I: Arbeitsrecht, ART Rn 785; ErfKomm-*Steinmeyer*, § 1 BetrAVG Rn 8; diese Frage offen lassend: *Rolfs*, NZA 2008, 553, 555; geschlechtsneutrale Haupternährerklauseln derzeit wohl für zulässig erachtend, jedoch in der Zukunft mit einem derartigen Urteil des EuGH rechnend: *Adomeit/Mohr*, § 2 AGG Rn 200.

1244 Siehe hierzu die Rspr. des BAG, Urt. v. 15. Februar 2012 – 9 AZR 750/09, AP Nr. 3 zu § 7 AGG = NJW 2011, 2535 ff., mit Anmerkung von *Lachmund-Herring*, BetrAV 2012, 81 f.; sowie die frühere Parallelentscheidung BAG, Urt. v. 15. Februar 2011 – 9 AZR 584/09, AP Nr. 34 zu § 1 TVG Vorruhestand = BetrAV 2011, 178.

cc) Gewährung von Leistungen der bAV nur für Arbeitnehmer in gehobenen Positionen

Wohl eher unproblematisch erscheinen solche Versorgungsordnungen, welche Leistungen der bAV lediglich ab einer bestimmten (gehobenen) Position im Unternehmen vorsehen. Da Frauen prozentual sehr viel seltener in gehobene Positionen gelangen, könnte hierin zwar eine mittelbare Benachteiligung wegen des Geschlechtes i.s.d. § 3 Abs. 2 AGG erkannt werden.[1245] Allerdings dürfte jedoch eine derartige prozentuale Schlechterstellung ebenso wie bei sonstigen Entgeltbestandteilen, also bei den gemeinhin üblichen, sich an der Position des Beschäftigten orientierenden Entgeltsystemen gerechtfertigt sein. Es wird hier dem Arbeitgeber zuzustehen sein, Arbeitsleistungen der Beschäftigten in gehobenen Positionen und hiermit evtl. auch die in seinen Augen „wichtigere" Arbeit etc. honorieren zu wollen. Hierfür steht ihm auch kein anderes, milderes und doch gleich geeignetes Mittel zur Verfügung, so dass eine derartige mittelbare Benachteiligung wegen des Geschlechts i.S.d. § 3 Abs. 2 AGG gerechtfertigt erscheint.

dd) Ausschluss von Teilzeitarbeitsbeschäftigten

Bzgl. des Ausschlusses von Teilzeitbeschäftigten von einer Vergütungsregelung hat das BAG bereits im Jahr 1986 festgestellt, dass hierin eine mittelbaren Benachteiligung wegen des Geschlechts i.R.d. Art. 157 AEUV[1246] zu erkennen sei, da vergleichsweise mehr Frauen als Männer einer Teilzeitbeschäftigung nachgehen. Daher benötige die Regelung eine Rechtfertigung.[1247]

Derartige mittelbar anhand des Geschlechts benachteiligende Regelungen bedürfen als mittelbare Benachteiligungen auch nach Inkrafttreten des AGG einer sachlichen Rechtfertigung i.S.d. § 3 Abs. 2 AGG. An dieser wird es jedoch im Einzelfall zumeist fehlen.

ee) Ausschluss von geringfügig Beschäftigten

An das zum Ausschluss Teilzeitbeschäftigter Gesagte anknüpfend, wird zu überprüfen sein, inwiefern eine mittelbare Benachteiligung anhand des Geschlechtes i.S.d. § 3 Abs. 2 AGG in solchen Versorgungsordnungen zu erkennen ist, welche geringfügig Beschäftigte von den Leistungen der bAV ausnehmen.

Laut Statistiken der Bundesagentur für Arbeit sind Frauen im Bereich der geringfügigen Beschäftigung prozentual erheblich stärker vertreten. Während im September 2012 von ca. 7,4 Millionen geringfüg entlohnt Beschäftigten weniger als 2,8 Millionen Männer waren, so waren es zum gleichen Zeitpunkt mehr als

---

1245 Siehe vertiefend zu dieser Frage: *Reiserer/Fallenstein*, DStR 2011, 1624, 1626; ebenfalls auf diese Konstellation hinweisend: *Reinecke*, BetrAV 402, 405.

1246 ex-Art. 141 EGV.

1247 BAG, Urt. v. 14. Oktober 1986 – 3 AZR 66/83, AP Nr. 11 zu Art. 119 EWG-Vertrag.

4,6 Millionen Frauen.[1248] Folglich ist von einer mittelbaren Schlechterstellung der Frauen hinsichtlich der bAV auszugehen. Auch hier wird ein solcher Ausschluss zumindest einer Rechtfertigung i.S.d. § 3 Abs. 2 AGG bedürfen, welche ebenfalls kaum zu konstruieren sein wird.

ff) Wartezeitenregelungen anhand der Betriebszugehörigkeit

Hinsichtlich der bereits oben dargestellten an der Betriebszugehörigkeit anknüpfenden Wartezeitenregelungen[1249] hat das BAG in einer aktuellen Entscheidung klargestellt, dass hierin zumindest keine mittelbare Benachteiligung von Frauen zu erblicken sei.[1250] So gingen die Richter in dem Fall einer Wartezeit, welche eine 15-jährige Betriebszugehörigkeit vor Ausscheiden aus dem Beschäftigungsverhältnis vorsah, davon aus, dass auch bei Frauen mit Kindern mit dem Wiedereintritt in das Berufsleben nach Zeiten der Kindererziehung bereits vor Vollendung des 50. Lebensjahres und somit 15 Jahre vor gesetzlichem Renteneintritt zu rechnen sei. Folglich fehle es hier schon an einer Benachteiligung von Frauen, da diese ebenso wie Männer die Chance besäßen, noch nach dem 50. Lebensjahr und somit nach Beendigung der Kindererziehung die erforderlichen 15 Jahre der Betriebszugehörigkeit zu leisten.

gg) Wartezeitenregelungen, welche Elternzeiten nicht als Dienstzeiten zählen

Tlw. wird auch vertreten, dass solche Wartezeitenregelungen, welche Elternzeiten etc. nicht als Dienstzeiten zählen, eine ungerechtfertigte mittelbare Benachteiligung wegen des Geschlechtes darstellten[1251], da hiervon überwiegend Frauen nachteilig betroffen sind. Hinsichtlich der möglichen Rechtfertigung einer solchen mittelbaren Benachteiligung erscheint bereits die Bestimmung eines verfolgten Ziels problematisch. Insbesondere wird hier nicht auf die Leistung von Betriebstreue abgestellt werden können, da das Dienstverhältnis i.R.d. Elternzeit fortbesteht. Der bzw. die Beschäftigte beweist folglich auch innerhalb dieser Beschäftigungszeit weiterhin Betriebstreue, welche der Arbeitgeber zumeist mittels der Gewährung einer bAV belohnen möchte. Es ist daher davon auszugehen, dass zumindest solche Wartezeitenregelungen, welche Elternzeiten nicht als geleistete Dienstjahre anerkennen, als ungerechtfertigte mittelbare Benachteiligungen i.S.d. § 3 Abs. 2 AGG unzulässig sind.

1248 Statistiken der Bundesagentur für Arbeit zur geringfügig entlohnten Beschäftigung, Stand März 2013, abrufbar unter: http://statistik.arbeitsagentur.de/nn_31962/SiteGlobals/Forms/Rubrikensuche/Rubrikensuche_Form.html?view=processForm&resourceId=210368&input_=&pageLocale=de&topicId=17360&year_month=aktuell&year_month.GROUP=1&search=Suchen.

1249 S.o. zur Zulässigkeit derartiger Regelungen vor dem Hintergrund des Verbots der Benachteiligung aufgrund des Alters: B.IV.1.b)dd).

1250 BAG, Urt. v. 12. Februar 2013 – 3 AZR 100/11, MDR 2013, 725 f. = DB 2013, 1245 ff. [Rn 34].

1251 So bspw.: *Nollert-Borasio/Perreng*, § 2 AGG Rn 52.

hh) Unverfallbarkeitsfristen des § 1b Abs. 1 BetrAVG

Auch in der gesetzlichen Altersgrenze von 25 Jahren, wie § 1b Abs. 1 S. 1 BetrAVG sie für die Unverfallbarkeit erdienter Anwartschaften vorsieht, könnte auch eine mittelbare Benachteiligung wegen des Geschlechtes erkannt werden.[1252] Zumindest junge Mütter werden im Vergleich zu ihren männlichen Kollegen größere Schwierigkeiten besitzen, die für die Erlangung unverfallbarer Anwartschaften vorgesehene durchgängige Beschäftigungsdauer von 5 Jahren bis zur Altersgrenze von 25 Jahren zu erreichen.

Wie bereits dargelegt, stand die Unverfallbarkeitsfrist für Anwartschaften nach § 1b BetrAVG bereits vor Inkrafttreten des AGG im Mittelpunkt vielfacher Diskussionen. So wurde hinterfragt, ob diese Regelung, nach welcher eine Altersgrenze von 35 Jahren[1253] für die Unverfallbarkeit der Anwartschaften erreicht werden musste, nicht im Bezug auf das Geschlecht eine mittelbare Benachteiligung darstellt.

Durch die in den vergangenen Jahren erfolgte Herabsetzung des Mindestalters von 35 auf nunmehr 25 Jahre wurde das Ziel verfolgt, möglichst vielen Beschäftigten, insbesondere auch jungen Frauen, die Möglichkeit einzuräumen, unverfallbare Anwartschaften einer bAV zu erwerben.[1254] Da Frauen häufiger als Männer in jüngerem Lebensalter aus dem Erwerbsleben ausscheiden – sei dies auch nur zeitweilig aufgrund von Schwangerschaften, Kinderbetreuung etc. – wirkten sich die zuvor geltenden Mindestaltergrenzen von 35 bzw. 30 Jahren mittelbar benachteiligend gegenüber den weiblichen Arbeitnehmern aus.

Hinsichtlich der damaligen Altersgrenze von 35 Jahren hatte das BAG jedoch mit Urteil vom 18. Oktober 2005 und somit noch vor Inkrafttreten des AGG vor dem Hintergrund des Entgeltgleichheitsgebots des Art. 157 AEUV[1255] die Annahme einer Diskriminierung wegen des Geschlechtes bzgl. der Regelung des Mindestalters von 35 Jahren abgelehnt.[1256] Das Gericht stellte weder eine unmittelbare noch eine mittelbare Benachteiligung fest. Hinsichtlich der mittelbaren Benachteiligung jedoch stützte sich das Gericht hierbei auf die vorgelegten Statistiken, welche seiner Ansicht nach mangelhaft und nicht ausreichend aussagekräftig waren und somit von der dortigen Klägerin keine ausreichenden Anhaltspunkte für die Annahme einer mittelbaren Benachteiligung vorgelegt worden seien.

1252 So bspw.: *Steinmeyer*, in *Höfer*: Neue Chancen für Betriebsrenten, S. 117; zur Frage der Zulässigkeit der gesetzlichen Altersgrenze im Hinblick auf das Verbot von Benachteiligungen wegen des Alters s.o.: B.IV.1.a)bb).

1253 Der Gesetzgeber hat das Mindestalter von 35 zunächst auf 30, mittlerweile sogar auf 25 Jahre abgesenkt; siehe hierzu auch oben: B.IV.1.a)bb).

1254 Siehe auch: Dornbusch/Fischermaier/Löwisch-*Kisters-Kölkes*, § 1b BetrAVG Rn 45; ErfKomm-*Steinmeyer*, § 1b BetrAVG Rn 23.

1255 Des damaligen Art. 141 EGV.

1256 BAG, Urt. v. 18. Oktober 2005 – 3 AZR 506/04 [Rn 14 ff.], AP Nr. 13 zu § 1 BetrAVG Unverfallbarkeit = BetrAV 2006, 404 ff.; vertiefend zu diesem Urteil vgl. auch: *Langohr-Plato*, jurisPR-ArbR 22/2006 Anm. 4.

Vor dem Hintergrund der Richtlinie 2000/78/EG, an welcher die Regelung des § 1 Abs. 1 S. 1 BetrAVG zu messen sein wird, ist darauf abzustellen, ob statistisch nachgewiesen werden kann, dass erheblich mehr Frauen aufgrund ihres Geschlechts ohne unverfallbare Anwartschaften vor der Altersgrenze von 25 Jahren ausscheiden. I.R.d. Diskussion wird zu beachten sein, dass die geschlechtstypischen Ausfallzeiten – wie bspw. Elternzeit, Mutterschutzzeiten etc. – üblicherweise vorsehen, dass das Arbeitsverhältnis fortbesteht. Folglich wirken sich diese Zeiten, sollten sie schon vor der oben genannten Altersgrenze auftreten, nicht benachteiligend im Hinblick auf die Unverfallbarkeitsfrist aus. Dementsprechend müsste dargelegt werden, dass entschieden mehr Frauen tatsächlich vor dem 25. Lebensjahr aus einem Arbeitsverhältnis ausscheiden als Männer in vergleichbaren Situationen.

Es ist zu bezweifeln, dass dieser Nachweis gelingen wird, so dass wohl nicht von einer mittelbaren Benachteiligung aufgrund des Geschlechts durch die Altersgrenze von 25 Jahren i.S.d. § 1b Abs. 1 S. 1 BetrAVG auszugehen sein wird.[1257] Sollte hingegen eine solche Benachteiligung nachgewiesen werden, so wäre das Gegebensein einer Rechtfertigung äußerst zweifelhaft.

ii) Spätehenklauseln

Da männliche Beschäftigte nach Angaben des Statistischen Bundesamtes durchschnittlich in einem höherem Lebensalter heiraten als Frauen[1258], sind sie logischerweise auch stärker als ihre weiblichen Kolleginnen von Spätehenklauseln[1259] betroffen, welche die Hinterbliebenenversorgung dann ausschließen, wenn der Beschäftigte zum Zeitpunkt der Eheschließung bereits eine bestimmte Lebensaltersgrenze überschritten hat. Auch wenn derartige Spätehenklauseln zwar nicht unmittelbar benachteiligend auf das Geschlecht der Beschäftigten abstellen, so könnten sie doch eine zumindest mittelbare Benachteiligung männlicher Beschäftigter aufgrund ihres Geschlechtes i.S.d. § 3 Abs. 2 AGG darstellen.

Wie bereits ausführlich dargelegt, können am Lebensalter anknüpfende Spätehenklauseln im Einzelfall eine unmittelbare Benachteiligung i.S.d. § 3 Abs. 1 AGG darstellen.[1260] § 4 AGG schreibt vor, dass bei Mehrfachdiskriminierungen jede einzelne Ungleichbehandlung einzeln auf ihre Rechtfertigung geprüft werden muss.

Hinsichtlich einer mittelbaren Benachteiligung wegen des Geschlechtes stellt sich hier folglich die Frage: ist das negative Tatbestandsmerkmel einer mittelbaren Benachteiligung[1261] i.S.d. § 3 Abs. 2 AGG, also das Nichtvorliegen einer

---

1257 Allerdings stellt die Altersgrenze wie oben dargestellt eine unmittelbare und nicht gerechtfertigte Benachteiligung wegen des Alters dar, so dass sie unangewendet bleiben muss.

1258 Angaben des Statistischen Bundesamtes, abrufbar unter: www.destatis.de, zitiert nach *Nicolai*, BetrAV 2007, 701 f.

1259 Zum Begriff der Spätehenklausel s.o.: B.IV.1.a)hh).

1260 Siehe hierzu ausführlich oben: B.IV.1.a)hh)(2).

1261 Zum Begriff und Systematik mittelbarer Benachteiligungen nach dem AGG s.o.: B.III.5.b)aa)(2).

Rechtfertigung, gegeben? Liegt auch hier ein rechtmäßiges Ziel für eine solche Regelung vor, so dass sie verhältnismäßig und somit auch gerechtfertigt wäre?

Es wird jedoch davon auszugehen sein, dass auch die mittelbare Benachteiligung aufgrund des Geschlechts durch die Verwendung einer solchen, am Lebensalter anknüpfenden Spätehenklausel aus denselben Gründen wie die unmittelbare Benachteiligung wegen des Alters[1262] nicht gerechtfertigt sein wird. Insbesondere wird auch hier die Erforderlichkeit des Mittels zu verneinen sein. Folglich stellt eine solche Regelung gleichzeitig auch eine unzulässige mittelbare Benachteiligung i.S.d. § 7 Abs. 1 i.V.m. § 3 Abs. 2 AGG dar.

jj) Nichtberücksichtigung der Elternzeit bei Anwartschaftssteigerungen

Ebenfalls diskutiert wird die Zulässigkeit solcher Regelungen, welche vorsehen, dass Zeiten der Elternzeit i.S.d. §§ 15 ff. BEEG, in denen das Arbeitsverhältnis ruht, bei der Anwartschaftssteigerung nicht mitzählen.[1263] Da dies im Zweifel die Anwartschaftssteigerungen von mehr Frauen als Männern betreffen wird, stellt sich die Frage, inwiefern hier evtl. eine ungerechtfertigte mittelbare Benachteiligung wegen des Geschlechts zu erkennen ist.

Hinsichtlich einer derartigen Nichtberücksichtigung der Erziehungsurlaubszeiten besteht jedoch eine ständige höchstrichterliche Rechtsprechung, dass es sich hierbei weder nach primärem europäischem Gemeinschaftsrecht (insbes. Art. 157 AEUV) noch nach nationalem Recht um eine Diskriminierung wegen des Geschlechts handelt.[1264] Da das Arbeitsverhältnis im Ganzen ruhe und daher auch kein Arbeitsentgelt entrichtet werden müsse, dürfe der Arbeitgeber auch seine Aufwendungen für die betriebliche Altersversorgung ruhen lassen.[1265]

V. Rechtsfolgen eines Verstoßes betriebsrentenrechtlicher Regelungen gegen die Vorgaben des AGG / Auswirkungen einer ungerechtfertigten Benachteiligung i.R.d. bAV

Findet das AGG zeitlich auf einen Sachverhalt der bAV Anwendung und lässt sich tatsächlich eine ungerechtfertigte Benachteiligung i.R.d. Sachverhaltes feststellen, so stellt sich weiterhin die Frage, welche Rechtsfolge das AGG für eine solche ungerechtfertigte Benachteiligung i.R.e. Betriebsrentenverhältnisses vorsieht.

1262 Zur rechtlichen Bewertung einer Spätehenklausel vor dem Hintergund einer Benachteiligung wegen des Alters s.o.: B.IV.1.a)hh)(2).

1263 Bspw.: *Reinecke*, BetrAV 2012, 402, 405; *Adomeit/Mohr*, § 2 AGG Rn 201.

1264 Zuletzt: BAG, Urt. v. 20. April 2010 – 3 AZR 370/08, AP Nr. 3 zu § 15 BEEG = NZA 2010, 1188 ff.

1265 So auch: *Adomeit/Mohr*, § 2 AGG Rn 201; *Langohr-Plato*, Rn 1455a m.w.N.; *Blomeyer/Rolfs/Otto*, Anh § 1 BetrAVG Rn 49.

1. Unwirksamkeit von benachteiligenden Bestimmungen, § 7 Abs. 2 AGG

Liegt eine Benachteiligung i.S.d. § 7 Abs. 1 AGG vor und ist kein Rechtfertigungsgrund einschlägig, so ergibt sich die Rechtsfolge zunächst aus § 7 Abs. 2 und 3 AGG. Während Abs. 3 lediglich regelt, dass eine Benachteiligung i.S.d. § 7 Abs. 1 AGG eine Vertragspflichtverletzung des Handelnden darstellt, gibt Abs. 2 vor, dass benachteiligende Bestimmungen eines Vertrags unwirksam werden.

Gem. § 7 Abs. 2 AGG sind Bestimmungen in Vereinbarungen, welche gegen das Benachteiligungsverbot des § 7 Abs. 1 in Verbindung mit § 1 AGG verstoßen, unwirksam. In § 7 Abs. 2 AGG hat der Gesetzgeber somit Art. 14 der Richtlinie 2000/43/EG, Art. 16 der Richtlinie 2000/78/EG sowie Art. 3 Abs. 2 der Richtlinie 2002/73/EG umgesetzt, wenn auch nicht voll umfassend.[1266] Nach Vorgabe dieser Richtlinien mussten die Mitgliedstaaten dafür Sorge tragen, gleichbehandlungswidrigen Kollektiv- oder Individualvereinbarungen die Wirksamkeit zu nehmen.[1267] Da es sich bei dem Benachteiligungsverbot des Abs. 1 um ein gesetzliches Verbot i.S.d. § 134 BGB handelt und sich die Rechtsfolge eines Verstoßes gegen ein solches gesetzliches Verbot ebenfalls bereits aus § 134 BGB i.V.m. § 7 Abs. 1 AGG ergibt, ist die Erwähnung der Unwirksamkeit der benachteiligenden Regelung, wie sie der Gesetzgeber in § 7 Abs. 2 AGG vornimmt, rein deklaratorisch und im Grunde überflüssig, wie der Gesetzgeber auch in der Entwurfsbegründung festgestellt hat.[1268] § 33 Abs. 1 AGG spricht dafür, dass Vertragsklauseln, welche vor Inkrafttreten des AGG vereinbart worden sind, bis zum Inkrafttreten des AGG rechtsgültig waren und erst mit Inkrafttreten des AGG unwirksam geworden sind.[1269]

Von der Unwirksamkeit können benachteiligende Klauseln in Arbeitsverträgen, Ausbildungsverträgen, Praktikantenverträgen, Gesamtzusagen und sonstigen individualrechtlichen Verträgen zwischen dem Arbeitgeber und dem Beschäftigten ebenso erfasst sein wie auch benachteiligende Klauseln in Tarifverträgen, Betriebsvereinbarungen oder sonstigen kollektivvertraglichen Regelungen, also insgesamt Bestimmungen, die in der arbeitsrechtlichen Normenhierarchie unterhalb der

---

1266 Zu den Unterschieden siehe bspw.: ErfKomm-Schlachter, § 7 AGG Rn 6 m.w.N.

1267 *Kamanabrou*, ZfA 2006, 327, 328.

1268 Begründung AGG-E, BR-Drucks. 329/06, S. 36; Siehe auch: Schleusener/Suckow/Voigt-*Schleusener*, § 7 AGG Rn 38; Staudinger-*Annuß*, § 611a BGB Rn 7 [a.F. bis September 2005]; MüKo-*Thüsing*, § 7 AGG Rn 13; *Nollert-Borasio/Perreng*, § 7 AGG Rn 32; AK-Arbeitsrecht-*v.Steinau-Steinrück/Schneider*, § 7 AGG Rn 6; *Bauer/Göpfert/Krieger*, § 7 AGG Rn 20; *Adomeit/Mohr*, § 7 AGG Rn 13; Flohr/Ring-*Ring/Siebeck/Woitz*, Rn 174; *Meinel/Heyn/Herms*, § 7 AGG Rn 31; *Thüsing*, Rn 493; *Kamanabrou*, ZfA 2006, 327, 331.

1269 Zur Problematik dieser Rechtsfolge i.R.v. Dauerschuldverhältnissen bzw. i.R.d. bAV im Speziellen s.u.: B.V.2.c).

Ebene eines Gesetzes angesiedelt sind.[1270] Auch aus der Tarifautonomie ergeben sich hierbei keinerlei Einschränkungen. Selbst wenn Tarifvertragsparteien grundsätzlich weitgehende Gestaltungsfreiheit eingeräumt sein soll, so müssen von ihnen abgeschlossene Regelungen einer Überprüfung auf Gesetzesverstöße standhalten.[1271] Dies gilt insbesondere auch hinsichtlich des AGG, dessen Regelungen gem. § 31 AGG nicht tarifdispositiv sind.[1272]

Über den gesetzlichen Wortlaut des § 7 Abs. 2 AGG hinausgehend sind auch einseitige Willenserklärungen und sonstige Maßnahmen wie bspw. Kündigungen, Um- oder Versetzungen oder Anweisungen vom Verbot des § 7 Abs. 1 AGG und demnach auch von der Rechtsfolge des Abs. 2 umfasst.[1273]

Vorgabe der Richtlinien war es, dass auch Rechts- und Verwaltungsvorschriften, die dem Gleichbehandlungsgrundsatz zuwiderlaufen, aufgehoben werden und solche Bestimmungen in Arbeits- oder Tarifverträgen, Betriebsvereinbarungen sowie den Statuten der freien Berufe wie auch der Arbeitgeber- und Arbeitnehmerorganisationen, welche mit dem Gleichbehandlungsgrundsatz nicht zu vereinbaren sind, für nichtig erklärt oder geändert werden.[1274] Während die Vorgabe bzgl. der Bestimmungen in Arbeitsverträgen, Tarifverträgen, Betriebsvereinbarungen und Statuten der freien Berufe wie auch der Arbeitgeber- und Arbeitnehmerorganisationen durch die Implementierung des § 7 Abs. 2 AGG umgesetzt wurde, hat der deutsche Gesetzgeber die Vorgaben bzgl. der Rechts- und Verwaltungsvorschriften zumindest bislang nicht umgesetzt. Die Frage der Vereinbarkeit dieser (Nicht-)Regelung mit den Vorgaben der Richtlinien soll jedoch nicht Gegenstand dieser Arbeit sein.[1275]

Fraglich ist jedoch, welche Rechtsfolgen die Regelung des § 7 Abs. 2 AGG für den Vertragsinhalt nach sich zieht. Hierzu trifft das Gesetz, von der Rechtsfolge der

---

1270 BR-Drucks. 329/06, S. 36; Rust/Falke-*Feldhoff*, § 7 AGG Rn 105; *Rühl/Schmid/Viethen*, S. 93; *Thüsing*, Rn 494; Bestimmungen auf Gesetzesebene hingegen sind direkt an den Vorgaben der Richtlinie zu messen.

1271 Vgl. zuletzt: BAG, Urt. v. 17. April 2012 – 3 AZR 481/10, NZA 2012, 929 ff. = BB 2012, 2695 ff.; EuGH-Vorlage v. 20. Mai 2010 – 6 AZR 319/09 (A); Urt. v. 13. Oktober 2009 – 9 AZR 722/08, NZA 2010, 327 ff.; Urt. v. 18. Mai 2006 – 6 AZR 631/05; AP Nr: 1 zu § 8 TV-SozSich; Urt. v. 24. September 2003 – 10 AZR 675/02, AP Nr. 4 zu § 4 TzBfG; Urt. v. 24. Mai 2000 – 10 AR 629/99, AP Nr. 79 zu § 2 BeschFG 1985; Schleusener/Suckow/Voigt-*Schleusener*, § 7 AGG Rn 43; Rust/Falke-*Feldhoff*, § 7 AGG Rn 105, 107 m.w.N.; ErfKomm-*Schlachter*, § 7 AGG Rn 6; *Meinel/Heyn/Herms*, § 7 AGG Rn 40 ff.; Däubler/Bertzbach-*Dette*, § 7 AGG Rn 104; grundsätzlich die Überprüfung von Tarifnormen bejahend, in der Rechtsfolge jedoch einschränkend: *Adomeit/Mohr*, § 7 AGG Rn 20.

1272 Siehe auch: *Körner*, NZA 2008, 497, 500.

1273 Schiek-*Schmidt*, § 7 AGG Rn 3.

1274 Art. 14 Richtlinie 2000/43/EG; Art. 3 Abs. 2 Richtlinie 76/207/EWG, geändert durch Richtlinie 2002/73/EG; Art. 16 Richtlinie 2000/78/EG.

1275 Zur Vertiefung bezüglich dieser Frage siehe: Schiek-*Schmidt*, § 7 AGG Rn 4 m.w.N.; *Meinel/Heyn/Herms*, § 7 AGG Rn 2.

Unwirksamkeit der benachteiligenden Regelungen abgesehen, keine Aussage.[1276] Hat ein Verstoß gegen das Benachteiligungsverbot des § 7 Abs. 1 AGG gem. § 7 Abs. 2 AGG die Gesamtnichtigkeit des Rechtsgeschäftes zur Folge, oder ist lediglich der fehlerhafte Vertragsteil unwirksam?

Aus den Antidiskriminierungsrichtlinien, die dem AGG zugrunde lagen, ergab sich die Vorgabe, dass die entsprechende gegen ein Benachteiligungsverbot verstoßende Klausel einer Vereinbarung nichtig sein solle, nicht hingegen die gesamte Vereinbarung.[1277] Ähnlich verhält es sich grundsätzlich auch im deutschen Zivil- wie auch speziell im deutschen Arbeitsrecht. Gem. § 139 BGB ist bei Gesetzesverstößen und demnach auch bei Verstößen gegen Arbeitnehmerschutzgesetze durch Regelungen in Individualvereinbarungen die gesamte Vereinbarung nichtig, es sei denn, dass davon auszugehen ist, dass die Vertragsparteien das Rechtsgeschäft ausnahmsweise auch ohne den nichtigen Teil abgeschlossen hätten. In diesen Fällen soll nur der fehlerhafte Vertragsteil nichtig sein soll (Teilnichtigkeit).[1278]

Bei Verstößen gegen Arbeitnehmerschutzgesetze wird daher mit Verweis auf den Schutzzweck des Arbeitsrechts zumeist keine Gesamtnichtigkeit angenommen.[1279] Vielmehr sollen lediglich die nichtigen Einzelbestimmungen entfallen und die hierdurch entstehende Lücke wird – sofern erforderlich – durch dispositives Gesetzesrecht gefüllt.[1280]

Für Tarifverträge gilt, dass entgegen der Auslegungsregel des § 139 BGB die Unwirksamkeit einer oder auch mehrerer Tarifbestimmungen grundsätzlich nicht zur Unwirksamkeit des Tarifvertrags als Ganzem führt, sofern der Tarifvertrag ohne die unwirksamen Regelungen noch ein sinnvolles und in sich geschlossenes Regelwerk darstellt.[1281]

Auch beim Verstoß einer Regelung innerhalb einer Betriebsvereinbarung gegen ein Benachteiligungsverbot gelten dieselben Grundsätze, so dass von der Unwirksamkeit der gesamten Betriebsvereinbarung nur dann auszugehen ist, wenn der verbleibende Teil ohne die unwirksame Bestimmung keine sinnvolle und in sich geschlossene Regelung mehr darstellen würde.[1282]

1276 *Bauer/Göpfert/Krieger*, § 7 AGG Rn 25 ff.; *Thüsing*, Rn 495 ff.; *Schlachter*, ZESAR 2006, 391, 397.

1277 Schleusener/Suckow/Voigt-*Schleusener*, § 7 AGG Rn 38.

1278 Dornbusch/Fischermeier/Löwisch-*Löwisch*, § 139 BGB Rn 1; *Bauer/Göpfert/Krieger*, § 7 AGG Rn 23; *Meinel/Heyn/Herms*, § 7 AGG Rn 57; *Hey*, § 7 AGG Rn 57;; *Adomeit/Mohr*, § 7 AGG Rn 14.

1279 Siehe auch: AK-Arbeitsrecht-*v.Steinau-Steinrück/Schneider*, § 7 AGG Rn 8; Dornbusch/Fischermeier/Löwisch-*Kappenhagen/Kramer*, § 7 AGG Rn 11 ff.; Wendeling-Schröder/Stein-*Wendeling-Schröder*, § 7 AGG Rn 18.

1280 Siehe auch: Dornbusch/Fischermeier/Löwisch-*Löwisch*, § 139 BGB Rn 1.

1281 BAG, Urt. v. 16. November 2011 – 4 AZR 856/09, AP Nr. 60 zu § 1 TVG = NZA-RR 2012, 308 ff.; vgl.: ErfKomm-*Schlachter*, § 7 AGG Rn 6.

1282 Schleusener/Suckow/Voigt-*Schleusener*, § 7 AGG Rn 59.

Handelt es sich bei der nichtigen Vereinbarung hingegen um allgemeine Arbeitsbedingungen im Sinne der §§ 305 ff. BGB, so gilt die Sonderregelung des § 306 Abs. 1 BGB, nach welcher bei Unwirksamkeit der Allgemeinen Geschäftsbedingungen der Vertrag im Übrigen wirksam bleibt.[1283]

Zusammenfassend lässt sich folglich feststellen, dass i.R.v. § 7 Abs. 2 AGG zunächst grundsätzlich von der Teilnichtigkeit der Vereinbarung auszugehen ist.[1284] Auch im Bereich der bAV muss grundsätzlich von der Rechtsfolge der Teilnichtigkeit ausgegangen werden. Gerade in diesem Bereich würde die Annahme einer Gesamtnichtigkeit die gesetzlichen Zwecke vereiteln, die Arbeitnehmer vor Ungleichbehandlungen zu beschützen und gleichzeitig die Verbreitung der bAV zu fördern. Vielmehr verlören die Arbeitnehmer im Falle einer Gesamtnichtigkeit plötzlich jegliche Versorgungsansprüche gegenüber dem Arbeitgeber.[1285]

2. Anspruch auf gleiches Entgelt, § 8 Abs. 2 AGG

Ein Verstoß gegen eines der Benachteiligungsverbote des § 7 Abs. 1 AGG besitzt allerdings nicht – wie man dies eventuell erwarten könnte – *ipso iure* anspruchserzeugende Wirkung, sondern führt dem Gesetzeswortlaut zufolge zunächst allein zur (Teil-)Nichtigkeit der vom Arbeitgeber aufgestellten Regelung.[1286]

Ziel des im AGG verankerten Verbotes von Benachteiligungen anhand bestimmter „verpönter" Differenzierungsmerkmale ist jedoch die Herstellung der Gleichbehandlung der bisher (zu Unrecht) Ungleichbehandelten.[1287] Gleiches hat auch für Benachteiligung im Bereich der bAV zu gelten.

In der Geschichte der bAV wurde mehrfach festgestellt, dass diskriminierende Regelungen im Bereich der bAV potentiell Ansprüche auf Gleichbehandlung hervorrufen können. So stellte bspw. der EuGH in seiner Entscheidung vom 28. September 1994, also lange vor Inkrafttreten der Antidiskriminierungsrichtlinien oder des AGG, fest, dass bei diskriminierenden Regelungen i.R.d. bAV ein Anspruch der benachteiligten Beschäftigten auf das gleiche Entgelt, wie dies die übrigen Beschäftigten erhielten, entstehen könne.[1288] Der EuGH ging hierbei davon aus, dass in solchen Fällen Gleichbehandlung nur hergestellt werden könne, indem fortan die Regelung, welche bisher nur für Begünstigten galt, auch auf die bisher Benachteiligten Anwendung finde.[1289]

1283 So auch:*Meinel/Heyn/Herms*, § 7 AGG Rn 57; Wendeling-Schröder/Stein-*Wendeling-Schröder*, § 7 AGG Rn 18.

1284 So auch: *Adomeit/Mohr*, § 7 AGG Rn 13, davon ausgehend, dass dies direkt durch § 7 Abs. 2 AGG normiert sei; *Thüsing*, Rn 495.

1285 *Höfer*, Band I: Arbeitsrecht, ART Rn 795.

1286 *Lieb/Jacobs*, Rn 109; *Wank*, in FS Wissmann, S. 599, 617; *Schlachter*, ZESAR 2006, 391, 392; siehe hierzu auch oben: B.V.1.

1287 So auch: *Thüsing*, Rn 493 ff.; *Cisch/Böhm*, BB 2007, 602, 609.

1288 Zur Einordnung der BAV unter den Begriff des Entgelts s.o.: B.I.3.

1289 EuGH, Urt. v. 28. September 1994 – Rs. C-28/93 [*Van den Akker*], Slg. 1994, I-4527 ff.; zur Einordnung der BAV als „Entgelt" im Sinne des Art. 157 AEUV

Auch das BAG hat bzgl. der bAV hat mehrfach festgestellt, dass ein Verstoß gegen den arbeitsrechtlichen Gleichbehandlungsgrundsatz unter Umständen zur Begründung von Ruhegeldansprüchen führen kann.[1290]

Die Möglichkeit, dass der Arbeitgeber aufgrund eines Verstoßes gegen einen Gleichbehandlungsgrundsatz und somit auch gegen ein Benachteiligungsverbot wie die des AGG dazu verpflichtet sein kann, den Benachteiligten eine bAV zu gewähren, hat der Gesetzgeber mittlerweile sogar in § 1b Abs. 1 S. 4 BetrAVG festgeschrieben.[1291]

An die sich aus § 7 Abs. 2 AGG ergebende Teilnichtigkeit benachteiligender Regelungen schließt sich i.R.d. AGG die Frage der Lückenfüllung an. Welche Regelung tritt an die Stelle der Regelung, die aufgrund der verbotenen Benachteiligung i.S.d. § 7 Abs. 1, 2 i.V.m. § 1 AGG unwirksam ist? Was geschieht mit benachteiligenden Regelungen im Bereich der bAV?

Aus der Regelung des § 8 Abs. 2 AGG ergibt sich zumindest für Fälle der Entgeltdiskriminierung eine Sonderregelung. Da es sich bei der (arbeitgeberfinanzierten) bAV ebenfalls um einen Entgeltbestandteil handelt[1292], folgt ein Anspruch der bislang Benachteiligten auf Gleichbehandlung auch aus dieser Regelung.

Auf den ersten Blick beinhaltet zwar auch § 8 Abs. 2 AGG keine eigene Anspruchsgrundlage auf Gewährung des gleichen Entgelts, er setzt vielmehr das Bestehen eines solchen Anspruchs auf Entgeltgleichheit voraus. Der durchaus kompliziert und missverständlich formulierte Gesetzestext des § 8 Abs. 2 AGG stellt selber keine Verbotsregelung dar, sondern setzt vielmehr das Vorliegen einer verletzten Verbotsregelung wie bspw. die der §§ 1, 2 Abs. 1 Nr. 2, 3, 7 AGG voraus.[1293] Insbesondere jedoch geht § 8 Abs. 2 AGG implizit vom Bestehen des Entgeltgleichheitsgebotes aus. § 8 Abs. 2 AGG ersetzt die mit dem Inkrafttreten des AGG entfallene Norm des § 612 Abs. 3 BGB und erstreckt dessen bisherige Regelung über das Merkmal des Geschlechts hinaus auch auf die anderen Merkmale des § 1 AGG.[1294] Während sich der ehemalige § 612 Abs. 3 BGB auf § 611b BGB bezog, lässt das AGG hingegen eine das Entgeltgleichheitsgebot ausdrücklich benennende Norm vermissen. Da das AGG jedoch in § 8 Abs. 2 AGG das

(ex-Art. 141 EG) siehe auch: EuGH, Urt. v. 17. Mai 1990 – Rs. C-262/88 [*Barber*], Slg. 1990, I-1889 ff. = AP Nr. 20 zu Art. 119 EWG-Vertrag.

1290 BAG, Urt. v. 20. Juli 1993 – 3 AZR 52/93, AP Nr. 11 zu § 1 BetrAVG Gleichbehandlung; Urt. v. 7. März 1995 – 3 AZR 282/943, AP Nr. 26 zu § 1 BetrAVG Gleichbehandlung.

1291 Siehe auch zur Regelung des § 1b Abs. 1 S. 4 BetrAVG: B.I.1.a)bb)(2).

1292 So: EuGH, Urt. v. 17. Mai 1990 – Rs. C-262/88 [*Barber*], Slg. 1990, I-1889 ff. = AP Nr. 20 zu Art. 119 EWG-Vertrag. Siehe auch zum Entgetcharakter der bAV unten: B.I.3.

1293 Siehe auch: Wendeling-Schröder/Stein-*Wendeling-Schröder*, § 8 AGG Rn 34; *Adomeit/Mohr*, § 8 AGG Rn 17.

1294 Siehe überzeugend zur Regelung des § 8 AGG: ErfKomm-*Schlachter*, § 8 AGG Rn 8; so ebenfalls: Rust/Falke-*Rust/Feldhoff*, § 7 AGG Rn 55.

Vorliegen des Entgeltgleichheitsgebotes voraussetzt, ist davon auszugehen, dass in § 8 Abs. 2 AGG ein sämtliche „verpönte" Merkmale i.S.d. § 1 AGG abdeckendes Entgeltgleichheitsgebot beinhaltet. Folglich ergibt sich der Anspruch auf gleiches Entgelt bei Fragen der Entgeltdiskriminierung aus dem Rechtsgedanken des § 8 Abs. 2 AGG, wobei das Entgeltgleichheitsgebot nicht nur alle Entgeltbestandteile, sondern hierbei im Vergleich zum ehemaligen § 612 Abs. 3 S. 2 BGB neben dem Geschlecht auch alle „verpönten" Diskriminierungsmerkmale des § 1 AGG betrifft. Bzgl. des Arbeitsentgelts hat der Gesetzgeber auch bereits in der Gesetzesbegründung eindeutig klargestellt, dass § 7 Abs. 1, 2 AGG in Verbindung mit §§ 2 Abs. 1 Nr. 2, 8 Abs. 2 AGG die neue Grundlage für Ansprüche auf gleiches Entgelt für gleiche oder gleichwertige Arbeit darstellen soll.[1295]

Durch den Bezug auf alle in § 1 AGG genannten Differenzierungsmerkmale geht die Regelung des deutschen Gesetzgebers nunmehr weit über den bisher in § 612 Abs. 3 S. 1 BGB ausdrücklich normierten europarechtlichen Grundsatz der Entgeltgleichheit des Art. 157 AEUV[1296] hinaus, nach welchem bislang nur bzgl. des Merkmals des Geschlechtes eine gleiche Vergütung bei gleicher oder gleichwertiger Arbeit zustand.[1297]

Die Vereinbarung einer geringeren Vergütung für gleiche oder gleichwertige Arbeit aufgrund von Schutzvorschriften, welche hinsichtlich eines in § 1 AGG genannten Grundes gelten, ist unzulässig. Der Gesetzesbegründung entsprechend folgt aus der Unwirksamkeit i.S.d. § 7 Abs. 2 AGG demnach grundsätzlich ein Anspruch auf Gleichstellung mit den Bessergestellten gem. § 8 Abs. 2 AGG[1298], so dass nicht nur ein Verbot von Benachteiligungen im Entgelt, sondern gleichzeitig bei einer dem AGG widersprechenden Diskriminierung hinsichtlich des Entgelts auch ein Anspruch auf gleiches Entgelt für gleiche oder gleichwertige Arbeit in das AGG zu lesen ist. Dies ergibt sich aus der Wertung in § 2 Abs. 1 Nr. 2 und § 8 Abs. 2 AGG.[1299] Hiermit verfolgt der Gesetzgeber den gesetzgeberischen Auftrag bzw. das grundsätzliche Ziel des AGG, zukünftige Benachteiligungen zu verhindern sowie bereits existierende Benachteiligungen hinreichend zu sanktionieren. Ein Anspruch auf Entgeltgleichheit ergibt sich somit aus der Nichtigkeit der dem Diskriminierungsverbot entgegenstehenden Vereinbarung eines geringeren Entgeltes.

Demnach ergibt sich bei Vorliegen einer den Benachteiligungsverboten des AGG widersprechenden Entgeltregelung ein Anspruch auf gleiches Entgelt für gleiche oder gleichwertige Arbeit aus der Wertung in § 2 Abs. 1 Nr. 2 und

---

1295 BT-Drucks. 16/1780, S. 35.

1296 ex-Art. 141 EGV.

1297 BT-Drucks. 16/1780, S. 35; Vgl. auch: Rust/Falke-*Falke*, § 8 AGG Rn 72; *Thüsing*, Rn 359; ebenso, bereits zum Umfang des Benachteiligungsverbotes des § 7 Abs. 2 AGG siehe: ErfKomm-*Schlachter*, § 7 AGG Rn 3.

1298 So auch: ArbG Berlin, Urt. v. 22. August 2007 – 86 Ca 1696/07, BB 2008, 161.

1299 BAG, Urt. v. 11. Dezember 2007 – 3 AZR 249/06, BAGE 125, 133 ff. = AP Nr. 1 zu § 2 AGG = BB 2008, 557; so auch: *Langohr-Plato/Stahl*, NZW 2008, 2378, 2379.

§ 8 Abs. 2 AGG, jeweils i.V.m. der zugrunde liegenden diskriminierenden Regelung, welche nach der Wertung der § 7 Abs. 1, 2 AGG i.V.m. § 1 AGG unwirksam wird.[1300] Bei Ausschluss vereinzelter Arbeitnehmer von einer Begünstigung gewährt das AGG diesen benachteiligten Arbeitnehmern einen Anspruch auf Gewährung derselben Leistungen.[1301]

Gleiches gilt auch für Benachteiligungen im Bereich der (arbeitgeberfinanzierten) bAV. Wenn bspw. die Leistungsordnung einer Pensionskasse eine ungerechtfertigte Benachteiligung wegen eines der in § 1 AGG genannten Merkmale enthält, muss die bislang benachteiligte Gruppe so behandelt werden wie die bislang begünstigte.[1302] Folglich steht auch nach dem AGG i.R.d. bAV ungerechtfertigt Benachteiligten ein Anspruch auf Gleichbehandlung zu.

Fraglich ist jedoch, welche Rechtsfolgen derartige Verstöße gegen das in die Regelung des § 8 Abs. 2 AGG zu lesende Entgeltgleichbehandlungsgebot[1303] im Einzelnen nach sich ziehen, insbesondere wie die angestrebte Gleichbehandlung zwischen den bislang Benachteiligten und den bislang Bevorzugten erreicht werden soll. Welche Regelung soll an die Stelle der unwirksamen Regelung oder Maßnahme treten? Ist automatisch von einer sogenannten „Anpassung nach oben" auszugehen?

In solchen Fällen der bAV, in welchen den bislang Benachteiligten nach dem AGG nunmehr ein Anspruch auf gleiches Entgelt und somit auch auf Gleichstellung hinsichtlich des Erwerbs von Anwartschaften zusteht, wird sich der Arbeitgeber zudem die Frage stellen müssen, wie er mit diesem Anspruch umgeht.

Zudem wird zwischen der Gewährung des gleichen Entgelts für die Vergangenheit und für die Zukunft unterschieden werden müssen. Hinsichtlich der Vergangenheit ist hierbei insbesondere auch zu klären, ob die benachteiligende Regelung nach § 7 Abs. 2 AGG lediglich *ex nunc* mit Inkrafttreten des AGG unwirksam geworden ist, wie sich dies aus § 33 Abs. 1 AGG zu ergeben scheint, oder gar *ex tunc*. Erstrecken sich also die Ansprüche, wie sie sich hinsichtlich der bAV aus dem AGG ergeben, lediglich auf die Zeiten nach Inkrafttreten des AGG oder gar auch auf Erwerbszeiten vor Inkrafttreten?

a) Anspruchsinhalt des Entgeltgleichheitsgebots

aa) Rückwirkende „Anpassung nach oben" als Folge einer unmittelbaren Benachteiligung

Grundsätzlich sind bei einem Verstoß gegen eines der Benachteiligungsverbote verschiedene Möglichkeiten zur Behebung der Benachteiligung und Herstellung

1300 S.o.: B.V.2.

1301 Schleusener/Suckow/Voigt-*Schleusener*, § 7 AGG Rn 19; Däubler/Bertzbach-*Schrader/Schubert*, § 2 AGG Rn 133a.

1302 So auch bereits zur Wirkung des ex-Art. 141 EG: EuGH, Urt. v. 9. Oktober 2001 – Rs. C-379/99 [*Menauer*], AP Nr. 5 zu § 1 BetrAVG Pensionskasse.

1303 *Schlachter*, ZESAR 2006, 391, 392.

der Gleichbehandlung denkbar: Naheliegend wäre, die bisher zu Unrecht von einer Besserstellung Ausgeschlossenen und somit Benachteiligten an der Besserstellung der bisher Begünstigten teilhaben zu lassen, also eine sogenannte „Anpassung nach oben“ vorzunehmen.[1304] Ebenso – und wohl von Arbeitgebern eher gewünscht – könnte die Benachteiligung prinzipiell jedoch auch dadurch beseitigt werden, dass die Besserstellung der begünstigten Personen beseitigt wird, also eine „Anpassung nach unten“ vorgenommen wird.[1305] Als dritte Möglichkeit wäre nicht zuletzt auch eine „Anpassung zur Mitte“ denkbar[1306], bei der die Leistungen der bislang Bessergestellten und der bislang Benachteiligten auf einem mittleren Niveau angeglichen werden.

Sowohl das AGG wie auch die Gesetzesbegründung klären – wie dargestellt – lediglich das „Ob“ der Gewährung des gleichen Entgeltes.[1307] Hinsichtlich des „Wie“ findet sich kein eindeutiger Hinweis. Das AGG stellt gerade nicht klar, ob die Entgeltgleichheitmittels einer „Anpassung nach oben“, mittels einer „Anpassung zur Mitte“ oder aber gar mittels einer „Anpassung nach unten“ erreicht werden soll.

Eine „Anpassung nach oben“ stellt die für den Arbeitgeber radikalste Lösung dar, da sie für ihn in einer (wirtschaftlichen) Mehrbelastung resultiert.[1308] Eine „Anpassung zur Mitte“ hingegen würde eine für den Arbeitgeber (kosten-)neutrale Umgestaltung darstellen[1309], ebenso jedoch wie eine „Anpassung nach unten“ Einschnitte auf Seiten der (einzelnen) Arbeitnehmer erfordern, wobei sich hinsichtlich der rückwirkenden Anpassung bei einer „Anpassung zur Mitte“ oder gar „nach unten“ die Frage der Entreicherung und der Zulässigkeit einer solchen Anpassung stellt.

Die Wahl der „richtigen Anpassung“ berührt somit die folgenden Rechtsinstitute: Zum einen haben die bislang Benachteiligten aufgrund eines Verstoßes gegen ein Benachteiligungsverbot Anspruch auf Gleichstellung mit den Begünstigten.

1304 Siehe bspw.: MüKo-*Thüsing*, § 7 AGG Rn 13 mit Verweis auf die EuGH-Rspr. zum Entgeltgleichheitsgebot des Art. 157 AEUV (ex-Art. 141 EG): EuGH, Urt. v. 20. März 2003 – Rs. C-187/00 [*Kutz-Bauer*] Slg. 2003, I-2741; Urt. v. 27. Juni 1990 – Rs. C-33/89 [*Kowalska*], AP Nr. 21 zu Art. 119 EWG-Vertrag = NZA 1990, 771 f.; ebenso BAG, Urt. v. 7. September 2004 – 3 AZR 550/03, BAGE 112, 1 ff. = AP Nr. 15 zu § 1 BetrAVG Gleichberechtigung; BAG, Urt. v. 20. November 1990 – 3 AZR 613/89, BB 1991, 1570; vgl. aktuell auch LAG Düsseldorf, Urt. v. 18.Januar 2011 – 8 Sa 1274/10, BB 2011, 308 = EzA-SD 2011, Nr. 2, 8-9; ebenso: *Willemsen/Schweibert*, NJW 2006, 2583, 2588; *Lingemann/Gotham*, NZA 2007, 663, 667; m.w.N., eine Anpassung nach oben hingegen ablehnend: *Kamanabrou*, RdA 2006, 321, 334.

1305 *Bauer/Göpfert/Krieger*, § 7 AGG Rn 26; a.A.: Meinel/Heyn/Herms, § 7 AGG Rn 43.

1306 Vgl. auch: *Birk*, BetrAV 2011, 441, 443 = DB 2011, 819, 821.

1307 BT-Drucks. 16/1780, S. 35.

1308 *Hanau*, ZIP 2006, 2189, 2200.

1309 *Birk*, BetrAV 2011, 441, 443 = DB 2011, 819, 821.

Die bisher begünstigten Arbeitnehmer hingegen vertrauen auf die Bestandskraft und den Bestandsschutz der ihnen bisher gewährten Vorteile. Der Arbeitgeber wiederum möchte sein Vertrauen hinsichtlich des Kostenumfangs und sich selber vor gesteigerter Belastung in der Zukunft, insbesondere jedoch auch vor einer rückwirkenden Änderung der Kostenbelastung geschützt wissen.

Während deutlich wird, dass keines dieser Rechtsinstitute absoluten Vorrang beanspruchen kann, so versteht sich jedoch auch von selbst, dass sich nicht alle gleichzeitig verwirklichen lassen.[1310] Vielmehr muss ein Ausgleich gefunden, an dieser Stelle also eine gestalterische Entscheidung getroffen werden.[1311]

Ähnlich wie heute mit der Regelung des § 7 Abs. 2 AGG und dessen (unklarer) Maßgabe für die Rechtsfolge einer ungerechtfertigten Benachteiligung verhielt es sich bislang hinsichtlich des bereits vor Inkrafttreten des AGG bestehenden Entgeltgleichheitsgebots des Art. 157 AEUV[1312]. Auch Art. 157 AEUV forderte lediglich die Herstellung der Gleichbehandlung, ohne hingegen Anweisungen dahingehend zu geben, wie diese Gleichbehandlung zu erreichen sei. Auch die Situation hinsichtlich des allgemeinen arbeitsrechtlichen Gleichbehandlungssatzes war und ist vergleichbar.[1313] Folglich können aus den bislang hinsichtlich des Entgeltgleichheitsgebotes sowie hinsichtlich des Gleichbehandlungssatzes getroffenen Maßnahmen zumindest Hinweise darauf gezogen werden, wie eine derartige angestrebte Gleichbehandlung i.S.d. AGG erreicht werden kann.[1314]

Der EuGH ging bislang in ständiger Rechtsprechung in Fällen der Entgeltdiskriminierung i.S.d. Art. 157 AEUV[1315] davon aus, dass betroffenen Beschäftigten kein Schadensersatz-, sondern ein Erfüllungsanspruch auf „Anpassung nach oben" zustünde.[1316] Benachteiligte Arbeitnehmer sollten für die Vergangenheit[1317] das Entgelt verlangen können, welches bislang lediglich die bevorzugten Vergleichspersonen

---

1310 *Wiedemann, H.*, S. 85.

1311 *Brüning*, JA 2001, 611, 615; *Adomeit/Mohr*, ZfA 2008, 449, 459.

1312 ex-Art. 141 EGV.

1313 Vertiefend zum allgemeinen Gleichbehandlungsgrundsatz s.o.: B.I.1.a)bb)(2).

1314 So auch: ErfKomm-*Schlachter*, § 7 AGG Rn 8; *Nollert/Borasio/Perreng*, § 7 AGG Rn 32; *Adomeit/Mohr*, § 8 AGG Rn 121.

1315 ex-Art. 141 Abs. 1 EGV.

1316 EuGH, Urt. v. 08. April 1976 – Rs. C-43/75 [*Defrenne II*], Slg. 1976, 455; Urt. v. 07. Februar 1991 – Rs. C-184/89, Slg 1991, I-297 ff.; Urt. v. 28. September 1994 – Rs. C-28/93 [*Van den Akker*], Slg. 1994, I-4527 ff.; Urt. v. 28. September 1994 – Rs. C-200/91 [*Coloroll*], Slg. 1994, I-4389 ff.; Urt. v. 15. Januar 1998 – Rs. C-15/96 [*Schöning-Kougebetopoulou*], AP Nr. 1 zu Art. 48 EG-Vertrag; Urt. v. 27. Juni 1990 – Rs. C-33/89 [*Kowalska*], AP Nr. 21 zu Art. 119 EWG-Vertrag = NZA 1990, 771 f.; Urt. v. 09. Oktober 2001 – Rs. C-379/99 [*Menauer*] – AP Nr. 5 zu § 1 BetrAVG Pensionskasse; Wendeling-Schröder/Stein-*Wendeling-Schröder*, § 7 AGG Rn 20; *Thüsing*, Rn 495; *Wiedemann, H.*, S. 83 ff.; *Hellkamp/Sinn*, BetrAV 2008, 442, 445; unter Verweis auf die ihres Erachtens nicht generell anwendbare EuGH-Rspr.: *Löwisch/Rieble*, § 1 TVG Rn 833 ff.

1317 So: EuGH, Urt. v. 07. Februar 1991 – Rs. C-184/89 [*Nimz*], Slg. 1991, I-297 ff.

erhalten hatten. Der EuGH hat im Rahmen seiner Rechtsprechung klargestellt, dass der Grundsatz der „Anpassung nach oben“ hierbei sowohl bzgl. individual- als auch bzgl. kollektivvertraglicher Regelungen gelte.[1318] Der EuGH hat sich i.R.d. Entscheidungen stets am Prinzip des *effet utile* orientiert. Nach diesem Prinzip sollen stets die Mittel gewählt werden, welche die Wirksamkeit und Effektivität des Unionsrechts sichern.[1319] Deshalb wurde es bislang als notwendig erachtet, durch die extensive (inhaltliche wie zeitliche) Auslegung des Art. 157 AEUV das Gebot der Entgeltgleichheit sowohl über den Vertrauensschutz etwa des Arbeitgebers als auch über die Tarifautonomie der Tarifparteien in Fällen unwirksamer tariflicher Regelungen zu stellen.[1320]

Das BAG hatte bzgl. des allgemeinen Gleichbehandlungsgrundsatzes bereits vor Inkrafttreten des AGG festgestellt, dass eine Benachteiligung im Sinne dieses Grundsatzes eine „Anpassung nach oben“ zur Folge habe. Die benachteiligten Arbeitnehmer besäßen einen Anspruch darauf, ebenfalls nach der allgemeinen, begünstigenden Regelung behandelt zu werden.[1321]

Ebenso ging das BAG auch hinsichtlich eines benachteiligenden Sozialplans von einer rückwirkenden „Anpassung nach oben“ aus. Zwar sei hier die benachteiligende und daher nichtige Regelung bereits in der Vergangenheit nichtig gewesen ist, so dass sie grundsätzlich weder Wirkung für Benachteiligte noch für Begünstigte hätte entfalten dürfen. Sofern jedoch nicht möglich sei, die rechtsgrundlosen Leistungen an die Begünstigten rückgängig zu machen und hierdurch Gleichbehandlung zu erreichen, so sei die Gleichbehandlung zwischen diesen beiden Gruppen dadurch herzustellen, dass die Leistung trotz der Nichtigkeit der Regelung auch der bisher diskriminierten Gruppe zu gewähren sei. Zur Herstellung der gesetzmäßigen Gleichbehandlung bleibe somit nur die „Anpassung nach oben“ zugunsten der bisher Benachteiligten, so dass den von einer Leistung zu Unrecht ausgeschlossenen

---

1318 EuGH, Urt. v. 15. Januar 1998 – Rs. C-15/96 [*Schöning-Kougebetopoulou*], AP Nr. 1 zu Art. 48 EG-Vertrag; Urt. v. 27. Juni 1990 – Rs. C-33/89 [*Kowalska*], AP Nr. 21 zu Art. 119 EWG-Vertrag = NZA 1990, 771 f.; *Nollert-Borasio/Perreng*, § 7 AGG Rn 40.

1319 Siehe vertiefend zu den Gründen der bisherigen EuGH-Rechtsprechung zur „Anpassung nach oben“: *Adomeit/Mohr*, § 8 AGG Rn 122 ff.

1320 hinsichtlich des Vorrangs des Schutzes vor Ungleichbehandlung gegenüber der Tarifautonomie: EuGH, Urt. v. 27. Juni 1990 – Rs. C-33/89 [*Kowalska*], AP Nr. 21 zu Art. 119 EWG-Vertrag = NZA 1990, 771 f.; Urt. v. 15. Januar 1998 – Rs. C-15/96, AP Nr. 1 zu Art. 48 EG-Vertrag = NZA 1998, 205; *Willemsen/Schweibert*, NJW 2006, 2583, 2588; *Nollert/Borasio/Perreng*, § 7 AGG Rn 40 m.w.N.

1321 BAG, Urt. v. 11. September 1985, AP Nr. 76 zu § 242 BGB Gleichbehandlung; Urt. v. 24. April 1991 – 4 AZR 570/90, AP Nr. 140 zu § 242 BGB Gleichbehandlung Nr. 140; Urt. v. 11. September 1974 – 5 AZR 567/73, AP Nr. 39 zu § 242 BGB Gleichbehandlung; Urt. v. 10. März 1982 – 4 AZR 540/79, AP Nr. 47 zu § 242 BGB Gleichbehandlung; Urt. v. 9. Juni 1982 – 5 AZR 501/80, AP Nr. 51 zu § 242 BGB Gleichbehandlung; Urt. v. 30. November 1982 – 3 AZR 214/80, AP Nr. 54 zu § 242 BGB Gleichbehandlung.

Kräften nach Ansicht des BAG in diesen Fällen ein Erfüllungsanspruch zustand.[1322] Die mit der „Anpassung nach oben“ verbundene Mehrbelastung des Arbeitgebers sei von diesem auch zumindest dann hinzunehmen, solange sie im Verhältnis zum Gesamtvolumen der Leistungen des Sozialplans nicht ins Gewicht falle, es sich also bspw. nur um einige wenige besser zu stellende Arbeitnehmer handele.[1323]

Hinsichtlich der nunmehr geltenden Benachteiligungsverbote der Richtlinie 2000/78/EG bzw. des AGG und der aufgrund eines Verstoßes gegen diese Verbote im Einzelfall herzustellenden Gleichbehandlung ist das BAG in jüngeren Entscheidungen ebenfalls davon ausgegangen, dass die erforderliche Gleichbehandlung per „Anpassung nach oben“ vorzunehmen sei, sofern sie nicht auf anderem Wege erreichbar ist.[1324] Somit folgt das BAG hier auch seiner bisherigen Rechtsprechung hinsichtlich des allgemeinen arbeitsrechtlichen Gleichbehandlungsgrundsatzes.

Sogar bereits vor Erlass der Antidiskriminierungsrichtlinien gingen die Erfurter Richter auch hinsichtlich der bAV davon aus, dass Gleichbehandlung durch eine „Anpassung nach oben“ erreicht werden könne bzw. tlw. sogar mangels Alternativen auf diesem Wege erreicht werden müsse.[1325]

Die Mehrzahl der Autoren folgt der BAG-Rechtsprechung und geht auch hinsichtlich des Entgelts und hinsichtlich der sich nunmehr aus dem AGG ergebenden Ansprüche auf Entgeltgleichheit von einem automatischen Anspruch auf „Anpassung nach oben“ aus.[1326] Demnach soll der benachteiligte Beschäftigte im

---

1322 BAG, Urt. v. 21. Oktober 2003 – 1 AZR 407/02, AP Nr. 163 zu § 112 BetrVG 1972; Urt. v. 12. November 2002 – 1 AZR 58/02, AP Nr. 159 zu § 112 BetrVG 1972.

1323 BAG, Urt. v. 17. Februar 1981 – 1 AZR 290/78, AP Nr. 11 zu § 112 BetrVG 1972; Urt. v. 26. Juni 1990 – 1 AZR 263/88, AP Nr. 11 zu § 112 BetrVG 1972.

1324 So bspw.: BAG, Urt. v. 20. März 2012 – 9 AZR 529/10, NJW 2012, 3465 ff. = NZA 2012, 803 ff.; Urt. v. 10. November 2011 – 6 AZR 148/09, AP Nr. 12 zu § 27 BAT = BB 2012, 1288 ff.; Urt. v. 18. Dezember 2008 – 6 AZR 287/07, BAGE 129, 93 ff. = NZA 2009, 391 ff.

1325 Zur Anpassung nach oben hinsichtlich Ansprüchen aus bAV vgl.: BAG, Urt. v. 14. Januar 2009 – 3 AZR 20/07, BAGE 129, 105 ff. = AP Nr. 315 zu Art. 3 GG; Urt. v. 15. September 2009 – 3 AZR 294/09, AP Nr. 317 zu Art 3 GG = NZA 2010, 216 ff.; vgl. zur Gleichstellung von Arbeitern und Angestellten in der bAV: BAG, Urt. v. 16. Februar 2010 – 3 AZR 216/09, BAGE 133, 158 ff. = AP Nr. 50 zu § 77 BetrVG 1972 Betriebsvereinbarung; hinsichtlich des unzulässigen Ausschlusses von Teilzeitbeschäftigten aus der bAV: BAG, Urt. v. 07. März 1995 – 3 AZR 282/94, BAGE 79, 236 ff. = BB 1995, 2217 ff.; Urt. v. 20. Juli 1993 – 3 AZR 52/93, BAGE 73, 343 ff. = AP Nr 11 zu § 1 BetrAVG Gleichbehandlung.

1326 Vgl. bspw.: MüKo-*Thüsing*, § 7 AGG Rn 13; *Nollert/Borasio/Perreng*, § 7 AGG Rn 38; *Blomeyer/Rolfs/Otto*, Anh § 1 BetrAVG Rn 44; Schiek-*Schmidt*, § 7 AGG Rn 5; *Meinel/Heyn/Herms*, § 7 AGG Rn 39; *Gragert*, S. 74; Wedde-*Kocher*, § 7 AGG Rn 4 m.w.N.; Däubler/Bertzbach-*Dette*, § 7 AGG Rn 104; *Willemsen/Schweibert*, NJW 2006, 2583, 2588; *Thüsing*, Rn 495, 499; *ders.*, BetrAV 2006, 704 f.; *Biester*, jurisPK-ArbR 35/2006, Anm. 5; *Adomeit/Mohr*, ZfA 2008, 449, 460; im Ergebnis ebenso: *Steinmeyer*, ZfA 2007, 27, 35; bzgl. Benachteiligungen durch

Bereich der Entgeltdiskriminierung zur Lückenfüllung einer nach § 7 Abs. 2 AGG unwirksamen Regelung die Gleichstellung mit den übrigen, nicht benachteiligten Beschäftigten verlangen können. Seit Inkrafttreten des AGG komme für die Vergangenheit wegen des Vertrauensschutzes der bisher Begünstigten zumeist nur eine „Anpassung nach oben" in Betracht.[1327]

Wie das VG Berlin in einer Vorlage an den EuGH[1328] zutreffend beschrieben hat, würde selbst eine rückwirkende Aufhebung der diskriminierenden Regelung unter Belassung der – dann rechtsgrundlos erlangten – Besoldung aus Gründen des Vertrauensschutzes die eingetretene Diskriminierung nicht effektiv beseitigen und die Benachteiligten blieben für die Vergangenheit auch weiterhin schlechtergestellt.

Dieses Ergebnis stellt hierbei auch eine wirksame Umsetzung der europäischen Vorgaben dar, nach welchen die Verletzung von Diskriminierungsverboten hinreichend sanktionsbewehrt sein soll. Insbesondere wird hierbei auf Art. 17 S. 2 der Richtlinie 2000/78/EG verwiesen, wonach Benachteiligungen besonders effektive, d.h. abschreckende Sanktionen erfordern. Solch abschreckende Sanktionen wiederum sind am ehesten in einer „Anpassung nach oben" zu erkennen.[1329]

Für die Zeit zwischen Inkrafttreten des AGG – und dem hiermit verbundenen Eintreten der Unwirksamkeit der benachteiligenden Regelung nach § 7 Abs. 2 AGG – sowie einer benachteiligungsfreien Neuregelung für die Zukunft wird der Arbeitgeber folglich zumeist gezwungen sein, den bislang Benachteiligten im Wege einer nachträglichen „Anpassung nach oben" Gleichbehandlung zuteil kommen zu lassen. Eine rückwirkende diskriminierungsfreie Neuregelung wird in der Regel nicht möglich sein.[1330]

bb) „Anpassung nach oben" als zwingende Rechtsfolge für die Zukunft?

Für die Zukunft hingegen ist zu differenzieren. Zunächst ist danach zu differenzieren, ob bereits eine diskriminierungsfreie Neuregelung geschaffen worden ist oder weiterhin lediglich die gegen das Benachteiligungsverbot verstoßende Regelung

---

Tarifverträge bzw. zu Benachteiligungen i.R.d. bAV auch: Schleusener/Suckow/Voigt-*Schleusener*, § 7 AGG Rn 47, 61, 65; hinsichtlich der bAV von einem Anspruch auf *„Gleichbehandlung nach oben"* ausgehend: Kemper/Kisters-Kölkes/Berenz/Huber-*Kemper*, § 1 BetrAVG Rn 166 m.w.N.; differenzierender: *Adomeit/Mohr*, § 7 AGG Rn 17 ff.; § 8 AGG Rn 120 ff.

1327 *Boemke/Danko*, § 7 AGG Rn 13; Wedde-*Kocher*, § 7 AGG Rn 4; so auch: *Bepler*, in FS Höfer, S. 1, 7, unter Verweis auf BAG, Urt. v. 15. September 2009 – 3 AZR 797/08, AP Nr. 318 zu Art. 3 GG = BetrAV 2010, 176.

1328 VG Berlin, Vorlage-Entscheidung vom 12. Dezember 2012 – 7 K 156.10 [Rn 123].

1329 So zutreffend: *Körner*, NZA 2008, 497, 503; *Gragert*, S. 74; *Thüsing*, Rn 543; ders., BetrAV 2006, 704 f; *Steinmeyer*, ZfA 2007, 27, 35; EuGH-Vorlage vom 12. Dezember 2012 – 7 K 156.10.

1330 *Adomeit/Mohr*, § 8 AGG Rn 122; vgl. zu dieser Problematik auch ausführlich unten: B.V.3.

existiert. Sofern mangels Neuregelung weiterhin die bislang begünstigen Arbeitnehmer ein „Mehr“ erhalten und anderen Arbeitnehmern diese Ansprüche vorenthalten werden, ist wohl auch hier von einer automatischen „Anpassung nach oben“ auszugehen. Die für die übrigen Beschäftigten geltende Regelung stellt bis zu einer diskriminierungsfreien Neuregelung das einzige Bezugssystem dar, auf welches hinsichtlich des Anspruchs auf Gleichbehandlung abgestellt werden kann.

Hinsichtlich der nach § 7 Abs. 2 AGG erforderlichen Neuregelung ist danach zu unterscheiden, inwiefern dem Arbeitgeber evtl. die Möglichkeit offen steht, i.R.e. Neuregelung nicht nur eine „Anpassung nach oben“, sondern auch eine anderweitige Regelung, bspw. eine „Apassung nach unten“ oder auch „zur Mitte“ vorzunehmen, um somit einer Erhöhung des Volumens der zugesagten Leistung entgegen zu wirken. Durch derartige „Anpassungen nach unten“ oder „zur Mitte“ würde jedoch mit Wirkung für die Zukunft auch in die bisherige Zusage der bislang Begünstigten eingegriffen.

Folglich ist hier entscheidend, inwiefern die bisherige Ausgestaltung der Zusage, auch die Art der Zusagegewährung (individual- oder kollektivvertraglich etc.) einen derartigen Eingriff zulässt. Abhängig von der Art der Versorgungszusage wird es wohl eher selten der Fall sein, dass dem Arbeitgeber zumindest ohne Mitwirkung des Vertragspartners – sei es des Arbeitnehmers, des Betriebsrates oder des Tarifpartners – alle Möglichkeiten offen stehen.[1331] Steht dem Arbeitgeber der notwendige Regelungsspielraum zu, so steht ihm zumindest mit Wirkung für die Zukunft frei, auch die ihm gelegenere „Anpassung nach unten“ oder „Anpassung zur Mitte“ vorzunehmen.[1332] Besitzt der Arbeitgeber hingegen auch für die Zukunft nicht den notwendigen Regelungsspielraum, um das Bezugssystem durch eine Angleichung der Arbeitsbedingungen der übrigen Beschäftigten „nach unten“ oder „zur Mitte“ dem Gebot der Gleichbehandlung anzupassen, so wird zwangsläufig eine „Anpassung nach oben“ vorgenommen werden müssen.[1333]

cc) Besonderheiten bei tariflicher Ausgestaltung

Im Fall von benachteiligenden Tarifvereinbarungen könnte evtl. etwas anderes gelten. Hier besteht der größte Gestaltungsspielraum, da das Gebot der Besitzstandswahrung nicht in gleichem Maße wie bei Betriebsvereinbarungen oder

---

1331 Zur Frage des Eingriffs in bestehende Zusagen, s.u.: B.V.3 bzw. B.V.4.

1332 Siehe hierzu: *Nollert-Borasio/Perreng*, § 7 AGG Rn 39 ff.; *Bauer/Göpfert/Krieger*, § 7 AGG Rn 26; Schiek-*Schmidt*, § 7 AGG Rn 5; *Adomeit/Mohr*, § 7 AGG Rn 17.

1333 So auch: Schiek-Schmidt, § 7 AGG Rn 5; *Nollert-Borasio/Perreng*, § 7 Rn 41; Wedde-*Kocher*, § 7 AGG Rn 4; wohl auch *Bauer/Göpfert/Krieger*, § 7 AGG Rn 30; Rust/Falke-*Rust*, § 7 AGG Rn 213; *Adomeit/Mohr*, § 7 AGG Rn 17, § 8 AGG Rn 122 f.; AK-Arbeitsrecht-*v.Steinau-Steinrück/Schneider*, § 7 AGG Rn 8; *Meinel/Heyn/Herms*, § 7 AGG Rn 39; *Thüsing*, BetrAV 2006, 704 f; *Lachmund-Herring*, AuA 2012, 269, 271; die Problematik einer „Anpassung nach oben“ iRd AGG ansprechend: Dornbusch/Fischermeier/Löwisch-*Kappenhagen/Kramer*, § 7 AGG Rn 13.

individualvertragelichen Zusagen greift. Die Tarifvertragsparteien können jederzeit (unter Umständen sogar rückwirkend) und auch zum Nachteil der Begünstigten die bestehende tarifvertragliche Versorgungsregelung ablösen.[1334] Folglich erscheint hier eine „Anpassung nach unten“ oder zumindest eine „Anpassung zur Mitte“ zumindest für die Zukunft durchaus möglich, um einer festgestellten Diskriminierung in einer Regelung des Tarifvertrages zu begegnen. Sowohl ein Abbau der Vergünstigungen oder Leistung wie auch eine Regelung, wonach zur „Mitte“ abgeändert wird, stellen mögliche Optionen für die Tarifvertragsparteien dar.[1335] Hier stehen sich jedoch wiederum die Interessen des Arbeitgebers und die der bislang Begünstigten gegenüber. Eine rückwirkende „Anpassung nach oben“ träfe den Arbeitgeber – möglicherweise auch über Gebühr.

Eine benachteiligende und somit unrechtmäßige Tarifnorm könnte theoretisch sogar rückwirkend durch eine rückwirkende „Anpassung nach unten“ oder zumindest „zur Mitte“ abgeändert und diskriminerungsfrei ausgestaltet werden. Eine rückwirkende Beseitigung des Vorteils hingegen würde die bisher Begünstigten benachteiligen. Eine derartige Benachteiligung der bislang Begünstigten mit Wirkung für die Vergangenheit ist jedoch tatsächlich nur dann mit dem Vertrauensschutz vereinbar, sofern das Vertrauen der Tarifvertragsparteien in die Rechtsbeständigkeit des Tarifvertrags bereits rechtzeitig erschüttert war.[1336] Dies ist allerdings nur dann der Fall, wenn und soweit die Normunterworfenen mit der Nichtigkeit der Tarifnorm und damit mit ihrer Ersetzung hätten rechnen können. Folglich werden hier auch die Möglichkeiten der rückwirkenden Neuregelung lediglich durch den Vertrauensschutz begrenzt.[1337] Eine solche Erschütterung des Vertrauens wird hinsichtlich der neuen „verpönten“ Merkmale (im Gegensatz zum Merkmal des Geschlechts) frühestens mit Erlass der Antidiskriminierungsrichtlinien, spätestens jedoch mit Inkrafttreten des AGG anzunehmen sein. Sofern die Tarifparteien tatsächlich (was wohl eher selten der Fall sein wird) mit der Nichtigkeit der Norm hätten rechnen können und folglich kein schützenswertes Vertrauen gegeben ist, so steht es ihnen frei, auch rückwirkend, sowohl „nach oben“, „nach unten“ sowie „zur Mitte“ anzupassen.

Der EuGH hat bislang auch in der zum Art. 157 AEUV ergangenen Rechtsprechung festgestellt, dass der Grundsatz der „Anpassung nach oben“ grds. auch bzgl. kollektivvertraglicher Regelungen gelte und somit die Verfolgung des Gleichheitsgebotes auch über die Tarifautonomie zu stellen sei.[1338]

1334 Siehe hierzu vertiefend: *Witteler*, BetrAV 2012, 112, 116.

1335 BAG, Urt. v. 7. März 1995 – 3 AZR 282/94 - AP Nr. 26 zu § 1 BetrAVG Gleichbehandlung.

1336 *Löwisch/Rieble*, § 1 TVG Rn 858.

1337 *Löwisch/Rieble*, § 1 TVG Rn 858 ff, 892.

1338 EuGH, Urt. v. 15. Januar 1998 – Rs. C-15/96 [*Schöning-Kougebetopoulou*], AP Nr. 1 zu Art. 48 EG-Vertrag; Urt. v. 27. Juni 1990 – Rs. C-33/89 [*Kowalska*], AP Nr. 21 zu Art. 119 EWG-Vertrag = NZA 1990, 771 f.; *Nollert-Borasio/Perreng*, § 7 AGG Rn 40.

Der Rechtsprechung des EuGH zum Art. 157 AEUV[1339] bzgl. unwirksamer Tarifnormen ist das BAG, wenn auch mit gewissen Einschränkungen, gefolgt. Das BAG geht davon aus, dass für die Vergangenheit eine „Anpassung nach oben“ in solchen Fällen vorzunehmen sei, in denen auf keine andere Weise Gleichbehandlung herstellbar sei, wenn also weder eine Anpassung „nach unten“ oder „zur Mitte“ möglich sei. Dies sei bspw. stets dann der Fall, wenn den bisher alleinig Begünstigten die Leistungen für die Vergangenheit nicht mehr entzogen werden könnten – sei dies aus Vertrauensschutzgesichtspunkten, aufgrund des Wegfalls der Bereicherung nach § 818 Abs. 3 BGB oder auch aufgrund tariflicher oder vertraglicher Ausschlussfristen etc.[1340]

Laut BAG-Rechtsprechung ist eine „Anpassung nach oben“ i.R.v. Tarifverträgen auch nicht deshalb aufgrund die Tarifautonomie des Art. 9 Abs. 3 GG ausgeschlossen, dass eine solche Anpassung zu einer Ausdehnung des Volumens des Tarifvertrages führe. Eine solche Einschränkung aufgrund der Tarifautonomie soll nach Ansicht des BAG vielmehr nur dann gegeben sein, wenn dem Willen der Tarifparteien eine Beschränkung eines festen Leistungsvolumens, ein eindeutiger Dotierungsrahmen entnommen werden kann.[1341] An einem solchen eindeutigen Dotierungsrahmen wird es jedoch in den meisten Fällen fehlen, so dass es auch hier bei der „Anpassung nach oben“ bleiben wird.[1342]

Für die Zukunft sind die Tarifvertragsparteien gezwungen, eine neue, benachteiligungsfreie Regelung zu finden, da eine benachteiligende tarifvertragliche Regelung jedenfalls für die Zukunft nichtig ist. Laut BAG-Rechtsprechung können die Tarifvertragsparteien die Gleichbehandlung selber wieder herstellen, wobei es ihnen jedoch freigestellt ist, im Rahmen ihrer Gestaltungsmöglichkeiten selber zu bestimmen, auf welchem Wege sie die Gleichbehandlung erreichen wollen. Vor dem Hintergrund der Tarifautonomie wird es hier für ausreichend gehalten, den Tarifparteien das „Ob“ der Ungleichbehandlung zu verbieten, ihnen das „Wie“ der Herstellung der Gleichbehandlung hingegen weiterhin zu überlassen.[1343]

1339 ex-Art. 141 Abs. 1 EGV.

1340 So hinsichtlich einer altersdiskriminierenden Tarifvertragsregelung: BAG, Urt. v. 20. März 2012 – 9 AZR 529/10, NJW 2012, 3465 ff. [Rn 30]; Urt. v. 10. November 2011 – 6 AZR 148/09, NZA 2012, 161 [Rn 20 ff.]; vgl. grds. zur Anpassung nach oben in Tarifverträgen auch: BAG, Urt. v. 7. März 1995 – 3 AZR 282/94, AP Nr. 26 zu § 1 BetrAVG Gleichbehandlung; Urt. v. 2. Dezember 1992 – 4 AZR 152/92, AP Nr. 28 zu § 23a BAT; siehe auch: Wendeling-Schröder/Stein-*Wendeling-Schröder*, § 7 AGG Rn 20.

1341 BAG, Urt. v. 24. September 2003 – 10 AZR 675/02, AP Nr. 4 zu § 4 TzBfG; Urt. v. 24. Mai 2000 – 10 AZR 629/99, AP Nr. 79 zu § 2 BeschFG 1985; *Nollert/Borasio/Perreng*, § 7 AGG Rn 39; a.A.: *Wiedemann/Peters*, RdA 1997, 100, 107; *Adomeit/Mohr*, ZfA 2008, 449, 461., welche davon ausgehen, dass nicht auf die Kostenerwartung des Arbeitgebers abzustellen sei.

1342 Vgl. Schleusener/Suckow/Voigt-*Schleusener*, § 7 AGG Rn 48 m.w.N.

1343 *Löwisch/Rieble*, § 1 TVG Rn 837.

Während die Tarifparter somit einer Diskriminierung mittels einer Gleichstellung durch „Anpassung nach oben" begegnen können, kommt eine automatische „Anpassung nach oben" folglich nur insoweit zum Tragen, als dass die Tarifparteien keine neue, diskriminierungsfreie Regelung schaffen.[1344] Bis zu einer diskriminierungsfreien Neuregelung gebietet jedoch eine gemeinschaftskonforme Auslegung des § 7 Abs. 2 AGG, die diskriminierende und somit grundsätzlich unwirksame Tarifnorm dennoch als Anspruchsgrundlage zu verstehen. Da den bislang Begünstigten die Begünstigung nicht mehr entzogen werden kann stellt diese Regelung den einzigen Anknüpfungspunkt dar.[1345]

Hinsichtlich benachteiligender Tarifvertragsklauseln wird somit in den meisten Fällen ebenfalls davon auszugehen sein, dass die Benachteiligung insbesondere für die Vergangenheit lediglich mit Schwierigkeiten behoben werden kann und somit auch hier im Zweifel davon auszugehen ist, dass mangels Alternative eine „Anpassung nach oben" vorgenommen werden muss.[1346]

dd) Kritik an und Stellungnahme zur automatischen „Anpassung nach oben"

Während für die Zukunft in vielen Fällen, zumindest in solchen, in denen eine Neuregelung realistischerweise erreichbar ist, die Streichung der Begünstigung oder zumindest eine „Anpassung zur Mitte" eine angemessenere Lösung darstellt, überzeugt für die Vergangenheit zunächst das Argument der Rechtsprechung, wonach den bisher Bevorzugten die bereits erhaltene (oder im Bereich der bAV bereits erdiente) Begünstigung in den meisten Fällen nicht mehr zu nehmen sei. Für die Beschäftigungszeiten ab Inkrafttreten des AGG scheint hier folglich als einzig sinnvolle Lösung die „Anpassung nach oben" für die bisher Benachteiligten übrig zu bleiben. Insbesondere in den meisten Fällen der Entgeltdiskriminierung und somit aufgrund ihres Entgeltcharakters auch in Fällen der Diskriminierung i.R.d. bAV erscheint eine solche „Anpassung nach oben" auch sinnvoll und angebracht. Grundsätzlich soll also auf Seiten der bislang Benachteiligten ein Anspruch auf Anwendung der Regelung bestehen, welche für die nicht benachteiligten bzw. bislang begünstigten Arbeitnehmer gilt.

Geht man also aus, dass in Fällen eines Verstoßes gegen das Benachteiligungsverbot des § 7 Abs. 1 AGG mit Wirkung für die Vergangenheit zumeist automatisch mangels Eingriffsmöglichkeit in die bisherige begünstigende Regelung eine „Anpassung nach oben" vorgenommen werden muss, so kann dies jedoch

---

1344 BAG, Urt. v. 11. Dezember 2003 – 6 AZR 64/03, AP Nr. 7 zu § 4 TzBfG.

1345 BAG, Urt. v. 20. März 2012 – 9 AZR 529/10, EzA Nr. 5 zu § 10 AGG = BB 2012, 1992 ff.; Urt. v. 10. November 2011 – 6 AZR 148/09, AP Nr. 12 zu § 27 BAT = BB 2012, 1288 ff.; vgl. auch: *Meinel/Heyn/Herms*, § 7 AGG Rn 39; Schleusener/Suckow/Voigt-*Schleusener*, § 7 AGG Rn 47 m.w.N.

1346 Vgl.: Schleusener/Suckow/Voigt-*Schleusener*, § 7 AGG Rn 47 m.w.N.; so wohl auch: *Adomeit/Mohr*, § 7 AGG Rn 19.

insbesondere in der bAV auch zu einem erheblichen Zahlungsrisiko für die Arbeitgeber führen. Dies gilt umso mehr in solchen Fällen, in denen bislang nicht nur einzelne Beschäftigte oder lediglich eine kleine Gruppe, sondern vielmehr ein Großteil der Arbeitnehmer von der Begünstigung ausgenommen wurde. In solchen Fällen stellt sich daher die Frage, ob eine ‚Anpassung nach oben" tatsächlich das richtige Mittel zur Beseitigung einer Ungleichbehandlung darstellt. Während bei Ungleichbehandlungen bzw. Schlechterstellung einzelner Beschäftigter die nachträgliche Angleichung/Anhebung der Bezüge dieser Wenigen noch (wenn auch im Bereich der bAV möglicherweise aufgrund der finanziellen Auswirkungen bereits grenzwertig) adäquat erscheint, erscheint eine solche Anhebung bei der Besserstellung von lediglich Wenigen und somit der Schlechterstellung Vieler fragwürdig.

Hier scheint das der Pflicht zur Gleichbehandlung (auch) zugrunde liegende Gebot der Verteilungsgerechtigkeit möglicherweise nicht mehr zu tragen bzw. möglicherweise schlichtweg zu weit zu gehen. Kann es dem Arbeitgeber tatsächlich zuzumuten sein, die Bezüge eines Großteils der Arbeitnehmer anzuheben, weil er mittels einer benachteiligenden Regelung nur Wenige begünstigt hat? Ist dies tatsächlich in einem Fall die gerechte Lösung, in dem der Arbeitgeber - vor die Wahl gestellt – womöglich lieber gar keinen Beschäftigten begünstigt hätte, als (nachträglich) alle, oder aber zumindest vor dem Hintergrund der an alle zu verteilenden Begünstigung die Höhe der Begünstigung der einzelnen Beschäftigten entsprechend dem Gesamtvolumen der geplanten Begünstigung angepasst hätte? In vielen Fällen wird wohl tatsächlich davon auszugehen sein, dass ein Arbeitgeber gänzlich auf die Gewährung eines Vorteils für eine bestimmte Gruppe von Arbeitnehmern verzichtet hätte, wenn er bereits vorausgesehen hätte, dass die Kosten sich durch die Gleichstellung von Älteren und Jüngeren, Frauen und Männern etc. vervielfachen würden.[1347]

Aus diesem Grund wird hier teilweise einschränkend vertreten, dass eine „Anpassung nach oben" stets nur in solchen Fällen eine praktikable Lösung darstelle, in denen nur eine kleine Gruppe von Arbeitnehmern von der die große Masse betreffenden Regelung ausgeschlossen würde.[1348] Würde der Arbeitgeber hingegen auch in Fällen der Diskriminierung Vieler zur „Anpassung nach oben" verpflichtet, so würde die Freiheit des Arbeitgebers in der Bestimmung des Dotierungsrahmens freiwilliger Leistungen besonders nachhaltig verletzt. Dies zumindest dann, wenn die „Anpassung nach oben" zu einer unverhältnismäßig hohen weiteren finanziellen Belastung des Arbeitgebers führen würde.[1349] Auch die Rechtsprechung hat

---

1347 Diese Rechtsfolge ebenfalls kritisch sehend: *Adomeit/Mohr*, § 8 AGG Rn 124 ff.; *Kamanabrou*, RdA 2006, 321, 334.

1348 *Bauer/Göpfert/Krieger*, § 7 AGG Rn 27.

1349 BAG, Urt. v. 13. Februar 2002 – 5 AZR 713/00, AP Nr. 184 zu § 242 BGB Gleichbehandlung; BeckOK-*Joussen*, § 611 BGB Rn 281; *Thüsing*, Rn 497; *v.Steinau-Steinrück/Schneider/Wagner*, NZA 2005, 28, 30.

diese Problematik erkannt und sich zumindest in vereinzelten Fällen aus Vertrauensschutzgesichtspunkten gegen eine automatische Gleichstellung auf dem Niveau der bislang Begünstigten ausgesprochen, wobei die höchstrichterliche Rechtsprechung diesem Gedankengang bislang jedoch noch nicht gefolgt ist.[1350]

Tlw. wird daher vorgeschlagen, eine Anpassung nur i.R.d. ursprünglich angedachten Dotierungsrahmens zuzulassen.[1351] So wird argumentiert, dass sich zwar grundsätzlich aus der Unwirksamkeit nach § 7 Abs. 2 AGG eine „Anpassung nach oben" ergebe. Alleridings sei es nicht i.S.d. Gesetzgebers gewesen, die Belastbarkeit der Arbeitgeber gänzlich auszureizen.[1352] Sofern also eine „Anpassung nach oben" für den Arbeitgeber nahezu ruinöse Auswirkungen habe oder sie ihm jegliche betriebliche Bewegungsfreiheit nehme, dürfe nicht generell von der Anwendung einer „Anpassung nach oben" ausgegangen werden.

Insbesondere hinsichtlich benachteiligender Regelungen in Tarifverträgen sowie Betriebsvereinbarungen wird eine „Anpassung nach oben" aufgrund der zu erwartenden finanziellen Mehrbelastung generell stärker hinterfragt. Hierzu wird neben dem vorbenannten Finanzierungsrisiko vorgebracht, dass auch der Umstand Berücksichtigung finden müsse, dass in Fällen diskriminierender Tarifvertrags- oder Betriebsvereinbarungsregelungen jeweils die Gewerkschaft bzw. der Betriebsrat als Vertreter der Arbeitnehmer dieser (benachteiligenden) Regelung zugestimmt und diese Regelungen somit in gewisser Weise legitimiert habe. Durch eine „Anpassung nach oben" würde nunmehr jedoch lediglich die Arbeitgeberseite für den Abschluss der benachteiligenden Regelung „bestraft" und auch nur ihn treffe hierdurch eine (übermäßige) Mehrbelastung.[1353]

Eine automatische „Anpassung nach oben" widerspreche daher im Rahmen tarifvertraglicher Regelungen der ursprünglichen Risikoverteilung. Üblicherweise läge das Unwirksamkeitsrisiko auf derjenigen Seite, welche eine Änderung der sonst geltenden Regeln begehrt. Dies könne sowohl Arbeitgeber- als auch Gewerkschaftsseite sein. Eine automatische „Anpassung nach oben" hingegen würde nun aber der Arbeitgeberseite einseitig das Risiko einer diskriminierenden Regelung aufbürden. Obwohl die Regelung ursprünglich zwischen den Tarifvertragsparteien ausgehandelt worden sei, wäre nunmehr das Rechtsrisiko gerade nicht mehr zwischen beiden Seiten verteilt. Folglich würde die Arbeitnehmerseite sogar

---

1350 So bspw. hinsichtlich der Anpassung nach oben bei Lebensaltersstufenregelungen: ArbG Berlin, Urt. v. 22. August 2007 – 86 Ca 1696/07; nachfolgend hat jedoch das BAG das Erfordernis einer Gleichstellung i.S.d. „Anpassung nach oben" auch in diesem Lebensaltersstufensystem festgestellt: BAG, Urt. v. 10. November 2011 – 6 AZR 148/09, AP Nr. 12 zu § 27 BAT = BB 2012, 1288 ff. [Rn 19 ff.]; vgl. zu dieser Frage auch: *Bissels/Lützeler*, BB 2008, 666.

1351 So bspw.: *Thüsing*, Rn 918 f; a.A.: BAG, Urt. v. 14. September 2003 – 10 AZR 675/02 – NZA 2004, 611, 614.

1352 Siehe auch: Wendeling-Schröder/Stein-*Wendeling-Schröder*, § 7 AGG Rn 26 f.

1353 *Löwisch/Rieble*, § 1 TVG Rn 834; *Boemke/Danko*, § 7 AGG Rn 7; *Adomeit/Mohr*, § 8 AGG Rn 104; *Boemke*, JuS 1991, 813, 814.

doppelt profitieren: zunächst anhand der ausgehandelte Leistungssumme für die bislang Begünstigten, später dann anhand der gleiche Leistung für die bisher Ausgeschlossenen.[1354]

Eine solche Risikoverteilung würde dazu führen, dass nunmehr also die Arbeitgeberseite stets peinlichst genau bei der Aushandlung von Tarifregelungen aufpassen müsse, nicht in die Nähe benachteiligender Regelungen zu rücken. Die gewerkschaftliche Strategie hingegen könnte vor diesem Hintergrund zukünftig sogar gerade darin liegen, eine Diskriminierung absichtlich auszuhandeln und somit später einen Nachschlag in Form einer „Anpassung nach oben" fordern zu können.[1355] Es bestünde somit die Gefahr, dass Gewerkschaften den Gleichheitsverstoß in den Anpassungstarifverhandlungen zum eigenen Vorteil nutzen könnten, so dass es für Gewerkschaften in Zukunft sogar strategisch vorteilhaft sein könnte, bei Tarifvertragsverhandlungen Fehler in Form einer Diskriminierung in den Tarifvertrag hineinzuverhandeln.[1356]

Als weitere Kritik an einer automatischen „Anpassung nach oben" i.R.v. Tarifverträgen wird angeführt, dass eine solche quasi zu einem Tarifvertrag mit neuem Inhalt führen, an den ein Arbeitgeber(verband) gebunden wäre und welcher, auch sofern er kündbar ist, in der Regel zumindest mit Nachwirkung fortgelten würde. Somit drohe aus einem einfachen Tarifvertrag ein Luxustarifvertrag auf Dauer zu werden[1357], so dass man gar von einer „Antidiskriminierungs-Nachwirkung" sprechen könne.[1358]

Aus den vorgenannten Gründen wird vertreten, dass hinsichtlich kollektivvertraglicher Benachteiligung differenziert werden müsse: lediglich in eng umfassten Fällen solle eine Angleichung „nach oben" durch Erstreckung der tariflichen (Leistungs-)Regelung auch auf die benachteiligte Gruppe in Betracht kommen. Ein solcher Ausnahmefall liege bspw. dann vor, wenn die Gruppe der Benachteiligten so eng begrenzt sei, dass der Vertragstext dahingehend ausgelegt werden könne, dass die Tarifparteien diese Regelung auch auf die benachteiligte Gruppe ausgedehnt hätten, sofern sie Kenntnis vom Gleichbehandlungsverstoß gehabt hätten. Eine solche hypothetisch angenommene „Anpassung nach oben" sei wohl dann anzunehmen, wenn die Gruppe höchstens 10 bis 15% der Beschäftigten darstelle. Stelle die benachteiligte Gruppe hingegen die Mehrheit der tarifgebundenen Arbeitnehmer dar, so bleibe es bei der Nichtigkeit der diskriminierenden (Leistungs-)Regelung.[1359]

1354 *Rieble/Zedler*, ZfA 2006, 273, 291.
1355 *Rieble/Zedler*, ZfA 2006, 273, 291.
1356 *Löwisch/Rieble*, § 1 TVG Rn 834.
1357 ArbG Berlin, Urt. v. 22. August 2007 – 86 Ca 1596/07, BB 2008, 161.
1358 So bspw.: *Rieble/Zedler*, ZfA 2006, 273, 291; *Adomeit/Mohr*, § 7 AGG Rn 21.
1359 So bspw.: *Löwisch/Rieble*, § 1 TVG Rn 357 (bis zur 2. Auflage, 2004); a.A., ein Abstellen auf die Anzahl der Betroffenen ablehnend: *Meinel/Heyn/Herms*, § 7 AGG Rn 43.

Auch der dritte Senat des Bundesarbeitsgerichts hat hinsichtlich der Gruppengrößen der Gruppe der Benachteiligten sowie der Gruppe der bislang Bevorzugsten i.R.e. Entscheidung aus dem Jahr 2002[1360] eine Einschränkung hinsichtlich der Belastungen des Arbeitgebers vorgenommen. Er ging davon aus, dass im gegensätzlichen Fall, in welchem also nur einige wenige Arbeitnehmer[1361] bevorzugt würden, die Lösung nicht in einer „Anpassung nach oben" der restlichen Arbeitnehmerschaft, sondern vielmehr nur darin liegen könne, den wenigen bevorteilten Arbeitnehmern den Vorteil wieder zu nehmen. Ein Arbeitgeber, welcher aufgrund eines sachlich nicht gerechtfertigten Merkmals eine außerordentlich kleine Gruppe der Belegschaft bessergestellt habe, solle durch das Gleichbehandlungsgebot nicht dazu verpflichtet werden, eine „Anpassung nach oben" vorzunehmen und somit diesen Vorteil auch allen bisher benachteiligten Beschäftigten, welche womöglich 95% der Belegschaft ausmachten, einzuräumen. Das zugrunde liegende Gebot der Verteilungsgerechtigkeit trage eine solche Ausweitung nicht, da der Arbeitgeber ansonsten in seiner Freiheit zur Bestimmung des Dotierungsrahmens freiwilliger Leistungen besonders nachhaltig verletzt werde und dies zu unverhältnismäßig hohen zusätzlichen finanziellen Belastungen des Arbeitgebers führen würde. Unter Verweis auf diese Rechtsprechung aus Vor-AGG-Zeiten hat nunmehr auch das LAG Düsseldorf in einem Urteil aus dem Jahr 2011 festgehalten, dass bei unwirksamen Tarifregelungen, welche eine unrechtmäßige Besserstellung lediglich einens kleinen Teils der Normunterworfenen beinhaltet, nicht automatisch von einer „Anpassung nach oben" ausgegangen werden könne.[1362] Diesem Ansatz, wird jedoch entgegen gehalten, dass ein Abstellen auf die Größe der Gruppen der Begünstigten und Benachteiligten gegen den *„individualistische[n] Ansatz"* des Antidiskriminierungsrechts verstoße.[1363]

Kritisch gesehen wird eine „Anpassung nach oben" insbesondere auch in den Fällen von Altersdiskriminierungen durch lebensalterbezogene Staffelungen. Hier wird vertreten, dass es bereits an der <u>einen</u> Vergleichsgruppe mangele, die gegenüber einer anderen benachteiligt werde.[1364] Zutreffenderweise wird darauf hingewiesen, dass in solchen Staffelungen mit Ausnahme der obersten sowie der untersten Gruppe jede Altersstufe sowohl eine Benachteiligung (im Vergleich zu den Älteren) als auch eine Begünstigung (im Vergleich zu den Jüngeren) erfährt. Zur Gleichstellung der Arbeitnehmer käme in diesen Fällen somit grundsätzlich nur die älteste Altersstufe als wirksamer Bezugswert in Frage, da nur

---

1360 BAG, Urt. v. 13. Februar 2002 – 5 AZR 713/00, AP Nr. 184 zu § 242 Gleichbehandlung = NZA 2003, 215 ff.; vgl. auch: *Meinel/Heyn/Herms*, § 7 AGG Rn 44.

1361 In jenem zu entscheidenden Fall handelte es sich um eine Gruppe von weniger als 5% der Arbeitnehmer.

1362 LAG Düsseldorf, Urt. v. 26. Juli 2011 – 8 Sa 300/11, ZTR 2012, 157 ff. [Rn 56].

1363 So bspw.: Wendeling-Schröder/Stein-*Wendeling-Schröder*, § 7 AGG Rn 28.

1364 So bspw.: Schleusener/Suckow/Voigt-*Schleusener*, § 7 AGG Rn 51; *Thüsing*, Rn 496; *Hanau*, ZIP 2007, 2381, 2386; auf diese Problematik hinweisend ebenfalls: *Wiedemann*, NZA 2007, 950, 953.

bei einer Orientierung am Maximalwert kein Beschäftigter mehr benachteiligt werde. Würde man sich mit Wirkung für die Zukunft hingegen bspw. an einem Mittelwert des Alters orientieren, so würden durch diese Regelung wiederum die älteren Beschäftigten benachteiligt. Ein generelles Abstellen auf den Maximalwert jedoch würde nicht nur den Zweck der Staffelung *ad absurdum* führen, sondern zudem für den Arbeitgeber zu extremen finanziellen Mehrbelastungen. Ein Abstellen auf den Maximalwert, also eine generelle „Anpassung nach oben" stellt hier wohl nicht die richtige Lösung dar. Vielmehr müsste in solchen Fällen die Möglichkeit zu Neuregelung der Staffelung, bspw. anhand des Merkmals der Betriebszugehörigkeit oder Ähnlichem eingeräumt werden.[1365] Hier wird also im Einzelfall eine in dem jeweiligen Einzelfall angemessene Lösung gefunden werden müssen.

Eine generelle „Anpassung nach oben" anzunehmen, wie dies insbesondere Rechtsprechung[1366] zu fordern scheint und auch von großen Teile der Literatur vertreten wird, hätte – wie dargestellt – teilweise absurde und im Einzelfall auch – u.a. und insbesondere aus finanziellen Gesichtspunkten – untragbare praktische Konsequenzen. Nimmt man bspw. – unabhängig von der bAV – den Fall einer tariflichen Regelung, nach welcher alle über 50-jährigen Arbeitnehmer automatisch unkündbar sein sollen, so werden diese absurden Konsequenzen offensichtlich. Durch diese – im Grundsatz bereits sehr arbeitnehmerfreundliche – Regelung würden nunmehr, dem Motto der automatischen „Anpassung nach oben" folgend, jegliche bisher aufgrund ihres jüngeren Alters „benachteiligten", da noch nicht von der Unkündbarkeit erfassten, Arbeitnehmer automatisch unkündbar. Eine solche Rechtsfolge wäre für die Praxis untragbar und sicherlich auch nicht vom Gesetzgeber gewollt.[1367]

Gerade auch im Bereich der bAV erscheint jedoch – wie dargestellt – eine „Anpassung nach oben" für die Vergangenheit in manchen Fallen als unangemessen. Gleichzeitig ist hier zudem auch zu beachten, dass sich derartige, zumindest für den Arbeitgeber äußerst negative Rechtsfolgen einer möglicherweise diskriminierende Regelung der bAV als große Gefahr für die Verbreitung der bAV als freiwillig vom Arbeitgeber für seine Beschäftigten installiertem System der Altersversorgung darstellt. Fälle von Arbeitgebern, die bspw. aufgrund von Regelungen, welche

---

1365 So jedenfalls auch: Wendeling-Schröder/Stein-*Wendeling-Schröder*, § 7 AGG Rn 24 m.w.N.; *Rieble/Zedler*, ZfA 2006, 273, 292; vgl. auch: OVG Magdeburg, Urt. v. 11. Dezember 2012 – 1 L 9/12, LKV 2013, 270 ff.; jedoch entgegen: VG Frankfurt, Urt. v. 20. August 2012 – 9 K 8/12.F, veröffentlicht unter: http://www.lareda.hessenrecht.hessen.de/jportal/portal/t/s15/page/bslaredaprod.psml?&doc.id=MWRE120003994%3Ajuris-r01&showdoccase=1&doc.part=L; sowie entgegen: BAG, Urt. v. 20. März 2012 – 9 AZR 529/10, NJW 2012, 3465 [Rn 169].

1366 Vgl. statt vieler: BAG, Urt. v. 10. November 2011 – 6 AZR 148/09, AP Nr. 12 zu § 27 BAT = BB 2012, 1288 ff. [Rn 19 ff.].

1367 So auch: *Bauer/Thüsing/Schunder*, NZA 2006, 774 f.; *Bauer/Göpfert/Krieger*, § 7 AGG Rn 29; *Wiedemann*, NZA 2007, 950, 953.

seit Inkrafttreten des AGG eine Altersdiskriminierung darstellen, einem großen Teil ihrer Belegschaft zumindest für die Zeiten seit Inkrafttreten des AGG nachträglich eine bAV gewähren und somit den selber gewählten Dotierungsrahmen womöglich in Millionenhöhe überschreiten müssten, würden sicherlich bei dritten, evtl. bislang an der Einführung einer bAV interessierten Arbeitgebern erhebliche Zweifel daran begründen, ob sie tatsächlich eine bAV gewähren wollen.

Auch dieser Gedankengang spricht dafür, dass hinsichtlich der bAV stets im Einzelfall zu prüfen ist, insbesondere anhand der Anzahl der Begünstigten im Verhältnis zu den Benachteiligten sowie anhand des Dotierungsrahmens und der resultierenden finanziellen Belastung des Arbeitgebers, ob tatsächlich nur Anpassung nach oben die rechte und gerechte Lösung darstellen kann. Es erscheint zwingend erforderlich, zu überprüfen, ob eine automatische „Anpassung nach oben" möglicherweise aufgrund der überragend großen Anzahl bislang Benachteiligter und nunmehr „nach oben" Anzupassender oder aber, bspw. im Bereich der bAV, aufgrund der mangelnden finanziellen Rückstellungen die finanzielle Leistungsfähigkeit des Arbeitgebers existenzgefährdend übersteigt. So erscheinen Grundgedanken wie solche, dass eine „Anpassung nach oben" nur in solchen Fällen, in denen die große Mehrheit der Beschäftigten bislang begünstigt wurden und somit lediglich die Leistungen an einen verhältnismäßig kleinen Teil der Belegschaft „nach oben" anzupassen ist, oder auch die Frage nach der intendierten Gesamtdotierung einer Begünstigung durchaus überzeugend und im Einzelfall auch erforderlich, um die Leistungsfähigkeit der Arbeitgeber sicherzustellen.

b) Anspruchserstreckung als Folge mittelbarer Benachteiligungen

Als besonders schwierig stellt sich die Situation dar, sobald sich eine Regelung aufgrund einer ebenfalls i.R.d. § 7 Abs. 1 AGG verbotenen, bloß mittelbaren Benachteiligung nach § 7 Abs. 2 AGG als unwirksam darstellt.[1368] Ein solcher Fall liegt bspw. vor, wenn von einer leistungs- oder anspruchsausschließenden Regelung zwar unmittelbar nicht nur Frauen, sondern ebenso Männer betroffen sind, mittelbar „versteckt" durch die dem Anschein nach „neutrale" Vorschrift Frauen wegen ihres Geschlechts in besonderer Weise benachteiligt werden.

Folgte man in einem solchen Fall der Rechtsprechung der „Anpassung nach oben", so würden von dieser Anpassung die mittelbar diskriminierten Frauen betroffen, welche nun einen Anspruch auf die Leistung erhielten. Dies wiederum würde zu einer unmittelbaren Diskriminierung derjenigen (wenn auch wenigen) Männer führen, die ebenfalls Mitglieder der Gruppe sind, welche grundsätzlich keinen Anspruch erhalten sollte. Schlussendlich wären diese Männer die einzigen Beschäftigten, die von der Leistung ausgeschlossen wären. Als Frauen hingegen wäre ihnen aufgrund der mittelbaren Benachteiligung wegen des Geschlechtes eine „Anpassung nach oben" zugute gekommen. Folglich würden die Männer im

---

1368 Vgl. auch zutreffend: *Adomeit/Mohr*, § 8 AGG Rn 127 ff.

Vergleich zu den (mittlerweile „angepassten") Frauen unmittelbar wegen ihres Geschlechtes benachteiligt. Die „Anpassung nach oben" nur der mittelbar Benachteiligten kann daher in diesen Fällen nicht die Lösung darstellen.

Vielmehr wird man davon ausgehen müssen, dass in solchen Fällen der mittelbaren Benachteiligung die „Anpassung nach oben" auch die ursprünglich nicht (mittelbar) benachteiligten Mitglieder der von einer Regelung ausgeschlossenen Gruppe – im Beispielfall somit die vom Leistungsbezug ebenfalls ausgeschlossenen Männer – umfassen muss und diese ursprünglich nicht benachteiligten Beschäftigten gleich den mittelbar Benachteiligten in den Anwendungsbereich der Leistungsregelung aufgenommen werden müssen.[1369]

Ebenso hat auch der EuGH in einer Entscheidung vom 13. Juli 1989 bzgl. einer mittelbaren Benachteiligung von Frauen aufgrund des Ausschlusses von nur geringfügig Beschäftigten festgestellt, dass in diesem Fall die ebenfalls von diesem Ausschluss betroffenen nur geringfügig beschäftigten Männer vom Diskriminierungsschutz ihrer Kolleginnen profitierten, ohne zunächst selber Opfer einer Benachteiligung gewesen zu sein.[1370]

c) *Rückwirkende Ansprüche des Benachteiligten aus der Zeit vor Inkrafttreten des AGG?*

Wie dargestellt finden das AGG und somit auch die § 7 Abs. 1, 2 AGG i.V.m. § 1 AGG auf die bAV Anwendung. Dies setzt jedoch zunächst die zeitliche Anwendbarkeit des AGG auf einen Sachverhalt der bAV voraus. Aus der Übergangsregelung des § 33 Abs. 1 AGG ergibt sich – wie das BAG bereits zutreffend festgestellt hat – zunächst nur, dass durch das AGG nicht rückwirkende Sachverhalte geregelt werden sollen, welche bei Inkrafttreten des AGG am 18. August 2006 bereits abgeschlossen waren.[1371]

Sofern das AGG jedoch zeitlich auf einen bAV-Sachverhalt Anwendung findet, der Sachverhalt also zu dem gem. § 33 AGG maßgeblichen Zeitpunkt noch nicht beendet war, so steht einem Benachteiligten nach Maßgabe des AGG ein Anspruch auf Gleichbehandlung zu. Unstreitig sollen die Regelungen von Versorgungswerken, welche gegen Benachteiligungsverbote des AGG verstoßen, i.S.d. Übergangsregelung des § 33 Abs. 1 AGG in Verbindung mit § 7 Abs. 2 AGG automatisch mit Inkrafttreten des AGG am 18. August 2006 unwirksam werden und wegfallen.[1372] Des Weiteren ergibt sich – wie dargestellt – aus der Wertung des in § 2 Abs. 1 Nr. 2

1369 So auch: *Adomeit/Mohr*, § 8 AGG Rn 129.

1370 EuGH, Urt. v. 13. Juli 1989 – Rs. C-171/88 [*Rinner-Kühn*], Slg. 1989-2743; *Wißmann*, in FS Wlotzke, S. 807, 822.

1371 BAG, Urt. v. 16. September 2008 – 9 AZR 791/07, NZA 2009, 79 ff.; zumindest hinsichtlich des Merkmals des Alters auch: EuGH, Urt. v. 23. September 2008 – Rs. C-427/06 *[Bartsch]*, Slg 2008, I-7245-7297 = AP Nr. 11 zu Richtlinie 2000/78/EG.

1372 So auch.: Schleusener/Suckow/Voigt-*Suckow*, § 33 AGG Rn 5; *Adomeit/Mohr*, § 33 AGG Rn 10; Wendeling-Schröder/Stein-*Wendling-Schröder*, § 33 AGG Rn 6.

und § 8 Abs. 2 AGG in Verbindung mit der zu Grunde liegenden diskriminierenden Regelung bei Anwendbarkeit des AGG und Vorliegen einer ungerechtfertigten Benachteiligung im Hinblick auf Entgelt(bestandteile) ein Anspruch auf gleiches Entgelt.

Da es sich bei Sachverhalten der bAV um Dauersachverhalte handelt, stellt sich jedoch zwangsläufig die Frage, ab welchem Zeitpunkt einem bislang Benachteiligten nunmehr die bislang vorenthaltenen Leistungen zustehen sollen. Hierbei erscheinen insbesondere zwei Zeitpunkte denkbar:

Zum einen könnte von einer *ex nunc* Unwirksamkeit ab dem Zeitpunkt des Inkrafttretens des AGG ausgegangen werden. Mögliche Ansprüche würden dann nur für die Zeiten nach Inkrafttreten erwachsen. Zum anderen hingegen könnte die benachteiligende Regelung jedoch auch *ex tunc*, d.h. mit Rückwirkend auf den Zeitpunkt der ursprünglichen Zusage, unwirksam sein. Die Frage ist demnach, ob sich die Unwirksamkeit benachteiligender Regelungen i.S.d. § 7 Abs. 2 AGG und die hieraus resultierende Lückenfüllung i.S.d. „Anpassung nach oben" automatisch *ex tunc* rückwirkend auf das gesamte Dauerschuldverhältnis auswirkt[1373], oder lediglich *ex nunc* auf die Zeiten nach Inkrafttreten des AGG[1374]?

Hinsichtlich der Berechnung von Ansprüchen, wie sie nunmehr möglicherweise aus Sachverhalten der bAV im Zusammenhang mit dem AGG entstehen, ergibt sich die folgende Problematik: Soll eine nunmehr nach AGG als benachteiligend und ungerechtfertigt einzuordnende Regelung zumindest für den Zeitraum bis zum Inkrafttreten des AGG bzw. bis zum Zeitpunkt der unmittelbaren Anwendbarkeit der nicht rechtzeitig umgesetzten Richtlinien als nicht zu beanstandene Regelung weiterhin Anwendung finden und erst danach, also für die Zeit ab Inkrafttreten des AGG bzw. der unmittelbaren Anwendbarkeit der Richtlinien, durch eine benachteiligungsfreie Regelung ersetzt werden? Oder sollen nunmehr alle Ansprüche auch rückwirkend für Vor-AGG-Zeiten anhand der benachteiligungsfreien Regelung bestimmt werden? In der Praxis führt dies bspw. zu der folgenden

1373 So wohl: Schleusener/Suckow/Voigt-*Suckow*, § 33 AGG Rn 4; ähnlich: *Riesenhuber*, S. 86; unter Hinweis auf die Vertrauensschutzproblematik auch von einer generellen Rückwirkung ausgehend: *Blomeyer/Rolfs/Otto*, Anh § 1 BetrAVG Rn 45.

1374 So bspw.: MüKo-*Thüsing*, § 33 AGG Rn 3, 5; *Thüsing*, BetrAV 2006, 704, 707; *Bauer/Arnold*, NJW 2008, 3377, 3381, 3383; *Lingemann/Müller*, BB 2007, 2006, 2013; *Adomeit/Mohr*, § 10 AGG Rn 149; *dies.*, ZfA 2008, 449, 456; *Wiedemann*, NZA 2007, 950, 952; wohl ebenfalls: LAG Düsseldorf, Urt. v. 29. Februar 2012 – 12 Sa 1430/11, ArbRB 2012, 237, Volltext veröffentlicht unter: http://www.lag-duesseldorf.nrw.de/beh_static/entscheidungen/entscheidungen/sa/1430-11.pdf [Rn 51] (Bestätigung von LAG Düsseldorf, Urt. v. 09. April 2010 – 9 Sa 690/09, NZA-RR 2010, 653 [Rn 80 ff.]); zustimmend, jedoch für den Bereich der bAV auf den Bezug einer Betriebsrente o. das Ausscheiden mit unverfallbaren Anwartschaften vor Inkrafttreten des AGG abstellend: *Meinel/Heyn/Herms*, § 33 AGG Rn 5, 5b, 8.

Frage: Gewährt der Arbeitgeber, bei welchem bspw. ein Arbeitnehmer seit 15 Jahren beschäftigt ist, jeher eine bAV, war jedoch der Arbeitnehmer aufgrund einer nunmehr als benachteiligend einzuordnenden Regelung von dem Betriebsrentensystem ausgenommen, so hat der Arbeitnehmer nunmehr einen Anspruch auf Aufnahme in dieses System. Fraglich ist jedoch, ob dies lediglich für die Zeiten seit Inkrafttreten des AGG gilt oder aber der Arbeinehmer nunmehr so zu stellen sein wird, als ob die ihn ausschließende Regelung niemals bestanden hätte?

aa) Wortlaut des AGG

Weder das AGG noch die dem AGG zugrundeliegende Rahmenrichtlinie enthalten eine ausdrückliche Regelung hinsichtlich einer möglichen Rückwirkung der Diskriminierungsverbote.[1375] Gleiches gilt auch für das dem AGG als lex specialis vorgehende BetrAVG, wie *Langohr-Plato* zutreffend feststellt.[1376] § 7 Abs. 2 AGG spricht lediglich davon, dass Regelungen, welche gegen ein Benachteiligungsverbot verstoßen, unwirksam seien. Ab wann jedoch die Unwirksamkeit anzunehmen ist, ergibt sich aus dieser Norm nicht.

Die Übergangsbestimmungen für den arbeitsrechtlichen Teil des AGG in § 33 Abs. 1 AGG bzw. die für den privatrechtliqchen Teil in den § 33 Abs. 2 bis 5 AGG geben ebenfalls lediglich begrenzt Aufschluss über die zeitliche Anwendbarkeit der Regelungen des AGG, nicht hingegen hinsichtlich der Frage einer möglichen Rückwirkung[1377]: Während gem. Abs. 1 hinsichtlich des arbeitsrechtlichen Teils auf den Stichtag des 18. August 2006 abgestellt wird bzw. zumindest auf die Zeit bis zum 18. August 2006 die bereits vor Inkrafttreten des AGG bestehenden Benachteiligungsverbote der §§ 611a, 611b sowie § 612 Abs. 3 BGB Anwendung finden sollen[1378], gelten hinsichtlich privatrechtlicher Schuldverhältnisse gem. Abs. 2-5 gewisse Übergangsfristen bzw. es wird darauf abgestellt, ob ein Schuldverhältnis bereits vor einem bestimmten Stichdatum abgeschlossen war.

Aus der Übergangsregelung des § 33 AGG scheint sich zusammenfassend zumindest der folgende Grundgedanke zu ergeben: Für Zeiten vor Inkrafttreten des AGG soll „altes" Recht gelten, ab dem Zeitpunkt des Inkrafttretens (bzw. nach Ablauf einer gewissen Übergangsfrist) hingegen sollen Versorgungsordnungen, Versorgungszusagen etc. an den Maßstäben des AGG zu messen sein. Während für den arbeitsrechtlichen Teil die vorher geltenden Benachteiligungsverbote für die Zeit bis zum Stichtag weiterhin maßgeblich sein und das AGG erst ab seinem

1375 So auch: *Cisch/Böhm*, BB 2007, 602, 609; *Reichenbach/Grünenklee*, BetrAV 2006, 708, 709; *Thum*, BB 2008, 2291 f.; ErfKomm-*Steinmeyer*, Vorbem. BetrAVG Rn 46; *Blomeyer/Rolfs/Otto*, Anh § 1 BetrAVG Rn 44

1376 *Langohr-Plato*, Rn 1480.

1377 Zu den Übergangsbestimmungen des § 33 AGG s.o.: B.III.5.b) sowie zum Anknüpfungspunkt i.S.d. § 33 AGG: B.III.5.b)aa).

1378 BAG, Urt. v. 15. Februar 2011 – 9 AZR 750/09, AP Nr. 3 zu § 7 AGG [Rn 23]; Urt. v. 14. Januar 2009 – 3 AZR 20/07, NZA 2009, 489 ff. = BetrAV 2009, 259 [Rn 55].

Inkrafttreten gelten sollen, soll das AGG hinsichtlich privatrechtlicher Schuldverhältnisse lediglich Anwendung finden, wenn das Schuldverhältnis erst nach dem Stichtag abgeschlossen worden ist. Insbesondere für den arbeitsrechtlichen Bereich scheint sich aus § 7 Abs. 2 AGG i.V.m. § 33 Abs. 1 AGG hinsichtlich eines bAV-Sachverhalts und somit auch hinsichtlich der zugrundeliegenden arbeitsrechtlichen Zusage zu ergeben, dass die Rechtsfolge der Nichtigkeit mit Inkrafttreten des AGG erst zum 18. August 2006 eintreten soll. Bis zu diesem Zeitpunkt hingegen soll dem Anschein nach ausschließlich die vorher gültige Rechtslage auf den Sachverhalt der bAV Anwendung finden. Teilweise wird daher vertreten, dass sich bereits aus § 33 Abs. 1 AGG ergebe, dass der Gesetzgeber eine Rückwirkung des AGG wohl nicht beabsichtigt habe[1379], sondern vielmehr von einer *ex nunc*-Wirkung des AGG auszugehen sei.

§ 33 AGG regelt seinem Wortlaut zufolge jedoch einzig die Frage nach der zeitlichen Anwendbarkeit des AGG an sich, nicht hingegen die Frage einer möglichen Rückwirkung i.R.v. Dauerschuldverhältnissen. Folglich findet sich weder in § 7 Abs. 2 AGG noch in § 33 AGG eine eindeutige Antwort darauf, ob eine noch nach Inkfrattreten des AGG bestehende benachteiligende Regelung nunmehr *ex nunc* mit Inkrafttreten des AGG oder aber gar *ex tunc* von Anfang an unwirksam wird.

bb) Stellungnahme

Da das AGG als Verbotsgesetz für den Bereich der bAV die Unwirksamkeit benachteiligender Regelungen anordnet, ist in jedem Fall von einer *ex nunc*-Unwirksamkeit benachteiligender Regelungen für die Zeit seit dem Inkafttreten des Verbotsgesetzes, also für die Zukunft, auszugehen.[1380] Eine *ex tunc*-Unwirksamkeit von nunmehr gegen das AGG verstoßenden bAV-Regelungen wird hingegen zumindest immer dann abzulehnen sein, wenn der Eingriff in das Vertrauen des Versprechenden unverhältnismäßig erscheint.

Zumindest für die Zeiten seit dem Inkrafttreten des AGG am 18. August 2006 jedoch kann keinesfalls davon ausgegangen werden, dass Vertrauensschutzargumente die Anwendung der Regelungen des AGG und somit auch die Behebung der

---

1379 So auch: MüKo-*Thüsing*, § 33 AGG Rn 3, 5; *Bauer/Arnold*, NJW 2008, 3377 ff.

1380 So auch bspw.: MüKo-*Thüsing*, § 33 AGG Rn 3, 5; *Thüsing*, BetrAV 2006, 704, 707; *Bauer/Arnold*, NJW 2008, 3377, 3381.; *Lingemann/Müller*, BB 2007, 2006, 2013; *Adomeit/Mohr*, § 10 AGG Rn 149; *dies.*, ZfA 2008, 449, 456; *Wiedemann*, NZA 2007, 950, 952; wohl ebenfalls: LAG Düsseldorf, Urt. v. 29. Februar 2012 – 12 Sa 1430/11, ArbRB 2012, 237, Volltext veröffentlicht unter: http://www.lag-duesseldorf.nrw.de/beh_static/entscheidungen/entscheidungen/sa/1430-11.pdf [Rn 51] (Bestätigung von LAG Düsseldorf, Urt. v. 09. April 2010 – 9 Sa 690/09, NZA-RR 2010, 653 [Rn 80 ff.]); zustimmend, jedoch für den Bereich der bAV auf den Bezug einer Betriebsrente o. das Ausscheiden mit unverfallbaren Anwartschaften vor Inkrafttreten des AGG abstellend: *Meinel/Heyn/Herms*, § 33 AGG Rn 5, 5b, 8.

Ungleichbehandlung unterlaufen könnten.[1381] Für die Zeit vor dem Inkrafttreten hingegen könnte zumindest in solchen Fällen, in denen ansonsten die finanziellen Auswirkungen für den Arbeitgeber ein erhebliches Ausmaß annehmen würden, davon auszugehen sein, dass die Unwirksamkeit der benachteiligenden Regelungen tatsächlich erst seit dem Inkrafttreten des AGG bzw. erst seit dem Ablauf der Umsetzungsfrist der Antidiskriminierungsrichtlinien anzunehmen ist.

Für die Annahme lediglich einer solchen *ex nunc*-Unwirksamkeit spricht wie dargestellt der Wortlaut des § 33 Abs. 1 AGG, der nach dem jeweils anwendbaren Recht vor bzw. nach Inkrafttreten des AGG unterscheidet. Mit der Formulierung des § 33 Abs. 1 AGG scheint der Gesetzgeber Ansprüche für (Erwerbs-)Zeiträume vor dem 18. August 2006 ausgeschlossen zu haben, sofern die vertragliche Regelung nach den Bestimmungen zum Zeitpunkt der Erteilung der Zusage zulässig war.[1382]

Zwar geht die Rechtsprechung davon aus, dass sich das AGG auch in Form einer „unechten Rückwirkung" auf bAV-Sachverhalte auswirken könne, so dass wohl nicht davon ausgegangen werden kann, dass rückwirkende Ansprüche aus der Zeit vor dem 18. August 2006 bereits gänzlich ausscheiden, da die Regelungen zum damaligen Zeitpunkt zulässig waren.[1383] In solchen Fällen jedoch, in denen das Vertrauen des Arbeitgebers schutzwürdig ist und ein Eingriff in sein Vertrauen insbesondere aufgrund der Höhe der finanziellen Belastungen und/oder des konkret für ihn definierten Ausschlusses einer bestimmten, bezifferbaren Gruppe unverhältnismäßig erscheint, ist von einer *ex nunc*-Unwirksamkeit der Regelung auszugehen und somit nach den Zeiten vor Inkrafttrten des AGG und den Zeiten seit Inkrafttreten des AGG zu unterscheiden.

Eine Rückwirkung auf Vor-AGG-Zeiten würde den Arbeitgeber zumindest in solchen Fällen unverhältnismäßig belasten, in welchen die finanziellen Auswirkungen erheblich sind. Auf die finanziellen Auswirkungen hat wie dargestellt auch das BAG abgestellt. So stellt sich auch die vom BAG hinsichtlich der Vertrauenschutz- und Verhältnismäßigkeitsgesichtpunkte vorgenommene Wertung in dem Fall der Schlechterstellung eingetragener Lebenspartner in der Hinterbliebenenversorgung als durchaus nachvollziehbar und richtig dar. Diese Wertung ist jedoch nicht ohne Weiteres auf alle anderen Fälle einer Benachteiligung i.R.e. bAV-Sachverhaltes übertragbar. Dies lässt bereits die statistische Verbreitung der eingetragenen Lebenspartnerschaft erahnen. Die Tatsache, dass im Jahr 2004 erst

1381 Siehe auch: AK-*Roloff*, § 8 AGG Rn 18; Wendeling-Schröder/Stein-*Wendeling-Schröder*, § 7 AGG Rn 21; *Nollert-Borasio/Perreng*, § 7 AGG Rn 44; wohl auch: Däubler/Bertzbach-*Brors*, § 10 AGG Rn 90; a.A.: MüKo-*Thüsing*, § 1 AGG Rn 20; ArbG Berlin, Urt. v. 22. August 2007 – 86 Ca 1696/07, BB 2008, 161, welches den betroffenen Tarifvertragsparteien aufgrund von Vertrauensschutzgründen eine Übergangsfrist zur Bestimmung einer neuen Regelung einräumen will.

1382 So ebenfalls: *Lingemann/Müller*, BB 2007, 2006, 2013; so wohl auch: *Adomeit/Mohr*, § 10 AGG Rn 149; MüKo-*Thüsing*, § 33 AGG Rn 3, 5; *Bauer/Arnold*, NJW 2008, 3377 ff.

1383 a.A. bspw.: *Lingemann/Müller*, BB 2007, 2006, 2013.

weniger als 20.000 und auch noch im Jahr 2011 erst lediglich ca. 27.000 eingetragene Lebenspartnerschaften in der Bundesrepublik existierten, lässt vor dem Hintergrund einer Gesamtbevölkerungzahl von über 81,8 Millionen Einwohnern[1384] erahnen, dass Benachteiligung eingetragener Lebenspartner hinsichtlich der Hinterbliebenenversorgung aufgrund ihrer sexuellen Identität bereits nicht zu den statistisch gesehen häufigsten zu zählen ist. Aus diesem Grund wird ein derartiger Benachteiligungssachverhalt wohl auch nicht zu den für Arbeitgeber finanziell schwerwiegensten Diskriminierungstatbeständen zählen, sollte der Arbeitgeber zu einer rückwirkenden Gleichstellung verpflichtet werden. Es wird vielmehr in der überwiegenden Mehrheit der Fälle nicht davon auszugehen sein, dass tatsächlich größere Teile der Belegschaft eines Arbeitgebers aufgrund bestehender eingetragener Lebenspartnerschaften und somit aufgrund ihrer sexuellen Identität benachteiligt werden und demnach rückwirkend Ansprüche geltend machen könnten. Folglich erscheint es hier durchaus angebracht, dass das BAG festgestellt hat, dass das Gleichgewicht der Finanzierungsgrundlage auch durch eine derartige rückwirkende Gleichstellung der Lebenspartner nicht rückwirkend gefährdet werde und ein derartiger, eher geringer Eingriff in das Vertrauen des Arbeitgebers durchaus gerechtfertigt sei.

In solchen Fällen jedoch, in denen der Arbeitgeber mit Sicherheit aufgrund einer (nunmehr unzulässigen) Ausschlussregelung darauf vertraut hat, dass die von ihm für den Bezug der bAV gesetzte Voraussetzungen in jedem Fall von einem bestimmten Anteil der Arbeitnehmer nicht erfüllt werden würden, kann der Argumentation des BAG bereits nicht mehr gefolgt werden. Konnte der Arbeitgeber bspw. mit Sicherheit davon ausgehen, dass ein gewisser Anteil der Belegschaft eine von ihm festgesetzte Wartezeit bis zu dem jeweiligen altersbedingten Ausscheiden nicht mehr erreichen würde, ist das Vertrauen des Arbeitgebers schutzwürdiger als in dem Fall einer Hinterbliebenenregelung, welche lediglich solche Arbeitnehmer in Anspruch nehmen, die tatsächlich heiraten. In einem solchen Fall wird der Arbeitgeber im Zweifel keinerlei Rückstellungen für die Versorgung der Beschäftigten getroffen haben, welche nunmehr aufgrund des Inkrafttretens des AGG in jedem Fall einen Anspruch auf Gleichstellung für die Zukunft besitzen, jedoch nach den Grundsätzen des BAG auch einen (rückwirkenden) Anspruch auf Versorgungsleistungen besitzen könnten. Träfe den Arbeitgeber auch hier die Verpflichtung, nunmehr zusätzlich auch diesen Arbeitnehmer rückwirkend eine Versorgung zur Verfügung zu stellen, ganz so, als seien diese Arbeitnehmer niemals von dem Versorgungssystem ausgeschlossen gewesen, so träfe ihn diese Verpflichtung mitunter – je nach Anzahl der bislang Ausgeschlossenen, nach Höhe der versprochenen Leistungen der bAV sowie nach Dauer des aus heutiger Sicht unwirksamen Ausschlusses –sehr erheblich. Die Verhältnismäßigkeit eines solch

1384 Angaben des Statistischen Bundesamtes aus dem Mikrozensus 2011, abrufbar unter: https://www.destatis.de/DE/ZahlenFakten/GesellschaftStaat/Bevoelkerung/Bevoelkerungsstand/Aktuell.html.

erheblichen Eingriffs in das Vertrauen des Arbeitgebers erscheint hier möglicherweise unverhältnismäßig.

Zu dem Eingriff in das Vertrauen des Arbeitgebers in die bisherige Rechtslage kommt noch die Problematik der Finanzierbarkeit einer solchen rückwirkenden Gleichstellung hinzu. In Fällen der Altersdiskriminierung anhand von Lebensalterstabellen bspw., in denen die Benachteiligung im Endeffekt wie dargestellt beinahe jeden Arbeitnehmer und somit auch beinahe vollständige Belegschaften treffen kann, oder aber auch in Fällen von Wartezeitenregelungen, mittels derer durchaus erhebliche Teile der Beschäftigten von Leistungen der bAV ausgeschlossen werden sollten, wird nicht ohne Weiteres angenommen werden können, dass das finanzielle Gleichgewicht der Systeme der bAV durch eine mögliche rückwirkende Anwendbarkeit der Benachteiligungsverbote des AGG nicht erschüttert würde. Müsste der Arbeitgeber nunmehr bspw. große Teile der Belegschaft bis zurück zur Zusageerteilung entsprechend nachversichern, da Ausschlussregelung nunmehr als *ex tunc* unwirksam gilt, so wird dies im Zweifel mangels hierfür getroffener Rückstellungen zu durchaus erheblichen Erschütterungen des finanziellen Gleichgewichts der Systeme der bAV führen. Vielmehr muss in diesen Fällen beachtet werden, dass der Arbeitgeber zumeist aus finanziellen Gründen versucht haben wird, mittels dieser (nunmehr unzulässigen Regelung) sein finanzielles Risiko zu begrenzen. Folglich wird eine rückwirkende Erschütterung des finanziellen Gleichgewichts durch eine drohende Verpflichtung zur Leistung der Nachversicherungsbeiträge in Form von Einmalzahlungen umso eher anzunehmen sein.

Es ist bei der Frage der Verhältnismäßigkeit des Eingriffs in das Vertrauen des Arbeitgebers zudem stets zu beachten, dass dem deutschen Recht die sich aus § 1 AGG ergebenden Diskriminierungsverbote – mit Ausnahme des Diskriminierungsverbotes aufgrund des Geschlechtes – bislang völlig fremd waren.[1385] Der Arbeitgeber hatte demnach keine Chance, ausreichende Versicherungen abzuschließen, Rückstellungen zu bilden etc., da er nicht davon ausgehen konnte, dass die von ihm verwendeten Regelung Jahre später mit Rückwirkung unwirksam werden würden. Ebenso hatte er auch weder Möglichkeit noch Anreiz, eine mittlere Versorgungshöhe zu finden, mittels welcher er bei gleichbleibendem Dotierungsrahmen die Versorgung der gesamten, nunmehr umso größeren Anzahl der Versicherten hätte sicherstellen können. Zu beachten ist hierbei auch der Gesetzeszweck des AGG. Wie sich aus der Gesetzesbegründung ergibt, sollte das Gesetz *„u.a. zu wirksamen, verhältnismäßigen und abschreckenden Sanktionen bei Verstößen gegen das Gleichbehandlungsgebot“* verpflichten.[1386] Eine Rückwirkung der Sanktionen hingegen wäre zwar fraglos wirksam und abschreckend. Die Verhältnismäßigkeit hingegen erscheint zumindest in finanziell erheblichen Fällen vor dem Hintergrund der

---

1385 So ebenfalls zutreffend: *Adomeit/Mohr*, ZfA 2008, 449, 457.
1386 Vgl.: BT-Drucks. 16/1780, 1.

bisherigen Zulässigkeit der nunmehr benachteiligenden Regelungen gerade nicht gegeben.

Dies gilt umso mehr vor dem Hintergrund des Entgeltcharakters, welcher der bAV innewohnt. War die ursprüngliche Zusage bspw. derart ausgestaltet, dass einem Arbeitnehmer keinerlei Ansprüche auf bAV zustehen sollten, da er ein (bis dato legitimes) bestimmtes Merkmal nicht erfüllte, ihm solche Ansprüche jedoch nunmehr unter Hinzuziehung des Entgeltgleichheitsgebotes im Zusammenhang mit einer Benachteiligung wegen eines der „neuen" „verpönten" Merkmale des AGG zustehen müssten, so erscheint es nachvollziehbar, dass ihm nur Ansprüche hinsichtlich der Verdienstzeiten nach Inkrafttreten des AGG zustehen, also hinsichtlich der Zeiten, in welchen die Schlechterstellung nicht mehr legitim war. Es ist daher vorzugswürdig, darauf abzustellen, ob die Zeiten, in denen der Versorgungsempfänger mögliche Ansprüche auf bAV erdient hat bzw. noch erdient, vor oder nach Inkrafttreten des AGG lagen.

Insbesondere i.R.d. bAV, welche ein sogar über das gesamte Beschäftigungsverhältnis hinausgehendes Dauerschuldverhältnis darstellt und in welcher insbesondere zu Beginn des Sachverhaltes, d.h. zum Zeitpunkt der Zusage, Berechnungen hinsichtlich der für die Zukunft notwendigen Rückstellungen bzw. Beitragszahlungen an die Versorgungswerke angestrengt werden, hätte eine Rückwirkung der Benachteiligungsverbote besonders gravierende (insbesondere finanzielle) Auswirkungen. Arbeitgeber wären gezwungen, in Form von Einmalzahlungen die bisher vorenthaltenen Leistungen nachzuversichern. Es ist zu bezweifeln, dass der europäische Richtliniengeber oder auch der nationale Gesetzgeber tatsächlich derart ausufernde Wirkungen der Antidiskriminierungsgebote verfolgt haben. Folglich erscheint es hier auch fragwürdig, ob eine derartige Rückwirkung tatsächlich vom Gesetzeszweck des AGG erfasst wäre. Dies spräche ebenfalls gegen die Zulässigkeit einer solchen „unechten" Rückwirkung des AGG in Fällen der bAV.

Bei der Abwägung des Vertrauensschutzes ist zudem zu beachten, dass auf Seiten des bislang Benachteiligten gerade kein schützenswertes Vetrauen anzunehmen ist. Der Benachteiligte konnte gerade nicht davon ausgehen, die Leistungen zu erhalten, von denen er ausgeschlossen war. Der Arbeitgeber hingegen konnte darauf vertrauen, sein finanzielles Risiko durch die Verwendung einer damals zulässigen Regelung begrenzt zu haben. Dem Benachteiligten können daher solche Ansprüche, welche er hypothetisch seit der ursprünglichen Zusage hätte erdienen können, hätte ihn diese Zusage von Anfang an erfasst oder hätten die Benachteiligungsverbote des AGG auch schon zu diesem Zeitpunkt bestanden, zunmindest in vielen Fällen aus Gründen des Vertrauensschutzes und der Verhältnismäßigkeit[1387] nicht zustehen.

1387 Siehe zu diesen Grundsätzen: BVerfG, Urt. v. 30. September 1987 – 2 BvR 933/82, BVerfGE 76, 256 = NVwZ 1988, 329 = NJW 1988, 1015.

Hierfür spricht auch ein Vergleich mit der *Barber*-Rechtsprechung[1388] des EuGH. Hier hatte der EuGH hinsichtlich des Entgeltgleichheitssatzes des Art. 157 AEUV[1389] in der *Barber*-Entscheidung rückwirkende Ansprüche benachteiligter Arbeitnehmer auf eine „Anpassung nach oben" ausdrücklich zeitlich begrenzt.[1390] Aus Gründen der Rechtssicherheit und des Vertrauensschutzes für die betroffenen Arbeitgeber war es Arbeitnehmern nicht möglich, rückwirkende Ansprüche geltend zu machen, welche die Zeit vor dem 17. Mai 1990, den Tag der Entscheidung in der Rechtssache *Barber*, betrafen. Etwas anderes sollte nur dann gelten, wenn eine solche Klage bereits zum Entscheidungszeitpunkt anhängig gewesen war.[1391] Der EuGH war hierbei hinsichtlich dieser zeitlichen Einschränkung für die Vergangenheit ausdrücklich auf die zu befürchtenden wirtschaftlichen Mehrbelastungen eingegangen, welche Arbeitgeber ohne die vom EuGH in der Rechtsache *Barber* vorgenommene zeitliche Einschränkung getroffen hätten.[1392] Die *Barber*-Rechtsprechung wurde später in das Protokoll Nr. 2[1393] zum Maastricht-Vertrag vom 7. Februar 1992 aufgenommen und die Grundsätze der Entscheidung (samt zeitlicher Einschränkung hinsichtlich des Entscheidungszeitpunkts) später in § 30a Abs. 1 S. 1 (a.E.) BetrAVG festgeschrieben.

Bemerkenswert ist hierbei, dass der EuGH den Arbeitgebern dennoch Vertrauensschutz eingeräumt hat, obwohl bspw. in der Bundesrepublik bereits jahrzehnte vorher nach Art. 3 Abs. 2 GG eindeutig klargestellt war, dass Männer und Frauen gleichberechtigt sind. Folglich durfte hier das Vertrauen der Arbeitgeber in die Zulässigkeit einer Schlechterstellung von weiblichen Beschäftigten nicht besonders groß sein. Dennoch hat der EuGH hier das Vertrauen der Arbeitgeber für schutzwürdig erachtet. Bei den „verpönten" Merkmalen des AGG, bspw. das des Alters, hingegen handelt es sich teilweise um Merkmale, anhand derer zuvor unterschiedliche Behandlungen durchaus zulässig gewesen waren. Folglich erscheint hier das Vertrauen der Arbeitgeber umso schutzwürdiger als vor der *Barber*-Entscheidung.

1388 EuGH, Urt. v. 17. Mai 1990 – Rs. C-262/88 [*Barber*], Slg. 1990, I-1889 ff. = AP Nr. 20 zu Art. 119 EWG-Vertrag.

1389 Des damaligen Art. 141 Abs. 1 EGV.

1390 EuGH, Urt. v. 17. Mai 1990 – Rs. C-262/88 [*Barber*], Slg. 1990, I-1889 ff. = AP Nr. 20 zu Art. 119 EWG-Vertrag; Näheres zu dieser Rechtsprechung und ihren Auswirkungen auf die BAV s.o.: B.I.1.a)bb)(2) bzw. B.II.

1391 EuGH, Urt. v. 17. Mai 1990 – Rs. C-262/88 [*Barber*], Slg. 1990, I-1889 ff. = AP Nr. 20 zu Art. 119 EWG-Vertrag; zur zeitlichen Einschränkung der *Barber*-Entscheidung nochmals erleuternd: EuGH, Urt. v. 14. Dezember 1993 – Rs. C- 110/91, Slg 1993, I-6591-6620 = AP Nr. 16 zu § 1 BetrAVG Gleichbehandlung.

1392 *Gamillscheg*, S. 67.

1393 „Barber-Protokoll", Abl. C 191: *„Im Sinne des Artikels 119 gelten Leistungen aufgrund eines betrieblichen Systems der sozialen Sicherheit nicht als Entgelt, sofern und soweit sie auf Beschäftigungszeiten vor dem 17. Mai 1990 zurückgeführt werden können, ausser im Fall von Arbeitnehmern oder deren anspruchsberechtigten Angehörigen, die vor diesem Zeitpunkt eine Klage bei Gericht oder ein gleichwertiges Verfahren nach geltendem einzelstaatlichen Recht anhängig gemacht haben."*

Es ist jedoch auch festzustellen, dass nicht in jedem Fall von einem schutzwürdigen Vertrauen des Arbeitgebers ausgegangen werden kann. Vielmehr wird die Frage des Vertrauensschutzes stets im Einzelfall streng zu überprüfen sein.[1394] So ging bspw. das Hessische Landesarbeitsgericht in einem Urteil aus dem Jahr 2010 davon aus, dass spätestens seit Erlass der Antidiskriminierungsrichtlinien mit deren Umsetzung in nationales Recht habe gerechnet werden müssen. Vor dem Hintergrund der Diskussionen um die europäischen Richtlinien seien die zukünftigen Benachteiligungsverbote bereits allgemein bekannt gewesen. Insbesondere, da der nationale Gesetzgeber hinsichtlich der Merkmale des Alters und der Behinderung die Umsetzung durch der Inanspruchnahme der Zusatzfrist von drei Jahren verzögert habe, habe hier von Seiten der Arbeitgeber bereits nicht darauf vertraut werden dürfen, dass vormals zulässige Regelungen wie bspw. ein Lebensaltersstufensystem weiterhin Bestand haben würden.[1395]

Dies mag möglicherweise in dem dortigen zu entscheidenden Fall zu einem gerechten Ergebnis führen, in welchem noch im Jahr 2003, also nach Erlass der Richtlinie 2000/78/EG im Jahr 2000, eine solche Altersstufenregelung getroffen worden ist. Gleiches würde jedoch keineswegs für solche Sachverhalte gelten, in denen Versorgungszusagen lange, bspw. jahrzehntelang vor Erlass der Antidiskriminierungsrichtlinien mitsamt desartiger – zu diesem Zeitpunkt zudem durchaus zulässiger – Lebensaltersstufenregelungen gegeben worden sind. In solchen Fällen wäre eine solche „rückwirkende" Erstreckung des AGG auf Zeiten vor dem Inkrafttreten des AGG als Eingriff in schutzwürdiges Vertrauen des Arbeitgebers zumindest dann zu vermeiden, sofern eine solche Rückwirkung erhebliche finanzielle Auswirkungen hätte. In Fällen, in denen bspw. ein Arbeitverhältnis seit 15 Jahren, also seit 1997, bestand und das Arbeitsverhältnis zum 31. Dezember 2007 beendet wurde, soll nach dem AGG vielmehr grundsätzlich nur der Zeitraum vom 18. August 2006, dem Inkrafttreten des AGG, bis zum Ende des Arbeitsverhältnisses am 31. Dezember 2007 relevant sein.[1396] In den Fällen also, in denen die nunmehr laut AGG geltenden Diskriminierungsverbote (in jedem Falle zumindest die seit Inkrafttreten des AGG „neuen" „verpönten" Merkmale des Alters und der sexuellen Identität) zum Zeitpunkt einer Versorgungszusage noch nicht zu erahnen waren, konnte zum Zeitpunkt der (nach heutigen Maßstäben benachteiligenden) Zusage nicht vom Arbeitgeber verlangt werden, dass dieser die Zusage bzw. die Versorgungsrichtlinien bereits „seherisch" vorrausschauend benachteiligungsfrei in Hinblick auf (mögliche) zukünftige Benachteiligungsverbote ausgestaltet.

1394 Vgl. auch: *Blomeyer/Rolfs/Otto*, Anh § 1 BetrAVG Rn 45; so wohl auch: Däubler/Bertzbach-*Brors*, § 10 AGG Rn 90.

1395 Hess. LAG, Urt. v. 06. Januar 2010 – 2 Sa 1121/09, Rn 63, abrufbar unter: http://www.lareda.hessenrecht.hessen.de/jportal/portal/t/s15/page/bslaredaprod.psml?&doc.id=KARE600029037%3Ajuris-r01&showdoccase=1&doc.part=L.

1396 So ebenfalls: *Bauer/Arnold*, NJW 2008, 3377 ff.

Auch aus der *Mangold*-Rechtsprechung des EuGH[1397] ergibt sich nichts Anderes. Diesbezüglich wurde tlw. vertreten, dass nunmehr davon auszugehen sei, dass bereits vor Erlass der Anti-Diskriminierungs-Richtlinien ein primärrechtliches Verbot der Diskriminierung wegen des Alters, eventuell sogar wegen anderer Diskriminierungsmerkmale bestanden habe, welches zwischen Privaten bereits vor Inkrafttreten des AGG Anwendung gefunden habe.[1398] Dies hätte für ein lediglich eingeschränkt schutzfähiges Vertrauen des Arbeitgebers und somit womöglich für eine zumindest „unechte" Rückwirkung des AGG gesprochen. Wie bereits dargestellt[1399] kann jedoch nicht direkt auf ein solches primärrechtliche Verbot der Altersdiskriminierung, so man denn überhaupt von seinem Bestehen ausgeht, abgestellt werden, da das primärrechtliche Altersdiskriminierungsverbot durch die Richtlinie 2000/78/EG konkretisiert und richtliniengemäß innerhalb der Umsetzungsfrist durch das AGG umgesetzt worden ist. Zudem mangelt es möglicherweise gegen ein solches primärrechtliches Altersdiskriminierungsverbot verstoßenden, benachteiligenden bAV-Zusagen oder Versorgungsordnungen bereits am gemeinschaftsrechtlichem Bezug. Darüber hinaus ist auch festzustellen, dass die *Mangold*-Entscheidung vom 22. November 2005 nur wenige Monate vor Inkrafttreten des AGG ergangen ist, so dass sich auch hieraus schwerlich ein Argument für ein Nicht-Bestehen des Vertrauensschutzes herleiten lässt.

Verstößt folglich ein Dauertatbestand, bspw. eine Regelung eines bAV-Dauersachverhaltes auch noch nach dem 18. August 2006 bzw. nach dem Zeitpunkt der unmittelbaren Anwendbarkeit der nicht rechtzeitig umgesetzten Richtlinie gegen eines der neuen Benachteiligungsverbote, so wird eine Regelung mit Inkrafttreten des AGG bzw. mit unmittelbarer Anwendbarkeit der Richtlinie insoweit unwirksam, als sie ungerechtfertigt benachteiligt. Die Unwirksamkeit ist dann eine Unwirksamkeit *ex tunc* im Sinne einer „unechten" Rückwirkung. In den Fällen allerdings, in denen ein solcher Eingriff in das Vertrauen des Arbeitgebers unverhältnis mäßig wäre, da bspw. die neuen Benachteiligungsmerkmale zum Zusagezeitpunkt gänzlich noch nicht zu erahnen waren, die finanziellen Auswirkungen einer Rückwirkung zu erheblich wären, eine zu große Anzahl von Beschäftigten rückwirkend gleichgestellt werden müsste etc., wird lediglich von einer ex nunc-Wirkung des AGG auszugehen sein.[1400] In den Fällen, in denen das

1397 EuGH, Urt. v. 22. November 2005 – Rs. C-144/04 [*Mangold*], Slg. 2005, I-9981 ff. = AP Nr. 1 zu Richtlinie 2000/78/EG.

1398 *Rieble/Zedler*, ZfA 2006, 273, 280.

1399 Siehe hierzu ausführlich oben: B.III.5.c).

1400 Vgl. auch: LAG Düsseldorf, Urt. v. 29. Februar 2012 – 12 Sa 1430/11, ArbRB 2012, 237, Volltext veröffentlicht unter: http://www.lag-duesseldorf.nrw.de/beh_static/entscheidungen/entscheidungen/sa/1430-11.pdf [Rn 51] (Bestätigung von LAG Düsseldorf, Urt. v. 09. April 2010 – 9 Sa 690/09, NZA-RR 2010, 653 [Rn 80 ff.]); ähnlich, allerdings wohl eine automatisch lediglich *ex nunc* wirkende Unwirksamkeit annehmend: MüKo-*Thüsing*, § 33 AGG Rn 3 f. m.w.N.; *Adomeit/Mohr*, § 10 AGG Rn 149.

Vertrauen des Arbeitgebers als besonders schutzwürdig erachtet wird, wird folglich hinsichtlich der benachteiligenden Regelung nach Vor-AGG- und AGG-Zeiten zu unterscheiden sein.

Auch das ArbG Berlin ist in vorbenannter Entscheidung aus dem Jahr 2007 ebenfalls davon ausgegangen, dass hinsichtlich der Rechtsfolgen, welche sich aus einem Tarifvertrag ergaben, welcher eine nunmehr nach dem AGG benachteiligende und daher unwirksame Regelung enthielt, zwischen den Ansprüchen aus dem Alt-Tarifvertrag, also dem Tarifvertrag vor Inkrafttreten des AGG, und Ansprüchen aus dem Neu-Tarifvertrag, also dem Tarifvertrag nach dem Inkrafttreten des AGG, zu unterscheiden sei.[1401]

Ähnlich hatte auch der EuGH in der Barber-Entscheidung bestimmt, dass die zeitliche Beschränkung der *Barber*-Rechtsprechung nur dann für Leistungen gelten sollte, die nicht von der Dauer der tatsächlichen Beschäftigungszeit abhängen, wenn das auslösende Ereignis bereits vor dem Tag der Verkündung eingetreten war. Ein Hinterbliebener bspw. sollte daher nur für Beschäftigungszeiten nach dem 17. Mai 1990 Gleichbehandlung fordern können, da die Hinterbliebenenrente eine Vergütung darstellt, die ihren Ursprung in der Zugehörigkeit des Ehegatten des Hinterbliebenen zum Betriebsrentensystem hat.[1402]

Wie *Nicolai* feststellt, sprechen auch die Grundsätze des BAG aus der Entscheiung hinsichtlich der (Un-)Angemessenheit von AGB-Klauseln nach den §§ 305 ff. BGB[1403] sowie die Grundsätze der Massenentlassungsentscheidung des BAG[1404] für die Gewährung von Vertrauensschutz.[1405] Hinsichtlich der AGB-Klauseln bspw. habe das BAG insofern Vertrauensschutz gewährt, als solche Klauseln über Jahre hinweg für unbedenklich gehalten worden waren. Werde von den Gerichten im Einzelfall kein Vertrauensschutz angenommen, so würde eine vollständige Unwirksamkeitserklärung eine „überschießende Reaktion" darstellen. Nach Ansicht von *Nicolai* soll dann gar eine geltungserhaltende Reduktion vorgenommen werden, auch wenn dies grundsätzlich bei Vertragsklauseln nicht möglich ist, da es sich bei den - ggf sogar mitbestimmten - Versorgungsordnungen nicht um gewöhnliche Vertragsklauseln handele. V.a. müsse auch beachtet werden, dass es sich um freiwillige Entgeltzusatzleistungen des Arbeitgebers handele. Nach Ansicht von *Nicolai* wäre dann die Regelung des § 306 Abs. 2 BGB einschlägig, so dass die aufgrund der Unwirksamkeit der Klausel entstehende Lücke mittels ergänzender Vertragsauslegung nach § 157 BGB geschlossen werden müsse.

Nach der hier vertretenen Auffassung ist das AGG folglich in den meisten Fällen lediglich auf Beschäftigungszeiten seit seinem Inkrafttreten im Jahr 2006

1401 ArbG Berlin, Urt. v. 22. August 2007 – 86 Ca 1696/07, BB 2008, 161 [Rn 51].

1402 Eine Übertragung dieser Ausnahmeregelung auf das AGG jedoch wohl ablehnend: *Thüsing*, Rn 501 f.

1403 BAG, Urt. v. 12. Januar 2005 – 5 AZR 364/04, AP Nr. 1 zu § 308 BGB.

1404 BAG, Urt. v. 13. Juli 2006 – 6 AZR 198/06, AP Nr. 22 zu § 17 KSchG 1969.

1405 *Nicolai*, BetrAV 2007, 701, 704.

anwendbar.[1406] Dies gilt zumindest in den Fällen, in denen die rückwirkende Gleichstellung erhebliche finanzielle Auswirkungen auf den Arbeitgeber besäße, sei es, weil er für einen sehr langen Zeitraum oder aber für eine große Anzahl von Beschäftigten nachversichern müsste. Lediglich in solchen Fällen, in denen die rückwirkende Gleichstellung (weniger) Benachteiligter finanziell kaum ins Gewicht fällt, wird man tatsächlich wie das BAG von einer „unechten" Rückwirkung zulasten der Arbeitgeber ausgehen können.

Wie bereits dargestellt sprechen überzeugende Argumente darüber hinaus zudem dafür, das AGG sogar nur auf solche Sachverhalte Anwendung finden zu lassen, bei denen das Beschäftigungsverhältnis zum Zeitpunkt des Inkrafttretens des AGG noch nicht beendet war.[1407] Auf diese Art und Weise kommt das Gesetz seit dem Tag seines Inkrafttretens auch für die Zukunft zur Anwendung und Beschäftigten ist es möglich, Anwartschaften für die Zeiten seit Inkrafttreten des AGG in nunmehr benachteiligungsfreier Weise zu erdienen. Selbst wenn in dieser Frage nach dem richtigen Anknüpfungspunkt i.S.d. § 33 Abs. 1 AGG[1408] zu einem anderen Ergebnis als dem hier vertretenen gekommen und nicht auf das Bestehen eines Beschäftigungsverhältnisses, sondern vielmehr auf das Bestehen eines irgendgearteten Rechtsverhältnisses zwischen (ehemaligem) Arbeitnehmer und Arbeitgeber zum Stichtagszeitpunkt abgestellt wird, sprechen umso gewichtigere Argumente dafür, von einem schützenswertem Vertrauen des Arbeitgebers auszugehen: In diesem Fall würden sich die finanziellen Auswirkungen als noch extremer darstellen als dann, wenn man lediglich auf zum Inkrafttreten des AGG bestehende Beschäftigungsverhältnisse abstellt. Zum anderen liegt die ursprüngliche (benachteiligende) Zusage in solchen Fällen, in denen zum Zeitpunkt des Inkrafttretens des AGG bereits kein Beschäftigungsverhältnis mehr bestand, der ehemalige Arbeitnehmer aber entweder mit unverfallbaren Anwartschaften ausgeschieden ist oder sogar bereits Betriebsrentenleistungen erhält, im Zweifel noch länger zurück als in den Fällen, in denen noch ein Beschäftigungsverhältnis besteht. Demnach erscheint hier das Vertrauen des Arbeitgebers umso mehr schutzwürdig gegenüber der Rückwirkung und den Auswirkungen unverhältnismäßiger Inanspruchnahme.

Würde entgegen der hier vertreten Ansicht stets rückwirkend das gesamte Schuldverhältnis seit dem Zusagezeitpunkt *ex tunc* am AGG und den hier geregelten Benachteiligungsverboten bestimmt, so würde verkannt, dass hierdurch Sachverhalte nach aktuellem Antidiskriminierungsrecht in Form des AGG bestimmt würden, welche ihren Ursprung unter völlig anderen Voraussetzungen hatten und zu derem Zusagezeitpunkt derartige Benachteiligungsverbote nicht ansatzweise

---

1406 So auch: *Bauer/Arnold*, NJW 2008, 3377, 3380 ff.; *Meinel/Heyn/Herms*, § 33 AGG Rn 8; *Wiedemann*, NZA 2007, 950, 952; a.A.: BAG, Urt. v. 16. September 2008 – 9 AZR 791/07, NZA 2009, 79 ff.

1407 S.o.: B.III.5.b)aa).

1408 Zu dem hierzu bestehenden Meinungsstreit und der hier vertretenen Ansicht s.o.: B.III.5.b)bb).

zu erahnen waren. Die vom Arbeitgeber gewählte Begrenzung der Bezugsgruppe i.R.d. der Versorgungszusage war zum Zeitpunkt der Erteilung vollständig gesetzeskonform. Der Arbeitgeber hatte hier keinerlei Anlass, davon auszugehen, dass die von ihm gewählte Begrenzung unzulässig sein könnte. Vielmehr war sie von der Rechtsprechung und nach dem Gesetz bislang stets für zulässig erachtet worden. Folglich hatte er zum Zeitpunkt der Zusageerteilung auch keinen Anlass, mehr als das zu versprechen, was er versprechen wollte. Würde nunmehr entgegen jeglichen Vertrauensschutzgesichtspunkten der gesamte Sachverhalt rückwirkend dem aus dem Jahr 2006 stammenden AGG unterstellt, so würde dies unweigerlich, zumindest sofern es sich nicht nur um Einzelfälle wie in der BAG-Rspr. handelt, zu ungerechten und den Arbeitgebern unzumutbaren Ergebnissen führen und ist daher abzulehnen.

In den Fällen jedoch, in denen eine „unechte“ Rückwirkung abzulehnen ist und somit *de facto* eine Art *ex nunc*-Unwirksamkeit der benachteiligenden Regelung anzunehmen ist, führen die Benachteiligungsverbote folglich dazu, dass ein grundsätzlich einheitlicher (Dauer-)Sachverhalt nunmehr in zwei Teile aufgeteilt wird: Er besteht im Folgenden aus einem Teil, in welchem die nunmehr als benachteiligend einzuordnende Regelung noch wirksam war, und einem anderen Teil, in welchem diese Regelung nunmehr unwirksam und der Vertrag daher anzupassen ist. In den Fällen, in denen also aus Vertrauensschutzgesichtspunkten davon auszugehen ist, dass das AGG und seine Benachteiligungsverbote nur für den Zeitraum des (noch) aktiven Arbeitsverhältnisses ab dem 18. August 2006 gelten, wird dies zwar zu gespaltener Rechtsanwendung führen.[1409] Gleichzeitig jedoch werden auf diesem Weg auch Ergebnisse erzielt, welche auch vor Vertrauensschutzgesichtspunkten gerechten erscheinen.

Trotz einer solchen organisatorisch durchaus aufwendigen bzw. verwaltungsintensiven Aufteilung eines bAV-Sachverhalten in Vor-AGG-Zeiten sowie Zeiten seit Inkrafttreten des AGG erscheint in den meisten Fällen nur auf diesem Weg ein Ergebnis erreichbar, welches den Vertrauensschutz des Arbeitgebers in die frühere Rechtmäßigkeit der Regelung würdigt sowie eine tatsächliche Lückenfüllung für die durch den Wegfall der benachteiligenden Regelung entstandenen Lücke darstellt.[1410] Zudem erscheint auch am ehesten durch eine derartige Aufteilung das weiterhin stets zu beachtende politische Ziel der Förderung der bAV verfolgt werden zu können. Würden sich hingegen „neue“ Benachteiligungsverbote mitunter rückwirkend auf den Bereich der bAV auswirken, so würde dies mit Sicherheit manchen Arbeitgeber von der zukünftigen Gewährung einer bAV abhalten.

1409 So auch: *Meinel/Heyn/Herms*, § 33 AGG Rn 5.

1410 Ebenfalls eine Aufteilung vornehmend bspw.: LAG Düsseldorf, Urt. v. 29. Februar 2012 – 12 Sa 1430/11, ArbRB 2012, 237, Volltext veröffentlicht unter: http://www.lag-duesseldorf.nrw.de/beh_static/entscheidungen/entscheidungen/sa/1430-11.pdf [Rn 51] (Bestätigung von LAG Düsseldorf, Urt. v. 09. April 2010 – 9 Sa 690/09, NZA-RR 2010, 653 [Rn 80 ff.]); ArbG Berlin, Urt. v. 22. August 2007 – 86 Ca 1696/07, BB 2008, 161 [Rn 51].

Folglich würden sich die grundsätzlich zum Schutz des Arbeitnehmers implementierten Benachteiligungsverbote schlussendlich möglicherweise gar zum Nachteil der Arbeitnehmer auswirken, da Arbeitgeber von der Einführung der bAV abgehalten werden könnten.

cc) Rechtsprechung und aktueller Meinungsstand

Als Argument für die Annahme einer *ex tunc*-Unwirksamkeit i.R.v. Sachverhalten der bAV wird vorgebracht, dass bei Dauerschuldverhältnissen auch noch nach dem Inkrafttreten der Benachteiligungsverbotes weiterhin Leistungen – sei es vollständig, lediglich eingeschränkt oder auch gar nicht – ausgezahlt würden bzw. weiterhin im laufenden Arbeitsverhältnis Anwartschaften – sei es vollständig, lediglich eingeschränkt oder auch gar nicht – erworben würden. Eine Aufteilung, wonach nach Vor-AGG-Zeiten sowie nach Zeiten seit Inkrafttreten des AGG unterschieden werden müsse und Beschäftigten somit Ansprüche aus dem AGG lediglich *ex-nunc* ab dem 18. August 2006 für die Zeiten seit dem Inkrafttreten zustünden, führe zu einer künstlichen Aufteilung des fortdauernden Sachverhalts.[1411]

In seinem auf die *Maruko*-Entscheidung des EuGH[1412] folgenden Urteil hinsichtlich einer möglichen Benachteiligung von eingetragenen Lebenspartnern durch den Ausschluss i.R.e. Hinterbliebenenversorgung folgte das BAG[1413] zwar der Theorie der „Unteilbarkeit" des Dauerschuldverhältnisses, wie sie von *Suckow* vertreten wird. Jedoch folgerte das BAG hieraus lediglich, dass der noch nach Inkrafttreten des AGG bzw. noch nach unmittelbarer Anwendbarkeit der Richtlinien gegebene weitere Fortbestand eines (unteilbaren) Dauerschuldverhältnisses zur Anwendbarkeit des AGG bzw. der Richtlinien auf dieses Schuldverhältnis führt.

Die Frage hingegen, ob hieraus rückwirkend (*ex tunc*) Ansprüche für das gesamte Schuldverhältnis entstehen sollen, behandelte das BAG in dieser Entscheidung nicht explizit. Vielmehr stellte das BAG sogar fest, dass die Vorschriften des AGG bzw. der Richtlinien jeweils erst ab dem Zeitpunkt des Inkrafttretens bzw. der unmittelbaren Anwendbarkeit Anwendung finden sollen und erst ab diesem Zeitpunkt Gleichbehandlung herzustellen sei: *„Der Gesetzgeber hat für Zeiträume davor eingetragene Lebenspartnerschaften und Ehen hinsichtlich der Altersversorgung der Arbeitnehmer [gerade] nicht gleichgestellt"* [Ergänzung durch den Autor].[1414]

Etwas missverständlicherweise formulierte das BAG in vorbenanntem Urteil jedoch auch Ausführungen dazu, dass Vertrauensschutz- sowie Verhältnismäßigkeitsgesichtspunkte einer solchen „rückwirkenden" Anwendung des „neuen"

1411 Vgl. Schleusener/Suckow/Voigt-*Suckow*, § 33 AGG Rn 4.

1412 EuGH, Urt. v. 01. April 2008 – Rs. C-267/06 [*Maruko*], Slg. 2008 I, 01757 = NJW 2008, 1649.

1413 BAG, Urt. v. 14. Januar 2009 – 3 AZR 20/07, NZA 2009, 489 ff. = BetrAV 2009, 259 [Rn 55, 57].

1414 BAG, Urt. v. 14. Januar 2009 – 3 AZR 20/07, NZA 2009, 489 ff. = BetrAV 2009, 259 [Rn 62].

Benachteiligungsverbotes der sexuellen Identität zumindest im Hinblick auf die Gleichstellung von Ehepartnern und eingetragenen Lebenspartnern nicht entgegenstünden. Hierbei verwiesen die Richter insbesondere darauf, dass in dem zu entscheidenden Fall weder vorgetragen worden noch sonst ersichtlich gewesen sei, *„dass „das finanzielle Gleichgewicht des Systems" der Altersversorgung bei der Beklagten durch „das Fehlen einer zeitlichen Beschränkung" „rückwirkend erschüttert""* würde.[1415]

Mit der hier vom BAG erwähnten „Rückwirkung", durch welche das finanzielle Gleichgewicht nicht erschüttert werde, adressierten die Richter jedoch ebenfalls nicht die Frage nach einer möglichen *ex tunc*-Rückwirkung bis zurück zur Abgabe des Versorgungsversprechens. Vielmehr bezogen die Richter diese Feststellung auf die grundsätzliche Anwendbarkeit der neuen Diskriminierungsverbote auf noch nicht abgeschlossene, andauernde Beschäftigungsverhältnisse bzw. die Frage nach der Anwendbarkeit auf die Zeiten zwischen dem Zeitpunkt des Ablaufs der Umsetzungsfrist der Richtlinie 2000/78/EG hinsichtlich des Merkmals der „sexuellen Identität" am 02. Dezember 2003 und dem klarstellenden *Maruko*-Urteil des EuGH[1416]. Für diese Zeiten, so das BAG, sollen rückwirkend die Maßstäbe gelten, welche der EuGH in der *Maruko*-Entscheidung gesetzt hatte.

In einem weiteren die Hinterbliebenenversorgung betreffenden Urteil des BAG aus dem Jahr 2009[1417] behandelten die Erfurter Richter ebenfalls die Frage nach der zeitlichen Anwendbarkeit des AGG sowie des Vertrauensschutzes hinsichtlich der neuen Benachteiligungsverbote. Hier stellten die Richter wiederum fest, dass durchaus *„im Rahmen eines [noch] bestehenden [...] Dauerschuldverhältnisses für die Zukunft neue Rechtsfolgen geschaffen werden"* dürften.[1418] Auch hier gingen die Richter davon aus, dass es sich hierbei um eine sogenannte „unechte Rückwirkung" handele. Eine solche „unechte Rückwirkung" liege stets dann vor, wenn eine Norm für die Zukunft auf gegenwärtige, noch nicht abgeschlossene Sachverhalte und Rechtsbeziehungen einwirkt und dies zugleich zu einer nachträglichen Entwertung der betroffenen Rechtsposition führt. Eine solche unechte Rückwirkung wird vom Bundesverfassungsgericht grundsätzlich als verfassungsrechtlich zulässig beurteilt.[1419]

Die Erfurter Richter subsummierten, dass es sich bei erforderlichen Änderung von Regelungen mit Auswirkungen auf die betriebliche Altersversorgung i.S.e.

1415 BAG, Urt. v. 14. Januar 2009 – 3 AZR 20/07, NZA 2009, 489 ff. = BetrAV 2009, 259 [Rn 57].

1416 EuGH, Urt. v. 01. April 2008 – Rs. C-267/06 [*Maruko*], Slg. 2008 I, 01757 = NJW 2008, 1649.

1417 BAG, Urt. v. 15. September 2009 – 3 AZR 294/09, AP Nr. 317 zu Art 3 GG = NZA 2010, 216 ff.

1418 BAG, Urt. v. 15. September 2009 – 3 AZR 294/09, AP Nr. 317 zu Art 3 GG = NZA 2010, 216 ff. [Rn 39].

1419 vgl. zur grundsätzlich Zulässigkeit der „unechten Rückwirkung": BVerfG, Urt. v. 23. März 1971 – 2 BvL 17/69, BVerfGE 30, 392, 402 f. = NJW 1971, 1211 [Rn 32].

eines bestehenden, noch nicht abgewickelten Dauerschuldverhältnisses um eine unechte Rückwirkung handele, da hinsichtlich dieses (noch bestehenden) Versorgungsverhältnisses nunmehr neue Rechtsfolgen für die Zukunft geschaffen würden.

Seit dem Inkrafttreten des AGG erfasst der Tatbestand des § 7 AGG aufgrund der in ihm geregelten Rechtsfolge der Unwirksamkeit der jeweils benachteiligenden Regelung auch solche Sachverhalte, die bereits vor der Verkündung des Gesetzes in Gang gesetzt worden sind. Die Rechtsfolgen des AGG können sich somit auch auf solche Betriebsrentenregelungen auswirken, welche bereits vor der Verkündung des AGG bestanden. Da dies jedoch nur für noch andauernde Sachverhalte gilt, nicht hingegen für bereits abgeschlossene Sachverhalte, handelt es sich hierbei um eine lediglich „unechte Rückwirkung", nicht hingegen um eine „echte" Rückwirkung.

Wie das LAG Baden-Württemberg jedoch zutreffend in einem späteren Urteil[1420] unter ausdrücklicher Erwähnung der vorbenannten Rechtsprechung des BAG ausgeführt hat, können sich allerdings Grenzen der Zulässigkeit einer solchen „unechten Rückwirkung" aus dem Grundsatz des Vertrauensschutzes und dem Verhältnismäßigkeitsprinzip ergeben. Nach Rechtsprechung des BVerfG ist hiervon immer dann auszugehen, wenn die vom Gesetzgeber mit Erlass eines Gesetzes angesetzte „unechte Rückwirkung" zur Erreichung des Gesetzeszwecks nicht geeignet oder erforderlich ist oder aber, wenn Bestandsinteressen der Betroffenen die Veränderungsgründe des Gesetzgebers überwiegen.[1421]

So stellte das BAG auch in einem Urteil aus dem Jahr 2008[1422] darauf ab, dass sich die Wirksamkeit einer vertraglichen Vereinbarung grundsätzlich nach dem im Zeitpunkt des Vertragsschlusses geltenden Recht bestimme. Die Richter wiesen zurecht darauf hin, dass auch noch zeitlich später erlassene Verbotsgesetze auf bereits wirksam begründete Dauerschuldverhältnisse in der Weise auswirken können, *„dass diese für die Zukunft („ex nunc") nichtig"* würden. Bereits eine solche Wirkung lediglich für die Zukunft, so das BAG, setze jedoch voraus, dass Sinn und Zweck des Verbotsgesetzes die für die Zukunft eintretende Nichtigkeit erforderten. Zwar erstrecke sich ein solches Verbotsgesetz auf alle Sachverhalte, die sich seit seinem Inkrafttreten in seinem Geltungsbereich verwirklichen. Der zeitliche Geltungsbereich hingegen werde weiterhin durch den Grundsatz des Vertrauensschutzes beschränkt.[1423] Das AGG wirkt sich – wie dargestellt – lediglich auf solche Dauersachverhalte der bAV aus, in welchen sich die Benachteiligung noch nach Inkrafttretend des AGG verwirktlicht. In diesen Fällen findet das AGG zweifellos

---

1420 LAG Baden-Württemberg, Urt. v. 24. September 2012 – 9 Sa 48/12, EzA-SD 2012, Nr. 24, 14 [Rn 50 ff.] (Revision anhängig unter dem Az. 3 AZR 940/12); auf dieses Urteil hinweisend ebenfalls: Däubler/Bertzbach-*Brors*, § 10 AGG Rn 90.

1421 BVerfG, Urt. v. 15. Oktober 1996 – 1 BvL 48/92, BVerfGE 95, 64 ff. = NJW 1997, 722 ff. [Rn 112 ff.].

1422 BAG, Urt. v. 16. Dezember 2008 – 9 AZR 985/07, BAGE 129, 72 [Rn 33].

1423 BGH, Urt. v. 18. Februar 2003, BGHZ 154, 21 = NJW 2003, 3055 m.w.N.

Anwendung, nach Ansicht des BAG sogar eventuell „unecht“ rückwirkend. Nach Ansicht des BAG kann der Vertrauensschutz jedoch den zeitlichen Geltungsbereich eines solchen Verbotsgesetzes wie des AGG beschränken.
Auch das Unverfallbarkeitsurteil des BAG aus dem Jahr 1972[1424] spricht für eine solche Auslegung. Hier hatte das BAG festgestellt, dass Regelungen in Versorgungsordnungen, welche einen Verfall der erdienten Anwartschaften bei Ausscheiden des Beschäftigten vor dem 65. Lebensjahr vorsahen, unzulässig seien. Das BAG machte jedoch gleichzeitig klar, dass derartige Regelungen nur hinsichtlich solcher Beschäftigungsverhältnisse keine Anwendung mehr finden sollten, in welchen der Beschäftigte erst nach dem Datum der Entscheidung des BAG und vor dem Erreichen des 65. Lebensjahres ausschied. Auf Sachverhalte hingegen, in denen Beschäftigte bereits vor dem Entscheidungsdatum und vor dem Erreichen des 65. Lebensjahres ausgeschieden waren, sollte nach Auffassung des Gerichtes noch die „alte“ Rechtslage und somit die Zulässigkeit einer derartigen Ausschlussregelung Anwendung finden.
Ebenso hat der BFH im Jahr 2007 hinsichtlich der bAV festgestellt, dass gerade die langjährige Bindung von Vereinbarungen zur betrieblichen Altersversorgung hinsichtlich des Regelungsinhalts Schutz des Vertrauens in die Rechtslage bei Vertragsschluss erfordere und Rechtssicherheit und Vertrauensschutz aus dem Rechtsstaatgebot gemäß Art. 20 Abs. 3 GG folgten[1425] (vgl.

Auch in der vorbenannten Entscheidung des BAG aus dem Jahr 2009[1426] gingen die Richter auf die Frage des Vertrauensschutzes des Arbeitgebers ein. Das BAG hatte für den Bereich der betrieblichen Altersversorgung über die Frage der (rückwirkenden) Gleichstellung von Hinterbliebenen einer eingetragenen Lebenspartnerschaft hinsichtlich der Hinterbliebenenrente zu entscheiden. Hierbei gingen die Richter wie bereits dargestellt davon aus, dass die Grundsätze des Vertrauensschutzes und der Verhältnismäßigkeit der Gleichstellung eingetragener Lebenspartner mit Ehegatten in der Hinterbliebenenversorgung im Bereich der betrieblichen Altersversorgung zumindest solange nicht entgegen stünden, solange die finanziellen Auswirkungen sich derart gering darstellen, dass das Gleichgewicht der Finanzierungsgrundlage nicht rückwirkend gefährdet werde.

Zur Begründung führten die Richter hier zudem aus, dass das Vertrauen des Arbeitgebers zudem in dem konkreten Fall einer Hinterbliebenenversorgung noch weniger schützenswert sei. Dies ergebe sich daraus, dass eine solche rein an die Eheschließung anknüpfende Hinterbliebenenversorgung, wie der Arbeitgeber sie

---

1424 BAG, Urt. v. 10. März 1972 – 3 AZR 278/71, BAGE 24, 177 = AP Nr. 156 zu § 242 BGB Ruhegehalt.

1425 FG Hamburg, Urt. v. 31. Oktober 2012 – 3 K 24/12, EFG 2013, 378 ff. [Rn 81], unter Verweis auf BFH, Beschluss des Großen Senats vom 17. Dezember 2007 – GrS 2/04, BFHE 220, 129, BStBl II 2008, 608.

1426 BAG, Urt. v. 15. September 2009 - 3 AZR 294/09, 3 AZR 294/09, AP Nr. 317 zu Art 3 GG =NZA 2010, 216, 219 [Rn 39 f.] unter Bezugnahme auf BAG, Urt. v. 14. Januar 2009 – 3 AZR 20/07, NZA 2009, 489 ff. = BetrAV 2009, 259 [Rn 57].

in dem dortigen Sachverhalt im Rahmen seiner Betriebsrentenregelung implementiert hatte, bereits an sich kaum kalkulierbar sei. Der Arbeitgeber könne nicht voraussehen, ob die von einer Versorgungszusage begünstigten (heterosexuellen) Arbeitnehmer tatsächlich eine Ehe eingingen oder nicht. Aus diesem Grund müsse der Arbeitgeber stets damit rechnen, dass später einmal bei einer entsprechenden Zusage in der Person eines Arbeitnehmers die Voraussetzungen der Hinterbliebenenversorgung eintreten können. Hier mache es folglich für den Arbeitgeber bereits keinen Unterschied, ob es sich bei dem nunmehr Anspruchsberechtigten um einen hinterbliebenen Ehegatten oder aber um einen hinterbliebenen Lebenspartner handele. Rückstellungen für den Eintritt des Versorgungsfalls der Hinterbliebenenrente habe er in jedem Fall veranlassen müssen.

Das LAG Baden-Württemberg kam in einem Urteil aus dem Jahr 2012 zu dem Ergebnis, dass ein (unecht) rückwirkender Eingriff möglicherweise aufgrund des Vertrauensschutzes des Arbeitgebers unverhältnismäßig sein könne.[1427] Gegen dieses Urteil ist jedoch Revision eingelegt worden, wobei die höchstrichterliche Entscheidung noch aussteht. Das LAG ging davon aus, dass der Arbeitgeber mittels der dortigen Zusage einer bAV den Beschäftigten eine zusätzliche Leistung habe gewähren wollen. In solchen Fällen, in denen die Ausgestaltung einer solchen Fördermaßnahme bisher als durchaus zulässig galt, nunmehr jedoch aufgrund ihrer heutigen Unzulässigkeit mit erheblichen finanziellen Zulatzbelastungen für den Arbeitgeber in ihr Gegenteil verkehrt werden solle, sei der Eingriff in das Vertrauen des Arbeitgebers zur Herstellung der Gleichberechtigung und Durchsetzung des Antidiskriminierungsrechts möglicherweise unverhältnismäßig. Dies, so die Richter, gelte insbesondere hinsichtlich der Frage der Auswirkungen einer nunmehr unwirksamen Altersgrenze. Hier müsse beachtet werden, dass das BAG in der Vergangenheit mehrfach betont habe, dass Altersgrenzenregelungen zur Förderung der bAV sinnvoll seien.[1428] Folglich sei in solchen Fällen zumindest für die Zeit bis zum Inkrafttreten des AGG der Vertrauensschutz des Arbeitgebers zu beachten.

Ähnlich hat im Jahr 2012 auch das LAG Düsseldorf entschieden[1429], wobei jedoch auch gegen diese Entscheidung Revision eingelegt worden ist. Das LAG hatte über einen Sachverhalt zu entscheiden, in welchem der Bezug von Leistungen

1427 LAG Baden-Württemberg, Urt. v. 24. September 2012 – 9 Sa 48/12, EzA-SD 2012, Nr. 24, 14 [Rn 54] (Revision anhängig unter dem Az. 3 AZR 940/12).

1428 LAG Baden-Württemberg, Urt. v. 24. September 2012 – 9 Sa 48/12, EzA-SD 2012, Nr. 24, 14 [Rn 53] (Revision anhängig unter dem Az. 3 AZR 940/12) m.w.N.

1429 LAG Düsseldorf, Urt. v. 29. Februar 2012 – 12 Sa 1430/11, ArbRB 2012, 237, Volltext veröffentlicht unter: http://www.lag-duesseldorf.nrw.de/beh_static/entscheidungen/entscheidungen/sa/1430-11.pdf [Rn 50 f.] (Bestätigung von LAG Düsseldorf, Urt. v. 09. April 2010 – 9 Sa 690/09, NZA-RR 2010, 653 [Rn 80 ff.]); mittlerweile wohl bestätigt durch BAG, Urt. v. 12. November 2013 – 3 AZR 356/12, laut aktueller Pressemitteilung, Urteilsgründe jedoch zum Zeitpunkt der Erstellung dieser Arbeit jedoch noch nicht veröffentlicht.

der bAV von dem Erfüllen einer Kombination aus Wartezeiten- und Altersgrenzenregelung abhängig gemacht wurde. Nur bei solchen Beschäftigten, welche eine Höchstaltersgrenze einhielten, sollte der Lauf einer Wartezeit von mehreren Jahren Dienstzeit beginnen, deren Ablauf zum Erhalt einer Betriebsrente berechtigte. Nachdem nunmehr seit Inkrafttreten des AGG die Höchstaltersgrenze als unzulässig anzusehen war, stellte sich die Frage, ab welchem Zeitpunkt ebendiese Wartezeit für solche Beschäftigte zu laufen begonnen hat, welche ursprünglich wegen ihres Alters durch die Höchstaltersgrenze vom Lauf der Wartezeit ausgeschlossen waren. Einerseits konnte hier vertreten werden, dass die Wartezeit unmittelbar mit der ursprünglichen Zusageerteilung zu laufen angefangen habe, da die Höchstaltersgrenze als unzulässige Benachteiligung weggefallen und somit lediglich die Wartezeitenregelung übrig geblieben ist. Ebenfalls konnte jedoch auch angenommen werden, dass der Lauf der Wartezeit erst zu dem Zeitpunkt angefangen hat, die Altersgrenze aufgrund des Inkrafttretens des AGG unwirksam geworden ist. Auch hier stellte sich also wiederum die Frage des Vertrauensschutzes hinsichtlich einer möglichen Rückwirkung. Sollte das Vertrauen des Arbeitgebers auf die bisherige Zulässigkeit der nunmehr als benachteiligend und unwirksam zu klassifizierenden Regelungen geschützt werden? Oder sollte im Sinne der Gleichbehandlung über den Vertrauensschutz hinweggegangen werden?

Das Düsseldorfer Gericht ging davon aus, dass die Wartezeit hinsichtlich der Dienstzeit erst mit Inkrafttreten des AGG am 18. August 2006 zu laufen begonnen habe. Die Höchstaltersgrenze sei erst durch das Inkrafttreten des AGG unwirksam geworden, so dass auch erst ab diesem Zeitpunkt die Beschäftigten so behandelt werden dürften, als hätten sie die Altersgrenze tatsächlich eingehalten bzw. als ob diese Altersgrenze niemals existiert habe. Es seien folglich lediglich Dienstzeiten zu berücksichtigen, welche die Arbeitnehmer noch nach dem 18. August 2006 absolviert haben. Die Richter führten zur Begründung aus, dass zu hier die nunmehr unwirksame Regelung – nunmehr als Altersdiskriminierung unzulässig – bis zum Inkrafttreten des AGG fraglos als zulässig erachtet worden sei.

Das Gericht begründete seine Auffassung im Weiteren damit, dass hier ein Sonderfall vorgelegen habe, in welchem der Bezug von Leistungen der bAV von zwei Parametern abhängig gemacht worden sei. Von diesen beiden Parametern sei nunmehr einer weggefallen, so dass infolgedessen darauf abzustellen sei, welche Regelung die in dem konkreten nunmehr lückenhafte bAV-Zusage zu füllen vermöge bzw. auch darauf, welche Regelung die Parteien hypothetisch vereinbart hätten, wenn sie von der Unwirksamkeit der Höchstaltersgrenze gewusst hätten.[1430]

Das Gericht ging hier davon aus, dass es niemals Absicht des Arbeitgebers gewesen sei – und ein solcher Wille dem Arbeitgeber auch nicht von benachteiligten Beschäftigten unterstellt werden könne, dass alle Beschäftigten, welche

---

1430 Hinsichtlich einer ergänzenden Vertragsauslegung ebenfalls ähnlich: *Adomeit/ Mohr*, § 10 AGG Rn 49.

lediglich den Parameter der Wartezeit erfüllten, unmittelbar die Leistungen der bAV erhalten sollten. Vielmehr habe er gerade durch die Kopplung der Wartezeit an eine Höchstaltersgrenze das wirtschaftliche Risiko der bAV-Zusage begrenzen wollen.[1431] Die Richter gingen an dieser Stelle sogar so weit, die dortige Klägerin darauf hinzuweisen, dass sie *„nach Treu und Glauben nicht erwarten“* dürfe, dass Wartezeiten vor Inkrafttreten des AGG plötzlich rückwirkend wirksam würden, obwohl in ihrer Person ursprünglich der (nunmehr unzulässige) zweite Parameter nicht erfüllt war.

Eine solche Auslegung ergebe sich zudem auch aus dem Vergleich zu dem möglichen Szenario, wenn die Klägerin bereits vor Inkrafttreten des AGG aus dem Beschäftigungsverhältnis ausgeschieden wäre. Wäre dies der Fall gewesen, so wäre sie in jedem Fall ohne Betriebsrentenansprüche ausgeschieden, da zu dem Zeitpunkt ihres Ausscheidens zwar womöglich bereits der Parameter der Wartezeit erfüllt gewesen wäre, die Höchstaltersgrenze allerdings zu diesem Zeitpunkt noch in jedem Fall als zulässig galt. Die Klägerin hätte folglich bei früherem Ausscheiden überhaupt keine Betriebsrentenleistungen einfordern können. Hier hätte also die Risikobegrenzung wie vom Arbeitgeber gewünscht eingegriffen. Nunmehr, nach heutiger Unzulässigkeit des Parameters der Höchstaltersgrenze, hätten hiervon betroffene Beschäftigte zumindest noch die Möglichkeit, die Wartezeit seit dem Inkrafttreten des AGG zu erfüllen.

Grundsätzlich überzeugt hier der Gedanke, dass auf die Lückenfüllung nach dem hypothetieschen Parteiwillen abgestellt werden muss. Diese Frage ist jedoch wiederum eng mit der Frage nach dem Vertrauensschutz des Arbeitgebers verknüpft. Welche Regelung hätte er erlassen, hätte er von der späteren Unwirksamkeit der von ihm getroffenen Regelung gewusst? Diese Frage birgt einen gewissen Schutz des Vertrauens des Arbeitgebers. Dass der Schutz des Vertrauens des Arbeitgebers bei der Frage nach der nunmehr gültigen Regelung durchaus eine Rolle spielen kann, hatte auch bereits das BAG im Jahr 2006 in seinem Vorlagebeschluss in der Rechtssache *Bartsch* erwähnt. Insbesondere hinsichtlich der Auswirkungen des Gemeinschaftsrechts auf die bAV hatte hier das BAG darauf hingewiesen, dass der EuGH, welcher über diese Frage zu entscheiden habe, in der Vergangenheit oftmals Vertrauensschutz gewährt habe.[1432] Leider hat sich der EuGH, da er die Frage in dem dortigen Verfahren für nicht entscheidungserheblich hielt, hierzu nicht weiter eingelassen, so dass in dieser Frage eine höchstrichterliche Klärung weiterhin aussteht.

1431 LAG Düsseldorf, Urt. v. 29. Februar 2012 – 12 Sa 1430/11, ArbRB 2012, 237, Volltext veröffentlicht unter: http://www.lag-duesseldorf.nrw.de/beh_static/entscheidungen/entscheidungen/sa/1430-11.pdf [Rn 51] (Bestätigung von LAG Düsseldorf, Urt. v. 09. April 2010 – 9 Sa 690/09, NZA-RR 2010, 653 [Rn 80 ff.]); mittlerweile wohl bestätigt durch BAG, Urt. v. 12. November 2013 – 3 AZR 356/12, Urteilsgründe jedoch noch nicht veröffentlicht.

1432 BAG, Vorlagebeschluss v. 27. Juni 2006 – 3 AZR 352/05 (A), AP Nr. 6 zu § 1b BetrAVG [Rn 55].

Auch das LAG Baden-Württemberg ging in vorbenanntem Urteil, gegen welches jedoch Revision zum BAG eingelegt worden ist, auf den Schutz des Vertrauens des Arbeitgebers ein. Der hier zu entscheidenden Fall lag gerade so, dass die dortige Beklagte anhand der von ihr getroffenen (nunmehr unwirksamen) Regelung genau hatte kalkulieren können, in welchem Umfang welche Arbeitnehmer Betriebsrentenansprüche erwerben würden. In eben diesem Umfang hatte sie auch für die Durchführung im Wege der Pensionszusage Rückstellungen gebildet. Nachdem die dortige Beklagte darauf hingewiesen hatte, dass es in ihrem Unternehmen eine Vielzahl derartiger Fälle gebe, in denen sie nicht die entsprechenden Rückstellungen hatte bilden können, hat das Gericht in seiner Entscheidung vermerkt, dass eine rückwirkende Zuerkennung einer Betriebsrente ab dem Zeitpunkt des Eintritts der vormals Benachteiligten zu erheblichen Mehrbelastungen für den Arbeitgeber führen würde.

Das Gericht ging davon aus, dass diese Mehrbelastungen in einer Höhe lägen, welche die ursprüngliche Kalkulation der Gesamtkosten weit übersteige. Aus diesem Grund, so das Gericht, überwögen hier die Bestandsinteressen der Beklagten die Veränderungsgründe des Gesetzgebers.[1433] Das Gericht konstatierte hier, dass dann *„wenn eine Gestaltung, die bisher zur Förderung als zulässig galt, nunmehr mit erheblichen finanziellen Zusatzbelastungen für den Arbeitgeber in ihr Gegenteil verkehrt wird“* der *„Eingriff in das Vertrauen in die Zulässigkeit der Regelung unverhältnismäßig erscheine[...]“*. Zudem sei davon auszugehen, dass auch dem Gesetzeszweck des AGG, für die Zukunft Benachteiligungen zu verhindern und auch bestehende Benachteiligungen zu beseitigen, Genüge getan werde, ließe man die Unwirksamkeit der benachteiligenden Regelung erst mit Inkrafttreten des AGG eintreten.[1434] Folglich fange die Wartezeit erst mit Inkrafttreten des AGG zu laufen an, da erst hier die Höchstaltersgrenze unwirksam geworden sei.

Dem stand nach – zutreffender – Ansicht des Gerichtes auch nicht die Tatsache entgegen, dass hinsichtlich des Merkmals des Alters die Richtlinie 2000/78/EG bereits mit Ablauf der Umsetzungsfrist unmittelbare Anwendung findet. Aus Art. 6 Abs. 1 der Richtlinie 2000/78/EG ergibt sich gerade, dass Höchstaltersgrenzen im Bereich der bAV zulässig sein können. Diese eher weite Regelung hat lediglich

1433 LAG Baden-Württemberg, Urt. v. 24. September 2012 – 9 Sa 48/12, EzA-SD 2012, Nr. 24, 14 [Rn 52] (Revision anhängig unter dem Az. 3 AZR 940/12), unter Verweis auf: BVerfG, Urt. v. 23. November 1999 – 1 BvF 1/94, BVerfGE 101, 239, 263 = NJW 2000, 413 ff.

1434 LAG Baden-Württemberg, Urt. v. 24. September 2012 – 9 Sa 48/12, EzA-SD 2012, Nr. 24, 14 [Rn 52] (Revision anhängig unter dem Az. 3 AZR 940/12), [Rn 56], unter Verweis auf: LAG Düsseldorf, Urt. v. 29. Februar 2012 – 12 Sa 1430/11, ArbRB 2012, 237, Volltext veröffentlicht unter: http://www.lag-duesseldorf.nrw.de/beh_static/entscheidungen/entscheidungen/sa/1430-11.pdf [Rn 51]; mittlerweile laut Pressmitteilung wohl bestätigt durch BAG, Urt. v. 12. November 2013 – 3 AZR 356/12, Urteilsgründe jedoch zum Zeitpunkt der Erstellung dieser Arbeit noch nicht veröffentlicht.

später der deutsche Gesetzgeber bei der Einführung des AGG eingeschränkt und die Zulässigkeit einer solchen Altersgrenze unter den Vorbehalt der Verhältnismäßigkeit i.S.d. § 10 S. 1 und 2 AGG gestellt.

Ebenso ging das ArbG Berlin in einem Urteil im Jahr 2007[1435] vom Vorliegen der Voraussetzungen des Vertrauensschutzes nach Art. 20 Abs. 3 GG aus. In dem zu beurteilenden Fall wurde ein Lebensaltersstufensystem als nach AGG-Vorgaben benachteiligend eingestuft. Vor Inkrafttreten des AGG hingegen, so stellten die Berliner Richter fest, sei ein nach Lebensaltersstufen differenzierendes Betriebsrentensystem, wie jenes, über welches das Gericht zu befinden hatte, jahrzehntelang als unproblematisch gewertet worden. Nach Ansicht des Gerichts sei die Entwicklung der Rechtslage hinsichtlich des Inkrafttretens eines Diskriminierungsverbots wegen des Alters für den Arbeitgeber nicht voraussehbar gewesen, so dass dessen Vertrauen in die bisherige Rechtslage schutzwürdig erscheine.

Dieser Meinung folgen auch verschiedene Stimmen in der Literatur und lehnen daher eine Rückwirkung der neuen Diskriminierungsverbote auf Vor-AGG-Zeiten ab.[1436]

3. Anpassungsbedarf und -möglichkeit / Rechtsfolgen für Vergangenheit

Wenn auch die benachteiligende Regelung somit für die Zeit bis zum 18. August 2006 gem. § 33 Abs. 1 AGG ihre Rechtswirksamkeit behält, so wird sie doch mit Inkrafttreten des AGG *ex nunc* unwirksam. Für den Zeitraum ab dem 18. August 2006 gilt, dass ein Beschäftigter, welcher bspw. durch den Ausschluss von Leistungen der bAV benachteiligt wird, gerichtlich einen *ex nunc* Anspruch auf künftige Betriebsrentenleistungen sowie für Zeiten seit dem Inkrafttreten des AGG erstreiten kann. Folglich ist der Versorgungsschuldner, der Arbeitgeber, verpflichtet, ab dem Stichtag des Inkrafttretens des AGG eine Gleichbehandlung zwischen den bislang Begünstigten und den bislang Benachteiligten herzustellen. Gleiches gilt hinsichtlich solcher Benachteiligungsmerkmale der Antidiskriminierungsrichtlinien bereits früher, hinsichtlich derer die Richtlinien keine Verlängerung der Umsetzungsfrist vorsahen und deren Umsetzung durch das AGG im August 2006 folglich verspätet war. Hier ist auf den Zeitpunkt abzustellen, zu welchem die Umsetzungsfrist abgelaufen ist.

Zur Herstellung der Gleichbehandlung muss der Arbeitgeber den Benachteiligten mit Wirkung für die Vergangenheit nachträglich für die Zeiten seit Inkrafttreten des AGG nachversichern. Sofern dem Arbeitgeber eine solche Nachversicherung

---

1435 ArbG Berlin, Urt. v. 22. August 2007 – 86 Ca 1696/07, BB 2008, 161.

1436 So bspw.: ErfKomm-*Steinmeyer*, Vorbem. BetrAVG Rn 46; *ders.*, ZfA 2007, 27, 40; *Reichenbach/Grünenklee*, BetrAV 2006, 703, 709; *Thüsing*, BetrAV 2006, 704, 707; a.A.: zwar ebenfalls Dauerschuldverhältnisse in zwei Teile (vor und nach Inkrafttreten des AGG) unterteilend, jedoch explizit für die bAV eine Ausnahme annehmend: *Meinel/Heyn/Herms*, § 33 AGG Rn 5, 5b.

auf Grund der Versorgungsbestimmungen der bAV nicht mehr möglich ist, so hat er dem Arbeitnehmer eine entsprechende Versorgung auf anderem Wege, notfalls auch durch Selbsteintritt, zu verschaffen. Dies entschied das BAG im Jahr 1995 im Hinblick auf rückwirkende Ansprüche aus dem Grundsatz der Gleichbehandlung.[1437] Gleiches gilt ebenfalls in den Fällen, in denen sich die Ansprüche des Arbeitnehmers auf Gleichbehandlung zunächst gegen die Pensionskasse richten. Diese Beziehung zwischen der Pensionskasse und dem Arbeitnehmer stellt lediglich das Außenverhältnis dar. Im Innenverhältnis zwischen dem Arbeitgeber und der Pensionskasse jedoch haftet weiterhin der Arbeitgeber, solange er liquide ist.[1438]

Für den Arbeitgeber wird hierin häufig ein Grund liegen, zumindest für die Zukunft eine neue, benachteiligungsfreie Versorgungsordnung zu erlassen, welche dann auch bislang möglicherweise unzulässigerweise ausgeschlossene Beschäftigte umfasst. Bis zum Zeitpunkt des Erlasses einer neuen, benachteiligungsfreien Versorgungsordnung müssen bereits erdiente (bzw. aufgrund des benachteiligenden Ausschlusses noch nicht erdiente) Versorgungsansprüche und Anwartschaften weiterhin nach der alten Versorgungsordnung berechnet werden.[1439] Selbst wenn jedoch der Arbeitgeber eine solche diskriminierungsfreie Versorgungsordnung mit Wirkung für die Zukunft erlässt, so bringt diese keine Gleichstellung hinsichtlich bislang erdienter bzw. bislang vorenthaltener Ansprüche. Da die bisherige (alte) Versorgungsordnung jedoch zumindest für Zeiten seit Inkrafttreten des AGG gegen die im AGG geregelten Benachteiligungsverbote verstößt, muss die Gleichbehandlung somit auf anderem Wege hergestellt werden.

Wie dies möglich ist, bestimmt sich jeweils danach, ob der Arbeitgeber in das von ihm gegebene Versorgungsversprechen lediglich mit Wirkung für die Zukunft oder auch mit Wirkung für die Vergangenheit eingreifen will und kann. Zudem ist anhand der Art des Versorgungsversprechens zu differenzieren, kann doch der ursprüngliche Verpflichtungstatbestand individual- oder kollektivrechtlich ausgestaltet gewesen sein. Die Art und Weise der ursprünglichen Versorgungszusage beeinflusst auch die Möglichkeit bzw. die Art und Weise eines möglichen späteren Eingriffes.[1440]

Hierbei stellt sich die Frage, ob der Vertragspartner einer späteren Änderung oder Aufhebung der ursprünglichen (benachteiligenden) Zusage zustimmt, seine Zustimmung evtl. nicht erforderlich ist, oder ob der ursprüngliche Vertrag eventuell sogar die Möglichkeit einer späteren Änderung vorsah.

Für die Vergangenheit, d.h. für die Zeiten seit Inkrafttreten des AGG bis zur diskriminierungsfreien Neuregelung, wird von einer automatischen „Anpassung

1437 BAG, Urt. v. 25. April 1995 – 3 AZR 446/94, AP Nr. 25 zu § 1 BetrAVG Gleichbehandlung.

1438 *Steinmeyer*, BetrAV 2004, 436 ff.

1439 BAG, Urt. v. 14. Oktober 1986 – 3 AZR 66/83, AP Nr. 11 zu § 119 EWG-Vertrag; *Thüsing*, Rn 501.

1440 Ausführlich zu den unterschiedlichen Eingriffsmöglicheiten siehe: *Witteler*, BetrAV 2012, 112 ff.

nach oben“ auszugehen sein. Wie dargestellt erscheint eine automatische „Anpassung nach oben“ in den meisten Fällen der Entgeltdiskriminierung durchaus sinnvoll und angebracht. Da die bAV – wie dargestellt – Entgeltcharakter besitzt, muss Gleiches auch für Fälle von Diskriminierungen hinsichtlich der bAV gelten.[1441]

Bislang aufgrund individualvertraglicher Zusagen Begünstigte werden in den seltensten Fällen einer Verschlechterung mit Wirkung für die Erwerbszeiten seit Inkrafttreten des AGG einwilligen. Auch in Fällen individualvertraglicher Zusagen mit kollektivrechtlichem Bezug sowie in Fällen der durch Betriebsvereinbarung erteilten Zusagen erscheint eine (nachträgliche) Verschlechterung kaum möglich.

Für benachteiligende Eingriffe in die ursprünglich durch eine Betriebsvereinbarung zugesagte Versorgung mit Wirkung für die Vergangenheit ist stets das Vorliegen sachlich-proportionaler Gründe notwendig. Sachlich-proportional sind Gründe dann, wenn sie nicht willkürlich sind, sondern nachvollziehbar erkennen lassen, aufgrund welcher Umstände und Erwägungen der Arbeitgeber in die Versorgungszusage eingreifen will.[1442]

Es stellt sich auch hier die Frage, inwiefern eine Umverteilung des bisherigen Dotierungsrahmens zugunsten der mit Rückwirkung neu in das Versorgungswerk aufzunehmenden Arbeitnehmer unter dem Gesichtspunkt der „Kostenneutralität“ möglicherweise einen kürzenden Eingriff in die bereits bestehende Versorgungszusage der anderen, nicht benachteiligten Arbeitnehmer begründen könnte.

Das BAG hat einen solchen Eingriff aus Gründen der „Kostenneutralität“ für den Arbeitgeber jedoch bereits in der Witwerrentenentscheidung[1443] eindeutig abgelehnt. Nach Ansicht des Gerichtes soll eine bloße Umverteilung des bisherigen Dotierungsrahmens aufgrund der nunmehr für bisher Benachteiligte neu einzurichtenden Versorgung keinen rechtlich anzuerkennenden Grund darstellen, welcher die Verschlechterung des betrieblichen Versorgungswerks im Hinblick auf die bereits vorher von der Versorgungszusage betroffenen Arbeitnehmer rechtfertige. Vielmehr, so das Gericht, sei es *„rechtswidrig, einem Teil der Arbeitnehmer die zugesagten Leistungen zu kürzen, weil bisher einem anderen Teil der Arbeitnehmer rechtswidrig Leistungen vorenthalten wurden“*.

Folglich wird auch bei Individualzusagen mit Kollektivbezug oder benachteiligenden Regelungen in Betriebsvereinbarungen nicht davon auszugehen sein, dass der Arbeitgeber die Möglichkeit besitzt, rückwirkend eine „Anpassung zur Mitte“ vorzunehmen, da dies stets mit einem Eingriff in das bereits von den bislang Begünstigten Erdiente verbunden ist. Für eine reine „Anpassung nach oben“

1441 So: EuGH, Urt. v. 17. Mai 1990 – Rs. C-262/88 [*Barber*], Slg. 1990, I-1889 ff. = AP Nr. 20 zu Art. 119 EWG-Vertrag. Siehe auch zum Entgetcharakter der bAV oben: B.I.3.

1442 BAG, Urt. v. 10. September 2001 – 3 AZR 728/00, AP Nr. 34 zu § 1 BetrAVG Ablösung; Urt. v. 10. September 2002 – 3 AZR 635/01, AP Nr. 37 zu § 1 BetrAVG Ablösung.

1443 BAG, Urt. v. 5. September 1989 – 3 AZR 575/88, AP Nr. 8 zu § 1 BetrAVG Hinterbliebenenversorgung.

hingegen ist es nicht erforderlich, dass der Arbeitgeber in die Versorgungszusagen der bislang Begünstigten eingreift, so dass für die Zeiten zwischen Inkrafttreten des AGG und diskriminierungsfreier Neuregelung der Versorgsungsregelung in den allermeisten Fällen ein Anspruch auf „Anpassung nach oben“ besteht. Dieser ergibt sich wie dargestellt aus den gesetzlichen Regelungen des AGG i.V.m. der jeweils diskriminierenden und somit unwirksamen Regelung der jeweiligen Versorgungszusage.

Das Argument der Rechtsprechung für die Anwendung einer „Anpassung nach oben“, wonach zwar zum einen die bisher benachteiligten Arbeitnehmer den bisher Bevorzugten gleichgestellt werden müssten, letzteren – zumindest für die Vergangenheit – die bereits erhaltene (oder hinsichtlich der bAV „erdiente“) Begünstigung in den meisten Fällen jedoch nicht mehr zu nehmen sei, überzeugt im Bezug auf die bAV: Eine nachträgliche Entziehung i.S.e. „Anpassung nach unten“ oder zumindest Begrenzung der Vorteile der bislang bevorteilten Beschäftigten i.S.e. „Anpassung zur Mitte“ wird in der Regel nicht möglich sein. Ebenso wie bei anderen Entgeltarten würden auch hier die bislang begünstigten Beschäftigten nachträglich hinsichtlich ihres in Form von Anwartschaften bereits erdienten, lediglich aufgeschobenen Entgelts „entreichert“. Ist jedoch eine solche „Anpassung zur Mitte“ nicht möglich, so werden die bislang Benachteiligten automatisch die Begünstigung der bislang Bevorzugten erhalten müssen. Die „Anpassung nach oben“ erscheint daher i.R.d. bAV für die Beschäftigungszeiten ab Inkrafttreten des AGG zumeist als einzig zielführende Lösung angebracht.[1444]

4. Anpassungsbedarf und -möglichkeit / Rechtsfolgen für die Zukunft

Insbesondere hinsichtlich der für die Zukunft sicherzustellenden Entgeltgleichheit wird dem Arbeitgeber zumeist daran gelegen sein, in die weiterhin bestehenden – und diskriminierend ausgestalteten – Versorgungszusagen einzugreifen. Würde der Arbeitgeber eine Anpassung der Zusagen unterlassen, so wäre auch für die Zukunft von der Unwirksamkeit der diskriminierenden Regelungen und somit mit einer lückenfüllenden „Anpassung nach oben“ zu rechnen.

Für den Arbeitgeber stellt sich hinsichtlich benachteiligender Versorgungszusagen folglich die Frage, inwieweit er tatsächlich die Möglichkeit besitzt, in diese Regelungen einzugreifen, um sie zumindest für die Zukunft diskriminierungsfrei auszugestalten.

Sofern sich der Arbeitgeber schlichtweg entschließt, die bislang ungerechtfertigterweise von der bAV bzw. von bestimmten Leistungen der bAV Ausgeschlossenen in Zukunft auch an der bAV bzw. den vorenthaltenen Leistungen teilhaben zu lassen, so wird diese auf die Zukunft bezogene Änderung der Versorgungszusage

1444 Siehe grundsätzlich zur „Anpassung nach oben“ als Rechtsfolge einer ungerechtfertigten Benachteiligung i.S.d. AGG für die Vergangenheit: B.V.2.a)aa).

i.S.e. „Anpassung nach oben“ unproblematisch möglich sein. Für die bislang bereits von der Versorgungszusage erfassten Beschäftigten stellt sie keine Verschlechterung dar und beinhaltet vielmehr sogar eine Besserstellung für die bislang Benachteiligten. Verbesserungen von Versorgungsversprechen sind dem Versprechenden jederzeit – sogar rückwirkend – möglich.[1445]

Handelte es sich um individualvertragliche Zusagen ohne kollektiven Bezug, so wird er lediglich die Zusagen der bislang benachteiligten Beschäftigten ändern müssen. Der bislang Benachteiligte wird einer solchen, seine Situation verbessernden, Änderung wohl zustimmen. Besaß die individualvertragliche Zusage hingegen einen kollektiven Bezug (bspw. in Form einer Gesamtzusage, einer ausdrücklichen vertraglichen Einheitsregelung, einer betrieblichen Übung oder eines arbeitsrechtlichen Gleichbehandlungsanspruchs), so besteht die Möglichkeit, eine ablösende Betriebsvereinbarung zu treffen, welche den Maßstäben des Günstigkeitsvergleichs[1446] genügt.

Gleiches gilt, wenn bereits die usprüngliche Zusage in Form einer Betriebsvereinbarung oder eines Tarifvertrages gegeben worden war. Auch hier wird es dem Arbeitgeber in der Regel gelingen, mit den Betriebs- und Tarifpartnern gemeinsam eine Neuregelung hinsichtlich einer „Anpassung nach oben“ zu schaffen, da sich diese für Teile der Belegschaft vorteilhaft, für den restlichen Teil der Belegschaft hingegen zumindest nicht verschlechternd darstellt.

Problematischer wird sich hingegen der in vielen Fällen bestehende Wunsch des Arbeitgebers darstellen, seine zukünftigen finanziellen Belastungen möglichst niedrig zu halten. Oftmals wird er daher das Ziel verfolgen, eine „Anpassung zur Mitte“ zu erreichen. Dieser Wunsch wird insbesondere in den Fällen durchaus bestehen, in denen eine vergleichsweise große Gruppe bislang benachteiligter Beschäftigter nunmehr für die Zukunft besser gestellt werde soll. Der Arbeitgeber wird daher alles versuchen, um den Eintritt erheblicher finanzieller Belastungen durch eine schlichte „Anpassung nach oben“ zu vermeiden. Die Unwirksamkeit einer benachteiligenden Regelung i.R.d. bAV vorausgesetzt, könnten den Arbeitgeber bislang nicht vorhergesehene, mitunter erhebliche Mehrkosten durch die zusätzliche Versorgung der bisher von der Betriebsrente ausgeschlossenen Beschäftigten für die Vergangenheit (seit Inkrafttreten des AGG) wie auch für die Zukunft treffen. Der Arbeitgeber wird folglich versuchen, die bereits geleisteten Zusagen „zur Mitte“ hin anzupassen, um einer Kostenexplosion zu entgehen.

Hierfür jedoch müsste den bislang Begünstigten zumindest ein Teil ihrer Begünstigung für die Zukunft genommen werden und die bereits existierenden Zusagen in finanzieller Hinsicht reduziert und eine Angleichung der nunmehr neu bzw. umfassender zu gewährenden Zusagen auf diese „Mitte“ hin vorgenommen werden. Folglich stellt sich die Frage, inwiefern der Arbeitgeber mit Wirkung für

1445 Siehe auch: *Förster/Cisch/Karst*, § 1 BetrAVG Rn 223.

1446 Zu den Grundsätzen des Günstigkeitsprinzips siehe auch: BAG, Urt. v. 16. September 1986 – GS 1/82, AP Nr. 17 zu § 77 BetrVG 1972 = BetrAV 1987, 64.

die Zukunft in bestehende Zusagen auch zum Nachteil der bislang Begünstigten eingreifen kann.

Grundsätzlich steht dem Arbeitgeber mit Wirkung für die Zukunft sogar die Möglichkeit offen, ein betriebliches Versorgungswerk in Gänze zu schließen – bspw. aus Gesichtspunkten der Kostenreduzierung. Auch die Schließung eines Versorgungswerkes, welches auf Grundlage einer Betriebsvereinbarung oder eines Tarifvertrages bestand, ist durch den Abschluss entsprechender neuer kollektivrechtliche Vereinbarungen möglich. Da der Arbeitgeber in der Frage der Erteilung einer bAV Entscheidungsfreiheit besitzt, steht es ihm auch – zumindest für die Zukunft – offen, neu eintretenden Beschäftigten keine bAV zu gewähren. Wäre dem Arbeitgeber diese Entscheidung verwehrt, so wäre er bei einmal erteilter Versorgungszusage „auf ewig“ an diese Versorgungszusage gebunden und könnte sich nie mehr von ihr lösen. Aus diesem Grund bestimmt sich die Schließung des Versorgungswerkes für Neueintretende auch nicht nach der Frage, ob ein sachlicher Grund für eine Schließung vorliegt. Die Entscheidungsfreiheit des Arbeitgebers wird an dieser Stelle auch nicht durch den Gleichbehandlungsrundsatz eingeschränkt.[1447]

Eine solche Schließung wirkt sich jedoch lediglich auf neueintretende Beschäftigte aus. Den nach Schließung des Versorgungswerk (Neu-)Eintretenden ist nunmehr der Erwerb von Versorgungsansprüchen verwehrt. Für die (Alt-)Beschäftigten hingegen, welche in das Versorgungswerk bereits vor seiner Schließung eingetreten waren, bleibt die ursprüngliche Versorgungsordnung in vollem Umfang bestehen. Dies gilt sowohl für die bislang Begünstigten als auch für die bislang Benachteiligten, welche somit weiterhin einen Anspruch auf Gleichstellung mit den bislang Begünstigten besäßen. Aus diesem Grund wird der Arbeitgeber die sich aus einer ungerechtfertigten Benachteiligung i.R.d. Versorgungsordnung ergebende Problematik (mit Wirkung für die Zukunft) nicht durch die reine Schließung eines Versorgungswerkes lösen können.

Es ist also zu überprüfen, inwiefern der Arbeitgeber/Versorgungsversprechende die Möglichkeit besitzt, sich durch einen für die bislang begünstigten Beschäftigten belastenden Eingriff in die bereits bestehenden Versorgungszusagen vor einer erheblichen finanziellen Mehrbelastung zu schützen, wie sie sich möglicherweise aus dem AGG und den mit dem AGG verbundenen Benachteiligungsverboten bzw. dem Anspruch auf „Anpassung nach oben“ ergibt.

In einer Entscheidung aus dem Jahr 1970[1448] hielt das BAG fest, dass grundsätzlich *„Korrekturen der betriebl. Ruhegeldordnung und eine Anpassung an geänderte*

1447 BAG, Urt. v. 12. Juni 1975 – 3 ABR 13/74, AP Nr. 1 zu § 87 BetrVG 1972 Altersversorgung; Urt. v. 12. Juni 1975 – 3 ABR 66/74, AP Nr. 3 zu § 87 BetrVG 1972 Altersversorgung; *Höfer*, Band I: Arbeitsrecht, ART Rn 606; *Langohr-Plato*, Rn 1492 f.; Kemper/Kisters-Kölkes/Berenz/Huber-*Kemper*, § 1 BetrAVG Rn 262.

1448 BAG, Urt. v. 30. Januar 1970 – 3 AZR 44/68, AP Nr. 142 zu § 242 BGB Ruhegehalt [zu B.I.].

Umstände mögl. sein [Anm.: müssten und][...] einmal festgelegte Regelungen [...] nicht versteinern" dürften. Dies ergebe sich nach Ansicht des Gerichtes bereits daraus, dass eine betriebliche Ruhegeldordnung auf eine lange Zeit angelegt sei, in welcher sich zwar zum einen die Arbeitnehmer über viele Jahre ihre Versorgungsansprüche erdienten und die Arbeitgeber die erforderlichen Mittel ansammeln müssten, zum anderen jedoch zahlreiche Faktoren die betriebliche Ruhegeldordnung beeinflussen würden. Zu diesen Faktoren zählten u.a. die Ertragslage des Unternehmens, die steuerrechtliche und sozialversicherungsrechtliche Situation oder aber auch die Zusammensetzung der Belegschaft. All diese Faktoren könnten sich mit der Zeit ändern, so dass eine „versteinerte" Regelung nicht eine Anpassung der bAV an solche veränderten Umstände verhindern dürfe.

Dem (legitimen) Interesse des Arbeitgebers, die Ruhegeldordnung an die jeweilige Situation anpassen zu können, steht jedoch stets das Interesse der Beschäftigten gegenüber, welche auf die Sicherheit ihrer Versorgung auch mit Wirkung für die Zukunft vertrauen. Sofern ein Beschäftigter die Voraussetzungen für den Erhalt eines betrieblichen Ruhegeldes erfüllt hat, so soll ihm ein Anspruch auf dieses Ruhegeld grundsätzlich schon aus Vertrauensschutzgesichtspunkten nicht mehr genommen werden können.

Bei individualvertraglichen Zusagen kann aus diesem Grund auch generell nicht einseitig zum Nachteil der Arbeitnehmer in individualrechtliche Betriebsrentenzusagen eingegriffen werden.[1449] Somit wäre in Fällen einer individualvertraglichen Zusage eine derartige, vom Arbeitgeber gewünschte Änderung nur über den Weg der einvernehmlichen Vertragsänderung oder aber über den Weg der Änderungskündigung des Arbeitsvertrages i.S.d. § 2 KSchG möglich sein.[1450] Dass die gesamte Belegschaft jedoch in eine Vertragsänderung i.S.e. verschlechternden Eingriff einwilligen wird, erscheint zumindest äußerst zweifelhaft.[1451] Da die bislang begünstigten Beschäftigten lediglich in den seltensten Fällen einer Reduzierung ihrer Ansprüche für die Zukunft zustimmen werden, bliebe zumeist lediglich die Änderungskündigung als Mittel zur Änderung der Zusage übrige. Ob das Ziel, zumindest eine einheitliche „Anpassung zur Mitte" zur Herstellung der Entgeltgleichheit zu bewerkstelligen, hingegen als „betrieblicher Grund" für eine Änderungskündigung ausreicht, ist ebenfalls zu bezweifeln.[1452]

Sollte dem Arbeitgeber aufgrund der Auswirkungen des AGG tatsächlich der Weg der Änderungskündigung offenstehen, um die Versorgungszusage der bisher Bessergestellten mit jener der bisher benachteiligten Arbeitnehmer auf einem

---

1449 BAG, Urt. v. 16. September 1986 – GS 1/82, AP Nr. 17 zu § 77 BetrVG 1972.

1450 BAG, Urt. v. 16. September 1986 – GS 1/82, ebenda.

1451 Ähnlich auch: *Witteler*, BetrAV 2012, 112, 114.

1452 Ablehnend: BAG, Urt. v. 28. April 1982 – 7 AZR 1139/79, AP Nr. 12 zu § 1 BetrAVG Wartezeit; Blomeyer/Rolfs/Otto-*Rolfs*, Anh § 1 BetrAVG Rn 541; *Nollert-Borasio/Perreng*, § 7 AGG Rn 41; *Lingemann/Müller*, BB 2007, 2006, 2012 f.; BAG, Urt. v. 28. April 1982 – 7 AZR 1139/79, AP Nr. 12 zu § 1 BetrAVG Wartezeit; a.A.: *Wank*, in FS Wissmann, S. 599, 617.

mittleren Niveau („zur Mitte) oder in Extremfällen sogar „nach unten" anzugleichen, so wären von einer solche Änderung der Zusage jedoch nicht bereits ausgeschiedene Arbeitnehmer betroffen, da deren Arbeitsverhältnis bereits beendet ist.[1453] Es ist jedoch bereits höchst fraglich, inwiefern das Interesse des Arbeitgebers, eine drohende erhebliche finanzielle Mehrbelastung durch eine „Anpassung zur Mitte" zu vermeiden, für sich genommen überhaupt als betriebsbedingter Kündigungsgrund i.S.d. § 2 KSchG i.V.m. § 1 Abs. 2 KSchG fungieren könnte.[1454]

Werden einer Vielzahl versorgungsberechtigter Arbeitnehmer gleichlautende, individualrechtlich begründete Versorgungszusagen erteilt, bspw. mittels einer Gesamtzusage, einer vertraglichen Einheitsregelung oder zumindest in Form einer individualvertraglichen Zusage mit einer Jeweiligkeitsklausel, welche dynamisch auf die jeweils gültige Betriebsvereinbarung verweist, so liegt eine individualrechtliche Versorgungszusage mit kollektivrechtlichem Bezug vor.[1455] Auch „Zusagen" aus betrieblicher Übung sowie aus dem Gleichbehandlungsgrundsatz werden unter diesen Begriff gefasst.[1456] Für Eingriffe in eine solche individualvertragliche Zusage mit kollektivrechtlichem Bezug ergeben sich wiederum Besonderheiten.

Sofern es sich um eine individualvertragliche Zusage mit kollektivem Bezug (Gesamtzusage, ausdrückliche vertragliche Einheitsregelung, betriebliche Übung oder arbeitsrechtlichem Gleichbehandlungsanspruch) handelt, so besteht zumindest die Möglichkeit, durch eine Betriebsvereinbarung mit Wirkung für die Zukunft in eine bestehende Zusage einzugreifen.[1457] Hierzu ist jedoch der entsprechende Wille der Betriebspartner erforderlich.

Grds. besteht bzgl. benachteiligender Regelungen in Betriebsvereinbarungen zumindest die Möglichkeit, die bestehende Betriebsvereinbarung mit Wirkung für die Zukunft durch eine neue Betriebsvereinbarung abzuändern.[1458] Voraussetzung für eine Abänderung einer Zusage mittels ablösender Betriebsvereinbarung ist lediglich, dass sachliche Gründe gegeben sind und zudem die bereits aus der bisherigen Betriebsvereinbarung erdienten Besitzstände gewahrt werden.

Hierbei ist auch möglich, dass die neue Betriebsvereinbarung Regelungen enthält, die sich für die Arbeitnehmer ungünstiger gestalten. Da es sich bei der neuen sowie der zu ersetzenden Betriebsvereinbarung um zwei gleichrangige Normen handelt, gilt hier nicht das Günstigkeitsprinzip, nach welchem nur für die

---

1453 *Höfer*, Band I: Arbeitsrecht, ART Rn 362.

1454 Die soziale Rechtfertigung einer Änderungskündiung im Falle einer Benachteiligung nach AGG ablehnend: *Lingemann/Müller*, BB 2007, 2006, 2012 f; ebenso wohl bereits: BAG, Urt. v. 28. April 1982 – 7 AZR 1139/79, AP Nr. 3 zu § 2 KSchG 1969 = AP Nr. 12 zu § 1 BetrAVG Wartezeit.

1455 Zur Erteilung einer Versorgungszusage durch Gesamtzusage oder vertragliche Einheitsregelung s.o.: B.I.1.a)aa).

1456 vgl.: *Höfer*, Band I: Arbeitsrecht, ART Rn 335.

1457 Siehe zu den verschiedenen Eingriffsmöglichkeiten vertiefend: *Witteler*, BetrAV 2012, 112, 114 ff.

1458 BAG, Urt. v. 10. August 1994 – 10 ABR 61/93, AP Nr. 86 zu § 112 BetrVG 1972.

Betroffenen günstigere Regelungen getroffen werden dürften, sondern vielmehr die Zeitkollisionsregel.[1459] Hiernach verdrängt die jüngere der beiden gleichrangigen Normen die ältere, so dass auf die Günstigkeit bzw. Ungünstigkeit keine Rücksicht genommen werden muss.[1460]

Der Betriebsrat wird hier allerdings vor dem Dilemma stehen, möglicherweise in zukünftige Ansprüche der einen Arbeitnehmer-Gruppe eingreifen zu müssen, um der bislang schlechter gestellten Gruppe von Arbeitnehmern eine Gleichstellung zu gewähren, zumindest, sofern der Gesamtdotierungsrahmen gleich bleiben soll. Folglich müsste der Betriebsrat in solchen Fällen zustimmen, dass einer Gruppe etwas genommen wird, damit einer anderen, bislang benachteiligten Gruppe mehr gegeben werden könnte. Dies birgt Spannungen innerhalb der Arbeitnehmerschaft, was ebenfalls nicht im Interesse des Betriebsrates liegen wird.[1461] Allerdings besteht in dem Fall, dass der Betriebsrat einer Umverteilung des festgesetzten Dotierungsrahmens zur Verhinderung von Benachteiligung für die Zukunft nicht zustimmt, die Möglichkeit, die Einigungsstelle gem. §§ 76, 87 Abs. 2 BetrVG einzuschalten. Auf diesem Wege wird der Arbeitgeber also womöglich eine „Anpassung zur Mitte" durchsetzen können.

Das BAG hat mehrfach[1462] auf die rechtliche Möglichkeit einer ablösenden Betriebsvereinbarung hingewiesen. In den Fällen, in denen ein Versorgungswerk unmittelbar auf einer Betriebsvereinbarung beruht, besteht somit zur Durchführung eines Eingriffs in die Versorgungszusage die Möglichkeit einer Ablösung durch Abschluss einer Neuregelung. Im Verhältnis zwischen der alten und der neuen Betriebsvereinbarung gilt das Zeitkollisionsprinzip, so dass die jüngere Betriebsvereinbarung die ältere verdrängt.[1463] I.R.d. bAV wird das Zeitkollisionsprinzip jedoch von einer Rechts- und Billigkeitskontrolle begrenzt. Der Gesamtdotierungsrahmen darf nicht verringert, sondern lediglich umverteilt werden.

Eingeteilt werden ablösende Betriebsvereinbarungen daher in zum einen bloß „umstrukturierende", dabei jedoch den Gesamtdotierungsrahmen nur umverteilende, sowie zum anderen tatsächlich „verschlechternde" Betriebsvereinbarungen, bei denen der Dotierungsrahmen gekürzt werden soll.[1464] Auch in den Fällen, in denen mittels „umstrukturierender", den Dotierungsrahmen

---

1459 St. Rspr. des BAG seit: BAG, Urt. v. 12. Juni 1975 – 3 ABR 13/74, DB 1975, 1224, 1559.

1460 BAG, Urt. v. 6. August 2002 – 1 ABR 49/01, AP Nr. 27 zu § 99 BetrVG 1972; Urt. v. 15. November 2000 – 5 AZR 310/99, AP Nr. 84 zu § 77 BetrVG 1972; Urt. v. 25. Juli 2000 – 3 AZR 292/99, BetrAV 2003, 466 ff.

1461 Anschaulich zu diesem Dilemma: *Birk*, BetrAV 2011, 441, 443 = DB 2011, 819, 821.

1462 So bspw.: BAG, Urt. v. 8. Dezember 1981 – 3 ABR 53/80, AP Nr. 1 zu § 1 BetrAVG Ablösung.

1463 BAG, Urt. v. 8. Dezember 1981 – 3 ABR 53/80, ebenda; Urt. v. 17. März 1987 – 3 AZR 64/84, AP Nr. 9 zu § 1 BetrAVG Ablösung

1464 Siehe hierzu auch: *Höfer*, Band I: Arbeitsrecht, ART Rn 337 f. m.w.N.

erhaltender Betriebsvereinbarung in eine bestehende individualvertragliche Versorgungsordnung eingegriffen werden soll, muss gem. der Grundsatzentscheidung des BAG zu ablösenden Betriebsvereinbarungen[1465] ein „kollektiver Günstigkeitsvergleich" angestrengt werden. Hierbei wird nicht auf die Vor- bzw. Nachteile der jeweiligen, einzelnen Arbeitnehmer, sondern auf die Folgen der Neuregelung für die versorgungsberechtigte Belegschaft insgesamt abgestellt. Maßstab ist hierbei stets die Frage, ob der Dotierungsrahmen gewahrt wird. Ergibt ein Vergleich des bisherigen Versorgungsaufwands des Arbeitgebers mit dem Aufwand, welchen er nach der neuen Versorgungsordnung aufbringen muss, dass sich der Dotierungsrahmen (für die Gesamtbelegschaft) insgesamt nicht verringert, sondern lediglich „umstrukturiert" wird, so kann von einer (kollektiven) Günstigkeit der Neuregelung ausgegangen werden.[1466]

Das BAG hat klargestellt, dass auch in auf dem Weg der Gesamtzusage oder der vertraglichen Einheitsregelung zugesagte Sozialleistungen – also auch die bAV – grundsätzlich durch solche „umstrukturierende", d.h den ursprünglichen Dotierungsrahmen wahrende, Betriebsvereinbarungen eingegriffen werden können.[1467] Mittels einer tatsächlich „verschlechternden", ablösenden Betriebsvereinbarung hingegen, welche nicht lediglich umverteilt, soll nur in eine individualrechtliche Versorgungszusage mit kollektivrechtlichem Bezug eingegriffen werden können, sofern sie betriebsvereinbarungsoffen ausgestaltet war.[1468] Ist die individualrechtliche Vereinbarung „betriebsvereinbarungsoffen", also bspw. mit einer Jeweiligkeitsklausel ausgestattet, welche auf die Betriebsvereinbarung in ihrer jeweils gültigen Fassung verweist, so kann die Versorgungszusage möglicherweise auch mittels einer den bisherigen Dotierungsrahmen kürzenden, „verschlechternden" Betriebsvereinbarung modifiziert werden.[1469]

Vor dem Hintergrund, dass der Gesamtdotierungsrahmen erhalten bleiben muss, könnte eine Anpassung „zur Mitte" mit Wirkung für die Zukunft möglich sein, da diese i.R.d. bestehenden Gesamtdotierungsrahmens geschehen könnte. Verweigert der Betriebsrat seine Mitwirkung in einer solchen „nach unten" für die Zukunft anpassenden Betriebsvereinbarung, so stünde dem Arbeitgeber noch der Weg zur Einigungsstelle nach § 76 BetrVG offen. Bei einer Versorgungszusage durch Betriebsvereinbarung besteht für die Betriebspartner darüber hinaus auch die Möglichkeit der Kündigung der Betriebsvereinbarung nach § 77 Abs. 5 BetrVG, sofern die Betriebsvereinbarung nichts anderes vorsieht.

1465 BAG, Urt. v. 16. September 1986 – GS 1/82, AP Nr. 17 zu § 77 BetrVG 1972.
1466 *Höfer*, Band I: Arbeitsrecht, ART Rn 341.2.
1467 BAG, Urt. v. 16. September 1986 – GS 1/82, AP Nr. 17 zu § 77 BetrVG 1972.
1468 BAG, Urt. v. 16. September 1986 – GS 1/82, ebenda.
1469 BAG, Urt. v. 12. August 1982 – 6 AZR 1117/79, AP Nr. 4 zu § 77 BetrVG 1972; Urt. v. 16. September 1986 – GS 1/82, AP Nr. 17 zu § 77 BetrVG 1972; *Langohr-Plato*, Rn 1483; *Höfer*, Band I: Arbeitsrecht, ART Rn 348.

Nach gefestigter Rechtsprechung des BAG besteht hinsichtlich der bAV auch keine Nachwirkung bei Kündigung der Betriebsvereinbarung.[1470] Statt die Rechte der betroffenen Arbeitnehmer mittels Vorsehens einer Nachwirkung zu sichern, wird dies bei Erlass einer neuen Betriebsvereinbarung anhand einer gerichtlichen Billigkeitskontrolle mittels der Maßstäbe der Verhältnismäßigkeit (sogenannte *„Je-desto-Regel"*) getan. Das BAG wendet hierbei die bereits vorher auf die Unterstützungskassenversorgung angewendete Dreiteilung der Besitzstände und Eingriffsgründe auch auf die Verschlechterung von Versorgungsrechten aufgrund von Betriebsvereinbarungen an[1471]:

Hierbei wird zwischen dem nach § 2 Abs. 1 BetrAVG zu berechnenden (ratierlich gekürzten) bereits erdienten Teilbetrag, der erdienten Dynamik, also den Zuwächsen aus variablen, dienstzeitunabhängigen Berechnungsfaktoren, sowie der noch erdienbaren Dynamik, also den dienstzeitabhängigen Zuwächsen unterschieden. Während für einen Eingriff in den bereits erdienten Teilbetrag das Vorliegen zwingender Gründe erforderlich ist, darf die bereits erdiente Dynamik schon aus triftigen Gründen geschmälert werden. In die 3. Stufe, die zukünftige, noch erdienbare Dynamik, hingegen darf nach stetiger Rechtsprechung des BAG aufgrund lediglich sachlich-proportionaler, d.h. willkürfreier, nachvollziehbarer und anerkennenswerter Gründe eingegriffen werden.[1472] Als sachlich-proportionaler Grund kommt bspw. in Betracht, dass die Versorgungsregelungen an veränderte gesetzliche Rahmenbedingungen oder an geänderte allgemeine Rechtsgrundsätze angepasst werden sollen.[1473] Folglich erscheint es auch möglich, die Versorgungsregelungen aufgrund der nunmehr neu eingeführten Benachteiligungsverbote des AGG zumindest hinsichtlich der zukünftigen, noch erdienbaren Dynamik anzupassen und benachteiligungsfrei auszugestalten.

Auch Eingriffe in eine auf Tarifvertrag beruhende Versorgungszusage gestalten sich als nicht minder schwierig.[1474] Soll mit Wirkung für die Zukunft durch einen neuen Tarifvertrag in Versorgungszusagen in Tarifverträgen eingegriffen werden, so gilt hierbei nicht das Günstigkeitsprinzip, sondern die Zeitkollisionsregel. Die ältere Regelung wird durch die jüngere abgelöst. Nur letztere kommt für die Zukunft zur Geltung und verdrängt dabei entgegenstehende Regelungen selbst dann, wenn sie dies nicht

---

1470 Siehe: BAG, Urt. v. 17. August 1999 – 3 ABR 55/98, AP Nr. 79 zu § 77 BetrVG 1972; mit gleichem Ergebnis bezüglich einer Betriebsvereinbarung über sonstige freiwillige soziale Leistungen auch: Urt. v. 11. Mai 1999 – 3 AZR 21/98, AP Nr. 6 zu § 1 BetrAVG Betriebsvereinbarung.

1471 *Griebeling/Griebeling*, Rn 869.

1472 Stetige Rspr. seit: BAG, Urt. v. 17. April 1985 – 3 AZR 72/83, AP Nr. 4 zu § 1 BetrAVG Unterstützungskassen.

1473 *Schoden*, Arbeitsrechtliche Einführung Rn 113.

1474 Vgl. ausführlich zu den Rechtsfolgen benachteiligender Kollektivvereinbarungen: *Wiedemann* NZA 2007, 950 ff.

ausdrücklich erklärt.[1475] Die Tarifvertragsparteien können hierbei auch bestehende Tarifnormen zulasten der von dieser Norm betroffenen Arbeitnehmer ändern.[1476] Durch die Kündigung des alten Tarifvertrags und Abschluss eines neuen, die Versorgung neu regelnden Tarifvertrages, erscheint daher grundsätzlich auch eine „Anpassung zur Mitte" zumindest mit Wirkung für die Zukunft möglich. Die Tarifautonomie, welche grundsätzlich auch Eingriffe zulasten der Arbeitnehmer in den Tarifvertrag zulässt, findet hierbei jedoch wiederum ihre Grenzen im Grundsatz des Vertrauensschutzes und dem darauf beruhenden Rückwirkungsverbot.[1477]

Bereits in der Vergangenheit wurde die Frage, inwiefern Kostensteigerungen in der bAV einen sachlichen Grund für Leistungskürzungen mittels eines ablösenden Tarifvertrages darstellen können, häufiger diskutiert. Das BAG ging bspw. im Hinblick auf jene Kostensteigerungen, die sich aus der Einführung der Unverfallbarkeit von Versorgungsanwartschaften sowie des Teuerungsausgleichs bei laufenden Renten durch das Inkrafttreten des BetrAVG ergeben haben, davon aus, dass solche den Arbeitgeber treffenden Kostensteigerungen keinen sachlichen Grund für einen Eingriff in die Zusage darstellten.[1478] Diese Rechtsprechung lässt im Hinblick das AGG vermuten, dass wohl auch eine Veränderung der rechtlichen Rahmenbedingungen im Zusammenhang mit der Einführung des AGG und die daraus resultierende finanzielle Mehrbelastung von der Rechtsprechung nicht ohne Weiteres als sachlicher Grund für eine nachträgliche Kürzung der Leistungen der bAV anerkannt werden würde.

Zusammenfassend zeigt sich bei allen Zusageformen, dass es sich jeweils als nicht unproblematisch darstellt, in die Versorgungszusagen einzugreifen Auch wenn ein Eingriff mit Wirkung für die Zukunft insbesondere bei Abschluss einer neuen Betriebsvereinbarung oder eines neuen Tarifvertrages nicht ganz unmöglich ist, so muss doch stets beachtet werden, dass das Versorgungswerk aus Vertrauensschutzgesichtspunkten nicht willkürlich geändert, gekürzt oder sogar völlig eingestellt werden kann, da die bAV Entgeltcharakter besitzt. Während den Arbeitgeber in dieser Situation zumeist Gründe antreiben, die in den wirtschaftlichen Verhältnissen des Unternehmens liegen, steht auf Seiten der Versorgungsempfänger und

---

1475 BAG, Urt. v. 13. Dezember 2005 – 3 AZR 478/04, AP Nr. 49 zu § 2 BetrAVG; Urt. v. 24. April 2000 – 3 AZR 259/88, AP Nr. 43 zu § 1 BetrAVG Zusatzversorgungskassen.

1476 BAG, Urt. v. 5. Oktober 2000 – 1 AZR 48/00, AP Nr. 141 zu § 112 BetrVG 1972; Urt. v. 15. November 2000 – 5 AZR 310/99, AP Nr. 84 zu § 77 BetrVG 1972; Urt. v. 20. Februar 2001 – 1 AZR 322/00, AP Nr. 107 zu § 87 BetrVG 1972 Lohngestaltung; Urt. v. 6. August 2002 – 1 ABR 49/01, AP Nr. 27 zu § 99 BetrVG 1972 Eingruppierung.

1477 Vgl. BVerfG, Urt. v. 15. Oktober 1996 – 1 BvL 48/92 und 1 BvL 44/92, BVerfGE 95, 64; BAG, Urt. v. 15. November 2000 – 5 AZR 310/99, AP Nr. 84 zu § 77 BetrVG 1972; Urt. v. 16. Juli 1996 – 3 AZR 398/95, AP Nr. 21 zu § 1 BetrAVG Ablösung.

1478 So bspw. das BAG, Urt. v. 22. April 1986 – 3 AZR 496/83, AP Nr. 8 zu § 1 BetrAVG Unterstützungskassen.

Anwartschaftsberechtigten stets das Vertrauen auf den Bestand des gegebenen Versorgungsversprechens im Vordergrund.

Inwiefern eine solche Kürzung mit Wirkung für die Zukunft hingegen möglich ist, wird stets im Einzelfall zu prüfen sein. Es wird hierbei je nach Ausgestaltung der Versorgungszusage und auch je nach Zusageform zu differenzieren und gleichzeitig eine Abwägung zwischen den beiden sich gegenüberstehenden Interessen vorzunehmen sein, um eine gerechte Lösung zu finden.

5. § 15 AGG: Schadensersatzanspruch bei Verletzung des Benachteiligungsverbotes des § 7 Abs. 1 AGG

§ 15 Abs. 1 S. 1 AGG räumt dem i.S.d. § 7 Abs. 1 AGG benachteiligten Arbeitnehmer grundsätzlich einen Schadensersatzanspruch ein.[1479] Gem. S. 2 ist ein solcher jedoch nicht gegeben, sofern der Arbeitgeber die Benachteiligung nicht zu vertreten hatte. Der Schadensersatzanspruch des § 15 Abs. 1 AGG ist somit – zumindest seinem Wortlaut zufolge[1480] – verschuldensabhängig, das heißt, dass der Arbeitgeber gem. § 276 Abs. 1 BGB hiernach zumindest fahrlässig gehandelt haben müsste. Mangels ungerechtfertigter Benachteiligung ist des Weiteren auch kein Anspruch gegeben, wenn einer der Rechtfertigungstatbestände der §§ 5, 8 bis 10 AGG eingreift. Der Schadensersatzanspruch muss nach Maßgabe des § 15 Abs. 4 AGG innerhalb einer Frist von zwei Monaten geltend gemacht werden. Gem. § 15 Abs. 5 AGG schließt ein Schadensersatzanspruch nach § 15 AGG auch nicht weitere Ansprüche aufgrund anderer Rechtsvorschriften aus.

Für die Beurteilung der Frage, ob und in welcher Höhe ein ersatzfähiger Schaden eingetreten ist, gelten die allgemeinen Vorschriften der §§ 249 ff. BGB. Für die Bejahung eines Anspruches aus § 15 Abs. 1 S. 1 AGG muss somit stets zunächst ein ersatzfähiger Schaden vorliegen. Als ersatzfähige Schadenspositionen sind alle kausal auf der benachteiligenden Handlung beruhenden Vermögenseinbußen durch den Arbeitgeber zu ersetzen.

Grundlage für die Berechnung des Umfangs des Schadensersatzanspruchs ist die Differenzhypothese. Der benachteiligte Beschäftigte ist vom Arbeitgeber so zu stellen, wie er stünde, wenn die ungerechtfertigte Benachteiligung nicht aufgetreten wäre. Als zu ersetzender Schaden kommt dabei in erster Linie ein Verdienstausfall in Betracht, den der Beschäftigte auf Grund des Verstoßes gegen das Benachteiligungsverbot erleidet.[1481]

1479 *Bauer/Evers*, NZA 2006, 893.

1480 Zur Frage, inwiefern eine verschuldensabhängige Ausgestaltung des Schadensersatzanspruches möglicherweise mit den Vorgaben des europäischen Rechts unvereinbar ist, wird verwiesen auf: ErfKomm-*Schlachter*, § 15 AGG Rn 5 mwN; MüKo-*Thüsing*, § 15 AGG Rn 33 f. mwN.

1481 *Bauer/Evers*, NZA 2006, 893, 894.

Neben dem materiellen Vermögensschaden („Schadensersatz") sind auch immaterielle Schäden („Entschädigung") von § 15 AGG umfasst.[1482] Gem. § 15 Abs. 2 AGG steht dem benachteiligten Arbeitnehmer gegen den Arbeitgeber ein Anspruch auf Entschädigung jenes immateriellen Schadens zu, welchen der Arbeitnehmer aufgrund eines Verstoßes gegen ein Benachteiligungsverbot i.S.d. AGG erlitten hat.[1483] Dieser Entschädigungsanspruch ist im Gegensatz zum Anspruch auf Schadensersatz ist nach dem ausdrücklichen Willen des Gesetzgebers[1484] als nicht verschuldensabhängig ausgestaltet worden.

Auf den ersten Blick erscheint sich aus § 15 Abs. 1 AGG auch die Rechtsfolge eines Verstoßes einer betriebsrentenrechtlichen Regelung gegen die Benachteiligungsverbote des AGG zu ergeben. Dem hinsichtlich der bAV benachteiligten Beschäftigten könnte hiernach ein Schadensersatzanspruch gegen den Arbeitgeber zustehen. Zum Schadensersatz ermächtigende Vermögenseinbußen sind jedoch bereits dann nicht gegeben, wenn der benachteiligte Arbeitnehmer bereits aufgrund der Benachteiligung i.S.d. AGG einen Erfüllungs-, Verschaffungs- bzw. Gleichstellungsanspruch gegen den Arbeitgeber hat. Beruht die Benachteiligung auf dem Inhalt einer Vereinbarung, so schließt § 7 Abs. 2 oft einen ersatzfähigen Schaden aus, da den bisher benachteiligten Arbeitnehmer aufgrund der Nichtigkeit der benachteiligenden Regelung für gewöhnlich einen Anspruch auf Gleichbehandlung mit den zuvor begünstigten Arbeitnehmern zusteht.[1485] Es handelt sich dann um einen Erfüllungs-, nicht hingegen um einen Schadensersatzanspruch.[1486] Durch die Gleichstellung entfällt die als Schadensposition im Sinne eines Schadensersatzanspruches notwendige Vermögenseinbuße. Gerade im Bereich der Entgeltdiskriminierung ist bei (auch rückwirkender) Angleichung des Entgeltes an das Entgelt bisher begünstigter Arbeitnehmer[1487] kein ersatzfähiger Schaden des bisher Benachteiligten gegeben.[1488]

1482 *Willemsen/Schweibert*, NJW 2006, 2588.

1483 Schleusener/Suckow/Voigt-*Voigt*, § 15 AGG Rn 27 ff.

1484 BT-Drucks. 16/1780, S. 38.

1485 BAG, Urt. v. 26. Mai 1993 – 4 AZR 461/92, AP Nr. 2 zu § 612 BGB Diskriminierung; Urt. v. 20. Juli 1993 – 3 AZR 52/93, AP Nr. 11 zu § 1 BetrAVG Gleichbehandlung; ErfKomm-*Schlachter*, § 15 AGG Rn 4.

1486 So wohl: BAG, Urt. v. 14. Januar 2009 – 3 AZR 20/07, NZA 2009, 489 ff. = BetrAV 2009, 259 [Rn 44].

1487 BAG, Urt. v. 23. September 1992 – 3 AZR 52/93, AP Nr. 1 zu BGB § 612 Diskriminierung.

1488 BAG, Urt. v. 11. Dezember 2007 – 3 AZR 249/06, BAGE 125, 133 ff. = AP Nr. 1 zu § 2 AGG = BB 2008, 557; Schleusener/Suckow/Voigt-*Voigt*, § 15 AGG Rn 16; ErfKomm-*Schlachter*, § 15 AGG Rn 4; MüKo-*Thüsing*, § 15 AGG Rn 32; ähnlich auch: *Thüsing*, Rn 543; a.A. wohl: *Bepler*, in FS Höfer, S. 4, der zwar auch für den Bereich von Betriebsrenten Entschädigungen oder Schadensersatzansprüche gewähren will, jedoch hinsichtlich des Falles der Benachteiligung eingetragener Lebenspartner in Hinterbliebenenversorgungsordnungen von einem Anspruch aus der Wertung des § 8 Abs. 2 AGG ausgeht (ebenda, S. 7); die Anwendbarkeit

6. Rechtsfolge des § 7 Abs. 3 AGG

§ 7 Abs. 3 AGG regelt zudem, dass eine Benachteiligung i.S.d. § 7 Abs. 1 AGG auch eine Verletzung (arbeits-)vertraglicher (Neben-)Pflichten darstellt. Da gem. § 32 AGG die Vorschriften des allgemeinen Schuldrechts des BGB auch im Bereich des AGG gelten, ergibt sich aus § 7 Abs. 3 AGG, dass die Regelungen des vertraglichen Leistungsstörungsrechts anwendbar sind.[1489] Dem betroffenen Beschäftigten können demnach neben den Ansprüchen aus den §§ 13-16 AGG gegen den benachteiligenden Vertragspartner auch Ansprüche gem. der §§ 280 ff. BGB zustehen.

des § 15 Abs. 1 AGG auf die bAV ebenfalls, jedoch aufgrund des Wortlauts des § 2 Abs. 2 S. 2 AGG, ausschließend: *Blomeyer/Rolfs/Otto*, Anh § 1 BetrAVG Rn 44.

1489 Schleusener/Suckow/Voigt-*Schleusener*, § 7 AGG Rn 81; *Adomeit/Mohr*, § 7 AGG Rn 24.

C. Ausblick – Entwicklung des Europarechts / Europarechtliche Richtlinien in der Zukunft

I. Charta der Grundrechte der EU

Die Charta der Grundrechte der EU (GRC), welche bereits am 8. Dezember 2000 feierlich proklamiert worden war, hatte zunächst bis zum Inkrafttreten des Vertrages von Lissabon vom 13. Dezember 2007 keine Rechtsverbindlichkeit. Nachdem der Vertrag von Lissabon im am 1. Dezember 2009 inkraftgetreten ist, ist nunmehr auch die GRC Teil des verbindlichen Primärrechts der EU geworden.

Hinsichtlich des Schutzes vor Diskriminierungen im Arbeits- und insbesondere im Betriebsrentenrecht lässt sich jedoch feststellen, dass die GRC in diesen Bereichen zumindest bei erster Betrachtung keine weitgehenden Neuerungen mit sich gebracht hat. Zum einen liegt dies daran, dass der Diskriminierungsschutz, wie er sich nunmehr auch aus den Art. 21 und Art. 23 GRC ergibt, zu großen Teilen wortgleich mit den Bestimmungen der Anti-Diskriminierungs-Richtlinien ist. Allerdings geht die GRC tlw. sogar über diese hinaus, da sie bspw. neben den in den Antidiskriminierungs-Richtlinien behandelten Merkmalen der Rasse, der ethnischen Herkunft, des Geschlechts, der Religion oder Weltanschauung, der Behinderung, des Alters und der sexuellen Identität auch die Merkmale der Hautfarbe, der sozialen Herkunft, der genetischen Merkmale, der Sprache, der Zugehörigkeit zu einer nationalen Minderheit, des Vermögens sowie der Geburt als „verpönte" Diskriminierungsmerkmale nennt.

Es ist trotz Inkrafttretens der GRC dennoch nicht davon auszugehen, dass die Antidiskriminierungsrichtlinien durch das Inkrafttreten dieser (möglicherweise weiter gefassten) Charta überholt seien. Da die GRC bereits aus dem Jahr 2000 stammt und lediglich erst im Jahr 2009 ratifiziert wurde, ist vielmehr davon auszugehen, dass die Antidiskriminierungsrichtlinien bereits jeweils unter Beachtung der sich aus der GRC ergebenden Rechte erlassen worden sind. Das Verhältnis der Richtlinien bzw. der nationalen Umsetzungen zu der GRC als europäisches Primärrecht verhält sich folglich genauso wie das Verhältnis zwischen den Richtlinien und einem möglicherweise bestehenden primärrechtlichen Verbot der Altersdiskriminierung[1490]. Ebenso wie bei diesem (möglicherweise bestehenden) primärrechtlichen Verbot ist auch bei den primärrechtlichen Diskriminierungsverboten der GRC davon auszugehen, dass diese Verbote ebenfalls durch die Antidiskriminierungsrichtlinien konkretisiert worden sind.[1491] Insbesondere bspw. die Richtlinie

1490 Vgl. hierzu: EuGH, Urt. v. 19. Januar 2010 – Rs. C-555/07 [*Kücükdeveci*], Slg 2010, I-365 = AP Nr. 14 zu Richtlinie 2000/78/EG [Rn 21, 28, 33].

1491 So: BAG, Urt. v. 19. Juli 2011 – 3 AZR 434/09, AP Nr. 65 zu § 2 BetrAVG = NZA 2012, 155 ff. [Rn 21]; vgl. hierzu auch: *Höfer*, Band I: Arbeitsrecht, ART Rn 805.2 ff.

2000/78/EG stellt eine Konkretisierung des primärrechtlichen und nunmehr in der GR-Charta verankerten Altersdiskriminierungsverbotes dar.

Nicht nur jedoch aus solch systematischen Gründen halten sich die Auswirkungen der GRC auf den Bereich des Arbeitsrechts in Grenzen. Vielmehr ist wohl auch der Schutz, den die GRC bietet, trotz des Titels „Grundrechte"-Charta nicht vergleichbar mit dem Schutzgedanken der deutschen Grundrechtetradition. Die GRC als Primärrecht wirkt sich vielmehr dadurch aus, dass sie stets bei Erlass von europäischen Richtlinien zu beachten ist und diese Richtlinien gleichzeitig den Vorgaben der GRC entsprechen müssen. Insbesondere jedoch müssen die EU-Mitgliedstaaten die GRC gem. Art. 51 Abs. 1 GRC bei der Umsetzung von EU-Recht beachten. In einfachen Arbeitsverhältnissen kann sich die Charta somit dahingehend auswirken, dass unionsrechtliche Vorgaben hinsichtlich des Arbeitsrechtes, welche der nationale Gesetzgeber in nationales Recht umgesetzt hat und welche sich somit auf das Arbeitsverhältnis auswirken, grundrechtskonform anhand der GRC ausgelegt werden müssen. Soweit hingegen die EU von ihrer Rechtsetzungskompetenz (noch) keinen Gebrach gemacht hat und somit folglich weiterhin ausschließlich nationales Recht gilt, wirkt die GRC primär nur für die Organe der EU. Das Primärrecht der EU besteht primär aus Zielvorgaben für Union und Mitgliedsstaaten, Kompetenzregeln und sonstigen institutionellen Normen, die nicht unmittelbar auf das Verhältnis zwischen Privaten anwendbar sind.

II. Richlinien der EU

Wie das BAG in seinem Vorlagebeschluss vom 27. Juni 2006[1492] festgestellt hat, hat die Europäische Gemeinschaft bislang noch keine Richtlinien erlassen, die das Recht der bAV umfassend regeln. Dennoch ist, wie *Rolfs* zutreffend feststellt, *„die betriebliche Altersversorgung [...] in den vergangenen Jahren zunehmend zum Gegenstand der „Gesetzgebung" der EU geworden"*[1493], bspw. betreffend der Themen der Gleichbehandlung, Freizügigkeit, des Betriebsübergangs oder des Insolvenzschutzes.

So hat der Bundesgesetzgeber bspw. die Vorgaben der Pensionsfondsrichtlinie[1494] unter anderem durch das Siebte Gesetz zur Änderung des Versicherungsaufsichtsgesetzes[1495] vom 29. August 2005 umgesetzt. Ziel der Richtlinie war es,

1492 BAG, Vorlagebeschluss vom 27. Juni 2006 – 3 AZR 352/05 (A), AP Nr. 6 zu § 1b BetrAVG; diese Feststellung bestätigend auch: LAG Köln, Urt. v. 18. Januar 2008 – 11 Sa 1077/07, ZIP 2008, 1548.

1493 *Blomeyer/Rolfs/Otto*, Einleitung Rn 124.

1494 „Richtlinie 20043/41/EG des Europäischen Parlaments und des Rates vom 3. Juni 2003 über die Tätigkeiten und die Beaufsichtigung von Einrichtungen der BAV", EG-ABl. L 235/10 vom 23. September 2003.

1495 BGBl. I 2005, S. 2346.

einen einheitlichen europäischen Rechtsrahmen für alle Einrichtungen der bAV zu erzeugen.[1496]

Auf die Frage der Unverfallbarkeit von Betriebsrentenanwartschaften hat sich die Unionsrechtsprechung bereits ausgewirkt. Die ursprüngliche gesetzliche Altersgrenze von 35 Jahren hatte die EU als Mobilitätshindernis und somit dem Grundsatz der Freizügigkeit der Arbeitnehmer entgegenstehend moniert. Dieser Kritik folgend verkürzte der deutsche Gesetzgeber die Altersgrenze der Unverfallbarkeit, das Mindestalter des § 1b BetrAVG – wie bereits dargestellt – deutlich von früher dem 35. Lebensjahr, über zwischenzeitlich das 30. bis hin zum 25. Lebensjahr.[1497]

Interessant wird hierbei jedoch sein, wie sich die zukünftigen europäischen Vorgaben in diesem Bereich entwickeln werden. Der ehemaliger Entwurf einer „Mobilitätsrichtlinie“[1498] sieht die Herabsetzung der Mindestaltersgrenze für den Erwerb unverfallbarer Anwartschaften auf 21. Jahre sowie eine Herabsetzung der Unverfallbarkeitsfristen auf 1 Jahr nach Beendigung des 25. Lebensjahres bzw. 5 Jahre vor Beendigung des 25. Lebensjahres vor. Ziel der europäischen Vorgaben ist hierbei, die Möglichkeiten der Arbeitnehmer zu verbessern, Betriebsrentenansprüche trotz eines Arbeitsplatzwechsels zu behalten und somit, den Anforderungen des heutigen Arbeitsmarktes entsprechend, „mobiler“ zu werden.

In der Literatur wird teilweise befürchtet, dass die Betriebsrente für Arbeitgeber durch eine solche erneute Herabsetzung der Voraussetzungen für unverfallbare Ansprüche risikoreicher und teurer und somit unattraktiver werde. Während nach bisheriger deutscher Regelung bei frühen Jobwechseln viele Anwartschaften aufgrund der Unverfallbarkeitsfristen bereits vor der Unverfallbarkeit verfielen, würde durch eine weitere Senkung der Unverfallbarkeitsfristen vielen Arbeitnehmern unverfallbare Anwartschaften eingeräumt.[1499] Für die deutschen Versorgungswerke würde die Neuregelung zu einem sprunghaften Anstieg unverfallbarer Anwartschaften und somit zu einer deutlichen Kostenerhöhung führen. Dies würde unweigerlich auch eine erhebliche Verteuerung für Arbeitgeber bedeuten, da diese bereits früher Einzahlungen in die Rentenkasse leisten müssten.[1500] Die Arbeitsgemeinschaft für betriebliche Altersversorgung e.V. (aba) geht davon aus, dass

1496 Siehe vertiefend zur Pensionsfondsrichtlinie auch *Höfer*, Band I: Arbeitsrecht, ART Rn 16 ff.

1497 Siehe zur Entwicklung der Altersgrenze des § 1b BetrAVG sowie der Zulässigkeit dieser Altersgrenze auch oben unter: B.IV.1.a)bb).

1498 Vgl. KOM (2007) 603 endgültig v. 9. Oktober 2007; vgl. zur aktuellen Entwicklung hinsichtlich des Erlasses einer Mobilitätsrichtlinie unten: C.II.

1499 Zur Kritik am ursprünglichen Richtlinien-Entwurf siehe auch: *Bolkestein/Gerken*, Financial Times Deutschland vom 4. Dezember 2007, S. 30; oder auch: Kurz-Analyse des Centrum für Europäische Politik (CEP) zur Richtlinie, www.cep.eu/fileadmin/user_upload/Kurz-Analysen/Betriebsrenten/Kurzanalyse_neuer_Vorschlag_Betriebsrenten.pdf.

1500 So auch: *Höfer*, Band I: Arbeitsrecht, ART Rn 16.9.

die von der Kommission vorgeschlagenen Regelungen in Bereichen mit niedriger Fluktuationsrate Mehrkosten von 1 % bis 5 % (bezogen auf die derzeitigen Kosten für Aktive), in Bereichen mit hoher Fluktuationsrate jedoch Mehrkosten von 10 % bis 20 % zur Folge hätten.[1501]

Weiterhin würde durch die Verkürzung der Unverfallbarkeitsfristen von derzeit 5 Jahren wohmöglich der Anreiz für die Arbeitgeber vermindert, durch die Gewährung von Betriebsrenten längerfristige Arbeitsverhältnisse generieren zu können. Arbeitnehmer, die das 25. Lebensjahr bereits beendet haben, müssten nach dem Richtlinienvorschlag statt der bisherigen 5 Jahre vielmehr nur noch 1 Jahr für denselben Arbeitgeber arbeiten, um eine unverfallbare Anwartschaft zu erlangen.

In Bezug auf die Mobilität der Arbeitnehmer, die Portabilität der Betriebsrentenansprüche und somit die Unverfallbarkeitsregelungen bleibt somit die weitere europäische Entwicklung und nationale Umsetzung mit Spannung abzuwarten.

Jüngst wurde auf europäischer Ebene die Richtlinie 2013/14/EU[1502] erlassen, welche thematisch auch die bAV erfasst. Diese Richtlinie behandelt jedoch die Änderung aufsichtsrechtlicher Mindeststandards für die Tätigkeit und die „Betriebsbedingungen" von Einrichtungen der bAV. Aufgrund dieser anderweitigen Zielsetzung der Richtlinie ist nicht zu erwarten, dass sich aus ihr – auch nicht nach Umsetzung in nationales Recht – Auswirkungen auf die bAV hinsichtlich der Frage der Diskriminierungsverbote und deren Auswirkungen ergeben werden.

Unmittelbare Auswirkungen wären hingegen von der Verabschiedung der bereits seit Jahren kontrovers diskutierten Portabilitätsrichtlinie der EU zu erwarten.[1503] Dass eine solche Richtlinie kurz- oder mittelfristig erlassen werden wird, erscheint beinahe unumgänglich. Die Kommission hat sich die Verabschiedung dieser Richtlinie erst unlängst abermals zum Ziel gesetzt.[1504] Mittels einer solchen Portabilitätsrichtlinie sollen Hindernissen der Freizügigkeit zwischen Mitgliedstaaten abgebaut werden, da feststeht, dass manche Bestimmung der betrieblichen Rentensysteme ein derartiges Freizügigkeitshindernis darstellen kann. Nach Ansicht der Kommission sind solche Hindernisse insbesondere in der mangelnden Übertragbarkeit von Ansprüchen beim Arbeitsplatzwechsel sowie in den Bedingungen für den Erwerb von Rentenansprüchen an sich zu erkennen. Aus diesem Grund beinhalteten die bisherigen Richtlinienvorschläge stets Regelungen

---

1501 *Stiefermann*, Ass Compact, April 2007, 2.

1502 Richtlinie 2013/14/EU des Europäischen Parlaments und des Rates vom 21. Mai 2013 zur Änderung der Richtlinie 2003/41/EG über die Tätigkeiten und die Beaufsichtigung von Einrichtungen der betrieblichen Altersvorsorge, der Richtlinie 2009/65/EG zur Koordinierung der Rechts- und Verwaltungsvorschriften betreffend bestimmte Organismen für gemeinsame Anlagen in Wertpapieren (OGAW) und der Richtlinie 2011/61/EU über die Verwalter alternativer Investmentfonds im Hinblick auf übermäßigen Rückgriff auf Ratings.

1503 Vgl. auch: *Höfer*, Band I: Arbeitsrecht, ART Rn 15, 16.6; siehe bereits oben zur Diskussion über eine neue Portabilitätsrichtlinie: B.IV.1.a)bb).

1504 KOM(2010)365 endg., S. 16; siehe hierzu auch: *Recht*, in FS Höfer, S. 184 f.

hinsichtlich der Unverfallbarkeitsfristen sowie tlw. auch hinsichtlich des Mindestalters.[1505] Als Reaktion auf die zunehmende Dynamisierung des Arbeitsmarktes sah Art. 4 des Richtlinienvorschlages, welcher die Regelungen zum Anspruchserwerb beinhaltet, die Absenkung des Mindestalters des Beschäftigten zum Erwerb unverfallbarer Anwartschaften von derzeit 25 auf bspw. 21 Jahre sowie die Absenkung der Unverfallbarkeitsfrist auf 3 oder gar 2 Jahre vor.

Die Vorschläge der Kommission hinsichtlich des Erlasses einer Portabilitätsrichtlinie sind allerdings bislang auf große Kritik gestoßen. Es wird befürchtet, dass die bAV für Arbeitgeber bei Durchsetzung der vorgeschlagenen Änderungen aufgrund der mit diesen Änderungen (wahrscheinlich) verbundenen Kostensteigerungen eher unattraktiver als attraktiver gemachen würde. Unter anderem aus diesem Grund hatte der Rat der Europäischen Union die Richtlinie noch im Jahr 2007 gestoppt.

Nun, im Jahr 2013, scheint hingegen wieder einmal der Erlass der Richtlinie kurz bevor zu stehen.[1506] Der Rat der Europäischen Union hat sich nunmehr am 20. Juni 2013, nach jahrelanger Blockade des Richtlinienvorschlages aus dem Jahr 2007, auf eine allgemeine Richtung zum geänderten Richtlinienvorschlag über „Mindestvorschriften zur Erhöhung der Mobilität von Arbeitnehmern durch Verbesserung der Begründung und Wahrung von Zusatzrentenansprüchen“ geeinigt.[1507] Als Kompromiss scheint jetzt eine Unverfallbarkeitsfrist von 3 Jahren verfolgt zu werden.

Bislang jedoch hat der Rat als Kompromiss vorgeschlagen, die Richtlinie lediglich auf grenzüberschreitende Wechsler, d.h. auf solche Beschäftigte, welche ihre Anwartschaften beim Wechsel in einen anderen Mitgliedsstaat mitnehmen wollen, zu beschränken. Die Kommission hingegen verfolgt das Ziel, diesen für grenzüberschreitende Wechsler geltenden Standard auch auf die innerstaatliche Mobilität anwendbar zu machen, um für einen europaweiten Portabilitäts-Standard zu sorgen. Aus diesem Grund sieht sich der aktuelle Vorschlag derzeit massiver Kritik ausgesetzt. Da es relativ unwahrscheinlich ist, dass bspw. der deutsche Gesetzgeber zwei unterschiedliche Mindestalter und Mindestdienstzeiten – nämlich jeweils für grenzüberschreitenden sowie für nationale Wechsler – zur Erlangung einer unverfallbaren Anwartschaft gesetzlich regeln wird, wird wohl davon auszugehen sein, dass sich eine derartige Regelung, die anfänglich lediglich grenzüberschreitende

---

1505 Siehe zu bisherigen Vorschlägen einer Portabilitätsrichtlinie bereits oben: B.IV.1.a)bb).

1506 Vgl. bAV-Info der PBG Pensions-Beratungs-Gesellschaft mbH vom 24. Juli 2013, abrufbar unter: http://www.pbg.de/index.php?option=com_docman&Itemid=&task=doc_download&gid=282, S. 1.

1507 Vgl. auch das Interinstitutionelle Dossier des Rates der Europäischen Union (2005/0214 (COD)) vom 17. Juni 2013, abrufbar unter: http://register.consilium.europa.eu/pdf/de/13/st10/st10890.de13.pdf; ebenfalls hierzu: Memo der Europäischen Kommission (MEMO/13/587) vom 20. Juni 2013, abrufbar unter: http://europa.eu/rapid/press-release_MEMO-13-587_en.htm#PR_metaPressRelease_bottom.

Wechsler betrifft, schlussendlich auch auf die Gesetzgebung hinsichtlich innerdeutschen, rein nationaler, Wechsler auswirkt. Daher wird gegen den aktuellen Richtlinienentwurf vorgebracht, dass hierdurch versucht werde, die nationalen, innerstaatlichen Portabilitäts-Regelungen *„durch die Hintertür"* anzupassen.[1508]

Eine derartige Richtlinie – so die Befürchtungen – würde erhebliche finanzielle Konsequenzen mit sich bringen. So ging bspw. die Bundesvereinigung der Deutschen Arbeitgeberverbände e.V. (BDA) hinsichtlich des ersten Vorschlags einer neuen Portabilitätsrichtlinie davon aus, dass die Absenkung der Anforderungen für den Erwerb unverfallbarer und portabler Anwartschaften die Kosten für die betriebliche Altersvorsorge um bis zu 30% erhöhen würde.[1509]

Nicht nur aus solchen finanziellen Gesichtspunkten hingegen ist die Entwicklung der Europäischen Gesetzgebung an dieser Stelle für die bAV interessant: Eine Veränderung der Anforderungen für den Anspruchserwerb, insbesondere eine verkürzte Unverfallbarkeitsfrist und ein abgesenktes Mindestalter, würde vielmehr auch mittelbar Auswirkungen auf die diskriminierungsrechtliche Zulässigkeit betriebsrentenrechtlicher Regelungen wie bspw. längerer Wartefristen etc. besitzen. Wie in dieser Arbeit herausgestellt worden ist, wird bei verschiedenen Regelungen, welche potentielle Benachteiligungen wegen des Alters darstellen, hinsichtlich der Frage der Rechtfertigung als Gradmesser bzw. Richtschnur der Zulässigkeit auf das gesetzliche Mindestalter, v.a. jedoch auch auf die gesetzliche Unverfallbarkeitsfrist abgestellt.

Sollte die Richtlinie tatsächlich in näherer Zukunft mit dem genannten Inhalt erlassen werden, so ist Arbeitgebern in jedem Fall zu raten, bereits jetzt bei der Ausgestaltung ihrer bAV-Systeme die zukünftigen Unverfallbarkeitsfristen sowie das Mindestalter zu beachten. Aufgrund der Umsetzungsfristen für europäische Richtlinien wäre zwar davon auszugehen, dass die Regelungen der Richtlinie frühestens im Jahr 2017 in das nationale Recht übernommen würden und sie somit erst ab diesem Zeitpunkt zwingendes Recht für nationale Systeme der bAV darstellen würden. Dennoch erscheint hier eine frühzeitige Umstellung der Regelungen empfehlenswert. In jedem Fall ist die Entwicklung in dieser Frage insbesondere auch aus diskriminierungsrechtlicher Sicht weiterhin zu verfolgen.

1508 Vgl. bspw. die Kritik von Stefan Oecking der Firma Mercer vom 17. Juli 2013 *„Mit einem Fake zur Portabilität: Das könnt Ihr doch nicht ernst meinen!"*, abrufbar unter: http://www.lbav.de/das-konnt-ihr-doch-nicht-ernst-meinen/.

1509 Vgl. Stellungnahme des BDA vom 15. September 2006, abrufbar unter: http://www.verbaende.com/news.php?m=41365.

D. Festgestellte Auswirkungen des AGG auf die bAV / Stellungnahme / Thesen

I. Frage der Anwendbarkeit

Mittlerweile sogar bereits höchstrichterlich geklärt ist die dieser Arbeit zugrunde liegende Frage, ob das AGG unter bestimmten Voraussetzungen Anwendung auf Sachverhalte der bAV findet. Das BAG hat dies mit seinem Urteil vom 11. Dezember 2007[1510] hinreichend geklärt. Während bereits vor dieser Klarstellung davon ausgegangen werden konnte, dass das sich aus den dem AGG zugrunde liegenden Antidiskriminierungsrichtlinien ergebende Antidiskriminierungsrecht in jedem Fall Auswirkungen auch auf die bAV haben würde, haben die Erfurter Richter mit Ihrem Urteil letzte Unklarheiten[1511] hinsichtlich der Auslegung des § 2 Abs. 2 S. 2 AGG sowie hinsichtlich des Rangverhältnisses von AGG und BetrAVG beseitigt. Es ist davon auszugehen, dass das AGG trotz des missverständlichen § 2 Abs. 2 S. 2 AGG spätestens seit dem 18. August 2006 zumindest grundsätzlich auch auf Sachverhalte der bAV Anwendung findet. Dies gilt jedoch lediglich unter der einschränkenden Voraussetzung, dass nicht das BetrAVG hinsichtlich des jeweiligen Diskriminierungsmerkmals eine spezielle – und nach Rechtsauffassung des BAG somit speziellere – Regelung vorsieht. Sieht das BetrAVG hingegen eine derartige spezielle(re) Regelung vor, wie bspw. die das Alter des jeweiligen Versorgungsempfängers betreffenden Regelungen des § 1 Abs. 1 S. 1 1. HS BetrAVG oder des § 1b Abs. 1 S. 1 BetrAVG, so sind diese Regelungen nicht am AGG und seinen Benachteiligungsverboten zu messen. Das AGG ist in diesen Fällen nicht einschlägig. Vielmehr geht dann das BetrAVG als *lex specialis* vor, muss jedoch wiederum selber als nationales Recht einer Überprüfung anhand der dem AGG zugrunde liegenden Antidiskriminierungsrichtlinien standhalten.

Hinsichtlich der Anwendbarkeit des AGG auf Sachverhalte der bAV ist zudem stets zu beachten, dass das AGG mit seinem Inkrafttreten im August 2006 für einige der Diskriminierungsmerkmale in zeitlicher Hinsicht „zu spät" eingeführt worden ist. Die jeweiligen dem AGG zugrunde liegenden Richtlinien sahen ursprünglich Fristen zur Umsetzung der in ihnen geregelten Diskriminierungsverbote in nationales Recht bis zum 19. Juli 2003 im Fall der Richtlinie 2000/43/EG, bis zum 02. Dezember 2003 (im Fall der Richtlinie 2000/78/EG) bzw. bis zum 05. Oktober 2005 (Richtlinie 2002/73/EG) oder dem 21. Dezember 2007 (Richtlinie 2004/113/EG) vor.

1510 BAG, Urt. v. 11. Dezember 2007 – 3 AZR 249/06, BAGE 125, 133 ff. = AP Nr. 1 zu § 2 AGG = BB 2008, 557.

1511 Vgl. ausführlich zu der anfänglich nach Inkrafttreten des AGG eingetretenen Diskussion: B.I.

Während also lediglich die Richtlinie 2004/113/EG innerhalb der Umsetzungsfrist durch das Inkrafttreten des AGG in nationales Recht umgesetzt worden ist, bestand zumindest hinsichtlich der Merkmale des Alters und der Behinderung gem. Art. 18 Abs. 2 Richtlinie 2000/78/EG die Möglichkeit der Inanspruchnahme einer Fristverlängerung von drei Jahren bis zum 02. Dezember 2006. Diese Fristverlängerung hat die Bundesrepublik Deutschland in Anspruch genommen, so dass die Richtlinie durch das AGG auch hinsichtlich der Benachteiligungsmerkmale des Alters und der Behinderung fristgemäß in nationales Gesetz umgesetzt worden ist.

Hinsichtlich aller weiteren Diskriminierungsmerkmale hingegen, für welche keine derartige verlängerte Umsetzungsfrist in Anspruch genommen werden konnte, ist folglich die jeweils zugrunde liegende Antidiskriminierungsrichtlinie seit dem Zeitpunkt des Ablaufs der Umsetzungsfrist unmittelbar anwendbar. Ansprüche eines Arbeitnehmers können sich hieraus allerdings lediglich gegen einen öffentlichen Arbeitgeber ergeben, da sich aus einer unmittelbar anwendbaren Richtlinie keine Ansprüche gegen Private herleiten lassen.

Diese unmittelbare Anwendbarkeit wiederum wurde ihrerseits mit dem Inkrafttreten des AGG beendet, da seit diesem Zeitpunkt von der nationalen Umsetzung der Richtlinien auszugehen ist. Folglich ist spätestens seit dem Inkrafttreten des AGG einheitlich die Anwendbarkeit des AGG auf die bAV anzunehmen – zumindest in den Fällen, in denen das BetrAVG nicht wie dargestellt speziellere Regelungen aufweist.

Nachfolgend soll eine kurze Übersicht über die einzelnen Problemfälle dargestellt werden, welche durch die Einführung des AGG bzw. tlw. auch bereits durch den Ablauf der Umsetzungsfristen der Antidiskriminierungsrichtlinien in der bAV aufgeworfen worden sind. Zudem sollen hierbei mögliche Lösungsansätze aufgezeigt werden.

II. Frage nach dem zur Anwendbarkeit erforderlichen Versorgungsverhältnis

An die – wie dargestellt – mittlerweile höchstrichterlich geklärte grundsätzliche Frage der Anwendbarkeit des AGG auf Sachverhalte der bAV schließt sich die auch weiterhin ähnlich kontrovers diskutierte Frage an, in welchem Stadium sich der jeweilige bAV-Sachverhalt zum Zeitpunkt des Inkrafttretens bzw. zum Zeitpunkt des Ablaufs der jeweiligen Umsetzungsfristen befunden haben darf bzw. haben muss, damit nunmehr tatsächlich das AGG auf den Sachverhalt Anwendung findet. Die gleiche Frage stellt sich selbstredend auch hinsichtlich der unmittelbaren Anwendbarkeit nicht rechtzeitig umgesetzter Richtlinien.

Wohl unumstritten und auch vom BAG mehrfach eindeutig bestimmt ist die Feststellung, dass ein sogenanntes „Versorgungsverhältnis“ zum Zeitpunkt des Inkrafttretens des AGG bzw. des Ablaufs der Umsetzungsfrist vorgelegen haben muss, damit die neuen Diskriminierungsverbote tatsächlich Anwendung auf den bAV-Sachverhalt finden. Es ist jedoch überaus umstritten, was genau unter diesem Begriff „Versorgungsverhältnis“ zu verstehen ist bzw. welche Art von Versorgungsverhältnis zum Zeitpunkt des AGG bzw. zum Zeitpunkt des Ablaufs der Umsetzungsfrist der jeweiligen Richtlinien (noch) bestanden haben muss.

Die an dieser Stelle – entgegen der bisherigen höchstrichterlichen Rechtsauffassung – vertretene Auffassung geht von einem engen Anwendungsbereich des AGG im Betriebsrentenrecht aus. Hiernach kann ein Sachverhalt der bAV lediglich dann von den neuen Benachteiligungsverboten erfasst werden, wenn zum Zeitpunkt des Inkrafttretens des AGG bzw. zum Zeitpunkt des Ablaufs der Umsetzungsfristen der Antidiskriminierungsrichtlinien tatsächlich noch ein laufendes Beschäftigungsverhältnis bestanden und der möglicherweise Benachteiligte auch danach noch fortwährend Anwartschaften erdient hat bzw. der Benachteiligte ohne die möglicherweise benachteiligende Regelung noch Anwartschaften hätte erdienen können. Lediglich dann sollen solche Ansprüche auf eine „Anpassung nach oben“, wie sie sich aus dem AGG ergeben können, einen Sachverhalt der bAV erfassen können.

Diese Ansicht misst der Tatsache besondere Bedeutung zu, dass es sich bei den Anwartschaften um Entgeltleistungen handelt, wie der EuGH bereits in der „*Barber*-Entscheidung“[1512] festgestellt hat. Auch mögliche Ansprüche auf eine „Anpassung nach oben“ als Rechtsfolge einer gegen eines der Benachteiligungsverbote des AGG verstoßenden Regelung i.R.d. bAV ergeben sich aus dem Grundsatz der Entgeltgleichheit. Daher ist denklogischer Weise auch hinsichtlich der Frage nach dem Vorliegen einer Benachteiligung gerade auf den Zeitpunkt abzustellen, zu welchem der möglicherweise Benachteiligte evtl. benachteiligender Weise lediglich gekürzte oder aufgrund der benachteiligenden Regelungen sogar keine Anwartschaften erworben hat. Es ist auf den Zeitpunkt abzustellen, in welchem der Beschäftigte hätte Anwartschaften erwerben können, wenn die benachteiligene Regelung nicht existiert hätte.

Folglich ist nach der hier vertretenen Ansicht erforderlich, dass zum Zeitpunkt des Inkrafttretens des AGG bzw. zum Zeitpunkt des Ablaufs der Umsetzungsfrist der Antidiskriminierungsrichtlinien auch weiterhin ein Beschäftigungsverhältnis bestand, in welchem der Beschäftigte tatsächlich durch den Nicht-Erwerb bzw. den Erwerb lediglich reduzierter Anwartschaften benachteiligt wurde. Wäre hingegen lediglich erforderlich, dass der möglicherweise Benachteiligte bereits mit unverfallbaren Anwartschaften ausgeschieden ist oder gar bereits Betriebsrentenleistungen erhält, so würde das Benachteiligungsverbot und die hiermit verbundene „Anpassung nach oben“ auch auf Beschäftigungszeiten angewandt, welche möglicherweise lange vor Inkrafttreten des AGG bzw. vor Ablauf der Umsetzungsfrist der Richtlinien abgelaufen sind. In jedem Fall würde gerade nicht auf das zum Zeitpunkt des Erwerbs bzw. des Nichterwerbs der Anwartschaften anwendbare Recht abgestellt. Vielmehr würde quasi fingiert, dass die benachteiligende Regelung in dieser (diskriminierenden) Form bereits zu – möglicherweise lange

1512 Zur *Barber*-Entscheidung des EuGH siehe auch: B.I.1.a)bb)(2) sowie B.II.

zurückliegenden – Beschäftigungszeiten unwirksam gewesen wäre bzw. nicht existiert hätte.

Besäße nunmehr bspw. ein tatsächlich nach den Maßstäben des AGG benachteiligter Betriebsrentner einen Anspruch auf die Gewährung derselben Betriebsrentenleistungen wie ein bislang begünstigter ehemaliger Arbeitskollege, so würde dem benachteiligten Betriebsrenter rückwirkend ein Anspruch auf Betriebsrenten gewährt, welche er zum damaligen Erwerbszeitpunkt schlichtweg nicht erworben hat bzw. von deren Erwerb er nach damaliger Rechtslage rechtmäßiger Weise vom Arbeitgeber ausgeschlossen war. Da jedoch zu diesem zurückliegenden Zeitpunkt die Gewährung lediglich verringerter Betriebsrentenanwartschaften durchaus rechtmäßig und zulässig war, würde die nachträgliche „Anpassung nach oben" eine Rückwirkung der neuen Benachteiligungsverbote bedeuten. Die Auswirkungen einer derartigen Rückwirkung können dem ehemaligen Arbeitgeber jedoch nach der hier vertretenen Ansicht aus Vertrauensschutzgesichtspunkten gerade nicht aufgebürdet werden. Dies gilt umso mehr vor dem Hintergrund, dass der Arbeitgeber für zurückliegende Beschäftigungszeiten, für welche nunmehr der Erwerb von Anwartschaften fingiert würde, keinerlei Rückstellungen getätigt haben wird.

Hinsichtlich der Anwendbarkeit des AGG bzw. der unmittelbar anwendbaren Richtlinien ist folglich vielmehr darauf abzustellen, ob zu dem entscheidenen Zeitpunkt des Inkrafttretens der neuen Benachteiligungsverbote noch ein Beschäftigungsverhältnis vorlag. Nur i.R.e. solchen – auch noch nach Inkrafttreten des AGG - fortgesetzten Erwerbsverhältnisses hat ein benachteiligter Beschäftigter einen Anspruch auf „Anpassung nach oben" im Hinblick auf die noch nach Inkrafttreten der Benachteiligungsverbote zu Unrecht vorenthaltenen Anwartschaften.

III. Frage nach der Rechtsfolge eines Verstoßes gegen ein Benachteiligungsverbot des AGG

Die Anwendbarkeit des AGG auf einen Sachverhalt der bAV vorausgesetzt, stellt sich die Frage, welche Rechtsfolge an einen möglichen Verstoß einer Regelung eines bAV-Sachverhaltes gegen eines der nunmehr geltenden Benachteiligungsverbote des AGG zu knüpfen ist. Eine eindeutige Antwort auf diese Frage sucht man im AGG leider vergeblich.

Da Sachverhalte der bAV – zumindest im Verhältnis zwischen Arbeitnehmer und Arbeitgeber – in den arbeitsrechtlichen Bereich des AGG einzuordnen sind, ist auch in diesem Bereich nach einer Antwort auf die Frage nach der Rechtsfolge zu suchen. Aus der Regelung des § 7 Abs. 2 AGG ergibt sich zunächst die schlichte Rechtsfolge, dass benachteiligende Bestimmungen i.R.v. Vereinbarungen unwirksam sein sollen. Welche Regelung jedoch anstelle der nunmehr unwirksamen Regelung rücken soll, ergibt sich aus § 7 Abs. 2 AGG hingegen nicht. Aus der Wertung des in § 2 Abs. 1 Nr. 2 und § 8 Abs. 2 AGG in Verbindung mit der zugrunde liegenden diskriminierenden – und nunmehr unwirksam gewordenen – Regelung ergibt sich ein Anspruch des Benachteiligten auf gleiches Entgelt für gleiche oder gleichwertige Arbeit. Wie genau jedoch dieser Anspruch ausgestaltet ist, ergibt sich ebenso wenig aus dem AGG.

Zunächst ist daher im Einzelfall zu klären, für welchen Zeitraum die benachteiligende Regelung ersetzt werden[1513] und Entgeltgleichheit hergestellt werden soll. Das BAG ging in mehreren Einzelfallentscheidungen, insbesondere hinsichtlich der Gleichstellung hinterbliebener Lebenspartner, davon aus, dass diese Gleichstellung auch rückwirkend stattzufinden habe. Hierbei handele es sich lediglich um eine grundsätzlich zulässige „unechte" Rückwirkung des AGG, da lediglich an einen weiterhin andauernden, „laufenden" – und somit nicht an einen abgeschlossenen – Sachverhalt eine andere Rechtsfolge angeknüpft werde. Allerdings ist hierbei zu beachten, dass eine solche „unechte" Rückwirkung stets dann nicht mehr zulässig ist, wenn dies entweder der Gesetzeszweck nicht erfordert oder aber wenn eine solche Rückwirkung einen unverhältnismäßigen Eingriff in das schutzwürdige Vertrauen des Arbeitgebers darstellt. Auch das BAG stellte in oben benannter Entscheidung hinsichtlich der Hinterbliebenenversorgung für Lebenspartner auf die Frage ab, ob nicht evtl. die Auswirkungen einer derartigen rückwirkenden Gleichstellung in dem zu entscheidenden Einzelfall das finanzielle Gleichgewicht des Betriebsrentensystems beeinträchtigte.

In vielen Fällen wird von einer derartigen Unverhältnismäßigkeit des Eingriffs in das Vertrauen des Arbeitgebers und daher auch von einer Unzulässigkeit der Rückwirkung für Zeiten vor Inkrafttreten des AGG auszugehen sein. Dies gilt insbesondere dann, wenn bislang eine größere Gruppe von Arbeitnehmern benachteiligt wurde und die finanziellen Auswirkungen auf den Arbeitgeber somit fraglos durchaus erheblich wären. In diesen Fällen – wohl dem Gros der Einzelfälle – wird vielmehr von einer lediglich *ex nunc* ab Inkrafttreten des AGG am 18. August 2006 wirkenden Unwirksamkeit der benachteiligenden Regelung auszugehen sein. Gleiches gilt entsprechend für den Zeitpunkt des Ablaufs der Umsetzungsfrist der entsprechenden Richtlinie, sofern von der unmittelbaren Anwendbarkeit einer der Antidiskriminierungsrichtlinien auszugehen ist. Lediglich in wenigen Fällen, in denen sich eine solche „unechte" Rückwirkung tatsächlich nicht besonders schwerwiegend für den Arbeitgeber auswirkt, wird der höchstrichterlichen Rechtsprechung zu folgen sein.

Nachdem im Einzelfall geklärt ist, für welchen Zeitraum die Entgeltgleichheit herzustellen ist, ist im zweiten Schritt zu fragen, auf welchem Wege in dem jeweiligen Einzelfall die Entgeltgleichheit hergestellt werden kann. Da es sich bei Leistungen der bAV um Entgelt handelt, ergibt sich der Maßstab aus dem Entgeltgleichheitsgebot. Dieses war bereits zu Vor-AGG-Zeiten zumindest für Benachteiligungen aufgrund des Geschlechts in Art. 157 AEUV[1514] kodifiziert und ergibt sich mittlerweile – sowohl für das Benachteiligungsmerkmal des Geschlechts als

1513 Vgl. zu dieser Frage oben: B.V.2.c).
1514 ex-Art. 141 Abs. 1 EGV.

auch hinsichtlich der weiteren Benachteiligungsmerkmale – aus der Wertung in § 2 Abs. 1 Nr. 2 AGG i.V.m. § 8 Abs. 2 AGG.[1515]

Nicht geregelt ist jedoch die Frage, auf welchem Wege in diesen Fällen der bAV die Entgeltgleichheit tatsächlich zu erreichen ist. Anhaltspunkte ergeben sich hier u.a. aus der bisherigen Rechtsprechung zum Entgeltgleichheitsgebot des Art. 157 AEUV: Insbesondere dadurch, dass in den allermeisten Fällen der Entgeltdiskriminierung i.R.d. bAV nicht davon ausgegangen werden kann, dass die Ansprüche der bislang Begünstigten „zur Mitte" oder gar „nach unten" angepasst werden können, ist für gewöhnlich von einer „Anpassung nach oben" auszugehen. Den bislang Benachteiligten steht demnach üblicherweise ein dahingehender Anspruch zu, mit den bislang Begünstigten i.S.e. „Anpassung nach oben" auf deren „höherem" Leistungsniveau gleichgestellt zu werden. Dies kann sich einerseits in der Gewährung höherer Leistungen der bAV darstellen, zum anderen jedoch auch in der grundsätzlichen Entscheidung, bestimmten Arbeitnehmern überhaupt Leistungen der bAV zu gewähren, welchen dies bislang verwehrt worden war.

Anders stellt sich die Beantwortung dieser Frage hingegen zumeist dann dar, wenn eine Betriebsrentengewährung tarifvertraglich geregelt ist. Hier erscheint ein späterer Eingriff weniger problematisch als bspw. bei Betriebsrentenvereinbarungen durch die Betriebspartner. Während bei den Betriebsparteien eine nachträgliche (Ab-)Änderung benachteiligender Regelungen der relativ engmaschigen Kontrolle durch Billigkeitskontrolle und Drei-Stufen-Theorie unterliegt, sind Tarifverträge, selbst wenn sie bspw. noch nachträglich laufende Betriebsrenten kürzen, nur auf Verstöße gegen höherrangiges Recht zu prüfen. Zudem besitzen die Tarifvertragsparteien sogar für die (bereits Betriebsrente beziehenden) Betriebsrentner noch Regelungsmacht. Allerdings ist auch hier festzustellen, dass zum einen stets das Mitwirken des Tarifpartners erforderlich wäre, um eine „Anpassung zur Mitte" oder eine „Anpassung nach unten" zu erreichen Zum anderen darf auch hier in der Regel nicht in die zum Zeitpunkt des Versorgungsfalles bereits geschuldete Ausgangsrente Nicht-Benachteiligter eingegriffen werden. Dies ist nur dann möglich, wenn bereits vor Entstehen des Anspruches Anhaltspunkte für eine mögliche Verschlechterung bestanden[1516], wovon in der Regel nicht auszugehen sein wird. Folglich wird auch hier grds. für die Zeiten seit Inkrafttreten des AGG von einer „Anpassung nach oben" auszugehen sein, während hingegen für die Zukunft eine Neuregelung durch die Tarifvertragsparteien möglich ist.

Zusammenfassend ist davon auszugehen, dass im Normalfall – zumindest bis zur benachteiligungsfreien Neuregelung – eine „Anpassung nach oben" vorzunehmen sein wird. Da die bislang Benacheiligten einen Anspruch auf gleiches Entgelt besitzen, der Arbeitgeber jedoch nicht mehr rückwirkend in die Versorgungszusagen der bislang Bevorzugten eingreifen können wird, wird zumindest <u>für die Zeit</u>

1515 Siehe auch: BAG, Urt. v. 15. September 2009 – 3 AZR 294/09, AP Nr. 317 zu Art 3 GG = NZA 2010, 216 ff. [Rn 15].

1516 *Cisch/Bleeck*, BB 2008, 1002, 1006.

zwischen dem Inkrafttreten des AGG und einer diskriminierungsfreien Neuregelung eine automatische „Anpassung nach oben" anzunehmen sein.

Dennoch ist offensichtlich geworden, dass bislang noch große Unklarheit hinsichtlich der einer möglicherweise auch rückwirkenden „Anpassung nach oben" besteht. Nicht anders lässt sich sonst bspw. erklären, dass erst jüngst ein nationales Gericht dem EuGH ein Verfahren zur Klärung dieser Frage nach dem Erfordernis der rückwirkenden „Anpassung nach oben" in Besoldungsfragen bei Richtern, also der Frage nach einer möglichen Verpflichtung zur rückwirkenden Einstufung von jüngeren Richtern in die höchste Besoldungsstufe, vorgelegt hat.[1517] In den kommenden Jahren wird daher mit klarstellenden Urteilen hinsichtlich dieser Problematik zu rechnen sein.

Nach der hier vertretenen Ansicht bezieht sich der in den allermeisten Fällen mangels anderweitiger Gleichstellungsmöglichkeiten entstehende Anspruch auf „Anpassung nach oben" allerdings – wie dargestellt – zumeist lediglich auf die Zeiten, in welchen dem Arbeitnehmer noch zu Zeiten nach Inkrafttreten des AGG bzw. nach der unmittelbaren Anwendbarkeit der jeweiligen Diskriminierungsrichtlinie in benachteiligender Weise der Erwerb von Anwartschaften verwehrt worden ist bzw. ihm in benachteiligender Weise lediglich reduzierte Anwartschaften gewährt worden sind.

Im Anschluss an diese Feststellungen zur generellen und zeitlichen Anwendbarkeit sowie zu den Rechtsfolgen eines möglicherweise festgestellten Verstoßes einer bAV-Regelung gegen eines der Benachteiligungsverbote des AGG waren in dieser Arbeit verschiedene Regelungen, wie sie typischerweise i.R.d. bAV auftreten, auf ihre Vereinbarkeit mit dem AGG bzw. mit den zugrunde liegenden Richtlinien hin zu überprüfen.

Im Folgenden soll ein kurzer Überblick darüber gegeben werden, welche Regelungen sich hinsichtlich der „neuen" Benachteiligungsmerkmale als kritisch darstellen und welche hingegen weiterhin unproblematisch zulässig oder zumindest gerechtfertigt sein dürften. Zu Einzelheiten hinsichtlich der jeweiligen Diskussionen und Argumentationen wird auf obige Ausführungen zu den einzelnen Problemfällen verwiesen:

IV. Problemfälle hinsichtlich des Benachteiligungsmerkmals des Alters

Die wohl mit Abstand häufigsten und auch größten Probleme hinsichtlich der Auswirkungen des AGGs auf die bAV ergeben sich hinsichtlich des neuen Benachteiligungsmerkmals des Alters.

Der gesetzlich vorgesehene Versorgungsfall des Alters i.S.d. § 1 Abs. 1 S. 1 1. HS BetrAVG sowie die Bezugnahme auf versicherungsmathematische Faktoren des Alters bei der Berechnung der bAV stellen weiterhin zulässige, da wohl

1517 Vgl.: VG Berlin, Vorlageentscheidung v. 12. Dezember 2012 – 7 K 156.10.

gerechtfertigte, unmittelbare Benachteiligungen aufgrund des Alters dar. Die Zulässigkeit der Bezugnahme auf den versicherungsmathematischen Faktor des Alters wird analog wohl auch im Rahmen solcher Versicherungsverhältnisse gegeben sein, in denen der Arbeitgeber externe Versicherungsträger mit einbezieht.

Die Unverfallbarkeitsfrist von 5 Jahren, wie sie sich aus § 1b Abs. 1 BetrAVG ergibt, stellt zwar grundsätzlich eine mittelbare Benachteiligung anhand des Alters dar. Die gesetzliche Regelung hält jedoch einer Überprüfung anhand der Antidiskriminierungsrichtlinien stand, so dass auch weiterhin von der Anwendbarkeit dieser (zulässigen) Unverfallbarkeitsfrist auszugehen ist.

Zumindest mittelbar anhand des Alters differenzierend, jedoch nach § 3 Abs. 2 AGG gerechtfertigt und somit auch weiterhin zulässig, sind am Dienstalter gestaffelte Entgelt- und/oder bAV-Zusagen. Hierbei darf jedoch keinesfalls lediglich das Kriterium des Alters umgangen werden. Gleiches gilt für bAV-Zusagen, welche ausschließlich Beschäftigte ab einer bestimmten Einkommensstufe berücksichtigen, Spätehenklauseln, welche einen Leistungsausschluss für den Fall vorsehen, dass die Ehe erst nach dem Ausscheiden auf dem Beschäftigungsverhältnis geschlossen wird, sowie Regelungen der bAV, nach denen die anrechenbaren Dienstjahre limitiert werden. Auch wenn durch solche Regelungen möglicherweise jüngere Beschäftigte benachteiligt werden, so erscheinen solche Regelungen vor dem Hintergrund der erwünschten Honorierung der Betriebstreue sowie dem Wunsch des Arbeitgebers nach Risikobegrenzung dennoch als zulässig. Auch progressive Leistungszusagen, welche durch ihre Ausgestaltung potentiell jüngere Arbeitnehmer benachteiligen, dürften trotz des Benachteiligungsverbots des Alters weiterhin zulässig sein.

Die nachfolgenden Regelungen hingegen stellen nach den Vorgaben des AGG bzw. nach den Vorgaben der dem AGG zugrundeliegenden Antidiskriminierungsrichtlinien ungerechtfertigte Benachteiligungen dar und sind daher nicht mehr zulässig: Für Benachteiligungen aufgrund des Alters in Form von Entgeltvereinbarungen, welche schlichtweg am Lebensalter als solchem anknüpfen, ist keine Rechtfertigung erkennbar. Ebenso erscheint nach der hier vertretenen Auffassung die gesetzliche Altersgrenze von 25 Jahren i.R.d. Unverfallbarkeitsregelung des § 1b Abs. 1 S. 1 BetrAVG nicht gerechtfertigt. Da der Arbeitgeber bereits zu Genüge durch die – zumindest lediglich mittelbar am Alter anknüpfende – Unverfallbarkeitsfrist des BetrAVG in seinen Kalkulierbarkeitsinteressen geschützt wird, ist hinsichtlich der Altersgrenze kein legitimes Ziel erkennbar. Die Regelung ist folglich nicht gerechtfertigt.

Entgegen der h.L. sowie der bisherigen Rechtsprechung scheinen auch Höchstaufnahmealtersregelungen eine nicht gerechtfertigte unmittelbare Benachteiligung anhand des Alters darzustellen, welche seit Inkrafttreten des AGG nicht mehr zulässig sein dürften.

Da jeweils mildere Mittel zur Erreichung der verfolgten Ziele zur Verfügung stehen, sind auch Vorschaltzeiten anhand des Lebensalters, altersabhängige Dienstzeitzählungen, Spätehenklauseln, welche lediglich (unmittelbar) am Lebensalter anknüpfen, sowie gemischte Spätehen-/Mindestehedauerklauseln als nunmehr unzulässige Benachteiligungen anhand des Alters zu betrachten. So ist bspw. bei Spätehenklauseln bzw. bei gemischten Spätehe-/Mindestehedauerklauseln nicht ersichtlich, warum an eine späte Eheschließung direkt ein vollständiger Ausschluss aus der Hinterbliebenenversorgung anknüpfen soll. Hier stünden fraglos mildere Mittel, mildere Stellschrauben zur Begrenzung des Risikos des Arbeitgebers zur Verfügung. So könnte der Arbeitgeber sein Risiko bspw. durch eine ratierliche Kürzung der Bezugszeiten anhand der Ehedauer o.ä. begrenzen. Hinsichtlich der Benachteiligung durch altersabhängige Dienstzeitzählungen hingegen würde bereits eine Limitierung der maximal anrechenbaren Dienstjahre diese erwünschte Wirkung besitzen bzw. sogar gezielter das Risiko aufgreifen, welches der Arbeitgeber durch die Verwendung einer altersabhängigen Dienstzeitzählung zu begrenzen sucht.

Ebenfalls nicht mehr zulässig sind Altersdifferenzierungsklauseln hinsichtlich der Invaliditätsversorgung. Hier erscheint bereits das legitime Ziel überaus fraglich, da der vorgebrachten Argumentation, nach welcher das Versorgungsrisiko mit höherem Alter entschieden ansteige und der Arbeitgeber sich hiervor schützen können solle, nur bedingt gefolgt werden kann. Zwar wächst die Wahrscheinlichkeit des Eintritts eines Invaliditätsfalles durchaus mit steigendem Lebensalter. Allerdings übersieht diese Argumentation bereits, dass mit steigendem Alter gleichzeitig auch die möglicherweise „drohende“ Bezugszeit abnimmt. Selbst wenn an dieser Stelle – entgegen der hier vertretenen Auffassung – ein legitimes Ziel angenommen werden sollte, so scheitert eine solche Regelung doch zumindest an der Erforderlichkeit. Auch hier stellt ein vollständiger Ausschluss nicht das mildeste, gleich geeignete Mittel zur Erreichung des Ziels der Risikobegrenzung dar.

Noch nicht höchstgerichtlich geklärt ist die Frage, inwiefern eine Staffelung der Beitragshöhe nach dem Alter zulässig ist. Da es sich bei Beiträgen zur bAV unzweifelhaft um Entgeltbestandteile handelt und eine Staffelung des Entgelts dann unzulässig ist, wenn sie sich lediglich am Lebensalter orientiert, ist jedoch davon auszugehen, dass eine solche Staffelung der Beiträge am Alter ebenfalls als unzulässig einzustufen ist.

Aufgrund eines mittelbaren Anknüfens an das Lebensalter und mangels Vorliegens einer Rechtfertigung stellen sich Mindestehedauerklauseln ebenso wie Altersabstandsklauseln als unzulässige Benachteiligung Älterer dar. Abermals stellt der an eine solche Regelung anknüpfende vollständige Ausschluss von der Hinterbliebenenversorgung kein erforderliches Mittel dar. Vielmehr könnte hier entweder die Bezugsdauer oder aber die Höhe der Rentenleistungen anhand der Ehedauer bis zum Versterben des Versprechensempfängers ratierlich gekürzt werden. Hinsichtlich der Altersabstandsklauseln hingegen könnte eine ratierliche Kürzung dahingehend vorgesehen werden, dass die Hinterbliebenenrente mit jedem Jahr des Altersabstandes, welches über einen bestimmten Altersabstand hinausgeht, gekürzt wird. Ein vollständiger Ausschluss bei Überschreiten dieser Altersabstandsgrenze hingegen erscheint zweifellos unverhältnismäßig, da nicht erforderlich.

Eine mittelbare Benachteiligung älterer Beschäftigter anhand ihres Alters ist ebenfalls in einer degressiven Ausgestaltung von Betriebsrentensystemen zu erkennen. Während i.R.v. beitragsorientierten Leistungszusagen und Beitragszusagen bereits die gesetzliche Regelung zur ratierlichen Kürzung der Betriebsrenten nach § 2 Abs. 1 BetrAVG nicht anwendbar ist, so ist i.R.v. leistungsorientierten Zusagen eine mittelbare Benachteiligung anhand des Alters durch diese Regelung zu befürchten. Keine solche Benachteiligung anhand des Alters kann hingegen in den Fällen festgestellt werden, in denen das bAV-System linear ausgestaltet ist. Hier kann eine ratierliche Kürzung der linear ausgestalteten Anwartschaften bereits nicht zu einer Benachteiligung wegen des Alters führen.

Für nicht-lineare, d.h. progressiv oder degressiv ausgestaltete Systeme stellt die gesetzliche Regelung des § 2 Abs. 1 BetrAVG zwar eine mittelbare Benachteiligung anhand des Alters dar. Da jedoch ein legitimes Ziel für diese Benachteiligung zu erkennen ist und die Regelung auch verhältnismäßig ist, verstößt diese nationale gesetzliche Regelung folglich auch nicht gegen das europäische Verbot der Benachteiligung aufgrund des Alters i.S.d. Richtlinie 2000/78/EG, sondern ist nach Art. 2 Abs. 2 lit. b) i) der Richtlinie gerechtfertigt.

Aufgrund eines - hier allerdings ungerechtfertigten - mittelbaren Anknüpfens am Alter der Beschäftigten sind Wartezeitenregelungen unzulässig, welche bei leistungsbezogenen Systemen an die Dienstzeiten anknüpfen. Für eine Rechtfertigung mangelt es bei leistungsbezogenen Systemene bereits gänzlich an einem legitimen Ziel. Entgegen jüngster Rechtsprechung des BAG erscheint jedoch auch im Rahmen beitragsbezogener Systeme für derartige benachteiligende Wartezeiten-Regelungen mangels Erforderlichkeit keine Rechtfertigung gegeben. Vielmehr dürften solche Regelungen – zumindest sofern sie über die gesetzliche Unverfallbarkeitsfrist hinausgehen – ebenfalls unzulässig sein. Gleiches gilt auch für Vorschaltzeiten, welche laut höchstrichterlicher Rechtsprechung in Wartezeiten umzudeuten sind.

V. Problemfälle hinsichtlich des Benachteiligungsmerkmals der sexuellen Identität

Hinsichtlich der weiteren Benachteiligungsmerkmale gibt es für unmittelbare Benachteiligungen grundsätzlich keine besondere Rechtfertigungsmöglichkeit. Lediglich § 9 AGG stellt für die Merkmale der Religion und Weltanschauung ebenso eine Ausnahme dar wie § 10 AGG für das Merkmal des Alters. Hinsichtlich der weiteren Merkmale – so also auch hinsichtlich des Merkmals der sexuellen Identität – stellt folglich jegliche unmittelbar an dem Merkmal anknüpfende Schlechterstellung automatisch auch eine ungerechtfertigte Benachteiligung dar, sofern die Maßnahme nicht unter den Begriff der positiven Maßnahme i.S.d. § 5 AGG fällt oder aber die Benachteiligung lediglich aufgrund beruflicher Anforderungen i.S.d. § 8 AGG vorgenommen wird. Bei mittelbaren Benachteiligungen aufgrund der sexuellen Identität hingegen besteht ebenso wie bei anderen mittelbaren Benachteiligungen die Rechtfertigungsmöglichkeit des § 3 Abs. 2 AGG. Sofern eine ungerechtfertige (mittel- oder unmittelbare) Benachteiligung wegen der sexuellen Identität festgestellt wird, knüpfen auch hier Ansprüche auf gleiches Entgelt an.

In den vergangenen Jahren hat vielfach die Frage nationale und europäische Gerichte beschäftigt, ob Ehepartner und eingetragene Lebenspartner hinsichtlich der Hinterbliebenenversorgung sowie sonstiger Entgeltbestandteile gleichzustellen sind oder ob hier eine Differenzierung zulässig ist. Regelungen der Hinterbliebenenversorgung in Versorgungszusagen richten sich vielfach bereits ihrem Wortlaut zufolge lediglich an Ehepartner, nicht hingegen an eingetragene Lebenspartner. Da gleichgeschlechtlichen Partnern jedoch (nur) das Rechtsinstitut der eingetragenen Lebenspartnerschaft nach dem LPartG offensteht, ihnen damit bereits nach dem Gesetz nicht die Möglichkeit eröffnet ist, miteinander eine Ehe i.S.d. BGB einzugehen, werden Lebenspartner zumindest nach dem reinen Wortlaut derartiger Regelungen von der Hinterbliebenenversorgung ausgeschlossen. Die in den Versorgungsregelungen verwendeten Begriffe der „Ehe", des „Ehegatten" oder des „Ehepartners" etc. sind zumindest nicht in dem Sinne der Auslegung zugänglich, dass automatisch neben Ehe bzw. Ehepartnern auch Lebenspartner bzw. die eingetragene Lebenspartnerschaft erfasst werden. Aus diesem Grund sind solche, lediglich auf das Rechtsinstitut der Ehe abstellenden Regelungen der Hinterbliebenenversorgung hinsichtlich einer möglichen Benachteiligung wegen der sexuellen Identität in den Mittelpunkt gerückt. Hierbei stellte sich die Frage, ob eine derartige unterschiedliche Behandlung von Ehepartnern und eingetragenenen, gleichgeschlechtlichen Lebenspartnern nach dem AGG bzw. nach der Richtlinie 2000/78/EG zulässig ist oder ob eine derartige Unterscheidung nunmehr eine Benachteiligung anhand der sexuellen Identität darstellt.

Seit der *Maruko*-Entscheidung des EuGH[1518] aus dem Jahr 2008 steht fest, dass der Ausschluss von Lebenspartnern aus Leistungen der Hinterbliebenenversorgung zumindest dann eine Benachteiligung anhand der sexuellen Identität darstellt, wenn sich Ehepartner und Lebenspartner hinsichtlich der Hinterbliebenenversorgung ansonsten in dem jeweiligen Mitgliedsstaat in einer vergleichbaren Situation befinden.

Auf die *Maruko*-Entscheidung des EuGH folgend haben mittlerweile verschiedene nationale Gerichte die Vergleichbarkeit der Situationen von Lebens- und Ehepartnern hinsichtlich der Hinterbliebenenversorgung positiv festgestellt. So steht mittlerweile fest, dass spätestens seit dem 01. Januar 2005, dem Zeitpunkt des Inkrafttretens des Gesetzes zur Reform zum Lebenspartnerschaftgesetz[1519], von einer solchen Vergleichbarkeit auszugehen ist. So ist bspw. seitdem auch die Unterhaltsverpflichtung eingetragener Lebenspartner der Unterhaltsverpflichtung von Ehegatten angeglichen worden. Eine derartige Angleichung hat auch hinsichtlich der Hinterbliebenenversorgung i.R.d. gesetzlichen Rentenansprüche nach § 46 Abs. 4

1518 EuGH, Urt. v. 01. April 2008 – Rs. C-267/06 [*Maruko*], Slg. 2008 I, 01757 = NJW 2008, 1649.

1519 BGBl I 2004 Nr. 69, S. 3396.

SGB VI stattgefunden. Da in der Bundesrepublik Deutschland also – zumindest hinsichtlich der Hinterbliebenenversorgung – seit dem 01. Januar 2005 eine vergleichbare Lage für Ehepartner und eingetragene Lebenspartner anzunehmen ist, ist folglich in Anwendung der Grundsätze der *Maruko*-Rspr. davon auszugehen, dass es sich beim Ausschluss eingetragener Lebenspartner aus der Hinterbliebenenversorgung einer bAV um eine Benachteiligung i.S.d. AGG handelt.

Entgegen der in der Rspr. vielfach vertretenen Ansicht handelt es sich bei dem Ausschluss eingetragener Lebenspartner aufgrund der Beschränkung des Empfängerkreises einer Hinterbliebenenversorgung auf „Ehepartner" jedoch lediglich um eine mittelbare, nicht hingegen um eine unmittelbare Benachteiligung anhand der sexuellen Identität. Die Schlechterstellung der eingetragenen Lebenspartner knüpft gerade nicht direkt an die Gleichgeschlechtlichkeit der Lebenspartner und somit ihre sexuelle Identität an, sondern vielmehr an die bereits vorgelagerte Entscheidung des Gesetzgebers, gleichgeschlechtlichen Partnern den Weg in das Rechtsinstitut der Ehe zu verwehren. Die Unterscheidung zwischen mittelbarer und unmittelbarer Benachteiligung aufgrund der sexuellen Identität ist an dieser Stelle allerdings nicht weiter relevant, da auch bei Einordnung als mittelbare Benachteiligung keine Rechtfertigung erkennbar ist.

Das Vorgenannte gilt jedoch stets nur dann, wenn es sich bei den vorenthaltenen Leistungen auch tatsächlich um Entgeltleistungen bzw. Entgeltbestandteile handelt und gleichzeitig hinsichtlich dieser Leistungen eine ansonsten vergleichbare Situation bei begünstigten Ehepartnern und nicht begünstigten Lebenspartnern gegeben ist. Hinsichtlich anderer Leistungen, welche nicht als Entgelt zu klassifizieren sind, ist bereits der Grundsatz der Entgeltgleichheit nicht anwendbar. Sofern es sich bei den vorenthaltenen Ansprüchen auf Leistungen einer Hinterbliebenenversorgung bspw. um solche handelt, wie sie sich aus der Mitgliedschaft in einem berufsständischen Versorgungswerk ergeben, so handelt es sich bei diesen Ansprüchen im Gegensatz zu Ansprüchen aus der bAV gerade nicht um Entgeltansprüche. Folglich finden hier weder das AGG noch die Richtlinie 2000/78/EG unmittelbar Anwendung.[1520]

Ebenfalls als mittelbare Benachteiligung aufgrund der sexuellen Identität i.S.d. AGG bzw. der Richtlinie 2000/78/EG stellen sich hingegen bspw. auch geringere Zusatzversorgungsbezüge für Lebenspartner dar.

VI. Problemfälle hinsichtlich des Benachteiligungsmerkmals der Behinderung

Auch hinsichtlich des Benachteiligungsmerkmals der Behinderung ergeben sich aus den Antidiskriminierungsrichtlinien und der nationalen Umsetzung im AGG Auswirkungen auf die Zulässigkeit von Regelungen, wie sie bislang i.R.d. bAV üblich waren. Da die Bundesrepublik Deutschland hinsichtlich der

1520 Vgl. zu dieser Frage: BVerwG, Urt. v. 25. Juli 2007 – 6 C 27/06, BVerwGE 129, 129 ff. = BetrAV 2007, 660 ff.

Benachteiligungsmerkmale des Alters und der Behinderung die in Art. 18 Abs. 2 Richtlinie 2000/78/EG vorgesehene Möglichkeit wahrgenommen hat, die Umsetzungsfrist zu verlängern, ist hinsichtlich beider Merkmale von der Umsetzung der Richtlinie innerhalb der (verlängerten) Umsetzungsfrist auszugehen. Folglich ist hinsichtlich dieser Merkmale auch keine unmittelbare Anwendbarkeit der Richtlinie 2000/78/EG noch vor Inkrafttreten des AGG anzunehmen.

Trotz Inkrafttretens des AGG und der hierin geregelten Benachteiligungsverbote sind solche Zusagen weiterhin als zulässig einzuordnen, welche das Absolvieren einer Gesundheitsuntersuchung bzw. die Überprüfung der Versicherbarkeit voraussetzen. Versicherern steht es ebenso weiterhin offen, Risikozuschläge in den Fällen festzusetzen, in denen eine Behinderung festgestellt wird. Auch kann die Versicherung eines solchen Versicherungsfalles einer Behinderung, welche bereits bei Versicherungsbeginn vorlag, ausgeschlossen werden. Hierin wird keine ungerechtfertigte Benachteiligung aufgrund der Behinderung zu erkennen sein.

Eine ungerechtfertigte Benachteiligung wegen der Behinderung i.S.d. AGG ist hingegen bei solchen Regelungen anzunehmen, durch welche behinderte Beschäftigte automatisch vollkommen von den Leistungen der bAV ausgeschlossen werden. Derartige Ausschlüsse sind nicht gerechtfertigt und folglich nach dem AGG nicht mehr zulässig. Auch dann, wenn Arbeitgeber Behinderte von der Versicherung ausschließen, da sie die von externen Versicherern berechneten Risikozuschläge nicht tragen wollen, ist ein solcher Ausschluss nicht gerechtfertigt. In solchen Fällen wären vielmehr verschiedene Möglichkeiten und mildere Mittel zur Erreichung des Ziels der Risikobegrenzung für den Arbeitgeber ersichtlich. So könnte der Arbeitgeber den behinderten Beschäftigten bspw. die Möglichkeit geben, die fällig werdenden Risikozuschläge selbst zu übernehmen.

Ein vollständiger Ausschluss Behinderter aus der bAV lediglich aufgrund einer vorliegenden Behinderung und des damit einhergehenden erhöhten Invaliditätsrisikos erscheint zudem auch nicht verhältnismäßig. So würde es an dieser Stelle bspw. ein milderes Mittel darstellen, lediglich den Versicherungsfall der Invalidität auszuschließen oder die bAV zumindest lediglich dahingehend zu begrenzen, dass die weiteren Versicherungsfälle (Alter oder auch der Tod im Falle der Hinterbliebenenversorgung) aufrechterhalten bleiben. Ein vollständiger Ausschluss hingegen ist nicht erforderlich.

Keine Benachteiligung aufgrund einer Behinderung wird i.R.d. bAV hingegen dann anzunehmen sein, wenn eine möglicherweise hinsichtlich eines vorzeitigen (gesetzlichen) Rentenbezugs bestehende Besserstellung Behinderter nicht auch automatisch für die Systeme der bAV übernommen wird.

VII. Problemfälle hinsichtlich des Benachteiligungsmerkmals der Religion

Hinsichtlich des Benachteiligungsmerkmals der Religion ist i.R.d. bAV mit eher wenigen Problemen zu rechnen. Bereits höchstrichterlich geklärt und verneint wurde die – eher abstruse – Frage, ob die Begrenzung des Bezugskreises der

Hinterbliebenenversorgung auf Ehepartner, Lebenspartner und Kinder eine Benachteiligung anhand der Religion darstellt.[1521]

Noch gänzlich ungeklärt ist hingegen, ob möglicherweise Arbeitgeber, welche ihren Beschäftigten Leistungen einer versicherungsförmig angelegten bAV gewähren, aufgrund des Zinsverbots des Islam dazu verpflichtet sind, ihren muslimischen Beschäftigten Alternativprodukte anzubieten. Es könnte möglicherweise eine Benachteiligung aufgrund der Religion i.S.d. AGG darin erkannt werden, dass es – zumindest streng gläubigen – Muslimen nicht gestattet ist, Zinsen anzunehmen. Da mittlerweile auf dem Markt der Finanzprodukte bereits hinreichend Produkte angeboten werden, welche auch dieses Zinsverbot beachten, kann hier durchaus argumentiert werden, dass es Arbeitgebern zuzumuten sei, für ihre muslimischen Beschäftigten auf derartige Produkte zurückzugreifen. In diesem Punkt wird die Entwicklung in den kommenden Jahren mit Spannung zu erwarten sein.

VIII. Problemfälle hinsichtlich des Benachteiligungsmerkmals der Rasse und der ethnischen Herkunft

Auch eine unmittelbare Benachteiligung anhand der Merkmale der Rasse und/oder der ethnischen Herkunft würde i.R.d. bAV mangels Rechtfertigungsmöglichkeiten automatisch zu Ansprüchen auf gleiches Entgelt führen. Bei einem lediglich mittelbaren Anknüpfen hingegen bestünde auch hier die Möglichkeit einer Rechtfertigung i.S.d. § 3 Abs. 2 AGG.

I.R.d. bAV sind allerdings keine Regelungen ersichtlich, welche überlicherweise verwendet werden und hierbei unmittel- oder auch nur mittelbar an die Merkmale der Rasse und/oder der ethnischen Herkunft anknüpfen. Aus diesem Grund sind für den Bereich der bAV keine größeren Auswirkungen durch diese beiden Benachteiligungsmerkmale zu erwarten.

IX. Problemfälle hinsichtlich des Benachteiligungsmerkmals des Geschlechts

Auch hinsichtlich des Benachteiligungsmerkmals des Geschlechts hat die Einführung des AGG für den Bereich der bAV keine großen Änderungen mit sich gebracht. Entgeltbenachteiligungen – und somit auch Benachteiligungen hinsichtlich der bAV – aufgrund des Geschlechts waren auch bereits vor Inkrafttreten des AGG unzulässig. Aus diesem Grund soll an dieser Stelle lediglich ein kurzer

1521 BAG, Urt. v. 18. November 2008 – 3 AZR 277/07, AP Nr. 54 zu § 1 BetrAVG = BetrAV 2009, 167 ff.; siehe hierzu auch die Anm. v. *Langohr-Plato*, jurisPR-ArbR 7/2009 Anm. 4.

Überblick über solche problematischen Regelungen gegeben werden, welche Benachteiligungen aufgrund des Geschlechts i.R.d. bAV darstellen.

Sofern Regelungen der bAV, bspw. hinsichtlich des Bezugszeitpunkts, unmittelbar zwischen Beschäftigten männlichen und weiblichen Geschlechts unterscheiden, stellt dies eine ungerechtfertigte Benachteiligung aufgrund des Geschlechts dar. Zwar dürfen gem. § 10 S. 3 Nr. 4 AGG grundsätzlich Altersgrenzen im Bereich der bAV vorgesehen werden. Aus der Zusammenschau mit der zugrundeliegenden Richtlinie ergibt sich jedoch, dass derartige Altersgrenzen niemals zu einer Geschlechtsdiskriminierung führen dürfen.

Seit dem „*Test-Achats*"-Urteil[1522] des EuGH aus dem Jahr 2011 steht mittlerweile fest, dass auch Versicherungsverträge seit dem 21. Dezember 2012 an der Regelung des § 19 Abs. 1 Nr. 2 AGG zu messen sind. Hier war noch lange die genaue zeitliche Anwendbarkeit auf bestehende Versorgungsverhältnisse im Detail unklar. Mittlerweile hat der Gesetzgeber allerdings § 33 Abs. 5 AGG in der Fassung vom 3. April 2013 neu eingefügt, so dass diese Frage schlussendlich geklärt wurde.

Klar ist zudem, dass eine versicherungsmathematische Berechnung von Prämien und Leistungen zwar zweifelsohne zulässig ist. Dies gilt jedoch gerade nicht, wenn hierbei einzig am unterschiedlichen Geschlecht als bestimmenden Faktor angeknüpft wird.

Ebenfalls eindeutig geklärt ist bereits, dass Haupternährerklauseln, welche nicht geschlechtsneutral ausgestaltet sind, sondern zwischen männlichem und weiblichem Geschlecht unterscheiden, bereits vor Inkrafttreten des AGG nach § 612 Abs. 3 BGB unzulässig waren. Derartige Regelungen stellen auch weiterhin eine ungerechtfertigte unmittelbare Benachteiligung wegen des Geschlechts, nunmehr nach den Regelungen des AGG, dar.

Ist eine Haupternährerklausel in der Hinterbliebenenversorgung hingegen geschlechtsneutral ausgestaltet, so stellt sich hier die Frage, ob es sich hierbei möglicherweise um eine mittelbare Benachteiligung aufgrund des Geschlechts handelt. Es ist weiterhin davon auszugehen, dass Frauen im Zweifel seltener Haupternährer ihrer Familien sind als Männer. Folglich werden sie mittelbar anhand ihres Geschlechtes benachteiligt, wenn ihnen als Nicht-Haupternährer die Hinterbliebenenversorgung verweigert wird. Inwiefern eine solche mittelbare Benachteiligung gerechtfertigt ist, scheint bislang noch nicht abschließend geklärt. Zwar könnte möglicherweise in dem vom Arbeitgeber verfolgten Fürsorge- und Versorgungsgedanken ein legitimes Ziel erkannt werden. Es bestehen jedoch Zweifel, inwiefern eine gerechte Grenzziehung anhand des Kriteriums der „Haupternährereigenschaft" tatsächlich möglich ist. Ebenso ist zweifelhaft, ob ein vollständiger Ausschluss der Frauen von Leistungen der Hinterbliebenenversorgung tatsächlich das mildeste, gleich geeignete Mittel zur Erreichung des möglicherweise legitimen Zieles darstellt. Insgesamt überwiegen hier jedoch wohl

1522 EuGH, Urt. v. 01. März 2011 – Rs. C-236/09 [*Test Achats*], DB 2011, 822 = BetrAV 2011, 168 ff.

die Zweifel an der Zulässigkeit einer solchen – wenn auch geschlechtsneutral ausgestalteten – Haupternährerklausel.

Bereits vor Inkrafttreten des AGG geklärt war hingegen die Unzulässigkeit des Ausschlusses von Teilzeitbeschäftigten. Spätestens seit Inkrafttreten des AGG dürfte nunmehr auch der Ausschluss von lediglich geringfügig Beschäftigten eine ungerechtfertigte mittelbare Benachteiligung wegen des Geschlechts darstellen, da statistisch gesehen mehr Frauen einer solchen Beschäftigung nachgehen. Weiterhin zulässig, da wohl gerechtfertigt, müsste hingegen ein im Zweifel mittelbar benachteiligendes Anknüpfen der Leistungen der bAV an die hierarchische Höhe der Dienstposition sein.

Als ungerechtfertigte und somit unzulässige mittelbare Benachteiligung anhand des Geschlechts stellen sich des Weiteren Regelungen der bAV dar, nach welchen am frühestmöglichen Renteneintrittszeitpunkt angeknüpft wird. Hiernach stünden Männern im Zweifel drei Jahre länger Vorruhestandsleistungen und daher auch Leistungen der bAV zu als Frauen der Jahrgänge 1940 bis 1951.

Eine Wartezeitenregelung, welche eine Wartezeit von 15 Jahren für den Erwerb von Anwartschaften vorsieht, stellt nach Ansicht des BAG keine ungerechtfertigte Benachteiligung – zumindest nicht wegen des Geschlechts – dar. Die Erfurter Richter gingen davon aus, dass Frauen auch noch nach Beendigung möglicher Zeiten der Kindererziehung o.ä. ausreichend Zeit zur Verfügung stünde, um eine derartige Wartezeit zu erfüllen. Eine derartige Regelung stellt jedoch nach der hier vertretenen Ansicht eine mittelbare Benachteiligung aufgrund des Alters dar.

Eine mittelbare, nicht gerechtfertigte Benachteiligung anhand des Geschlechts ist jedoch in solchen Wartezeitenregelungen zu erkennen, in denen Elternzeiten bei der Zählung der Wartezeit nicht berücksichtigt werden. Da das Arbeitsverhältnis hier lediglich ruht und der bzw. die Beschäftigte folglich weiterhin Betriebstreue zeigt, ist eine solche Nichtberücksichtigung unzulässig. Bei der Berechnung der Steigerung von Anwartschaften hingegen wird die Nichtberücksichtigung von solchen Elternzeiten, in denen das Arbeitsverhältnis ruht, weiterhin als zulässig betrachtet. Da den Arbeitgeber hier auch keine Entgeltverpflichtungen treffen, soll es ihm offenstehen, auch die Aufwendungen zur bAV ruhen zu lassen.

Nicht nur eine (ungerechtfertigte, mittelbare) Benachteiligung wegen des Alters, sondern gleichzeitig auch eine ungerechtfertigte, mittelbare Benachteiligung wegen des Geschlechts stellen Spätehenklauseln dar. Hier ist aufgrund des vorgesehenen vollständigen Ausschlusses von Leistungen der Hinterbliebenenversorgung die Erforderlichkeit des Mittels zu verneinen.

X. Generelle Feststellungen bei der Überprüfung üblicher Regelung der bAV

Zusammenfassend lassen sich die folgenden – alle Benachteiligungsmerkmale übergreifend erfassenden – Aspekte hervorheben:

Die meisten in dieser Arbeit überprüften Problemfälle sind bereits von Rechtsprechung und Literatur als solche erkannt worden und werden – mitunter sogar sehr kontrovers –diskutiert. Die tlw. in der Literatur vertretene Auffassung, dass es im Bereich des Betriebsrentenrechts kaum erfolgversprechend sei, sich auf unmittelbare oder mittelbare Diskriminierungen zu berufen[1523], dürfte nach den Ergebnissen dieser Arbeit wohl nicht mehr vertretbar sein. Vielmehr ist hier festzustellen, dass durchaus verbreitete Versorgungszusagen beinahe hinsichtlich aller „neuen" Benachteiligungsmerkmale Verletzungsfälle enthalten und somit zu Ansprüchen auf Gleichbehandlung führen (können).

Gerade in der Literatur ist jedoch oftmals bei der Behandlung möglicher Problemfälle festzustellen, dass es ein Großteil der Autoren dabei belässt, auf das Vorliegen einer (möglichen) Benachteiligung, eines möglichen Problemfalls hinzuweisen, um hieran anschließend schlichtweg zu konstatieren, dass in diesem oder jenem Fall möglicherweise legitime Ziele vorlägen. Viele Autoren unterlassen es hierbei jedoch, Argumente für die Rechtfertigung einer benachteiligenden Regelung zu benennen. Anstelle ausführlich eine mögliche Rechtfertigung durchzuprüfen, wird oftmals schlichtweg – ohne tatsächliche Diskussion der Erforderlichkeit und Angemessenheit –vom Vorliegen mitunter womöglich legitimer Ziele auf die Zulässigkeit der Regelung geschlossen.

Wie sich jedoch aus den in dieser Arbeit vorgenommenen Überprüfungen der einzelnen Problemfälle ergeben hat, stellt in der Mehrzahl der Problemstellungen gerade nicht etwa die Frage nach dem Vorliegen eines legitimen Zieles die entscheidende Stellschraube bei der Überprüfung der Rechtmäßigkeit dar. Vielmehr ist diese zumeist in der Erforderlichkeit des (benachteiligenden) Mittels zu erkennen. Dass in vielen Fällen die dargestellten, ein Benachteiligungsmerkmal verwendenden Regelungen in Versorgungszusagen nicht das mildeste, gleich wirksame Mittel darstellen, um die in den meisten Fällen tatsächlich vorliegenden legitimen Ziele zu erreichen, bleibt in der Literatur zumeist unerwähnt und/oder gar unerkannt. Die nunmehr nach den Vorgaben des AGG bzw. der Antidiskriminierungsrichtlinien erforderliche Verhältnismäßigkeitsprüfung stellt jedoch gerade einen der entscheidenden Unterschiede des AGG-Rechts zur Vor-AGG-Rechtsprechung zum Thema der Gleichbehandlung i.R.d. bAV dar. Sie ist daher bei der Frage der Auswirkungen der Antidiskriminierungsrichtlinien bzw. des AGG auf die bAV stets ausführlich vorzunehmen.

Als zusammenfassendes Ergebnis ist des Weiteren festzuhalten, dass die wohl mit Abstand meisten und größten Probleme in der Überprüfung von bAV-Regelungen hinsichtlich möglicher Altersdiskriminierungen zu finden sind. Da zum einen das Merkmal des Alters im Bereich der bAV bereits aufgrund der Natur der bAV besondere Relevanz besitzt und es sich zum anderen um ein nach

1523 So bspw.: *Bepler*, in FS Höfer, S. 8, gleichzeitig jedoch festellend, dass die Diskussion um *„Diskriminierungsverbote im Betriebsrentenrecht auch auf bisher für nicht „gefährdet" gehaltenen Feldern weiter gehen wird"* (ebenda, S. 14).

deutschem Recht bislang zulässiges Unterscheidungs- und somit „neues" Benachteiligungsmerkmal handelt, kommt diese Feststellung allerdings nicht sonderlich unerwartet.

Überraschender ist hingegen die Feststellung, dass tatsächlich ein nicht zu vernachlässigender Anteil i.R.d. bAV durchaus üblicher Regelungen (ungerechtfertigte) Benachteiligungen wegen des Alters enthält, so dass in vielen Versorgungszusagen unwirksame Regelungen anzutreffen sind, welche Ansprüche der bislang benachteiligten Beschäftigten auf Gleichbehandlung nach sich ziehen können.

XI. Praxistipps und Ausblick

Aufgrund der Anwendbarkeit des AGG auf Sachverhalte der bAV und aufgrund des Vorliegens vieler (in ungerechtfertigter Weise) benachteiligender Regelungen i.R.d. bAV besteht oftmals akuter Handlungsbedarf. Arbeitgeber sollten ihre Versorgungszusagen möglichst rasch auf das Vorliegen derartiger (zumindest möglicherweise) benachteiligender Regelungen hin überprüfen und Zusagen zur bAV möglichst benachteiligungsfrei ausgestalten. Diese Empfehlung gilt insbesondere vor dem Hintergrund der Kalkulierbarkeit, da Arbeitgeber ansonsten aufgrund benachteiligender Regelungen in der Zukunft von benachteiligten Beschäftigten in Anspruch genommen werden können, ohne für einen solchen Fall Rückstellungen gebildet zu haben.

Hinsichtlich der Gewährung von Leistungen der bAV – bzw. zumindest hinsichtlich Neuzusagen der bAV – lässt sich der folgende äußerst simpel anmutende Gestaltungstipp nennen: *„Je weniger Unterscheidungen, desto weniger Angriffsfläche!"*

Je mehr Unterscheidungen hingegen in Regelungen der bAV inkorporiert werden, umso größer ist gleichzeitig auch die Wahrscheinlichkeit, dass eine oder gar mehrere dieser Unterscheidungen einer Überprüfung anhand des AGG nicht Stand halten würden. Dies wiederum kann zu weiterführenden Ansprüchen benachteiligter Beschäftigter führen.

Der Wunsch für die zukünftige Entwicklung der bAV bzw. der zukünftigen Entwicklung der Rechtsprechung zur bAV stellt sich nach den in dieser Arbeit dargestellten Problemfällen bzw. der oftmals noch ungeklärten Behandlung dieser Problemfälle ebenso einfach dar: Unter der Prämisse, dass fraglos weiterhin das Ziel verfolgt werden soll, die bAV zu fördern, und dieses Ziel hinsichtlich der rechtlichen Einordnung bestimmter Regelungen als benachteiligend oder nicht benachteiligend auch stets berücksichtigt werden sollte, sind weitere klarstellende Urteile hinsichtlich der Auswirkungen des AGG auf die bAV wünschenswert:

Wünschenswert wäre bspw. ein grundlegend klarstellendes Urteil hinsichtlich der Auswirkungen der aufgrund eines der neuen Benachteiligungsverbote eintretenden Unwirksamkeit einer Regelung der bAV. Ebenso wären weiterhin klarstellende Urteile hinsichtlich der – nach hier vertretener Ansicht lediglich äußerst eingeschränkt möglichen – Rückwirkung der Unwirksamkeit einer benachteiligenden Regelung, hinsichtlich der Pflicht zur „Anpassung nach oben", hinsichtlich der zeitlichen Auswirkungen einer solchen „Anpassung nach oben" etc. äußerst hilfreich.

Bislang herrscht hinsichtlich vieler dieser Fragen weiterhin große Unklar- und Unsicherheit, welche dem allgemein verfolgten Ziel der Förderung der bAV mit Sicherheit abträglich ist. Aufgrund der weiten Verbreitung der bAV sowie ihrer zunehmenden Bedeutung im Gesamtkonstrukt der Altersversorgung erscheint es allerdings lediglich eine Frage der Zeit, bis viele dieser Fragestellungen die Gerichte ausführlich beschäftigen werden. Daher ist in den kommenden Jahren wohl mit klarstellenden Urteilen hinsichtlich der meisten der vorbenannten Problemfälle zu rechnen, so dass die derzeit vorherrschende Unklarheit beseitigt wird.

Literaturverzeichnis

Adomeit, Klaus / Mohr, Jochen — Kommentar zum Allgemeinen Gleichbehandlungsgesetz, 2. Auflage, Stuttgart [u.a.], 2011, zit.: *Adomeit/Mohr*, § ... AGG Rn ...

Adomeit, Klaus / Mohr, Jochen — *Geltung des AGG für die betriebliche Altersversorgung - Zu den Grundlagen und Grenzen des Gebots der Entgeltgleichheit*, ZfA 2008, 449 ff.

Alenfelder, Klaus Michael — Diskriminierungsschutz im Arbeitsrecht: Das Allgemeine Gleichbehandlungsgesetz, 1. Auflage, Köln 2006, zit.: *Alenfelder*, Rn ...

Andresen, Boy-Jürgen, et al. [Hrsg.] — Betriebliche Altersversorgung im 21. Jahrhundert: Rechtliche, personalpolitische und finanztechnische Herausforderungen - Festschrift für Wolfgang Förster zum 60. Geburtstag, Köln 2001, zit.: *Autor*, in FS Förster, S ...

Anzinger, Rudolf et al. [Hrsg.] — Entwicklungen im Arbeitsrecht und Arbeitsschutzrecht, Festschrift für Otfried Wlotzke zum 70. Geburtstag, München 1996, zit.: *Autor*, in FS Wlotzke, S. ...

Asscher-Vonk, Irene / Schlachter, Monika — *Verbot der Diskriminierung wegen Alters in den Niederlanden und Deutschland*, RIW 2005, 503 ff.

Bamberger, Heinz Georg / Roth, Herbert — Beck'scher Online-Kommentar BGB, Stand: 1.8.2013
Edition: 28; München 2013, Zit.: BeckOK-BGB-*Bearbeiter*, § ... Rn ...

Bauer, Jobst-Hubertus — *Europäische Antidiskriminierungsrichtlinien und ihr Einfluss auf das deutsche Arbeitsrecht*, NJW 2001, 2672 ff.

Bauer, Jobst-Hubertus / Arnold, Christian — *Verbot der Altersdiskriminierung – Die Bartsch-Entscheidung des EuGH und ihre Folgen*, NJW 2008, 3377 ff.

Bauer, Jobst-Hubertus / Evers, Malte — *Schadensersatz und Entschädigung bei Diskriminierung – Ein Fass ohne Boden?*, NZA 2006, 893 ff.

Bauer, Jobst-Hubertus / Göpfert, Burkard / Krieger, Steffen — Allgemeines Gleichbehandlungsgesetz, Kommentar, 3. Auflage, München 2011, zit.: *Bauer/Göpfert/Krieger*, § ... AGG Rn ...

Bauer, Jobst-Hubertus / Thüsing, Gregor / Schunder, Achim — *Das Allgemeine Gleichbehandlungsgesetz - Alter Wein in neuen Schläuchen?*, NZA 2006, 774 ff.

Bauschke, Hans-Joachim — AGG – Allgemeines Gleichbehandlungsgesetz im öffentlichen Dienst., Neuwied 2007, zit.: *Bauschke*, § ... AGG Rn ...

Berg, Friedmann / Natzel, Ivo — *Das Alter im Visier des Altersrechts*, ZfA 2012, 65 ff.

Berger-Delhey, Ulf — *„Eingebildete Gleichheit: Das erste Mittel, die Ungleichheit zu zeigen" - Aktuelle Rechtsprechung zum allgemeinen Gleichbehandlungsrecht*, ZTR 2008, 357 ff.

Bertelsmann, Klaus — *Altersdiskriminierung im Arbeitsrecht*, ZESAR 2005, 242 ff.

Bezani, Thomas / Nacewicz, Magdalena — Kurzkommentar zu BAG, Urt. v. 11. Dezember 2007 – 3 AZR 249/06, EWiR 2008, 417 ff.

Bezani, Thomas / Richter, Marcus — Das Allgemeine Gleichbehandlungsgesetz im Arbeitsrecht, Köln 2006, zit.: *Bezani/Richter*, Rn ...

Bieback, Karl-Jürgen — *Anm. z. EuGH, Urt. v. 01. April 2008, C-267/06 = ZESAR 2008, 289*, ZESAR 2008, 296 ff.

Biester, Frauke — *Auswirkungen des Allgemeinen Gleichbehandlungsgesetzes auf die betriebliche Praxis – Teil 1*, jurisPR-ArbR 35/2006 Anm. 6.

Biester, Frauke — *Auswirkungen des Allgemeinen Gleichbehandlungsgesetzes auf die betriebliche Praxis – Teil 2*, jurisPR-ArbR 36/2006 Anm. 5.

Binz, Nathalie — *Unisex-Tarife im Rahmen der betrieblichen Altersversorgung – Kolloquium zum 70. Geburtstag von Prof. Dr. Reinhold Höfer*, RdA 2012, 61.

Birk, Ulrich-Arthur — *Pflicht zu Unisextarifen in der betrieblichen Altersversorgung? – Auswirkungen der EuGH-Entscheidung vom 1.3.2011*, BetrAV 2011, 441 ff. = DB 2011, 819 ff.

Birk, Ulrich-Arthur — *Pflicht zu Unisextarifen in der betrieblichen Altersversorgung - auch für die Vergangenheit?*, BetrAV 2012, 7 ff.

Bissels, Alexander / Lützeler, Martin — *Rechtsprechungsübersicht zum AGG*, BB 2008, 666 ff.

Blomeyer, Wolfgang / Rolfs, Christian / Otto, Klaus — Betriebsrentengesetz – Gesetz zur Verbesserung der betrieblichen Altersversorgung - Kommentar, 5. Auflage, München 2010, zit.: *Blomeyer/Rolfs/Otto*, § ... Rn ...

Boemke, Burkhard — *Ungleiche Kündigungsfristen für Arbeiter und Angestellte* –Entscheidungsbesprechung von BVerfGE 82, 126, JuS 1991, 813 ff.

Boemke, Burkhard / Danko, Franz-Ludwig — AGG im Arbeitsrecht, Berlin [u.a.] 2007, zit.: *Boemke/Danko*, § ... Rn ...

Bolkestein, Frits / Gerken, Lüder — *Die Betriebsrente ist unsicher*, Financial Times Deutschland vom 4. Dezember 2007, S. 30.

Brüning, Christoph — *Die gutachterliche Prüfung von Gleichheitsgrundrechten*, JA 2001, 611 ff.

Bruns, Manfred — *Der EuGH beendet die deutsche Sonderrechtssprechung zur Benachteiligung verpartnerter Beschäftigter*, EuZW 2008, 257.

Bruns, Manfred — *Die Maruko-Entscheidung im Spannungsfeld zwischen europäischer und nationaler Auslegung*, NJW 2008, 1929 ff.

Bruns, Manfred / Belau, Dirk — *Gleichstellung von verpartnerten Beschäftigten mit ihren verheirateten Kollegen in Deutschland, in der EG und in den internationalen Organisationen*, NVwZ 2007, 552 ff.

Bruns, Manfred / Kemper, Rainer — Lebenspartnerschaftsrecht – Handkommentar, 2. Auflage, Baden-Baden 2006, zit.: Bruns/Kemper-*Bearbeiter*, § ... Rn ...

Buba, H.P. / Vaskovics, L.A. [Hrsg.] — Benachteiligung gleichgeschlechtlich orientierter Personen und Paare, Studie im Auftrag des Bundesministeriums der Justiz, Januar 2000, zit.: *Buba/Vaskovics*, S. ...

Busch, Sebastian — *Zwei Jahre AGG – Entwicklungen und Tendenzen*, Der Personalrat 2008, 284 ff.

Busch, Sebastian — *AGG zu lasch – Blaue Briefe aus Brüssel*, AiB 2008, 184 ff.

Buttler, Andreas — Einführung in die betriebliche Altersversorgung: mit allen Änderungen durch das BMF-Schreiben vom 5. 2. 2008, 5. Auflage, Karlsruhe 2008, zit.: *Buttler*, Rn. ...

Butzer, Hermann / Kaltenborn, Markus / Meyer, Wolfgang [Hrsg.] — Organisation und Verfahren im sozialen Rechtsstaat: Festschrift für Friedrich E. Schnapp zum 70. Geburtstag, Berlin 2008, zit.: *Autor*, in FS Schnapp, S. ...

Cisch, Theodor / Bleeck, Christine — *Rechtsprechung des BAG zur betrieblichen Altersversorgung in den Jahren 2005/2006*, BB 2006, 2815 ff.

Cisch, Theodor / Bleeck, Christine — *Rechtsprechung des BAG zur betrieblichen Altersversorgung in den Jahren 2006/2007*, BB 2008, 1002 ff.

Cisch, Theodor / Bleeck, Christine — *Rechtsprechungsreport zur betrieblichen Altersversorgung 2009/2010*, BetrAV 2010, 417 ff.

Cisch, Theodor / Bleeck, Christine / Karst, Michael — *BB-Rechtsprechungsreport zur betrieblichen Altersversorgung 2011/2012*, BB 2012, 1153 ff.

Cisch, Theodor / Böhm, Verena — *Das Allgemeine Gleichbehandlungsgesetz und die betriebliche Altersversorgung in Deutschland*, BB 2007, 602 ff.

Däubler, Wolfgang [Hrsg.] — Tarifvertragsgesetz mit Arbeitnehmer-Entsendegesetzes, 3. Auflage, Baden-Baden 2012, zit.: Däubler-*Bearbeiter*, §... Rn ...

Däubler, Wolfgang / Bertzbach, Martin [Hrsg.] — Allgemeines Gleichbehandlungsgesetz, Handkommentar, 3. Auflage, Baden-Baden 2013, zit.: Däubler/Bertzbach-*Bearbeiter*, § ... AGG Rn ...

Däubler, Wolfgang / Hjort, Jens Peter / Schubert, Michael / Wolmerath, Martin [Hrsg.] — Arbeitsrecht: Individualarbeitsrecht mit kollektivrechtlichen Bezügen, Handkommentar, 2. Auflage, Baden-Baden 2010, zit.: HK-Arbeitsrecht-*Bearbeiter*, § ... Rn ...

Diller, Martin — *Altersdiskriminierung der ratierlichen Kürzung nach § 2 BetrAVG?*, NZA 2011, 725 ff.

Doetsch, Peter / Küpper, Peter [Hrsg.] — Betriebliche Altersversorgung und Recht: Festschrift für Reinhold Höfer zum 70. Geburtstag, München 2011, zit.: *Autor*, in FS Höfer, S. ...

Dornbusch, Gregor / Fischermeier, Ernst / Löwisch, Manfred — Fachanwaltskommentar Arbeitsrecht: Kompaktkommentar zum Arbeitsrecht, 5. Auflage, Köln 2013, zit.: Dornbusch/Fischermeier/Löwisch-*Bearbeiter*, § ... Rn ...

Dornbusch, Gregor / Kasprzyk, Izabela — *Vergütungsstaffeln nach Lebensalter*, NZA 2009, 1000 ff.

Dreier, Horst — Grundgesetz, Kommentar, Band I: Artikel 1-19, 2. Auflage, Tübingen 2004, zit.: Dreier-*Bearbeiter*, Art. ... GG Rn ...

Eichenhofer, Eberhard — *Gleichstellung von Lebenspartnerschaft und Ehe in der betrieblichen Altersversorgung*, FamFR 2010, 416 f.

Epping, Volker / Hillgruber, Christian — Beck'scher Online-Kommentar GG, Stand: 15.5.2013
Edition: 18, München 2013, zit.: BeckOK-GG-Bearbeiter, Art. ... Rn ...

Fath, Ralf / Urbitsch, Christian — Lexikon Altersversorgung 2013 – Die Betriebsrente von A bis Z, 9 Auflage, Heidelberg [u.a.] 2013, zit.: *Fath/Urbitsch*, S. ...

Fladung, Armin — *Die Woche im Arbeitsrecht*, BB 2011, 1331 f.

Flohr, Eckhard / Ring, Gerhard — Das neue Gleichbehandlungsgesetz, Münster 2006, zit.: Flohr/Ring-*Bearbeiter*, Rn ...

Förster, Wolfgang / Cisch, Theodor B. / Karst, Michael [et al.] — Betriebsrentengesetz – Gesetz zur Verbesserung der betrieblichen Altersversorgung, 13. Auflage, München 2012, zit.: *Förster/Cisch/Karst*, § ... Rn ...

Fuchs, Maximilian — *Elemente der Antidiskriminierung im deutschen Arbeitsrecht*, ZESAR 2006, 377 ff.

Gamillscheg, Franz — Arbeitsrecht: Band 1 - Arbeitsvertrags- und Arbeitsschutzrecht, 8. Auflage, München 2000, zit.: *Gamillscheg*, S. ...

Gas, Tonio — *Die unmittelbare Anwendbarkeit von Richtlinien zu Lasten Privater im Urteil „Mangold"*, EuZW 2005, 737.

Gas, Tonio — *Das ist doch ganz einfach. Oder nicht? Befremdliches vom Bundesverfassungsgericht zur Gleichbehandlung*, EuZW 2008, 385.

Gertich, Thurid Ilka — Rasse und Alter als Diskriminierungsgrund: Europarecht und seine Umsetzung im deutschen Arbeitsrecht, Saarbrücken 2007, zit.: *Gertich*, S. ...

Grabitz, Eberhard / Hilf, Meinhard / Nettesheim, Martin [Hrsg.] — Das Recht der Europäischen Union: Band I: EUV/EGV, 40. Auflage, München 2009, zit.: Grabitz/Hilf –*Bearbeiter*, Art. ... Rn ...

Gragert, Nicola — Arbeitsrechtliche Gleichbehandlung: Das Antidiskriminierungsrecht im Arbeitsalltag, München [u.a.] 2007, zit.: *Gragert*, S. ...

Griebeling, Gert / Griebeling, Stefan Betriebliche Altersversorgung, 2. Auflage, München 2003, zit.: *Griebeling/Griebeling*, Rn ...

Grobe, Thomas Gesundheitsreport 2012 – Veröffentlichungen zum Betrieblichen Gesundheitsmanagement der TK, Band 27: Gesundheitsreport der Techniker Krankenkasse mit Daten und Fakten zu Arbeitsunfähigkeiten und Arzneiverordnungen, abrufbar unter: http://www.tk.de/centaurus/servlet/contentblob/457490/Datei/4267/Gesundheitsreport%20 2012.pdf, zit.: *Grobe*, TK-Gesundheitsreport 2012, S. ...

Hahn, Oliver Auswirkungen der europäischen Regelung zur Altersdiskriminierung im deutschen Arbeitsrecht, Baden-Baden 2005, zit.: *Hahn*, S. ...

Hanau, Peter *Das Allgemeine Gleichbehandlungsgesetz (arbeitsrechtlicher Teil) zwischen Bagatellisierung und Dramatisierung*, ZIP 2006, 2189 ff.

Hanau, Peter *Neues vom Alter im Arbeitsverhältnis*, ZIP 2007, 2381 ff.

Hayen, Dagmar / Sauer, Martina / Evers, Jan / Unterberg, Michael Migranten und Finanzdienstleistungen – Schlussbericht der Studie im Auftrag des Bundesministerium für Ernährung, Landwirtschaft und Verbraucherschutz (BMELV) vom 01. Mai – 15. Dezember 2005 (Projektnummer: 514-33.93/04HS056), abrufbar unter: http://www.deutsch.zfti.de/downloads/down_ finanzdiensleistungen.pdf, zit: *Hayen/Sauer/Evers/Unterberg*, S. ...

Held-Daab, Ulla *Hinterbliebenenversorgung bei versorgungsnaher Ehe, Anm. zu BVerwG, Urt. v. 27. Mai 2009 – 8 CN 1/09*, jurisPR-BVerwG 20/2009 Anm. 1.

Hellkamp, Gregor / Rinn, Barbara *Gleichbehandlung in der betrieblichen Altersversorgung nach dem AGG*, BetrAV 2008, 442 ff.

Herbold, Felix Gleichbehandlung in der betrieblichen Altersversorgung: Rechtsfragen zur Beteiligung an der zweiten Säule der Alterssicherung am Beispiel der geringfügig Beschäftigten und eingetragenen Lebenspartnern, Frankfurt a.M. [u.a.] 2007, zit.: *Herbold*, S. ...

Heubeck, Klaus Richttafeln 2005 G, Textband, Köln 2005, zit.: *Heubeck*, S. ...

Hey, Thomas [Hrsg.] Kommentar zum AGG, Frankfurt a.M. 2009, zit.: *Hey*, § ... AGG Rn ...

Heymer, Almuth *Betriebliche Altersversorgung und Antidiskriminierungsrecht: Erläuternde Anmerkung zur Entscheidung des Bundesarbeitsgerichts vom 11. Dezember 2007, 3 AZR 249/06*, AuA 2009, 57 f.

Höfer, Reinhold *Zur Umsetzung der «Unisex-Entscheidung» des EuGH*, DB 2011, 1334 ff.

Höfer, Reinhold *Auswirkungen des Verbots der geschlechtsspezifischen Tarifierung auf die betriebliche Altersversorgung*, BetrAV 2011, 586 ff.

Höfer, Reinhold Das neue Betriebsrentenrecht, München 2003, zit.: *Höfer*, Das neue Betriebsrentenrecht, Rn ...

Höfer, Reinhold Gesetz zur Verbesserung der betrieblichen Altersversorgung – Kommentar, Band I: Arbeitsrecht, 12. Auflage, München 2011 (zugleich 12. Ergänzungslieferung), zit.: *Höfer*, Band I: Arbeitsrecht, Rn ...

Höfer, Reinhold [Hrsg.] Neue Chancen für Betriebsrenten – Die Novellierung des Betriebsrentengesetzes, Stuttgart 1998, zit.: *Bearbeiter* in *Höfer*, Neue Chancen für Betriebsrenten, S. ...

Höfer, Reinhold / Witt, Barbara / Kuchem, Norbert *Die Anpassung betrieblicher Versorgungsregelungen an die neuen Altersgrenzen der gesetzlichen Rentenversicherung*, BB 2007, 1445 ff.

Hoffmann, Jochen — *Die Umsetzung des EuGH-Urteils „Test Achats" in Deutschland – Kritische Anmerkungen zum Entwurf des VAG-Änderungsgesetzes*, VersR 2012, 1073 ff.

Hopfner, Valerie / Naumann, Sebastian — Das Allgemeine Gleichbehandlungsgesetz: Ein Leitfaden für die arbeitsrechtliche Praxis, 2. Auflage, Karlsruhe 2007, zit.: *Hopfner/Naumann*, Rn ...

von Hoyningen-Heune, Gerrick — *Anm. zu BAG, Urt. v. 14. Januar 1986 – 3 AZR 456/84*, AP Nr. 5 zu § 1 BetrAVG Gleichbehandlung.

Hümmerich, Klaus / Boecken, Winfried / Düwell, Franz Josef — Anwaltkommentar: Arbeitsrecht, Band 1, 2. Auflage, Bonn 2010, zit.: AK-Arbeitsrecht-*Bearbeiter*, § ... Rn ...

Isensee, Josef [Hrsg.] et.al. — Vertragsfreiheit und Diskriminierung, Berlin 2007, zit.: *Bearbeiter* in Isensee, S. ...

Jarass, Hans D. / Pieroth, Bodo — Grundgesetz für die Bundesrepublik Deutschland, Kommentar, 12. Auflage, München 2012, zit.: Jarass/Pieroth-*Bearbeiter*, Art. ... GG Rn ...

Jauernig, Othmar [Hrsg.] — Kommentar zum BGB, 14. Auflage 2011, München, zit.: Jauernig-*Bearbeiter*, § ... Rn ...

Kamanabrou, Subadeh — *Die arbeitsrechtlichen Vorschriften des Allgemeinen Gleichbehandlungsgesetzes*, RdA 2006, 321 ff.

Kamanabrou, Subadeh — *Rechtsfolgen unzulässiger Benachteiligung im Antidiskiminierungsrecht*, ZfA 2006, 327 ff.

Kemper, Kurt / Kisters-Kölkes, Margret / Berenz, Claus / Huber, Brigitte — BetrAVG – Kommentar zum Betriebsrentengesetz mit Insolvenzsicherung und Versorgungsausgleich, 5. Auflage, Köln 2013, zit.: Kemper/Kisters-Kölkes/Berenz/Huber-*Bearbeiter*, § ... Rn ...

Kemper, Kurt / Kisters-Kölkes, Margret — Arbeitsrechtliche Grundzüge der betrieblichen Altersversorgung, 7. Auflage, Köln 2013, zit.: *Kemper/Kisters-Kölkes*, Rn ...

Kisters-Kölkes, Margret [Hrsg.] Festschrift für Kurt Kemper zum 65. Geburtstag, München 2005, zit.: *Autor* in FS Kemper, S. ...

Klemm, Bernd *BB-Kommentar: Altersabstandsklauseln in Versorgungszusagen vorerst weiterhin zulässig*, Anm. z. EuGH, Urt. v. 23. September 2008 – Rs. C-427/06 [*Bartsch*] = BB 2008, 2353, BB 2008, 2355 f.

Körner, Marita *Diskriminierung von älteren Arbeitnehmern - Abhilfe durch das AGG?*, NZA 2008, 497 ff.

Kohte, Wolfhard [Hrsg.] Arbeitsrecht im sozialen Dialog: Festschrift für Hellmut Wissmann zum 65. Geburtstag, München 2005, zit.: *Autor*, in FS Wissmann, S. ...

Kokott, Juliane *Auslegung europäischen oder Anwendung nationalen Rechts? Grundsätze und Kriterien für die Behandlung arbeitsrechtlicher Streitigkeiten mit europarechtlichem Bezug*, RdA 2006, Sonderbeilage Heft 6, 30 ff.

Kolmhuber, Martin / Schreiner, Paul Antidiskriminierung und Arbeitsrecht: Das neue Gleichbehandlungsgesetz in der Praxis, Münster 2006, zit.: *Kolmhuber/Schreiner*, Rn ...

Konzen, Horst *Altersabstandsklauseln in Ruhegeldordnungen und europäisches Antidiskriminierungsrecht*, BetrAV 2007, 696 ff.

Kortmann, Klaus Situation und Entwicklung der betrieblichen Altersversorgung in der Privatwirtschaft und im öffentlichen Dienst 2001 – 2007, Endbericht, Untersuchung im Auftrag des Bundesministeriums für Arbeit und Soziales, TNS Infratest Sozialforschung unter Leitung von K. Kortmann, München Oktober 2008, zit.: *Kortmann*, S. ...; abrufbar unter: http://www.bmas.de/SharedDocs/Downloads/DE/PDF-Publikationen/forschungsbericht-f384.pdf?__blob =publicationFile.

Kossens, Michael / von der Heide, Dirk / Maaß, Michael SGB IX: Rehabilitation und Teilhabe behinderter Menschen – mit Behindertengleichstellungsgesetz, 3. Auflage, München 2009, zit.: Kossens/von der Heide/ Maaß-*Bearbeiter*, § … SGB IX Rn …

Küttner, Wolfdieter [Hrsg.] et al. Personalbuch 2013: Arbeitsrecht, Lohnsteuerrecht, Sozialversicherungsrecht, 20. Auflage, München 2013, zit.: Küttner-*Bearbeiter*, Kapitel … Rn …

Kugele, Dieter *Kein Anspruch auf Familienzuschlag der Stufe 1 bei eingetragener Lebenspartnerschaft, Anm. zu BVerwG, Urt. v. 15. November 2007 – 2 C 33/06*, jurisPR-BVerwG 10/2008 Anm. 3.

Lachmund-Herring, Anne *Anm. z. BAG, Urt. v. 15. Februar 2012 – 9 AZR 750/09*, BetrAV 2012, 81 f.

Lachmund-Herring, Anne *Diskriminierungsfallen in der bAV*, AuA 2012, 269 ff.

Langohr-Plato, Uwe Betriebliche Altersversorgung, 6. Auflage, Köln 2013, zit.: *Langohr-Plato*, Rn …

Langohr-Plato, Uwe *Betriebsrenten: gesetzliche Mindestaltersgrenze für Unverfallbarkeit von Versorgungsanwartschaften, Lohngleichheitsgebot, mittelbare Diskriminierung, Anmerkung, zu: BAG, Urt. v. 18. Oktober 2005 – 3 AZR 506/04*, jurisPR-ArbR 22/2006 Anm. 4.

Langohr-Plato, Uwe *Betriebliche Altersversorgung und Antidiskriminierungsrecht, Anmerkung zu: BAG, Urt. v. 11. Dezember 2007 - 3 AZR 249/06*, JurisPR-ArbR 20/2008 Anm. 1.

Langohr-Plato, Uwe *Nichteinbeziehung von Geschwistern in den Hinterbliebenenschutz, Anm. z. BAG, Urt. v. 18. November 2008 – 3 AZR 277/07*, jurisPR-ArbR 7/2009 Anm. 4.

Langohr-Plato, Uwe — *Auswirkungen der EuGH-Entscheidung zu Unisex-Tarifen auf rückgedeckte Unterstützungskassen*, BetrAV 2012, 292 ff.

Langohr-Plato, Uwe / Stahl, Nadine — *Anwendbarkeit des Allgemeinen Gleichbehandlungsgesetzes in der betrieblichen Altersversorgung*, NJW 2008, 2378 ff.

Lembke, Mark — *Sind an die Ehe anknüpfende Leistungen des Arbeitgebers auch an Lebenspartner zu gewähren?*, NJW 2008, 1631 ff.

von der Leyen, Ursula — *Die Zukunft der betrieblichen Altersversorgung in Deutschland*, BetrAV 2012, 373 f.

Lieb, Manfred / Jacobs, Matthias — Arbeitsrecht, 9. Auflage, Heidelberg 2006, zit.: *Lieb/Jacobs*, Rn ...

Lingemann, Stefan / Gotham, Meike — *AGG - Benachteiligungen wegen des Alters in kollektivrechtlichen Regelungen*, NZA 2007, 663 ff.

Lingemann, Stefan / Müller, Matthias — *Die Auswirkungen des Allgemeinen Gleichbehandlungsgesetzes auf die Arbeitsvertragsgestaltung*, BB 2007, 2006 ff.

Lingscheid, Anja — Antidiskriminierung im Arbeitsrecht - Neue Entwicklungen im Gemeinschaftsrecht auf Grund der Richtlinien 2000/43/EG und 2000/78/EG und ihre Einfügung in das deutsche Gleichbehandlungsrecht, Berlin 2004, zit.: *Lingscheid*, S. ...

Linsenmaier, Wolfgang — *Das Verbot der Diskriminierung wegen des Alters*, RdA 2003, Sonderbeilage Heft 5, 22 ff.

Linsenmaier, Wolfgang — *Normsetzung der Betriebsparteien und Individualrechte der Arbeitnehmer*, RdA 2008, 1 ff.

Löwisch, Manfred — *Regelung der betrieblichen Altersversorgung in Richtlinien nach § 28 SprAuG?*, BetrAV 1990, 222 f.

Löwisch, Manfred — *Kollektivverträge und Allgemeines Gleichbehandlungsgesetz*, DB 2006, 1729 ff.

Löwisch, Manfred / Rieble, Volker Tarifvertragsgesetz – Kommentar, 3. Auflage, München 2012, zit.: *Löwisch/Rieble*, § ... Rn ...

Mahlmann, Matthias *Gleichheitsschutz und Privatautonomie*, ZEuS 2002, 407 ff.

Matthießen, Volker *Keine Diskriminierung wegen des Alters und des Geschlechts bei Verfall von Versorgungsanwartschaften*, Anm. zu: BAG 3. Senat, Urt. v. 28. Mai 2013 – 3 AZR 635/11, jurisPR-Arb§ 41/2013 Anm. 3.

Meinel, Gernod / Heyn, Judith / Herms, Sascha Allgemeines Gleichbehandlungsgesetz, 2. Auflage München 2010, zit.: *Meinel/Heyn/Herms*, § ... AGG Rn ...

Mönnich, Ulrike *Unisex: Die EuGH-Entscheidung vom 1.3.2011 und die möglichen Folgen*, VersR 2011, 1092 ff.

Mohr, Jochen *Der Diskriminierungsschutz (schwer-) behinderter Arbeitnehmer nach dem AGG und dem SGB IX*, br 2008, 34 ff.

Mörsdorf, Oliver *Unmittelbare Anwendung von EG-Richtlinien zwischen Privaten in der Rechtsprechung des EuGH*, EuR 2009, 219 ff.

Moll, Wilhelm Münchner Anwaltshandbuch Arbeitsrecht, 3. Auflage München 2012, zit.: Moll-*Bearbeiter*, § ... Rn ...

Monen, Kathrin Das Verbot der Diskriminierung: Eine Untersuchung aufgrund der Rasse, des Geschlechts und der sexuellen Identität im deutschen und U.S.-amerikanischen Privatrecht, Baden-Baden 2008, zit.: *Monen*, S. ...

Mückl, Patrick / Herrnstadt, Esther *Betriebsrentenanspruch darf Erreichbarkeit einer 15-jährigen Betriebszugehörigkeit voraussetzen*, GWR 2013, 258.

Müller-Glöge, Rudi / Preis, Ulrich / Schmidt, Ingrid [Hrsg.] Erfurter Kommentar zum Arbeitsrecht, 13. Auflage, München 2013, zit.: ErfKomm-*Verfasser*, § ... Rn ...

Nettesheim, Martin — *Zur Frage des Verbots der Diskriminierung aus Altersgründen im Gemeinschaftsrecht*, Anm. z. EuGH, Urt. v. 23. September 2008 – Rs. C-427/06 [*Bartsch*] = BB 2008, 2353 = JZ 2008, 1159 ff.

Nicolai, Andrea — Das Allgemeine Gleichbehandlungsgesetz - AGG – in der anwaltlichen Praxis, Bonn 2006, zit.: *Nicolai*, Rn ...

Nicolai, Andrea — *Spätehenklauseln gestern – heute – morgen*, BetrAV 2007, 701 ff.

Nollert-Borasio, Christiane / Perreng, Martina — Allgemeines Gleichbehandlungsgesetz (AGG): Basiskommentar zu den arbeitsrechtlichen Regelungen, 3. Auflage, Frankfurt a.M. 2011, zit.: *Nollert-Borasio/Perreng*, § ... AGG Rn ...

Obenberger, Thomas — *Aktuelle Entscheidungen der Arbeitsgerichte auf dem Gebiet der Pensionskassenversicherung*, BetrAV 2011, 327 ff.

Pieroth, Bodo / Schlink, Bernhard — Grundrechte Staatsrecht II, 27. Auflage, Heidelberg 2011, zit.: *Pieroth/Schlink*, Rn ...

Polloczek, Tobias — Altersdiskriminierung im Licht des Europarechts, Baden-Baden 2007, zit.: *Polloczek*, S. ...

Preis, Ulrich — *Verbot der Altersdiskriminierung als Gemeinschaftsgrundrecht – Der Fall „Mangold" und die Folgen*, NZA 2006, 401 ff.

Preis, Ulrich — *Schlangenlinien in der Rechtsprechung des EuGH zur Altersdiskriminierung*, NZA 2010, 1323 ff.

Preis, Ulrich / Temming, Felipe — *Altersdiskriminierung im Betriebsrentenrecht: Die Abstandsklausel ist angezählt*, NZA 2008, 1209 ff.

Purnhagen, Kai — *Nach dem Ablauf der Übergangsfrist des Unisex-Urteils – Rechtsfolgen für das Versicherungsvertragsrecht*, NJW 2013, 113 ff.

Raulf, Markus — *Unisex in der betrieblichen Altersversorgung oder: Nach dem Urteil ist vor dem Urteil,* NZA-Beilage 2012, 88 ff.

Raulf, Markus / Gunia, Susanne — *Zwang zur geschlechtsneutralen Kalkulation in der betrieblichen Altersversorgung?,* NZA 2003, 534 ff.

Reichel, Christian / Böhm, Verena — *Neue Entwicklungen rund um die BAV,* AuA 2007, 328 ff.

Reichenbach, Rita / Grünenklee, Stefan — *Stellt das AGG die betriebliche Altersversorgung auf den Kopf?,* BetrAV 2006, 708 ff.

Reichold, Hermann — *Sozialgerechtigkeit versus Vertragsgerechtigkeit - arbeitsrechtliche Erfahrungen mit Diskriminierungsregeln,* JZ 2004, 384 ff.

Reinecke, Gerhard — *Neue Rechtsprechung des Bundesarbeitsgerichts zum Betriebsrentenrecht (2008-2010),* BetrAV 2011, 318 ff.

Reinecke, Gerhard — *Die Rechtsprechung zum Betriebsrentenrecht 2010/2011,* BetrAV 2012, 204 ff.

Reinecke, Gerhard — *Diskriminierungsverbote und Gleichbehandlungsgebote in der betrieblichen Altersversorgung, insbesondere Unisex,* BetrAV 2012, 402 ff.

Reinecke, Gerhard — *Betriebliche Hinterbliebenenversorgung in der Rechtsprechung des BAG,* BB 2012, 1025 ff.

Reiserer, Kerstin / Fallenstein, Diana — *Mitarbeiterbindung und leistungsabhängige Bonussysteme: Ein Widerspruch oder zulässige Praxis? (Teil II),* DStR 2011, 1624 ff.

Rengier, Bernhard — *Betriebliche Altersversorgung und Allgemeines Gleichbehandlungsgesetz,* NZA 2006, 1251 ff.

Richardi, Reinhard — Betriebsverfassungsgesetz mit Wahlordnung, 13. Auflage, München 2012, zit.: Richardi-*Bearbeiter,* § ... Rn ...

Richardi, Reinhard — *Januskopfigkeit der Pflicht zur Gleichbehandlung im Arbeitsrecht,* ZfA 2008, 31 ff.

Richardi, Reinhard / Reichold, Hermann [Hrsg.] Altersgrenzen und Alterssicherung im Arbeitsrecht - Wolfgang Blomeyer zum Gedenken, München 2003, zit.: *Autor*, in: Richardi/Reichold, S....

Richter, Tobias / Bouchouaf, Ssoufian *Das Verbot der Altersdiskriminierung als allgemeiner Grundsatz des Gemeinschaftsrechts – der Beginn eines umfassenden europäischen Antidiskriminierungsrechts?*, NVwZ 2006, 538 ff.

Rieble, Volker / Zedler, Marc Alexander *Altersdiskriminierung in Tarifverträgen*, ZfA 2006, 273 ff.

Riesenhuber, Karl [Hrsg.] Das Allgemeine Gleichbehandlungsgesetz – Grundsatz- und Praxisfragen, Berlin 2007, zit.: *Riesenhuber*, S. ...

von Roetteken, Torsten *Offene Fragen zur Hinterbliebenenversorgung von Lebenspartnern/Lebenspartnerinnen in der betrieblichen Altersversorgung*, Anm. z. BGH, Urt. v. 14. Februar 2007 – IV ZR 267/04, jurisPR-ArbR 41/2007, Anm. 6.

von Roetteken, Torsten *Voraussetzungen für Hinterbliebenenversorgung eingetragener Lebenspartner in Versorgungsanstalt der deutschen Bühnen („Tadao Maruko"), Anm. zu EuGH, Urt. v. 01. April 2008 – Rs. C-267/06 [Maruko]*, jurisPR-ArbR 24/2008 Anm.1.

Rolfs, Christian *„Für die betriebliche Altersversorgung gilt das Betriebsrentengesetz" - Über das schwierige Verhältnis von AGG und BetrAVG*, NZA 2008, 553 ff.

Rolfs, Christian [Hrsg.] et al. Arbeitsrecht – Schwerpunktkommentar, München 2008, zit.: AK-*Bearbeiter*, § ... Rn ...

Rolfs, Christian / Giesen, Richard / Kreikebohm, Ralf / Udsching, Peter [Hrsg.] Beck'scher Online-Kommentar, Stand: 1.6.2013, Edition: 28, München 2013, zit.: BeckOK-*Bearbeiter*, § ... Rn ...

Rolfs, Christian / Schmid, Achim *Altersdiskriminierung von Betriebsrentnern durch tarifliche Stichtagsregelung?*, SAE 2011, 12 ff.

Rudolf, Beate / Mahlmann, Matthias [Hrsg.] Gleichbehandlungsrecht, Baden-Baden 2007, zit.: Rudolf/Mahlmann-*Bearbeiter*, § ... Rn ...

Rühl, Wolfgang / Schmid, Matthias / Viethen, Hans Peter Allgemeines Gleichbehandlungsgesetz (AGG), München 2007, zit.; *Rühl/Schmid/Viethen*, S. ...

Rust, Ursula / Falke, Josef [Hrsg.] Allgemeines Gleichbehandlungsgesetz mit weiterführenden Vorschriften, Kommentar, Berlin 2007, zit.: Rust/Falke-*Bearbeiter*, § ... AGG Rn ...

Sachs, Michael [Hrsg] Grundgesetz, Kommentar, 6. Auflage, München 2011, zit.: Sachs-*Bearbeiter*, Art. ... GG Rn ...

Säcker, Franz Jürgen / Rixecker, Roland [Hrsg.] Münchener Kommentar zum Bürgerlichen Gesetzbuch, 6. Auflage, München 2012, zit.: MüKo-*Bearbeiter*, § ... Rn ...

Schaub, Günter Arbeitsrechts-Handbuch: Systematische Darstellung und Nachschlagewerk für die Praxis, 14. Auflage, München 2011, zit.: Schaub-*Bearbeiter*, § ... Rn ...

Schiek, Dagmar [Hrsg.] Allgemeines Gleichbehandlungsgesetz – Ein Kommentar aus europäischer Perspektive, Regensburg 2007, zit.: Schiek-*Bearbeiter*, § ... AGG Rn ...

Schiek, Dagmar Differenzierte Gerechtigkeit, Baden-Baden 2000, zit.: *Schiek*, S. ...

Schipp, Johannes *Anm. zu BAG, Urt. v.19. Juli 2011 – 3 AZR 434/09*, ArbRB 2012, 15 f.

Schipp, Johannes *Zusagen auf betriebliches Ruhegeld nach dem System des BetrAVG*, BetrAV 2012, 378 ff.

Schlachter, Monika [ed.] The Prohibition of Age Discrimination in Labour Relations: Reports to the XVIIIth International Congress of Comparative Law, Washington D.C., July 25 - August 1, 2010, Baden-Baden 2011, zit.: Schlachter-*Autor*, S....

Schlachter, Monika
Das Arbeitsrecht im Allgemeinen Gleichbehandlungsgesetz, ZESAR 2006, 391 ff.

Schlachter, Monika
Zur Ungleichbehandlung von Ehegatten und Lebenspartnern nach dem LPartG - Anmerkungen zur Entscheidung des EuGH vom 01.04.2008 (Tadao Maruko, Az: C-267/06, NJW 2008, 1649ff), GPR 2008, 251 ff.

Schleusener, Aino / Suckow, Jens / Voigt, Burkhard
Kommentar zum Allgemeinen Gleichbehandlungsgesetz, 4. Auflage, Köln 2013, zit.: Schleusener/Suckow/Voigt-*Bearbeiter*, § ... AGG Rn ...

Schmidbauer, Wilhelm / Schmidbauer, Bernhard
Das neue Betriebsrentengesetz ab 2007/08, Wolfs Fachberater Nr. 36, Berg 2007, zit.: *Schmidbauer/Schmidbauer*, S. ...

Schmidt, Marlene / Senne, Daniela
Das gemeinschaftsrechtliche Verbot der Altersdiskriminierung und seine Bedeutung für das deutsche Arbeitsrecht, RdA 2002, 80 ff.

Schöbener, Burkhard / Stork, Florian
Anti-Diskriminierungsregelungen der Europäischen Union im Zivilrecht - zur Bedeutung der Vertragsfreiheit und des Rechts auf Privatleben, ZEuS 2004, 43 ff.

Schoden, Michael
BetrAVG – Betriebliche Altersversorgung: Kommentar für die Praxis, 2. Auflage, Frankfurt 2003, zit.: *Schoden*, § ... Rn ...

Schrader, Peter / Schubert, Jens
Das neue AGG - Das Gleichbehandlungsrecht in der anwaltlichen Praxis, Baden-Baden 2006, zit.: *Schrader/Schubert*, § ... Rn ...

Schulze, Reiner / Zuleeg, Manfred / Kadelbach, Stefan [Hrsg.]
Europarecht, Handbuch für die deutsche Rechtspraxis, 2. Auflage, Baden-Baden 2010, zit.: Schulze/Zuleeg/Kadelbach-*Bearbeiter*, § ... Rn ...

Schuster, Doris-Maria
BAG: Eheschluss nach Beendigung eines Arbeitsverhältnisses kann zu Ausschluss der Witwenversorgung führen, Anm. z. BAG, Urt. v. 20. April 2010 – 3 AZR 509/08, ArbRAktuell 2010, 477.

Statistisches Bundesamt [Hrsg.] Fachserie 1, Reihe 3: Bevölkerung und Erwerbstätigkeit - Haushalte und Familien: Ergebnisse des Mikrozensus 2011, abrufbar unter: https://www.destatis.de/DE/Publikationen/Thematisch/Bevoelkerung/Haushalte/Mikrozensus/HaushalteFamilien 2010300117004.pdf?__blob=publicationFile

von Staudinger, Julius Kommentar zum Bürgerlichen Gesetzbuch mit Einführungsgesetz und Nebengesetzen, §§ 611-613 - (Dienstvertragsrecht 1) - Neubearbeitung Berlin 2011, zit.: Staudinger-*Bearbeiter*, § ... BGB Rn ...

von Steinau-Steinrück, Robert / Schneider, Volker / Wagner, Tobias *Der Entwurf eines Antidiskriminierungsgesetzes: Ein Beitrag zur Kultur der Antidiskriminierung?*, NZA 2005, 28 ff.

Steiner, Udo *Das deutsche Arbeitsrecht im Kraftfeld von Grundgesetz und Europäischem Gemeinschaftsrecht*, NZA 2008, 73 ff.

Steinkühler, Bernhard Allgemeines Gleichbehandlungsgesetz (AGG) – Die Umsetzung des AGG im Betrieb mit Handlungsempfehlungen für die Praxis, Berlin 2007, zit.: *Steinkühler*, Rn ...

Steinmeyer, Heinz-Dietrich *Gleichbehandlung und private und betriebliche Alterssicherung - eine unendliche Geschichte?*, NZA 2004, 1257 ff.

Steinmeyer, Heinz-Dietrich *Einstandspflicht von Pensionskassen für Arbeitgeberzusagen, Anmerkung zu EuGH vom 9.10.2001, C-379/99*, BetrAV 2004, 436 ff.

Steinmeyer, Heinz-Dietrich *Allgemeines Gleichbehandlungsgesetz - ein unerträglicher Zustand für die betriebliche Altersversorgung!*, BetrAV 2006, 601 f.

Steinmeyer, Heinz-Dietrich *Das Allgemeine Gleichbehandlungsgesetz und die betriebliche Altersversorgung*, ZfA 2007, 27 ff.

Stiefermann, Klaus — *aba: Geplante Portabilitätsrichtlinie – noch keine Entwarnung!*, Ass Compact – April 2007, 2 f.

Stork, Florian — Das Anti-Diskriminierungsrecht der Europäischen Union und seine Umsetzung in das deutsche Zivilrecht, Frankfurt a.M. [u.a.] 2006, zit.: *Stork*, S. ...

Streinz, Herrmann — *Der Fall Mangold – eine „kopernikanische Wende im Europarecht“?*, RdA 2007, 165 ff.

Stüber, Stephan — *Was folgt aus „Maruko“?*, NVwZ 2008, 750 ff.

Temming, Felipe — *Der Fall Palacios: Kehrtwende im Recht der Altersdiskriminierung*, NZA 2007, 1193 ff.

Thum, Rainer — *AGG und betriebliche Altersversorgung - Anpassungsbedarf für Versorgungsordnungen?*, BB 2008, 2291 ff.

Thüsing, Gregor — Arbeitsrechtlicher Diskriminierungsschutz: Das allgemeine Gleichbehandlungsgesetz und andere arbeitsrechtliche Benachteiligungsverbote, 2. Auflage, München 2013, zit.: *Thüsing*, Rn ...

Thüsing, Gregor — *Der Fortschritt des Diskriminierungsschutzes im Europäischen Arbeitsrecht - Anmerkungen zu den Richtlinien 2000/43/EG und 2000/78/EG*, ZfA 2001, 397 ff.

Thüsing, Gregor — *Handlungsbedarf im Diskriminierungsrecht - Die Umsetzungserfordernisse auf Grund der Richtlinien 2000/78/EG und 2000/43/EG*, NZA 2001, 1061 ff.

Thüsing, Gregor — *Tariflicher Spätarbeitszuschlag für Teilzeitbeschäftigte, Anmerkung zu BAG vom 24.9.2003, 10 AZR 675/02*, AP Nr. 4 zu § 4 TzBfG.

Thüsing, Gregor — *Das Arbeitsrecht der Zukunft? - Die deutsche Umsetzung der Anti-Diskriminierungsrichtlinien im internationalen Vergleich*, NZA 2004, Sonderbeilage zu Heft 22, 3 ff.

Thüsing, Gregor — *Auswirkungen des AGG auf die betriebliche Altersversorgung – Eine Prognose in zwölf Thesen,* BetrAV 2006, 704 ff.

Thüsing, Gregor / von Hoff, Konrad — *Private Versicherung und das Allgemeine Gleichbehandlungsgesetz,* VersR 2007, 1 ff.

Uebelhack, Birgit — Betriebliche Altersversorgung: Grundlagen und Praxis, 2. Auflage, Heidelberg 2011, zit.: *Uebelhack*, Rn. ...

Ulbrich, Mathias — *Nach dem „Test-Achats"-Urteil des EuGH: Verpflichtung zu „Unisex" auch in der bAV?,* BetrAV 2012, 211 ff. = DB 2011, 2775 ff.

Walk, Werner / Lipke, Beatrice — *BB-Kommentar zu BAG: Betriebliche Altersversorgung und Antidiskriminierungsrecht, Urt. v. 11. Dezember 2007 – 3 AZR 249/06,* BB 2008, 561 f.

Waltermann, Raimund — *Verbot der Altersdiskriminierung - Richtlinie und Umsetzung,* NZA 2005, 1265 ff.

Waltermann, Raimund — *Altersdiskriminierung,* ZfA 2006, 305 ff.

Waltermann, Raimund — *Grundrechtsbindung der Tarifvertragsparteien - Nichteinbeziehung der Lektoren in den Geltungsbereich des BAT,* Anmerkung zu AP Nr. 5 zu § 1 TVG Gleichbehandlung.

Watzenberg, Anja — *Die Rechtsprechung zum Allgemeinen Gleichbehandlungsgesetz.* NJ 2008, 433 ff.

Wedde, Peter [Hrsg.] — Arbeitsrecht – Kompaktkommentar zum Individualarbeitsrecht mit kollektivrechtlichen Bezügen, 2. Auflage, Frankfurt am Main 2010, zit.: Wedde-*Bearbeiter*, § ... Rn ...

Wendeling-Schröder, Ulrike — *Der Prüfungsmaßstab bei Altersdiskriminierung,* NZA 2007, 1399 ff.

Wendeling-Schröder, Ulrike — *AGG - Auf ein Neues?,* Der Personalrat 2008, 177.

Wendeling-Schröder, Ulrike / Stein, Axel Allgemeines Gleichbehandlungsgesetz, Kommentar, München 2008, zit.: Wendeling-Schröder/Stein-*Bearbeiter*, § ... AGG Rn ....

Wiedemann, Herbert Die Gleichbehandlungsgebote im Arbeitsrecht, Tübingen 2001, zit.: *Wiedemann, H.*, S. ...

Wiedemann, Herbert [Hrsg.] Tarifvertragsgesetz mit Durchführungs- und Nebenvorschriften, Beck'sche Kommentare zum Arbeitsrecht Band 1, 7. Auflage, München 2007, zit.: Wiedemann-*Bearbeiter*, § ... Rn ...

Wiedemann, Herbert *Tarifvertrag und Diskriminierungsschutz: Rechtsfolgen einer gegen Benachteiligungsverbote verstoßenden Kollektivvereinbarung*, NZA 2007, 950 ff.

Wiedemann, Herbert / Peters, Harald *Neuere Rechtsprechung zur Bedeutung des Gleichheitssatzes für Tarifverträge*, RdA 1997, 100 ff.

Wiedemann, Herbert / Thüsing, Gregor *Der Schutz älterer Arbeitnehmer und die Umsetzung der Richtlinie 2000/78/EG*, NZA 2002, 1234 ff.

Wiemann, Rebekka *Rosige Aussichten für die Gleichstellung gleichgeschlechtlicher Lebenspartner mit Ehegatten?*, NJW 2010, 1427 ff.

Willemsen, Heinz-Josef / Döring, René *Der Einfluss des europäischen Rechts auf die Gestaltung der betrieblichen Altersversorgung*, BetrAV 2011, 432 ff.

Willemsen, Heinz-Josef / Schweibert, Ulrike *Schutz der Beschäftigten im Allgemeinen Gleichbehandlungsgesetz*, NJW 2006, 2583 ff.

Witteler, Michael *Zulässigkeit nachträglicher Anpassungen von Versorgungszusagen zur Begrenzung oder Vermeidung der Erhöhung von Betriebsrenten*, BetrAV 2012, 112 ff.

Worzalla, Michael Das neue Allgemeine Gleichbehandlungsgesetz: Neue Vorschriften, Handlungsanweisungen, Muster, Freiburg [u.a.] 2006, zit.: *Worzalla*, S...